lonely planet

Oman et Émirats arabes unis

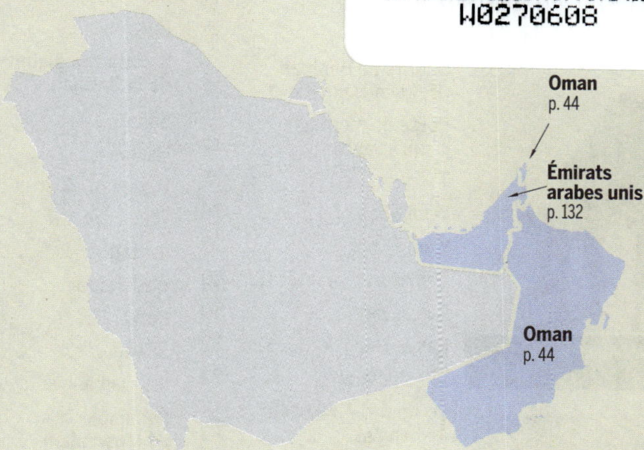

ÉDITION ÉCRITE ET ACTUALISÉE PAR

Jenny Walker

et Andrea Schulte-Peevers

PRÉPARER SON VOYAGE

JUSTIN FOULKES/LONELY PLANET ©

DROMADAIRES P. 246

S-F/LONELY PLANET ©

POISSON-LION DANS L'AQUARIUM DE DUBAI P. 142

SUR LA ROUTE

Sommaire

NOIX ASSORTIES AU SOUK DE NIZWA, OMAN P. 94

JUSTIN FOULKES/LONELY PLANET ©

MUGHSAIL, OMAN P. 129

ÉMIRATS ARABES UNIS 132

COMPRENDRE

OMAN ET LES ÉMIRATS PRATIQUES

COUPS DE PROJECTEUR

Bienvenue en Oman et aux Émirats arabes unis

Terre de traditions ancestrales, de culture et d'échanges, mais aussi de villes futuristes, de déserts de sable et de vallées verdoyantes, ces pays d'Arabie n'ont pas fini de fasciner les voyageurs.

Sables émouvants

"Nul homme après avoir connu cette vie ne peut demeurer le même... Il portera à tout jamais, gravée en lui, l'empreinte du désert", écrivait l'explorateur Wilfred Thesiger dans *Le Désert des déserts*, suite à ses voyages en compagnie des Bédouins dans le Rub al-Khali (le légendaire "Quart vide"). Depuis longtemps, en effet, ce désert attire les voyageurs, fascinés par la beauté des paysages dénudés. Aujourd'hui, grâce aux routes et aux campements, la découverte de ces étendues désertiques devient une aventure accessible à tous.

Dynamisme urbain

Quand on leur demande ce qu'ils préfèrent dans leur pays de dunes, les Bédouins proches d'Al-Hashman, en Oman, répondent : "Aller en ville." Les villes ! Elles représentent bien l'Arabie du XXIe siècle, fondée sur le pétrole et la finance, un monde qui bâtit des empires à partir du sable, voire de terres récupérées sur la mer. Pour qui est friand d'urbanisme, d'architecture et de dynamisme urbain, les villes des Émirats sont une expérience exaltante. Avec des gratte-ciel audacieux, de luxueux hôtels et des centres commerciaux époustouflants, ces cités sont les palais des mille et une tentations du monde moderne.

Hospitalité légendaire

C'est dans sa population que réside l'âme de ce coin d'Arabie : cette manière bon enfant de marchander dans les souks, de maudire les longs trajets, de partager la douceur d'un thé en lisière du désert, le tout baigné par les valeurs de l'islam, avec l'appel à la prière porté par la brise et un grand sens de l'hospitalité à l'égard des étrangers. Le souvenir qui marque le plus les voyageurs, c'est souvent cette ancienne tradition de partager "le pain et le sel" et de veiller à ce que tout se passe bien. Dans un supermarché comme dans un village du désert, les échanges sont toujours empreints de bienveillance.

Héritage culturel

Comment parler de ces pays sans évoquer les dromadaires porteurs d'encens du Dhofar ou les bateaux chargés de perles passant le détroit d'Ormuz ? Caravanes et boutres (*dhow*) ont pris d'autres routes, mais la région dégage encore un charme de conte oriental. Sohar, en Oman, se revendique d'ailleurs le berceau de Sinbad le marin. Visitez un fort, émerveillez-vous dans un musée, marchandez dans un souk ou promenez-vous dans des ruelles labyrinthiques, et vous redécouvrirez l'éternelle magie de l'Arabie.

Pourquoi j'aime Oman et les Émirats

Par Jenny Walker, auteur

Mentionnez Oman et les Émirats, ou même simplement l'Arabie, et aussitôt surgissent une foule d'images exotiques, plus ou moins véhiculées par des clichés. J'ai passé la moitié de ma vie à étudier ces images – de désert, de richesse et de conflits guerriers – au cours de mes recherches universitaires. Mais la culture de l'Arabie moderne va bien au-delà de tels stéréotypes. J'adore Oman et les Émirats pour cette complexité que j'y rencontre chaque jour et pour le dynamisme et la chaleur de sa population. Et, bien sûr, le désert, dont la puissance a inévitablement envahi mon âme !

Pour en savoir plus sur les auteurs, voir p. 336

Ci-dessus : Wadi Ghul, Oman (p. 102)

Oman et Émirats arabes unis

Monts Hajar
Des villages perchés au-dessus d'un canyon vertigineux (p. 103)
ARABIE SAOUDITE
Frontière non démarquée
Haimah
Duqm
Île de Masirah
20°N
Golfe de Masirah
OMAN
Sharqiya Sands
Dunes enchanteresses et sites de nidification de tortues (p. 90)
Baie de Suqrah
Shwaymiyah
YÉMEN
Dhofar
Taqah
Mirbat
Salalah
Sarfait
Îles Kuria Muria
MER D'OMAN
16°N
Dhofar
Le pays de l'encens se couvre de verdure après la mousson (p. 120)
ALTITUDE
2 500 m
2 000 m
1 500 m
1 000 m
500 m
0
0
300 km
52°E
56°E
12°N

15 façons de voir Oman et les Émirats

1

Déserts de dunes

1 Depuis des siècles, le moutonnement infini des dunes d'Arabie fascine les Occidentaux, qui sont à la fois aimantés par cette immensité et effrayés par le vide. "Cette terre cruelle est capable d'envoûter quiconque ose s'y aventurer, bien plus profondément qu'aucune autre région clémente de notre planète", écrivait Wilfred Thesiger dans *Le Désert des déserts*, après avoir traversé le Rub al-Khali à pied en compagnie de Bédouins. Répondez donc à l'appel du désert dans les Sharqiya Sands (p. 90), en Oman, ou dans les dunes de Liwa (p. 204), aux Émirats arabes unis. Attention : vous pourriez bien vous y retrouver face... à vous-même. Sharqiya Sands, Oman

Architecture moderne

2 Les audacieuses tours découpant l'horizon des villes du Golfe sont un puissant symbole des ambitions de la région. Culminant à 828 m, le Burj Khalifa (p. 140) de Dubai, véritable Manhattan d'Arabie, est le plus haut édifice au monde. Depuis l'ère reculée des mystérieuses tombes antiques couronnant les collines de Bat au nord d'Oman, les architectes d'Arabie n'ont eu de cesse de préférer la verticalité à l'horizontalité. En Oman, dans les monts Hajar, se dressent à Al-Hamra (p. 96) les ancêtres des gratte-ciel d'aujourd'hui, qui ne font que perpétuer cette antique obsession. Tour Burj Khalifa, Dubai, Émirats arabes unis

GARCIA JULIEN/HEMIS.FR/GETTY IMAGES ©

2

LUCIANO MORTULA/SHUTTERSTOCK ©

À la rencontre de l'islam

3 En Arabie, berceau de l'islam, la religion est intimement mêlée au quotidien des habitants de la Péninsule. Pour les visiteurs, cette foi se manifeste par le chant entêtant de l'appel à la prière et par l'accueil chaleureux propre au code de conduite musulman. Visitez la Grande Mosquée Sheikh Zayed (p. 184) d'Abu Dhabi et vous verrez que la religion s'exprime aussi à travers des chefs-d'œuvre de céramique, de tapisserie, d'architecture et de design. Grande Mosquée Sheikh Zayed, Abu Dhabi, Émirats arabes unis

Souks

4 Certes, ils n'atteignent pas le niveau des échanges des Bourses de Paris ou de New York, mais les marchés d'Arabie s'enorgueillissent d'une histoire beaucoup plus ancienne. Perdez-vous dans les souks labyrinthiques, comme celui de Mutrah (p. 52), à Mascate, ou ceux de Deira (p. 139), à Dubai, et découvrez le commerce des olives, le marchandage acharné des vendeurs de tissus et les regards de connivence pour berner les clients. À droite : souk de Bur Dubai, Émirats arabes unis

3

ALFRED KNIPPER PHOTOGRAPHY/GETTY IMAGES ©

JOHN SEATON CALLAHAN/GETTY IMAGES ©

Djebels et wadi

5 La péninsule Arabique recèle des montagnes parmi les plus hautes et des gorges parmi les plus profondes du Moyen-Orient. En Oman, campez près du djebel Shams en hiver pour admirer le spectacle de la grêle tombant dans les *wadi*. Vous verrez l'eau qui est acheminée à travers d'anciens systèmes d'irrigation pour arroser les plantations et alimenter les villages. Aux Émirats, empruntez la route de montagne qui serpente presque jusqu'au sommet du djebel Jais (p. 173), offrant une vue incomparable sur les falaises et les canyons. Djebel Shams, Oman

Plages désertes à la belle étoile

6 Imaginez un ciel illuminé par tant d'étoiles que l'on y voit assez pour lire ! De nombreux sites à travers la Péninsule se prêtent au camping sauvage, notamment en Oman, sur l'île déserte de Masirah (p. 83) ou sur les plages de la côte orientale. Vous aurez ainsi le loisir d'observer des créatures qui se sont adaptées à la vie nocturne pour échapper à la chaleur torride du désert. Les moins intrépides pourront se rabattre sur les *resorts* de la ville côtière de Duqm (p. 131). Île de Masirah, Oman

Fascinante vie animale

7 Oman et les Émirats sont l'habitat d'une faune diversifiée que les autorités ont à cœur de préserver. À Ras al-Jinz (p. 80) ou sur l'île de Masirah (p. 83), vous observerez les tortues remontant la plage pour venir y pondre. Dans les étendues désertiques de la réserve de Jaaluni (p. 273) ou de l'île de Sir Bani Yas (p. 205) notamment, vous verrez oryx et gazelles, entre autres animaux, gambader en liberté. Les amateurs d'oiseaux ne seront pas en reste sur tout le littoral des deux pays. Oryx d'Arabie dans le désert près de Dubai, Émirats arabes unis

Mascate, capitale à échelle humaine

8 À l'image des autres villes du sultanat d'Oman, Mascate (p. 48) est une capitale à visage humain. Ici, point de tours de verre démesurées, la cité a su préserver son architecture traditionnelle. Au fil de ses faubourgs, nichés sur une bande de terre entre mer et montagne, on peut redécouvrir l'histoire maritime de Mascate, s'émerveiller devant sa somptueuse mosquée ou flâner sur les quais parmi les pêcheurs ou dans son fabuleux souk. Le Vieux Mascate, Oman

7

8

Chardja, haut lieu de culture

9 Beaucoup moins médiatisée que Dubai ou Abu Dhabi, Chardja (p. 162) est devenue, doucement mais sûrement, le centre névralgique de la culture émiratie. La ville met à l'honneur son patrimoine et s'enorgueillit de la plus grande concentration de musées de la région, avec des joyaux comme le Sharjah Heritage Museum. Grâce à la réhabilitation (toujours en cours) de son centre historique et de son lacis de ruelles, la cité incarne l'Arabie authentique.

Édifice du souk central, Chardja, Émirats arabes unis

Artisanat traditionnel

10 Les richesses de la péninsule Arabique ne peuvent être réduites aux voitures de luxe en vogue ou au dernier sac à main en croco. Fils d'or aux manches d'une tunique, perles de cornaline offertes à un être aimé, paniers tressés en cuir de dromadaire, sages paroles gravées sur des amulettes d'argent – tels sont les véritables trésors de l'artisanat ancestral de la région.

Cafetières en laiton, Abu Dhabi, Émirats arabes unis

Patrimoine mondial à Al-Aïn

11 La Péninsule peut s'enorgueillir de plusieurs sites inscrits sur la liste du patrimoine mondial de l'Unesco. Aux Émirats, les sites culturels d'Al-Aïn (p. 198) sont de natures diverses : ainsi, un ensemble archéologique et des tombes circulaires témoignent d'une sédentarisation très ancienne dans ce coin d'Arabie, tandis que l'immense oasis, riche de près de 150 000 dattiers et de maints autres arbres fruitiers, offre une reposante fraîcheur sous le soleil ardent.

Al-Ain Palace Museum, Oman

Délicieux effluves d'encens

12 Offert à l'Enfant Jésus par les Rois mages (selon la Bible) et au roi Salomon par la reine de Saba, l'encens est à l'origine de l'histoire des empires arabes. Humez le parfum envoûtant de cette résine prélevée dans l'écorce des arbres (p. 222), dans la brume mystérieuse dans le sud d'Oman, achetez de petites perles de sève aux couleurs d'ambre dans un souk, ou marchez dans les plantations arborées de Dhofar (p. 120), abreuvées chaque année en juillet par le *kharif*, une mousson unique dans la région.

Glorieux forts d'Arabie

13 Au sommet d'une colline, au bord du rivage, autour d'un village ou le long du lit asséché d'une rivière : en Arabie, difficile de trouver une ville qui ne soit pas protégée par des remparts (parfois en ruine). Oman possède certaines des forteresses les mieux conservées de la péninsule Arabique à Bahla (p. 104), Nizwa (p. 94), Nakhal (p. 109) et Rustaq (p. 111). Apprenez à distinguer les forts (structures militaires) des châteaux (résidences fortifiées) en explorant ces fascinants édifices.

Fort de Nizwa, Oman

LEAH-ANNE THOMPSON/SHUTTERSTOCK ©

JUSTIN FOULKES/LONELY PLANET ©

Péninsule de Musandam

14 Comme un doigt tendu vers l'Iran dans le détroit d'Ormuz, le Musandam (p. 114) est une petite enclave omanaise. Son relief tourmenté se dévoile au détour de routes spectaculaires, offrant des panoramas somptueux. Quant à sa côte, toute en profondes échancrures (*khwar*) évoquant des fjords, on la découvre à bord d'un *dhow* (bateau de pêche en bois traditionnel), accompagné par les cabrioles des dauphins. Snorkeling dans le détroit d'Ormuz, péninsule de Musandam, Oman

Hors des sentiers battus

15 Les 4x4 sont les "vaisseaux modernes du désert", qui peuvent vous transporter dans des lieux insoupçonnés – avec le risque de vous retrouver ensablé ou embourbé. Toutefois, en vous organisation à l'avance et en vous limitant aux pistes balisées, un périple en voiture tout-terrain – dans le djebel Akhdar (p. 99) ou les monts Hajar (p. 103) par exemple – se révèle une expérience inoubliable. Suivez les habitants dans les dunes, dans les *wadi* et le long de sentiers pour admirer les paysages.

L'essentiel

Pour plus de détails, voir *Oman et les Émirats pratiques* (p. 279)

Monnaies
Le rial omanais (OMR) ; le dirham des Émirats arabes unis (AED).

Langue
Arabe ; anglais largement parlé.

Visa
Obligatoire, il est disponible pour les ressortissants de la plupart des pays de l'UE, et du Canada, à l'arrivée aux aéroports, ainsi qu'aux frontières terrestres entre les deux États.

Argent
DAB très répandus ; cartes bancaires acceptées dans la plupart des hôtels et restaurants.

Téléphone
Cartes SIM locales disponibles, à recharger avec des cartes prépayées.

Heure locale
Fuseau horaire : GMT + 4 heures. Lorsqu'il est midi à Paris, il est 15h/14h en Oman et aux Émirats (en hiver/été).

Quand partir

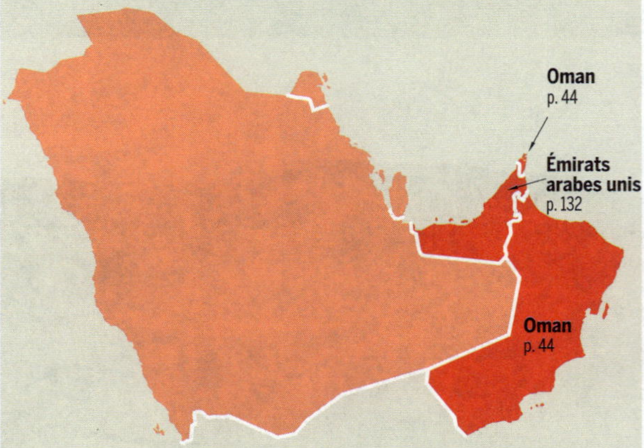

Haute saison
(novembre-mars)

- Temps idéal sur la côte : clair et ensoleillé le jour, frais le soir.
- Les Shopping Festivals et les manifestations sportives coïncident avec ces mois plus frais.
- Réservez l'hébergement ; les prix sont plus élevés en décembre.

Saison intermédiaire
(juillet-octobre)

- Bonne période pour le Sud : les collines du désert verdissent sous les légères pluies.
- Le festival du *kharif* (mousson), en Oman, attire de nombreux visiteurs du golfe Persique ; hausse des prix de l'hébergement.

Basse saison
(avril-juin)

- Chaleur extrême et forte humidité : période à éviter dans la plupart des régions.
- Importantes réductions pour les hébergements.
- Meilleure période pour visiter les montagnes d'Oman.
- En juin, récolte des dattes.

Sites Web

Vivre en Oman (www.vivreenoman.com). Site pour les francophones en Oman.

Bonjour Dubai (www.facebook.com/lovedubai). Le site Facebook des francophones de Dubai.

Al-Bab (www.al-bab.com ; en anglais). Portail du monde arabe ; liens vers des services de presse, profils de pays, sites de voyage et plans.

Al-Jazeera (www.aljazeera.com/news/middleeast ; en anglais). Site d'actualité et d'opinion très fréquenté.

Lonely Planet (www.lonelyplanet.fr). Présentation des pays, forum des voyageurs et informations pratiques.

Indicatifs téléphoniques

Composez le ☎00, puis les indicatifs suivants :

Oman	☎968
Émirats	☎971

Taux de change

	Oman	Émirats
1 €	0,4 OMR	4 AED
1 FS	0,4 OMR	3,7 AED
1 $C	0,3 OMR	2,8 AED

Pour connaître les derniers taux de change, connectez-vous à www.xe.com/ucc/fr.

Budget quotidien

Moins de 175 €

- Chambre partagée dans une pension bon marché : 90 €
- Nourriture de rue et courses sur les marchés locaux : 13 €
- Transports publics et quelques taxis : 22 €
- Droits d'entrée : 9 €

175-450 €

- Chambre double dans un hôtel de catégorie intermédiaire : 175 €
- Restaurants locaux : 25 €
- Location de voiture : 90 €
- Droits d'entrée/activités non guidées : 45 €

Plus de 450 €

- Chambre double dans un hôtel cinq étoiles : 260 €
- Déjeuner ou dîner avec buffet international : à partir de 45 €
- Location d'un 4x4 : 175 €
- Droits d'entrée/activités guidées : 90 €

Heures d'ouverture

Les horaires d'ouverture dans la région sont très variables et rarement fiables, notamment pendant le ramadan et les jours fériés. Le week-end commence le vendredi-et se termine le samedi en Oman et dans les Émirats.

Banques 8h-12h ou 13h (fermées le vendredi)

Restaurants 12h-minuit

Cafés 9h-minuit

Magasins 10h-22h (horaires réduits le vendredi)

Souks 10h-13h et 16h-21h (fermés le vendredi matin)

Arriver en Oman et aux Émirats

Les principaux aéroports internationaux sont listés ci-dessous. Taxis et navettes d'hôtels sont les moyens de transport les plus répandus pour se rendre dans les centres-villes depuis les aéroports.

Aéroport international de Mascate (p. 68), Oman

Aéroport international d'Abu Dhabi (p. 197), Émirats arabes unis

Aéroport international de Dubai (p. 159), Émirats arabes unis

Comment circuler

La péninsule Arabique est une destination où la voiture est reine : la plupart des habitants se déplacent exclusivement avec leur véhicule personnel. Louer une voiture se révèle donc une solution pratique si vous ne craignez pas de vous frotter à la conduite locale féquemment agressive. Un 4x4 est nécessaire pour explorer les zones désertiques et montagneuses. Le réseau routier est dans sa grande majorité excellent. Si vous empruntez les transports publics hors des capitales, emportez de l'eau et armez-vous de patience.

Avion De nombreux vols quotidiens bon marché relient les villes des deux pays.

Voiture Solution la plus pratique, mais gare aux longues distances, à la chaleur, aux routes désertes et aux virages en épingle à cheveux des pistes de montagne.

Bus Des autocars longue distance modernes et climatisés relient les capitales aux villes de province ; quelques lignes internationales entre Oman et les Émirats sont accessibles aux voyageurs.

Pour plus de détails sur **comment circuler**, voir p. 306

Premier séjour en Oman et aux Émirats

Pour plus d'informations, voir *Oman et les Émirats pratiques* (p. 279)

Avant de partir

- Visa délivré à l'arrivée à l'aéroport par les services d'immigration omanais et émiratis.
- Vérifiez la validité de votre passeport ; évitez les passeports tamponnés par les douanes israéliennes.
- Souscrivez une assurance voyage (p. 289).
- Veillez aux restrictions s'appliquant à l'alcool.
- Renseignez-vous sur les convenances à respecter pendant le ramadan (p. 251 ; p. 266).

À emporter

- Couvre-chef, lunettes de soleil et crème solaire – le soleil tape fort toute l'année.
- Vêtements pudiques – essentiels partout.
- Un ou deux pulls – il fait très frais dans les lieux climatisés.
- Chaussures fermées et solides – dans le désert, les scorpions rôdent !
- Permis de conduire international valide – dans la Péninsule, la voiture est reine.
- Répulsif antimoustiques.
- De la patience – la moindre démarche prend du temps, sauf dans les capitales.

Nos conseils

- N'ayez pas peur de séjourner dans le désert. Les campements organisés et les excursions en voiture tout-terrain facilitent l'accès à ces contrées dépaysantes.
- Acceptez les invitations à prendre le café et à partager des dattes. Dans les magasins des villes comme dans les villages de montagne, on vous proposera à coup sûr de discuter un moment – un excellent moyen d'appréhender la culture locale.

Tenue vestimentaire

En Arabie, les voyageurs doivent respecter les codes vestimentaires locaux, même dans les métropoles.

Pour un homme, il est inacceptable de sortir en short et en débardeur, y compris dans les halls d'hôtels et les souks. Évitez les *gandouras* et *dishdashas* (tuniques descendant jusqu'aux pieds) – au mieux, les Arabes de la région vous trouveront ridicule.

Les femmes adopteront une tenue "convenable", couvrant les genoux, le haut des bras et les épaules. Pas de décolletés. Portez un soutien-gorge et des vêtements amples adaptés au climat.

Sur les plages publiques, les femmes attireront moins l'attention avec un short et un tee-shirt large qu'en maillot. Les bikinis (à part dans les complexes réservés aux touristes) provoquent l'émoi des locaux. Bronzer ou se baigner seins nus ou dans le plus simple appareil est puni par la loi.

Hébergement

De décembre à février et pendant l'Aïd (fête musulmane), il est essentiel de réserver environ un mois à l'avance. Les hôtels proposent fréquemment des promotions spéciales en été (mai-octobre), sauf à Salalah (Oman).

- **Hôtels** Des luxueux cinq-étoiles urbains aux simples hôtels-dortoirs au bord des grandes routes. Pour un rapport qualité/prix optimal, visez le haut ou le milieu de gamme.
- **Campements dans le désert** Hébergement en tente ou en bungalow dans des camps bien tenus, généralement au cœur de paysages splendides.

Sécurité

Vous hésitez peut-être à visiter Oman et les Émirats arabes unis par peur des troubles qui affectent certaines parties de la péninsule Arabique. À l'heure où nous écrivons, le risque terroriste en Oman et dans les Émirats n'est pas plus élevé qu'ailleurs. Le plus grand danger, ce sont les accidents de la route, assez fréquents. Les vols et les agressions sont rarissimes.

Marchandage

Le marchandage est une tradition toujours bien vivante dans la Péninsule (à part dans les centres commerciaux), quoiqu'un peu moins répandue qu'ailleurs au Moyen-Orient. En Oman, un marchandage trop agressif peut être mal perçu.

Il est presque impossible de descendre sous les 50% du prix annoncé ; la marge de négociation est généralement de 25 à 30%.

Pourboires

- **Cafés** Pas nécessaire.
- **Hôtels** Équivalent de 2 ou 3 euros pour les bagages ; facultatif pour le personnel de ménage.
- **Restaurants** Uniquement si le service est exceptionnel (celui-ci est généralement compris).
- **Taxis** Facultatif mais apprécié pour les longues courses hors des villes.
- **Guides** Renseignez-vous auprès d'un tour-opérateur avant d'engager un guide : les tarifs varient en fonction du pays.

SUSANNA WYATT/GETTY IMAGES ©

Une femme négocie le prix des écharpes à Salalah, Oman

Dans les mosquées

Les grandes mosquées des deux capitales sont souvent accessibles aux non-musulmans. Les conseils qui suivent vous aideront à éviter d'offenser les fidèles à votre insu.

À faire...

- S'habiller avec des vêtements amples couvrant les épaules, les bras et les jambes (ainsi que le cou et les cheveux pour les femmes) ; dans certaines mosquées, le port d'une *abaya* (longue tunique noire) est obligatoire pour les femmes.
- Se déchausser avant de pénétrer dans la salle de prière.
- S'asseoir par terre et contempler la beauté du lieu.
- Prendre des photos, sauf indication contraire.

À éviter...

- Entrer dans une mosquée à l'heure de la prière (pour les non-musulmans).
- Porter un jean troué ou toute tenue pouvant être considérée comme offensante.
- Entrer dans la salle de prière des femmes si vous êtes un homme (les femmes sont admises dans la salle de prière des hommes dans la plupart des mosquées accessibles au public).
- Utiliser les espaces d'ablution (pour se préparer à la prière).
- Toucher le Coran.
- Étirer les jambes quand vous êtes assis – asseyez-vous en tailleur ou agenouillez-vous.
- Parler fort, chanter ou siffler.
- Faire des selfies ou des photos des fidèles pendant qu'ils prient.

Quoi de neuf en Oman et aux Émirats ?

Cuisine locale

Il y a peu de temps encore, il était presque impossible de goûter à la cuisine locale à moins d'avoir l'honneur d'être invité chez un habitant. Mais, ces dernières années, le développement d'un tourisme régional a fait croître la demande en restaurants servant des spécialités du cru. Découvrez l'atmosphère arabe et les savoureuses spécialités locales dans de nouveaux établissements désignés comme "omanais" ou "émiratis" dans les rubriques *Où se restaurer* de ce guide, ainsi que dans la section *La cuisine d'Oman et des Émirats* (p. 259).

Musée national, Mascate, Oman

Cette contribution majeure à la préservation de la culture omanaise occupe un trésor d'architecture en marbre bâti pour l'occasion en face du palais du sultan, dans la vieille ville de Mascate. (p. 54)

Louvre Abu Dhabi, île de Saadiyat, Émirats

Jean Nouvel s'est inspiré de la lumière naturelle filtrant à travers la canopée des plantations de palmiers pour concevoir ce remarquable édifice, dont l'ouverture est prévue à la fin 2016, et qui abritera une collection d'œuvres d'art du monde entier. (p. 182 ; p. 212)

Old Castle Museum, Al-Kamil, Oman

Les objets de la vie quotidienne exposés avec un soin frisant la maniaquerie dans ce nouveau musée raviront les amateurs d'histoire sociale. (p. 87)

"At the Top Sky", Burj Khalifa, Dubai, Émirats

Perchée à 555 m, cette plateforme d'observation est la plus haute du monde ; seul l'avion pourrait vous rapprocher davantage des nuages ! (p. 140)

Alila Jabal Akhdar, Oman

Installé sur un haut plateau perdu au milieu des montagnes, ce luxueux boutique-hôtel vous permettra d'explorer une nature sauvage sans sacrifier une once de confort. (p. 101)

Route Shwaymiya-Hasik, Dhofar, Oman

Ce nouveau tracé spectaculaire traverse l'escarpé djebel Samham et permet désormais de parcourir en voiture la quasi-totalité du littoral omanais. (p. 125)

Route de montagne du djebel Jais, Ras al-Khaimah, Émirats

Serpentant vers le plus haut sommet des Émirats, cette nouvelle route culmine à près de 2 000 m d'altitude ; il y neige en hiver ! (p. 173)

Pour plus de conseils et de critiques, consultez lonelyplanet.fr

Envie de...

Achats

Chinez dans les allées ombragées des souks pour dénicher des trésors d'artisanat traditionnel. Les centres commerciaux (équivalents modernes des antiques marchés) se trouvent principalement dans les villes ; ils proposent de nombreuses distractions à l'abri de la chaleur.

Souk de Mutrah, Mascate. Le commerce à travers l'océan Indien alimente depuis toujours ce vénérable souk de Mascate. (p. 52)

Dubai Mall. Le mercantile palais des plaisirs des Émirats, où l'on peut même se promener sous un aquarium géant. (p. 141)

Yas Mall, Abu Dhabi. Implanté sur l'île artificielle de Yas ; le Mall accueille plusieurs complexes dédiés aux loisirs : Ferrari World, parc aquatique, golfs, etc. (p. 196)

Souk de Nizwa. Réputé pour ses poignards en argent, mais aussi pour son immense marché aux chèvres. (p. 94)

Souk de Sinaw. Les Bédouins convergent des quatre coins du désert vers ce souk pour se fournir en produits de première nécessité. (p. 93)

Forteresses et palais

Si tous les pays d'Arabie possèdent leurs places fortifiées, les plus belles ont été bâties du côté est de la Péninsule pour prévenir les invasions venues de la mer.

Château de Jabrin. Un plafond peint unique en son genre orne ce palais omanais à la superbe architecture. (p. 104)

Fort de Nakhal. Ce fort omanais qui semble jaillir de la roche protégeait jadis la capitale de la région. (p. 109)

Fort Al-Jahili, Al-Aïn. Ce fort superbement restauré est l'ancienne résidence d'été du cheikh Zayed Ier. (p. 199)

Fort de Fudjayra. Ce fort fait partie d'un village reconstitué, qui témoigne de la volonté des Émirats de ne pas sacrifier l'histoire au progrès. (p. 207)

Fort de Bahla. Ce fort, inscrit au Patrimoine mondial, surplombe une bourgade omanaise renommée pour ses potiers et ses murailles anciennes. (p. 104)

Fort de Nizwa. La tour ronde de ce fort d'Oman en fait un édifice unique en Arabie. (p. 94)

Fort de Rustaq. Ce fort protégeait les points de passage entre les plaines du désert et les montagnes omanaises. (p. 111)

Musées

Plusieurs villes d'Oman et des Émirats ont financé de superbes collections dans le souci de préserver leur patrimoine.

Quartier du patrimoine de Chardja. Le Sharjah Heritage Area fait revivre les grandes heures de l'émirat à travers ses maisons restaurées, ses passionnants musées et ses souks. (p. 162)

Fort de Khasab. Ce fort omanais typique abrite l'un des plus beaux petits musées ethnographiques de la région. (p. 114)

Fort Al-Jahili, Al-Aïn. Cette résidence royale du XIXe siècle abrite un intéressant musée consacré aux expéditions menées dans le désert par Wilfred Thesiger. (p. 199)

Bait al-Zubair, Mascate. Cette collection éclectique est devenue un centre d'art contemporain majeur en Oman. (p. 55)

Musée national, Mascate. Face au palais du sultan, un nouveau musée où sont exposés des artefacts de la région. (p. 54)

Musée Terre d'encens, Salalah. Retrace le périple supposé de la légendaire reine de Saba dans le sud de l'Arabie. (p. 120)

Déserts

Si vous pensiez que "désert" était synonyme de sable, vous serez étonné ! La péninsule Arabique recèle une grande diversité de paysages désertiques, toujours fascinants.

Sharqiya Sands, Oman. Des dunes moins étendues que dans le Rub al-Khali (le fameux "Quart vide"), mais tout aussi spectaculaires et plus accessibles. (p. 90)

Wadi Dharbat, Oman. Dromadaires et vaches se partagent les herbages qui verdoient sitôt que la mousson arrose la région. (p. 128)

Djebel Shams, Oman. Depuis le plus haut sommet d'Oman, un panorama vertigineux sur le Grand Canyon de la péninsule Arabique. (p. 102)

Oasis de Liwa, Émirats. Des plantations de dattiers émergent des dunes de sable en lisière du Rub al-Khali. (p. 202)

Mughsail, Oman. Au pied des spectaculaires falaises du Dhofar, les "trous du souffleur" projettent dans les airs poissons, algues et crabes emportés par la puissance des flots. (p. 129)

Musandam, Oman. Des fjords profondément découpés, ponctués de villages et aux eaux fréquentées par les dauphins (p. 114)

Djebel Hafeet, Al-Aïn, Émirats. Roulez jusqu'au sommet de ce pic rocheux et contemplez les sables du Rub al-Khali s'étendant à perte de vue. (p. 201)

En haut : siège social de la société Aldar (hauteur 110 m), Abu Dhabi, Émirats arabes unis

En bas : Wadi Dharbat, Oman (p. 128)

Architecture

Si Dubai et Abu Dhabi ont placé la Péninsule à l'avant-garde de l'innovation architecturale, d'autres merveilles attestent qu'elle y avait sa place depuis déjà très longtemps.

Burj Khalifa et **Burj al-Arab, Dubai.** Deux tours époustouflantes qui remportent le prix de la hauteur, pour l'une, et celui de l'audace, pour l'autre. (p. 140 ; p. 143)

Grande Mosquée Sheikh Zayed, Abu Dhabi. Un chef-d'œuvre d'architecture islamique moderne. (p. 184)

Yas Viceroy, Abu Dhabi. Le seul hôtel du monde qui chevauche un circuit de Formule 1. (p. 190)

Corniche de Mutrah, Mascate. Une pittoresque succession de maisons aux balcons treillissés, de mosquées et de forts, au cœur de la capitale d'Oman. (p. 51)

Louvre Abu Dhabi. À travers le magnifique dôme du toit filtre une "pluie de lumière" évoquant les plantations de palmiers (p. 182 ; p. 212).

Faune

Oman et les Émirats offrent maintes occasions d'approcher la faune sauvage : contemplez les dauphins et les baleines, observez la ponte des tortues ou traquez les oryx d'Arabie à travers la plaine.

Tortues. Dans la réserve de **Ras al-Jinz**, des centaines de tortues retournent pondre sur la plage où elles sont nées. (p. 80)

Dauphins. Embarquez sur un boutre à Mascate pour aller admirer les **dauphins**. (p. 58)

Baleines. En décembre, ces paisibles géantes de l'océan Indien s'aventurent au large de **Mascate**. (p. 58)

Oryx L'oryx d'Arabie est une espèce protégée que l'on peut voir dans la réserve de **Jaaluni** (p. 273) ou sur l'**île de Sir Bani Yas**. (p. 205)

Damans. Ces petits mammifères aux allures de gros cochons d'Inde, curieusement apparentés aux éléphants, s'observent dans le sud d'Oman, qui vire au vert sous la mousson, (p. 128), et aux Émirats (p. 201)

Gazelles. Observez la faune d'Arabie sur l'**île de Sir Bani Yas**. (p. 205)

Adaptation au désert. Découvrez comment les animaux survivent à la chaleur au **Sharjah Desert Park**. (p. 168)

Kayak dans les mangroves. Excursions en kayak au cœur de cet écosystème complexe le long de la **côte d'Abu Dhabi**. (p. 188)

Aventure

L'Arabie a toujours fait rêver les grands explorateurs, de Marco Polo au Britannique Wilfred Thesiger. Partez sur leurs traces.

Camping sauvage. Plantez votre tente à quelques encablures de l'océan Indien et guettez le bruit des crabes-fantômes qui filent à toute vitesse à travers la ligne de marée haute.

Expédition en 4x4. Rien de tel qu'un véhicule tout-terrain pour se découvrir une âme d'aventurier et s'élancer au cœur des **monts Hajar**. (p. 103)

Excursion dans les dunes. Réduisez la pression des pneus et grimpez en régime dans les dunes de sable des **Sharqiya Sands**, en Oman (p. 90), ou dans les superbes **dunes** orangées des Émirats. (p. 204)

Randonnée dans les wadi. Plongez de piscine naturelle en piscine naturelle, dans les **gorges du Serpent**, en Oman. (p. 98)

Balade à dos de dromadaire. Pour se livrer à ce singulier exercice, direction les **Sharqiya Sands**, en Oman. (p. 90)

Croisière en boutre. Il faut voir les capitaines diriger leurs boutres (*dhow*) entre les falaises abruptes des étroits *khwar* (criques) de la **péninsule de Musandam**. (p. 114)

Ski et patin à glace. Chaussez-les pour descendre la piste du **Mall of the Emirates**, à Dubai, ou pour réaliser des pirouettes sur la **patinoire** de Mascate. (p. 157 ; p. 66)

ZEYNEP THOMAS/GETTY IMAGES ©

En haut : Dubai Mall (p. 141), Émirats arabes unis

En bas : dromadaires dans le désert de Sharqiya (Wahiba) Sands (p. 90), Oman

Mois par mois

LE TOP 5

Festival de Mascate, janvier

Shopping Festival de Dubai, février

Dubai World Cup, mars

Festival de Salalah, août

Grand Prix automobile d'Abu Dhabi, novembre

Janvier

Hormis le froid vif dans les montagnes, et dans les plaines désertiques la nuit, il fait merveilleusement chaud et ensoleillé partout ailleurs. C'est la haute saison en Oman et aux Émirats. Il peut cependant parfois tomber une pluie drue !

Festival de Mascate

Durant un mois, à cheval sur janvier et février, le Muscat Festival anime la capitale d'Oman. Spectacles, concerts et villages d'artisans mettent en lumière, dans différents endroits de la ville, la culture et le patrimoine omanais. Au programme figurent également de nombreuses manifestations sportives. Pour en savoir plus : www.muscat-festival.com. (p. 62)

Marathon de Dubai

Ce marathon (www.dubaimarathon.org), le plus richement doté du monde, attire des milliers de coureurs.

Février

Il fait chaud dans la journée et encore frais la nuit, et l'affluence du Nouvel An s'est estompée. C'est donc l'un des meilleurs mois pour profiter de l'animation de la haute saison dans cette partie du Golfe.

Shopping Festival de Dubai

À cheval sur janvier et février, le Dubai Shopping Festival offre pendant un mois d'importantes réductions dans les magasins et s'accompagne de feux d'artifice. (p. 148)

Liwa Challenge Master Trek

Cette éprouvante course à pied (www.liwachallenge.com) voit s'affronter des athlètes du monde entier à travers les dunes de sable du Rub al-Khali près de Liwa, lors de deux étapes de 100 et 200 km.

Mars

L'arrivée du printemps s'accompagne d'une brève et intense floraison, d'envols de papillons et de l'apparition de diverses nuances de vert dans le désert, avant que l'été ne les fasse tous disparaître – à l'instar des touristes.

Dubai World Cup

La Coupe du monde de Dubai est l'un des grands événements mondains des Émirats. C'est la course hippique de plat la mieux dotée du monde (10 millions de dollars américains). Détails sur le site www.dubairacingclub.com.

Avril

Tandis que la chaleur monte dans la plaine, c'est un mois idéal pour arpenter les montagnes d'Oman. Les roses, sauvages ou cultivées, sont en pleine floraison, avant d'être cueillies pour fabriquer de l'eau de rose.

Mai

Rares sont les visiteurs qui ont le courage de venir en mai dans la région. La chaleur est intense, et l'humidité à la limite du supportable. Le ramadan ayant lieu en partie au mois de mai de 2017 à 2019, se rendre dans les pays du Golfe à cette période relèverait du masochisme !

Juin

La chaleur et l'humidité sont très éprouvantes. En juin, les hôtels offrent des réductions, mais mieux vaut privilégier le camping sauvage ou tout confort dans les montagnes d'Oman pour échapper à la chaleur.

Ramadan

Le ramadan est une période sacrée durant laquelle les musulmans jeûnent de l'aube au coucher du soleil. Au cours de ce mois, les visiteurs doivent s'abstenir de manger ou de boire en public. Le soir venu, en revanche, les musulmans se retrouvent autour d'un repas festif et dégustent de délicieuses pâtisseries préparées spécialement pour l'occasion.

Aïd-el-Fitr

Cette fête qui marque la fin du ramadan est généralement célébrée en famille ; elle ne présente donc pas grand intérêt pour les touristes non musulmans.

En haut : feux d'artifice de la Saint-Sylvestre au-dessus de la Dubai Marina (p. 145), Émirats arabes unis

En bas : Grand Prix automobile d'Abu Dhabi (p. 86), Émirats arabes unis

Juillet

Ce mois très chaud dans le désert correspond à la saison du *kharif* (saison des pluies) dans le sud d'Oman, où les visiteurs du Golfe arrivent pour profiter d'un peu de fraîcheur.

Nidification des tortues

Tout au long de l'année, en Oman, des tortues reviennent sur les plages où elles sont nées pour y déposer leurs œufs. Mais le phénomène atteint son summum en juillet à Ras al-Jinz, quand chaque nuit une centaine de tortues vertes arpentent le sable. (p. 80)

Août

C'est la haute saison dans le sud d'Oman, devenu un havre de brume et de verdure… envahi d'une foule d'insectes ! Le reste de la région suffoque sous la chaleur et la sécheresse.

Festival de Salalah

Les visiteurs affluent à ce festival de Salalah pour pique-niquer sous la bruine et profiter des spectacles internationaux et des manifestations culturelles omanaises. (p. 121)

Septembre

En 2016, des millions de pèlerins se rendront à La Mecque à cette période pour le *hajj*. L'affluence se ressent alors dans les aéroports et sur les grands axes de la Péninsule.

> **FÊTES MUSULMANES**
>
> Les dates du ramadan et des deux principales fêtes musulmanes de l'année, 'Aïd-el-Fitr et l'Aïd-el-Adha (marquées par des agapes et des festivités), sont établies en fonction du calendrier lunaire, et avancent d'environ 10 jours chaque année.

Aïd-el-Adha

Les familles se réunissent pour manger le veau gras en l'honneur du retour des pèlerins de La Mecque et de Médine, en Arabie Saoudite.

Musique classique

Le Royal Opera House Muscat (www.rohmuscat.org.om) accueille de prestigieux opéras, ballets, concerts classiques et ensembles de jazz. (p. 66)

Dubai International Dance Festival

Ce festival de danse (dubaidancefestival.com) présente des artistes renommés chaque année pendant 3 jours.

Octobre

C'est la rentrée scolaire. Les températures baissent légèrement.

Novembre

La chaleur retombe et des pluies occasionnelles alimentent les *wadi*.

Oman Desert Marathon

Des coureurs internationaux s'affrontent dans cet éprouvant marathon (www.marathonoman.com) qui les mène à travers les dunes sauvages de Sharqiya Sands, jusqu'à l'océan Indien.

Grand Prix automobile d'Abu Dhabi

Le Grand Prix d'Abu Dhabi (www.abudhabi-grand-prix.com) est l'un des grands moments de la saison de formule 1. (p. 86)

Décembre

Le pic de la saison touristique est marqué par une mer encore chaude, un ciel clair, un air vif et des soirées suffisamment douces pour dîner dehors.

Dubai International Film Festival (DIFF)

Le DIFF, organisé depuis 2004, présente d'excellents films et met un coup de projecteur sur le cinéma arabe. (p. 148)

Nouvel An

Les habitants du Golfe admirent chaque 31 décembre à Dubai des feux d'artifice parmi les plus grandioses au monde.

Mubadala World Tennis Championship

Le tournoi le plus réputé de la péninsule Arabique (www.mubadalawtc.com) accueille de grands noms du tennis à Abu Dhabi.

Itinéraires

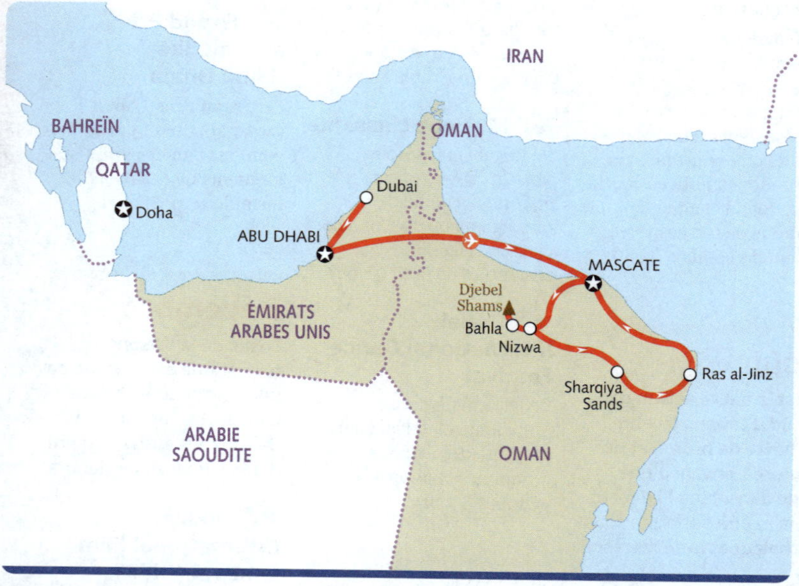

10 JOURS

Le meilleur d'Oman et des Émirats

Serpentant entre sites anciens et merveilles modernes de la Péninsule, cet itinéraire vous fera découvrir trois villes d'Oman et des Émirats dont l'animation contraste avec les paysages sauvages omanais.

Commencez par passer 2 jours à **Dubai**, où l'obsession pour les superlatifs trouve sa plus parfaite expression dans le saisissant Burj Khalifa. Restez une journée à **Abu Dhabi**, capitale fédérale des Émirats, et visitez la Grande Mosquée Sheikh Zayed – vous verrez qu'un séjour dans le pays n'est pas limité au shopping.

Prenez ensuite l'avion pour **Mascate**, où vous changerez radicalement d'atmosphère. Vous découvrirez que 40 années de "renaissance" n'ont pas entamé le profond respect que la nation omanaise porte à son histoire – c'est particulièrement évident lors d'une visite de 4 jours à **Nizwa** et **Bahla**. Comptez enfin 3 jours pour gravir le **djebel Shams**, traverser les **Sharqiya Sands** à dos de dromadaire et observer le retour des tortues sur la plage qui les a vues naître à **Ras al-Jinz**, avant de regagner Mascate.

3 SEMAINES

Le grand tour d'Oman et des Émirats

Atterrissez à **Dubai** et entamez la première semaine en visitant le Burj Khalifa, la plus haute tour du monde, ou admirez-le depuis un autre gratte-ciel emblématique de la ville, le Burj al-Arab. Une promenade en bateau sur le Khor Dubai vous permettra d'apprécier les splendeurs de l'architecture urbaine. Puis rendez-vous à **Abu Dhabi**, capitale raffinée des Émirats arabes unis, où la légèreté des coupoles l'emporte sur la quête de verticalité.

Une fois fait le tour des villes, à vous les ciels étoilés et les dunes orangées d'**Al-Aïn**. Promenez-vous dans le marché aux dromadaires avant de marcher sur les pas de Thesiger, intrépide explorateur anglais, en visitant le musée du fort.

Commencez la deuxième semaine en passant la frontière à **Buraimi** pour vous rendre à **Ibri**, en Oman. Vous voilà au pays des anciennes tours et fortifications, des grandioses montagnes et des *wadi* profonds, et, à **Bat**, des tours funéraires millénaires dressées en haut des crêtes. Poursuivez par **Jabrin** et **Bahla**, que dominent leurs forteresses, jusqu'à **Nizwa**, autre cité historique que surplombe le majestueux djebel Shams.

Changement de décor : quittez les hauteurs pour la platitude des plaines désertiques en suivant la route de **Thumrait**, qui borde le Rub al-Khali, le “désert des déserts”. Après 10 heures de mornes paysages rocailleux, la descente sur **Salalah**, deuxième ville d'Oman, est sublime, surtout durant la saison des pluies, quand les étendues désertiques virent au vert. Finissez la semaine parmi les arbres à encens du côté de **Mughsail**, puis allez découvrir les vestiges d'Al-Balid, où se pratiquait le commerce de la précieuse résine, et ceux de l'ancien port de **Khor Rouri**.

En voiture, démarrez la troisième semaine en longeant la mer d'Oman vers le nord, entre Salalah et **Hasik**, sur une route côtière reculée. En chemin, arrêtez-vous une nuit ou deux pour faire du camping sauvage, ou continuez jusqu'à **Duqm** et passez une nuit dans l'un des hôtels de luxe de cette ville en plein essor. Faites un petit saut à **Masirah**, véritable “île désertique”, puis continuez en lisière des dunes des Sharqiya Sands jusqu'à **Ras al-Hadd**. Après une journée à **Sour**, où les phares d'Ayjah guident les boutres vers un abri sûr, terminez votre périple dans l'accueillante capitale omanaise, **Mascate**.

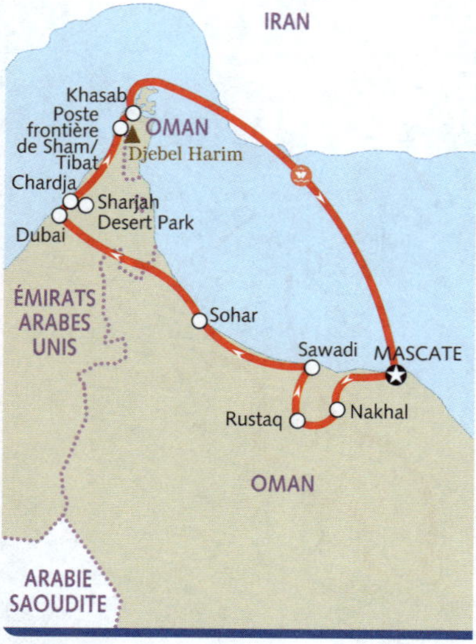

5 JOURS

Petite escapade au départ de Dubai

En partant des Émirats, la péninsule de Musandam, en Oman, constitue une escapade idéale pour un week-end – avec 1 ou 2 jours en plus, vous pourrez même faire une petite virée dans le nord d'Oman.

Depuis **Dubai**, direction le nord et **Chardja**, ville de patrimoine et d'art islamiques. Le lendemain, poursuivez vers le nord jusqu'à la frontière **Shams/Tibat** pour rejoindre la péninsule de Musandam. Une route spectaculaire longe la falaise jusqu'à **Khasab**, où vous embarquerez pour une croisière en boutre dans les *khwar* (fjords) du détroit d'Ormuz.

Passez le troisième jour à explorer en 4x4 le **djebel Harim** et le cirque de Rawdah avec ses "maisons des serrures". Retournez à Khasab et prenez le ferry rapide du soir pour **Mascate** : l'arrivée de nuit au port de Mutrah est une expérience inoubliable. Le quatrième jour, visitez le souk de Mutrah et la vieille ville. Le cinquième jour, direction l'ouest et les anciennes capitales (et forts) de **Nakhal** et de **Rustaq**. Profitez-en pour vous baigner à **Sawadi**. Prolongez encore votre séjour d'une journée en passant la nuit dans la ville en pleine expansion de **Sohar**.

Préparer son voyage

Être expatrié

Dans la péninsule Arabique, l'époque où l'on pouvait devenir millionnaire sans efforts est révolue. En revanche, les températures extrêmes et les différences culturelles restent le lot de tout expatrié. Si cette région riche d'une civilisation ancienne et en perpétuelle évolution vous attire, mieux vaut anticiper les défis qui vous attendent.

Oman et les Émirats arabes unis en bref

Attendez-vous à une chaleur intense en été. Le week-end s'organise autour du vendredi, jour de prière des musulmans.

Oman

Le rythme lent des prises de décision. La tolérance à l'endroit des mœurs et usages occidentaux.

Émirats arabes unis

Sous des dehors libéraux, l'âme conservatrice d'une culture ancienne.

Vie quotidienne

Pas si différente, au fond

Pour beaucoup de nouveaux arrivants venus de l'Ouest ou de l'Est, les premiers jours dans la péninsule Arabique constituent un choc culturel. Au début, les cinq appels à la prière quotidiens, la chaleur extrême, l'uniformité des vêtements, la circulation automobile anarchique et les senteurs omniprésentes du narguilé se conjuguent, pour de nombreux voyageurs, en une impression d'étrangeté que renforce le paysage désertique.

Passé une semaine, les similarités avec l'Occident se font plus évidentes. Des femmes en *abaya* (longue robe noire très couvrante) fréquentent des centres commerciaux pour y faire leurs emplettes d'articles importés, dans des boutiques qui ressemblent à celles que l'on trouve en Europe ou en Amérique, tandis que des écoles occidentales réputées accueillent les enfants d'expatriés. L'anglais est, du reste, couramment parlé. Les infrastructures médicales fonctionnent bien, les non-musulmans peuvent pratiquer leur culte, et de l'eau potable coule du robinet. La consommation d'alcool est tolérée, et certains supermarchés vendent même du porc.

Nombre d'étrangers apprécient le fait que la vie dans les pays du Golfe leur rappelle à certains égards une époque pas si lointaine où le quotidien semblait plus sûr et moins frénétique. Certes, les grandes villes sont animées, mais, dans l'ensemble, la qualité de vie reste au rendez-vous.

Un brassage culturel

Aux Émirats, comme dans tous les États du Golfe, la population des expatriés dépasse largement celle de souche ; en Oman, elle excède 40%. Cela fait de la Péninsule l'un des endroits les plus multiculturels (démographiquement) de la planète, ce qui constitue à la fois une gageure et une fantastique opportunité pour tout nouvel arrivant : un défi parce qu'il faut toujours y apprendre à composer avec l'altérité ; une chance en ce que l'on y découvre de nouveaux modes de vie (notamment à travers la cuisine, les festivités ou les habitudes de travail).

Les Occidentaux apportent dans la région leur expertise en ingénierie ou en finance. De leur côté, des centaines de milliers d'expatriés asiatiques fournissent la main-d'œuvre. En outre, les conditions de travail ne sont pas les mêmes pour tous (voir p. 233).

Les pays du Golfe aident à leur façon les populations déplacées à cause de la guerre. Cela s'est traduit par des dons en argent au gouvernement syrien, mais aussi par un modèle particulier d'accueil des migrants.

Les demandeurs d'asile sont les bienvenus comme "hôtes", membres de professions libérales ou employés qualifiés en contrat de courte durée. En l'absence de toute reconnaissance officielle du statut de réfugié, il s'agit avant tout de leur fournir des opportunités de travail temporaire plutôt que de les intégrer à la communauté nationale. En d'autres termes, les autorités considèrent que ces migrants ont vocation à retourner un jour chez eux.

Climat

Le climat est l'un des principaux aléas d'un séjour en Arabie. Ici, en été, le ciel n'est pas bleu : il est blanc tant il fait chaud, et les températures extrêmes d'avril à octobre (qui tournent autour de 40°C et dépassent fréquemment les 45°C) changent complètement la manière de vivre. Il faut apprendre à rester enfermé des mois durant dans les bâtiments climatisés, à vivre à un rythme plus lent et à trouver des moyens de faire de l'exercice sans avoir à sortir – comme c'est le cas en hiver dans les pays très froids. En revanche, les températures des six mois d'hiver sont propices aux visites et aux sorties en tout genre. Voici quelques conseils pour ne pas trop souffrir de la chaleur :

Vivez au rythme local. Les horaires de travail à travers toute la région tendent à favoriser le matin et la fin d'après-midi, que ce soit en une seule plage horaire (7h-14h) ou en deux (7h-12h, puis 17h-19h).

Faites la sieste. Si votre travail le permet, suivez la pratique locale, qui consiste à prendre son repas principal le midi, puis à faire une sieste durant les heures les plus chaudes de la journée.

Buvez beaucoup d'eau. Les expatriés tendent à sous-estimer la quantité d'eau à absorber en été, au risque de souffrir de déshydratation.

Portez des vêtements en coton. En raison de l'excès d'humidité dans les villes des Émirats, une température de 35°C peut parfois être ressentie comme un 45°C, et les fibres synthétiques ont alors tendance à coller à la peau, ce qui ajoute à l'effet de macération. Pour le même motif, il est déconseillé d'utiliser trop de crème solaire.

Portez un chapeau et des lunettes de soleil. Comme en témoignent les tenues traditionnelles arabes, il est primordial de se couvrir la tête et le cou, et de protéger ses yeux des reflets du soleil (notamment sur les bâtiments blancs et sur la mer). En règle générale, évitez de vous asseoir au soleil.

Limitez l'exercice physique. La chaleur extrême oblige à produire deux fois plus d'efforts en en faisant deux fois moins. Imitez les habitants en vous contentant de faire du sport juste avant l'aube ou dans une salle climatisée. À la tombée de la nuit survient également un léger coup de frais, avant que ne s'installe la chaleur nocturne.

Fuyez vers les hauteurs. La température descend d'environ 5°C tous les 1 000 m. Un week-end en altitude (ou des vacances estivales dans le Dhofar, en Oman) devrait vous permettre de vous rafraîchir agréablement.

Problèmes juridiques

Dans la plupart des pays de la péninsule Arabique, la loi repose sur la charia, ce qui, d'un pays à l'autre ou même d'un juge à l'autre, peut conduire à des interprétations très différentes des peines à administrer pour un même délit, puisqu'il n'existe pas de code pénal à proprement parler.

Enfreindre la loi peut se révéler d'autant plus lourd de conséquences que les ambassades ont très peu de moyens (lorsqu'elles en ont l'envie) d'aider leurs ressortissants qui seraient en infraction avec la législation locale.

Certains usages, courants dans d'autres pays, comme les signes d'affection en public, les relations sexuelles hors mariage ou la consommation raisonnable d'alcool, sont ici délictueux, voire sévèrement réprimés. Sont illégaux : la consommation de drogue, l'ivresse en public, la conduite en état d'ivresse, les comportements obscènes, l'adultère, le concubinage et les relations homosexuelles. Enfreindre la loi peut entraîner une amende (pour une infraction au code de la route), une expulsion (pour concubinage) ou même la peine de mort (pour trafic de drogue).

Il est donc primordial de vous enquérir des lois locales en amont de votre voyage. Renseignez-vous auprès de votre directeur des ressources humaines et de l'ambassade du pays dans lequel vous souhaitez travailler sur toutes les questions juridiques avant de signer votre contrat.

Travailler dans la région

Les lois en matière de travail sont très strictes dans le Golfe. Il est interdit de chercher du travail avec un visa touristique, et quiconque est pris à travailler illégalement s'expose à de lourdes sanctions. Si certains voyageurs postulent pour des emplois *ad hoc* (à Dubai, par exemple), il est nécessaire d'avoir un poste assuré avant d'arriver pour rester dans le cadre de la loi. La personne (morale ou physique) qui vous invite (en général, votre employeur) devient une sorte de garant de votre bonne conduite pour le temps de votre séjour dans le pays, et pourra en outre vous aider à obtenir un visa.

Les conditions de vie et de travail sont généralement d'un haut niveau. Les salaires ont l'énorme avantage de n'être pas imposables. Il peut toutefois se révéler difficile de changer d'emploi en cours de séjour, ou simplement de trouver des contrats pérennes, la plupart tenant d'engagements à court terme, renouvelables annuellement. Pour de nombreux emplois, il n'est pas nécessaire de parler arabe (quoique ce soit un plus), mais il est souvent indispensable de très bien parler et écrire en anglais.

La plupart des emplois proposés sont des postes de traducteurs, d'infirmiers, d'ingénieurs et d'enseignants (notamment de professeurs d'anglais). Les postes administratifs sont dorénavant de plus en plus pourvus par des professionnels locaux spécialement formés. Mais les agences internationales de recrutement ont encore nombre de postes à offrir dans la Péninsule. Notez que pour la plupart des postes de professeurs d'anglais (ou de français, plus rares), il est nécessaire d'avoir au moins un diplôme et une certaine expérience de l'enseignement. Il n'est pas indispensable, en revanche, d'avoir l'anglais, ou le français, pour langue maternelle

Vous pouvez aussi vous enquérir des postes à pourvoir auprès d'un centre culturel francophone ou vous porter volontaire pour travailler auprès de diverses organisations humanitaires.

Une question d'attitude

La vie professionnelle d'un expatrié implique souvent d'être confronté à des différences fondamentales de point de vue, de culture et d'éducation entre collègues. Il peut donc être utile d'identifier ces différences dès le départ et de s'en réjouir plutôt que de tenter de les effacer. Les ressortissants des pays du Golfe, notamment, y parviennent remarquablement, en acceptant les expatriés pour ce qu'ils sont, sans chercher systématiquement à influencer leurs croyances religieuses, leurs idées ou leurs habitudes. De la même manière, il est important pour les expatriés d'apprendre à tirer le meilleur parti des usages arabes et de ne pas considérer que leur propre culture est toujours la plus légitime. En fait, seule une écoute préalable et ouverte permet de répondre aux besoins locaux, et de ne pas risquer de s'enferrer dans des solutions inadaptées au contexte.

L'art subtil du commerce

Les habitants de la région sont d'éminents marchands depuis des siècles (le pétrole n'a supplanté le cuivre, les perles et

PAS D'IMPAIR !

À faire...

Il n'est pas toujours facile, en particulier dans les grandes villes des Émirats, de nouer le contact avec la population locale, notamment avec les Arabes d'origine, parfois en minorité sur leur sol. Voici quelques pistes pour y parvenir :

Visiter un village traditionnel. Partir à la découverte des racines bédouines de la région constitue un excellent moyen d'appréhender les conceptions locales de temps et d'hospitalité. La visite de villages traditionnels, notamment durant les festivals et les fêtes nationales, donne un formidable aperçu du riche patrimoine culturel, artistique et culinaire des pays du Golfe.

Apprendre l'arabe. Il ne s'agit pas d'un acquis indispensable, l'anglais étant largement parlé. Se familiariser avec quelques mots ou expressions du quotidien contribuera à favoriser votre immersion.

Assister à un mariage. Une invitation à un mariage permet, selon l'occasion et le milieu, et plus particulièrement pour les femmes, de se faire une idée plus nuancée de la condition féminine dans ces pays.

Célébrer l'Aïd, Diwali et Noël. Le goût pour la fête amène les habitants à organiser des réjouissances même dans le cas de célébrations n'ayant nul rapport avec l'islam. Leur sens de la communauté s'exprime pleinement en de telles occasions.

Jouer au football. Montrer, notamment à la faveur de matchs improvisés, son intérêt pour cette passion régionale est l'un des moyens les plus sûrs de conquérir le cœur des Arabes.

À éviter...

Oman et les Émirats sont plutôt tolérants (par rapport à l'Arabie Saoudite) envers les "transgressions" imputables aux étrangers, mais il n'y a rien à gagner à en commettre délibérément. Aussi, mieux vaut éviter d'offenser les habitants ou de rencontrer des problèmes avec les autorités. Dispensez-vous de :

Porter des vêtements moulants ou pas assez couvrants. Même dans la tolérante Dubai, rien n'est plus mal vu que de montrer ses épaules ou ses cuisses dans un centre commercial ou un autre espace public. Ne portez pas non plus de vêtements moulants ou provocants. Cela vaut pour les hommes également.

Montrer des signes d'affection en public. Évitez de tenir la main, d'embrasser ou d'étreindre une personne du sexe opposé.

S'enivrer. Être ivre en public est on ne peut plus répréhensible partout. Cette faute peut valoir une expulsion du territoire, voire une peine de prison.

Conduire en état d'ivresse. Même là où la consommation d'alcool est permise, il n'y a absolument aucune tolérance en matière d'alcool au volant.

Prendre de la drogue. La prise de drogue est illégale et peut entraîner de très lourdes sanctions.

Manger, boire ou fumer en public en journée durant le ramadan. Il est même parfois interdit de mâcher du chewing-gum, de chanter ou d'écouter de la musique à fort volume.

Jurer ou faire un geste injurieux. Plusieurs pays arabes tiennent cet impair pour non seulement impoli, mais aussi, et surtout, illégal ! Il est également mal vu de faire signe du doigt ou d'utiliser la main gauche pour toucher, donner ou manger.

Prendre des photos sans permission. Cette prévention s'applique avec une rigueur particulière s'agissant des sujets féminins. Vous devrez aussi éviter de photographier tout lieu militaire ou "stratégique" (aéroports ou gares routières).

Cohabitation. Même si le risque est minime si l'on reste discret, il est illégal de vivre avec un membre du sexe opposé (ou d'avoir un enfant) sans être marié.

l'encens que depuis quelques générations). Ils ont donc développé des us et coutumes extrêmement raffinés en matière de négoce, et affichent un certain dédain pour leurs homologues étrangers, dont l'empressement à aller droit au but apparaît à leurs yeux comme relevant d'un manque de finesse dans l'art subtil du commerce.

Bien qu'enclins à tolérer d'autres mœurs, les hommes d'affaires arabes ont le goût des bonnes manières. Observer les quelques règles de politesse qui suivent pourrait donc vous aider dans vos négociations :

Habillement. Les hommes porteront le costume-cravate, en évitant la soie et le lin, qui se froissent trop facilement. Les femmes opteront pour une tenue de ville couvrante, masquant notamment les genoux, les épaules et le décolleté. Les Occidentaux qui tenteraient de s'habiller "couleur locale" (en *dishdasha* ou en *abaya*, par exemple) se ridiculiseraient.

Ponctualité. Soyez à l'heure à vos rendez-vous, mais tolérez les retards (une habitude locale considérée avec mansuétude). Évitez les réunions ou les appels téléphoniques le vendredi, qui est le jour du repos et de la prière, ou l'après-midi durant la sieste (aux Émirats et dans les grandes villes, la pratique tend à disparaître) ou lors du ramadan.

Salutations. Vous pouvez serrer normalement la main des hommes, mais, s'il s'agit d'une femme, attendez d'abord qu'elle vous tende la sienne. N'utilisez de formules de politesse en arabe que si vous les maîtrisez parfaitement. Ne soyez pas surpris si vous voyez des gens se mettre la main sur le cœur après une salutation, des hommes se faire la bise (aux Émirats), se toucher ou se frotter le nez (dans certaines régions du sultanat d'Oman). Comme pour les tenues, n'essayez pas de les imiter.

Noms. Ayez recours aux prénoms plutôt qu'aux noms de famille : au lieu de "M. Al-Wahabbi", vous direz donc, par exemple, "M. Mohammed". De la même manière, attendez-vous à ce que l'on vous appelle "Monsieur" ou "Madame" suivi de votre prénom ("M. Jean" ou "Professeur Catherine", par exemple) et n'essayez pas de corriger cette formulation polie en tentant de lui substituer votre patronyme. La formule de politesse classique tient d'usage à l'emploi d'*as-sayyid* ("Monsieur") ou *as-sayyida* ("Madame").

Préliminaires. Échangez des banalités sur le temps qu'il fait, et enquérez-vous de la santé et de la famille de vos interlocuteurs durant plusieurs minutes avant de passer aux "choses sérieuses". Il est très mal vu de parler directement affaires.

L'HUMAIN D'ABORD

La culture arabe repose en grande partie sur le principe du "ce qui doit advenir adviendra", un fatalisme hérité de l'islam, que l'on décèle au gré des *inch'Allah* (littéralement "si Dieu le veut") qui ponctuent les conversations, comme un rappel régulier du rôle attribué au Très-Haut dans la destinée de chacun. Cette croyance en la volonté divine joue sur tous les aspects et événements de l'existence, qu'il s'agisse d'un accident de voiture, du tour pris par un accord commercial ou du décès d'un proche. En résulte une culture dans le cadre de laquelle les responsabilités et griefs personnels (concepts essentiels des sociétés occidentales) demeurent d'une importance toute relative.

Pour les expatriés, ignorer ces différences peut être la source de nombreuses frustrations en matière d'interactions sociales et professionnelles. Ainsi n'est-il pas rare, à l'approche d'une échéance (concept très flou dans la région), de retrouver ses collègues en train de prendre le thé. Or, d'un point de vue arabe, que pourrait-il y avoir de plus important que de passer du temps ensemble à échanger des nouvelles ? Le travail sera achevé dans les temps si telle est la volonté d'Allah. De fait, dans la société arabe, davantage d'affaires se concluent autour d'un thé qu'après une présentation Powerpoint. Pour apprécier et réussir sa vie sociale et professionnelle en Arabie, les expatriés doivent apprendre à privilégier le caractère informel des interactions humaines. Entretenir de bonnes relations avec les autres apporte son lot de récompenses inattendues, tant en matière d'amélioration du quotidien que d'opportunités sociales et professionnelles.

Attention, cependant : un homme ne doit jamais poser de questions sur la femme ou la fille d'un autre homme. Échangez vos cartes de visite (une étape obligatoire) avec la main droite (la main gauche est réservée aux ablutions).

Négociations. Les négociations constituent une part importante de la découverte de la valeur estimée par l'acheteur et le vendeur. Le prix fixe est un concept étranger au monde arabe, qui s'attache davantage à l'interaction sociale par laquelle on finit par s'entendre sur un prix.

Accord. Même si les manières d'autrefois ont quelque peu pâti de la crise mondiale récente, les Arabes font toujours grand cas de la parole donnée, tenue pour une question d'honneur.

Résolution des problèmes. Gardez le sourire, restez d'humeur égale et évitez de hausser la voix. Les confrontations, les critiques, les reproches et les jurons sont considérés comme extrêmement insultants lorsque proférés en public, les deux parties concernées perdant la face dans l'affaire. De la même manière, les excuses (qu'il s'agisse d'en faire ou d'en réclamer) relèvent d'un concept occidental qu'il vaut mieux se dispenser d'appliquer. Un mot bienveillant en privé aura beaucoup plus d'effet.

Vie sociale. Avant tout type de transaction (à la caisse, au supermarché, si un policier vous arrête, avant une réunion et même au téléphone entre étrangers), les gens se saluent comme il se doit et s'enquièrent chacun de la santé de l'autre. Il leur arrive aussi souvent de réitérer ces formules de politesse pour combler un blanc dans la conversation. De même, ne refusez jamais un thé ou un café. Faites comme vos hôtes et évitez de demander de l'alcool si l'on ne vous en propose pas.

Conversation. Évitez de parler de politique, de sexe ou de religion, et, si vous êtes amené à vous exprimer sur ces sujets, contentez-vous de considérations générales et non personnelles. Évitez aussi toute comparaison entre un homme et un animal, même pour rire, notamment les chiens (que beaucoup de musulmans considèrent comme des animaux malpropres) et les ânes (*hmar*, une insulte fréquente en arabe).

Prendre congé. L'échange de cadeaux est un aspect important de tout échange commercial dans la région. Il s'agit généralement d'objets de qualité, représentatifs du pays d'origine. Évitez les produits bas de gamme, qui risqueraient de nuire à vos affaires.

Place des femmes

Dans le monde professionnel, les femmes jouissent de postes et de salaires égaux à ceux des hommes, et il est courant de voir des personnes des deux sexes travailler dans un même bureau. L'expérience et les qualifications de chacun sont mises en valeur, et, même s'il est souvent difficile pour les femmes arabes de franchir le "plafond de verre", ce n'est pas le cas pour les étrangères (auxquelles on accorde beaucoup de respect) qui occupent des postes à responsabilité.

Les recommandations en matière de politesse et de gestion des affaires sont les mêmes pour les hommes et les femmes, à une exception près : certains hommes très religieux refuseront de serrer la main d'une femme.

Enfants et familles

Les Arabes aiment la compagnie des enfants et la famille en général. Les enfants expatriés sont donc assurés d'être bien accueillis et jouissent souvent, dans ce contexte relativement sûr, d'une plus grande liberté que dans leur pays d'origine. Les principaux sujets tournant autour de la famille sont abordés ci-après :

Activités. Il y a peu d'activités véritablement destinées aux enfants en dehors des grandes villes, mais les plages ne sont jamais vraiment loin, et les parcs sont souvent équipés d'aires de jeux (avec balançoires et toboggans), même dans les petites villes.

Dangers. Bien qu'elle demeure un problème relativement mineur, la consommation de drogue (illégale) chez les grands adolescents connaît une augmentation. L'imprudence au volant est un fléau dans tous les pays de la Péninsule, qui tue de nombreux jeunes. Des campagnes de prévention tentent d'endiguer ces phénomènes.

Enfants en bas âge. Les couches ne sont pas toujours faciles à trouver en dehors des grandes villes. En revanche, le lait maternisé est largement disponible, tout comme l'eau en bouteille.

Enseignement. Les écoles internationales de la péninsule Arabique sont d'un excellent niveau, ce qui permet aux élèves une transition en douceur vers le lycée ou l'université lorsqu'ils retournent dans leur pays d'origine.

Garde d'enfants. Les nourrices (souvent originaires d'Inde, du Sri Lanka ou des Philippines) sont nombreuses dans la région. Beaucoup de parents optent pour la solution d'une domestique vivant à domicile, les villas disposant souvent d'appartements réservés à la nourrice. Dans certaines grandes villes, des services de baby-sitting sont proposés dans les centres commerciaux.

Handicap. Répondre aux besoins des enfants handicapés est très difficile dans la région, les habitants stigmatisant souvent les handicaps, notamment mentaux. Trouver de l'aide ne serait-ce que pour des problèmes courants chez l'enfant, comme la dyslexie, les troubles du déficit de l'attention ou l'anorexie, peut se révéler une gageure.

Hôtels et restaurants. Dans les hôtels de catégorie supérieure et certains hébergements de catégorie moyenne, les enfants peuvent généralement séjourner dans la chambre de leurs parents sans supplément. Des lits ou berceaux sont en principe mis à disposition.
Des chaises hautes ne sont proposées que dans les restaurants haut de gamme.

Naissance et congé de maternité. Beaucoup d'expatriées accouchent sans rencontrer de problème particulier dans les villes principales. Des groupes (voir ci-après) peuvent prêter assistance aux parturientes, aussi bien avant qu'après la naissance. Le congé de maternité est inscrit dans la loi de la plupart des pays arabes.

Rencontres. De nombreux groupes, comme la Women's Guild dans le sultanat d'Oman (www.womensguildoman.com), constituent des lieux de rencontre pour les femmes au foyer expatriées. Ils sont souvent d'une grande aide pour les nouvelles arrivantes, et dispensent toutes sortes de renseignements sur l'école, les aides à domicile, les services de santé, les loisirs, le bénévolat, etc.

Sites Internet. Femme expat (www.femmexpat.com.) et Expat Woman (www.expatwoman.com) sont des forums utiles pour partager informations et conseils entre expatriés. Le guide *Voyager avec ses enfants* de Lonely Planet vous fournira aussi des renseignements complémentaires.

Santé. Les chaleurs extrêmes peuvent poser problème pour les jeunes enfants, notamment les bébés. Dans les hôpitaux et les cliniques, les services obstétriques et pédiatriques sont généralement de bon niveau, et la plupart des maladies qui touchent les enfants dans les climats chauds (comme la polio, la malaria ou la typhoïde) sont bien maîtrisées.

Logement

Les fêtes endiablées données dans les complexes résidentiels pour expatriés ne côtoyant que leurs semblables relèvent du passé. Si les résidences (*compounds*) appartenant à des sociétés existent encore en Arabie Saoudite, la plupart des expatriés en Oman et aux Émirats reçoivent désormais une indemnité pour se loger par leurs propres moyens. Voici quelques conseils d'ordre général sur le logement :

- Des locations peuvent être trouvées, généralement non meublées, par l'intermédiaire des ambassades, des centres culturels et des journaux.
- Les villas avec jardin, les appartements avec piscine commune ou les résidences faisant partie d'un complexe indépendant et sécurisé sont les types de logements favoris des expatriés. De nombreux hôtels proposent des hébergements à long terme.
- Vérifiez que la climatisation, l'entretien des parties communes et l'eau sont compris dans le loyer.
- Les emplacements de parking ombragés et en retrait de la route sont très recherchés.
- À moins que vous ne soyez lève-tôt, mieux vaut éviter de loger à proximité d'une mosquée pour ne pas être réveillé par les appels à la prière, bien avant le lever du soleil.
- Vérifiez que votre contrat de travail inclut la prise en charge d'un hébergement temporaire pendant que vous recherchez un logement.
- Vous trouverez les coordonnées de conseillers en relocalisation et d'agents immobiliers dans les annuaires téléphoniques.

Santé

Le système de santé est de bonne qualité dans toutes les grandes villes. Dans les plus petites agglomérations, notamment rurales, les soins peuvent se limiter à la présence sporadique d'un médecin dans le dispensaire local. Le personnel médical est généralement lui-même composé d'expatriés, notamment des infirmières venant des Philippines et des médecins Indiens.

Il arrive souvent que les soins d'urgence ne coûtent rien, mais mieux

Expatriés en bateau dans la marina de Dubai (p. 145), Émirats arabes unis

vaut ne pas trop compter sur cette gratuité. S'il existe des ambulances dans les grandes villes, le meilleur moyen de se rendre à l'hôpital en urgence consiste généralement à prendre le taxi. Les opérations peuvent revenir très cher, et un grand nombre d'habitants de la péninsule Arabique choisissent de se faire opérer en Inde ou en Thaïlande.

Il est indispensable de posséder une assurance maladie couvrant toute la famille. Lisez attentivement les notes en petits caractères des polices proposées par les compagnies d'assurances (quelles qu'elles soient) car elles peuvent exclure les soins dentaires et optiques, ceux liés à la grossesse, à l'accouchement et à la maternité, et peuvent aussi ne pas prendre en charge le traitement des maladies préexistantes.

Les produits d'hygiène féminine (comme les serviettes hygiéniques) se trouvent dans les hypermarchés (qui s'adressent aux expatriés). Les moyens de contraception sont facilement disponibles, mais l'avortement n'est accepté que s'il est pratiqué pour des raisons médicales. Sachez que le terme *abortion* (avortement) est souvent employé à la place de *miscarriage* (fausse couche) par les habitants dont l'anglais n'est pas la langue maternelle.

Bureaucratie

L'administration et la bureaucratie occupent une place très importante dans les pays du Golfe. Les expatriés doivent se prêter à de véritables jeux de piste pour s'assurer qu'ils sont en possession de toutes les permissions nécessaires pour travailler, avoir une voiture et la conduire, ou acheter de l'alcool. Cela dit, ce n'est pas aussi éreintant qu'il y paraît, toutes les sociétés ayant recours à des intermédiaires dont le travail est de guider les employés dans ce labyrinthe bureaucratique. Sachez que la plupart des pays de la Péninsule demandent que les voyageurs délivrent des résultats négatifs aux tests du sida et de la tuberculose pour obtenir une carte de séjour.

Vous pourrez accélérer le processus d'obtention des diverses autorisations en conservant toujours sur vous des

NOËL ET JOUR DE L'AN D'EXPATRIÉS

Noël est célébré avec enthousiasme dans la péninsule Arabique. Les centres commerciaux résonnent de chants de Noël et sont décorés de lumières, de crèches avec nouveau-né et néons, d'anges et de Rois mages, et le père Noël reçoit la visite de nombreux petits musulmans. S'il est courant pour les habitants de vous souhaiter un "joyeux Noël", il vaut mieux se contenter de répondre "merci" sans leur souhaiter les mêmes vœux. Aux Émirats arabes unis, la population pose souvent des vacances pour la fête de Noël, mais c'est assez rare en Oman, où le 25 décembre est en général considéré comme un jour ouvré normal.

Le Nouvel An offre plusieurs occasions de faire la fête car il n'a pas lieu au même moment pour les différentes communautés d'expatriés. Celui du calendrier musulman, dont la date change chaque année, est souvent un jour férié. Si la nuit du 31 décembre donne lieu à des réjouissances et des feux d'artifice, surtout à Dubai, le 1er janvier n'est pas forcément chômé. Le Nouvel An chinois se pose de plus en plus comme un événement culturel majeur.

photographies d'identité – certaines sur fond blanc et d'autres sur fond bleu –, plusieurs exemplaires d'un CV court (2 pages au maximum), des copies de vos diplômes universitaires et les attestations originales certifiées conformes par votre ambassade.

Prenez un numéro en entrant dans la salle d'attente, plongez-vous dans un livre, soyez patient, et restez aimable et poli quel que soit votre degré d'exaspération. Une fois en possession de votre carte de séjour, permis de conduire ou autorisation de voyager, gardez constamment le document sur vous – conformément à la loi dans la plupart des pays de la péninsule Arabique.

Oman et les Émirats arabes unis autorisent certaines nationalités (mais pas toutes) à conduire avec le permis de leur pays d'origine. Renseignez-vous auprès de votre ambassade ou de votre responsable des ressources humaines.

Transports

Hormis dans les Émirats, et plus particulièrement à Dubai, qui disposent d'un bon réseau de transports publics, il est généralement préférable d'être en possession d'une voiture pour se rendre à son travail et/ou aller faire ses courses. Les villes sont très étendues, et les bureaux, les services et les lieux de divertissement sont généralement éloignés les uns des autres.

Vous pourrez vous procurer une voiture assez facilement, mais sachez qu'il est impossible d'en acheter une sans autorisation de séjour. La plupart des marques et des modèles les plus courants sont disponibles et les prix sont peu élevés (puisqu'il n'y a pas de droit à l'importation). Comme pour tout autre achat, il est normal de négocier les prix. Un acompte de 10% environ du prix d'achat est généralement la norme lorsque l'on contracte un emprunt.

Comme elles sont peu chères, les voitures sont considérées comme des biens jetables par les plus fortunés, et un marché de voitures d'occasion tend ainsi à se développer dans toute la péninsule Arabique. Sachez que tout changement de propriétaire doit être validé par la police locale. Quiconque achète une voiture (ou en importe une) doit habituellement l'enregistrer auprès de la police de la route.

Lorsque vous achetez une voiture d'occasion, assurez-vous de disposer des éléments suivants (sans en omettre aucun) :

- un certificat de contrôle technique valide ;
- un certificat d'immatriculation (les numéros du moteur et du châssis devant correspondre à ceux inscrits sur ce dernier) ;
- un bilan réalisé par un garagiste ;
- un dossier prouvant que les infractions sont acquittées – les contraventions impayées reviennent généralement au nouveau propriétaire du véhicule.

Ramadan

Le mois du ramadan est une période de contemplation spirituelle pour les musulmans. Pour les expatriés, il peut apporter son lot de frustrations, car tout le monde a alors tendance à travailler plus lentement et à conduire plus vite.

Durant le ramadan, les musulmans jeûnent du lever au coucher du soleil. Si les étrangers n'ont pas à se soumettre à ces restrictions, ils n'ont toutefois pas le droit de boire, de manger ou de fumer (ni même de mâcher du chewing-gum) en public durant la journée. Les commerces et les hôtels prennent des dispositions pour accueillir les personnes ne jeûnant pas en installant des paravents autour des salles à manger.

Les horaires d'ouverture des commerces ont tendance à être plus chaotiques et généralement moins longs, et la plupart des restaurants ferment pendant la totalité de la période.

Le bouleversement des habitudes du quotidien et la difficulté de s'abstenir de boire de l'eau durant les longues et chaudes journées d'été expliquent que les humeurs s'échauffent plus facilement et que la manière de conduire se détériore. Les expatriés doivent prendre en compte ces éléments et se montrer beaucoup plus vigilants sur les routes et lorsqu'ils échangent avec les habitants.

Internet

Les sites suivants fournissent une mine de renseignements et invitent à l'échange :

Vivre en Oman (www.vivreenoman.com). Premiers pas, bonnes adresses, événements, autant de pistes pour mieux s'installer au sultanat.

Bonjour Dubai (www.facebook.com/lovedubai). Informations, conseils pratiques et échanges sur Dubai.

Dubai Accueil (www.dubai-accueil.com). Association pour les Français et les francophones vivant à Dubai et dans les émirats du nord.

Dubai Madame (www.dubaimadame.com). Magazine en ligne comportant une rubrique "Guide d'expat".

Le Chameau futé (www.facebook.com/chameaufuté). Page Facebook du guide *Le Chameau futé*, régulièrement réédité, fournissant des conseils pratiques sur Dubai et les autres émirats. Appli pour les francophones.

Les pays en un clin d'œil

S'il existe des similarités entre les deux États – la chaleur, l'aridité, les racines bédouines, les traditions musulmanes et la langue arabe –, les différences sont tout aussi palpables. Aux Émirats arabes unis, vous découvrirez l'archétype de la ville arabe moderne, avec des musées de haut vol, des centres commerciaux ornés de marbre abritant de grandes enseignes de la mode internationale, des restaurants novateurs et des ensembles hôteliers de grand luxe dotés de parcs paysagers. Oman, qui offre un contraste frappant avec les Émirats, permet d'avoir un aperçu de l'Arabie d'autrefois, avec des souks pittoresques, des forts imposants, des villages de montagne reculés, un littoral sauvage et des vestiges archéologiques. Dans les deux pays, le désert offre l'occasion de passer quelques nuits hors du temps au milieu de fabuleux paysages.

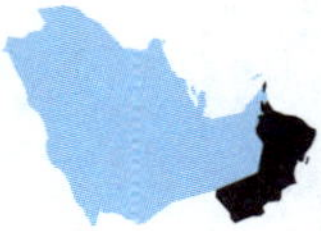

Oman

Paysages
Faune
Histoire

Reliefs contrastés

Admirez le Wadi Ghul, le "Grand Canyon" d'Arabie, depuis le djebel Shams. D'autres sensations fortes vous attendent sur les dunes des Sharqiya Sands ou en contemplant les *khwar* (criques) de Musandam.

Désert vivant

Tortues en nidification, oryx et gazelles, léopards et loups, dauphins, baleines et divers coquillages le long du littoral : les zones désertiques sont loin d'être désertes !

Forteresses et palais

Avec plus de 1 000 châteaux, forts, remparts et tours de guet, difficile d'élire le plus beau site : le fort de Nakhal remporte la palme grâce à son emplacement imbattable.

p. 44

Émirats arabes unis

Architecture
Culture urbaine
Paysages

Élans urbains

Le gratte-ciel Burj al-Arab à Dubai, évoquant la voile d'un boutre, le somptueux Emirates Palace et une piste de formule 1 à Abu Dhabi, les quartiers du patrimoine et des arts de Chardja : voici quelques exemples des trésors émiratis.

Visions surréalistes

Le légendaire Burj Khalifa, la tour la plus haute du monde (828 m) ; des requins nageant au milieu d'un centre commercial à Dubai ; et des oryx en liberté sur une île : aux Émirats, tout est possible.

Retour aux sources

Le caractère ancestral des Émirats s'exprime dans ses dunes et ses retraites en plein désert, dans les oasis de Liwa et les plantations de l'oasis d'Al-Aïn.

p. 132

Sur la route

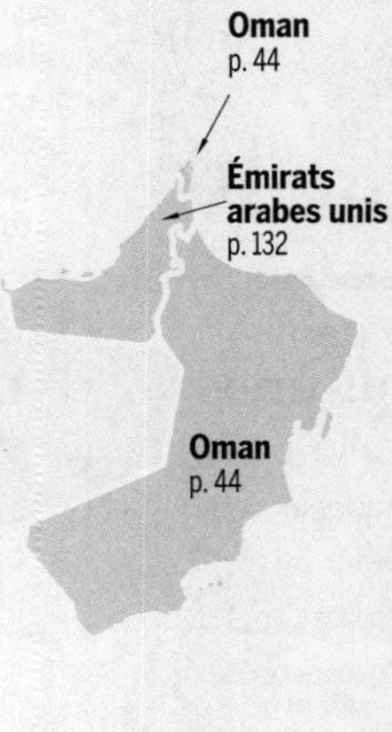

Oman عمان

Dans ce chapitre ➡

Pourquoi y aller

Fort de son riche patrimoine et de sa population soudée et enthousiaste, le sultanat d'Oman se montre fier de son identité, de son passé de peuple marchand, qui regarde l'avenir avec confiance grâce à son système éducatif performant.

Vous aurez ici l'occasion de découvrir le Moyen-Orient à travers un autre prisme que celui, parfois déformant, de la richesse et de l'opulence. Les villes omanaises ont conservé leur architecture traditionnelle et, dans ce pays fondé sur la culture bédouine, le sens de l'accueil demeure bien vivant. En outre, avec ses montagnes dentelées, ses *wadi* rafraîchissants, ses déserts battus par les vents et son littoral sauvage, le sultanat offre quantité de sites naturels de toute beauté. La destination ravira ainsi les visiteurs désireux de découvrir un pays qui a su préserver son âme et son authenticité tout en offrant un visage moderne.

Le top des sites culturels

- Fort de Bahla (p. 104)
- Musée national (p. 54)
- Souk de Mutrah (p. 52)
- Fort de Rustaq (p. 111)
- Bait al-Zubair (p. 55)

Le top des sites naturels

- Djebel Shams (p. 102)
- Sharqiya Sands (p. 90)
- Wadi Dharbat (p. 128)
- Ras al-Jinz (p. 80)
- Wadi Shab (p. 79)

Quand partir

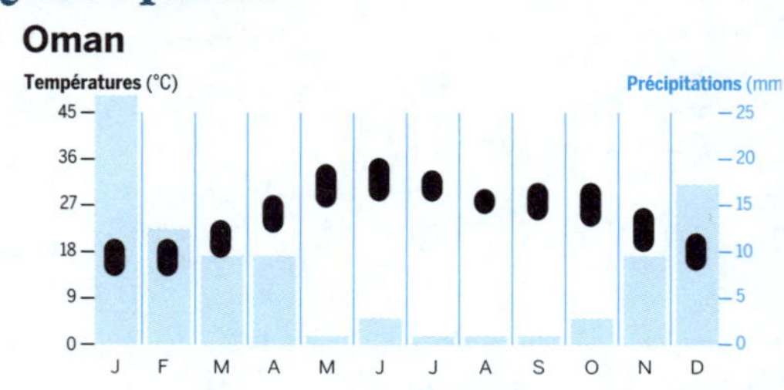

Janvier-février Le festival de Mascate, la capitale, est l'occasion de combiner culture et shopping.

Juillet-août Dans le sud du pays, le Salalah Tourism Festival célèbre la saison des pluies à travers diverses manifestations.

Novembre-mars Les températures plus douces annoncent la haute saison touristique.

Budget quotidien

Hors Mascate, les possibilités d'hébergement et les transports restent limités. Le prix d'une chambre économique pour une personne s'élève en moyenne à 65 €. En revanche, on se restaure à moindre frais (environ 6 €), et l'entrée de la plupart des sites culturels coûte une somme modique. En combinant transports publics et taxis, prévoyez au moins 120 € par jour. La dépense atteindra 225 € si vous optez pour des hôtels de catégorie moyenne et un véhicule de location. Comptez 450 € si vous résidez dans un établissement haut de gamme et louez un 4x4.

ITINÉRAIRES OMANAIS

Escale à Mascate

Levez-vous tôt pour découvrir le fabuleux **marché au poisson** de Mutrah. Arpentez la **corniche**, puis allez vous perdre dans le **souk de Mutrah**. Consacrez au moins 1 heure aux sites de la vieille ville fortifiée de **Mascate**, le cœur de la capitale, avant un répit bien mérité au **Shangri-La's Barr Al-Jissah Resort & Spa**.

Deux semaines

Commencez par la vieille ville de **Nizwa**. Grimpez jusqu'au **djebel Akhdar**, connu pour ses grenades. Découvrez le point culminant d'Oman au **djebel Shams**, où vous pourrez acheter un tapis. Vous croiserez peut-être des djinns (génies) autour des tombeaux et des forts de **Bat**, de **Bahla** et de **Jabrin**. Prenez votre temps pour regagner Mascate en suivant la superbe route de montagne jusqu'à Rustaq. Terminez par un plongeon dans les eaux étincelantes de **Sawadi**.

Trois semaines

Suivez la route côtière jusqu'à **Sour**, en explorant les *wadi* de **Shab** et **Tiwi**. Faites connaissance avec les tortues de **Ras al-Jinz**, puis partez vers les **Sharqiya Sands**, près d'Al-Mintirib. Là, habituez-vous à dormir à la belle étoile avant un trek en bivouac, via **Duqm**, jusqu'à la superbe **Salalah**. Prenez le temps de découvrir ce haut lieu de l'encens, ses jolies plages et ses "trous de souffleur".

À table !

- **Haris** Mélange de blé et de viande cuits jusqu'à former une pâte.
- **Showa** Agneau mariné et cuit dans un four enterré.
- **Halwa** Douceur de consistance gélatineuse, à base de sucre roux ou de sirop de datte, traditionnellement servie avec le café.
- **Eau du robinet** Potable, mais la plupart des gens préfèrent l'eau en bouteille.
- **Alcool** Dans les hôtels et les restaurants touristiques.
- **Café** Parfumé à la cardamome, servi avec des dattes.

BON À SAVOIR

- **Devise** Rial omanais (OMR)
- **Téléphones portables** Cartes SIM en vente un peu partout
- **Argent** Nombreux DAB et cartes bancaires largement acceptées
- **Visa** Disponible à l'entrée du pays (voir p. 291)

En bref

- **Capitale** Mascate
- **Indicatif** ☎ 968
- **Langue** Arabe ; l'anglais est largement pratiqué
- **Population** 4,2 millions d'habitants

Taux de change

Zone euro	10 €	4,250 OMR
Émirats	10 AED	1 OMR
Canada	10 $C	3 OMR
Suisse	10 FS	4 OMR

Consultez les derniers taux de change sur www.xe.com.

Sites Web

- **Oman Tourism** (www.omantourism.gov.om). Site officiel du ministère du Tourisme.
- **Oman Tourisme** (www.omantourisme.com). Site de l'office du tourisme en France.
- **Lonely Planet** (www.lonelyplanet.fr). Présentation du pays, forums des voyageurs et informations touristiques.

À ne pas manquer

1 Le marchandage avec les vendeurs de tapis du **djebel Shams** (p. 102), en surplomb du Wadi Ghul

2 La vue sur la région de la Batinah depuis les remparts du **fort de Nakhal** (p. 109)

3 Le tour des remparts du **fort de Bahla** (p. 104), inscrit au patrimoine mondial de l'Unesco

4 Une virée en 4x4 dans les dunes des **Sharqiya Sands** (p. 90)

5 Une soirée sur la plage de **Ras al-Jinz** (p. 80), où viennent pondre les tortues vertes

6 La région subtropicale de **Salalah** (p. 120), réputée pour son or, son encens et sa myrrhe

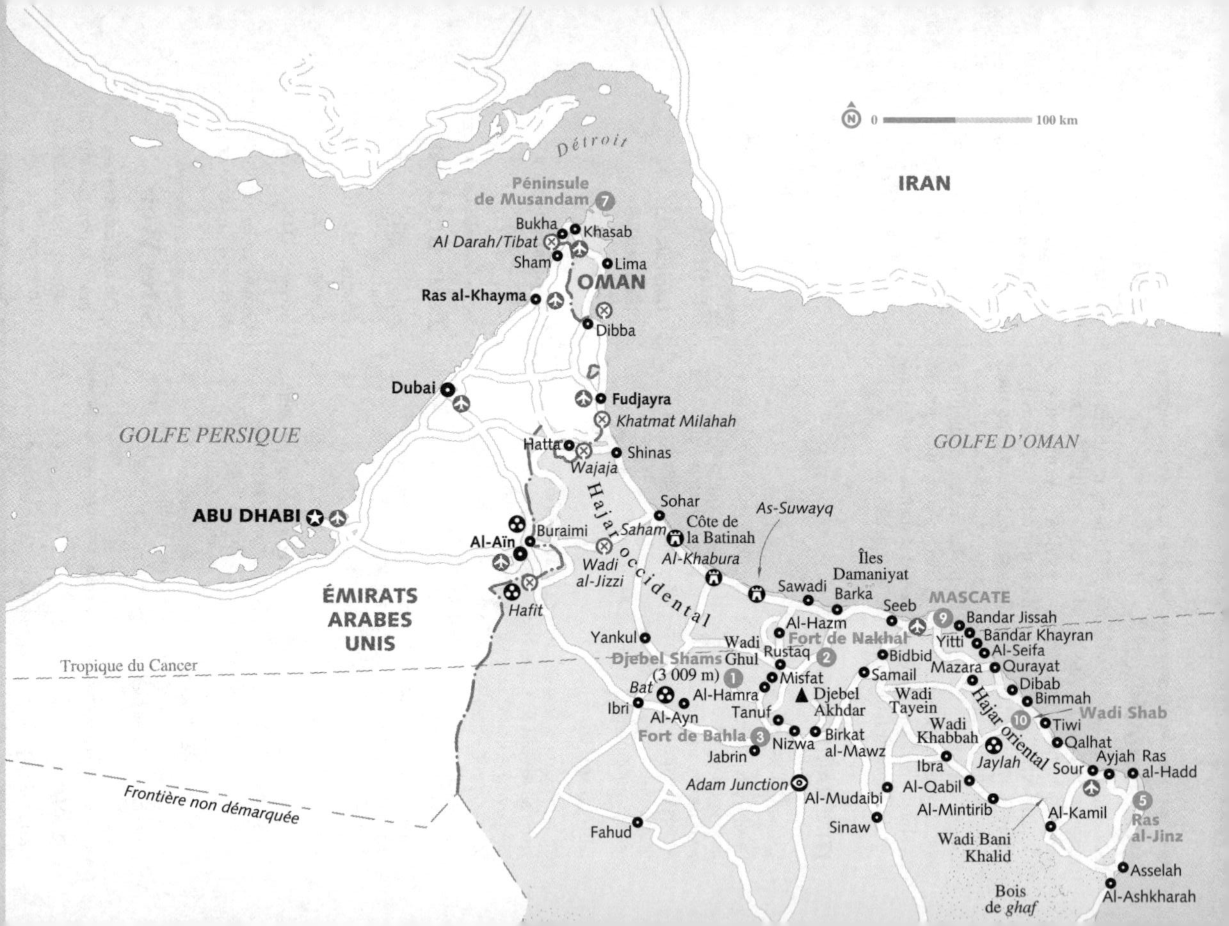

7 Une sortie en boutre (*dhow*) dans une crique de la **péninsule de Musandam** (p. 114)

8 Un bivouac sur une plage de **Masirah** (p. 83), île préservée aux paysages lunaires

9 Les étalages de pots en cuivre et de bracelets en or du **souk de Mutrah** (p. 52)

10 La baignade dans les eaux du **Wadi Shab** (p. 79), bordées de lauriers-roses

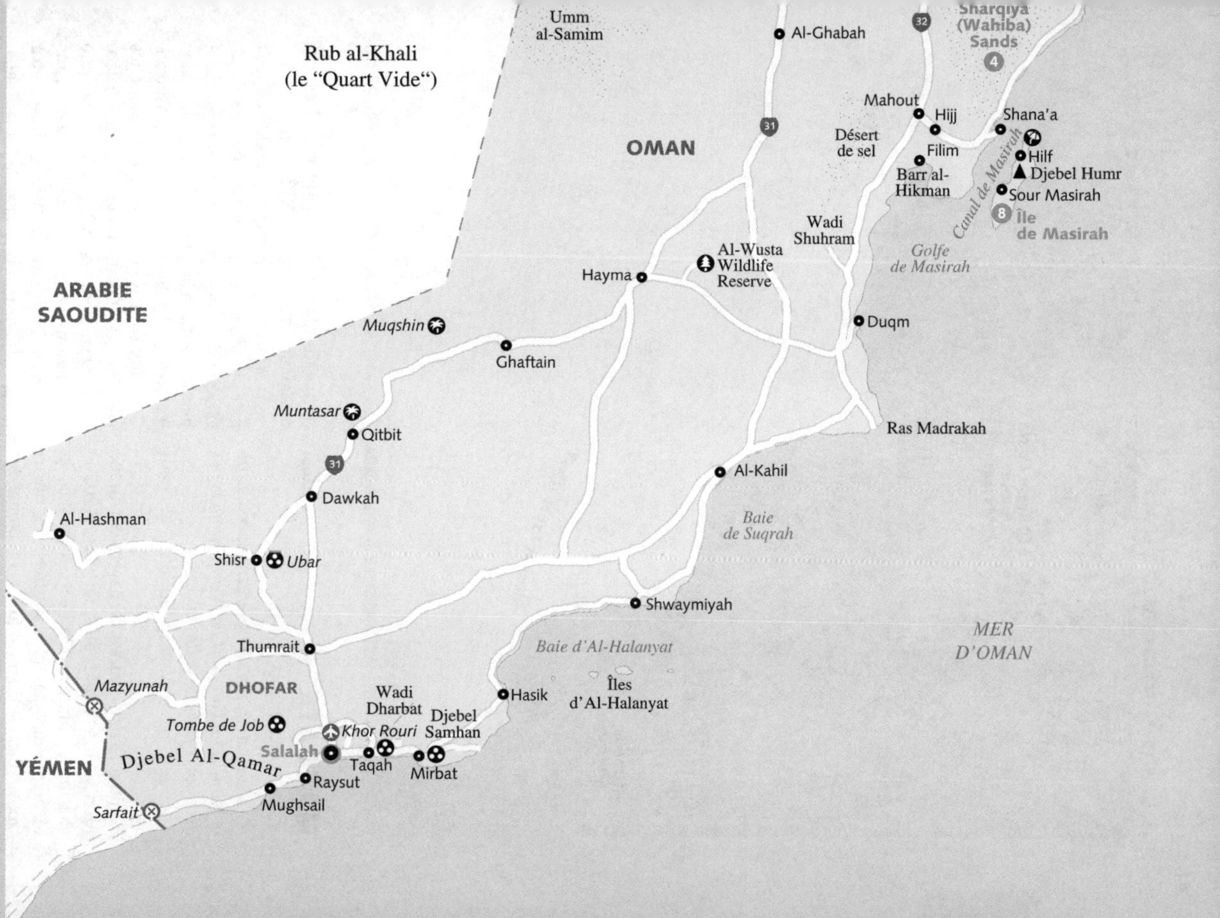

Agglomération de Mascate

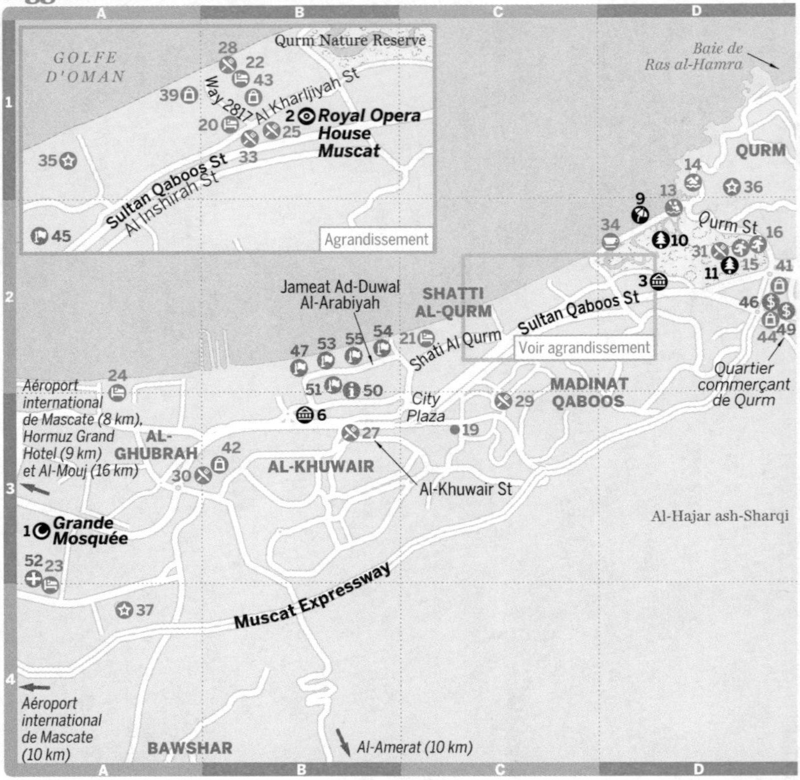

MASCATE مسقط

24 / 1,2 MILLION D'HABITANTS

Mascate est un port à nul autre pareil dans le monde, où l'on peut faire du commerce et découvrir tant de belles choses.

Ahmad ibn Majid al-Najdi

Comme l'avait compris le navigateur arabe Ahmad ibn Majid al-Najdi dès 1490, le charme de Mascate (Muscat en anglais) la distingue des capitales voisines. Ici, on ne trouve pas de hautes tours, et même les immeubles de bureaux doivent adopter le style traditionnel, à savoir une coupole et des fenêtres à moucharabiehs. Conséquence de cette politique architecturale stricte : une ville séduisante, à la physionomie harmonieuse et d'une propreté immaculée. Aujourd'hui encore, Mascate semble proche de cette "cité raffinée aux somptueuses demeures" que décrivait le conquistador portugais Afonso de Albuquerque lorsqu'il naviguait vers le port au XVIe siècle.

À Mascate ("lieu sûr de mouillage"), la mer continue de jouer un rôle essentiel. Chaque jour, des croisiéristes et des conteneurs de marchandises débarquent dans les ports du Vieux Mascate et de Mutrah. Ces eaux sont sources de revenus pour les pêcheurs de Shatti al-Qurm et d'Athaiba. Plus récemment, la ville est devenue une destination de loisirs, notamment dans la station balnéaire de Bandar Jissah et à Shatti al-Qurm, dont les plages de sable s'étirent presque sans interruption jusqu'à la frontière des Émirats, à plus de 200 km au nord-ouest.

L'inauguration, en 2011, de l'Opéra, qui accueille de grandes représentations, a hissé Mascate sur la scène culturelle internationale et l'a révélée en tant que capitale moderne et progressiste. Avec l'ouverture prochaine d'un nouveau musée national à

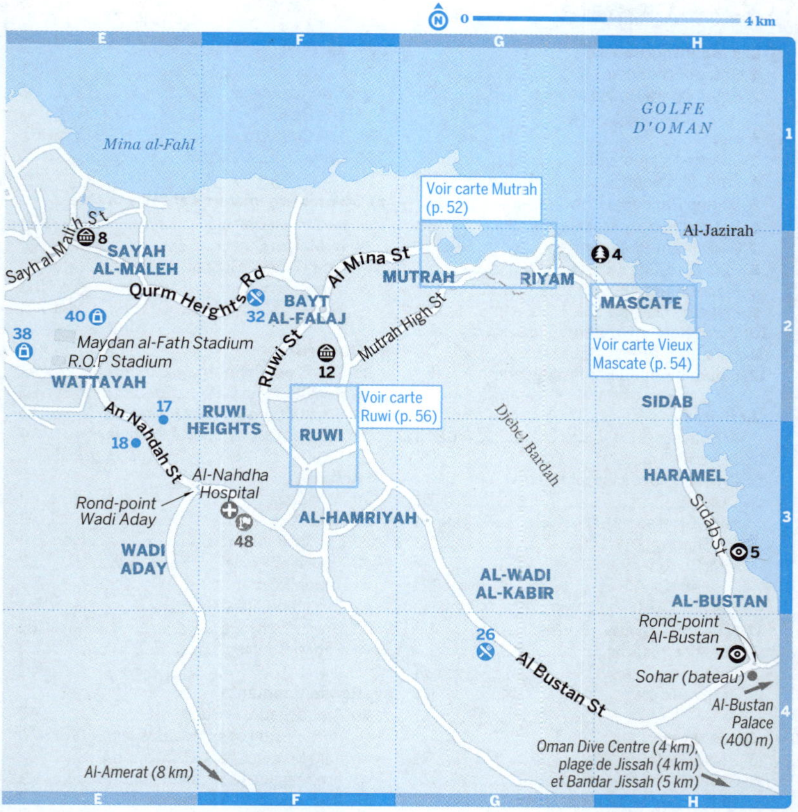

Mutrah et les projets d'hôtels de luxe dans le lotissement de la marina d'Al-Mouj, proche de l'aéroport, la ville continue d'être un phare pour la population de l'arrière-pays et un modèle de tranquillité discrète dans une région où règne l'excès.

Histoire

Devenue capitale d'Oman en 1793, Mascate constitua l'épicentre d'un empire marin aux XVIIIe et XIXe siècles. La cité, qui contribua à la domination d'une grande partie des côtes d'Afrique orientale, connut un sévère déclin au XXe siècle, sous le règne du sultan Saïd ibn Taimur. De nos jours, Mascate a toutefois retrouvé une place centrale au sein du sultanat.

On doit à Ptolémée, astronome grec du IIe siècle, la première référence écrite à la cité, qu'il décrivit comme un "port abrité". Cernée de montagnes, Mascate est demeurée inaccessible par voie terrestre des siècles durant. Les tribus venues du Yémen, à qui l'on attribue les premières implantations, sont très certainement arrivées par la mer.

Modeste port aux XIVe et XVe siècles, Mascate est vite devenue un important point de ravitaillement en eau douce, même si la cité a ensuite été délaissée au profit de la dynamique Sohar. Au début du XVIe siècle, Mascate faisait figure de port de commerce, dont les eaux étaient empruntées par les navires marchands à destination de l'Inde. Cette position florissante suscita la convoitise des Portugais, qui conquirent la ville en 1507. C'est à cette époque que furent érigés ses murs d'enceinte. Toutefois, ni ces murailles ni les forts portugais de Mirani et de Jalali ne parvinrent à empêcher les Omanais de reprendre la ville en 1650, une conquête qui signa la fin de la domination portugaise dans le Golfe.

Cité endormie pendant une grande partie du XXe siècle, Mascate demeura

Agglomération de Mascate

Les incontournables
1 Grande Mosquée ... A3
2 Royal Opera House Muscat ... B1

À voir
3 Children's Museum ... D2
4 Parc de Kalbuh Bay ... H2
5 Marina Bandar al Rowdha ... H3
6 Natural History Museum ... B3
7 Parliament Building ... H4
8 PDO Oil & Gas Exhibition ... E2
Planetarium ... (voir 8)
9 Plage de Qurm ... D2
10 Qurm Nature Reserve ... D2
11 Parc de Qurm ... D2
12 Sultan's Armed Forces Museum ... F2

Activités
Al Khayran ... (voir 5)
13 Al Nimer Tourism ... D2
14 Crowne Plaza Muscat Health Club ... D1
Euro-Divers ... (voir 5)
15 Ice Skating ... D2
InterContinental Muscat Health Club ... (voir 22)
16 Marah Land ... D2
17 National Travel & Tourism ... E3
18 Polyglot Institute ... E3
Sidab Sea Tours ... (voir 5)
19 Zahara Tours ... C3

Où se loger
20 Beach Hotel ... B1
21 Grand Hyatt Muscat ... C2
22 Hotel InterContinental Muscat ... B1
23 Majan Continental Hotel ... A4
24 The Chedi ... A3

Où se restaurer
25 Al Angham ... B1
26 Al Daleh Restaurant ... G4
Al-Fair Supermarket ... (voir 29)
27 Bin Ateeq ... B3
Blue Marlin Restaurant ... (voir 5)
28 D'Arcy's Kitchen ... B1
29 Kargeen Caffé ... C3
30 Lulu ... B3
31 Mumtaz Mahal ... D2
The Beach ... (voir 24)
32 The Cave ... F2
33 Ubhar ... B1

Où prendre un verre et faire la fête
Al-Ghazal Bar ... (voir 22)
34 Al-Makan Cafe ... D2
Grand Hyatt Muscat ... (voir 21)
John Barry Bar ... (voir 21)
Trader Vic's ... (voir 22)

Où sortir
35 City Cinema Shatti ... A1
36 Rock Bottom Café ... D1
Royal Opera House Muscat ... (voir 2)
37 Sultan Qaboos Sports Complex ... A4

Achats
38 Amouage ... E2
39 Bateel ... A1
Family Bookshop ... (voir 29)
40 House of Prose ... E2
41 Jawahir Oman ... D2
42 Oman Avenues Mall ... B3
43 Omani Heritage Gallery ... B1
44 Sabco Centre ... D2

Renseignements
45 Ambassade de Bahreïn ... A2
Ambassade des Pays-Bas ... (voir 45)
46 Faiq Money Changers ... D2
47 Ambassade de France ... B2
48 Ambassade d'Allemagne ... F3
49 HSBC ... D2
Ambassade de Jordanie ... (voir 53)
Ambassade du Koweït ... (voir 53)
50 Ministère du Tourisme ... B2
51 Ambassade du Qatar ... B2
52 Royal Hospital ... A3
Ambassade d'Arabie Saoudite ... (voir 51)
53 Ambassade des Émirats arabes unis ... B2
54 Ambassade du Royaume-Uni ... B2
55 Ambassade des États-Unis ... B2

relativement imperméable aux influences extérieures jusqu'en 1970. La capitale s'est ragaillardie depuis l'accession au trône du sultan Qabus, toujours à la tête du pays. Le rempart de la ville a alors été percé pour ménager un passage à un nombre croissant de véhicules. En effet, il fallait approvisionner une ville en plein essor qui débordait de ses remparts vers le littoral. Jusqu'à une date récente, on continuait de fermer les portes de Mascate chaque soir malgré l'existence du passage routier. Le maintien de cette coutume en dit long sur cette cité, qui a su embrasser la modernité tout en préservant ses traditions.

À voir

Nichée sur une langue de terre entre l'océan et une chaîne montagneuse, Mascate se compose d'une succession de faubourgs s'étirant sur une cinquantaine de kilomètres, de l'aéroport à Al-Bustan. La visite des curiosités exige donc une certaine organisation et, aux heures de grande circulation (7h-8h30,

12h30-15h30 et 17h30-19h du dimanche au jeudi), prévoyez 45 minutes supplémentaires pour rejoindre votre destination.

La capitale est parfois appelée la cité des "trois districts" : Ruwi, Mutrah et le Vieux Mascate. Ce dernier, peu étendu, dépourvu d'hôtels et ne comptant que peu de magasins, abrite le *diwan* – l'administration du palais – et nombre des lieux d'attraction de la ville. Le port voisin de Mutrah recèle des hébergements bon marché. Les centres commerciaux et les principales gares se trouvent dans le quartier commerçant de Ruwi. Les plus belles plages sont hors de la ville. Le lotissement Al-Mouj ("la Vague"), à 10 minutes en voiture de l'aéroport, est en train de s'imposer comme le nouveau carrefour social.

Mutrah مطرح

Les principaux sites de Mutrah jalonnent la corniche de 4,5 km qui va du rond-point du Samak au parc Kalbuh Bay à l'est.

Corniche de Mutrah — CORNICHE

(Carte p. 52). Mutrah s'étire sur une ravissante corniche, jalonnée de maisons à moucharabiehs et de mosquées. La baie offre un beau spectacle au coucher du soleil, lorsque le croissant de montagnes dentelées projette ses ombres douces. Ses rues pavées, ponctuées de fontaines, invitent alors à la promenade, à pied ou à vélo (p. 61).

Principale zone portuaire de Mascate, Mutrah conserve néanmoins l'atmosphère d'un village de pêcheurs. Chaque jour dès l'aube, ces derniers vendent leurs prises au **marché au poisson**, près du Marina Hotel. Les grands travaux de rénovation du marché, en voie d'achèvement, s'inscrivent dans un projet plus vaste visant à transférer ailleurs les infrastructures industrielles du port pour aménager les docks en lieu touristique. L'endroit accueillera de façon permanente le magnifique trois-mâts goélette *Shabab Oman*, ancien navire-école du sultanat, remplacé en 2014 par le *Shabab Oman II*. En attendant, le *dhow* du souverain y côtoie des bateaux de croisière en escale, le ferry à grande vitesse qui rallie Musandam et un assortiment d'autres bateaux.

Bait al-Baranda — MUSÉE

(Carte p. 52 ; ☎24 714262 ; baitalbaranda.mm.gov.om ; Al-Mina St, Mutrah ; adulte/enfant 1 OMR/500 bz ; ⏲9h-13h et 16h-18h sam-jeu). Aménagé dans une bâtisse des années 1930, ce beau musée retrace le passé de Mascate depuis la préhistoire au moyen d'installations originales et interactives. Parmi les curiosités, citons le dinosaure recréé à partir d'ossements découverts dans le

DANS LE SOUK DE MUTRAH

Déambuler dans les allées du souk de Mutrah fait partie des grands plaisirs d'une visite à Mascate. Comme vous vous en apercevrez très vite, l'expérience peut se révéler pleine de surprises. Alors que vous pensiez déboucher dans le secteur de l'encens, vous voilà dans une allée qui vend des vêtements thaïlandais. Et, au moment où vous comptiez trouver un cadeau pour tante Alice, vous repartez les bras chargés d'un hélicoptère miniature, de plateaux en mélamine et de guirlandes électriques. Même si vous aviez décidé de ne pas acheter de *dishdasha* (longue chemise pour homme), vous avez craqué pour l'offre qui en proposait trois. Et maintenant que vous cherchez désespérément à quitter les lieux, impossible de trouver la sortie !

Se perdre dans ce dédale d'échoppes est presque inévitable. C'est en général dans ces moments-là que l'on tombe sur une "offre spéciale", valable uniquement à l'instant même. Le souk de Mutrah regorge de "bonnes affaires" de ce type : de vieux cadres en bois fabriqués à Ibra, d'anciens *mandous* (coffres de mariage) provenant du Hajar, des mousquets ayant servi pendant la guerre du Dhofar dans les années 1970. Mais gare aux petits vers et punaises qui pourraient infester vos souvenirs ! On trouve au souk toute une allée de sandales, pour compléter la tenue d'un Omanais élégant, ou encore une autre réservée aux plats en aluminium dans lesquels se sert le *showa* (agneau mariné cuit dans un four enterré).

Du dromadaire dont la bosse s'illumine au réveille-matin en forme de mosquée, vous trouverez ici toutes sortes de babioles amusantes, inutiles et bon marché, ainsi que quelques merveilles hors de prix. Une expérience incontournable.

Mutrah

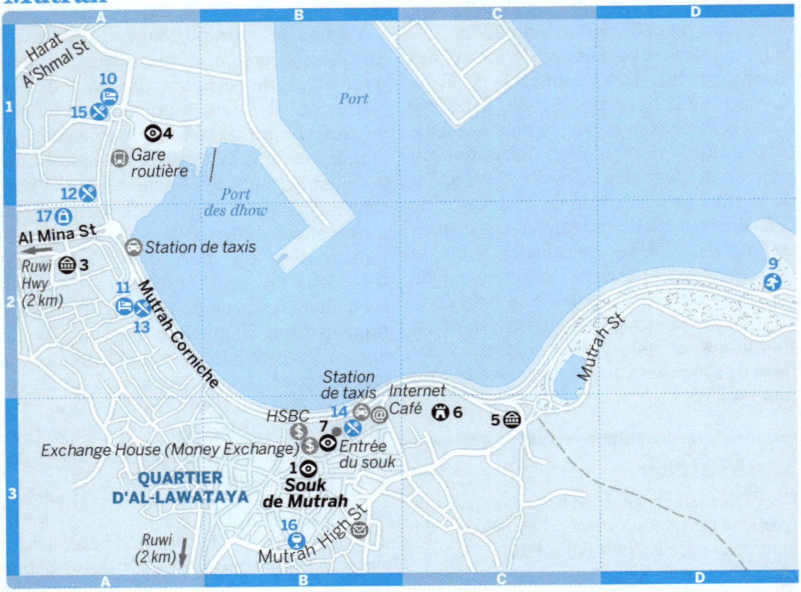

Mutrah

Les incontournables

1 Souk de Mutrah B3

À voir

2 Parc Al-Riyam F2
3 Bait al-Baranda A2
4 Marché au poisson A1
5 Musée Ghalya d'Art moderne C3
6 Fort de Mutrah C3
7 Souk de l'or B3
8 Tour de guet F1

Activités

9 Obike D2

Où se loger

10 Marina Hotel A1
11 Naseem Hotel A2

Où se restaurer

Al Boom & Dolphin Bar .... (voir 10)
12 Bait al-Luban A1
13 Cafe Chef A A2
14 Fastfood 'n' Juice Centre B3
15 La Brasserie A1

Où prendre un verre et faire la fête

16 Al-Ahli Coffeeshop B3

Achats

17 Ahmed Dawood Trading A2

d'Al-Khoud et de vestiges provenant de collections étrangères. Les salles consacrées à l'ethnographie permettent de replacer la capitale et le sultanat dans leur contexte régional, commercial et culturel. Le rez-de-chaussée héberge des expositions temporaires.

Souk de Mutrah SOUK

(Carte ci-dessus ; corniche, Mutrah ; 8h-13h et 17h-21h sam-jeu, 17h-21h ven). Nombre de visiteurs se rendent sur la corniche de Mutrah dans le seul but de découvrir le souk qui, malgré sa toiture moderne en bois, a conservé son ambiance fascinante. Outre les habituels secteurs dévolus aux textiles, à la quincaillerie et aux bijoux, l'endroit compte des échoppes d'objets omanais et indiens qui vendent aussi quelques antiquités. Le marchandage s'impose, même s'il ne faut pas s'attendre à des remises importantes. Les cartes bancaires sont le plus souvent acceptées, mais les espèces permettent de meilleures affaires. L'entrée principale se situe le long de la corniche, en face des feux du passage piétons.

Le café traditionnel qui la jouxte, l'un des rares vestiges du passé, constitue le repaire des anciens. Veillez à ne pas pénétrer par mégarde dans le vieux quartier chiite d'Al-Lawataya, un secteur clos interdit aux

visiteurs (comme l'indique une pancarte sous la voûte).

L'orientation à l'intérieur du souk requiert une certaine pratique. On entre en montant légèrement depuis la mer, et il suffit de tourner à droite à chaque intersection pour revenir au point de départ. Dans le doute, prenez les ruelles qui descendent. Cela dit, s'égarer participe de l'attrait du lieu. Bifurquez à droite au premier croisement, puis à gauche à hauteur de la Muscat Pharmacy pour rejoindre une boutique de perles, véritable caverne d'Ali Baba, et Al-Ahli Coffeeshop, réputé pour ses jus de fruits frais.

Souk de l'or SOUK

(Carte ci-dessus ; corniche, Mutrah ; ⏲ 8h-13h et 17h-21h sam-jeu, 17h-21h ven). Dans le souk de Mutrah (p. 52), ne manquez pas les allées étroites qui abritent les échoppes de bijoux en or. Les parures de mariée clinquantes ne plaisent pas à tout le monde, mais leur accumulation provoque un effet visuel saisissant. De l'entrée principale, tournez tout de suite à droite au milieu des boutiques de textiles, et prenez à gauche juste avant de retomber sur la corniche.

Si vous aimez vous perdre, les allées derrière le souk de l'or dissimulent des marchands de gemmes et d'argent. Dans un fouillis de pierres semi-précieuses à l'état brut, des hommes âgés portant barbe et monocle fabriquent et réparent des modèles de bagues et de pendentif aussi vieux qu'eux.

Fort de Mutrah FORT

(Carte ci-contre). Édifié par les Portugais dans les années 1580, ce fort domine l'extrémité est du port. Encore utilisé par l'armée, il est en général interdit à la visite. On peut toutefois grimper sur ses flancs pour admirer l'océan.

Musée Ghalya d'Art moderne MUSÉE

(Carte ci-contre ; ☎ 24 711640 ; www.ghalyasmuseum.com ; corniche, Mutrah ; adulte/enfant 1 OMR/500 bz ; ⏲ 9h30-18h sam-jeu). Ce charmant petit musée se compose d'une demeure ancienne au mobilier d'époque, organisée autour d'une courette, et d'une galerie d'art moderne. Les objets exposés, dont beaucoup datent d'une période allant des années 1950 au milieu des années 1970, ont appartenu à la famille qui habitait jadis les lieux. À ce titre, les vieilles boîtes à biscuits dans la cuisine se révèlent aussi évocatrices que les belles portes sculptées d'Afrique de l'Est qui décorent l'intérieur confortable.

Parc Al-Riyam PARC

(Carte ci-contre ; corniche, Mutrah ; ⏲ 16h-23h dim-jeu, 9h-minuit ven-sam). Au-delà du fort, la corniche se prolonge jusqu'à ce parc verdoyant, d'où l'on jouit d'une vue panoramique sur le port depuis un brûleur à encens géant. Le site accueille aussi quelques manèges fréquentés par les familles le week-end. Il se trouve sur un itinéraire de promenade populaire qui reliait jadis Mutrah à Mascate.

Tour de guet TOUR

(Carte ci-contre). À mi-parcours de la corniche, sur une saillie rocheuse, cette tour de guet portugaise restaurée dévoile un beau panorama sur le front de mer. Le soir, les habitants viennent profiter de la brise dans les parages, illuminés de joyeuses fontaines, et des vélos gratuits à disposition.

Parc Kalbuh Bay PARC

(Carte p. 48 ; corniche, Mutrah ; ⏲ 16h-23h dim-jeu, 9h-minuit ven-sam). Cet espace vert au bout de la corniche surplombe des eaux grouillant de bancs de sardines. Il peut faire l'objet d'une pause agréable lors d'une balade à pied entre Mutrah et le Vieux Mascate. La baignade est possible sur la plage publique, mais attire immanquablement l'attention.

Vieux Mascate

La petite cité historique de Mascate, siège du palais du Sultan et du *diwan* (ministère des Affaires royales), se niche dans un port naturel cerné de crêtes accidentées, au bout de la corniche de Mutrah. Riche de plusieurs sites dignes d'intérêt, dont le nouveau Musée national, elle mérite au moins une demi-journée de visite.

Palais du Sultan PALAIS

(Qasr Al-Alam ; carte ci-dessous ; près d'Al-Saidiya St, Mascate). Identifiable à ses ravissantes colonnes bleues et or en forme de champignon, la résidence officielle du souverain se dresse à droite de l'enceinte du port dans Mirani St. De l'intérieur des terres, une avenue plantée de palmiers débouche sur un rond-point entouré d'édifices royaux et du nouveau Musée national. Le palais est fermé au public, mais rien n'empêche de poser devant les grilles, au bout de la voie d'accès à colonnades, pour une photo souvenir. Il s'élève sur le site de l'ancienne ambassade britannique, où se trouvait un mât porte-drapeau. D'après la légende, les esclaves (Oman s'est livré à la traite des Noirs d'Afrique de l'Est) qui parvenaient à toucher ce mât obtenaient la liberté. Aujourd'hui, le palais sert surtout à l'occasion des cérémonies, le sultan Qabus préférant vivre dans un lieu plus calme en bord de mer, près de Sib.

Musée national MUSÉE

(Carte ci-dessous ; Al-Saidiya St ; résident/touriste 1/5 OMR). Ce nouveau bâtiment imposant au cœur de la vieille ville s'accorde bien avec le palais du Sultan qui lui fait face. Longtemps attendu, le musée, inauguré en décembre 2015, privilégie la qualité à la quantité, l'espace et la lumière étant utilisés pour mettre en valeur une sélection de pièces choisies du patrimoine national. Des écrans géants, des textes arabes en braille et des installations high-tech donnent vie à la collection.

Fort Al-Jalali FORT

(Carte ci-dessous ; www.mhc.gov.om ; sur autorisation). Le fort qui flanque l'entrée est du port fut érigé vers 1580 par les Portugais sur des fondations antérieures. Accessible uniquement par des marches abruptes, il servit longtemps de prison et abrite maintenant un musée dédié au patrimoine omanais. Sa visite nécessite une autorisation à demander sur le site Internet du ministère de la Culture.

Lors des célébrations militaires, des joueurs de cornemuse se produisent sur ses

Vieux Mascate

Les incontournables
1 Bait al-Zubair B2
2 Palais du Sultan C1

À voir
3 Fort Al-Jalali D1
4 Fort Al-Mirani C1
5 Muscat Gate Museum A1
6 Musée national C2
7 Musée franco-omanais B1

Où se restaurer
8 City Tower Grill Restaurant & Cafe B2

Vieux Mascate

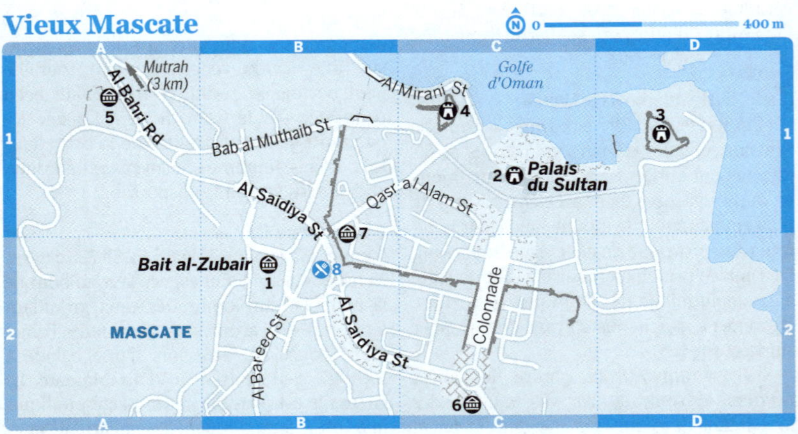

créneaux. Dans le port, le *dhow* et le voilier royaux sont alors parés de leurs plus beaux atours, et les feux d'artifice se reflètent dans les eaux.

Fort Al-Mirani FORT

(Carte ci-contre). Aujourd'hui fermé au public, cet édifice dominant le port n'en contribue pas moins à la vue emblématique de Mascate telle que représentée sur les lithographies du XIXe siècle. Bâti à la même époque qu'Al-Mirani, il aurait joué un rôle dans la défaite portugaise. Son commandant voulait épouser la fille d'un marchand hindou, qui refusait l'union pour des motifs religieux. Menacé de ruine, le père fit traîner les préparatifs des noces pendant un an, tout en affirmant au commandant que l'approvisionnement devait être entièrement revu. Au lieu de remplacer la poudre à canon et les céréales, il prévint l'imam Sultan Ibn Saïf al-Yarubi, qui reprit en 1649 le fort sans défense. Les Portugais furent chassés de Mascate peu après.

♥ **Bait al-Zubair** MUSÉE

(Carte ci-contre ; ☎24 736688 ; www.baitalzubairmuseum.com ; Al-Saidiya St ; adulte/enfant 2/1 OMR ; ⏲9h30-18h sam-jeu). Dans une bâtisse joliment restaurée, ce musée privé présente de l'artisanat traditionnel, des meubles, des monnaies et des timbres omanais. Il fait depuis peu office de centre culturel de Mascate et accueille de nombreuses expositions internationales d'art contemporain dans la **Gallery Sarah**. Une boutique de souvenirs de qualité et un café moderne incitent à s'attarder. Si vous passez par ce dernier, jetez un œil à la tour des vents, antique système de climatisation.

Musée franco-omanais MUSÉE

(Bait Fransa ; carte ci-contre; ☎24 736613 ; Qasr al-Alam St, Mascate ; adulte/enfant 500/200 bz ; ⏲9h-13h sam-jeu). Ce musée, dont les salles détaillent les liens entre la France et Oman, donne un aperçu intéressant de la vie à Mascate au XIXe siècle (voir aussi p. 244).

Muscat Gate Museum MUSÉE

(Carte ci-contre ; ☎99 328754 ; Al-Bahri Rd, Mascate ; ⏲8h-14h dim-jeu). GRATUIT Chevauchant la route qui relie la corniche à la vieille cité fortifiée, le musée de la Porte de Mascate se dresse à l'emplacement de l'ancien rempart et raconte l'histoire de la ville depuis sa fondation. Il présente un intérêt limité, mais offre un beau point de vue sur la corniche et le *diwan*.

En montant en voiture jusqu'à l'antenne de la colline voisine, vous profiterez d'un panorama embrassant Mascate et Mutrah, avant de descendre vers le parc Al-Riyam.

Al Bustan البستان

Palais Al-Bustan ÉDIFICE D'INTÉRÊT

(Près de Sidab St, Al-Bustan). Aménagé dans de luxuriants jardins, cet hôtel somptueux a été inauguré en 1985 pour un sommet du Conseil de coopération du Golfe. L'immense atrium à dôme d'Al-Bustan mérite une halte, ne serait-ce que pour admirer son emplacement et ses intérieurs.

Parlement ÉDIFICE D'INTÉRÊT

(Carte p. 48 ; rond-point d'Al-Bustan, angle Sidab St et Al-Bustan St). Cet élégant bâtiment achevé en 2013 abrite les deux chambres du *Majlis ash-Shura*, le Parlement omanais en partie élu. S'il ne se visite pas, son architecture moderne inspirée du style traditionnel local sur fond de montagnes rocheuses brun-roux est très photogénique.

Sohar BATEAU

(Carte p. 48). En face des bâtiments imposants du Parlement, sur le rond-point devant l'Al-Bustan Palace Hotel, repose le *Sohar*, un voilier portant le nom de la ville natale du grand marin Ahmad ibn Majid. Il s'agit de la réplique d'un navire avec lequel Abdullah bin Gasm atteignit Canton au VIIIe siècle. Construit dans les chantiers de *dhow* de Sour, il a nécessité l'écorce de plus de 75 000 palmiers et quatre tonnes de corde, mais ne comporte pas le moindre clou. En 1980, le navigateur britannique Tim Severin, accompagné de marins omanais, parcourut en huit mois, à bord de ce voilier, les 6 000 milles nautiques jusqu'à la ville chinoise.

Marina Bandar al-Rowdha MARINA

(Carte p. 48 ; ☎24 737286 ; www.marinaoman.net ; Sidab St). Outre ses infrastructures de plaisance, cet endroit agréable constitue une base d'activités nautiques, notamment la pêche et la plongée. En ajoutant la piscine, accessible gratuitement aux clients du restaurant Blue Marlin (p. 64), et une excursion en bateau, on peut y passer la journée.

La route côtière entre le Vieux Mascate et Al-Bustan, qui sinue superbement entre mer et montagnes, fournit un bel aperçu de la vie locale. Un **bateau-taxi** (☎24 749111 ; www.sifawyhotel.com ; 8 OMR/pers ; ⏲vers Al-Seifa 9h et

16h jeu-sam, depuis Al-Seifa 10h, 15h et 17h) relie Bandar al-Rowdha à la station balnéaire d'Al-Seifa (Jebel Sifah) et à la marina d'Al-Mouj.

Ruwi روي

Surnommé la “Petite Inde” d'Oman, Ruwi est le quartier commerçant et le nœud de transports de la capitale. On y trouve quantité de restaurants bon marché, de boutiques (surtout dans Souq Ruwi St) et d'établissements où se détendre.

Sultan's Armed Forces Museum MUSÉE

(Carte p. 48 ; ☎24 312648 ; Al Mujamma St, Ruwi ; adulte/enfant 500 bz/gratuit ; 7h30-13h dim-jeu et 15h-18h sam). Le remarquable musée des Forces armées du sultan n'expose pas que des objets militaires. Il occupe la Bait al-Falaj, bâtie en 1845 à titre de résidence royale d'été mais qui servit surtout de quartier général à l'armée du sultan. Les salles du rez-de-chaussée retracent l'histoire d'Oman, tandis que les étages sont consacrés aux relations internationales et aux exploits militaires du pays. Ce musée figure au programme des visites des dignitaires étrangers, et on y est escorté par un soldat.

Remarquez le *falaj* (canal d'irrigation) qui fonctionne dans les jardins.

Ruwi

Qurm القرم

Ce district se compose essentiellement de centres commerciaux modernes et d'habitations, mais il n'en compte pas moins plusieurs sites intéressants et une plage superbe. Avant de visiter la Grande Mosquée, nous vous conseillons de lire la rubrique *Dans les mosquées* (p. 19).

Royal Opera House Muscat OPÉRA

(Carte p. 48 ; ☎24 403300 ; www.rohmuscat.org.om ; Sultan Qaboos St, Shatti al-Qurm ; P). L'inauguration de l'Opéra royal de Mascate en 2011 a marqué un temps fort de la vie culturelle locale. Construit par la même entreprise que la Grande Mosquée, ce bâtiment en marbre discret cache un intérieur somptueux, décoré de marqueteries et d'arabesques. Même si vous n'avez pas l'intention d'assister à une représentation, cela vaut la peine de venir l'admirer et faire du lèche-vitrine dans l'Opera Galleria attenante. Appelez la billetterie pour savoir s'il y a des visites guidées.

PDO Oil & Gas Exhibition MUSÉE

(Carte p. 48 ; ☎24 677834 ; www.pdo.co.om ; Sayh al-Malih St, Qurm ; 7h-12h et 13h-14h sam-mer, 7h-12h jeu). GRATUIT Comme le démontre ce Centre d'exposition sur le pétrole et le gaz, le développement rapide de l'ensemble des infrastructures du pays doit beaucoup à la compagnie pétrolière nationale PDO (Petroleum Development Oman). Les expositions

Ruwi

Où se loger

1 Sun City Hotel B2

Renseignements

2 Citibank B1
3 HSBC B1
4 Mustafa Jawad Exchange Company (Money Exchange) A3

Transports

5 Emirates B2
6 Europcar B2
7 Gulf Air A3
8 Gare de minibus (service interurbain) B3
9 Gare de minibus (service local) A3
Mwasalat – lignes locales .... (voir 11)
Mwasalat – lignes internationales .... (voir 11)
10 Oman Air B1
11 Gare routière de Ruwi B3
12 Station de taxis B3
13 Thrifty Car Rental B2

interactives séduiront les visiteurs épris de sciences (il y est surtout question de gaz et de pétrole). De Qurm, suivez les panneaux indiquant le Crowne Plaza Hotel et prenez la première à droite dans Sayh al-Malih St.

Planetarium PLANÉTARIUM
(Carte p. 48 ; ☎ 24 675542 ; www.pdo.co.om ; Sayh al-Malih St, Qurm ; ⏰ 9h 1er sam du mois). GRATUIT En dehors de la séance gratuite mensuelle à réserver la veille, le site Internet mentionne tous les spectacles accessibles au public. Des sorties pour observer les étoiles sont également proposées. Suivez les panneaux menant au Crowne Plaza Hotel et prenez la première à droite le long de Sayh al-Malih St.

Qurm Nature Reserve RÉSERVE NATURELLE
(Carte p. 48). Cette réserve protège une précieuse zone de mangrove. L'accès est interdit aux visiteurs, mais on peut prendre un verre dans l'un des cafés attenants et observer les oiseaux.

Parc de Qurm PARC
(Carte p. 48 ; Qurm ; ⏰ 9h-23h sam-mer, 9h-minuit jeu-ven ; P). GRATUIT Ce parc vaste et plaisant possède un lac, des coins ombragés où pique-niquer et quelques attractions foraines.

Plage de Qurm PLAGE
(Carte p. 48). La route qui longe la réserve naturelle de Qurm jusqu'au Crowne Plaza Hotel permet de rejoindre cette bande de sable où les Omanais aiment à venir parader dans des 4x4 rutilants ou pique-niquer en famille. On peut admirer l'océan depuis les cafés du front de mer. Des femmes se baignant seules ont été accostées ; évitez donc les bikinis. Attention aussi aux forts courants. Des sports nautiques, dont le Jet-Ski, se pratiquent au Crowne Plaza, au bout de la plage.

Shatti al-Qurm et Al-Khuwair شاطئ القرم و الخوير

Près de l'Hotel InterContinental Muscat, une petite galerie marchande, le Jawharat a'Shati, qui s'étire le long de la route 2817, est devenue le centre trépidant du Mascate moderne. On y croise de jeunes Omanais paradant au volant de leur dernière voiture, des familles qui se promènent sur la plage au milieu des joueurs de foot ou encore des expatriés profitant des cafés et des boutiques à l'occidentale.

Ne manquez pas d'admirer les **ministères** et les **ambassades** qui se concentrent dans le secteur. On peut aussi aller siroter un thé dans le hall du **Grand Hyatt Muscat**, hôtel fastueux en bord de plage, à l'audacieuse décoration.

Natural History Museum MUSÉE
(Carte p. 48 ; ☎ 24 641374 ; Al-Thaqafah St ; adulte/enfant 500/100 bz ; ⏰ 8h-13h30 dim-jeu, 9h-13h sam). Ce petit musée pittoresque d'histoire naturelle est aménagé dans l'enceinte du ministère du Patrimoine national. Il propose des expositions intéressantes sur la faune et la flore locales, la géographie et la géologie d'Oman, ainsi que sur les pratiques écologiques et la protection de l'environnement. Entrée sur la Way 3413.

Al-Ghubrah, Ghala et Bawshar الغبرة و غلا و بوشر

♥ **Grande Mosquée** MOSQUÉE
(Carte p. 48 ; Sultan Qaboos St ; ⏰ non-musulmans 8h-11h sam-jeu). Ce joyau de l'architecture moderne a été offert au pays par le sultan Qabus pour le trentième anniversaire de son accession au pouvoir. La salle de prière principale de cet édifice aux dimensions imposantes est de toute beauté. Son tapis persan mesure 70 x 60 m, ce qui en fait le deuxième plus grand tapis tissé à la main au monde. Il aura fallu quatre ans à 600 ouvrières pour le réaliser.

Très fréquenté, surtout lors de la prière du vendredi, le lieu de culte peut accueillir 20 000 fidèles, dont 750 femmes dans une *musalla* (salle de prière) privée. Les visiteurs doivent porter une tenue correcte (pas de bras et jambes nus ni de vêtements moulants). Les femmes et les fillettes à partir de 7 ans doivent en outre se couvrir la tête. Le café-boutique de cadeaux loue des *abaya* et des foulards moyennant 2,500 OMR et la présentation d'un document d'identité en guise de caution. Il existe des visites guidées. Les bus Mwasalat s'arrêtent devant le site.

Bait al-Maqham BÂTIMENT HISTORIQUE
(Au bout d'As-Safa St, Bawshar). GRATUIT Ouvert au public selon le bon vouloir du gardien, ce fort de la banlieue de Mascate vaut néanmoins le détour pour son environnement naturel. Il s'inscrit en effet à proximité des dernières dunes de la ville, au creux des monts Hajar, et les plantations qui

l'entourent encore malgré l'urbanisation progressive donnent un aperçu du Mascate d'autrefois. Garez-vous en face du centre commercial Rashan pour éviter d'être coincé entre les murs étroits.

Secteur de l'aéroport

Al-Mouj QUARTIER

("La Vague" ; www.almouj.com). Ce lotissement en plein essor situé sur le front de mer près de l'aéroport s'impose rapidement comme le nouveau lieu de rendez-vous de la capitale. Conçu pour être à la fois résidentiel, touristique et commercial, il s'agit d'un des deux seuls quartiers où les expatriés peuvent devenir propriétaires. Une décennie après le début de sa construction, il abrite ainsi une communauté prospère comprenant plus de 69 nationalités. Sa marina (p. 60) qui accueille des catamarans Extreme 40, son centre de sports nautiques (Seaoman, p. 60), son golf signé Greg Norman, ses restaurants et ses cafés en terrasse dans la verdure en font l'endroit le plus branché de Mascate.

Incontournable, le Kempinski, un cinq-étoiles contemporain avec accès à une superbe plage, a ouvert en 2016.

Activités

Bordée par la mer et encadrée de montagnes, Mascate se prête aussi bien aux sports nautiques qu'à la randonnée. Le Muscat Diving & Adventure Centre (p. 313) organise des excursions dans la capitale et dans les environs.

Activités nautiques

Pêche, **plongée** et **snorkeling** se pratiquent à Mascate. Des excursions en bateau sont aussi organisées vers le magnifique site de Bandar Khayran et l'arche rocheuse voisine. Les sorties d'**observation des dauphins** et des **baleines** sont particulièrement prisées. Le long de la corniche de Mutrah, des kiosques proposent ces excursions de 2 heures au tarif de 17 OMR ; départ vers 8h et 10h tous les jours de la marina Bandar al-Rowdha. Si vous préférez les activités moins encadrées, rendez-vous sur la plage du village de Qantab (embranchement à gauche de la route en direction de Bandar Jissah), où des pêcheurs emmènent les touristes voir l'arche rocheuse à bord de leurs embarcations (1 heure, 10 OMR).

Promenade à pied Le littoral de Mascate

DÉPART MARCHÉ AU POISSON, MUTRAH
ARRIVÉE AL-BAHRI RD, VIEUX MASCATE
PARCOURS 8 KM ; 4-5 HEURES

Ce circuit longe la mer en passant par les vieux ports de Mutrah et de Mascate. Prévoyez un en-cas et de bonnes réserves d'eau. Adaptez le parcours en cas de forte chaleur ou si le temps vous manque.

Commencez par le 1 **marché au poisson** (p. 51), où les pêcheurs vendent leurs prises chaque matin. Non loin, 2 **La Brasserie** (p. 64) propose de savoureux produits de la mer.

Tournez à droite au rond-point du Samak, orné de deux poissons (*samak* en arabe), puis faites une halte au 3 **Bait al-Baranda** (p. 51) voisin pour découvrir l'histoire maritime de Mascate et l'origine de son nom. Regagnez la corniche en direction du fort. Scrutez le rivage : le *dhow* du sultan est souvent amarré non loin. Les bateaux de croisière, eux, sont à quai près de la capitainerie, tandis que le ferry pour Musandam dispose de son propre mouillage et que les plus gros cargos déchargent plus loin sur les quais. Remarquez les maisons des Lawataya, des marchands qui doivent leur prospérité au commerce maritime : leurs balcons sont tournés vers leur Inde d'origine, de l'autre côté de la mer d'Oman.

Arpentez le 4 **souk de Mutrah** (p. 52), où l'on vend des *dhow* miniatures en argent, faits à la main, et du matériel d'accastillage. Ce souk est encore alimenté de marchandises arrivées par la mer – épices et tissus d'Inde, articles d'Égypte, artisanat d'Iran et jouets de Chine. Vous pourrez y siroter un jus de fruits à l' 5 **Al-Ahli Coffeeshop** (p. 65). Retournez sur la corniche et dirigez-vous vers l'est jusqu'au 6 **fort de Mutrah** (p. 53), érigé au XVIe siècle par les Portugais, involontairement conduits à Mascate par Ahmad bin Majid, grand marin de Sohar que Vasco de Gama avait recruté pour le guider vers l'Inde.

Au 7 **Goldfish Monument**, cerné de fontaines, on voit souvent un héron se régaler devant le *dhow* royal et les navires étrangers en visite. Poursuivez jusqu'au

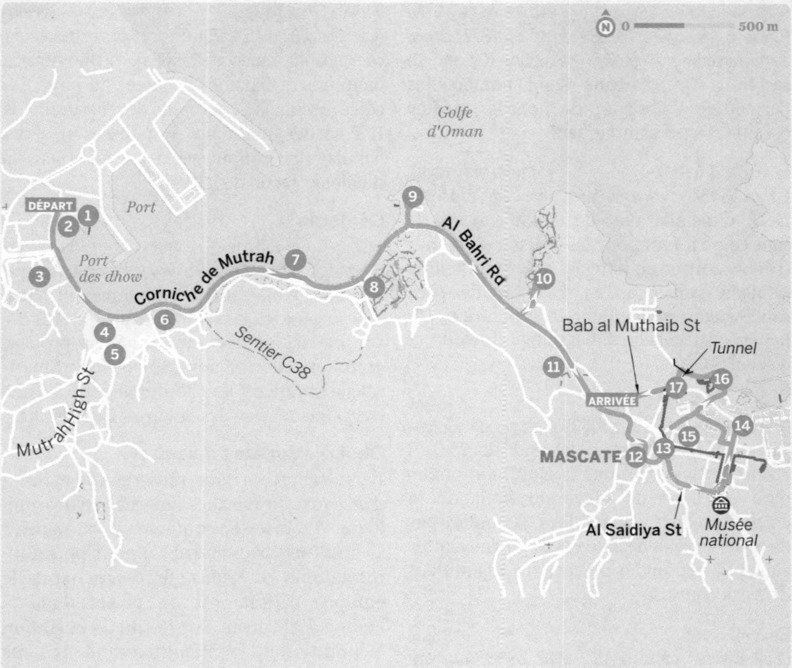

brûle-encens géant ; la prospérité du pays s'est jadis bâtie sur l'encens du Dhofar.

Arrivé au 8 **parc Al-Riyam** (p. 53), on peut, avec de bonnes chaussures, revenir vers Mutrah par le sentier C38, qui offre un panorama splendide. Sinon, poursuivez par la corniche jusqu'à la 9 **tour de guet** (p. 53) et tentez d'apercevoir des dauphins (dont ceux sculptés dans le marbre).

Après une pause au 10 **parc Kalbuh Bay** (p. 53), éloignez-vous du rivage via Al-Bahri Rd et pénétrez dans l'enceinte de la ville par le 11 **Muscat Gate Museum** (p. 55). Jusque dans les années 1970, les portes de la cité étaient fermées chaque soir.

Prenez à droite Al-Saidiya St en direction de Sidab et découvrez 12 **Bait al-Zubair** (p. 555), dont les photos illustrent l'importance de la mer dans l'histoire de Mascate.

Continuez sur Al-Saidiya St, toujours vers Sidab. Goûtez le poisson frit du 13 **City Tower Grill Restaurant & Cafe** (p. 64), à l'angle de la rue, puis empruntez à droite l'élégante avenue bordée de palmiers.

Au rond-point, tournez à gauche et longez les colonnes jusqu'à l'entrée majestueuse du 14 **palais du Sultan** (p. 54). Suivez l'enceinte gauche ; vous traverserez un joli jardin planté de vieux arbres (appréciés des mainates) dans Qasr al-Alam St.

Au croisement, bifurquez à gauche pour gagner le 15 **Musée franco-omanais** (p. 55) et une exposition sur la construction navale, ou à droite pour le port de Mascate. Les forts portugais 16 **Al-Mirani** (p. 55), sur la gauche, et **Al-Jalali**, de l'autre côté de la baie, protégeaient autrefois la ville. De l'autre côté du port, remarquez, tel un livre d'or, les nombreuses inscriptions gravées dans la roche laissées par les passagers des navires étrangers, britanniques notamment. De cet endroit, on jouit d'un beau point de vue sur les jardins à l'arrière du palais. Imaginez les banquets de l'armée qui se déroulent ici chaque année, les sculptures de glace sur la pelouse, les musiciens jouant depuis les forts voisins, les lumières des navires dans le port et les feux d'artifice qui se reflètent dans les eaux paisibles de la baie.

Prenez à gauche à hauteur de l'enceinte du port, puis empruntez le tunnel avant la base navale moderne. Tournez à droite sous l' 17 **ancienne porte de la ville** et suivez Bab al-Muthaib St. Vous rejoindrez bientôt Al-Bahri Rd, d'où un taxi pourra vous ramener à Mutrah.

Al Khayran EXCURSIONS EN BATEAU
(Carte p. 48 ; ☎24 737288 ou 97 307877 ; www.alkhayran.com ; 25 OMR ; ⏲8h, 9h, 10h et 11h sept-mai). Des bateaux semi-submersibles permettent d'observer de près les jardins coralliens sans s'immerger.

Marina d'Al-Mouj ACTIVITÉS NAUTIQUES
(☎24 534544 ; www.almoujmarina.com ; Al-Mouj). Doté d'installations de mouillage et de tout ce qu'il faut pour les plaisirs de la mer (pêche, sorties en bateau, voile, snorkeling, plongée, wakeboard...), ce port de plaisance gagne rapidement en réputation. Un bateau-taxi le relie à Bandar al-Rowdha et à Jebel Sifah.

Al Nimer Tourism KAYAK
(Carte p. 48 ; ☎99 550535 ; plage de Qurm ; kayak 5 OMR/heure, Jet-Ski 15/25 OMR 30 min/1 heure). Un loueur établi de longue date en bord de plage au bout de la corniche, côté Crowne Plaza. N'oubliez pas d'enfiler le gilet de sauvetage fourni, car les eaux peu profondes du secteur dissimulent de forts courants.

Euro-Divers PLONGÉE
(Gulf Divers ; carte p. 48 ; ☎97 899094 ; www.euro-divers.com/fr/ ; Sidab St ; ⏲8h-17h mer-dim). Sorties de plongée et de snorkeling au départ de la marina Bandar al-Rowdha.

Muscat Game Fishing Club PÊCHE
(☎99 322779 ; www.mgfa-oman.com). Organise des sorties de pêche au gros en haute mer. Les poissons sont marqués et relâchés après la prise, à l'exception des thons, que les participants ont le droit de rapporter pour le dîner. Les pêcheurs ayant l'esprit de compétition peuvent concourir au Sinbad Classic, qui se tient chaque hiver à Mascate pendant trois jours.

Seaoman SPORTS NAUTIQUES
(Oman Sail ; ☎24 181400 ; www.seaoman.com ; marina d'Al-Mouj ; kayak 3 OMR/30 min ; ⏲9h-17h). Affilié à Oman Sail, cet opérateur met l'accent sur la formation et l'éducation. Il donne notamment des cours de voile, de plongée, de hors-bord, de ski nautique et de wakeboard. Autre implantation au Millennium Hotel, près de Barka.

Sea Tours Oman EXCURSIONS EN BATEAU
(☎99 425461 ; www.seatoursoman.com). Un spécialiste des excursions en bateau, dont des sorties à Mascate dans des embarcations à fond transparent.

Sidab Sea Tours OBSERVATION DES DAUPHINS
(Carte p. 48 ; ☎24 736791 ; www.sidabseatours.com ; marina Bandar al-Rowdha). De nombreux dauphins et baleines évoluent au large des côtes omanaises, paradis des naturalistes. Les sorties matinales organisées par des compagnies comme celle-ci constituent la meilleure façon de les voir.

Géologie

Muscat GeoSites APPLICATION POUR CIRCUITS
(☎gratuit 800 777999 ; www.omantourism.gov.om). GRATUIT Oman recèle un intéressant patrimoine géologique (voir encadré p. 110). Le site officiel du tourisme omanais propose gratuitement une application pour Smartphone indiquant les coordonnées GPS d'une trentaine de sites des environs de Mascate.

Observation des oiseaux

Le sultanat abritant plus de 450 espèces d'oiseaux, il ravira les amateurs d'ornithologie. À Mascate, contactez l'**Oman Bird Group** (www.birdsoman.com) pour plus d'informations. Une nouvelle réserve naturelle équipée d'affûts est en projet dans la lagune d'Al-Ansab, sur le site de la station d'épuration de la ville. En attendant, celle de Qurm (p. 57) permet d'observer la faune aviaire.

Plages

Toutes les plages du pays sont publiques, mais quantité de grands hôtels disposent d'une piscine (et souvent d'un restaurant ou d'un jardin) en bord de mer, accessible à tous moyennant un droit d'entrée. Les voyageuses se sentiront peut-être plus à l'aise en se baignant dans ce cadre. Les plages de Mascate étant publiques, les bons marcheurs pourront aller de la réserve de Qurm jusqu'à Sib, à une vingtaine de kilomètres.

Crowne Plaza Muscat Health Club BAIGNADE
(Carte p. 48 ; ☎24 660660 ; www.crowneplaza.com ; Qurm St, Qurm ; adulte/enfant 10/6 OMR ; ⏲7h-19h). Cet hôtel au bout d'une jolie baie sablonneuse possède une petite plage retirée. Le forfait journalier comprend l'usage du sauna et du hammam, des courts de tennis et de la piscine. Téléphonez la veille pour connaître les disponibilités.

InterContinental Muscat Health Club BAIGNADE
(Carte p. 48 ; ☎24 680000 ; www.ihg.com ; InterContinental Muscat, Way 2817, Shatti al-Qurm ; adulte/enfant 15/10 OMR ; ⏲7h-21h). Le forfait

journalier de ce centre de remise en forme donne accès à des jardins paysagers dont on apprécie l'ombre après avoir fait des longueurs dans le bassin d'entraînement ou barboté dans la piscine.

Randonnée pédestre

La région de Mascate offre d'intéressantes possibilités de randonnée en montagne. Plusieurs circuits de 2-3 heures dans le secteur de Mutrah et du Vieux Mascate réservent de beaux panoramas de ces ports et traversent des villages en ruine. Vous en trouverez les itinéraires détaillés (avec topoguides et mesures de précaution) dans l'ouvrage *Adventure Trekking in Oman*, d'Anne Dale et Jerry Hadwin. Ces derniers proposent aussi une marche de 1 heure de Mascate à Sidab, que les randonneurs aguerris pourront ajouter à notre promenade à pied (p. 58) sur le littoral entre Mutrah et le Vieux Mascate.

Le **ministère du Tourisme** (☎24 588700 ; www.omantourism.gov.om) a mis au point un ensemble de circuits pédestres et distribue une brochure indiquant de formidables itinéraires dans Mascate et ses environs. Le parcours C38 entre le parc Al-Riyam et Mutrah (2 km, 1 heure 30) suit un chemin emprunté il y a plus de 5 000 ans par les mineurs de cuivre à travers les montagnes d'ophiolite emblématiques de la capitale. Attendez-vous à des conditions de randonnée assez ardues. Sur tous les sentiers, prévoyez de bonnes chaussures de marche, une casquette et de l'eau, quelle que soit la période de l'année, et ce même pour les sorties les plus courtes.

Randonnée équestre

Qurm Equestrian School CHEVAL
(☎24 700844 ou 99 832199 ; www.qe.hashimani.com ; cours de 1 heure en groupe adulte/enfant 12/10 OMR ; ⏲5h-21h). Cette école d'équitation dispense des cours et organise des promenades sur la plage les jeudis et vendredis.

Vélo

Obike LOCATION DE VÉLOS
(Carte p. 52 ; www.obike.org ; Mutrah Corniche ; ⏲19h-23h). GRATUIT Une façon agréable d'explorer le front de mer de Mascate dans l'air plus frais du soir consiste à emprunter un vélo gratuit près du parc Al-Riyam pour pédaler sur la corniche de Mutrah. Attention toutefois à la circulation – les cyclistes sont rares en ville et les automobilistes n'y prêtent guère attention.

Cours

Mascate n'est pas la destination idéale pour apprendre l'arabe car l'anglais y est très répandu, et de nombreux habitants sont ravis d'avoir l'occasion de le pratiquer. Il existe cependant deux écoles sérieuses qui dispensent des cours d'arabe à Mascate.

Center for International Learning ARABE
(☎24 551041 ; www.ciloman.org ; Beach Rd, Al-Hail). Pour une expérience sur mesure en immersion totale, ce centre hautement recommandé propose des cours en groupes très restreints avec un hébergement dans des familles locales et une gamme de visites culturelles d'excellente qualité. Tarifs en fonction de la formule choisie.

Polyglot Institute ARABE
(Carte p. 48 ; ☎24 666666 ; www.polyglot.org ; Sultan Qaboos Hwy, Wattayah ; stage de 50/60 heures 140/160 OMR). L'une des rares écoles de langues de Mascate qui enseigne l'arabe. Les sessions de 10 semaines couvrent 6 niveaux différents, de débutant à avancé. Généralement originaires du Soudan, les professeurs enseignent davantage l'arabe classique que le dialecte omanais.

Circuits organisés

Une formule conseillée, les curiosités étant éparpillées dans Mascate. Tous les tour-opérateurs en réalisent sur demande. Comptez en moyenne 65 OMR par personne pour une journée complète de visite, déjeuner compris.

Big Bus Tours VISITE DE LA VILLE
(☎971 4340 7709 ; www.bigbustours.com ; adulte/enfant/famille 22/9/52 OMR ; ⏲11h et 14h). Une ligne de bus climatisés, à impériale et à toit ouvert, sillonne la capitale en s'arrêtant aux 10 principaux sites entre Mutrah, le Vieux Mascate et Qurm. On y monte et on en descend à sa guise. Une navette gratuite dessert la Grande Mosquée. Le prix inclut un casque diffusant des commentaires enregistrés en six langues, dont le français.

Les bus partent du souk de Mutrah. Comptez 1 heure 30 pour un tour complet, plus 30 minutes supplémentaires pour une visite à pied gratuite du secteur du palais dans le Vieux Mascate. Les billets, valables 24 heures (ou 48 heures moyennant supplément), s'achètent à bord ou dans les hôtels. On peut se procurer un billet combiné à tarif réduit couvrant Mascate et Dubai ou Abu Dhabi.

National Travel & Tourism CIRCUITS CULTURELS
(NTT ; carte p. 48 ; ☎24 660300 ; www.nttomantours.com ; Ar-Rumaylah St, Wattayah ; ⏲8h30-18h sam-jeu). Outre des visites de Mascate d'une demi-journée, cet excellent tour-opérateur, basé à côté du showroom Kia, décline tout un éventail de formules sur une ou deux semaines. C'est aussi l'une des meilleures sources d'informations touristiques. Personnel obligeant et expérimenté.

Fêtes et festivals

Festival de Mascate CULTURE
(www.muscat-festival.com ; ⏲jan-fév). Sur une période d'un mois entre mi-janvier et mi-février, ce temps fort du calendrier de la capitale comprend des feux d'artifice quotidiens, la reconstitution animée d'un village omanais avec confection de *halwa* et présentations d'artisanat, des expositions venues des pays voisins, des spectacles laser et des danses traditionnelles.

Le festival se tient principalement dans deux parcs : Al-Amerat, au sud de Mascate, et Naseem Gardens, à l'ouest, sur la nationale Mascate-Barka, près de Sib. On y trouve des manèges, des stands d'artisanat étranger, de vêtements et de linge bon marché, ainsi que des produits de toutes sortes, des articles importés et bon marché au mobilier en bois incrusté du Pakistan. Des spectacles de danse de troupes étrangères et des défilés de mode ont lieu chaque soir. Des scènes annexes accueillent d'autres prestations, notamment des acrobaties sur fil de fer. De nombreux magasins organisent de grandes tombolas et proposent des rabais. Consultez le site Internet et les journaux anglophones et écoutez la radio Muscat FM pour connaître le programme.

Fête nationale CULTURE
(⏲18 nov). Le 18 novembre, jour de la fête nationale, des feux d'artifice retentissent à travers la ville. Les immeubles de Mascate sont décorés de guirlandes électriques colorées ; la rue Sultan Qaboos St est éclairée de toutes parts et ornée de drapeaux. Les pétunias plantés sur les bas-côtés de l'autoroute, sur les ronds-points et dans les parcs de la ville sont alors en fleur et transforment la capitale en une explosion de couleurs.

Où se loger

Mascate n'est pas une ville bon marché pour se loger, mais on y trouve de somptueux établissements. Les hôtels de Qurm, de Shatti al-Qurm et d'Al-Khuwair se trouvent tous aux abords de la même plage de sable. On peut aussi opter pour les établissements de Mutrah, moins onéreux et plus proches des principales curiosités de la capitale.

Les prix indiqués ici sont ceux affichés par les établissements, mais on peut presque toujours obtenir au moins un léger rabais. Étrangement, ils varient de 20% ou plus d'un jour sur l'autre. Il existe des chambres non-fumeurs, et le Wi-Fi gratuit constitue la norme. Sauf mention contraire, les taxes et le petit-déjeuner sont inclus.

Marina Hotel HÔTEL $
(Carte p. 52 ; ☎24 713100 ; www.marinahoteloman.com ; corniche, Mutrah ; s/d 22/30 OMR ; 📶). Pour découvrir l'âme de Mascate, cet établissement donnant sur le marché au poisson offre un parfait poste d'observation. On peut s'imprégner de l'atmosphère de la ville en grignotant un petit-déjeuner sur la terrasse du très prisé Al-Boom Restaurant. Une excellente adresse, malgré des chambres un peu exiguës.

Naseem Hotel HÔTEL $
(Carte p. 52 ; ☎24 712418 ; naseemhotel@gmail.com ; corniche, Mutrah ; s/d/tr 20/27/40 OMR, petit-déj 2 OMR/pers). Cette enseigne prisée du Vieux Mascate aurait bien besoin d'un coup de peinture. Elle dispose de vastes chambres, dont 7 ont vue sur le port. On s'étonne que cet hôtel idéalement situé, au milieu d'une série de belles maisons de marchands, ait subsisté. La banalité du décor est compensée par l'affabilité du personnel.

Sun City Hotel HÔTEL $
(Carte p. 56 ; ☎24 789801 ; hotel.suncity@hotmail.com ; Al-Jaame St, Ruwi ; s/d 20/25 OMR ; 📶). Jouxtant la gare routière de Ruwi, cet hôtel au hall lumineux dispose de vastes chambres, dotées de grandes fenêtres et de carrelages rutilants. Pratique si vous prenez un bus de bonne heure. Le sympathique personnel vous aidera à vous repérer dans la gare.

Beach Hotel HÔTEL $$
(Carte p. 48 ; ☎24 696601 ; www.beachhotel-muscat.com ; Way 2818, Shatti al-Qurm ; s/d/tr 35/55/65 OMR ; 🏊). Aménagé dans une bâtisse toute blanche, cet hôtel loue des chambres spacieuses avec balcon. Son hall

d'entrée est agrémenté de dômes bleus. Le petit-déjeuner comprend des *foul moudammas* (fèves) et du *khobz* (pain plat). Personnel serviable. À quelques pas de la plage, cet hôtel vous garantit un séjour authentique.

Majan Continental Hotel HÔTEL D'AFFAIRES $$
(Carte p. 48 ; ☎24 592900 ; www.majanhotel.com ; Al-Ghubrah St, Al-Ghubrah ; s/d 60/70 OMR ; P 📶 🏊). Perché au sommet d'une colline surplombant les faubourgs blancs de Mascate, cet hôtel confortable de style arabe a la faveur des hommes d'affaires omanais et expatriés. Navette gratuite pour l'aéroport.

♥ **The Chedi** HÔTEL DE LUXE $$$
(Carte p. 48 ; ☎24 524400 ; www.ghmhotels.com ; Way 3215, près de 18th November St, Al-Ghubrah North ; ch à partir de 192 OMR ; P 📶 🏊). Évoquant une casbah à la décoration minimaliste, le plus bel hôtel de Mascate jouit d'un remarquable emplacement dans les dunes. Rassurez-vous : la proximité de l'aéroport ne provoque aucune nuisance.

On raffole des jardins à l'ambiance zen et de la piscine donnant sur la plage. Les chambres sont elles-mêmes très épurées et apaisantes : idéales pour vous faire oublier l'agitation urbaine.

Hotel InterContinental Muscat RESORT $$$
(Carte p. 48 ; ☎24 680000 ; www.ihg.com ; près de Way 2817, Shatti al-Qurm ; ch 140 OMR ; P 📶 🏊). Quand il se passe quelque chose à Mascate, c'est très souvent dans cet établissement aux prestations remarquables. Le bel intérieur, les chambres de qualité, les jardins ombragés et l'accès à la plage compensent l'esthétique moyenne du bâtiment. Les boutiques, cafés et restaurants du centre Jawharat a'Shati se trouvent à deux pas.

Grand Hyatt Muscat HÔTEL DE LUXE $$$
(Carte p. 48 ; ☎24 641234 ; www.muscat.grand.hyatt.com ; Way 3033, près d'Al-Saruj St, Shatti al-Qurm ; ch avec petit-déj à partir de 177 OMR ; P 📶 🏊). Semble-t-il conçu par un prince yéménite, cet hôtel évoque à la fois une somptueuse tente bédouine, une ambiance Art déco, avec ses vitraux et ses marbres, et le kitsch de Disney. Chambres luxueuses avec balcon, excellent restaurant italien, sports nautiques et plage de sable.

Al Bustan Palace HÔTEL DE LUXE $$$
(Ritz-Carlton Hotel ; ☎24 799666 ; www.ritzcarlton.com ; près de Sidab St, Al-Bustan ; ch à partir de 160 OMR ; P 📶 🏊). Niché au creux d'une baie isolée entourée de montagnes majestueuses, l'Al Bustan a tout d'un palace. Sa décoration orientale et ses restaurants haut de gamme contribuent à son attrait exceptionnel. Avec ses immenses piscines et ses pelouses ombragées jouxtant une plage immaculée, son parc évoque un jardin d'Éden. Le spa Six Senses dispense des soins de luxe.

Hormuz Grand Hotel HÔTEL $$$
(☎24 350500 ; www.hormuzgrand.com ; rond-point Bank Muscat, Airport Heights ; ch à partir de 100 OMR ; P @ 📶 🏊). Si l'on fait abstraction de sa couleur rose, ce nouveau venu proche de l'aéroport fait un point de chute d'un bon rapport qualité/prix pour qui souhaite quitter facilement Mascate. Aménagements paysagers agréables, grandes chambres avec vue sur la montagne et restaurant indien servant un délicieux buffet le soir (18,800 OMR).

Où se restaurer

Les bonnes tables abondent, surtout dans les hôtels haut de gamme. Sinon, d'innombrables étals de rue vendent du *shawarma* (viande cuite à la broche et servie dans un pain plat avec des rondelles de tomates et autres garnitures), et beaucoup de *coffee shops* proposent des en-cas indiens (sandwichs à l'omelette et au piment, samoussas, pommes de terre au curry, etc.). La cuisine omanaise se révèle plus difficile à trouver, mais les meilleures adresses locales proposent souvent quelques plats de la région. Pour une liste exhaustive des restaurants et cafés de la capitale, procurez-vous la revue *Time Out Muscat* (2 OMR).

Al Daleh Restaurant INTERNATIONAL $
(Carte p. 48 ; ☎24 813141 ; National Hospitality Institute, An-Nuzha St, Al-Wadi al-Kabir ; déj 3 plats 6 OMR ; ⊙13h-15h mer et jeu ; ✍). 🍃 Dans ce restaurant d'excellent rapport qualité/prix, vous serez servi par les élèves de l'école hôtelière, qui œuvrent également en cuisine. Téléphonez pour réserver, car l'adresse connaît un succès croissant.

Cafe Chef A MOYEN-ORIENTAL $
(Carte p. 52 ; ☎24 714891 ; corniche, Mutrah ; plats 3 OMR ; ⊙10h-23h sam-jeu, 12h-23h ven). Ce charmant restaurant possède une salle cosy avec banquettes et lanternes turques ainsi que des tables à tréteaux sur la promenade de Mutrah. Goûtez le milk-shake aux dattes ou commandez des falafels, du houmous et

des brochettes, à manger rapidement avant l'arrivée des chats errants.

Al Boom & Dolphin Bar MOYEN-ORIENTAL **$**
(Carte p. 52 ; ☎24 713100 ; Marina Hotel, corniche, Mutrah ; petit-déj 2 OMR, plats 5 OMR ; ⏱8h-15h et 18h-1h ; 📶). Un petit restaurant qui sert de l'alcool, avec de grandes fenêtres et une terrasse donnant sur le port. Parfait pour s'imprégner de l'ambiance maritime de la ville. La carte comporte quelques plats de poisson au milieu de spécialités moyen-orientales. Le bar reste ouvert jusqu'à 3h (2h le vendredi).

Fastfood 'n' Juice Centre SHAWARMA **$**
(Carte p. 52 ; corniche, Mutrah ; sandwich 500 bz ; ⏱9h-22h). À l'est de l'entrée principale du souk de Mutrah, cet établissement couleur locale doté de tables sur le trottoir permet d'observer les gens devant un *shawarma* et un *chai libton* (thé en sachet au lait concentré sucré). S'il affiche complet, les adresses voisines du même style feront aussi bien l'affaire.

City Tower Grill Restaurant & Cafe CAFÉ **$**
(Carte p. 54 ; Al-Saidiya St, Vieux Mascate ; côtelettes d'agneau 2,500 OMR, jus 800 bz ; ⏱9h-3h). En visitant Mascate à pied, accordez-vous une pause dans ce café au coin d'une rue pour manger une omelette roulée face au fort Al-Mirani.

Bin Ateeq OMANAIS **$**
(Carte p. 48 ; ☎24 478225 ; Al-Khuwair St, Al-Khuwair ; plats 5 OMR ; ⏱10h30-minuit). Les commerçants de l'arrière-pays apprécient cette adresse, l'une des rares à servir une vraie cuisine omanaise à la manière traditionnelle, par terre sur de vieux tapis dans des salles privatives avec TV. Goûtez le *haris,* à base de semoule et de viande. Paiement en espèces.

♥ **Bait al Luban** OMANAIS **$$**
("Maison de l'Encens" ; carte p. 52 ; ☎24 711842 ; www.baitalluban.com ; Hai al-Mina Rd, Mutrah ; plats 6 OMR, menu 3 plats 10 OMR ; ⏱12h-23h ; 🍷). 🍃 L'eau aromatisée à l'encens offerte gracieusement indique d'emblée le caractère unique de ce restaurant plein de cachet, installé dans un *khan* (caravansérail) vieux de 140 ans en face du marché au poisson de Mutrah. Des femmes y mitonnent une cuisine authentiquement omanaise.

♥ **Kargeen Caffé** MOYEN-ORIENTAL **$$**
(Carte p. 48 ; ☎24 692269 ; www.kargeencaffe.com ; Al-Bashair St, Madinat Qaboos ; plats à partir de 4 OMR ; ⏱8h-1h sam-jeu, 12h-1h ven ; 🍷). Dans cet excellent restaurant, on peut manger dans la cour, dont les arbres s'illuminent le soir, ou dans des salons de type *majlis*. Ne manquez pas le *showa,* plat omanais à base d'agneau enveloppé dans une feuille de bananier. Les boissons à l'hibiscus et le milk-shake d'avocat méritent aussi d'être découverts.

The Cave INTERNATIONAL **$$**
(Carte p. 48 ; ☎24 651465 ; www.facebook.com/cavemuscat/ ; Qurm Heights Rd, Darsayt ; showa 8 OMR ; ⏱12h30-1h). Cet ensemble troglodytique se compose de sept restaurants dont Al-Manjur, une table omanaise où la *showa* figure en bonne place. Si le cadre un peu austère ne vous tente pas, la terrasse de style arabe à l'étage dévoile une large vue sur les lumières étincelantes de Ruwi. Tenue sport chic requise.

Ubhar OMANAIS **$$**
(Carte p. 48 ; ☎24 699826 ; Bareeq al-Shatti Mall, Shatti al-Qurm ; plats 5 OMR ; ⏱12h30-15h30 et 18h30-23h). 🍃 Un restaurant omanais, où l'on mange à table et non par terre. Carte originale, où la viande de dromadaire figure en bonne place. Ne manquez pas la glace à l'encens et le *halwa* au dessert. À quelques pas de l'Opéra de Mascate, l'endroit est parfait pour dîner après un spectacle.

La Brasserie FRANÇAIS **$$**
(Carte p. 52 ; corniche, Mutrah ; plats 7 OMR ; ⏱12h-15h et 19h-23h mars-nov, 19h-1h déc-fév). Ce petit restaurant orné de boiseries en face du marché au poisson de Mutrah sert de bonnes spécialités françaises. On peut aussi s'y régaler d'un café et d'une pâtisserie en visitant la ville.

Blue Marlin Restaurant INTERNATIONAL **$$**
(Carte p. 48 ; ☎24 740038 ; marina Bandar al-Rowdha ; repas 6 OMR ; ⏱8h30-22h30). Situé sur le port, le Blue Marlin dispose de tables avec nappe et parasol. Parfait pour un repas léger et savoureux après une excursion en bateau. Véritable bacon au menu du petit-déjeuner. Les clients ont accès gratuitement à la piscine de la marina.

D'Arcy's Kitchen PETIT-DÉJEUNER **$$**
(Carte p. 48 ; ☎24 600234 ; Way 2817, Shatti al-Qurm ; plats à partir de 5 OMR ; ⏱9h-23h ; 🍷). À côté de l'Omani Heritage Gallery, ce sympathique restaurant propose des classiques de la cuisine occidentale à prix raisonnables. Ouvert en continu, contrairement à la

plupart des cafés. Après le petit-déjeuner anglais (à partir de 5 OMR), vous serez d'attaque pour une promenade sur la plage.

The Beach PRODUITS DE LA MER $$$

(Carte p. 48 ; 24 524400 ; The Chedi, près de 18th November St, Al-Ghubrah North ; repas à partir de 45 OMR ; 19h-22h30 sept-mai ;). Installé sur la plage, ce restaurant de grand standing dégage une charmeuse atmosphère orientale, avec ses braseros et ses éclairages tamisés. Il sert une cuisine sophistiquée et remarquable. Son chef pâtissier, français, concocte de succulents desserts, dont des chocolats. Excellent menu dégustation (4 plats).

Mumtaz Mahal INDIEN $$$

(Carte p. 48 ; 24 605907 ; Way 2601, Qurm ; plats à partir de 10 OMR ; 12h-15h et 19h-minuit sam-jeu, 13h-15h et 19h-minuit ven ;). Spécialisé dans la cuisine *mughlai* (moghole) du nord de l'Inde, ce restaurant est la meilleure table indienne de la ville. Juché sur une colline dominant la réserve naturelle de Qurm, il accueille des concerts de sitar. On mange sur des tables basses, éclairé de lanternes. Une institution.

Al-Angham OMANAIS $$$

(Carte p. 48 ; 22 077777 ; www.alanghamoman.com ; Opera Galleria, Sultan Qaboos St, Shatti al-Qurm ; plats 16 OMR, menu 52 OMR ; 12h-15h et 19h-23h). Du plafond en bois sculpté aux ronds de serviette en argent, cette table exquise à côté de l'Opéra offre le cadre raffiné qui s'impose après un spectacle de choix, ainsi que le meilleur de la cuisine omanaise.

Où faire ses courses

Al-Fair Supermarket SUPERMARCHÉ

(Carte p. 48 ; Madinat Qaboos ; 8h-22h). Cette chaîne présente dans toutes les zones commerçantes de Mascate fournit tout ce qu'il faut pour pique-niquer, notamment un grand choix de fruits et légumes et des produits occidentaux. L'enseigne de Madinat Qaboos vend du très bon pain.

Lulu SUPERMARCHÉ

(Carte p. 48 ; Sultan Qaboos St ; 8h-22h). Autre chaîne locale très appréciée de supermarchés, Lulu's propose des classiques de la cuisine moyen-orientale, comme le houmous et le *moutabbal* (purée d'aubergine fumée). Il existe une enseigne bien pratique près de Sultan Qaboos St à Al-Khuwair, où l'on peut aussi acheter une glacière et des pains de glace, très utiles pour un pique-nique estival.

Où prendre un verre et faire la fête

Hormis chez l'habitant et dans les hôtels, le vrai café arabe (*qahwa*) se révèle étonnamment rare à Mascate. Les *coffee shops* implantés un peu partout privilégient la restauration rapide. Les chaînes internationales proposant des cafés de toutes sortes sont omniprésentes ici aussi.

Tous les hôtels de standing abritent un café raffiné, qui sert de l'alcool à prix élevé.

Trader Vic's BAR À COCKTAILS

(Carte p. 48 ; 24 680080 ; Hotel InterContinental Muscat, Shatti al-Qurm ; 18h-2h). Ce bar de style polynésien, animé et chaleureux, prépare les meilleurs cocktails de la ville (goûtez le Samoan Fogcutter ou le Honi Honi). Hubert Fernandes, qui les concocte depuis dix ans, est un expert en la matière. Les concerts de musique latino (sauf le vendredi) et les viandes au barbecue incitent à rester dîner.

Al-Ghazal Bar PUB

(Carte p. 48 ; 24 680000 ; Hotel InterContinental Muscat, Shatti al-Qurm ; 12h-2h sam-mar, 12h-3h mer-jeu, 14h-2h ven). Cet établissement aux airs de pub est le lieu de rendez-vous des expatriés. Musique live, soirée quiz, retransmissions de rencontres sportives et savoureuse cuisine occidentale.

Al-Ahli Coffeeshop BAR À JUS

(Carte p. 52 ; 24 713469 ; souk de Mutrah ; grand jus de fruits 900 bz ; 10h-13h et 16h-22h sam-jeu, 16h-22h ven). Au cœur du souk de Mutrah, voici la meilleure adresse pour siroter un savoureux jus de grenade, d'annone ou de mangue. Sur la gauche, après l'entrée du souk, se trouve un café traditionnel où les Omanais âgés aiment se réunir.

Al-Makan Cafe BAR À CHICHA

(Carte p. 48 ; 24 662924 ; Al-Shatti St, Shatti al-Qurm ; plats 3 OMR ; 12h-23h). Populaire, cette chaîne de cafés dans le style local jouit d'une belle vue sur la mer et d'un petit jardin pour les fumeurs de narguilé, bannis de la salle plutôt vaste. Venez prendre un cocktail de jus de fruits au coucher du soleil en compagnie des gens du coin.

Grand Hyatt Muscat SALON DE THÉ

(Carte p. 48 ; 24 641234 ; Grand Hyatt Muscat, Way 3033, près de Al-Saruj St, Shatti al-Qurm ; thé 9 OMR ; 15h-20h). Si vous sirotez votre thé assez longtemps dans l'extravagant hall de cet hôtel somptueux, vous croirez peut-être avoir une hallucination. Mais non, vous ne vous trompez pas : la statue équestre sur le podium central bouge. Elle fait un tour entier en 24 heures et sert d'horloge !

John Barry Bar LOUNGE
(Carte p. 48 ; ☎24 641234 ; Grand Hyatt Muscat, Way 3033, près d'Al-Saruj St, Shatti al-Qurm ; ⏲14h-1h mar et ven, 14h-2h mer-jeu). Baptisé du nom d'un navire renfloué, dont le trésor fit la fortune du propriétaire du Hyatt, ce bar chic est parfait pour siroter un cocktail en écoutant jouer du piano.

☆ Où sortir

En dehors du nouvel Opéra, la vie nocturne de Mascate demeure assez pauvre. Cependant, les hôtels cinq étoiles et quelques autres disposent d'un bar et d'une discothèque accueillant souvent des spectacles (voir programme dans *Time Out Muscat*). Il s'agit parfois de danseuses indiennes, russe ou maghrébines en tenue légère, dans certains cas abritées derrière des claires-voies pour éviter que l'on ne vienne se trémousser à leurs côtés. Les autorités sévissent périodiquement contre les divertissements de ce type, mais ils ne tardent pas à réapparaître.

Vous pourrez assister à un match de football au stade du **Sultan Qaboos Sports Complex** (carte p. 48 ; ☎24 592197 ; Al-Ghubra St, Al-Ghubra South).

♥ **Royal Opera House Muscat** OPÉRA
(Carte p. 48 ; ☎24 403300 ; www.rohmuscat.org.om ; Sultan Qaboos St, Shatti al-Qurm). De grands noms de l'art lyrique et de la danse classique se sont produits à l'Opéra de Mascate, dont la critique internationale a salué la qualité des productions. Un système de réservation en ligne efficace a été mis en place. La saison dure de septembre à mai. Notez qu'un code vestimentaire strict s'applique (pas de jeans ni de chaussures de sport). Il est toutefois possible de louer une tenue ad hoc si vous n'avez pas le temps de rentrer vous changer.

♥ **On the Rocks** LOUNGE
(☎24 346765 ; Golden Tulip Hotel Seeb Hotel, Exhibition St ; ⏲18h-3h sam-jeu, 18h-2h ven). Cet établissement proche de l'aéroport, animé d'immenses écrans psychédéliques, sert des cocktails alcoolisés et de quoi se restaurer à prix modeste, mais on y vient surtout pour la musique : soirée soul, bière et *dim sum* le mardi, concert le mercredi et DJ de 20h30 à 3h le reste de la semaine. Tenue chic décontractée de rigueur.

MASCATE POUR LES ENFANTS

Ville sûre et plaisante, la capitale omanaise dispose de plusieurs curiosités à l'intention des enfants. La plupart des centres commerciaux abritent des lieux de divertissements à thème, généralement ouverts de 10h à 22h, qui facturent environ 3 OMR l'entrée ou 350 bz par attraction.

Children's Museum (carte p. 48 ; ☎24 605368 ; près de Sultan Qaboos St, Qurm ; 500 bz ; ⏲9h-13h sam-jeu). Ce musée bien indiqué propose des expositions scientifiques interactives. Gratuit pour les moins de 7 ans.

Ice Skating (patinoire, Fun Zone ; carte p. 48 ; ☎24 662928 ; Qurm Park, Qurm ; entrée avec location des patins 4 OMR ; ⏲9h-minuit sam-jeu, 14h-minuit ven). Un bon moyen de lutter contre la touffeur estivale. Sessions de 90 min. Créneau réservé aux femmes le lundi 9h-18h. La patinoire ferme le samedi de 20h à 22h pendant l'entraînement de l'équipe de hockey.

Marah Land (carte p. 48 ; ☎22 006091 ; www.marahland.com ; Qurm Park, Qurm ; 300 bz plus 250-750 bz/attraction ; ⏲8h-13h et 16h-24h sam-jeu, 16h-24h ven). Installée dans le joli parc de Qurm, cette fête foraine avec grande roue est une institution locale.

Oman Avenues Mall (carte p. 48 ; ☎22 005400 ; www.theavenuesmall.om ; Sultan Qaboos St, Al-Ghubrah ; ⏲10h-22h dim-mer, 10h-23h jeu-sam). Le dernier *mall* en date de la capitale regroupe 150 boutiques, un vaste *food court* ouvert jusqu'à 1h le week-end, le Funtazmo Kids (qui devrait être enrichi de montagnes russes en 2016) et un espace de jeux destiné aux moins de 6 ans. Le premier gymnase international d'Oman et un cinéma devraient également voir le jour fin 2016.

Rock Bottom Café CLUB

(Rockies ; carte p. 48 ; ☎24 651326 ; Ramee Guestline Hotel, Way 1622, Qurm ; cocktails 5 OMR ; ⏲12h-15h et 18h-3h). Ce club, dont le succès ne se dément pas, propose des concerts tous les soirs ainsi qu'une piste de danse avec DJ.

Alive Oman CONCERTS

(☎97 300007 ; www.aliveentertainment.me). Grands concerts, souvent sur les pelouses de l'InterContinental Hotel ou au Shangri-La's Barr al Jissah Resort & Spa.

City Cinema Shatti CINÉMA

(Carte p. 48 ; ☎24 607360 ; citycinemaoman.net ; Hayy as-Saruj, Shatti al-Qurm). La ville compte plusieurs cinémas modernes, dont celui-ci.

Achats

La ville recèle un vieux souk plein de charme, mais aussi quelques boutiques raffinées, notamment dans l'**Opera Galleria**, attenante à l'Opéra, et de vastes centres commerciaux (le Qurm City Centre, The Avenues, le Muscat City Centre, près du rond-point de Rusayl, et le Markaz al-Bahja non loin).

Souq Ruwi St mérite un détour pour ses objets amusants et peu coûteux (tee-shirts souvenirs, bijoux en or importés d'Inde, DVD...).

Parmi les articles omanais les plus prisés figurent les kandjars, ces poignards en argent à lame incurvée, dont le prix varie de 30 OMR pour une reproduction clinquante à 500 OMR pour une belle pièce authentique. On trouve aussi des paniers aux lanières en peau de dromadaire ou de chèvre (à partir de 5 OMR), des *kuma* (chapeaux omanais) entre 2 et 50 OMR (selon qu'il s'agit d'un modèle réalisé à la machine ou à la main), des tapis en poils de chèvre tissés main (à partir de 15 OMR), de l'encens (à partir de 500 bz), des parfums locaux (ou des copies) ainsi que des dattes (à partir de 600 bz/500 g). Le souk de Mutrah (p. 52) s'impose naturellement, mais d'autres commerces en ville vendent également ce genre de produits.

Omani Heritage Gallery ARTISANAT

(Carte p. 48 ; ☎24 696974 ; www.omaniheritage.com ; Way 2817, centre Jawharat a'Shati, Shatti al-Qurm ; ⏲9h30-13h et 16h-20h sam-jeu). Cette association à but non lucratif visant à promouvoir l'industrie artisanale vous garantit l'authenticité de ses objets "fabriqués en Oman". Prix proportionnels à la qualité.

Sabco Centre CENTRE COMMERCIAL

(Carte p. 48 ; centre commercial de Qurm, près de Sultan Qaboos St, Qurm ; ⏲10h-22h sam-jeu, 16h30-22h ven). Dans l'enceinte du Sabco Centre, The Souq, petit mais très complet, vend des objets d'artisanat (essentiellement d'Inde et d'Iran), des pashminas et des coiffes omanaises. Nous vous recommandons de marchander, même si les prix sont raisonnables. Sur place, l'excellent cordonnier répare tous les articles de cuir. Certains étals ferment le midi.

Bateel DATTES

(Carte p. 48 ; ☎24 601572 ; www.bateel.ae ; centre Oasis by the Sea, Shatti al-Qurm ; ⏲10h-13h et 17h-22h sam-jeu, 14h-23h ven). Succès garanti avec les dattes au chocolat de Bateel.

Amouage PARFUMS

(Carte p. 48 ; www.amouage.com ; Sabco Centre, centre commercial de Qurm ; ⏲9h30-13h et 16h30-21h30 sam-jeu, 16h30-22h ven). Amouage vend les parfums les plus chers et les plus chics au monde, élaborés à base d'encens, de musc et d'autres ingrédients exotiques. Pour une visite guidée (⏲dim-jeu 8h30-16h30) de sa fabrique, rendez-vous au Visitor Centre & Factory à Al-Mawaleh, sur la voie rapide à 3 km à l'ouest du rond-point Rusayl (également appelé Burj al-Sahwa, la "tour de l'horloge"), l'embranchement pour Nizwa proche de l'aéroport.

Jawahir Oman BIJOUX

(Carte p. 48 ; ☎24 563239 ; www.facebook.com/JawahirOman ; Al-Wilaj St, Qurm ; ⏲9h-13h et 16h30-21h sam-jeu). Les bijoux en argent (pièces uniques) et les articles vendus ici sont fabriqués à la main dans un atelier de Mascate.

Family Bookshop LIVRES

(Carte p. 48 ; ☎24 600084 ; Madinat Sultan Qaboos ; ⏲10h-13h et 16h30-20h sam-jeu, 16h30-20h ven). Figurant parmi les dernières librairies indépendantes de Mascate, ce magasin tenu par un Omanais propose un bon choix de livres en anglais sur Oman, dont des guides Lonely Planet, et quelques best-sellers.

House of Prose LIVRES

(Carte p. 48 ; ☎24 564356 ; Al-Wadi Centre, Qurm ; ⏲9h-13h et 16h-20h sam-jeu, 16h-20h ven).

Livres d'occasion (surtout en anglais) et intéressant programme de rachat.

Ahmed Dawood Trading ÉQUIPEMENT DE PLEIN AIR (Carte p. 52 ; ☎24 703295 ; Al-Mina St, Mutrah). L'adresse ad hoc pour du matériel de camping spécialisé.

Renseignements

ACCÈS INTERNET

Les cafés, *coffee shops* et halls d'hôtel disposent du Wi-Fi gratuit. Même Mwasalat, la nouvelle compagnie publique de transport, offre ce service à bord de ses bus. Les quelques cybercafés restants facturent autour de 1 OMR l'heure.

Fastline Internet (carte p. 56 ; gare routière de Ruwi, Al-Jaame St, Ruwi ; 800 bz/heure ; 10h-minuit sam-jeu, 14h-minuit ven ;).

Internet Café (carte p. 52 ; corniche, Mutrah ; 1 OMR/heure ; 9h30-13h30 et 16h-minuit ;).

ARGENT

Les grandes banques se concentrent dans le quartier central de Ruwi, même si une ou deux ont vu leur siège déménager du côté de l'aéroport, vers le "nouveau centre" de Mascate. On trouve néanmoins de nombreuses succursales avec DAB dans toute la ville.

Les bureaux de change les plus pratiques se trouvent à Qurm, dans Souq Ruwi St à Ruwi et sur la corniche de Mutrah, à l'entrée du souk de Mutrah.

HSBC (carte p. 56 ; ☎80 074722 ; Markaz Mutrah al-Tijari St, CBD Ruwi ; 8h-13h dim-jeu). Le siège de Mascate, qui compte de nombreuses succursales.

Faiq Money Changers (carte p. 48 ; ☎24 565419 ; centre commercial de Qurm ; 9h-20h30 sam-jeu). L'un des plus vieux bureaux de change de Mascate.

OFFICE DU TOURISME

On peut se procurer des brochures et des cartes au comptoir touristique de l'aéroport international et dans les halls des grands hôtels.

Ministère du Tourisme (carte p. 48 ; ☎22 088000, appel gratuit 80 077799 ; www.omantourism.gov.om ; quartier des ministères, Thaqafah St, Al-Khuwair ; 7h30-13h30 dim-jeu). Le personnel pourra répondre à quelques questions par téléphone, mais il s'agit d'un ministère et non d'un office du tourisme habitué à recevoir des visiteurs. On peut toutefois s'y procurer des brochures, et le site Internet offre de nombreux renseignements.

POSTE

Bureau de poste (carte p. 56 ; Markaz Mutrah al-Tijari St, CBD Ruwi ; 8h-13h30 sam-mer, 8h-11h jeu).

Poste principale (Al-Matar St ; 8h-13h30 sam-mer, 8h-11h jeu). Près de l'aéroport, de l'autre côté de l'autoroute. Autres bureaux dans le Vieux Mascate et à Mutrah.

SERVICES MÉDICAUX

Les principaux hôpitaux de la ville dispensent des soins de qualité internationale. Les soins d'urgence sont parfois gratuits, mais tous les autres sont facturés. Le personnel des hôpitaux et des cliniques de Mascate parle anglais.

Dans toutes les régions, les pharmacies assurent des gardes ; consultez les quotidiens anglophones pour connaître la pharmacie de garde. Les pharmaciens pourront vous indiquer les médecins ou les dentistes de garde.

Al-Nahdha Hospital (carte p. 48 ; ☎24 837800 ; Al-Nahdha St, Wattiyah). L'hôpital où sont en général adressées les urgences.

TÉLÉPHONE

Omantel et Ooredoo sont les deux principaux opérateurs de téléphonie mobile. On peut acheter des cartes SIM (à partir de 2 OMR avec 2 OMR de crédit) dans le hall des arrivées de l'aéroport, les centres commerciaux, les supermarchés et les magasins de proximité.

Telephone Office (carte p. 56 ; Al-Burj St, CBD Ruwi ; 8h-14h et 16h-18h). Pour envoyer des fax.

URGENCES

Ambulance, pompiers et police (☎9999). Urgences.

Royal Oman Police (ROP ; ☎24 569501 ; www.rop.gov.om). Dispense des soins d'urgence sur les lieux d'un accident.

Depuis/vers Mascate

AVION

L'**aéroport international de Mascate** (p. 300) se situe à 37 km à l'ouest de Mutrah. Au moment où nous écrivons, seul **Oman Air** (carte p. 56 ; ☎24 531111) effectue des vols intérieurs.

BUS

Mwasalat – National Bus (ex-ONTC ; ☎24 121555 ; mwasalat.om/en-us/Bus-routes ; Al-Jaame St, Ruwi). La compagnie nationale d'autobus assure des liaisons interurbaines confortables dans tout le pays. Son site Internet (actuellement en chantier) fournit les horaires et les tarifs en anglais, dont l'*Oman Observer* publie parfois un résumé. Les bus pour Salalah (aller simple/aller-retour 7,500/14 OMR, 12 heures) partent pour l'instant à 7h, 10h et 19h, mais mieux vaut vérifier par téléphone car des restructurations sont en cours.

Gare routière de Ruwi (carte p. 56 ; ☎24 701294 ou 24 708522 ; Al-Jaame St, Ruwi). Le principal terminal de Mwasalat pour les lignes nationales et internationales.

TAXI ET MINIBUS

D'Al-Jaame St, en face de la gare routière de Ruwi, des taxis et des minibus desservent toutes les destinations. D'autres partent du rond-point de Rusayl (également appelé Burj al-Sahwa, la "tour de l'horloge"), à l'ouest de l'échangeur pour l'aéroport.

Les tarifs ci-après fluctuent et sont à prendre à titre indicatif.

VILLE	TAXI COLLECTIF	TAXI ORDINAIRE	MINIBUS
Barka	1 OMR	11	n/a
Buraimi	15 OMR	75	n/a
Nakhal	2 OMR	10	1,500 OMR
Nizwa	1,500 OMR	4	2 OMR
Rustaq	3 OMR	6	n/a
Samail	1 OMR	5	1,500 OMR
Sohar	3 OMR	12	2 OMR
Sour	4 OMR	12	3,500 OMR

VOITURE

Plusieurs agences de Ruwi proposent des locations de véhicules, notamment **Alwan Tour Rent-a-Car** (p. 309) et **Mark Tours** (p. 309). On peut aussi s'adresser aux comptoirs des hôtels ou des aéroports de Mascate et de Salalah.

ℹ Comment circuler

DEPUIS/VERS L'AÉROPORT

Les taxis à bandes bleues marqués "airport taxi" sur le côté pratiquent des tarifs fixes ; comptez 8 OMR pour Qurm, Al-Khuwair et Sib, 10 OMR pour Ruwi, 12 OMR pour Mutrah et Mascate, 15 OMR pour Barr al-Jissah. La course se règle à l'avance au comptoir situé dans le hall des arrivées. Évitez les chauffeurs de taxi non agréés qui tentent d'attirer les passagers hors de la file d'attente officielle.

Des minibus assez fréquents passent par l'aéroport entre 7h et 22h. Le trajet jusqu'à Ruwi/Mascate coûte 500/800 bz. Les bus allant dans cette direction partent de l'autre côté de la passerelle qui enjambe la nationale, à 500 m du terminal. Aucun bus direct ne dessert l'aéroport, mais nombre d'hôtels offrent un service de navette gratuit.

BUS

Dans le cadre d'une stratégie visant à réduire drastiquement la circulation automobile à Mascate, un nouveau réseau de bus locaux commençait à être mis en place lors de notre passage. Des véhicules climatisés modernes circulent toutes les 15 minutes entre Ruwi et Sib, et l'on parle même d'installer la climatisation aux stations.

Mwasalat – City Bus (ex-ONTC ; carte p. 56 ; ☎24 708522 ; mwasalat.om/en-us ; gare routière de Ruwi ; ⏱6h-21h15, ttes les 15 min). Un service de billetterie en ligne est prévu. Le site Web indique les horaires, les tarifs et la durée des trajets. La ligne principale Ruwi-Sib comportera six arrêts, dont une importante plateforme de correspondances au rond-point de Rusayl (ou Burj al-Sahwa, "tour de l'horloge"), l'embranchement pour Nizwa proche de l'aéroport.

TAXI ET MINIBUS

À Mutrah, les minibus locaux qui desservent la corniche partent de la gare routière de Mutrah. À Ruwi, ils stationnent le long d'Al-Jaame St, en face de la gare routière principale. Le trajet d'une banlieue à l'autre coûte de 200 à 300 bz. Un itinéraire en minibus à l'intérieur du grand Mascate ne devrait pas dépasser 1 OMR.

De Ruwi au rond-point de Rusayl, près de l'aéroport, comptez 1,200 OMR en minibus et 3 OMR en taxi collectif (12 OMR si vous le réservez pour vous seul).

Les taxis de Mascate qui ne desservent pas l'aéroport sont orange et blanc. Ils n'ont pas de compteur. Même en marchandant, vous paierez sans doute votre course deux ou trois plus cher qu'un habitant – fixez le tarif avant de monter à bord.

Un trajet entre deux banlieues de Mascate ne devrait pas dépasser 10 OMR si vous le prenez seul ou 3 OMR pour un taxi collectif (sauf vers/depuis l'aéroport). Pour une course vers/depuis un hôtel, attendez-vous à payer le double du tarif normal. Si vous restez un certain temps dans la capitale, procurez-vous la carte d'un chauffeur de taxi qui vous a donné satisfaction et faites appel à ses services au besoin.

En attendant que la signalisation routière soit achevée en 2017, mieux vaut se référer aux points de repère de la ville (la banque HSBC à Qurm ou le rond-point de Rusayl, avec sa tour de l'horloge) qu'aux adresses des rues.

ENVIRONS DE MASCATE

La ville traditionnelle de Sib, à l'ouest de Mascate, et la station balnéaire de Bandar Jissah, à l'est, sont deux options paisibles pour qui ne voudrait pas loger dans la capitale.

Sib السيب

Non loin de Mascate, cette ville omanaise typique (Seeb en anglais), très peu fréquentée par les touristes, vaut le détour. Située à 20 minutes de route au nord-ouest de l'aéroport, c'est une cité côtière florissante qui s'enorgueillit de nombreux atouts : une superbe plage de sable, une jolie corniche, une tour de guet, un souk animé abritant un marché aux tissus, un souk des orfèvres aux prix intéressants et des boutiques de chapeaux omanais traditionnels (*kuma*). On s'y régale de *halwa* (confiserie traditionnelle omanaise) et aussi de succulentes brochettes de calmar.

À voir

Sib ne compte pas de sites touristiques à proprement parler, mais donne l'occasion de découvrir les Omanais dans leur vie quotidienne. Il s'agit également d'un bon endroit pour trouver un tailleur. Apportez comme modèle votre chemise ou jupe préférée, achetez du tissu dans un magasin local et demandez au marchand de vous conseiller quelqu'un. L'opération prendra une demi-journée et vous coûtera moins de 20 OMR (75 OMR pour une veste de smoking).

Souk de Sib SOUK

(9h-13h et 16h-21h). Concentré de culture omanaise, ce marché borde l'artère principale à sens unique qui passe au cœur de la ville. Les vitrines de bracelets et de parures nuptiales du **souk de l'or** y côtoient des tailleurs de *dishdasha* (longues robes masculines), des échoppes de *kuma* (toques brodées traditionnelles) et d'*abaya* (longues robes féminines), des banques et des épiceries tenues par des Indiens. Le circuit en voiture ne prend que quelques minutes, mais on peut facilement le parcourir à pied pendant une demi-journée.

Entre la grand-route et la mer, les étals de fruits, légumes, épices et cordes pour chameaux du **vieux souk** occupent un ensemble de bâtiments couleur sable construits à cet effet, près de la grande mosquée. Plus loin sur la corniche se tient la halle du marché au poisson.

La route dessine une boucle juste après les magasins de meubles et de miel omanais. On trouve ensuite des boutiques de vêtements traditionnels pour femmes, ainsi que des tissus brodés et des bracelets de cheville colorés. Disséminés entre les boutiques de tailleurs, des magasins de "Wedding Services" vendent des chapelets de guirlandes électriques et d'opulents fauteuils de mariage.

Vers le bout de la rue, de nombreux **ateliers de charpenterie** exposent des *mandous*. Ces coffres de mariage, souvent noirs ou ocre et décorés de pièces de cuivre, constituent de bonnes idées de cadeaux. Une petite boîte coûte 10 OMR, un grand coffre 50 OMR (nombreuses tailles intermédiaires).

Corniche de Sib PLAGE

La belle corniche de 8 km, de part et d'autre de la ville, comporte une promenade paysagée d'où l'on peut admirer l'océan, renifler les sardines qui sèchent et regarder les pêcheurs qui réparent leurs filets pendant que des footballeurs jouent sur le sable. Des *coffee shops* s'animent le soir. On peut se baigner n'importe où le long de la plage à condition de porter un maillot discret.

Si vous aimez ramasser les **coquillages**, sachez que les longues étendues de sable dévoilent, à marée basse, des spirules, des turritelles et des cérithes. Al-Abnah Freish Antiques & Gifts, dans le centre-ville, propose une petite sélection de souvenirs en argent et des cannes de chamelier.

Où se loger et se restaurer

Une poignée d'établissements plaisants offre une alternative aux hôtels les plus fréquentés de Mascate. La ville compte aussi de nombreux lieux de restauration, dont quelques cafés à l'occidentale. Sur la corniche en face du souk, des marchands vendent des brochettes de calmar (500 bz pièce), à déguster assis sur la digue.

Al Bahjah Hotel HÔTEL $

(24 424400 ; www.rameehotels.com/al-bhajah.html ; Seeb High St ; s/d 25/28 OMR ;). Un *dhow* et une cafetière géante trônent dans le hall de cet hôtel sans prétention, en plein

cœur de la ville (prenez la direction de la mer depuis l'Oman International Bank), qui loue des chambres basiques d'une propreté impeccable. Repaire des expatriés occidentaux, le confortable restaurant indien sur place sert de l'alcool.

Ramee Dream Resort HÔTEL $
(☎24 453399 ; www.rameehotels.com/dream-resort.html ; Dama St ; s/d 30/40 OMR ; 📶🏊). Voici un hôtel à 5 minutes de marche de la mer, d'où l'on veut voir des hérons se poser sur la plage. À 1 km du marché au poisson en suivant la corniche vers l'ouest.

Seeb Waves Restaurant MOYEN-ORIENT $
(☎24 425556 ; corniche ; plats 2 OMR ; ⏲9h-2h). Une adresse simple et pas chère, dans le centre, près du port, où manger poulet rôti, salade et houmous.

Al Hamael Trading MOYEN-ORIENT $
(Corniche ; plats 2 OMR, jus de fruits 500 bz ; ⏲16h-1h). Ce *coffee shop* local prépare de délicieux jus de fruits frais. De sa terrasse face à la mer, vous pourrez voir les petits bateaux qui rentrent dans le nouveau port, dont la réalisation a permis de préserver l'industrie de la pêche si précieuse pour la ville.

Comment s'y rendre et circuler

Au départ de Mascate, des minibus rallient fréquemment Sib (1,200 OMR). Comptez 20 minutes en taxi par l'autoroute Sultan Qaboos au départ de l'autoroute située près de l'aéroport de Mascate (5 OMR).

Bandar Jissah بندر الجصة

Bandar Jissah est aujourd'hui l'une des plus belles stations balnéaires de Mascate, où se pratiquent de nombreux sports nautiques. Du village voisin de Qantab, des pêcheurs emmènent les touristes en bateau (30 min/1 heure 6/10 OMR) jusqu'à la fameuse **arche marine**, désormais partie intégrante de la station.

Si vous disposez de votre propre véhicule, arrêtez-vous au remarquable **point de vue** (récemment réaménagé) situé entre Bandar Jissah et la longue descente jusqu'à Al-Bustan. De l'autre côté de la route, les sportifs aguerris pourront suivre, à pied ou à vélo, les **40 km de sentiers balisés** qui serpentent au-dessus de Bandar Jissah. Une route panoramique à travers les montagnes relie Bandar Jissah à Yitti.

Où se loger

Oman Dive Centre HUTTES $$
(Muscat Hills Dive Centre ; ☎24 824240 ; www.omandivecentre.com ; Bandar Jissah ; hutte s/d tr en demi-pension 62/88/114 OMR ; ⏲bar de plage 12h-23h sam-jeu, 14h-23h ven ; 🅿@🏊). 🍃 Ce centre comporte de simples huttes en *barasti* (feuilles de palmier), avec bloc douche attenant, sur le sable d'une jolie baie. On peut y passer pour déjeuner (et goûter le burger de dromadaire) ou effectuer une sortie de snorkeling d'une demi-journée (20 OMR équipement compris, 15 OMR l'après-midi). Les excursions à la rencontre des dauphins (18 OMR) permettent aussi parfois d'apercevoir des baleines entre décembre et février. On peut profiter de la plage paisible et isolée ainsi que des infrastructures du centre pour une somme modique (adulte/enfant 4/2 OMR, 2/1 OMR dim-jeu), et rester prendre l'apéritif. Les transports publics ne desservant pas l'endroit, venez en taxi (8 OMR depuis Mutrah). Des travaux de rénovation étaient en cours au printemps 2016.

Shangri-La's Barr Al Jissah Resort & Spa RESORT $$$
(☎24 776666 ; www.shangri-la.com/muscat/barraljissahresort ; près d'Al-Jissah St ; Al Bandar/Al Husn/Al Waha ch à partir de 135/181/117 OMR ; 🅿@📶🏊). Ce ensemble recèle trois hôtels de style casbah aménagés autour d'une superbe plage commune et disposant d'un domaine paysagé. L'**Al-Bandar Hotel** vise davantage une clientèle d'affaires. Luxueux six-étoiles, l'**Al-Husn Hotel** se dresse sur le promontoire et a sa propre plage privée, tandis que l'**Al-Waha Hotel**, détendu et familial, est accessible par un tunnel sous la falaise.

La rivière qui serpente entre les hôtels est un moyen amusant de passer de l'un à l'autre. Les trois établissements s'enorgueillissent de halls aux tapis somptueux, de couloirs en marbre, de chambres et de salles de bains très design. Le site possède quelques-uns des meilleurs restaurants du pays : le **Bait al-Bahr** (fruits de mer), le **Samba** (buffet international) et le **Shahrazad** (marocain).

Une navette gratuite au départ de l'aéroport de Mascate dessert les lieux, également accessibles en 15 minutes de voiture depuis Mutrah.

Yitti يتي

Situé à 25 km de Mascate, Yitti possède une charmante **plage** de sable, lovée entre des reliefs déchiquetés et située à l'extrémité d'une vaste crique marécageuse, où viennent picorer des échassiers.

À marée basse, on peut rejoindre une barre de sable et admirer, sur la gauche, la fameuse **arche marine** de Bandar Jissah. Remarquez l'amas de rochers aux contours dentelés au bout de la crique. Les habitants croyaient ces rochers habités par des djinns (génies) et leur déposaient des offrandes. D'après les pêcheurs locaux, les esprits auraient quitté les lieux, effrayés par la laideur des constructions réalisées de l'autre côté de la baie ! Un vaste ensemble hôtelier doit être construit dans la crique, mais, à cause de la chute du cours du pétrole, le projet avance lentement. Yitti demeure - pour l'instant du moins - un petit coin tranquille.

Aucun transport public ne dessert Yitti, qui se trouve à environ 30 minutes de route de Mutrah. Trois itinéraires sont possibles depuis Mascate. Le plus court coupe à travers les montagnes (suivre les panneaux depuis le rond-point de Bandar Jissah). Pour varier les plaisirs, vous pouvez revenir par Wadi Mayh.

Wadi Mayh وادي ميح

Inutile d'aller plus loin pour découvrir un *wadi* omanais en un après-midi au départ de Mascate. Avec ses hautes falaises de calcaire, ses villages couleur sable, ses palmeraies, ses tours de guet, ses chèvres et ses ânes errants, le site a tout pour plaire. Repérez les deux gros *falaj* (canaux d'irrigation traditionnels) qui courent de chaque côté du *wadi*.

Par endroits, les différentes strates de roche multicolores forment une paroi verticale, un encaissement qui rend le *wadi* sujet à de violentes crues inondant souvent la route. De nombreuses **formations géologiques**, indiquées par des panneaux verts et l'application Muscat GeoSites (www.omantourism.gov.om), jalonnent le parcours.

L'entrée du *wadi* se trouve à 24 km du rond-point Wadi Aday à Mascate. Pour vous y rendre, suivez la route de Qurayat. Au bout de 16 km, prenez à gauche au rond-point décoré d'un aigle doré. Tournez à gauche à hauteur du panneau pour Yitti (au Km 24) et suivez la route jusqu'au *wadi*. On peut s'y rendre en voiture, même si le dernier tronçon (d'environ 10 km) vers Yitti n'est pas bitumé. Aucun transport ne dessert les lieux. Wadi Mayh est signalé sur la route entre Bandar Jissah et Yitti.

Bandar Khayan بندر خيران

Il faut s'engager sur la route qui relie Yitti et Al-Seifa, ne serait-ce qu'une trentaine de minutes, pour avoir une idée des *khwar*, ces criques qui font toute la beauté de cette portion de littoral.

Le premier *khor* est surtout fréquenté par les pêcheurs, mais le deuxième (4,8 km plus loin) découvre un estran grand comme un terrain de football et grouille de vie animale, notamment des crabes et des potamides.

Un ensemble hôtelier de la chaîne Oberoi Resort devrait être construit dans le *khor* suivant, à Shatti Masgour. Au Km 6, la route longe **Bandar Khayran**, vaste lagune bordée de mangroves, qui se visite généralement en bateau au départ de Mascate. Le site offre un spectacle de toute beauté en fin d'après-midi, lorsque le grès scintille et se reflète dans l'eau.

Dans le village de Khayran, tournez à droite à hauteur de la mosquée ; vous croiserez sans doute des chèvres et des petits vendeurs de coquillages. Prenez à gauche l'embranchement pour Safait al-Shaikh (au Km 12,5) qui rejoint un excellent site de **snorkeling** (repérez les hippocampes), ou poussez jusqu'à Al-Seifa, station en pleine expansion riche de kilomètres de plages sablonneuses.

Al-Seifa السيفة

En lui-même, le village ne présente que peu d'intérêt, bien qu'il jouisse d'un bel emplacement, à l'ombre du Hajar. En revanche, les plages s'étirant à l'est d'Al-Seifa méritent que l'on s'y arrête (on peut même y camper à condition d'avoir emporté matériel et provisions). Entre ces baies de sable, on découvre des galets aux teintes extraordinaires : ocre jaune, ocre brun et vert olive. Si vous vous intéressez aux insectes, sachez que le papillon *Coeliades anchises* est présent dans les *wadi* du coin au printemps. L'ensemble de la baie fait l'objet d'un ambitieux projet d'aménagement touristique.

Le village d'Al-Seifa est bien indiqué sur la route entre Bandar Jissah et Yitti. Bien qu'il ne se trouve qu'à 25 km de Bandar Jissah, il faut bien 40 minutes pour parcourir cette route sinueuse aux descentes abruptes. Prévoyez 10 minutes de plus, en 4x4 de préférence sur ce tronçon non goudronné, pour gagner la plage. Aucun transport public ne rallie Al-Seifa. Le trajet en taxi depuis Mutrah/Bandar Jissah coûte 15/10 OMR. Sinon, l'hôtel Sifawy dispose d'un service de bateau-taxi.

Où se loger et se restaurer

Sifawy Boutique Hotel BOUTIQUE-HÔTEL **$$**
(☎24 749111 ; www.sifawyhotel.com ; Al-Seifa ; ch à partir de 75 OMR, ch en demi-pension 126 OMR/pers ; P). Conçu par le célèbre architecte italien Alfredo Freda, cet établissement luxueux aux chambres donnant sur la mer se dresse au bord d'une marina flambant neuve, avec l'imposant Jebel Sifah en toile de fond. Pour l'heure, il demeure isolé au milieu de villas en chantier et de routes non encore bitumées. Il n'est desservi que par son propre bateau-taxi (p. 55), qui le relie à la marina Bandar al-Rowdha et à la marina d'Al-Mouj. Demandez les horaires à la réception.

As Sammak PRODUITS DE LA MER **$$**
(☎24 749111 ; sifawyhotel.com/dining/ ; Sifawy Boutique Hotel, Al-Seifa ; plats 7 OMR ; 12h-22h ven-sam, 12h-18h dim-jeu). Charmant restaurant installé sur la plage, juste à côté du Sifawy. On y savoure simplement des mets de qualité (demandez la pêche du jour ou la suggestion du chef).

Qurayat قريات

Un ravissant port de pêche à 1 heure de route à l'est de Mascate. Il abrite un **fort** du XIXe siècle et une curieuse **tour de guet** de forme triangulaire, surplombant la corniche. La **plage** de sable à l'est de la tour s'étire sur de nombreux kilomètres ; seuls quelques joueurs de football viennent rompre sa tranquillité de temps à autre.

Port autrefois prospère, Qurayat était réputé pour l'exportation des chevaux dressés dans les plaines voisines. Pillée par les Portugais au XVIe siècle, la cité n'a jamais retrouvé sa splendeur d'autrefois. L'industrie de la pêche demeure toutefois florissante, et le village est aussi réputé pour sa vannerie. De grands paniers perméables sont fabriqués à partir des mangroves locales et servent à conserver les appâts à bord des petits bateaux de pêche qui emplissent le port.

Au départ du rond-point Wadi Aday de Mascate, Qurayat est bien indiqué. On emprunte sur 82 km une autoroute en parfait état, qui serpente à travers les contreforts du Hajar oriental. Repérez les rolliers indiens (des oiseaux aux ailes bleues) dans les palmiers qui bordent l'avenue à l'entrée de la ville. Du rond-point Wadi Aday, le trajet en taxi collectif coûte 3 OMR et 1,500 OMR en minibus. Comptez environ 12 OMR en taxi non collectif.

Mazara مزارع

Situé au centre du Wadi Dayqah, ce village pittoresque est l'occasion d'une agréable journée d'excursion depuis Mascate. Surplombé par un fort juché sur un affleurement rocheux, Mazara est encerclé de montagnes aux teintes cuivrées et de palmeraies touffues. Les bassins semi-permanents au pied du *wadi* sont fréquentés aussi bien par les crapauds et les martins-pêcheurs que par les chèvres.

L'immense **barrage du Wadi Dayqah**, le plus grand du pays, domine le village. Une route grimpe en serpentant jusqu'au réservoir, dont les abords ont été joliment aménagés et se prêtent à un arrêt pique-nique. Les montagnes se reflétant dans cette eau cristalline constituent une image étonnante en plein désert. En haute saison (nov-jan), un café ouvre aux horaires de grande fréquentation, et d'autres aménagements touristiques sont prévus.

Sur l'autoroute reliant Mascate à Sour, des pancartes marron indiquent la direction du "Wadi Dayqah Dam", à 19 km de la capitale. Pour rejoindre le fort en ruine de Mazara, suivez la route qui traverse le village puis le *wadi*. Le village n'est pas desservi par les transports publics.

SOUR ET LA CÔTE ORIENTALE

Cette région à l'extrémité est de la péninsule Arabique recèle quelques-uns des grands attraits d'Oman : des plages superbes, des *wadi* spectaculaires ou encore des sites de nidification de tortues. C'est aussi dans ce secteur que moutonnent les dunes de Sharqiya, au sable blond vénitien. Ces sites étant assez distants les uns des autres, mieux vaut disposer de son propre véhicule (ou les visiter dans le cadre d'un circuit organisé).

Principal axe routier de la région, l'autoroute côtière reliant Qurayat à Sour s'étire au pied des monts Hajar. Il n'existe qu'un hôtel entre Mascate et Sour, mais de nombreuses plages se prêtent au bivouac, à condition de prévoir équipement et provisions. Le tronçon spectaculaire qui va de Dibab à Sour est émaillé de belles plages et de parcours de randonnée, dont le plus accessible se trouve le long du Wadi Shab.

On peut, par exemple, envisager un circuit de 2-3 jours dans cette région, en suivant d'abord la route côtière jusqu'à Sour avant de regagner Mascate via les Sharqiya Sands et Ibra. L'itinéraire peut aussi constituer la première étape d'une expédition de camping le long du littoral jusqu'à Masirah ou Salalah. Le tracé de la route à travers les dunes constitue une véritable prouesse technologique.

Sour صور

Dotée d'une belle corniche, de deux forts et jouissant de la proximité de magnifiques plages, Sour (ou Sur) ne manque pas d'attraits. La ville, également réputée pour ses très anciens chantiers de construction de *dhow*, constitue un bon point de départ pour partir explorer le Wadi Tiwi, le Wadi Shab ou la réserve de tortues de Ras al-Jinz. Les visiteurs effectuant un circuit en boucle au départ de Mascate, via les campements dans le désert des Sharqiya Sands, pourront y faire halte à mi-parcours.

Histoire

Pour fabriquer les *dhow*, les ouvriers rabotent encore à la main leurs planches de bois, avec des gestes qui témoignent d'un savoir-faire ancestral. Renommée depuis fort longtemps pour ses chantiers navals, cette ville portuaire subit au XIXe siècle les conséquences de l'invasion portugaise et de la partition d'Oman en deux sultanats. Malgré la diminution de ses commandes, Sour possédait encore, malgré tout, une flotte d'une centaine de navires au long cours. La demande pour les long-courriers a décliné au moment où la Compagnie de navigation à vapeur des Indes britanniques s'est imposée dans le Golfe. Après une période de récession, la situation économique de la ville s'est aujourd'hui redressée grâce à l'implantation d'une usine de gaz liquéfié en plein essor et d'une fabrique d'engrais, générant toutes deux de nombreux emplois.

À voir

Château de Bilad Sur CHÂTEAU

Édifié il y a 200 ans pour lutter contre les envahisseurs venant de l'intérieur, ce château possède quatre tours de forme originale. Il est actuellement fermé pour d'amples travaux de restauration, mais on peut le voir de l'extérieur. Pour y accéder, prenez à gauche dans Main St, à hauteur d'une opulente demeure, à 1,3 km du rond-point de la tour de guet, à la sortie de Mascate.

Château de Sunaysilah CHÂTEAU

(Main St ; 500 bz ; 7h30-18h dim-jeu). Impossible de manquer ce château vieux de trois siècles, bâti sur un promontoire rocheux et dominant le centre-ville. Sa construction respecte un plan carré classique, avec quatre tours circulaires. L'édifice constituait le principal ouvrage défensif de cette cité, dont les nombreuses fortifications visaient à protéger ses précieuses productions. Quelques objets d'époque sont exposés dans les salles. Entrée par Main St.

Corniche et chantiers des dhow CORNICHE

Depuis la corniche, on jouit d'une vue magnifique sur la bourgade d'**Ayjah**, dont les trois **tours de guet**, marquant l'entrée de la lagune, permettaient de s'assurer que les *dhow* étaient menés à bon port. On peut encore voir ces boutres- embarcation en bois traditionnelle - emprunter ce passage. Pour rejoindre les **chantiers navals**, prenez à gauche au bout de Main St, côté souk, puis suivez la route qui dessine une boucle après la corniche et mène à la lagune.

Un peu plus loin, la route revient vers le nouveau souk, dépasse le **Fatah al-Khair**, vieux boutre superbement restauré à Sour il y a 70 ans après avoir été ramené du Yémen. Dans le jardin, un petit musée de plein air (ouvert pendant les heures de clarté)

Sour

Sour

À voir

1 Fort Al-Ayjah ... D2
2 Corniche et chantiers des *dhow* ... D2
3 Château de Sunaysilah ... A1

Où se loger

4 Al Afiah Corniche Hotel Apartment ... C2
5 Al Ayjah Plaza Hotel ... D2
6 Sur Hotel ... C2
7 Sur Plaza Hotel ... A2

Où se restaurer

Sur Sea Restaurant ... (voir 6)
8 Zahrat Bilad al Sham Restaurant ... B1
9 Zaki Restaurant ... C1

Où prendre un verre et faire la fête

Captain s Lounge ... (voir 7)
10 Internet Cafe ... C2
11 Restaurant & Coffeeshop ... D2

Où sortir

12 City Cinema ... C2

Achats

13 Al Haramain Perfumes ... C1
14 Souk des femmes ... C1
15 Salef Al-Khaleej ... B1

présente d'autres navires traditionnels. Ne manquez pas le modeste atelier en face du *Fatah al-Khair* : on y vend de superbes maquettes de *dhow* (horaires d'ouverture à la discrétion du propriétaire).

Où se loger

Mieux vaut réserver en haute saison (nov-fév) et les jours fériés, car les principaux hôtels affichent souvent complet. Cela dit, un certain nombre de résidences hôtelières moins formelles ont vu le jour récemment.

Sur Hotel HÔTEL $

(☎25 540090 ; www.surhotel.net ; près de Souq St ; s/d/tr 18/24/29 OMR ; 📶). Cette adresse économique bien gérée se situe au milieu du souk, tout près de l'arrêt de bus, du cinéma et de la corniche. Elle organise des sorties d'observation des tortues (25 OMR/2 pers au minimum), des excursions au Wadi Tiwi (40 OMR) et au Wadi Bani Khalid (tarif à négocier), ainsi que la réservation et le transport pour les campements des Sharqiya Sands.

Al Afiah Corniche Hotel Apartment HÔTEL $

(☎25 561666 ; corniche ; ch à partir de 20 OMR, sans petit-déj). Ne vous laissez pas abuser par les colonnes roses étincelantes de la véranda car l'intérieur vaste et dépouillé se révèle moins glamour. Au centre de la corniche principale, avec vue sur Ayjah, l'établissement fait néanmoins l'affaire pour la nuit si l'on se passe de services.

♥ Sur Beach Holiday HÔTEL $$

(☎25 530300 ; surhotelsoman.com ; Beach Rd ; s/d 45/55 OMR ; P 📶 🏊). Dans cette vieille institution construite sur la plage, toutes les chambres ont un balcon face à la mer, qui prend une couleur phosphorescente la nuit. Le restaurant sert des plats indiens honnêtes, et deux bars tranquilles invitent à siroter un verre. Des paniers pique-nique (végétarien/non-végétarien 4,500/6 OMR) évitent d'avoir à faire les courses.

Sur Plaza Hotel HÔTEL $$
(☎25 543777 ; www.omanhotels.com/surplaza/ ; près de Main St ; s/d 55/65 OMR ; P). Malgré sa situation à l'intérieur des terres, cet hôtel aux chambres confortables et aux salles de bains dotées de grands lavabos a la faveur des groupes en voyage organisé. L'Oyster's Restaurant cuisine un délicieux maquereau, et le Captain's Lounge constitue le rendez-vous local.

Vous trouverez sur place un comptoir Budget de location de voitures. Des sorties d'observation des tortues sont proposées (18 OMR/pers), avec un départ à 19h45 ou à 4h pour une excursion au petit matin. Demandez à la réception la liste des autres excursions.

Où se restaurer

Les restaurants du Sur Beach Holiday et du Sur Plaza Hotel sont les meilleures options pour une cuisine de style international, mais les tables locales correctes ne manquent pas.

De nombreuses petites épiceries émaillent le nouveau souk. Le centre commercial Nabras al-Afia, en face du Sur Hotel, vend tout ce qu'il faut pour pique-niquer.

Zahrat Bilad al Sham Restaurant KEBAB $
(Main St ; plats 2 OMR ; 11h-1h). Cette enseigne populaire de la rue principale fait griller des brochettes marinées dans des épices et prépare des jus de fruits. Juste à côté, la confiserie Bab al-Hara vend d'excellents baklavas.

Restaurant Panorama MOYEN-ORIENTAL $
(Beach Rd ; en-cas à partir de 1,500 OMR ; 14h-2h ;). L'un des rares restaurants en bord de mer, cet endroit tout simple à l'accueil chaleureux vous attend au bout de Beach Rd, à gauche de l'hôtel Sur Beach Holiday. La carte comprend des mezzes et des brochettes, à déguster dehors ou dans une salle climatisée.

Zaki Restaurant RÔTISSERIE $
(Main St ; poulet entier 2,200 OMR ; 12h-1h). À côté de la station-service Oman Oil, ce restaurant d'une chaîne populaire prépare d'excellents poulets rôtis, accompagnés de pain, de salade et d'un *dhal* savoureux. Si l'emplacement en bord de route ne vous réjouit pas, prenez à emporter et optez pour les tables à pique-nique près du Sur Beach Holiday Hotel, sur Beach Rd.

Sur Sea Restaurant KEBAB $
(☎25 542516 ; Sur Hotel, près de Souq St ; plats 2 OMR ; 7h-3h). Ce restaurant animé au rez-de-chaussée du Sur Hotel (l'entrée est sur l'arrière du bâtiment) propose de savoureux plats de haricots et des *biryani* à moins de 2 OMR, sans oublier d'excellents jus de fruits frais.

Où prendre un verre et faire la fête

Captain's Lounge BAR
(☎25 543777 ; Sur Plaza Hotel, Main St ; 20h-2h). Idéal pour rencontrer d'autres voyageurs ou des expatriés occidentaux.

Restaurant & Coffeeshop CAFÉ
(Corniche ; 10h-minuit). Sous l'arbre devant le café, des hommes âgés entonnent des chansons de marins, pendant que des *dhow* voguent dans la lagune. Vous voilà au cœur du Sour authentique.

Internet Cafe CAFÉ
(Souq St ; 13h-3h). On aime regarder les habitants déambuler dans la rue la plus animée de la ville, en sirotant un thé à la menthe ou un jus de fruits sur la terrasse.

Où sortir

City Cinema CINÉMA
(☎25 540666 ; www.citycinemaoman.net ; film en anglais 2,500 OMR). Projette des films en anglais tous les jours à partir de 17h30. Non-fumeur. Face au marché au poisson.

Achats

La ville s'est beaucoup développée ces dernières années, notamment grâce à l'implantation de l'usine de gaz liquéfié et de la fabrique d'engrais. Ce récent essor est perceptible dans les étals des souks et à travers l'apparition de nouvelles boutiques.

Souk des femmes SOUK
(Main St ; 10h-12h et 17h-22h). On trouve ici de nombreux marchands de tissus, qui vendent notamment des broderies pour pantalons.

Al-Haramain Perfumes PARFUMS
(alharamainperfumes.com ; Souq St ; 9h-13h et 16h30-21h45 sam-jeu, 16h30-21h45 ven). Les délicats flacons exposés à la vue des passants donnent envie d'entrer dans cette boutique et de se laisser envelopper par les effluves de musc et d'ambre gris. Ne vous en privez pas. Attenant au souk des femmes.

Salef al-Khaleej ARTISANAT
Cet atelier situé entre le rond-point Flamingo et le nouveau port vend des modèles réduits de *dhow* réalisés à la main. Horaires d'ouverture aléatoires.

Naseem Sur Sale of Silver ARTISANAT
(99 374003 ; Main St ; 8h-13h et 16h-22h). À l'entrée de Sour, dans le centre commercial Global Village près de la tour de l'horloge, cette boutique de cadeaux offre un choix d'artisanat local, notamment des modèles réduits de *dhow* en bois - les grands (20 OMR) sont fabriqués sur place, les petits en Inde. Les cannes de chamelier font des souvenirs originaux, entre 1 OMR pour un bâton simple et 13 OMR pour une version de cérémonie avec bout en argent.

Renseignements

De nombreuses banques, la plupart avec DAB, sont implantées dans Main St et Souq St.

Comment s'y rendre et circuler

Le point de départ des transports publics se situe à côté du Sur Hotel, près de Souq St. Les bus ralliant Mascate via Ibra (4 OMR, 4 heures 15) partent à 6h et 14h30. Ceux qui empruntent l'autoroute côtière (3 OMR, 2 heures 30) partent à 7h30. Le trajet en taxi collectif jusqu'au rond-point de Rusayl à Mascate via l'autoroute coûte 4 OMR (en taxi non collectif, comptez 16 OMR).

Une course en taxi n'importe où dans Sour revient à 200 bz.

Ayjah العيجة

Situé en face de Sour, sur l'autre rive de la lagune, ce charmant village aux maisons chaulées mérite une halte. Depuis son vieux phare, vous aurez une belle vue de Sour et les boutres (*dhow*) qui rentrent au port.

Pour rejoindre Ayjah, vous pouvez traverser le pont Khor al-Batah (premier et unique pont suspendu d'Oman) ou bien contourner la lagune en voiture sur 10 km.

À voir

Fort Al-Ayjah FORT
(500 bz ; 8h30-14h30 dim-jeu). Ouvert au public de façon irrégulière, ce fort restauré compose un ensemble harmonieux avec les maisons de marchands avoisinantes, aux portes finement sculptées et aux porches à colonnes en forme de lotus.

Où se loger et se restaurer

Al Ayjah Plaza Hotel HÔTEL $
(25 544433 ; www.alayjahplazahotel.com ; s/d/tr 30/40/50 OMR ; P @). Ayjah abrite un seul hôtel, au bord de la lagune, en face de Sour. Il loue des chambres modernes, d'un bon rapport qualité/prix. Depuis son restaurant turc (11h-15h et 18h-22h), on admire les boutres échoués à marée basse.

Gouffre de Bimmah (Hawiyat Najm Park)

Les eaux saumâtres bleu-vert au fond de cette surprenante cavité de 40 x 20 m invitent à la baignade et au snorkeling. Les plus audacieux pourront faire le grand saut depuis la falaise ! Cette piscine naturelle, accessible par un escalier, porte le surnom de Bayt al-Afrit ("maison du Démon"), mais, plutôt qu'un diable, vous risquez surtout de croiser les poissons aveugles (amblyopsidés) qui s'ébattent dans les abysses insondés.

Le gouffre se situe à proximité de l'autoroute entre Mascate et Sour, près du village de Dibab. Après avoir quitté l'autoroute, suivez les panneaux menant à une oasis de verdure. Bien pour pique-niquer, le site comporte des toilettes mais pas d'autres installations. Accès libre entre 9h et 23h.

Depuis Bayt al-Afrit, il est possible d'emprunter la vieille route côtière pour voir la mer de plus près, avant de reprendre l'autoroute, dans l'un ou l'autre sens, à l'intersection suivante.

Route de montagne jusqu'à Jaylah

En suivant l'autoroute Mascate-Sour, vous remarquerez plusieurs routes serpentant à flanc de montagne, comme si elles s'enfonçaient dans les nuages qui coiffent souvent la chaîne du Hajar oriental. Elles desservent pour la plupart des villages, comme Umq, mais ne vont pas au-delà. Seuls des sentiers permettent de monter plus haut encore.

Une seule exception : la piste nivelée, taillée dans la paroi rocheuse, qui grimpe jusqu'à **Qur'ran**, au bord d'un à-pic. La piste, réservée aux 4x4 exclusivement, est déconseillée aux âmes sensibles. Le dernier tronçon de la montée est très abrupt, avec des virages en épingle à cheveux. Cette ascension offre toutefois une vue panoramique sur la plaine côtière et donne un aperçu du plateau aride sur les sommets du Hajar. Si vous vous en sentez le courage, possédez un bon sens de l'orientation et disposez d'assez d'essence, vous pouvez franchir le plateau jusqu'aux tombeaux de Jaylah, avant de redescendre vers Ibra, de l'autre côté des montagnes.

Sur l'autoroute Mascate-Sour, à 5 km au nord-ouest du Wadi Shab, guettez les panneaux indiquant "Qur'ran" (bleu) ou "Kbaikab Graveyard & Al Jayla Village" (marron). Sachez toutefois qu'il n'existe aucune infrastructure sur ce plateau désolé et que la station-service la plus proche se trouve à Sour (ou sur la Hwy 23, côté Ibra par rapport à la montagne). Des gazelles paissent souvent le long de cet itinéraire.

Tiwi طيوي

Ce petit village de pêcheurs sans attrait particulier se situe entre deux superbes sites du pays, le Wadi Shab et le Wadi Tiwi. Tiwi se trouve de ce fait sur l'itinéraire de nombreux visiteurs, même s'il n'a pour l'instant pas cédé aux sirènes du tourisme – le village n'offre ni hôtel ni transports publics vers Mascate ou Sour. Ses habitants demeurent néanmoins très tolérants envers les convois de 4x4 qui le traversent et sont ravis lorsqu'un chauffeur s'arrête pour discuter. Si c'est votre cas, interrogez vos interlocuteurs sur Ibn Mukarab, ce Saoudien qui se serait enfui de son pays et aurait pavé d'or les marches posées entre sa maison (dont les vestiges demeurent visibles sur la colline) et sa tombe. Bien entendu, après sa mort, les habitants ont déterré les marches et récupéré le trésor, rendant le tombeau inaccessible. Ibn Mukarab a ainsi joui, dans la mort, de la paix qu'il n'avait pas connue dans la vie.

Où se loger

On peut aisément camper sur les plages avoisinantes, la plus prisée étant Tiwi Beach (White Beach, la "plage blanche"), une vaste baie de sable à 9 km au nord-ouest de Tiwi en direction de Dibab, accessible par la vieille route côtière.

Wadi Shab Resort HÔTEL **$$**
(24 757667 ; www.wadishabresort.com ; ch sans petit-déj à partir de 60 OMR, petit-déj/déj/buffet dîner 4/5/6 OMR ; P). Étagées à flanc de colline sur deux niveaux, les petites chambres chics et modernes de cet hôtel discret s'agrémentent d'une véranda face à la mer. Une porte donne accès à la plage, en contrebas. Sorties de pêche (45 OMR/heure), randonnées guidées au Wadi Shab (demi-journée 25 OMR), snorkeling (2 OMR/heure) et bodysurf (5 OMR/jour) figurent parmi les activités possibles.

Depuis/vers Tiwi

Tiwi et les *wadi* qui l'encadrent peuvent aisément faire l'objet d'une excursion à la journée depuis Sour, à 48 km de là. L'autoroute Mascate-Sour longe le village. À Sour, vous trouverez peut-être un taxi acceptant de vous conduire à Tiwi (15 OMR) et de vous attendre 1 ou 2 heures pendant que vous explorez le Wadi Shab ou le Wadi Tiwi. Des hôtels de Sour organisent également des circuits.

À NE PAS MANQUER

LE SYSTÈME D'IRRIGATION TRADITIONNEL

En voyageant dans le nord du pays, ne manquez pas la découverte des anciens canaux d'irrigation – véritables prouesses techniques, au point que certains ont été inscrits au patrimoine mondial de l'Unesco.

Ce système d'irrigation, auquel on doit la plupart des oasis d'Oman, repose sur des canaux appelés *falaj* (*aflaj* au pluriel), creusés à flanc de montagne, empruntant de petits aqueducs ou passant sur deux niveaux dans des tunnels. L'eau, si précieuse dans ce pays, est d'abord acheminée dans des puits d'eau potable, puis dans les zones d'ablution des mosquées et, enfin, vers les plantations, où elle est répartie de façon proportionnelle entre les fermes des villages. Dans le passé, le *falaj* était associé à une sorte de cadran solaire afin d'évaluer le temps alloué à l'irrigation dans chaque ferme. De nos jours, certains *aflaj* sont contrôlés par des pompes automatiques.

Il existe plus de 4 000 canaux de ce type en Oman, dont certains ont été creusés il y a plus de 1 500 ans. Le plus long passe sous les Sharqiya Sands et mesurerait 120 km. On peut en apercevoir un peu partout dans les montagnes, mais les plus beaux et les plus accessibles sont ceux de Nizwa, Tanuf, Wadi Bani Awf, Wadi Dayqah et Wadi Shab.

Wadi Shab وادي شاب

Malgré l'affreuse autoroute Mascate-Sour qui l'enjambe à son entrée, Wadi Shab (surnommé "la gorge entre les falaises") figure parmi les plus beaux sites d'Oman. Les amateurs de randonnée seront enchantés par ses eaux turquoise, ses cascades et ses palmeraies en terrasses. Les martins-pêcheurs ajoutent de brillantes touches de couleur, de même que les lauriers-roses qui fleurissent toute l'année au bord de l'eau. S'il est interdit de barboter dans les bassins inférieurs (réserves d'eau potable), on peut le faire sur les hauteurs du *wadi*, en se faufilant à l'intérieur d'une grotte en partie submergée. Se baigner nu reste cependant strictement tabou.

Le Wadi Shab est indiqué sur l'autoroute côtière Mascate-Sour. Impossible de le manquer : après la plaine désolée, la vue de ces montagnes donnant sur un lac vert pomme est somptueuse. Par chance, les véhicules n'ont pas le droit de circuler au-delà d'un petit parking ; ce dernier comporte des toilettes (⏲7h-19h) destinées à préserver la propreté du *wadi*. Le camping et les barbecues sont interdits. Comme tous les *wadi* d'Oman, le site peut devenir impraticable en cas de crue subite. Renseignez-vous sur l'accessibilité auprès des tour-opérateurs recommandés, en particulier après des pluies.

Activités

Randonnée du Wadi Shab TREK

(Aller-retour en bateau 2 OMR ; ⏲4 heures en tout). Pour entamer ce parcours de difficulté moyenne, adressez-vous aux habitants qui vous feront traverser la rivière en bateau, puis continuez à pied dans les plantations en franchissant le *wadi* à plusieurs reprises avant d'atteindre une petite station de pompage. Attendez-vous à avoir de l'eau jusqu'aux genoux à certains endroits, et prenez garde aux rochers glissants recouverts d'algues. Si de fortes pluies sont tombées récemment, prévoyez un sac pour votre appareil photo et des vêtements de rechange.

Bitumé (de façon peu esthétique) sur une partie du chemin, le sentier longe plusieurs villages dissimulés dans les plantations. Il suit à certains endroits un impressionnant *falaj* (canal d'irrigation), dont certaines portions sont souterraines ou envahies de fougères. Le *wadi* finit par s'élargir et rejoindre une zone émaillée de gros rochers, de figuiers sauvages et de nombreuses vasques d'eau profonde. Au moment où le *wadi* s'oriente vers la gauche, une échelle descend dans l'un des bassins. En passant par un petit couloir presque complètement immergé, vous accéderez à la grotte. Comptez 2 heures de marche jusqu'au bassin.

On peut poursuivre au-delà des vasques vers d'autres petits villages blottis le long du *wadi*, mais les chemins sont moins bien tracés et suivent les sentiers, parfois abrupts, empruntés par les chèvres. Il est indispensable d'être muni de chaussures de randonnée et de réserves d'eau suffisantes. Plus l'on grimpe dans les montagnes, plus le *wadi* s'assèche.

Wadi Tiwi وادي طيوي

Doté d'une succession de bassins couleur émeraude et de denses palmeraies, Wadi Tiwi rivalise de charme avec Wadi Shab, en particulier au printemps, lorsque sa végétation affiche des teintes d'un vert éclatant. Surnommé le "*wadi* des neuf villages", il offre de belles possibilités de randonnée à travers les hameaux qui jalonnent la route. Les plus motivés pourront opter pour la randonnée de 2 jours, ardue mais superbe, qui part de Sooee, dernier des neuf villages. Cet itinéraire qui franchit la montagne et rejoint Wadi Bani Khalid est devenu très prisé des groupes de campeurs.

Wadi Tiwi est accessible en voiture, mais les villageois préfèrent que les visiteurs s'y rendent à pied. La route devient étroite et escarpée à certains endroits de la montée, et un gros véhicule peut aisément se retrouver coincé entre les murs délimitant les palmeraies.

Pour rejoindre le *wadi* en voiture, à la sortie de Tiwi vers Sour, prenez la direction des montagnes à hauteur du petit embranchement marqué d'une pancarte marron indiquant "Tracking Path E35". À l'embouchure du *wadi*, des ânes et des hérons se côtoient dans les herbes hautes. Hélas, on remarque aussi la présence des immenses piles du pont de l'autoroute qui enjambe l'entrée du *wadi*, autrefois de toute beauté. La route est bitumée sur une partie de l'itinéraire. Lorsqu'elle s'engage entre les plantations de dattiers, mieux vaut se garer et continuer à pied. Aucun transport ne dessert le *wadi*, mais des hôtels de Sour organisent des circuits.

Qalhat قلهات

Il reste peu de chose à voir de cette cité du IIe siècle, l'une des plus anciennes du pays, hormis les vestiges du **tombeau de Bibi Miriam**. Marco Polo s'y arrêta au XIIIe siècle, tout comme Ibn Battuta un siècle plus tard, à une époque où la ville était sans doute beaucoup plus accueillante. Un navigateur vénitien décrit en effet Qalhat comme "un excellent port, amplement fréquenté par les navires marchands en provenance d'Inde". C'était aussi l'endroit où l'on venait acheter les chevaux élevés dans l'arrière-pays. Les barques et les boutres ont déserté ces rivages, et seuls subsistent le tombeau, la citerne d'eau et les fortifications en ruine. Si vous campez non loin, vous remarquerez que la mer étincelle souvent la nuit de lumières phosphorescentes.

D'importants travaux de restauration ont débuté en 2014. En attendant, on peut apercevoir le tombeau depuis l'autoroute.

Ras al-Jinz رأس الجنز

Situé à la pointe occidentale de la péninsule, Ras al-Jinz (ou Ras al-Junayz) est un important **site de nidification** pour la tortue verte, espèce en voie de disparition. Plus de 20 000 femelles reviennent chaque année sur la plage où elles sont nées pour pondre leurs œufs.

Oman a un rôle essentiel à jouer dans la protection de l'espèce. Le pays, qui prend cette responsabilité très au sérieux, prévoit des sanctions sévères en cas de dommages causés aux tortues ou à leurs œufs. La zone est placée sous la protection des autorités, et vous ne pourrez y accéder qu'en participant à une visite guidée.

Bien que la visite soit organisée dans le respect du bien-être de l'animal, le site connaît une fréquentation considérable en haute saison. Les groupes sont limités à 25 personnes par guide, avec au plus 8 guides par session. Malgré les efforts de la réserve, le déferlement de ces visiteurs bruyants semble assez intrusif, en particulier lorsqu'ils soulèvent les nageoires des tortues pour mieux voir les œufs ou que les tortues s'enfuient sur la plage, effrayées par ces touristes qui brandissent leurs portables. L'expérience peut, de fait, ne pas plaire à tout le monde.

Un maximum de 200 visiteurs, dont les hôtes de la guesthouse, sont admis chaque soir et 100 le matin, d'où la nécessité de réserver à l'avance.

Activités

♥ **Ras al-Jinz Turtle Reserve** ÉCOTOUR
(Centre d'accueil des visiteurs ; ☎96 550606 ; www.rasaljinz-turtlereserve.com ; adulte/enfant plus de 5 ans 3/1 OMR, gratuit moins de 5 ans ;

100% LOCAL

QUAND OBSERVER LES TORTUES ?

Les amoureux des tortues choisissent avec soin la période de leur passage à Ras al-Jinz afin d'observer le plus de spécimens possible. Voici leurs recommandations :

En juillet C'est la pleine saison de ponte de la tortue verte. Chaque soir, une centaine de femelles gagnent la plage.

Entre septembre et novembre Bien qu'une tortue au moins se rende sur la plage chaque soir de l'année, cette période est la plus propice pour qui souhaite assister à la fois à la ponte et à l'éclosion.

Nouvelle lune Les soirs de pleine lune, il est plus facile de se diriger et de découvrir le lieu, mais les tortues préfèrent les nuits noires pour ne pas attirer l'attention des prédateurs, qui viennent souvent déterrer les œufs à peine pondus.

À l'aube Une visite est proposée à 4h du matin pour assister à l'arrivée des retardataires. Les touristes sont rares à cette heure-là, et l'on peut admirer avec discrétion les quelques tortues encore en train de pondre.

Toute l'année Si les tortues ont déjà déserté les lieux au lever du jour, consolez-vous en admirant les teintes rosées qu'affichent alors les parois de grès. Dans le sable, on peut encore apercevoir les sillons laissés par les chéloniens durant la nuit – une image que peu de visiteurs ont la chance d'admirer.

CONSIGNES POUR L'OBSERVATION DES TORTUES

Avoir la chance d'apercevoir une tortue en train de pondre sur une plage omanaise est une expérience inoubliable. Sereines et patientes, les femelles se hissent hors de l'eau pour remonter la plage et y creuser un large trou avec leurs nageoires. Une fois leurs œufs pondus, ces reptiles géants regagnent l'océan dans l'obscurité, en profitant d'une vague. Un beau spectacle… à condition que la tortue ait eu le temps de pondre, sans être importunée par des hordes de touristes cherchant désespérément à immortaliser l'instant.

La tortue verte n'est pas un animal terrestre. Aussi, tout élément susceptible de la perturber la fera aussitôt renoncer à remonter la plage. Il lui faudra sans doute des jours avant de retenter une sortie. En revanche, une fois que son nid est creusé et qu'elle a commencé à pondre, la tortue ne peut s'interrompre. Voici quelques mesures de précaution à respecter :

- Ne pas toucher une tortue qui se déplace ni s'en approcher ;
- Ne pas se poster devant une tortue en train de pondre ;
- Ne jamais monter ni s'asseoir sur une tortue ;
- Ne pas allumer de feu de camp ni de lampe électrique à proximité d'une plage à tortues ;
- Ne pas prendre de photo au flash ni avec un téléphone portable (les appareils photo ne sont pas autorisés à Ras al-Jinz) ;
- Emporter tous ses déchets – les tortues prennent souvent les sacs plastique pour des méduses, dont elles sont friandes.

musée et boutique 9h-21h). Les tortues ne fréquentant pas la plage la journée, vous devez impérativement participer à un circuit de nuit si vous souhaitez les apercevoir. Ces circuits (à partir de 21h tous les soirs) se réservent en ligne ou par téléphone. En vous présentant sans réservation, vous risquez d'être refoulé, car il existe un quota journalier de visiteurs. La plage se trouve à 900 m (15 min à pied sur un sable fin) du centre d'accueil des visiteurs.

Les véhicules ne sont pas autorisés au-delà du centre, mais une navette de bus est disponible pour les personnes âgées ou les visiteurs se déplaçant avec difficulté. Sachez que les photos des tortues sont interdites pendant les visites nocturnes.

Le centre d'accueil des visiteurs abrite un intéressant musée (adulte/enfant 1 OMR/500 bz) projetant un film en anglais et en allemand, ainsi qu'un cinéma en 3D. Un Audioguide présente les expositions, qui retracent l'histoire de la présence des tortues sur le site.

De 8h à 13h30, on peut découvrir cette somptueuse baie (1 OMR) sans guide officiel. Il est généralement possible d'apercevoir les tortues entre les vagues de la mer d'Oman, alors qu'elles attendent la tombée de la nuit pour gagner la plage.

Où se loger

Desert Discovery Tours CAMPEMENT DANS LE DÉSERT $

(24 493232 ; www.desertdiscovery.com ; demi-pension 25 OMR/pers ; P). Disposant de huttes en *barasti* et de bungalows climatisés avec salle de bains, l'Al-Naseem Turtle Beach Camp se trouve à 4 km de la réserve, sur la route menant à Ras al-Jinz – un emplacement commode pour une visite de la plage à l'aube. Le campement coûte demi-tarif pour les enfants (6-12 ans) et 10 OM pour les moins de 6 ans.

Ras al-Jinz Turtle Reserve HÔTEL $$

(96 550506 ; www.rasaljinz-turtlereserve.com ; s/d 75/95 OMR ; P @). Ne vous laissez pas rebuter par l'étonnante façade du centre d'accueil de la réserve : côté mer, la construction se fond dans les falaises érodées qui bordent la baie. Le prix de la chambre comprend une visite guidée de la plage aux tortues à 20h30 et à 4h.

Le restaurant, ouvert aux non-résidents (12h-22h), sert une cuisine de style international (buffet 9,500 OMR) et une boutique vend de l'artisanat traditionnel omanais. La réserve loue 12 tentes de luxe pour 2 ou 4 personnes (120/140 OMR avec petit-déj et Wi-Fi).

Comment s'y rendre et circuler

À Sour, le **Sur Hotel** (p. 75) et le **Sur Plaza Hotel** (p. 76) organisent des sorties à Ras al-Jinz le soir ou à l'aube. Comptez 40 minutes par trajet. Aucun transport public ne dessert la réserve.

Si vous disposez de votre propre véhicule, suivez les panneaux en direction d'Ayjah et de Ras al-Hadd. Ras al-Jinz est également accessible au départ d'Al-Kamil, par la Hwy 23, via Al-Ashkharah (environ 1 heure de route par le sud).

Ras al-Hadd راس الحد

Doté de quelques hébergements et commerces, ce village de pêcheurs inscrit dans un joli paysage de lagune constitue un lieu de ravitaillement commode ou une étape possible sur la route de Ras al-Jinz. Il est interdit de camper ou de pique-niquer le soir sur ses plages, où nichent des tortues.

À voir

Fort de Ras al-Hadd FORT

(500 bz ; 7h30-18h dim-jeu). Édifié entre 1560 et 1570, ce fort pittoresque ressemble aux centaines d'autres qui parsèment Oman. Bien qu'il soit aujourd'hui vide, on imagine aisément l'isolement des anciens occupants sur la plaine côtière avant le développement du village alentour.

Où se loger

Ras al Hadd Holiday HÔTEL $

(25 569111 ; www.holidayhotelsoman.com ; bungalow/ch 35/42 OMR ; P wi-fi). Indiqué depuis le fort, cet établissement d'un bon rapport qualité/prix jouit d'un emplacement exceptionnel, entre une paisible lagune peuplée d'échassiers et la mer d'où les tortues sortent la nuit pour rejoindre le rivage à la queue leu leu. Son restaurant propose un buffet de cuisine internationale, et des sorties de pêche de 2 heures (25 OMR/bateau, 5 pers max) sont possibles.

♥ **Turtle Beach Resort** CAMPEMENT DANS LE DÉSERT $

(25 543400 ; www.tbroman.com ; s/d demi-pension à partir de 45/50 OMR, s/d sans sdb 35/42 OMR ; bungalow s/d 65/70 OMR ; P wi-fi). Ce campement en bord de mer dispose d'hébergements climatisés en *barasti* ou en dur, de confort variable, hélas un peu trop proches les uns des autres. Le restaurant en plein air, aménagé en forme de boutre, est très convivial, et un bar est disponible.

Le campement est indiqué sur la gauche, juste après l'entrée de Ras al-Hadd. Des sorties de 1 heure en bateau sont proposées : pour observer les dauphins (50 OMR/bateau, 6 pers max) ou à bord d'un boutre (75 OMR/bateau, 20 pers max). On peut aussi pratiquer le snorkeling (matériel 2 OMR/heure) et le kayak (1/2 heures 6/10 OMR) en individuel.

Comment s'y rendre et circuler

Pour rejoindre Ras al-Hadd depuis Sour, suivez les panneaux en direction de Ras al-Jinz, mais tournez à gauche après Khor Garami. Le campement est bien indiqué, mais il n'est desservi par aucun transport.

Al-Ashkharah الأشخرة

Niché entre deux superbes plages de sable blanc, le petit port de pêche animé d'Al-Ashkharah sert de point de ravitaillement aux Bédouins des Sharqiya Sands. Il est possible de bivouaquer sous les parasols des plages au sud de la ville. L'océan s'y montre beaucoup plus agité et pittoresque que sur les plages au nord de la ville. Attendez-vous à de belles vagues et à des myriades de mouettes bien décidées à partager votre pique-nique.

Où se loger

Al-Ashkharah Hotel HÔTEL $

(25 566222 ; Main Rd, Al-Ashkharah ; ch 12 OMR). Si vous arrivez trop tard pour planter votre tente, cette adresse à peu près propre, aux portes roses et aux tapis dépareillés, se tient sur la route principale en lisière de la ville. Le Golden Beach Restaurant attenant vous préparera du riz et du *dhal* ou une omelette au petit-déjeuner.

♥ **Arabian Sea Motel** HÔTEL $$

(97 794244 ; www.arabianseamotel.com ; près de Ras Al-Hadd sur la route d'Al-Ashkharah, Aseelah ; s/d vue mer 30/40 OMR, empl tente avec douche et petit-déj 6 OMR/pers ; P wi-fi). Superbement installé en haut d'une plage que les tortues remontent pendant la nuit, cet hôtel tout en longueur ressemble de loin à une école publique. Pourtant, ses chambres sont parées d'immenses fenêtres, de draps en lin et d'un luxe assez rococo. Des fruits de mer frais figurent quotidiennement au menu (à partir de 4,500 OMR).

Les hautes vagues estivales attirant les surfeurs, l'endroit affiche souvent complet de mai à octobre ; téléphonez avant. Le propriétaire organise des excursions pour voir les tortues de Ras al-Jinz (15 OMR/pers, 2 pers min, départ 19h30), à 45 minutes de route. On peut en outre louer des planches de surf (15 OMR/jour) et de stand up paddle (SUP ; 20 OMR/jour).

Al Ashkhara Beach Resort HÔTEL **$$**
(☎ 94 082424 ; www.ashkhara.com ; route d'Al-Ashkharah à Shana'a ; ch/ste 40/50 OMR ; ch avec sdb commune et ventil 25 OMR, petit-déj non inclus). À 13 km au sud d'Al-Ashkharah, ce petit *resort* de bon goût comporte des meubles en bois et des salles de bains de qualité. La plupart des chambres ont une véranda couverte de jasmin donnant sur la mer (mais il faut marcher un peu pour y faire trempette). Excursions en bateau (25 OMR/heure), quads (10 OMR) et équitation (6 OMR) satisfont les amateurs de vacances actives.

Route d'Al-Ashkharah à Shana'a

Véritable prouesse technique, la "route des Dunes" trace un couloir à travers les sables auburn des Sharqiya Sands et vaut le voyage à elle seule. Elle relie Al-Ashkharah à Shana'a, où se trouve le terminal des ferries à destination de Masirah, traverse des reliefs parmi les plus inhospitaliers du pays, mais aussi des villages de pêcheurs et des affleurements de sable fossilisé aux formes stupéfiantes. Elle croise aussi la piste des Bédouins, qui ignorent superbement cette route, et la traversent comme si de rien n'était pour suivre l'antique itinéraire des caravanes.

Faites le plein d'essence et de provisions à Al-Ashkharah, car il faut compter environ 2 heures de route (sans les arrêts photo). Si vous arrivez trop tard pour prendre le ferry, continuez jusqu'à la ville de Hijj et à la localité de Mahout (Mahoot ou encore Mahouth), au croisement de l'axe Sinaw-Duqm (Hwy 32), points de départ d'excursions aventureuses vers **Barr al-Hikman**. Cette zone côtière autour du village en *barasti* de **Filim**, récemment abandonné, fait figure de paradis ornithologique, mais elle est très inondable, et les amis des oiseaux y restent souvent en rade. Mieux vaut donc s'y rendre en compagnie d'un guide ou d'un connaisseur de la région, au minimum à deux voitures et muni d'un guide sur le hors-piste en Oman.

De belles plages jalonnent le littoral de Filim et Khaluf jusqu'à Sarab, Ras Sidrah et Duqm. Nous vous déconseillons toutefois d'emprunter les pistes côtières, même en 4x4, car votre véhicule risque de s'embourber dans le sable mou et les *sebkha* (dépressions salines inondables). Suivez plutôt la Hwy 32 et faites des crochets pour rejoindre le rivage.

Où se loger

Al Jazeera Tourist Guesthouse HÔTEL **$**
(☎ 99 820882 ; Mahout ; s/d/ste 12/15/25 OMR ; P). Perdu au milieu de nulle part, cet établissement bien tenu surprend par son majestueux corridor orné de vitraux, de carreaux et de piliers islamiques. Il se trouve à l'embranchement de Hijj sur l'axe Sinaw-Duqm, à 63 km du ferry.

Mahouth Guesthouse HÔTEL **$**
(☎ 93 232610 ; Hijj ; ch 15 OMR ; P). En cas de nécessité, vous pourrez toujours loger dans cet hôtel suffisamment propre, à 45 km du ferry. À côté, un *coffee shop* fréquenté prépare des plats de base.

Masirah مصيرة

Avec son intérieur rocailleux piqué de rares palmiers et ses superbes plages de sable, l'île de Masirah recèle de somptueux paysages lunaires. La journée, flamants roses, hérons et huîtriers arpentent ses côtes, tandis que des armées de crabes fantômes se faufilent sur le rivage à la nuit tombée. Paradis des amoureux de la nature, l'île abrite une espèce endémique de coquillage, l'*Acteon eloiseae*, et de vastes sites de ponte des tortues. Les expatriés autrefois stationnés sur l'île la surnommaient avec affection "Fantasy Island", non en raison de la beauté de sa faune, mais parce que tout ce dont ils avaient envie durant ces longs mois d'isolement ne pouvait être que "fantasme".

On sait peu de chose de l'histoire de l'île, si ce n'est qu'elle fut habitée par les Bahriya, un peuple venu de Salalah qui y fit naufrage. Ils furent éradiqués par une épidémie il y a 300 ans ; on peut encore admirer leurs curieuses tombes à Safa'iq (p. 85). L'île sert parfois de point de ravitaillement pour le commerce dans l'océan Indien et abrite une population fluctuante de pêcheurs, attirés

NAUFRAGÉS !

À défaut de fort, l'île de Masirah abrite une base aérienne. Si la population accepte aujourd'hui de bonne grâce la présence de soldats étrangers, les visiteurs n'y ont pas toujours été les bienvenus. En 1904, le navire britannique *Baron Inverdale* fit naufrage au large des côtes orientales de l'île. Son équipage, qui gagna le rivage en comptant sur la légendaire hospitalité arabe, y trouva un tout autre accueil et fut massacré.

Une croix commémore ce triste épisode, auquel furent associées des rumeurs de cannibalisme. Le sultan ordonna à l'époque la destruction de toutes les maisons de l'île. Aujourd'hui encore, celle-ci ne compte que peu d'habitations permanentes. Les habitants de Masirah durent attendre 2009 pour obtenir une grâce royale. Vous serez sans doute rassuré d'apprendre que l'on ne consomme désormais sur l'île que de la viande de dromadaire ou de chèvre !

par d'importants stocks de maquereaux, de langoustes et de crevettes.

Située à 15 km des côtes omanaises, longue de 63 km et large de 18 km, l'île possède des infrastructures très limitées, mais demeure toutefois un de ces rares coins de nature à l'état brut. Une route bitumée fait le tour de l'île, mais, sans 4x4, il est difficile d'observer la côte de près, à moins de marcher longtemps. La pointe nord-ouest de l'île, occupée par une zone militaire, est interdite d'accès.

Hilf حلف

La bourgade de Hilf, une enfilade de jetées, de magasins et de conserveries de poisson sur 3 km, regroupe le gros de la population de Masirah. Les ferries en provenance du continent accostent sur l'un des trois embarcadères qui se succèdent le long de la corniche, elle-même parallèle à la rue principale.

On ne trouve pas de commerces ni de station-service en dehors de la ville, mais Hilf devrait satisfaire à vos besoins essentiels, de l'alimentation au matériel basique de pêche et de camping. Vous y trouverez des hôtels, des banques, des DAB, un cybercafé (où l'on ne sert pas de café), un bureau de poste, une pharmacie et un hôpital moderne, le tout à quelques minutes à pied du carrefour dans l'artère principale.

Les hôtels fournissent quelques renseignements sur l'île.

Au-delà de Hilf

En faisant le tour de l'île en voiture, vous remarquerez que l'océan Indien est plus agité que le chenal de Masirah, ce qui confère à chaque côté du territoire une physionomie bien différente. Hormis la plage, il n'y a pas grand-chose à voir, sauf un ou deux sites, dont le **Baron Inverdale Monument** à la pointe nord-ouest, actuellement interdit d'accès.

Masirah est connue dans le monde entier pour ses chéloniens. Quatre espèces évoluent sur l'île : la tortue imbriquée, la tortue olivâtre, la tortue verte et, la plus répandue, la caouanne. Masirah est même le plus grand **site de ponte des tortues caouannes** au monde, avec quelque 30 000 individus qui gagnent chaque année ses rivages. Leur plage préférée se trouve près du Masira Island Resort.

L'île se distingue aussi par une très grande diversité de coquillages. On y récoltait autrefois le murex tinctorial (*Bolinus brandaris*), mollusque dont on extrayait la pourpre. Comme en témoigne un antique amas coquillier près de Sour Masirah, les coquillages furent une importante ressource alimentaire pour les premiers habitants de l'île. Plus récemment, Masirah s'est fait connaître pour une espèce endémique d'une grande beauté, l'*Acteon eloiseae*. Rappelons qu'il est strictement interdit de ramasser des mollusques vivants ou des coraux.

La vie nocturne de Masirah se limite à l'observation de la ponte des tortues. À marée haute, le littoral sud-ouest de l'île est un vrai paradis pour la baignade. En revanche, la plus grande prudence est de mise sur la côte opposée, où sévissent de puissants courants.

Les pêcheurs pourront se procurer des appâts dans les conserveries de poisson – en hiver, on peut même espérer faire une prise avec une simple ligne à main.

À voir et à faire

Djebel Humr MONTAGNE

Reconnaissable à son sommet plat, ce sommet (274 m) est le point culminant de cette île vallonnée : son ascension est récompensée par un superbe panorama sur l'île, en particulier au coucher du soleil, et le plateau est parsemé de fossiles. Prévoyez de bonnes chaussures car les éboulis à proximité du sommet peuvent être dangereux. Comptez environ 30 minutes pour gravir son flanc gauche et franchir l'arête.

Pour vous y rendre, prenez la direction de Sour Masirah à la sortie de Hilf, tournez à gauche à hauteur de la pancarte pour A'Samar, puis engagez-vous dans le *wadi* jusqu'à apercevoir la montagne.

Site funéraire de Safa'iq CIMETIÈRE

Facile à manquer, ce cimetière vieux de 300 ans s'étend à flanc de colline juste en retrait de la route, à 6 km au nord de Sour Masirah. Les sépultures sont le plus souvent sobrement signalées par deux pierres pour les hommes et trois pour les femmes, mais certaines présentent un aspect plus élaboré.

Masirah Beach Camp KITESURF

(☎96 323524 ; www.kiteboarding-oman.com ; Sour Masirah). Ce camp de kitesurf composé de huttes caribéennes multicolores occupe une sebkha qui n'a pas été inondée depuis des décennies et dont les langues de sable s'avancent loin dans les eaux peu profondes de la mer turquoise. Le grand vent qui souffle tout l'été en fait un haut lieu des sports nautiques, où se retrouvent les passionnés. Dirigé par Kite Board Oman, il offre un hébergement paisible et divers cours.

Où se loger

Si vous disposez d'un 4x4, vous pourrez bivouaquer dans l'une des baies désertes de la côte ouest ou à la pointe sud de l'île. Si vous optez pour la côte est, n'oubliez pas que les feux sont interdits sur les plages fréquentées par les tortues.

L'île compte désormais quatre hôtels, dont trois se trouvent à Hilf, à quelques minutes de marche des embarcadères.

Danat Al-Khaleej Hotel HÔTEL $

(☎25 504533 ; www.danat-hotel.com ; rue principale, Hilf ; s/d/tr 25/30/35 OMR ; P Wi-Fi). Cet hôtel charmant vous attend près de la station-service d'Al-Maha, sur la route qui quitte la ville vers le nord-est. Le choix des couleurs – murs moutarde et moquette rouge – surprend, mais les 23 grandes chambres au mobilier exotique ont vue sur la mer. S'y ajoute une direction avenante et professionnelle.

Masirah Hotel HÔTEL $

(☎25 504401 ; www.almajalioman.com/masirah.html ; rue principale, Hilf ; s/d/tr 20/25/30 OMR ; P Wi-Fi). Avec un restaurant correct, des chambres à lits multiples, de spacieuses salles de bains et une décoration au kitsch très oriental, on pardonne aisément la présence de chèvres à l'entrée de cet hôtel, le plus vaste et le plus renommé des trois établissements petits budgets de Hilf.

Serabis Hotel HÔTEL $

(☎25 504699 ; dira2008@omantel.net.om ; corniche, Hilf ; s/d ch 18/25 OMR). Le hall tristounet de cet établissement tenu par des Égyptiens est peu accueillant, tout comme ses chambres, austères. Cependant, l'endroit est bien tenu, et bien situé (au bout de la corniche, près de la station-service Al-Maha) pour aller se promener en ville le soir.

Masira Island Resort RESORT $$

(☎25 504274 ; www.masiraislandresort.com ; route de la côte est ; ch 75 OMR ; Wi-Fi). De ce charmant complexe niché dans un domaine paysagé, il suffit de 10 minutes de marche sur du sable fin pour rejoindre la mer – et une plage où viennent pondre des tortues. L'établissement possède un bar, et le seul restaurant de l'île à servir une cuisine internationale. Véhicule indispensable.

Où se restaurer et prendre un verre

Les nombreux *coffee shops* qui jalonnent la rue principale de Hilf proposent toutes sortes de spécialités (arabes, indiennes, chinoises), ainsi que des fruits de mer. Adressez-vous à votre hôtel pour connaître les meilleures adresses, car les restaurants changent souvent.

Le souk de Hilf permet de faire des courses sommaires. Le supermarché Abu Shabeeb est le mieux fourni de la ville, mais apportez avec vous les produits qui vous sont nécessaires.

Turkish Restaurant TURC $
(Rue principale, Hilf ; plats 2 OMR ; ⏲10h-minuit). Une vieille institution pour les kebabs et le poulet rôti entier, entre le carrefour et le Masirah Hotel.

Depuis/vers Hilf

Le ferry pour Masirah part de Shana'a, en retrait de la route Al-Ashkharah-Mahout. Il n'est indiqué que dans une seule direction ; si vous venez d'Al-Ashkarah, prenez l'unique embranchement goudronné sur la gauche qui traverse les salants. Les lagunes peu profondes de part et d'autre se teintent de rouge quand les algues fleurissent. Pour rejoindre l'embarcadère en voiture, comptez environ 5-6 heures depuis Mascate, 3 heures depuis Sour. Il n'y a pas de transports publics, mais les taxis qui stationnent souvent autour de la jetée vous conduiront à Mascate moyennant 40 OMR.

Le trajet en bateau (1 heure 30) peut être folklorique : passagers impatients qui se bousculent et resquillent pour monter à bord, voitures que l'on case tant bien que mal pare-chocs contre pare-chocs et attente interminable des retardataires arrivant du désert. Heureusement, le nouvel embarcadère a plus ou moins supprimé le risque de rester échoué sur un banc de sable jusqu'à marée haute.

Sur les vieux ferries, la traversée coûte 10 OMR dans chaque sens pour les voitures, les piétons voyageant gratuitement. Le dernier depuis/vers Hilf lève l'ancre autour de 18h une fois plein. Si cette perspective ne vous enchante guère, la National Ferries Company dispose de navires rouliers plus rapides et climatisés.

Le week-end et les jours fériés, la file d'attente pour prendre le bateau sur le continent peut être très longue et durer jusqu'à 3 heures, sans possibilité de faire demi-tour si vous changez d'avis, et la réservation n'est pas possible.

National Ferries Company (www.nfc.om ; 3 OMR/pers ; saloon/4x4 8/10 OMR ; ⏲8h, 12h, 15h et 18h ; 1 heure depuis/vers Hilf). Consultez les horaires sur le site Internet car ils peuvent changer.

Comment circuler

L'île se découvre uniquement à pied ou en voiture. Sachant que les taxis n'opèrent qu'à Hilf et qu'il n'y a pas de loueur de voitures à Masirah, mieux vaut donc venir avec son propre véhicule. Une route bitumée fait le tour de l'île, mais il vous faudra un 4x4 pour vous approcher de la mer ou pour bivouaquer à proximité.

Jalan Bani Bou Hassan et Jalan Bani Bou Ali جعلان بني بو حسن و جعلان بني بو علي

Ces villes abritent des tours de guet, d'antiques maisons fortifiées, des forts et de vieilles enceintes de palmeraies, souvent à différents stades d'abandon. Elles ont fait peu de concession à la modernité, et encore moins au tourisme, ce qui rend leur visite passionnante. Prêtez attention aux portes métalliques savamment peintes et aux portails traditionnels en bois sculpté des habitations, caractéristiques de la région.

En lisière des agglomérations, des pancartes marron annoncent les abords du désert et déconseillent la poursuite du trajet sans 4x4. Des pistes peu fréquentées mènent à une zone boisée unique des Sharqiya Sands, mais elles nécessitent la présence d'un guide. On peut en effet facilement se perdre ou s'ensabler.

À 17 km d'Al-Kamil et 36 km d'Al-Ashkharah, les villes jumelles peuvent faire l'objet d'un sympathique détour sur le chemin de Ras al-Jinz. Pas de transports publics fiables.

À voir

Jami al-Hamoda MOSQUÉE
(Bani Bou Ali ; ⏲fermé aux non-musulmans). Au milieu de ruelles ombragées où déambulent des chèvres, cette mosquée ancienne mérite le coup d'œil pour son architecture particulière, composée de 52 coupoles, et son *falaj* dans la cour servant aux ablutions. Les non-musulmans doivent se contenter d'admirer l'édifice de l'extérieur, mais peuvent profiter d'un point de vue sur la toiture depuis les bâtiments voisins. L'itinéraire pour s'y rendre longe la limite entre la zone urbanisée et le désert, ce qui le rend pittoresque.

Pour vous y rendre, suivez les panneaux indiquant Jalan Bani Bou Ali à partir d'un rond-point sur la route entre Al-Kamil et Al-Ashkharah, en face du centre commercial Oriental Shopping. Continuez le long de la rue principale, vers un quartier résidentiel. Tournez à gauche juste après le fort en ruine qui domine les palmiers et suivez la chaussée goudronnée sur 500 m jusqu'à la fontaine dans une niche, décorée de papillons en céramique, située sur la gauche. La mosquée se dresse au tournant suivant.

Château de Bani Bou Hassan CHÂTEAU
(500 bz ; 7h30-18h sam-jeu). Soigneusement restauré, ce fort trapu et massif à la périphérie de la ville mérite une visite. De nombreux panneaux marron indiquent sa direction. Accès par une petite porte dans un porche conçu pour protéger l'édifice des maraudeurs.

Où se loger

Al-Dabi Jalan Bani Bu Ali Tourist Motel HÔTEL $
(25 553307 ; d/tr 15/20 OMR sans petit-déj ; P). Si l'atmosphère paisible et authentique des deux villes et/ou leur situation aux portes des Sharqiya Sands vous séduisent, vous pourrez passer la nuit ici. Toutefois, malgré un décor de faïences, couloirs voûtés et portes sculptées, l'établissement n'arrive pas à la hauteur de ses prétentions. Le petit restaurant attenant sert en revanche de bons *biryani* (2,500 OMR).

Al-Reem Desert Camp CAMPEMENT DANS LE DÉSERT $$
(98 089549 ; www.alreem-desertcamp.com ; ch à partir de 50 OMR, sans sdb 45 OMR). Isolé des autres mais néanmoins accessible en berline (sauf après des pluies), ce joli petit campement bien géré se tient près de Bani Bou Hassan, à l'orée d'un coin de désert caractérisé par une abondance de *ghaf* (*Prosopis cineraria*), un arbre endémique. Il s'inscrit dans un environnement calme et couleur locale, fréquenté par des Bédouins. Réservez pour vous assurer le gîte et le dîner (4 OMR). Côté activités, oubliez les virées en 4x4 qui décoiffent, car les dunes sont en pente douce et peu élevées. Des panneaux indiquent l'endroit depuis la grand-route (Hwy 35).

Al-Kamil الكامل

Malgré son **patrimoine architectural**, qui comprend un **fort** et des **tours de guet**, cette ville est avant tout un important carrefour entre la route d'Al-Ashkharah et l'autoroute Mascate-Sour. Elle recèle de nombreux **cafés** et, fait rare en Oman, elle est entourée de végétation. Ses **bosquets d'acacias et de ghaf** sont caractéristiques de la région et essentiels aux Bédouins, qui utilisent ces arbustes pour se protéger du soleil, étayer leurs tentes ou comme combustibles. Leurs dromadaires se repaissent de leurs jeunes pousses très nourrissantes et, au lever du jour, le bétail se réhydrate grâce à la rosée qui s'est déposée sur les feuillages.

À voir

Old Castle Museum CHÂTEAU
(25 557773 ; www.old-castle-museum.com ; Al-Kamil wa Al-Wafi ; adulte/enfant 2 OMR/200 bz ; 9h-19h). On peut voir ici la remarquable collection du cheikh Khalfan Al-Hashmi. L'arrière-grand-père de ce dernier avait fait don à l'État de son château vieux de 250 ans, que le sultan Qabus fit restaurer et restitua plus tard à la famille Al-Hashmi. L'actuel propriétaire vit sur place au milieu de cuivres, céramiques, miroirs et objets artisanaux en bois et palme récupérés dans des maisons du pays et soigneusement présentés.

La visite guidée s'achève parfois par un café et des dattes en compagnie du maître des lieux. Les amateurs d'électroménager vintage s'amuseront devant les téléphones en bakélite, hachoirs et autres magnétophones à cassettes en multiples exemplaires. Sinon, attardez-vous dans la première salle où des fragments de météorites côtoient les bijoux en argent familiaux qui ont échappé à la fonte couramment pratiquée pour acheter de l'or. Suivez les panneaux depuis le centre-ville.

Où se loger

Oriental Nights Rest House HÔTEL $
(99 006215 ; onrhoman@gmail.com ; s/d à partir de 20/25 OMR ; P). Sur la route Mascate-Sour, en face de l'embranchement de Wadi Bani Khalid, l'hôtel de la famille Al-Hajri dispense un hébergement simple et accueillant. Un nouveau bâtiment renferme des chambres plus chères d'une qualité supérieure. Le restaurant prépare les habituelles spécialités indiennes et arabes, ainsi que quelques plats internationaux. Possibilité d'excursions en 4x4 (3 heures, 40 OMR) au coucher du soleil.

Depuis/vers Al-Kamil

Le bus Mascate-Sour passe par Al-Kamil (1 OMR, 45 min) deux fois par jour et dessert Mascate (3,500 OMR, 3 heures 30), mais il ne s'arrête pas toujours, surtout quand il est plein. À part ça, il n'existe pas de transports publics fiables au départ d'Al-Kamil.

Wadi Bani Khalid

وادي بني خالد

Réputé à juste titre pour sa beauté naturelle, ce *wadi* (bien indiqué) au nord d'Al-Kamil mérite le voyage à lui tout seul, mais peut aussi faire l'objet d'un agréable détour depuis l'autoroute Mascate-Sour. La route, qui grimpe dans les hauteurs du Hajar oriental, serpente à travers des formations rocheuses aux spectaculaires teintes vertes et rouille (en raison de la présence d'oxyde de cuivre et de minerai de fer) et longe un *ayn* (source naturelle), accessible par un escalier depuis le bord de la route.

Wadi Bani Khalid se compose d'une succession de palmeraies et de villages blottis dans le fond du *wadi* ou aux abords. Toute l'année, l'eau jaillit d'une source naturelle dans les niveaux supérieurs du *wadi* et alimente la végétation abondante qui fait tout le charme du site.

Quelques boutiques et *coffee shops* dans les villages voisins vendent des provisions de base. On trouve des toilettes publiques et un parc en bas du Wadi Bani Khalid.

À voir

Bassins du Wadi Bani Khalid SOURCE

(24h/24). À l'extrémité étroite du *wadi*, une source coule dans une série de profondes piscines naturelles très touristiques. Un (trop) petit parking, un sentier bétonné et des aires de pique-nique ont été aménagés. On peut se baigner à condition de porter un short et un tee-shirt par-dessus son maillot de bain.

Comparée à la beauté du paysage alentour, l'esthétique des infrastructures laisse un peu à désirer. De plus, le site connaît une fréquentation intense le week-end et les jours fériés. Il reste toutefois possible d'échapper à la cohue en empruntant le sentier balisé qui grimpe au-dessus du *wadi*. Celui-ci rejoint Tiwi, sur la côte (comptez 3 jours de marche, avec des ânes pour porter le matériel de camping, pour cette randonnée prisée et proposée par les tour-opérateurs de Mascate).

Grotte de Moqal GROTTE

(Wadi Bani Khalid). Pour fuir la foule, direction cette grotte dans les hauteurs. On la rejoint par le sentier inférieur qui passe au-dessus de l'aire de pique-nique et remonte le fond du *wadi*. En chemin, vous devrez vous aider de vos mains pour progresser dans les rochers et traverser à gué à plusieurs reprises. Renseignez-vous auprès des gardiens de chèvres pour plus de précisions. S'ils vous envoient dans la mauvaise direction, c'est parce qu'ils n'aiment pas que les visiteurs aillent nager plus loin dans le *wadi*. D'après la légende, si l'on frappe les parois de la grotte de Moqal en prononçant la formule magique *"Salim bin Saliym Salam"*, on se retrouve aussitôt transporté au beau milieu de jardins luxuriants parcourus de ruisseaux enchanteurs.

Hélas, vous ne découvrirez sans doute dans la grotte que quelques chauves-souris et les traces du passage d'autres visiteurs ! On accède à l'entrée exiguë par un escalier en béton. Vous aurez besoin d'une lampe-torche pour y voir quelque chose et, pour atteindre les vasques souterraines, il vous faudra ramper dans la boue. Pour rejoindre la grotte, mieux vaut être équipé de chaussures de randonnée et être en bonne forme. N'empruntez pas cet itinéraire si le niveau des eaux est élevé. Il est déconseillé de pénétrer seul dans la grotte.

Tourist Service Centre POINT DE VUE

Pour une vue panoramique des palmeraies du *wadi*, arrêtez-vous à côté du Tourist Service Centre (fermé) sur la route menant à la grotte de Moqal. Au coucher du soleil, après le départ des excursionnistes, l'endroit dégage une atmosphère d'intense sérénité. Vous pouvez apporter votre pique-nique et admirer le paysage depuis la terrasse du parking.

Achats

Oman Craftsman House ARTISANAT

(variables dim-jeu). Cette boutique de Sayh al-Hayl, sur le chemin des piscines naturelles, vend des poteries fabriquées à la main et des objets en palme tressée, seuls souvenirs disponibles dans la région.

Jaylah الجيلة

Le trajet qui mène à Jaylah, via des éboulis rocheux et des villages de montagne isolés, constitue une expérience à lui seul. Célèbre pour ses antiques tours funéraires, cette ville au sommet du Hajar se révèle une destination fascinante.

La route, accessible uniquement en 4x4, s'amorce dans un tournant à droite en direction de Souqah, juste avant la ville d'Ash-Shariq (appelée aussi

Simayiah, à l'entrée de Wadi Khabbah). L'embranchement dévie à chaque fois qu'il pleut : repérez de l'autre côté du *wadi* la piste qui jouxte la station d'irrigation, indiquant Saih Ar-Rak. Pensez à emporter de l'eau, une carte et une boussole, et faites le plein d'essence. Une fois quittée la route bitumée, au bout d'environ 3 km, prenez à droite à l'embranchement pour Jaylah (parfois écrit Gaylah ou Al-Gailah). La piste suit un tracé instable entre d'impressionnantes parois de schiste noir, qui semblent prêtes à s'effondrer au premier orage. Sur les six derniers kilomètres grimpant jusqu'au plateau, et longeant des enclos de bergers, la piste est mal nivelée, et l'on progresse à petite vitesse. Au bout de 21,4 km, prenez le virage en épingle sur la gauche, près de la "station" d'irrigation, et suivez la route jusqu'au sommet du plateau.

On remarque les innombrables traces laissées par les voitures d'un village à l'autre du plateau, plaine plus ou moins stérile où vivent néanmoins de nombreuses petites communautés. Récemment encore, beaucoup de ces villages n'étaient accessibles qu'à pied. Un hélicoptère les ravitaillait de temps à autre et acheminait du personnel médical.

Les aventuriers peuvent poursuivre sur le plateau (non cartographié) jusqu'au village de Qur'ran (p. 77) et rejoindre l'autoroute côtière entre Mascate et Sour, à 5 km au nord-ouest de Wadi Shab. Sachez toutefois que cet itinéraire aux descentes quasi verticales laisse peu de place à l'erreur. Si vous préférez vous en remettre à un chauffeur local aguerri, Mark Tours (p. 309) organise des excursions depuis Mascate.

Tombes de Jaylah SITE FUNÉRAIRE

(⏲24h/24). Les quelque 90 sépultures éparpillées au sommet des collines datent de 2000 à 2700 av. J.-C., de la période Umm an-Nar. Si vous avez visité Bat, vous reconnaîtrez ces tours circulaires en pierre, qui suivent les arêtes du relief. D'après les croyances locales, elles auraient été érigées par l'esprit de Kebir Keb.

Wadi Khabbah et Wadi Tayein وادي خبة ووادي الطائيين

Ces deux vastes et somptueux *wadi* qui serpentent dans le piémont ouest du Hajar oriental se rejoignent par un superbe itinéraire alternatif entre Mascate et Sour. Un 4x4 est indispensable sur les tronçons de piste, où il faut passer à gué. En traversant ce paysage montagneux spectaculaire, on découvre la vie rurale au cœur d'un *wadi*. Quantité de plantations et de petits villages émaillent le parcours ; conduisez avec prudence et discernement.

Le village de Tool se situe près de l'endroit où Wadi Kabbah cède la place à Wadi Tayein. Tool est également le point d'accès à Wadi Dayqah ; vous pouvez vous garer en dehors du village et franchir l'entrée du *wadi* à pied. Les vasques profondes invitent à la baignade, mais ne vous croyez pas seul : ce ravin abrupt est fréquenté par de nombreux bergers qui se déplacent sans bruit. Tool se trouve à 10 km à l'est de la ville de Mehlah, à l'extrémité de la route goudronnée qui traverse Wadi Tayein.

À l'heure où nous écrivons, des travaux ont commencé en certains endroits. Vérifiez que la route demeure accessible dans les villages à chaque extrémité des *wadi* avant d'entreprendre le long trajet (3 heures environ).

Al-Mintirib المنترب

Cette bourgade à l'orée de la mer de dunes est le point de ralliement de nombreux visiteurs se rendant aux Sharqiya Sands. Les représentants des campements y donnent souvent rendez-vous à leurs groupes et les guident sur la route (4x4 uniquement) jusqu'à leur site – en général impossible à trouver sans assistance. Al-Mintirib possède un **vieux quartier** pittoresque qui pourra intéresser les visiteurs venant de Mascate, à 220 km au nord-ouest, et souhaitant faire une halte. Al-Mintirib se trouve à 10 km au sud-est de l'Al-Wasal Hotel sur l'axe Mascate-Sour.

À voir

♥ **Bidiyah Museum** MUSÉE

(1 OMR ; ⏲9h-13h). Ce petit musée original à l'entrée des dunes veille sur la mémoire de la tribu des Hijri, consignée sur des peaux de chèvre. Aménagé dans une vieille demeure restaurée, il expose une collection de lances et d'épées (dont certaines ont plus de trois siècles), de la vaisselle chinoise (un élément indispensable des foyers omanais au siècle dernier), des ustensiles domestiques et des vêtements. Ce musée en face du fort Al-Mintirib mérite bien 20 minutes de votre temps avant d'aller découvrir les dunes.

Fort Al-Mintirib FORT

(500 bz ; ⏲7h30-14h30 dim-jeu). Avant que les habitations d'Al-Mintirib ne grignotent du terrain, ce fort aux solides murailles et à la porte massive visait à repousser les envahisseurs venus des montagnes. Édifié au pied des dunes, il offre un tableau impressionnant. En dépit des horaires affichés à l'extérieur, nous avons trouvé porte close.

Fêtes et festivals

Camélodrome COURSES DE DROMADAIRES

(www.rca.gov.om). Les Bédouins sont spécialisés dans le dressage des dromadaires en vue des courses organisées régulièrement dans la région, de mi-octobre à mi-avril. Difficile toutefois de connaître les dates et les lieux de ces manifestations ; renseignez-vous alentour.

Oman Desert Marathon COURSE À PIED

(www.marathonoman.com/fr/). En 2013, le premier marathon du désert d'Oman n'a attiré que 30 coureurs. En 2015, 100 participants du monde entier ont relevé ce défi éreintant de 165 km à parcourir en 6 jours. Les concurrents doivent être autosuffisants et capables de supporter les températures élevées qui règnent souvent en novembre. Ils sont accueillis par l'Arabian Oryx Camp près de Bidayah, à côté du point de départ de la course.

Où se loger et se restaurer

Al-Wesal Hotel HÔTEL $

(Ex-Al-Qabil Rest House ; ☎25 581243 ; www.alwesalhotel.com ; route 23, Al-Qabil ; s/d 30/35 OMR, lit supp 5 OMR). Sur la route Ibra-Sour, à 10 km au nord-ouest d'Al-Mintirib, ce vieil hôtel assoupi a été transformé par le nouveau propriétaire en point de chute couru. Il abrite des chambres au mobilier kitsch autour d'une cour et un restaurant où l'on peut voir le cuisinier s'affairer au-dessus du *tandoor*. Excursions dans les dunes possibles.

Al-Saula'ee Restaurant & Grills LIBANAIS $

(☎91 163777 ; route 23, Al-Mintirib ; lunch biryani 2,500 OMR ; ⏲6h-minuit). Installez-vous dans la salle climatisée ou imitez les locaux qui achètent à emporter et vont pique-niquer sur le sable des dunes.

Sharqiya (Wahiba) Sands رمال الشرقية

On pourrait passer des jours à explorer ces superbes dunes, encore appelées Wahiba Sands par les locaux, accessibles depuis la route entre Mascate et Sour. Terres bédouines par excellence, elles offrent l'occasion d'entrevoir un mode de vie traditionnel en voie de disparition.

Dans les Sharqiya Sands, il est plus facile de côtoyer les Omanaises que dans le reste du pays. Ces Bédouines sont, en effet, plus visibles que la plupart de leurs compatriotes. Malgré leur tenue élaborée avec *abaya* en tissu léger et leur masque pointu, ce sont des conductrices émérites qui viennent souvent au secours des touristes ensablés. Habiles artisanes, elles vendent des sacs et des porte-clés en laine multicolores dans certains campements.

LES DUNES À LA LOUPE

Si vous traversez les Sharqiya Sands au printemps, lorsque les dunes prennent différentes nuances verdoyantes, vous remarquerez que ces monticules couleur or ne sont pas aussi statiques et stériles qu'ils apparaissent de prime abord. Non seulement les dunes se déplacent (jusqu'à 10 m par an), mais elles abritent une flore et une faune abondantes.

D'après une étude menée en 1986 par la Royal Geographical Society de Londres, avec la collaboration du gouvernement omanais, les 180 variétés de plantes de cet écosystème abritent quelque 200 espèces de mammifères, d'oiseaux, de reptiles et d'amphibiens. Pour avoir une chance de les apercevoir, la meilleure méthode consiste à repérer les traces dans le sable en début de soirée et à guetter l'animal là où les traces s'arrêtent, en vous allongeant sur le sol. Tôt ou tard, la créature finira par remonter à la surface pour aller explorer le sable, de préférence au crépuscule.

Si chaque animal a sa place dans le fragile écosystème du désert, la bonne santé de cet environnement dans son ensemble doit beaucoup au bousier. En roulant sa pelote d'excréments (dont il se nourrit) à travers les dunes, cet insecte au corps noir couvre de très grandes distances et contribue à fertiliser les plantes délicates sur son itinéraire.

Il est possible d'effectuer une simple excursion, mais la majesté du ciel nocturne et le spectacle de l'aube justifient de passer la nuit sur place.

Activités

Les tour-opérateurs (p. 312) et les campements organisent des excursions à la journée ou des séjours itinérants dans le désert. Les activités incluent randonnées chamelières (10 OMR/30 min), circuits en 4x4 dans les dunes (à partir de 25 OMR pour une virée au coucher du soleil avec une descente quasi verticale), quad (à partir de 5 OMR/30 min pour un véhicule 90 cm^3), camping sauvage (40 OMR/pers), méharée d'une journée entière (85 OMR), surf sur sable et visites de campements bédouins.

Il est possible, non sans difficultés, de traverser en 4x4 cette mer de sable du nord au sud, en passant la nuit à l'abri d'un bosquet de *ghaf* ou calfeutré derrière une dune. Sachez toutefois qu'au-delà des campements à la périphérie nord de l'erg, vous ne trouverez ni point de ravitaillement, ni station-service, ni possibilité d'assistance. Sans oublier la chaleur intense en été. Il est donc impératif de se déplacer avec un guide. Certains guides de voyage détaillent l'itinéraire, mais déconseillent néanmoins de s'aventurer seul dans les dunes. Pour autant, nous ne cautionnons pas les immenses convois comptant jusqu'à 100 voitures qui sillonnent les Sharqiya Sands sans se soucier de leur impact destructeur sur le fragile écosystème du désert.

Où se loger

Des campements de tentes ou de huttes en *barasti* permettent de profiter pleinement du désert. N'imaginez pas pour autant qu'ils soient bon marché : le coût paraît même souvent élevé au regard des prestations. Nous indiquons ici ceux qui offrent le meilleur rapport qualité/prix. Les tarifs incluent le petit-déjeuner et le dîner sous forme de barbecue.

Souvent bruyants et surpeuplés les jeudis et vendredis soir, les campements redeviennent calmes le reste de la semaine. La plupart disposent du Wi-Fi.

Al-Raha Tourism Camp CAMPEMENT DANS LE DÉSERT $

(☎99 343851, 99 551155 ; www.alrahaoman.com ; demi-pension 20 OMR/pers, avec clim 25 OMR ; P). Au bout d'un long corridor de sable orange, ces constructions en dur recouvertes de *barasti* présentent un aspect fatigué et un confort sommaire. Les enfants bénéficient d'un tarif réduit (gratuit/10 OMR pour les moins de 2 ans/2-12 ans) et d'une aire de jeux. Accès par Al-Mintirib en suivant une piste nivelée de 18 km, praticable uniquement en 4x4.

Al-Areesh Camp CAMPEMENT DANS LE DÉSERT $

(Desert Discovery Tours Camp ; ☎24 493232 ou 99 450063 ; www.desertdiscovery.com ; demi-pension ch avec/sans sdb 25/20 OMR/pers ; P). Ce charmant campement se dresse au bord d'une dune de sable argenté, non loin de villages bédouins. On loge dans des tentes de différentes tailles, équipées de *charpoy*, des lits indiens qui permettent aussi de dormir à la belle étoile. On y accède aisément grâce à une route bitumée. Appelez pour que l'on vienne vous aider sur le dernier tronçon de la piste. Le campement organise des sorties à dos de dromadaire et en 4x4, dont les bénéfices sont reversés aux Bédouins de la région.

♥ **1000 Nights Camp** CAMPEMENT DANS LE DÉSERT $$

(☎99 448158 ; www.1000nightscamp.com ; tente en demi-pension sans sdb s/d 73/62 OMR, s/d avec sdb 27/49 OMR ; P ☎ ≋). Ce superbe campement recèle des tentes de style bédouin, de vastes salons et même une piscine ! C'est pourtant le seul campement où vous serez véritablement au cœur des dunes. Le trajet jusqu'ici, sur 19 km de crête sablonneuse au départ du campement d'Al-Raha dans le fond de vallée, fait partie intégrante du plaisir de la visite.

Acheminé jusqu'ici en trois parties, le boutre qui trône sur le site abrite désormais un bar, d'où l'on peut admirer le paysage. On dîne (buffet simple) dans un *majlis* (salon) en plein air, accompagné par les rythmes hypnotiques des joueurs de tambour et des danseuses.

Nomadic Desert Camp CAMPEMENT DANS LE DÉSERT $$

(☎99 336273 ; www.nomadicdesertcamp.com ; demi-pension s/d sans sdb 49/70 OMR ; P). Tenu par une famille bédouine, ce petit campement assure des prestations personnalisées au cœur des dunes. On loge dans des huttes en *barasti* avec salles de bains communes. Le prix comprend un guide depuis Al-Wasil, sur la route Mascate-Sour, à bord de votre propre véhicule (sinon, le transport aller-retour coûte 10 OMR/pers) et une sortie à dos de dromadaire. L'absence de groupe électrogène et de climatisation contribue à rendre l'expérience plus authentique.

Arabian Oryx Camp CAMPEMENT DANS LE DÉSERT **$$**
(☎94 421500 ; www.oryx-camp.com ; s/d demi-pension 45/60 OMR). Ce campement attrayant a damé le pion à ses voisins tape-à-l'œil en jouant sur l'accueil et le service. Assez confortable pour plaire à tous, il se distingue par ses installations et excursions bien pensées. À 11 km d'Al-Wasil, une route asphaltée puis une piste nivelée conduisent jusqu'à l'entrée.

Desert Nights Camp CAMPEMENT DANS LE DÉSERT **$$$**
(☎92 818388 ; www.desertnightscamp.com ; s/d demi-pension 211/234 OMR ; ⏲août-mai ; P @ wifi). Un hébergement chic pour ceux qui veulent découvrir le désert sans s'y confronter de trop près. Les petits bungalows au toit de toile joliment aménagés s'accompagnent d'une réception, d'un bar et d'un *majlis* garnis de vieux meubles omanais. Une piste nivelée y mène depuis Al-Wasil.

ℹ Comment s'y rendre et circuler

Les conducteurs doivent impérativement disposer d'un 4x4. La route Mascate-Sour, qui longe les dunes entre Bidaya et Al-Kamil, constitue la voie d'accès la plus simple à Al-Mintirib. Des pistes nivelées pénètrent désormais dans la zone, mais leur mauvais entretien fait que le sable les envahit rapidement. Si un Bédouin vous suggère un autre itinéraire, sachez que le privilège de suivre son sillage aura un coût.

Pour ceux que les difficultés et les dangers de la conduite dans le désert effraient, il existe de nombreux circuits organisés. Sinon, certains campements viennent chercher leurs hôtes non motorisés sur la route Mascate-Sour moyennant un supplément variable.

Pour rejoindre la lisière des Sharqiya Sands en transports publics, prenez un bus Mascate-Sour et demandez que l'on vous dépose à l'Al-Wesal Hotel, sur la route Ibra-Sour à 10 km au nord-ouest d'Al-Mintirib. Comptez 3 heures de trajet depuis Mascate (3 OMR) et 1 heure 30 depuis Sour, sachant que le bus ne s'arrête pas s'il est plein.

Ibra ابراء

Porte d'entrée de la région de Sharqiya, Ibra a connu une grande prospérité à l'époque coloniale, lorsque les aristocrates locaux partis pour Zanzibar envoyaient de l'argent pour faire planter des palmeraies et construire de luxueuses demeures, toujours visibles dans le vieux quartier de la ville. L'agriculture y joue toujours un rôle important. On trouve de riches exploitations de légumes, de bananes, de mangues et, bien sûr, de dattes. Une tour de guet se dresse au sommet de chacune des collines environnantes, reflétant la splendeur passée de la cité. L'ouverture d'une université et d'un grand hôpital régional devraient contribuer à redynamiser la ville. Ibra constitue une halte plaisante sur la route des Sharqiya Sands.

À voir

Souk d'Ibra SOUK
(⏲6h-14h). Ibra abrite un **souk** animé, notamment le mercredi matin. Aménagé autour d'une double cour, les légumes occupent la place centrale, en étals colorés de melons et d'aubergines. Pour rejoindre le souk en voiture, tournez à droite sur l'autoroute Mascate-Sour en apercevant le panneau pour Al-Safalat Ibra, juste après la mosquée du Sultan Qabus ; le souk se trouve à 500 m sur la droite.

Un souk de l'argenterie, où sont fabriqués des kandjars et des épingles pour voile, occupe plusieurs boutiques autour de la cour extérieure, au milieu de magasins de menuiserie, où sont encore fabriquées des portes finement sculptées. Repérez l'enseigne "Sale and Maintenance of Traditional Firearms & Rifle Making" : on y aperçoit toujours des hommes âgés occupés à comparer des armes anciennes sur les tables à l'extérieur. Vous remarquerez sans doute aussi les monceaux de poissons séchés – une spécialité locale, encore appréciée de nos jours, même si le marché au poisson voisin est désormais alimenté en denrées fraîches acheminées par la route.

Si vous arrivez en bus, indiquez que vous allez au souk et demandez à être déposé près de l'embranchement pour Al-Yamadi.

Souk des femmes MARCHÉ
(⏲6h-13h mer). En face du souk principal, le seul marché d'Oman réservé aux femmes attire une fois par semaine des marchandes

et acheteuses de toute la région. On y vend de l'artisanat, notamment des paniers, des coussins et des sacs de selle tissés. Les hommes ne sont pas les bienvenus, et l'on ne peut pas prendre de photos.

Vieil Ibra RUINES

Un dédale d'habitations en terre crue d'un ou deux étages à demi effondrées forme la partie ancienne d'Ibra. Une voie pavée traverse sur plusieurs kilomètres les plus beaux coins du village. Remarquez le puits à droite de l'entrée, ainsi que la **mosquée Al-Qablateen** 500 m plus loin, au bout d'une étroite ruelle. Plusieurs maisons ont été restaurées par des habitants, et le quartier invite à la promenade. Mieux vaut circuler à pied car il est difficile de négocier les angles des rues en voiture.

Pour y aller, traversez le *wadi* à côté du souk, puis laissez-vous guider par votre instinct. Sinon, suivez les panneaux marron après le souk et prenez à droite l'embranchement qui mène aux villages d'Al-Munisifeh et Al-Kanatar. L'itinéraire serpente à travers les ruelles pendant quelques kilomètres avant d'aboutir à un parking. Un double porche marque l'entrée du Vieil Ibra.

Où se loger et se restaurer

Ibra dispose de quelques options d'hébergement. On peut se restaurer dans ces établissements ou dans les petits cafés de la ville. Un grand supermarché, l'Al-Najah Shopping Centre, se tient en face du souk. De nombreuses épiceries, des échoppes de *chawarma* et des rôtisseries jalonnent la rue principale.

Ibra Motel HÔTEL $

(☎25 571666 ; ibramtl@omantel.net.om ; Naseeb Rd ; s/d 18/20 OMR). Un hôtel modeste, central et bon marché, dont le propriétaire incarne toute l'hospitalité omanaise. Hall décoré de fleurs en plastique, chambres propres, élégantes salles de bains carrelées et *coffee shop* attenant pour le petit-déjeuner (à partir de 500 bz). Tout près de l'autoroute Mascate-Sour, derrière la station-service Omanoil.

Ibra Hotel HÔTEL $

(☎25 571873 ; s/d 25/35 OMR ; P). La débauche de végétation et d'oiseaux tropicaux peints sur les murs extérieurs (même les descentes d'eau ont été "maquillées" en palmiers) confère un cachet certain à cet hôtel rénové, qui n'a autrement rien d'exceptionnel. Sur la route qui relie le rond-point principal de la ville à la nouvelle rocade.

Al-Sharqiya Sands Hotel HÔTEL $

(☎25 587000 ; www.sharqiyasands.com ; ancienne route 23, Ibra ; s/d 32/38 OMR ; P). Ne vous fiez pas au site Internet, car cet hôtel a été on ne peut plus négligé. Outre une piscine peu engageante, il possède un bar bruyant, surtout fréquenté par les habitants, et un restaurant de cuisine internationale servant de l'alcool. Il n'en reste pas moins une halte pratique sur la route des Sharqiya Sands.

Rawazen Restaurant TURC $

(☎98 077980 ; grillades mixtes et mezzes 3,300 OMR ; ⏲8h-2h ;). Avec ses alcôves, ce restaurant populaire sur la route principale d'Ibra (en face de l'Ibra Motel) offre un bon rapport qualité-prix et une ambiance cosy.

Comment s'y rendre et circuler

La route 23 contourne désormais Ibra, mais les bus Mascate-Sour s'arrêtent en ville (de Mascate 3,700 OMR, 2 heures 15, 2/jour), généralement aux abords de l'Ibra Motel. Le trajet en taxi collectif jusqu'à Ruwi, à Mascate, revient à 3 OMR.

Sinaw سناو

Si beaucoup de gens ne viennent à Sinaw que pour son souk, cette ville modeste recèle une ou deux autres attractions méconnues. Laissez l'entrée du souk sur votre gauche, tournez à droite, puis parcourez environ 500 m avant de prendre à gauche pour atteindre un **cimetière** en haut de la colline. Après 2 km, vous rejoindrez la vieille ville de Sinaw. Ce secteur agrémenté de **maisons en torchis** à étages, bien préservées, confirme que la ville a toujours été un important poste d'approvisionnement.

À voir

Souk de Sinaw SOUK

(⏲7h-11h jeu). À l'instar de la plupart des souks du pays, ce marché organisé autour d'une cour centrale connaît sa plus forte activité le jeudi matin. L'attrait du lieu tient à la présence de nombreux Bédouins, qui viennent des Sharqiya Sands voisins pour vendre du bétail et acheter des biens de consommation courante. Les femmes parées de leur longue *abaya* et de leur masque ajoutent à l'exotisme ambiant.

Juste avant l'Aïd, le spectacle est tout autre : les dromadaires sont alors chargés, tant bien que mal, dans des camionnettes, et les chèvres échangées de l'autre côté de la rue. Les volutes de fumée qui s'échappent des habitations témoignent de la frénésie de cette période de fête.

Le souk se trouve à la lisière de la ville, sur la route entre Sinaw et Hijj (également appelé Hay). Ses portes sont, étrangement, décorées d'une voiture verte.

Depuis/vers Sinaw

Sinaw se trouve à 65 km au sud-ouest d'Ibra. Même s'il est possible de venir en bus de Mascate (3 OMR, 3 heures), cette option se révèle peu commode : le bus part en fin d'après-midi, et Sinaw ne compte aucun hôtel.

NIZWA ET LES MONTAGNES

Le cadre spectaculaire offert par les djebels et les vestiges historiques font de cette région l'une des premières destinations touristiques du sultanat. Ce sont des paysages à couper le souffle, au djebel Shams (le point culminant d'Oman), au Wadi Ghul (formant, avec le Wadi Nakhr, le "Grand Canyon" d'Arabie), au djebel Akhdar (le verger d'Oman) et en bien d'autres lieux encore. Sans compter quelques-uns des plus beaux forts du pays, à Nizwa, à Bahla et à Jabrin.

Nombre des sites situés entre Nizwa et Jabrin se découvrent aisément en une longue journée d'excursion au départ de Mascate, telle que celles qu'organisent tous les tour-opérateurs de la capitale. La région mérite cependant qu'on lui consacre un peu plus de temps, notamment si l'on ajoute aux visites quelques virées en 4x4 dans les montagnes.

Justement, un tout-terrain autorise tranquillement un parcours de 3 jours au départ de Mascate : on gagne Nizwa, on traverse les montagnes par Al-Hamra avant de descendre jusqu'à Rustaq et de rejoindre la plaine de la Batinah.

Nizwa نزوى

À 2 heures de Mascate via une bonne route, la cité historique de Nizwa s'inscrit dans une plaine cernée de palmeraies touffues et de certaines des plus hautes montagnes d'Oman. Gardée par une double porte voûtée, elle constitue aussi le point d'accès à la ville fortifiée de Bahla et au château de Jabrin, ainsi qu'une base commode pour les excursions dans les djebels Akhdar et Shams.

Il y a un demi-siècle seulement, l'explorateur britannique Wilfred Thesiger s'en vit refuser l'entrée par ses compagnons bédouins, convaincus que le conservatisme féroce des habitants ne le permettait pas. Quelle surprise de voir aujourd'hui Nizwa classée au deuxième rang des destinations touristiques d'Oman ! Fief des imams rebelles jusque dans les années 1950, celle que l'on surnomme "la perle de l'islam" n'en attend pas moins de ses visiteurs le respect de certaines convenances. Elle a été déclarée à juste titre capitale de la culture islamique en 2015.

À voir

Fort de Nizwa FORT

(500 bz ; 9h-16h sam-jeu ; P). Symbolisée par sa tour ronde culminant à 40 m, cette forteresse du XVIIe siècle fut achevée en l'espace de douze ans, par la volonté de Sultan bin Saif al-Yaruba, premier imam de la dynastie Ya'aruba. Cela vaut la peine de grimper au sommet de la tour pour se faire une idée de l'étendue des plantations de dattiers qui entourent la ville et contempler la chaîne du Hajar.

Souk de Nizwa SOUK

(9h-13h et 17h-20h sam-jeu, 17h-20h ven ; P). Parmi les doyens du pays, ce vaste souk, essentiellement consacré aux fruits et légumes, à la viande et au poisson, occupe de nouveaux bâtiments derrière la muraille crénelée dominant le *wadi*. L'intéressant **marché aux bestiaux** (le vendredi, avec un pic d'activité de 7h à 9h), chargé d'effluves, se tient sur un petit terrain derrière l'enceinte du souk, à gauche de l'entrée. Le commerce des chèvres, moutons, bovins et dromadaires y prospère depuis des siècles.

La partie du souk la plus proche du fort vend de l'artisanat aux touristes de passage. Faire de bonnes affaires au marché des antiquités et de l'argent relève du défi, mais les artisans locaux ne manquent pas de talent. Ses kandjars (poignard à lame courbe) en argent ont fait la célébrité de Nizwa. Orfèvres indiens ou pakistanais travaillent aujourd'hui sous les ordres d'un patron omanais, notamment pour les pièces destinées aux visiteurs, ce qui n'enlève rien à leur savoir-faire. Les prix vont du simple au décuple, selon qu'il s'agit d'une pièce façonnée pour les touristes (50 OMR) ou d'un bijou ayant une valeur historique (500 OMR).

Où se loger

Tous les hôtels jalonnent la route 15 entre Birkat al-Mawz et Nizwa. D'avril à octobre, il faut impérativement réserver. Les adresses ci-après disposent du Wi-Fi gratuit, et leurs tarifs incluent le petit-déjeuner.

Majan Guest House HÔTEL $
(☎25 431910 ; www.majangh.com ; s/d 28/35 OMR ; P). Ne vous laissez pas rebuter par le gazon artificiel fatigué devant l'entrée, car cet hôtel économique réserve un bon accueil dans un décor arabe aux portes sculptées. À 5 km à l'est du centre-ville, près du fast-food Hungry Bunny.

Non loin à Manah, le Noor Majan Camp & Restaurant, qui lui est affilié, propose des huttes en *barasti*.

♥ **Falaj Daris Hotel** HÔTEL $$
(☎25 410500 ; www.falajdarishotel.com ; s/d 59/64 OMR ; P @). Cette adresse sympathique, 4 km à l'est du centre-ville, s'organise autour de deux piscines et d'un bar. Sa vue sur le djebel au loin lui donne un cachet supérieur à la concurrence. Le nouveau bâtiment renferme des chambres plus agréables que l'ancien. En revanche, ce dernier bénéficie d'un buffet du soir savoureux et convivial, avec de longues tables pour les groupes.

Al-Diyar Hotel HÔTEL $$
(☎25 412402 ; www.aldiyarhotel.com ; s/d 35/45 OMR ; P). Si la réception en marbre et gypse enjolive l'ensemble, récemment rénové, la plupart des grandes chambres demeurent sans fioritures. Difficile toutefois de faire la fine bouche dans cette ville peu fournie en hébergements malgré sa popularité. Demandez à loger dans la nouvelle aile flambant neuve au confort moderne. L'hôtel se trouve à 3,5 km à l'est du centre-ville.

Golden Tulip Nizwa Hotel HÔTEL $$
(☎25 431616 ; www.goldentulipnizwa.com ; s/d 82/94 OMR ; P). Plutôt clinquant, cet établissement entièrement revêtu de marbre a hébergé des membres de la famille royale. En dépit de sa vaste réception, on n'y trouve guère ce qui fait d'ordinaire le charme de l'hospitalité omanaise. Contrairement aux premières impressions, le bar à l'intérieur accueille les touristes. Près de l'embranchement qui mène au djebel Akhdar, 18 km à l'est de Nizwa.

Où se restaurer

♥ **Al-Mandi Al-Dhahabi** MOYEN-ORIENTAL $
(☎25 414121 ; en face du souk de Nizwa ; plats 2,500 OMR ; ⏲6h-minuit). Prisé des expatriés et des visiteurs occidentaux, ce restaurant accueillant se présente comme un spécialiste de la cuisine d'Oman et de Zanzibar, mais sert en réalité les mêmes classiques moyen-orientaux qu'ailleurs. Cela dit, ses *mandi* (riz et viande) sont authentiques, et tous les plats sont réussis. Assis dans des sièges confortables, les convives profitent d'une vue sur le fort de Nizwa et du Wi-Fi.

Al Duhli Restaurant CHAWARMA $
(repas 2,500 OMR ; ⏲12h-23h). C'est une adresse simple, avec des tables installées sur le trottoir, mais elle offre l'une des plus belles vues nocturnes en Oman. Situé juste en face du souk, le café domine le fort et la mosquée, tous deux illuminés de manière magique la nuit. Spécialiste en *chawarma* et kebabs, l'établissement est très fréquenté par les gens du coin, qui viennent souvent prendre des plats à emporter.

Bin Ateeq Restaurant OMANAIS $
(☎25 410466 ; près de la grand-rue, Nizwa ; repas 2,200 OMR ; ⏲11h-minuit). Appartenant à une petite chaîne de restaurants de style omanais, cet établissement est l'un des rares endroits où il est possible de goûter des plats locaux. Si l'authenticité est au rendez-vous, il n'en va pas de même pour le ménage, ce qui peut légèrement gâcher les choses. Mais la cuisine vaut le coup, alors...

Renseignements

Des banques et des DAB bordent la rue principale qui va du fort aux feux de signalisation proches de la Modern Oman Bakery. La poste se situe à l'intérieur du souk ; en face de ce dernier, une supérette se niche parmi les petits restaurants. Un énorme centre commercial, le Nizwa Mall, se tient sur la route 15 à environ 10 km de la ville en direction de Birkat al-Mawz.

Si la ville vous a conquis, vous trouverez sur le site www.nizwa.net toutes sortes d'informations.

Depuis/vers Nizwa

Les bus venus de Mascate (1,900 OMR, 2 heures 30, 8h et 14h30 tlj) vont jusqu'au souk de Nizwa. En sens inverse, les départs ont lieu à 6h et 15h40.

Le bus Mascate-Salalah s'arrête à Nizwa vers 9h30, 12h et 21h. Le trajet de Nizwa à Salalah dure 10 heures et coûte 6 OMR. Téléphonez à la **gare routière de Ruwi** (☎ 24 701294), à Mascate, pour connaître les horaires et réserver une place.

Le trajet de Nizwa au rond-point de Rusayl, à Mascate, en taxi réservé/taxi collectif/microbus s'élève à 20/4/2 OMR (ajoutez 1,500/1 OMR jusqu'à Ruwi). Le tarif entre Nizwa et Ibri est de 20/3/2 OMR en taxi réservé/taxi collectif/microbus.

En arrivant de Mascate, bus et taxis s'arrêtent en plein milieu du *wadi*, en face du fort. Les bus pour Salalah partent de la périphérie de Nizwa, près de l'embranchement de la route Mascate-Nizwa.

Des microbus (300 bz) circulent entre les hôtels de l'ancienne route Mascate-Nizwa (en retrait de la route 15) et le centre-ville.

Environs de Nizwa نزوى

De Nizwa, une demi-heure suffit pour rejoindre nombre de très beaux sites, dont Tanuf, la grotte Al-Hoota (actuellement fermée), Misfat et Al-Hamra, tous sur les contreforts des monts Hajar et accessibles par la route Nizwa-Bahla, puis en bifurquant sur la droite après 30 km, à la station-essence Omanoil. Des panneaux bruns flèchent ces sites, inaccessibles en transports publics.

La région se prête à de belles balades, de la promenade de 30 minutes dans le village de Misfat au trek de 9 heures entre le djebel Shams et le point de vue de Sharfat al-Alamayn sur la route de Hatt. Procurez-vous le guide de randonnée du ministère du Tourisme (p. 61), qui détaille les itinéraires W9 et W10h.

Tanuf et Al-Hoota تنوف والهوتة

Siège des usines d'eau minérale les plus célèbres du pays, Tanuf se niche entre plaine et montagne, à 35 km au nord-ouest de Nizwa. Des plantations de dattiers et des champs de blé se déploient alentour. Si vous acceptez de suivre votre instinct, la petite route qui traverse les cultures jusqu'à la grotte d'Al-Hoota donne un aperçu intéressant de la vie rurale.

Tanuf mérite aussi une halte pour son vieux village en brique crue, abandonné après une attaque lors de la guerre du djebel des années 1970 et dont la silhouette auburn se détache au coucher du soleil sur le fond gris du massif. Derrière ces ruines pittoresques, vous verrez l'un des plus beaux exemples de *falaj* en activité de la région. Le canal entre et sort de la roche sur les hauteurs du *wadi* et alimente une petite usine d'embouteillage à proximité. Si vous êtes en 4x4, la route grimpe ensuite dans les montagnes via un barrage.

Grotte d'Al-Hoota GROTTE

(☎ 258 98 244 كهف الهوتة ; www.alhootacave.com ; Ⓟ). Hérissée de stalactites et de stalagmites, la seule grotte d'Oman aménagée pour le tourisme subit hélas des inondations qui la rendent inaccessible des mois durant. Elle était fermée lors de notre passage, mais devait rouvrir en 2016. Le cas échéant, visitez le **Musée géologique** *in situ*, qui illustre la richesse d'Oman en la matière, bien connue des spécialistes du monde entier.

À 2 km sur la route de Tanuf, un parc naturel ombragé où coule un *wadi* invite à pique-niquer.

Al-Hamra الحمراء

Ce vénérable village au pied des monts Hajar, l'un des plus anciens d'Oman, a conservé un sublime alignement de **maisons en briques de terre** de deux ou trois étages, construites dans le style yéménite. Les nombreuses habitations abandonnées dans sa partie haute composent un décor pittoresque.

Après l'embranchement pour Misfat, suivez la route principale qui grimpe en lacets entre les vieilles bâtisses jusqu'à un rond-point arboré. Garez-vous près du grand bâtiment de terre carré avant d'explorer la localité et la plantation à pied.

À voir

♥ Bait al-Safah ÉCOMUSÉE

(2 OMR ; ⏲ 9h-17h30). Ce “musée” tient plus de la maison ouverte que de l'exposition historique. Trois dames guident les visiteurs à l'intérieur de leur maison traditionnelle dans le vieux village d'Al-Hamra. Elles dévoilent ainsi les mystères de l'huile de genévrier, du pain omanais et de la mouture des grains de café, et offrent aux visiteurs la possibilité de prendre des photos d'elles en costume traditionnel. Assis en tailleur dans le *majlis* (“salon”) décoré de portraits de cheikhs locaux, vous pourrez prendre un café accompagné de dattes en discutant (par gestes) avec vos hôtes. Une expérience à ne pas rater !

Le musée se situe dans la partie ancienne d'Al-Hamra. Garez-vous près du rond-point à l'extrémité ouest de la ville et continuez à pied dans la rue, après les bâtiments de style yéménite. Les dames vous apercevront avant que vous ne puissiez les voir, dans l'intérieur sombre de leur entrée.

Où se loger

The View Resort RESORT $$$

(lodge 97 233189, bureau de réservation 24 400873 ; www.theviewoman.com ; ch en demi-pension avec/sans vue 130/110 OMR ; P). À Hail al-Shas, cet hébergement jouit d'un superbe emplacement dominant le bassin d'Al-Hamra, 1 400 m en contrebas. Ne vous fiez pas à l'aspect des bungalows en préfabriqué qui surplombent le précipice, car ils comportent une literie de luxe et offrent un panorama sans pareil, y compris depuis leur baignoire. L'ascension abrupte de 7,5 km depuis Al-Hamra – suivez les panneaux marron – requiert un 4x4.

La piscine à débordement, dont la température est contrôlée, semble flotter dans le ciel. Le restaurant haut de gamme comprend un buffet de pâtes préparées à la demande et des tables en terrasse. Bref, tout contribue à la détente. Autrement, il n'y a pas grand-chose à faire, sauf visiter quelques villages intéressants à 1 km de marche ou louer un vélo (10 OMR/heure). Zahara Tours (p. 313), propriétaire du lieu, peut se charger d'organiser la suite de votre itinéraire.

Misfat مسفاة

D'Al-Hamra, une route goudronnée monte jusqu'à ce village de montagne, de son nom complet Misfat al-Abriyyin (parfois orthographié Misfah), l'un des rares facilement accessibles sans 4x4. Au-dessus des plantations de dattiers, des maisons de pierre s'étagent à flanc de montagne, créant un cadre pittoresque qui alimente les brochures touristiques d'Oman. Pour avoir la plus belle vue d'ensemble, tournez à droite près des toilettes publiques avant d'atteindre la localité.

Où se loger

Misfah Guest House GUESTHOUSE $$

(Misfah Old House ; 99 338491 ; bandb.misfah@gmail.com ; d en demi-pension 70 OMR, s/d en demi-pension sans sdb 40/55 OMR ; @). Au cœur de Misfat, à 5-10 minutes de marche du parking, la pension des Al-Abri occupe deux superbes bâtiments anciens, héritage familial, au milieu d'un jardin paradisiaque planté de dattiers, de manguiers et de citronniers. Vous pourriez bien ne plus en repartir.

Il est essentiel de réserver ; appelez du parking pour que quelqu'un vienne vous chercher. Si vous décidez de vous débrouiller seul dans le labyrinthe d'allées, de passages voûtés et de sentiers qui serpentent à travers les plantations, repérez les panneaux marqués "Misfah Old House".

À défaut de loger sur place, on peut s'arrêter au déjeuner (25 OMR pour 5 personnes ; sur réservation) pour savourer une authentique cuisine omanaise.

Route de montagne via Hatt vers le Wadi Bani Awf هاط ووادي بني عوف

Cette route spectaculaire qui traverse le Hajar occidental offre des vues magnifiques. Il est possible de l'emprunter pour effectuer un long circuit au départ de Mascate ou lors d'une escapade plus tranquille de Nizwa à Rustaq. Avec ses trois options d'hébergement en chemin, c'est un itinéraire rêvé pour explorer la région en profondeur. Bien que le tronçon proprement montagnard ne fasse que 70 km, il faut compter au moins 4 heures de trajet en tout, et il faut un 4x4 pour négocier au mieux la longue descente hors-piste dans le Wadi Bani Awf. Cette route traversant un territoire isolé et sauvage, les voyageurs doivent prendre toutes les précautions nécessaires (roue de secours, cric, eau, vêtements chauds, chaussures de marche et aliments de base) et vérifier les conditions météorologiques avant de partir. Ne tentez pas l'aventure pendant ou juste après de grosses pluies.

Suivez le fléchage menant à la grotte d'Al-Hoota au départ de la route Nizwa-Bahla. Vous apercevrez juste avant d'arriver à la cavité un panneau brun indiquant "Bilad Sayt". La route qui gravit la montagne en zigzaguant est goudronnée jusqu'au sommet. Admirez au passage les palmiers sauvages et les massifs d'aloès. Au début de l'itinéraire, mettez votre compteur kilométrique à zéro. Vous parcourez 23,9 km jusqu'au point de vue de **Sharfat al-Alamayn** (ou Shorfet al-Alamin), sur le col qui franchit l'arête rocheuse : c'est le point le plus haut de la route, doté d'un petit hôtel. Profitez un moment du paysage et découvrez à quoi ressemblent les pièges à loup (des tas de pierres avec une trappe en ardoise) avant

VAUT LE DÉTOUR

MISFAT, AU CŒUR DES MONTS HAJAR

Comment vit-on parmi les dattiers sur les versants du point culminant d'Oman ? Une visite discrète du merveilleux village de Misfat vous éclairera. C'est l'une des rares localités à accueillir les touristes à bras ouverts. En contrepartie, les visiteurs doivent se garer à l'extérieur, emprunter uniquement les sentiers balisés, ne pas s'aventurer dans les endroits interdits, s'abstenir de boire, de fumer et de cueillir les fruits, principale source de revenu de la population. Il faut également porter des vêtements couvrant les épaules et les genoux.

Si vous n'avez pas envie de partir seul à la découverte des *aflaj* (canaux d'irrigation) et des cultures en terrasses, la pension du village (p. 97) propose un circuit de 3 heures (25 OMR jusqu'à 10 pers) guidé par un habitant. C'est sans doute le meilleur moyen d'appréhender la vie dans une communauté traditionnelle en plein cœur des monts Hajar. Cependant, demandez toujours la permission avant de prendre les gens en photo.

Précisons quand même qu'il n'est pas facile de crapahuter dans les champs, dont les terrasses, reliées par des marches irrégulières et glissantes, descendent en pente raide. Moyennant 500 bz par personne, la pension met à disposition thé, café, dattes, toilettes et coin salon avec ventilateur – une pause bienvenue avant la longue et chaude ascension pour regagner la route.

Pour les réfractaires à l'effort physique, un itinéraire à l'ombre presque sans dénivelé conduit en 30 minutes de la pension à une source. Suivez les marques jaunes, blanches et rouges jusqu'au *falaj* principal et longez celui-ci.

d'entamer la longue descente jusqu'au village de **Hatt**. Cette oasis traditionnelle, dépourvue d'infrastructures touristiques, s'explore de préférence à pied, voire s'admire de loin pour éviter de déranger la population.

Après Hatt, la route se poursuit sur 6 km, longeant **Bilad Sayt**, en retrait de la route, sur la gauche. Avec ses splendides champs en terrasse en arrière-plan et ses maisons brûlées par le soleil, c'est l'un des plus jolis villages de la région. Il mérite le détour, mais restez discrets en stationnant à l'extérieur et en n'y pénétrant qu'à pied ou en vous contentant de l'admirer de loin pour ne pas troubler la quiétude des villageois.

Après avoir parcouru 43,8 km, vous passerez devant l'entrée des bien nommées **gorges du Serpent**, appréciées des randonneurs et des grimpeurs, puis au milieu d'un terrain de football. De là, la piste principale serpente tout autour de la montagne jusqu'au point où débouchent les gorges (à 49,6 km du point de départ), reconnaissables à la présence d'une impeccable rangée d'arbres et, au printemps, d'un splendide arbre à fleurs jaunes (un *Tecomella*).

Poursuivez jusqu'au **Wadi Bani Awf** en ignorant l'embranchement à gauche (Km 57,2) qui mène au Wadi Sahtan. Le Wadi Bani Awf court dans un magnifique canyon flanqué de hautes falaises calcaires. Des plantations de dattiers, de citronniers et de manguiers au bord du cours d'eau font vivre les hameaux nichés à l'ombre du djebel. Du petit village d'Al-Teekah (Km 59,4), un axe goudronné en construction débouche sur la route 13 (Km 69,7) en passant près du Tourist Village Resort Motel (p. 110). Tournez à gauche pour Rustaq, à droite pour Nakhal et Mascate.

Où se loger

Al-Hoota Resthouse HÔTEL $

(☎92 822473 ; Al-Hamra ; s/d 30/40 OMR, chalet 40/50 OMR, petit-déj 2 OMR ; P). La famille Al-Abri gère cette simple pension réunissant chambres et chalets confortables et sans chichis près de Sharfat al-Alamayn, le point le plus haut de la route de montagne menant à Hatt. Un buffet peut être préparé pour le dîner (5 OMR) si vous le demandez assez tôt. Nombreuses randonnées organisées par la pension, notamment une marche de 3 km (4 heures) jusqu'à un village des environs.

Shorfet Al-Alamin Hotel HÔTEL $

(☎99 449071 ; www.shorfetalalaminhotel.com ; Al-Hamra ; ch 40 OMR ; wifi). Malgré sa position sur une saillie au sommet de la montagne près d'un des panoramas les plus célèbres d'Oman, ce nouvel hôtel sans prétention n'offre curieusement aucune vue. Il fait cependant l'affaire pour se reposer en milieu d'excursion ou comme base de randonnée. Le restaurant pourra vous préparer un assortiment de grillades (4,500 OMR).

Birkat al-Mawz بركة الموز

Une rapide balade dans les plantations autour du bourg éclaire sur le sens de son nom, littéralement "réservoir de bananes". L'endroit abrite **Bait al-Radidah**, un fort restauré mais encore fermé au public, où le Falaj al-Hathmeen court le long des remparts, ainsi que quelques vieux édifices intéressants. La plupart des voyageurs ne s'y aventurent toutefois que pour entamer le parcours en 4x4 ou la randonnée ardue d'une journée remontant le Wadi Muaydin jusqu'au plateau de Saiq dans le djebel Akhdar.

Birkat al-Mawz se situe sur l'ancienne route Mascate-Nizwa, à 111 km du rond-point de Rusayl, à Mascate, et à 24 km du rond-point au *khanjar* géant, à Nizwa.

Activités

Al-Khaleej Tourism TOUR-OPÉRATEUR
(Al-Mousel Rent-a-Car ; ☎ 92 311173 ou 25 443767 ; www.gulftourism-om.com/en/ ; ⏲ 7h30-20h). La bourgade compte plusieurs autres agences de location de voitures, mais cette entreprise familiale d'excellente réputation propose désormais toutes les prestations d'un tour-opérateur. Un 4x4 (obligatoire pour l'ascension du djebel Akhdar) coûte 35 OMR pour 24 heures, une berline à partir de 10 OMR. Une excursion en bivouac de 1 jour et 1 nuit/2 jours et 1 nuit au djebel Akhdar en pension complète revient à 25/50 OMR par personne (4 participants au minimum). Renseignez-vous également au sujet de la visite guidée du *falaj*, des plantations et des vieilles maisons de Birkat al-Mawz.

Où se restaurer

Al-Mazaq al-Shahi Coffeeshop MOYEN-ORIENTAL $
(plats 2 OMR ; ⏲ 8h-12h et 16h-21h sam-jeu, 16h-21h ven). Pour une agréable pause-café au carrefour de Birkat al-Mawz avant la longue ascension du djebel Akhdar.

Djebel Akhdar الجبل الأخضر

Sans guide ni explications locales, le djebel Akhdar ("montagne Verte") peut sembler bien mal baptisé aux néophytes. Le djebel Akhdar, c'est à la fois la montagne elle-même et toutes ces hautes terres qui englobent, à une altitude moyenne de 2 000 m, le superbe **plateau de Saiq**. C'est aussi tout un monde luxuriant, véritable dédale de *wadi* et de terrasses où l'air frais de la montagne (le thermomètre peut chuter jusqu'à – 5°C entre décembre et mars) et les précipitations plus importantes (cela peut aussi être de la grêle !) favorisent la récolte de grenades, d'abricots et d'autres fruits. En consacrant un jour ou deux à explorer ce coin, le visiteur déterminé aura tôt fait de comprendre le succès de cette destination tout en jardins et **vergers**. Demandez à votre hôtel un exemplaire de la carte dessinée à la main qui indique quelques-uns des centres d'intérêt.

À voir et à faire

Il peut être utile de considérer le djebel Akhdar comme le rassemblement de deux zones distinctes que l'on peut explorer en consacrant à chacune une journée : un haut plateau et un plateau inférieur, où se trouve la ville principale de **Saiq**. En limite du plateau inférieur s'accroche à la paroi tout un savant ensemble de cultures en terrasses déployées plein sud et formant un large arc de cercle haut perché au-dessus du Wadi al-Muaydin. C'est là que prospèrent les cultures maraîchères. De vieux messieurs et de jeunes garçons s'installent en bord de route pour vendre miel et fruits. Sur la route menant au village d'Al-Aqor, le panorama immortalisé sous le nom de la princesse Diana, le **Diana's Viewpoint**, offre une vue vertigineuse, bien au-delà des roches à fossiles, sur les magnifiques terrasses. Sur le plateau inférieur également, la promenade qui mène au **Wadi Bani Habib**, à son vieux village en ruine et aux innombrables noyers est superbe et fort courue. Une fois acclimaté à l'altitude, vous pouvez envisager un parcours plus long menant d'Al-Aqor à Seeq le long de la paroi. Un délice au printemps, dans le parfum des roses fraîchement écloses, bientôt promises à devenir une eau florale.

On rejoint le haut plateau par une route qui part sur la droite à proximité de l'Al-Jabal al-Akhdhar Hotel, à Saiq, et gravit la montagne. Entre de beaux **genévriers**, vous découvrirez alors **Khab Hail Mahlab**, une parfaite halte pour pique-niquer, voire dresser votre tente, quelque 2 km après la ferme expérimentale du sultan (fermée au public) où sont testées des variétés de fruits et légumes en accord avec le climat extrême omanais. Promenez-vous au milieu des figuiers et des oliviers sauvages jusqu'au *sunset point* (tournez à gauche avant l'école), site idéal au coucher du soleil.

Djebel Akhdar

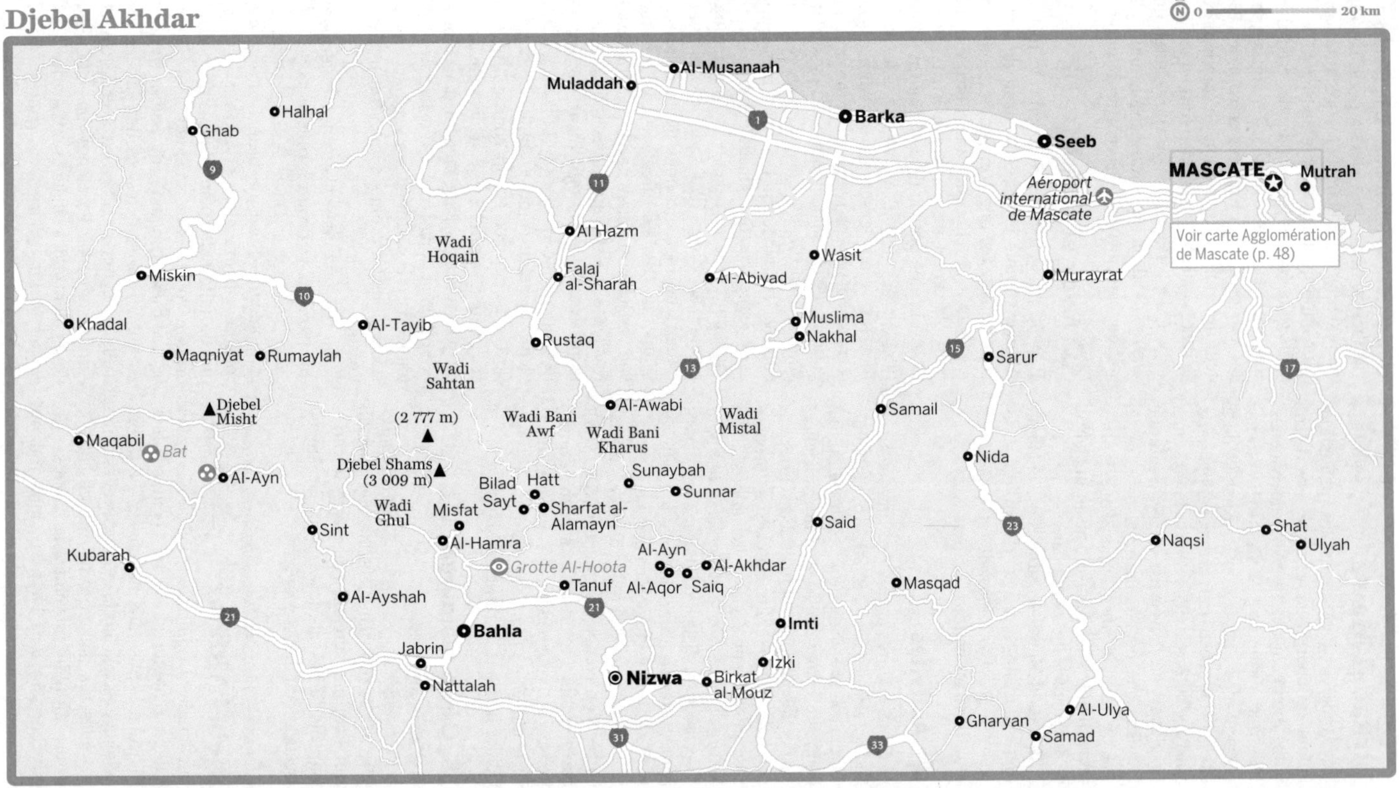

La découverte du djebel Akhdar requiert un 4x4. De nombreux accidents fatals ont été provoqués par des personnes essayant d'entreprendre la descente à bord d'un véhicule à 2 roues motrices et utilisant leurs freins plutôt que de changer les vitesses. Et une assurance ne vous couvrirait pas en cas de panne.

La seule autre solution est d'emprunter le sentier de randonnée qui traverse les villages en terrasse du Wadi al-Muaydin jusqu'au plateau de Saiq. Vous aurez besoin des services d'un guide et devrez compter 6 heures de Birkat al-Mawz, au fond du *wadi*, jusqu'au plateau (12 heures aller-retour). Attention, l'ascension est extrêmement difficile !

Où se loger

Sahab Hotel HÔTEL $$

(☎25 429288 ; www.sahab-hotel.com ; ch à partir de 83 OMR, ste avec terrasse et vue montagne 132 OMR ; P @ 📶 🏊). Parfaitement intégré au cadre rocheux des montagnes, ce ravissant hôtel paisible bénéficie d'une vue spectaculaire sur le croissant formé par le djebel Akhdar. Dommage qu'un concurrent beaucoup moins en accord avec la nature et le paysage s'apprête à ouvrir juste à côté. Cela vaut donc la peine de se payer une chambre *deluxe* (97 OMR) donnant sur un joli petit jardin sauvage plutôt que cette vilaine construction. Le sol autour de l'établissement recèle de nombreux fossiles, et les sentiers du jardin sont incrustés de coraux pétrifiés. La réception vend de l'eau de menthe et de jasmin. La profusion de plantes d'intérieur témoigne de la main verte du gérant.

D'excellents circuits conduits par des guides locaux incluant randonnée, découverte des travaux agricoles et de l'élevage de chèvres, promenades à dos d'âne, visite de grottes et observation des étoiles donnent un aperçu de la rude vie dans le djebel, largement tributaire des chutes de pluie.

Pour rallier l'endroit, suivez les panneaux signalant Al-Aqor, à 500 m de la station-service Al-Maha, à Saiq. L'hôtel peut assurer le transport depuis Birkat al-Mawz (21 OMR aller simple) ainsi que d'Al-Aqor jusqu'au point de départ du trek.

Al-Jabal al-Akhdhar Hotel HÔTEL $$

(☎25 429009 ; s/d 50/67 OMR ; P). Perché tel un nid d'aigle au bord du plateau de Saiq mais quasi exempt de vue, cet hôtel semble vide même lorsqu'il affiche complet. Le feu de cheminée dans le hall en hiver et le vent qui hurle autour des coupoles à vitraux lui confèrent néanmoins une certaine personnalité. On l'aperçoit facilement sur la route principale, 2 km avant la ville de Saiq. Le restaurant sur place sert de l'alcool, et l'on peut y louer des VTT (15 OMR pour 6 heures).

Alila Jabal Akhdar Oman BOUTIQUE-HÔTEL $$$

(☎25 344200 ; www.alilahotels.com/jabalakhdar ; formule en demi-pension pour 2 pers à partir de 263 OMR ; P @ 📶 🏊). Ce somptueux hôtel

UN PARFUM D'EAU DE ROSE

De doux effluves de rose baignent en avril le petit village d'**Al-Ayn**. Il flotte alors dans le djebel Akhdar une fragrance indicible qui explique pourquoi, depuis des siècles, on aime choyer ces fleurs magnifiques. Leurs pétales (jusqu'à 35 par fleur) servent à produire de l'eau de rose (*attar* en arabe). Contenue dans de fins flacons en argent, elle sert traditionnellement à rafraîchir les mains des invités en fin de repas, un geste élémentaire de courtoisie pour les Omanais.

Les bouteilles jaunâtres que l'on trouve dans la remise des ateliers de fabrication d'eau de rose laissent à penser que les pétales ont été bouillis puis jetés. Ce n'est en fait pas le cas. Si le processus de production de ce précieux parfum reste un secret de famille, tout le monde ici vous dira que les pétales ne sont pas bouillis, mais chauffés à la vapeur au-dessus d'un feu, à l'aide de plusieurs appareils qui rappellent ceux que l'on trouve dans les boîtes de chimie pour enfants. Mais l'alchimie, à en croire Nasser "bin Jebel" (dont le père a les mains noircies tous les printemps par la production d'eau de rose), ne réside pas tant dans le processus d'évaporation que dans la récolte. Si vous voyez des personnes danser au milieu des roses juste avant le lever du soleil, n'allez pas vous imaginer qu'elles invoquent les génies du djebel pour que la floraison soit bonne : elles sont seulement en train de cueillir les pétales tant que la rosée ne s'est pas évaporée et que la fleur est la plus riche en produits volatiles.

de 86 chambres trône au sommet d'une gorge spectaculaire de 2 000 m. Construit en basalte local et en bois de genévrier typique du plateau supérieur du djebel Akhdar, il sied parfaitement au nom de la chaîne qui le gère, qui signifie "surprise" en sanskrit.

Un *falaj* passe devant le Juniper Restaurant. Outre de l'alcool, ce dernier sert un buffet et des grillades au barbecue (15 OMR) de 12h à 15h (12h-16h ven), et des plats à la carte (autour de 10 OMR) le reste du temps. On y trouve aussi une bibliothèque arborant des coraux fossilisés polis et une boutique d'artisanat omanais de bon goût. Le feu qui crépite dans le hall réchauffe l'air, et le spa (46 OMR l'heure de massage thérapeutique balinais) soulage les muscles après les treks dans la nature. Adressez-vous au "Leisure Concierge" pour organiser des randonnées de 3 heures jusqu'au village abandonné de Sarab et au-delà (à partir de 15 OMR/pers) avec des guides du coin.

Comment s'y rendre et circuler

Le djebel Akhdar est accessible par Birkat al-Mawz. Suivez les panneaux bruns vers le Wadi al-Muaydin depuis la route 15, et dirigez-vous vers le fort. Au bout de 6 km, il vous faut passer un contrôle de police pour vérifier que vous circulez bien avec 4 roues motrices. 30 km plus loin, vous atteindrez Saiq. Après une succession de lacets escarpés à flanc de montagne, la route principale y mène directement.

Aucun transport public ne dessert la région, mais plusieurs excursionnistes, notamment **National Travel & Tourism** (p. 62), vous y emmènent pour la journée (à partir de 140 OMR/pers). Il est toutefois moins cher et plus plaisant de louer un 4x4 à Birkat al-Mawz et de loger dans l'un des trois hôtels.

Djebel Shams جبل شمس

Point culminant d'Oman, le djebel Shams ("montagne du Soleil", 3 009 m) tire moins sa renommée de son sommet que des gorges vertigineuses du **Wadi Ghul** qui le borde. Ses parois sont si abruptes qu'on l'appelle localement le "Grand Canyon d'Arabie" (incluant sa prolongation dans le Wadi Nakhr), vu la verticalité et la hauteur des parois qui atteignent 1 000 m de hauteur, voire plus. Récemment encore, rien n'empêchait les chauffeurs à la conduite nerveuse de faire un plongeon dans l'abîme. Désormais, une glissière en fer longe la piste aux endroits les plus escarpés, et quelques aires de stationnement rudimentaires permettent aux visiteurs de profiter des plus beaux points de vue.

Bien qu'il n'y ait à proprement parler rien "à faire" au sommet, c'est un lieu parfait pour prendre de belles photos, effectuer une randonnée, pique-niquer (à condition de prévoir ses provisions) ou... acheter un tapis !

À peine descendu de votre véhicule, vous verrez en effet des **vendeurs de tapis** apparaître comme par enchantement dans ce paysage aride, chargés d'un tas de tapis en poils de chèvre à rayures rouges et noires. Travail réservé aux hommes – les femmes filant la laine –, le tissage est une industrie locale rentable. En fonction des couleurs utilisées et de la complexité du motif, vous emporterez un grand tapis pour 30 à 80 OMR. Autre achat moins encombrant : un fuseau en genévrier. Sinon, des légions d'enfants vendent partout des porte-clés en laine (1 OMR) multicolores.

Le djebel Shams peut s'explorer lors d'une escapade de la journée au départ de Nizwa (ou de Mascate, mais le trajet est plus long) ; pour profiter de sa beauté sauvage, prévoyez de passer une nuit sur le plateau, près du canyon, dans l'une des options sans prétention.

Où se loger

Jebel Shams Resort CAMP DE MONTAGNE **$$**
(☎ 99 382639 ; www.jebelshamsresort.com ; demi-pension en tente s/d 35/50 OMR, bungalow s/d 55/70 OMR ; P 📶 🍴). Proposant de douillets bungalows en pierre avec salle de bains, véranda et chauffage, ainsi que quelques tentes arabes prisées des Omanais en week-end, ce campement borde de si près le canyon qu'il vaut mieux ne pas être somnambule ! VTT (5 OMR/heure), petit parcours de golf et carabine à air comprimé (1 OMR/10 tirs) vous sont proposés. Si vous disposez de votre tente, comptez 6 OMR (16 OMR avec nourriture).

Le camp est fléché à partir de la station-service Shell d'Al-Hamra, à 39 km (40 minutes de route) sur le flanc du djebel Shams. Les guides locaux demandent entre 35 et 70 OMR selon la randonnée.

Jabal Shems Heights Resort CAMP DE MONTAGNE **$$**
(☎ 92 721999 ; www.jabalshems.com ; demi-pension en tente/bungalow/chalet en pierre avec vue 55/60/75 OMR ; P 🍴). Même après de récentes rénovations, il faut de l'imagination pour considérer ce camp comme un *resort*.

Situé à 3 000 m, au début du chemin de randonnée qui monte au sommet du djebel Shams (sentier W4, 7-12 heures), il offre un hébergement simple, sans eau chaude, un petit restaurant et la possibilité de faire un barbecue dans une grotte.

Outre gravir la montagne, on peut se baigner, jouer au football ou au volley et se promener à vélo (4 OMR/heure) ou en quad (15 OMR/heure). Le transport depuis Al-Hamra coûte 45 OMR aller-retour, la location d'un abri pour se protéger du soleil, 40 OMR.

Sunrise Resort CAMP DE MONTAGNE **$$**
(☎97 100900 ; www.sunriseresort-om.com ; demi-pension en tente arabe s ou d 50 OMR, chalet 60 OMR ; P). À 50 minutes de route d'Al-Hamra, cette retraite isolée en surplomb d'un précipice de montagne se niche au cœur d'une nature splendide. Vous pourrez dormir sous une tente de style arabe ou dans un chalet en dur (tous avec sdb privée). Lorsque le froid hivernal devient mordant, les hôtes se réfugient dans la salle à manger ou autour de leurs feux de camp. Plantez votre tente moyennant 5 OMR (15 OMR avec dîner et petit-déj).

Un sentier de randonnée de 3 heures offre de belles vues sur Rustaq, bien loin en contrebas. Comptez 45 OMR pour les services d'un guide sur l'itinéraire W6 et autour de 55 OMR pour le transfert depuis Al-Hamra.

Pour vous y rendre, suivez la direction du djebel Shams, mais tournez à gauche au panneau indiquant le camp quelques kilomètres après la fin de la portion bitumée de la route et avant d'atteindre le plateau du djebel Shams. La route nivelée (4x4 indispensable) serpente sur un flanc voisin.

HORS DES SENTIERS BATTUS

LES MONTS HAJAR VERSION FRISSONS

Plonger le regard vers le fond du Wadi Ghul (le "Grand Canyon") est déjà une sensation en soi, mais il est des voyageurs qui réclament plus de frissons. Ceux-là trouveront dans les monts Hajar de quoi satisfaire leur soif d'aventure.

Sentier en balcon. Le vertigineux trajet en balcon du sentier W6 entre le village d'Al-Khateem posé tout au bord du canyon (3 km après le Jebel Shams Resort) et celui haut perché et abandonné (il y a plus de 30 ans) de Sap Bani Khamis fournit une bonne dose d'adrénaline. Une randonnée de difficulté moyenne (5 heures).

Vélo en haute altitude. Si le souffle ne vous fait pas défaut pour pédaler entre 1 600 et 2 300 m d'altitude, partez pour un circuit guidé qui vous fera franchir deux canyons.

Escalade dans les gorges du Serpent. Les voies les plus hautes tracées dans ces gorges resserrées font le bonheur des grimpeurs, tout comme les vias ferratas et la tyrolienne installées par des équilibristes passionnés à plus de 60 m au-dessus du sol.

En rappel dans Majlis al-Jinn. Quelque 158 m de quasi-descente aux enfers, c'est le prix à payer pour atteindre cette gigantesque grotte (deuxième au monde par la taille) aux allures de cathédrale. Elle dépasse, dit-on, Saint-Pierre de Rome et la pyramide de Khéops. Impossible de ne pas être bluffé quand on touche enfin le sol après le Cheryl's Drop, la descente en rappel (en fil d'araignée) la plus haute en Oman, baptisée du nom de son initiatrice.

Conduite sportive jusqu'à Hatt. Inutile de jeter un coup d'œil au fond, sur les piles de tôle déchiquetée, pour comprendre qu'il ne faut pas relâcher son attention, ne serait-ce qu'une seconde. Cet itinéraire demande 5 heures d'extrême concentration et le désir de négocier pentes escarpées et nids-de-poule au bord de précipices vertigineux.

Avec ses dizaines de randonnées de haut niveau, 200 voies d'escalade équipées et un réseau de grottes quasiment inexploré, Oman a de quoi procurer de grands frissons. Si vous voulez figurer parmi les premiers à découvrir ces terres de sensations fortes, contactez les camps de montagne du djebel Shams (randonnées avec guide à partir de 50 OMR pour un groupe de 4 personnes au maximum). Sinon, voyez avec le **Muscat Diving & Adventure Centre** (p. 313), qui organise des circuits sur mesure pour les plus casse-cou, ou **Bike & Hike Oman** (p. 313), qui propose de passionnants circuits à vélo.

Depuis/vers le djebel Shams

Le carrefour menant au djebel Shams est clairement signalé depuis la route Nizwa-Bahla, à environ 30 km de Nizwa. Tournez à droite à la station-service Omanoil, puis à gauche 12 km plus loin à hauteur de la station-service Shell pour parcourir ensuite la route goudronnée qui suit le fond du *wadi*. Vous longerez le village abandonné de Ghul, à l'entrée du canyon du Wadi Ghul (carrossable uniquement sur une courte distance), environ 9 km après la station-service Shell. Un lieu de rêve pour les photographes.

La route fait alors nombre de virages en épingle à cheveux pour atteindre le sommet du djebel Shams, avant de se transformer en piste bien nivelée menant au radar militaire situé au sommet (interdit aux visiteurs). Juste avant le sommet, une bifurcation à droite mène en 10 minutes environ au bord du canyon, à 28 km de la station-service Shell.

Le spectacle est aussi magnifique si l'on continue sur la route nivelée grimpant au sommet du djebel Shams (zone interdite au public) et suit les panneaux indiquant Krub et Al-Marrat. Continuez la boucle via le Sunrise Resort, en passant devant les ruines d'anciennes nécropoles.

Il est parfois possible, quoique téméraire, de s'attaquer au djebel Shams sans 4x4, mais les berlines des agences de location ne sont pas assurées pour ce genre de trajet. Sachez aussi que de grands trous se forment sur la piste après les pluies. Les transports publics ne desservent pas cet itinéraire.

Bahla et Jabrin بهلاء وجبرين

En fonction des centres d'intérêt, Bahla résonne de différentes manières : les historiens évoquent sa forteresse, les expatriés, ses poteries, et les Omanais extérieurs à la ville, ses djinns, esprits diaboliques accusés de jeter le mauvais œil, légendes vivantes du folklore du pays. Accessible par un double arc monumental flambant neuf qui enjambe la route et offre une vue grandiose sur Bahla, la ville voisine de Jabrin arbore également un fort imposant.

À voir

Fort de Bahla FORT

(www.virtualbahla.com ; 500 bz ; 8h30-16h sam-jeu, 8h-11h ven). Ce remarquable ensemble de remparts, visible à chaque tournant de la route qui court de façon spectaculaire le long du *wadi*, fait de Bahla l'une des villes fortifiées les plus complètes au monde. Ses murs s'étirent sur plusieurs kilomètres et auraient été conçus il y a 600 ans par une femme. Partie intégrante de cet ouvrage défensif, la forteresse, bâtie par la tribu des Bani Nebhan au XIIIe siècle, est impressionnante. Après des années de restauration, elle est désormais ouverte au public et a été inscrite au patrimoine mondial de l'Unesco en 1987. Il n'y a hélas aucun panneau explicatif ni autre information destinée aux touristes, mais vous pouvez vous faire une idée de la fonction de chaque pièce en vous reportant au site Internet.

Les abords de l'édifice abritent un bel exemple de village islamique médiéval en briques de terre, organisé autour d'un *falaj*, dont il vaut mieux parcourir les ruelles sinueuses à pied.

Poteries de Bahla ATELIERS

(8h-13h et 16h30-18h sam-jeu). Vous pourrez voir des pots en terre cuite décorés de simples nervures à l'entrée des villas et des hôtels chics dans tout le sultanat d'Oman. Une telle célébrité contraste avec la modestie des ateliers de potier où sont tournés ces récipients très appréciés, cachés au fin fond des ruelles de Bahla. Pour les trouver, traversez le centre de Bahla par la route principale en direction des plantations. Après 500 m, vous arriverez à plusieurs ateliers. L'étroitesse des rues rend hasardeuse la circulation en 4x4, et il vaut mieux y aller à pied.

Les pots traditionnels non émaillés ne coûtent que quelques rials, mais un grand pot "Ali Baba" atteint les 40 OMR.

Vieux souk de Bahla SOUK

(6h-10h). Au souk traditionnel, vous pourrez acheter de la corde artisanale ou un *fadl* (grand plateau en métal où l'on partage le repas familial). Un superbe jujubier ombrage la petite cour centrale. Quittez la route 21 (Nizwa-Ibri) en face de la forteresse, et vous verrez l'entrée 100 m plus loin sur la droite. Des travaux de rénovation avaient lieu lors de notre passage, mais il restait possible de flâner dans les allées.

Château de Jabrin CHÂTEAU

(500 bz ; 9h-16h sam-jeu, 8h-11h ven). Jouissant d'une perspective imprenable sur la plaine environnante, le château de Jabrin impressionne. Même si vous avez déjà vu maintes constructions de ce type, cela vaut la peine de grimper sur ses remparts, car il s'agit d'une des forteresses les mieux conservées et les plus singulières du pays. Dirigez-vous vers la terrasse et le mât en haut duquel

flotte le **drapeau**. De là, vous bénéficierez d'une vue plongeante sur la cour centrale du château aux fenêtres ajourées.

Construit en 1675 par l'imam Bil-Arab bin Sultan, ce fut une importante école d'astrologie, de médecine et de loi islamique. Remarquez le **cellier à dattes**, à droite de l'entrée principale, sur le côté gauche. Le jus des fruits, ou miel de dattes, s'écoulait le long de rigoles pour être stocké dans des jarres à des fins culinaires ou thérapeutiques, la datte étant considérée, notamment, comme un aliment bénéfique pour les femmes enceintes, les parturientes et les jeunes mères. Notez aussi les **plafonds peints** de motifs floraux élaborés dans certaines des pièces donnant sur différentes cours. Découvrir la structure complexe de ce château, résidence, école et forteresse, fait partie du jeu. Essayez de trouver les **chambres funéraires**, remarquables par leurs voûtes sculptées. Le *falaj* qui court dans le château ne jouait pas son rôle traditionnel de système d'irrigation, mais faisait office de climatiseur.

Où se loger

Jibreen Hotel HÔTEL $

(☎25 363340 ; www.jibrenhotel.com ; s/d/tr 28/38/45 OMR ; P wifi). Idéalement situé sur la grand-route Bahla-Ibri, non loin du carrefour pour Jabrin, cet hébergement affiche souvent complet car c'est le seul du coin (téléphonez avant). Larges plafonniers, murs peints à l'éponge, mobilier doré de style égyptien et tentures luxueuses composent sa déco. Wi-Fi disponible. Le restaurant River Nile attenant est sans doute la meilleure table où dîner en dehors de Nizwa.

Renseignements

Une antenne de l'agence City Travels, basée à Nizwa, fait office de centre d'information en face de l'arrêt de bus, à l'angle de la route menant au souk. Une banque HSBC dotée d'un DAB se tient à proximité.

Depuis/vers Bahla et Jabrin

Le trajet depuis/vers Nizwa (environ 45 min) coûte 1 OMR en microbus et 2 OMR en taxi collectif (10 OMR s'il est privatisé). Un taxi privatisé pour Mascate revient à 30 OMR. L'arrêt de bus situé devant le fort de Bahla affiche des services à 10h55 et 17h25 pour Ibri, et 8h05 et 17h12 pour Ruwi à Mascate. Sans doute moins intéressants, des bus desservent Dubai à 2h10 et Salalah à 20h10.

Jabrin est clairement indiqué sur la route Bahla-Ibri à hauteur de l'embranchement qui y mène 7 km plus loin. Le stop n'est guère recommandé pour faire cette fin de trajet car, si vous restez bredouille, il vous faudra parcourir 4 km en plein soleil. Mieux vaut louer un taxi aller-retour (5 OMR) depuis Bahla.

Bat et Al-Ayn بات والعين

Contrairement aux discrets cimetières modernes d'Oman, où une simple pierre nue indique la tête et les pieds du défunt enterré, les sépultures antiques de Bat et d'Al-Ayn s'élèvent au sommet des collines environnantes comme un symbole d'immortalité. Elles dessinent un tableau très évocateur, surtout au coucher du soleil quand la silhouette triangulaire et dentelée du **djebel Misht** ("mont du Peigne") paraît s'embraser. Sans rapport avec son environnement immédiat, ce mont calcaire fait partie des curiosités géologiques d'Oman.

Juste après l'embranchement pour Al-Ayn, une autre route goudronnée, signalée par un panneau, monte en serpentant jusqu'au joli **village de Sint** ("Sant" sur certaines cartes). Avec un 4x4 et un bon guide papier pour le tout-terrain (*off-road*), il est possible d'entreprendre de très belles balades dans la région. Il n'y a pas de transports publics.

Tombes de Bat et d'Al-Ayn NÉCROPOLES

(aube-crépuscule) GRATUIT Reconnaissables à leur forme de ruche, ces tombeaux collectifs de pierres sèches érigés côte à côte regroupent un nombre variable de défunts, de quelques-uns à deux cents. Quasiment toutes les collines en sont couvertes et, vu l'étendue du site, sur le passage d'une ancienne route caravanière, la zone tout entière a été inscrite au patrimoine mondial de l'Unesco. On sait peu de chose de ces édifices, sinon qu'ils furent bâtis entre 2000 et 3000 ans av. J.-C. (cultures Hafit et Umm an-Nar).

Si Bat rassemble la plus grosse concentration de tombes, celles proches d'Al-Ayn présentent le meilleur état de conservation. En visitant le site dans l'heure qui précède le coucher du soleil, vous verrez le djebel Misht s'illuminer de façon envoûtante en toile de fond.

L'embranchement pour Al-Ayn se trouve à une cinquantaine de kilomètres d'Ibri. Les tombes se dressent sur l'une des arêtes caillouteuses du djebel Misht. On les repère aisément depuis une petite aire de stationnement à deux entrées face à une mosquée. Il suffit alors de traverser la plantation et de remonter tranquillement la colline.

Vous aurez besoin d'un 4x4 et d'un guide papier spécial tout-terrain pour explorer la nécropole de Bat.

Ibri عبري

Capitale de la région d'Al-Dhahirah, cette ville moderne sur la route 21, qui la relie à la ville frontalière de Buraimi, dans le nord, compte quelques sites intéressants, dont un fort fraîchement rénové. C'est aussi une étape sympathique entre les Émirats arabes unis et Nizwa, ainsi qu'un bon camp de base pour explorer les nécropoles d'Al-Ayn et de Bat. Si vous disposez de beaucoup de temps pour explorer Oman, il est possible de faire une boucle partant de Mascate et passant via Nizwa, Bat et Ibri, à travers les montagnes par la route 8 jusqu'à Sohar, puis en remontant le long de la côte jusqu'à Mascate – comptez au moins 3 jours.

Si vous voulez vous essayer à la vie locale, des dizaines de restaurants de *chawarma* et de "rôtisseries" de poulet jalonnent la route 21. Banques et supermarchés sont rassemblés autour du rond-point central à l'embranchement vers le château d'Ibri.

À voir

Château d'Ibri CHÂTEAU

(500 bz ; 9h-16h sam-jeu, 8h-11h ven). Des deux forts de la ville, cet ouvrage imposant est le plus intéressant et le plus complet. Sa restauration a redonné vie au vieux quartier d'Ibri. L'intérieur n'a rien d'exceptionnel, mais les remparts dévoilent une vue somptueuse. Une promenade vous mènera au souk de l'or voisin et au marché aux bestiaux. Suivez les panneaux marron depuis la route principale.

Où se loger

Ibri Oasis Hotel HÔTEL $

(25 696172 ; iohotel@omantel.net.om ; route 21 ; s/d 28,300/38,900 OMR ; P). Cet établissement se tient du côté "Buraimi" de la localité. Avec son escalier en marbre poli et ses vitraux, il sert principalement aux hauts dignitaires locaux. Le petit-déjeuner anglais coûte 3,700 OMR, et le menu du soir fait la part belle à la cuisine indienne. Il s'agit quasiment du seul hôtel d'Oman à facturer le Wi-Fi (1 OMR/24 heures par appareil).

Depuis/vers Ibri

Les transports publics se résument à 2 départs quotidiens de Mascate pour Ibri, à 6h (3,700 OMR, 4 heures 30), avec desserte au passage de Nizwa (1,500 OMR, 2 heures 30) à 8h. En sens inverse, le bus pour Mascate part à 15h40. Le trajet en microbus depuis Nizwa coûte 2 OMR et dure 2 heures.

Buraimi البريمي

Longtemps sœur siamoise d'Al-Aïn, aux Émirats arabes unis, Buraimi est désormais séparée de son alter ego par une grande clôture barbelée. Cela ne doit pas être interprété comme un refroidissement des relations entre Oman et son voisin, mais comme une tentative de marquer clairement une frontière jadis mouvante de part et d'autre. Il n'y a guère de raison de venir ici, sauf pour rejoindre à Al-Aïn, puis Abu Dhabi. En tout cas, n'oubliez pas votre passeport, indispensable pour franchir le poste-frontière de Wadi al-Jizzi, 50 km *avant* la frontière des Émirats.

À voir

Fort de Buraimi FORT

(500 bz ; 9h-16h sam-jeu). Le vaste fort se distingue de l'austérité extérieure de la plupart des forts omanais par son décor qui l'inscrit dans un esprit plus saharien. Sur le marché situé en face sont vendus quantité de *barasti* (frondes de palmiers tressées, traditionnellement utilisées sur les toitures et les barrières), mais il faut aller au bord de la route pour trouver un souk animé où sont vendus fruits et légumes cultivés dans les plantations des environs, dattes et miel des montagnes, ainsi que de multiples productions artisanales omanaises (notamment des cravaches à dromadaire et des poteries de Bahla).

Où se loger

Al-Buraimi Hotel HÔTEL

(25 642010 ; route Sohar-Al-Aïn ; ch 47 OMR ; P @). L'un des hébergements simples de Buraimi, en lisière de la ville sur la route de Sohar. Le hall évoquant une petite forteresse et les couloirs sombres semblent un peu datés, mais l'endroit allie propreté et bon accueil. Les chambres ont été rénovées récemment. Nombreux restaurants locaux à proximité.

Depuis/vers Buraimi

Trois bus quittent Mascate à destination de Buraimi quotidiennement à 6h30, 13h et 16h (4,200 OMR, 4 heures 30).

SOHAR ET LA PLAINE DE LA BATINAH

Cette bande de terre plate et fertile enserrée entre les monts Hajar et le golfe d'Oman est le grenier à blé du pays, ainsi que sa région la plus peuplée. Nombre de sites retiennent l'attention, dont les places fortes de Nakhal et de Rustaq, les gorges de Wadi Sahtan et Wadi Hoqain, faites pour l'aventure, les ports de pêche de Barka et de Sohar ou encore les superbes îles Damaniyat à 1 heure de traversée.

Que ce soit en sortie organisée ou en indépendant par les transports publics, nombre de destinations se visitent simplement à la journée depuis la capitale. La location d'un véhicule confère néanmoins une autre liberté, permettant de découvrir Nakhal et Rustaq en chemin vers Sohar, puis de revenir par Sawadi et Barka en une très raisonnable virée de 2 ou 3 jours. Par les transports publics, c'est beaucoup plus compliqué du fait de la rareté des hébergements. En outre, avec un 4x4 (encore plus avec son propre matériel de camping), des trajets annexes jusqu'au Wadi Bani Awf ou au Wadi Hoqain donnent accès à certains des plus beaux paysages de tout le pays.

Il est également possible de combiner l'itinéraire ci-dessus avec la découverte (antérieure, de préférence) des montagnes du Hajar occidental en parcourant en 4x4 la route via Hatt et Wadi Bani Awf (voir p. 97). En outre, il y a beaucoup d'autres *wadi* spectaculaires, avec des villages reculés et de superbes paysages de montagne, accessibles en 4x4 aux plus aventureux à condition d'avoir pris la précaution d'acquérir un guide papier *off-road*.

L'itinéraire entre Mascate et Sohar dévoile une architecture religieuse fortement marquée par l'influence perse des Farsi installés dans la région. Ne manquez pas non plus les forts qui gardent la côte à **As-Suwayq**, **Al-Khabura** et **Saham**. Aucun ne mérite particulièrement de descendre du bus pour une visite, mais cela peut être un moyen sympathique de se dégourdir les jambes si vous avez votre propre véhicule.

Sohar صحار

Ville natale de deux célèbres marins, Ahmed bin Majid et Sinbad, le héros des *Mille et Une Nuits*, Sohar fait partie de ces lieux où l'histoire marque de son sceau toute réalité moderne. Il y a un millier d'années, c'était la plus grande ville d'Oman, qu'elle incarnait tout entier quand on la surnommait Omana, elle, l'ancienne capitale du pays de Magan. Dès le IIIe siècle av. J.-C., la prospérité de la ville s'était bâtie sur le cuivre, extrait localement, puis envoyé en Mésopotamie et à Dilmun (aujourd'hui Bahreïn).

La localité possède l'un des plus beaux fronts de mer de tout le pays, mais, légende et arc de triomphe (sur la voie rapide Mascate-Sohar) mis à part, elle est restée peu connue du public jusqu'à sa mue, il y a une dizaine d'années. Sa vaste zone industrielle portuaire l'a alors transformée en véritable ville. Le port a créé de nouveaux emplois, drainé toute une vague d'expatriés, fait pousser de nouvelles zones résidentielles, des centres commerciaux géants, un hôtel cinq étoiles, un complexe hospitalier régional et une nouvelle université, sonnant l'heure de la renaissance de Sohar en quelque sorte.

Associée aux troubles des printemps arabes de 2011, la ville a désormais tourné la page de la contestation. Elle constitue une destination décontractée lors d'un circuit dans le nord d'Oman ou une halte plaisante sur le long trajet entre les Émirats et Mascate.

La plupart des sites intéressants de Sohar se trouvent sur la corniche, à 3 km de la voie rapide Mascate-Sohar, ou à proximité.

À voir

Parc municipal de Sohar PARC

(aube-crépuscule). GRATUIT Long ruban de sable fin, la lumineuse plage de Sohar confine à l'infini. Le plus commode pour y accéder consiste à se garer au parking situé à côté du parc municipal de Sohar, où ont élu domicile des minotaures, les plus gros scarabées d'Arabie. Ce parc soigné avoisine le Sohar Beach Hotel, au nord en suivant le front de mer.

Souk d'artisanat traditionnel SOUK

(8h-12h sam-jeu). Seule la moitié des ateliers de cette arcade moderne sont ouverts, mais vous pourrez néanmoins y voir plusieurs fabricants de tapis, ainsi qu'un apothicaire, pourvoyeur de *bukhorr hassad*, mélange d'ingrédients naturels destinés à chasser le mauvais œil. La sauge est conseillée pour les maux de gorge, l'encens pour lutter contre la constipation et la myrrhe pour les douleurs articulaires. L'entrée du souk se trouve dans un coude de la route de Sohar, près des entrepôts Al-Jadeeda.

Fort de Sohar FORT

Bâti au XIIIe siècle, le célèbre fort de Sohar posséderait un tunnel de 10 km destiné à servir de sortie de secours en cas de siège. Plus facile à trouver, le petit musée installé dans la tour du fort présente l'histoire locale. Vous pourrez aussi y voir la tombe de l'un des deux fils du grand sultan Saïd du XIXe siècle, Sayyid Thuwaini bin Sultan al-Busaid, qui régna sur Oman de 1856 à 1866. Le fort est fermé depuis plusieurs années pour restauration, mais les travaux touchent à leur fin.

Voisin, le **souk ancien** a fait peau neuve, l'ajout d'un passage couvert et de portes en bois pour les boutiques le rendant bien plus attractif.

Marché au poisson MARCHÉ

(⌚7h-12h). L'extrémité de la corniche de Sohar est marquée par un bâtiment en forme de boutre qui abrite le marché au poisson, un sympathique endroit à arpenter tôt le matin.

Où se loger et se restaurer

Une enseigne Radisson Blu a ouvert en février 2016 sur la côte près du Sohar Beach Hotel, et il existe plusieurs résidences hôtelières pour les séjours plus longs. Un chapelet de restaurants quelconques jalonne la nationale. Au principal carrefour menant au centre-ville, le **supermarché Lulu** vend tout ce qu'il faut pour bien préparer une excursion.

♥ Sohar Beach Hotel HÔTEL $$

(☎26 841111 ; www.soharbeach.com ; Sultan Qaboos St ; ch à partir de 75 OMR ;). Installé au nord-ouest de la corniche, sur une belle plage sablonneuse, le Sohar Beach Hotel a tiré au mieux parti de son bâtiment de style traditionnel. Une touche locale qui manquait au parc hôtelier de Sohar. Son bon restaurant, sa cafétéria, son jardin et sa piscine en font un refuge paisible, à quelques minutes de route seulement des principales attractions de la ville.

Crowne Plaza Sohar HÔTEL $$

(☎26 850901 ; www.crowneplaza.com ; Sohar-Buraimi Hwy ; ch à partir de 80 OMR ; @). Des tapis de bougainvillées encadrent l'allée menant à l'imposant porche et à la superbe réception sous coupole de cet hôtel chic situé sur la nouvelle route de Buraimi, à 15 km environ du centre-ville. Il domine des plaines de graviers désolées où devrait bientôt pousser le nouvel aéroport de Sohar. Le festival de jazz organisé par l'hôtel en novembre est appelé à devenir annuel.

Al-Wadi Hotel HÔTEL $$

(☎26 840058 ; www.omanhotels.com/alwadi/ ; Al-Barakah St ; s/d 41/53 OMR ;). Avec son ambiance animée (due en partie au très populaire "taxi bar", repaire quasi exclusif des chauffeurs de taxi locaux), l'Al-Wadi abrite de belles chambres, en bord de piscine. Le hall est accueillant avec ses sièges façon *majlis*. Un buffet (8 OMR) est proposé dès qu'il y a un peu de monde. L'hôtel se trouve sur une route de service partant du rond-point Sallan sur la voie rapide Mascate-Sohar, à 10 km du centre-ville.

Dhow Marine Restaurant POISSON, FRUITS DE MER $

(☎22 024077 ; plats 3,500 OMR, 300 g de thazard 4,300 OMR ; ⌚11h30-16h et 18h-23h sam-jeu, 13h-16h et 18h-23h30 ven ;). En plein cœur du marché au poisson, cet accueillant établissement réjouit ses convives de prises locales on ne peut plus fraîches. Les préparations mêlent influences indiennes, chinoises et occidentales (*fish and chips*), mais il y a aussi un grand choix pour les personnes n'aimant pas le poisson ou pour les végétariens.

Wardat al-Fatah Trading TURC $

(Sultan Qaboos St ; plats 2,500 OMR). Pour un mérou pintade provenant du marché au poisson voisin et une savoureuse cuisine turque à déguster dehors sur des tables en plastique avec vue partielle sur la mer. À côté, le Turkish Food Restaurant & Coffeeshop reste ouvert 24h/24.

Depuis/vers Sohar

Les bus partant de Mascate (2,600 OMR, 3 heures, départs à 6h, 6h30, 13h et 15h) déposent les passagers au petit hôpital proche du centre-ville avant de continuer sur Buraimi ou Dubai.

Microbus et taxis se regroupent sur le parking en face de l'hôpital. Les microbus facturent 3,500 OMR le trajet jusqu'au rond-point de Rusayl, à Mascate, et 4,500 OMR jusqu'à Ruwi. En taxi collectif, comptez 10 OMR jusqu'au rond-point de Rusayl et 12 OMR jusqu'à Ruwi (60 OMR si vous le privatisez).

Nakhal نخل

Cité pittoresque au pied des monts Hajar, Nakhal ("les Palmiers") se distingue par son fort impressionnant, construit pour protéger de vastes plantations de dattiers arrosées par une eau de source abondante. Plusieurs sites dignes d'intérêt émaillent la plaine cultivée alentour, dont deux maisons en terre, **Harrat Asfalah** et **Bait al-Ghasham**, indiquées par des panneaux marron.

La localité n'abrite aucun hébergement, mais plusieurs ensembles hôteliers se trouvent à une courte distance en voiture. Elle compte en revanche quelques *coffee shops* servant du thé *massala* et des sandwichs.

À voir

Fort de Nakhal FORT

(500 bz ; 9h-16h sam-jeu). Pittoresque localité au pied des monts Hajar, Nakhal se distingue par son **fort**, l'un des plus impressionnants qui soient en Oman. Construites sur les fondations d'une structure préislamique, ses tours et ses portes datent du règne du grand sultan Saïd (1804-1856). Les remparts offrent de très belles vues sur la plaine de la Batinah, et le *majlis* (salon d'assemblée) au dernier "étage" du fort est agréable pour savourer la tranquillité des lieux. Les fenêtres sont parfaitement alignées pour profiter de la brise, même en été.

Le fort ne manque pas de caractéristiques intéressantes : des trous au-dessus des portes, où des chaudrons de miel bouillant pouvaient être déversés sur l'adversaire, des herses, des tours rondes pour dévier les boulets de canon, un *falaj* (adduction d'eau) en cas de siège... La structure tout entière épouse la forme de la roche, qui joue ainsi le rôle de fondations, caractéristique fréquente dans les forts omanais. Des toilettes publiques fonctionnent sur place.

Ain Al-Thawarah SOURCE

(24h/24). GRATUIT Au-delà des plantations de dattiers qui entourent le fort, cette source chaude jaillit des parois du *wadi* avant d'être canalisée par un *falaj* assurant l'irrigation. Des enfants et des chèvres viennent fréquemment s'ébattre ici. Parmi les nombreux oiseaux attirés par l'oasis, vous apercevrez peut-être des rolliers indiens aux ailes turquoise. Des tables de pique-nique abritées, une boutique et des toilettes équipent ce site très fréquenté le week-end.

Prenez le raccourci qui rejoint la route principale pour profiter d'une belle vue sur les plantations.

Où se restaurer

Abray Nakhal Coffeeshop CAFÉ $

(sandwich 1 OMR ; 8h-23h). Très bien placée en face du fort, cette humble adresse invite à une pause-thé.

Depuis/vers Nakhal

Les microbus et les taxis partent du carrefour avec la route principale et de la zone sous le fort. Les microbus facturent 1 OMR le trajet jusqu'au rond-point de Rusayl (1 heure environ) et 500 bz depuis/vers Barka (à 30 min). En taxi (à condition d'en trouver un qui fasse uniquement ces courses locales), comptez environ 7 OMR pour le même parcours.

Wadi Bani Kharus

وادي بني خروص

Connu pour son intérêt géologique, ce *wadi* spectaculaire n'a été rendu accessible que récemment grâce à la construction d'une route goudronnée au fond de la gorge. Du **château d'Al-Awabi**, un petit fort restauré, celle-ci se dirige vers le village d'Al-Aliya, à 24 km au cœur des montagnes.

Au premier tournant, vous remarquerez, de l'autre côté du *wadi*, un grand bloc de roche gris clair orné de **pétroglyphes anciens** représentant des cavaliers et des dromadaires. Certains ont hélas été vandalisés.

L'itinéraire, splendide, passe par les champs en terrasses du village de Stal, les jardins maraîchers soutenus par des murets de Sana et l'aqueduc d'Ain Karfas. Garez-vous à **Al-Markh** et marchez le long du *wadi* pour admirer les vénérables maisons qui trônent au-dessus des plantations depuis des siècles.

Al-Alia abrite un modeste *coffee shop*. Pas de transports publics.

Wadi Bani Awf وادي بني عوف

Ce spectaculaire *wadi*, généralement en eau toute l'année, apparaît sous son plus beau jour quand les pluies de montagne font déborder en cascade les *aflaj*. Cela dit, le trajet (possible uniquement en 4x4 à ce jour) est à éviter s'il y a de l'orage prévu. Il est possible d'atteindre l'**arche rocheuse** (une fissure dans la falaise, à environ 17 km de l'entrée du *wadi*) dans la journée au départ de Mascate ou de Sawadi. Si vous suivez la route nivelée qui passe sous l'arche rocheuse jusqu'au Wadi Sahtan voisin, vous finirez par arriver à Rustaq, mais méfiez-vous car le trajet est long.

On peut gagner le *wadi* par le col de montagne au départ d'Al-Hamra, sur l'autre versant des monts du Hajar occidental ou par la route entre Nakhal-Rustaq. Pas de transports publics.

Où se loger

Tourist Village Resort Motel HÔTEL $
(99 214873 ; ch 25 OMR ; P). Cette adresse sommaire à l'embouchure du Wadi Bani Awf loue 11 chambres sans prétention dans un environnement semi-sauvage d'arbres et de buissons fleuris. On peut apporter de quoi dîner ou commander son repas à l'avance. Vous risquez toutefois de vous sentir un peu isolé si vous voyagez en solo.

Rustaq الرستاق

À 175 km au sud-ouest de Mascate, ce centre régional important dominé par un fort massif fut au XVIIe siècle la capitale d'Oman. En pénétrant en ville, tournez à droite pour rejoindre les bains publics (ouverts jusqu'à 21h) alimentés par des **sources chaudes** (Ain al-Kasfah) qui jouxtent la mosquée au bout de la route. En face du fort, le **vieux souk** sert au commerce du bétail, mais vend aussi quelques articles en argent.

Derrière Rustaq, le majestueux **Wadi Sahtan** se faufile au pied des monts Hajar et débouche sur le Wadi Bani Awf via une arche de pierre impressionnante. Avec le djebel Shams qui s'élève en toile de fond et ses villages perchés sur des saillies vertigineuses, ce parcours, praticable uniquement en 4x4, est de toute beauté.

LA TERRE, TOUTE UNE HISTOIRE

La géologie omanaise est un merveilleux livre à feuilleter à ciel ouvert. L'exploration des *wadi* dans la partie occidentale des monts Hajar aura tôt fait de vous convaincre : couches rocheuses pleines de minéraux de cuivre iridescent, magnifiques cristaux de quartz scintillant au soleil, ardoises et crayons de pierre éparpillés dans la falaise, parois de calcaire aux relents nauséabonds quand on les tape, pavements de fossiles marins aux motifs abstraits, lourds d'histoire... Les roches des *wadi* sauvages de la Batinah recèlent d'authentiques trésors.

Bien que la plupart de ces merveilles puissent être admirées dans le Wadi Bani Awf, c'est le **Wadi Bani Kharus** voisin qui fascine les géologues. Ils partent en quête de la discordance classique que l'on peut voir à mi-hauteur des parois du canyon, à quelques kilomètres de l'entrée du *wadi*. À cet endroit, la moitié supérieure de la falaise n'a "que" 250 millions d'années, alors que la partie inférieure a plus de 600 millions d'années. Qu'est-ce qui a créé ce hiatus et que révèle-t-il des forces tectoniques ? Discussions et recherches ne cessent de renouveler nos connaissances. Pour les profanes, ce qui rend le Wadi Bani Kharus remarquable est qu'il semble avoir été créé pour des études scientifiques : l'entrée du *wadi* présente les roches les plus récentes, mais à mesure que l'on s'enfonce dans le canyon, on peut voir certaines des plus vieilles roches en Oman, nues et sans la couverture du sol et des arbustes. Pendant que vous inspectez les rochers, ne manquez pas les pétroglyphes, anciennes représentations d'hommes à dos de cheval communes à tous les *wadi* de la région.

Accessibles en 4x4 avec une carte et un guide papier des itinéraires tout-terrain, les principaux *wadi* de la région – Mistal, Bani Kharus, Bani Awf et Sahtan – recèlent chacun leur lot de trésors géologiques. Si vous lisez l'anglais, le *Field Guide to the Geology of Oman*, de Samir Hanna, pourra vous aider à identifier les chefs-d'œuvre géologiques du pays. Si vous avez un Smartphone, téléchargez l'application **GéoTours** (www.omantourism.gov.om) développée par le ministère du Tourisme et disponible en français (il faut passer par la version anglaise du site pour la télécharger) ; elle inventorie et commente 30 sites géologiques des environs de Mascate et est souvent complétée par des panneaux illustrés sur les sites. Notez qu'il y a actuellement des travaux de voirie importants dans tous les *wadi*, ce qui signifie que l'on pourra bientôt les parcourir sans 4x4.

À voir

Fort de Rustaq FORT

(500 bz ; 9h-16h sam-jeu, 8h-11h ven). Récemment rouvert au public après d'amples restaurations, cet édifice remarquable présente tous les attributs du fort par excellence : remparts massifs, canons dans la cour, escaliers raides et passages dérobés. L'entrée monumentale trahit d'emblée sa taille et son importance.

Où se loger

Al-Shomokh Hotel HÔTEL $$

(26 877071 ; www.alshomokh.org ; ch 50 OMR). Seul hébergement de Rustaq, en face de l'hypermarché Hoor Al-Ain au début de la route d'Ibri, ce nouveau venu est souvent plein d'enseignants expatriés. Mieux vaut donc téléphoner avant de s'y rendre. Des petits restaurants se tiennent au coin de la rue, à 2 minutes à pied en direction de la mosquée du Sultan Qabus.

Depuis/vers Rustaq

Des minibus stationnent à quelques centaines de mètres de la forteresse, sur la grand-route pour Nakhal (1 OMR) ou au rond-point de Barka (2 OMR). Pour Mascate, vous devez changer de taxi à Barka.

Wadi Hoqain وادي الحوقين

Uniquement accessible en 4x4 mais le plus facile à explorer, le Wadi Hoqain dévoile rapidement aux visiteurs ce qu'est la vie sous les palmiers-dattiers. Une assez bonne route nivelée sinue le long du *wadi* au fil des **plantations** et des **villages**, bruissants de vie en fin d'après-midi. Et lorsque vous verrez les falaises couleur de cuivre et l'impressionnant **château** perdu dans ce cadre rural, vous ne comprendrez pas pourquoi ce *wadi* est resté si longtemps peu connu.

Pour vous y rendre, suivez la route Rustaq-Ibri. Remettez à zéro votre compteur kilométrique lorsque vous atteignez le rond-point de la grande mosquée à Rustaq, début de l'itinéraire. Au bout de 15 km, avisez le pont qui enjambe un *wadi*. Là, tournez à droite vers Neyobet Wadi Bani Henai et suivez la piste jusqu'au fond du *wadi*. À 17 km se dresse le "château" fortifié au centre du *wadi*. À vrai dire, il s'agit plutôt d'un village fortifié. C'est lorsque l'on s'approche que l'on a la meilleure vue sur la fortification, avec les tours de garde et les plantations de dattiers en premier plan et l'à-pic du *wadi* à l'arrière.

La piste remonte pour sortir du *wadi*, passe devant un village abandonné à hauteur de 24,5 km, traverse le *wadi* encore une ou deux fois, et suit un *falaj* pendant un bon moment. Finalement, on aboutit à une plantation et, au bout de 35 km, à un village spécialisé dans la fabrication de blocs de béton pour la construction. Cette industrie locale est commune à de nombreuses petites villes en Oman. Si vous vous perdez, les habitants vous dirigeront jusqu'à l'autre bout du village, où vous finirez par tomber, vers le Km 60, sur une route goudronnée. Tournez à droite en direction d'**Al-Hazm** (où se dresse un autre fort magnifique en cours de restauration, donc fermé), à 20 km de Rustaq, ou à gauche pour rejoindre la route Mascate-Sohar. Le trajet de Rustaq à Al-Hazm prend environ 3 heures.

Barka بركاء

À 80 km à l'ouest de Mascate, cette ville côtière est devenue une sorte de carrefour entre la capitale et les centres régionaux de Sohar et Rustaq. Dommage que sa partie ancienne proche de la mer subisse actuellement des travaux de démolition pour céder la place à une nouvelle route littorale. Les grands magasins et restaurants du New Bahla, érigé sur l'axe Mascate-Sohar, ont en revanche sorti le bourg de sa torpeur.

Barka est réputée pour son *halwa*. Cette douceur parfumée à l'eau de rose, à la cardamome et au safran a la consistance d'une pâte gélatineuse et se distingue nettement de l'autre confiserie friable appelée halva, que l'on trouve dans tout l'Orient, à base de sésame. Des boutiques spécialisées en vendent à partir de 8 OMR le contenant.

Il n'y a pas d'hébergement sur place, mais deux *resorts* de luxe gérés par Al-Nahda se tiennent à proximité. Si vous venez seulement pour la journée, les **Naseem Gardens** voisins, en retrait de la grand-route Mascate-Sohar, font un lieu de pique-nique agréable. Ils accueillent des stands commerciaux, des attractions foraines et des spectacles à l'occasion du festival annuel de Mascate.

À voir et à faire

Fort de Barka FORT

(500 bz ; 8h-13h sam-jeu). Dotée d'une tour octogonale atypique, cette forteresse

PASSER LA FRONTIÈRE : WAJAJA ET KHATMAT MALAHAH

الوجاجة و خطمة الملاحة

Ces deux **postes-frontières** (ouverts 24h/24) constituent les points de passage les plus fréquentés depuis/vers les Émirats. Wajaja est celui emprunté par les bus (les formalités prennent environ 1 heure pour un véhicule plein), tandis que Khatmat Malahah se révèle plus pratique pour les voyageurs indépendants motorisés qui souhaitent explorer la côte est des Émirats. Que vous optiez pour l'un ou l'autre, prévoyez une photocopie de votre passeport et un stylo afin d'accélérer les formalités, souvent interminables le week-end et les jours fériés. Vous devez garer votre voiture avant le poste-frontière et effectuer les formalités dans le hall d'arrivée. La frontière n'étant pas rectiligne, l'itinéraire routier de Wajaja à Dubai entre et sort du territoire omanais à plusieurs reprises. Il faut ainsi passer plusieurs postes de contrôle, mais agiter son passeport suffit généralement.

On peut franchir la frontière en voiture de location à condition d'avoir une assurance. Si des guichets permettent d'en contracter une sur place, vous perdrez moins de temps en étant déjà assuré. Évitez bien sûr la bière dans votre glacière, dans un sens comme dans l'autre ! Contrairement à Oman, les Émirats appliquent une taxe de sortie (36 AED), payable uniquement par carte bancaire.

Les réglementations concernant l'entrée et la sortie étant fluctuants, mieux vaut faire le point auprès de la Royal Oman Police (p. 68 ; p. 291) avant tout voyage.

construite pour repousser les incursions venues de la mer s'élève sur le littoral animé, près de plusieurs tours de guet. Fermée pour restauration lors de notre passage, elle reste néanmoins impressionnante vue de l'extérieur. Pour y aller depuis le centre-ville (à 4,5 km de la route Mascate-Sohar), tournez à droite à l'intersection en T, et vous le verrez 300 m plus loin, sur la gauche.

Bayt Nua'man ÉDIFICE HISTORIQUE
(500 bz ; 8h-15h dim-jeu ; P). Cette belle demeure de marchand du XVIIe siècle a été restaurée et renferme une petite collection d'objets domestiques omanais. L'embranchement est indiqué sur la route Mascate-Sohar, 7 km à l'ouest du principal carrefour de Barka. Aucun transport public n'y conduit.

Où se loger

Al-Nahda Resort & Spa RESORT $$
(26 883710 ; www.alnahdaresort.com ; ch à partir de 75 OMR ; P @). Près de Barka, sur la route de Nakhal, ce site établi de longue date s'inscrit au milieu de 12 ha de jardins verdoyants. Installé dans un chalet luxueux, on en oublierait presque la plaine désertique alentour, et l'on s'étonne de voir la tête d'une autruche dépasser du mur de la ferme attenante. L'aller simple en taxi depuis l'aéroport de Mascate revient à 15 OMR.

Millennium Resort Mussanah RESORT $$
(26 871555 ; www.millenniumhotels.com ; ch à partir de 70 OMR, ch avec vue sur la mer 80 OMR ; P @). Ce gros immeuble en béton sur le rivage a été construit pour loger des athlètes lors de championnats régionaux et, durant l'hiver, accueille le tour-opérateur français Lookéa (70 chambres). La plage de sable ininterrompue, les équipements de qualité, le personnel charmant et la nourriture excellente compensent son architecture terne. Près de Mussanah, à l'ouest de Barka, il n'est qu'à 1 heure de route de la capitale.

Dunes by Al-Nahda CAMPEMENT DANS LE DÉSERT $$$
(97 235700 ; dunesbyalnahda.com ; Wadi Al-Abyad ; bungalow 117 OMR, buffet du petit-déj 15 OMR ; P). Beaucoup d'habitants de Mascate ignorent la présence de dunes à seulement 45 minutes de route à l'ouest de chez eux. Une piste gravillonneuse de 5 km, à emprunter de préférence en 4x4, dessert ce paisible campement de luxe, composé d'une réception ouverte sur les côtés, d'un restaurant donnant sur les dunes, d'un centre de soins à base de sable et de jolies chambres évoquant des tentes.

Le transfert depuis l'aéroport de Mascate coûte 45 OMR, la location d'un quad à partir de 15 OMR l'heure. Il est possible d'explorer le *wadi* voisin, connu pour ses bassins d'eau blanche.

Où sortir

Combats de taureaux TAUROMACHIE
Le spectacle de zébus d'origine indienne, appelés ici taureaux brahmanes, qui

s'affrontent (prétendument) sans se blesser constitue l'attraction majeure de Barka. La vision du public en délire, indifférent au bain de poussière, vaut à lui seul le détour.

Pour rejoindre l'arène en voiture, quittez la voie rapide Mascate-Sohar à hauteur de l'embranchement pour le centre-ville de Barka, où vous tournerez à gauche à l'intersection en T. De là, comptez 3,4 km avant d'arriver au bâtiment en béton sur votre droite.

Les villages de la côte accueillent tour à tour des combats certains week-ends (demandez sur place la date et le lieu du prochain combat, mais de novembre à mars vous en verrez certainement un dans l'arène de Barka le vendredi soir (16h-18h).

Depuis/vers Barka

Les bus circulent entre Barka et la gare routière Ruwi (1 OMR, 3/jour), à Mascate. On peut trouver taxis et minibus à hauteur de l'intersection en T en ville, ainsi qu'au rond-point de Barka sur la voie rapide. Le trajet en taxi collectif au départ du rond-point de Rusayl vers Barka revient à 3 OMR par personne, mais 15 OMR si vous le privatisez. Les microbus facturent ce trajet 1,500 OMR.

Sawadi السوادي

Cette langue de terre sablonneuse et les quelques îles éparpillées au large font de Sawadi un lieu d'escapade à la journée d'autant plus apprécié que ce petit village de pêcheurs ne se trouve qu'à 1 heure de route à l'ouest de Mascate. À marée basse, on rejoint sans difficulté une petite île que domine une **tour de guet** ; méfiez-vous quand même, car la marée remonte très vite. La pratique du **snorkeling** au large des îles est un bonheur, aisément réalisable moyennant 5 OMR de traversée avec un pêcheur.

Sawadi regorge de coquillages. Un exemplaire de *Collectable Eastern Arabian Seashells*, de feu Donald Bosch, vous aidera à identifier les trésors dénichés sur la plage.

Activités

Une grande partie des activités du coin tournaient autour de l'Al-Sawadi Beach Resort. Il a fermé mi-mars 2016, mais aura probablement rouvert au moment où vous lirez ces lignes. Vérifiez toutefois au préalable auprès de chacun des opérateurs ci-dessous qu'il maintient ses activités dans cette attente. On pouvait louer sur place quelques **vélos** (adulte 6 OMR/heure, enfant 3 OMR/heure), parfaits pour explorer le cap plat. Les enfants appréciaient les toboggans gonflables de l'**Aqua Fun Oman**, sur le terrain du *resort* près de la plage.

Global Scuba PLONGÉE
(☎98 061532 ou 26 795545 ; www.global-scuba.com ; Al-Sawadi Beach Resort ; 2 plongées 48 OMR, équipement inclus). Sur la plage du *resort*, ce centre propose des sports nautiques, dont le snorkeling (23 OMR), la plongée, le Jet-Ski (25 OMR/heure) et le kayak (12 OMR/heure), ainsi que des excursions en bateau jusqu'aux îles Damaniyat (départ 8h30).

Circuits à cheval RANDONNÉE ÉQUESTRE
(☎26 795545 ; Al-Sawadi Beach Resort ; 30 min/1 heure 10/15 OMR ; 8h-17h). Une entreprise locale à proximité de l'Al-Sawadi Beach Resort possède des petites écuries et organise des circuits à cheval ou à dos de dromadaire destinés aux enfants (5 OMR/15 min). Pour découvrir la joie d'une chevauchée sur une monture arabe au soleil couchant. Le petit zoo de l'hôtel offre l'occasion de poser avec un dromadaire.

Kiteboarding Oman KITESURF
(☎99 431333 ; www.kiteboarding-oman.com/en/sawadi-beach/ ; formule débutant de 8 heures en groupe de 2-4 pers 169 OMR/pers ; 8h30-17h30). Cette école de kitesurf allemande agréée sur le plan international compte une antenne au Sawadi, une autre sur l'île de Masirah et un bureau dans le district de Qurm à Mascate. Divers cours et circuits possibles.

Où se loger

Al-Sawadi Beach Resort RESORT $$
(☎26 795545 ; www.alsawadibeach.om ; ch en demi-pension vue jardin/mer 100/110 OMR ; P @). Cet établissement réputé a fermé ses portes mi-mars 2016, mais aura probablement rouvert au moment où vous lirez ces lignes. Une immense plage semée de magnifiques coquillages et un jardin de cactus et d'aloès servent d'écrin à des bungalows et à de nombreux équipements, dont spa, salle de sport et courts de tennis. À 40 minutes à l'ouest de l'aéroport de Mascate.

Depuis/vers Sawadi

Douze kilomètres séparent la côte de l'embranchement pour Sawadi, sur la voie rapide Sohar-Mascate. Le *resort* se trouve à 1 km de l'extrémité du promontoire. Aucun transport public ne dessert Sawadi. Un taxi réservé au départ de l'aéroport de Mascate coûte 20 OMR par personne.

Îles Damaniyat جزر الديمانيات

À 1 heure de bateau au large de Sawadi, ces îles rocheuses forment un archipel classé réserve naturelle en raison de la richesse de leurs fonds marins, paradis du snorkeling et de la plongée. Des oiseaux migrateurs s'y installent entre avril et septembre. Des tortues se nourrissent près des jardins de coraux et s'y rassemblent en grand nombre à certaines périodes de l'année. Les scalaires et les poissons-perroquets ne manquent pas, de même que les serpents de mer colorés, qui peuvent être très dangereux quand on les dérange.

La marina d'Al-Mouj (p. 60) et les centres de plongée de Mascate organisent des excursions incluant le permis ; si l'Al-Sawadi Beach Resort a rouvert, il en proposera sûrement lui aussi. Il est possible de camper à condition de disposer d'un *"voucher to visit"* (1 OMR/pers payable uniquement par carte bancaire) du ministère de l'Environnement délivré par la marina ou le centre de plongée. Les consignes d'usage figurent dessus, et les formalités doivent être effectuées par SMS la veille de l'utilisation.

PÉNINSULE DE MUSANDAM

Séparée du reste de la nation omanaise par la côte est des Émirats, cette péninsule joue un rôle stratégique de premier ordre sur le détroit d'Ormuz. Elle en garde attentivement la côte sud, tout échancrée de *khwar* (fjords ou rias), d'où son surnom de "Norvège d'Arabie". Petits villages et spectaculaires routes de montagne ajoutent au charme unique de cette enclave omanaise en terre émiratie. Une région au caractère bien trempé dont la singularité culturelle surprend et qui mérite grandement le détour, que l'on ait décidé de découvrir Oman en profondeur ou que l'on souhaite s'immerger en pleine nature après la visite de Dubai.

Khasab خصب

Malgré sa taille modeste, le chef-lieu de la province frappe par son dynamisme. Diverses langues dont le *kumzari*, langue persane variante du *lori*, résonnent dans le souk, et le port bourdonne d'activités, principalement de la contrebande. Lorsque le soleil plonge dans les flots, les vedettes de fibre de verre se chargent de marchandises, prêtes à filer à vitesse effrénée à travers le détroit et rejoindre l'Iran de nuit. La prospérité et l'animation créées par ces *shooties* (trafiquants) font que personne ne semble pressé de s'en débarrasser. Sans compter que le respect des traditions inclut la piraterie, qui fleurit ici depuis au moins deux siècles !

Le nouveau quartier du souk, dans le centre-ville, au nord de l'aéroport et au sud du port, abrite des banques munies de DAB, la poste, des pharmacies et quelques magasins et *coffee shops*.

À voir

Oubliez ce que vous avez lu sur les circuits en ville (10 OMR pour une visite de 3 heures du port et de pétroglyphes voisins), car Khasab est une ville ordinaire dont l'événement majeur de ces dernières années a été la construction d'un supermarché Lulu. Il s'agit néanmoins d'un lieu agréable où flâner, qui compte un excellent musée et une zone commerçante animée. En doublant le Lulu sur votre gauche et en prenant la première à droite en direction du château de Khmazera, vous découvrirez quelques somptueuses villas modernes au décor nautique : à l'entrée, ici un boutre miniature et là de belles faïences iraniennes au thème marin. En partie cachées au milieu de plantations de dattiers, elles se distinguent par leurs piliers, seuils et coupoles, dont les carreaux pakistanais ajoutent depuis peu une note brillante à cette ville jadis sans fioritures.

♥ Fort de Khasab FORT, MUSÉE

(500 bz ; 9h-16h sam-jeu, 8h-11h ven). En dépit de la vue sur la baie gâchée par l'apparition du supermarché Lulu, le fort de Khasab a fière allure avec ses quatre tourelles en pierre et ses remparts à créneaux. Construit par les Portugais au XVIIe siècle autour d'une tour circulaire beaucoup plus ancienne, ce fort très bien conservé abrite aujourd'hui l'un des meilleurs petits musées ethnographiques d'Oman. La tour centrale du fort est consacrée à la flore et à la faune de la péninsule. Une vidéo présente les célèbres chants des marins locaux.

Consacrez-lui au moins une heure, sans oublier le *bait al-qufl* (littéralement la "maison des serrures"), remonté ici par un maître artisan. Typiques de la région, ces maisons en pierres sèches, au rez-de-chaussée largement surbaissé par rapport au niveau du sol, avaient, entre autres avantages, celui de sécuriser les provisions durant les mois d'été, lorsque leurs occupants migraient sur la côte pour pêcher et récolter les dattes – il existe des vestiges de ces édifices au cirque de Rawdah, à 2 heures de piste, dans les montagnes. Différentes reconstitutions d'éléments architecturaux vernaculaires permettent une belle approche ethnographique : un puits, des modèles d'embarcations et un autre type d'habitat, l'*arish*, maison d'été construite sur pilotis afin de permettre sa ventilation durant les chauds mois d'été.

Château d'Al-Khmazera MAISON FORTE

(⏲8h-14h sam-mer) GRATUIT Cachée au cœur de la ville (des panneaux marron indiquent le chemin), cette petite maison fortifiée affiche deux canons à hauteur de la porte d'entrée. Dans la cour, le puits a été restauré. Sans comparaison avec le fort, le lieu offre l'occasion d'une petite halte.

Activités

De Khasab, on peut effectuer des croisières en *dhow* dans les *khwar* et des excursions en 4x4 jusqu'au sommet du djebel Samhan. Tous les tour-opérateurs de la ville proposent ces deux activités. Réservez auprès d'eux, en ligne ou par l'intermédiaire de votre hôtel.

Excursions en dhow

La découverte du littoral déchiré et de ses criques à bord d'un boutre, bateau de pêche traditionnel en bois appelé localement *dhow*, est une activité phare au départ de Khasab. Passez par votre hôtel ou l'un des nombreux tour-opérateurs pour partir à la découverte de ces paysages spectaculaires qui rappellent les fjords, et observer les grandes colonies de cormorans de Socotra et de sternes bridées qui peuplent les parois verticales des *khwar*. Les cabrioles des dauphins à bosse (*Sousa plumbea*) qui accompagnent invariablement les bateaux dans chaque crique sont aussi un spectacle enchanteur. Au large de la pointe la plus septentrionale de la péninsule, surtout autour de l'île de Musandam, la pêche en eaux profondes réunit nombre d'adeptes.

Musandam Sea Adventure Travel & Tourism EXCURSION EN BATEAU

(☎26 730424 ; www.msaoman.com ; près du Diwan Alamir Hotel ; ⏲10h-16h). Ce voyagiste vivement recommandé organise des sorties en boutre. Fier d'être de la région,

Péninsule de Musandam

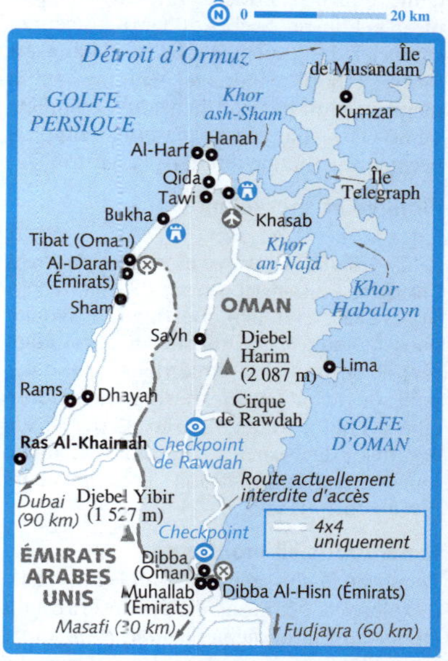

le propriétaire fait appel à des capitaines omanais compétents qui parlent français, italien, allemand ou anglais. Une excursion dans l'un des *khwar* avec nuit en bivouac sur la plage revient à 55 OMR par personne (2 participants au minimum), équipement, dîner et petit-déjeuner compris. Possibilité de circuits thématiques sur mesure, notamment ornithologiques.

Rubba EXCURSION EN BATEAU

(☎26 730424 ; www.msaoman.com ; pension complète en cabine double 2 nuits/3 jours 270 OMR/pers). Musandam Sea Adventure Travel & Tourism propose une passionnante croisière de 3 jours à bord de son yacht de luxe, le *Rubba*. L'intérieur ressemble à celui d'un boutre traditionnel, toilettes, douches et climatisation en plus. La formule inclut snorkeling, kayak, pêche et expédition en montagne en fin de parcours. Le bateau navigue avec un minimum de 4 passagers ou le premier dimanche du mois d'octobre à avril.

Khasab Sea Tours EXCURSION EN BATEAU

(☎26 731123 ; www.kstoman.com ; ⏲8h-20h). Quasiment en face de la station-service Al-Maha, près du port, cette agence propose des excursions en boutre d'une demi-journée (9h30-13h30) jusqu'à l'île du Télégraphe (15 OMR/pers). Les circuits d'une journée entière (9h-17h) mènent jusqu'à l'île de Seebi (20 OMR, déjeuner compris). L'équipement de snorkeling est fourni à bord. Sinon, le camping sur la plage (demi-pension/pension complète 40/50 OMR par pers, matériel compris) permet une immersion dans la nature.

Plongée et snorkeling

Extra Divers – Khasab PLONGÉE

(☎99 877957 ; www.musandam-diving.com ; 2 plongées équipement compris 53 OMR, snorkeling 21 OMR ; ⊙8h-18h). Destination vedette pour la plongée, la péninsule de Musandam réunit surtout les conditions optimales pour des plongeurs expérimentés. Domicilié à l'hôtel Atana Khasab, Extra Divers organise des sorties de plongée d'une journée entière (8h30-15h) pour plusieurs niveaux d'aptitude.

Expéditions en montagne

Le moyen le plus avantageux et le plus facile d'explorer la péninsule est de s'inscrire à un circuit appelé localement *mountain safari* (expédition en montagne). Une dizaine de voyagistes différents montent des circuits similaires, dont un parcours en 4x4 de la demi-journée jusqu'à Khor an-Najd et au djebel Harim (environ 25 OMR/pers ou 80 OMR pour 3 pers au minimum) et un trajet d'une journée entière jusqu'au cirque de Rawdah (150 OMR).

Khasab Travel & Tours CIRCUITS

(☎26 730464 ; www.khasabtours.com ; ⊙8h-13h et 16h-19h). À défaut d'être avenante envers la clientèle, cette agence basée à l'Atana Khasab Hotel fait au moins preuve d'efficacité. Circuits en *dhow*, expéditions en montagne et transferts jusqu'à la frontière des Émirats figurent parmi ses prestations.

Baignade

Plage de Bassa PLAGE

Khasab se prête à la baignade. Accessible à pied depuis le terminal du ferry, cette jolie étendue de sable comporte des parasols en palme et des toilettes. Le camping sauvage y est autorisé, et la mer rejette souvent de beaux coquillages par mauvais temps. Suivez la route qui part du port en direction de Bukha sur 2 km environ.

Il ne faut pas avoir peur des requins de 1,80 m qui tournent en rond dans les baies peu profondes proches de Khasab, car la chair humaine ne semble pas les intéresser.

Où se loger et se restaurer

En haute saison, à savoir d'octobre à avril, il est indispensable de réserver son hébergement, car les Émiratis affluent le week-end. Tous les hôtels assurent le transfert depuis/vers l'aéroport. Un certain nombre de restaurants regroupés autour des souks servent des menus identiques, à base de poulet rôti, kebabs et jus de fruits frais pour 1,500 OMR environ. Préparez-vous à tenir compagnie à quelques contrebandiers.

Vous cherchez de quoi préparer un pique-nique ? Le **supermarché Lulu** (⊙9h-23h45) vend d'excellents *biryani*, poulet rôti et tandoori, salades et pâtisseries.

Khasab Hotel HÔTEL $

(☎26 730267 ; www.khasabhotel.net ; s/d sam-mer 28/38 OMR, jeu-ven 38/47 OMR ; P @ ≋ ≋). À 1 km dans l'intérieur des terres, près de l'aéroport, cet hôtel accueillant présente une entrée en forme de fort miniature, des chambres lumineuses avec vue sur les montagnes et un restaurant cosy. Paiement en espèces privilégié. Navette gratuite depuis/vers le ferry ou l'aéroport et circuits bon marché.

♥ **Atana Khasab Hotel** HÔTEL $$

(☎26 730777 ; www.atanahotels.com ; d avec vue montagne/mer sam-mer 70/80 OMR, jeu-ven 80/90 OMR ; ≋ ≋). Perché sur un promontoire en périphérie de Khasab, le long de la route de Tibat, l'ex-Golden Tulip est renommé depuis des lustres pour son emplacement entre eaux cristallines (sur trois côtés) et montagnes. À l'heure fatidique, lorsque le soleil se couche de l'autre côté de la baie, les falaises semblent se fondre en or liquide. Certaines chambres ont deux niveaux, des baies vitrées et des balcons bien orientés pour contempler ce spectacle.

Ignorez le gazon artificiel, et prenez votre buffet (semaine/week-end 13/14 OMR) sur la terrasse en écoutant le bruit des vagues contre les rochers en contrebas. C'est le seul lieu en ville doté d'un bar (⊙18h-1h).

Atana Musandam Resort HÔTEL $$

(☎26 730888 ; www.atanahotels.com ; route de Tibat ; ch à partir de 90 OMR). Cet établissement gagné sur la mer, au bord de deux criques, adopte une architecture joliment rustique en matériaux locaux – chambres revêtues de grès, poutres en bois et plafonds en *barasti* – qui se fond dans le paysage. Le secteur s'anime deux fois par jour au départ et au retour des bateaux de pêche à moteur. Le supermarché Lulu est à deux pas.

Diwan Alamir Hotel HÔTEL $$
(☎26 833991 ; www.diwanalamir.com ; rue principale ; ch standard/suite 60/75 OMR). Un nouveau venu proche du fort, à une courte distance à pied du ferry. Les petites chambres ont une belle vue et des salles de bains avec lavabo en marbre. Le restaurant sert une cuisine internationale de qualité moyenne.

Achats

Outil-arme symbolique du gouvernorat de Musandam, le *jerz* ou *jurz* est une hachette fixée sur un long manche en jujubier ou en *mazj* (sorte d'amandier). Ce bâton servant traditionnellement à couper du bois, tuer des serpents ou inciter les enfants à rester sages (du moins à en croire un habitant) est l'emblème des Shihu, principal groupe ethnique de la péninsule de Musandam. Lors des grandes occasions, il fait aussi office de canne, remplaçant le traditionnel bâton de chamelier. Ceux rehaussés de décorations en argent coûtent à partir de 55 OMR. Vous pourrez en acheter un au Khasab Hotel (demandez à la réception de vous ouvrir la boutique de cadeaux).

Depuis/vers la péninsule de Musandam

Un long week-end permet de couvrir aisément la péninsule de Musandam au départ de Mascate ou de Dubai (2 heures par la route – jusqu'à 4 heures selon la circulation à Dubai). Prendre, à l'aller, l'avion de Mascate à Khasab – et couvrir ainsi du regard tout le massif montagneux – puis, au retour, un ferry à grande vitesse qui traverse les *khwar* laisse un souvenir impérissable. Autre possibilité proposée par **Oman Air Holidays** (☎24 531000 ; www.omanair.com) : faire l'aller-retour en avion moyennant 139 OMR par personne (2 nuits à l'Atana Musandam Resort à Khasab incluses).

AVION

Oman Air (☎à Khasab 26 731592, à Mascate 24 531111 ; www.omanair.com). Deux vols quotidiens assurent la liaison entre Mascate et Khasab (24 OMR aller, 1 heure 15). L'avion quitte actuellement la capitale à 7h25 et 10h55, et Khasab à 9h10 et 12h40. Le comptoir de Khasab se trouve au rond-point principal, en face de la grande mosquée. L'aérodrome se trouve sur la base aérienne militaire.

BATEAU

National Ferries Company (☎à Khasab 26 731802, à Mascate 24 715252, numéro gratuit 80 072000 ; www.nfc.om ; aller/aller-retour 23/44 OMR). Un bateau lève l'ancre de Mascate le jeudi à 12h et atteint Khasab à 16h30, d'où il repart le samedi à 11h30. Il faut se présenter 2 heures à l'avance. Pour un confort supérieur, voyagez en classe affaires (aller/aller-retour 45/85 OMR) ou VIP (aller simple 60 OMR). Le transport de votre véhicule (y compris de location) implique un surcoût de 50 OMR l'aller-retour.

Le trajet est ponctué de distractions, notamment le déjeuner et les projections cinéma, et est souvent escorté de dauphins. C'est l'une des routes maritimes les plus fréquentées de la région, mais vous ne regretterez pas le voyage, car la traversée du port, au départ comme à l'arrivée, est spectaculaire.

TAXI LONGUE DISTANCE

Aucun transport public ne circule sur la péninsule de Musandam. Vous pouvez réserver un taxi par l'intermédiaire de votre hôtel pour aller à Bukha, Tibat ou Khor an-Najd (25 OMR) ou au djebel Harim (60 OMR). Si vous voulez rallier Dubai, un chauffeur omanais vous conduira à la frontière (30 OMR), où vous prendrez un taxi avec compteur.

VOITURE

Pour le trajet depuis/vers Mascate et Tibat (530 km, 8 heures), vous devrez avoir une assurance pour les deux pays et franchir huit postes de contrôle. Si vous ne disposez que d'un visa omanais, ce n'est peut-être pas un choix très judicieux.

Toutefois, le trajet est tout à fait faisable au départ de Dubai. Le seul poste-frontière autorisant l'accès à la péninsule de Musandam est celui d'Al-Darah/Tibat, sur la côte ouest des Émirats. À l'heure actuelle, les résidents expatriés en Oman et aux Émirats ne peuvent pas traverser le Wadi Bih. On peut partir de Dibba, à condition d'avoir une lettre d'invitation de l'hôtel Six Senses Zighy Bay. Il faut payer une taxe routière de 36 AED pour quitter les Émirats. Les visas peuvent être obtenus à l'arrivée.

Un 4x4 est indispensable pour explorer les montagnes. Vous pouvez prendre un véhicule (y compris une voiture de location) sur le ferry partant de Mascate.

Comment circuler

DEPUIS/VERS L'AÉROPORT

Mieux vaut prévoir le transfert avec votre hôtel à l'avance, car il n'y a pas de taxi à proximité de l'aéroport. L'aéroport se trouve à 2 km du souk et à 6 km du port.

TAXI

Les taxis urbains, orange et blanc, appartiennent aux habitants et ne sont pas aussi pratiques que les transports publics. Si vous souhaitez aller à Khasab, ou plus loin, chargez votre hôtel ou un voyagiste d'organiser le transfert. Tout trajet en ville coûte 3 OMR par personne.

VOITURE

Khasab Rent-a-Car (☎99 726565 ou 99 447400 ; rue principale ; ⏲8h-13h et 17h-22h). Il est possible de louer un véhicule (2/4 roues motrices 13/40 OMR) au très sympathique propriétaire omanais de cette agence. Un 4x4 avec chauffeur coûte 60 OMR par jour. Votre voiture de location peut vous être remise à votre hôtel et être restituée au terminal des ferries.

Rahal Khasab (☎91 323440 ou 99 441700 ; hayatix5@gmail.com ; rue principale ; ⏲8h-13h et 17h-22h). Loue des 4x4 à partir de 25 OMR par jour.

Route Khasab-Tibat

طريق خصب – تيبات

Les 42 km de route côtière (1 heure 30) entre Khasab et Tibat courent au pied des falaises. Point fort de toute excursion à Musandam, cet itinéraire goudronné est à la fois une merveille d'ingénierie et une suite de panoramas exceptionnels sur le détroit d'Ormuz, jalonné de sites remarquables. On peut facilement y passer la journée, profitant ici ou là d'un bain (de mer ou de soleil) sur l'une des nombreuses et superbes plages, comme de l'observation des requins-baleines sillonnant les hauts fonds.

À 8 km environ du port de Khasab, le village de Tawi a conservé plusieurs **pétroglyphes préhistoriques** représentant des bateaux, des maisons et des guerriers à cheval. Pour les rejoindre, suivez le sentier qui remonte le Wadi Qida, juste avant le village de Qida, à 2,3 km. Les pétroglyphes sont visibles sur deux rochers sur la gauche, juste avant une grande maison blanche avec des fours extérieurs.

Magnifiquement situé, le **fort de Bukha** (fermé aux visiteurs) jouit d'une superbe vue sur la baie, à mi-chemin entre Khasab et Tibat, découvrant un paysage typique du Musandam avec des cirques de falaises entourant des plaines fermées riches en acacias. La grosse tour a été conçue en forme de poire pour réduire l'impact des boulets de canon. Le sable des dunes, soufflé par le vent marin, recouvre souvent les infrastructures en bord de plage. Une nouvelle mosquée encore en chantier jouxte le fort, à côté d'une **Grande Mosquée** très ancienne récemment restaurée.

La route s'achève à Tibat, au poste d'Al-Darah marquant la frontière avec les Émirats. Il est ouvert 24h/24, et le passage s'effectue de manière rapide et efficace dans les deux sens.

Khwar du Musandam

اخوار مسندم

Surnommés "les fjords du Musandam", les *khwar* (pluriel arabe de *khor*) sont ces bras de mer qui cisèlent la côte de la péninsule. Une croisière en boutre (*dhow*), avec les dauphins qui viennent vous saluer, mérite largement la dépense. Votre skipper se chargera de préparer pour le repas ce que vous aurez pêché à la ligne depuis l'arrière du voilier traditionnel. Certains *khwar* sont si reculés que les personnes qui y vivent se font livrer leur eau en bateau et parlent un dialecte presque incompréhensible des arabophones de Mascate. Notez qu'il vous faudra un permis (qu'il est possible d'obtenir en effectuant une préréservation auprès d'une agence) pour avoir accès aux villages des *khwar* du Musandam.

Khor ash-Sham خور شم

Ce beau bras de mer aux **villages de pêcheurs** construits en pierre et reliés uniquement par bateaux cache au creux d'un coude la minuscule île **Telegraph**, abordable seulement à marée haute. La limpidité de l'eau invite à nager avec bonheur ou à plonger avec un tuba. C'est aussi la sortie en boutre la plus prisée depuis Khasab, souvent escortée par les dauphins, qui ne demandent qu'à jouer dans le sillage.

Khor an-Najd خور نجد

À 24,5 km au sud-est de Khasab, ce *khor* est le seul accessible en véhicule (un 4x4 de préférence). Vous pourrez camper au bord de cette baie sauvage, mais l'eau est souvent trop peu profonde et trop boueuse pour permettre la baignade. Le **point de vue** accessible par la route goudronnée mérite à lui seul le déplacement, même si vous l'avez vu un nombre incalculable de fois sur les brochures touristiques du Musandam.

Pour rejoindre le *khor* depuis Khasab, vous pénétrerez dans les terres sur 15 km après l'aéroport en suivant le panneau "Khor an-Najd 6 km". Obliquez à gauche et rejoignez la route qui serpente dans la montagne. Vous atteindrez le col en 2 km avant d'entamer une descente escarpée de 3 km pour rejoindre le bord de l'eau.

Depuis la base du sentier, une route conduit à Sal Ala'a et **Al-Khaldiyah**, un cirque de l'intérieur des terres plein de vieux arbres qui offrent d'excellents coins à pique-nique ombragés, chose rare dans ces régions.

Kumzar كمزار

Au bord d'un *khor* à l'extrémité septentrionale de la péninsule, cette localité étonnamment moderne, dont les habitants parlent le *kumzari*, n'est accessible qu'en bateau. Elle ne possède ni hébergements ni sites phares, mais une promenade à la découverte des **vieilles maisons en pierre** et du **souk** vous dévoilera son caractère unique. Il faut officiellement un permis (obtenu en réservant auprès d'un tour-opérateur) pour entrer à Kumzar, comme d'ailleurs dans tous les villages des *khwar* du Musandam.

Des bateaux-taxis reliant Khasab à Kumzar facturent la somme plutôt prohibitive de 120 OMR (et plus de 200 OMR le week-end) pour une traversée mouvementée en vedette rapide sans sièges et avec 15 cm d'espace maximal entre le pont et la coque. Mieux vaut organiser une excursion via une agence.

Djebel Harim جبل حارم

Avec un 4x4, une virée en montagne autour du **djebel Harim** ("mont des Femmes") s'inscrit à tout jamais dans la mémoire, particulièrement au printemps, lorsque géraniums sauvages et iris miniatures tapissent les hauteurs.

La route zigzague à travers de formidables formations calcaires jusqu'à rejoindre le **plateau de Sayh**, patchwork pittoresque de champs et de pâturages (vous y verrez des ânes) au beau milieu des formations rocheuses. La route grimpe encore sur 8 km jusqu'à un col situé sous la tour de télécommunications (fermée au public) qui marque le sommet de la montagne. Même sans avoir l'intention de descendre jusqu'au cirque de Rawdah, il est intéressant de parcourir les quelques kilomètres de route en épingles à cheveux après le col : la vue sur les fermes accrochées aux canyons, avec leurs terrasses en divers états d'abandon, est spectaculaire.

Cirque de Rawdah

مدرّج الروضة

Depuis le djebel Harim, la descente vers Dibba se fait par une crête étroite offrant des vues spectaculaires sur des roches sédimentaires striées.

Tout en bas, tourner à droite mène à Dibba via le checkpoint omanais (interdit aux étrangers) et obliquer à gauche vous fait traverser le fond du *wadi* et serpenter dans le cirque de Rawdah (Rawdah Bowl) – une large cuvette pleine de vieux acacias et de *ghaf*. Y ont été conservées d'anciennes maisons en pierres sèches appelées *bait al-qufl*, ou **"maison des serrures"** en raison de leur architecture "sécurisée" (comme au fort de Khasab, voir p. 114). Désertées les mois d'été pour la pratique d'activités côtières par leurs habitants, elles sont conçues avec une entrée surbaissée par rapport au niveau du sol et une pièce basse creusée à 1 m environ sous la porte, les espaces de couchage et de repas prenant place sur des plateformes. Le mobilier et les précieuses jarres où est conservée l'eau sont souvent placés à l'intérieur avant la pose du toit afin de s'assurer que personne ne puisse les emporter durant la migration estivale. Certaines roches mises en œuvre font 1 mètre d'épaisseur. Il faut six à huit hommes pour les porter. Il en existe encore un bel exemple au milieu du cirque, à proximité de la route et d'un cimetière. Remarquez que le toit est fait de troncs d'arbres et isolé contre la chaleur et le froid par de la boue.

La région est habitée depuis longtemps, comme en témoignent les **tombes préislamiques** (proches de la route) faites de grès jaune ou de calcaire gris et gravées d'écritures ou de pictogrammes. La zone tout entière, avec ses barres de grès obliques, prend un aspect surréaliste au coucher du soleil.

SALALAH, DHOFAR ET SUD D'OMAN

Province la plus méridionale du sultanat d'Oman, le Dhofar diffère profondément du nord industrieux, dont il est séparé par un interminable désert rocailleux. Son histoire marquée par le commerce de l'encens, la sérénité qui y règne encore, sa diversité ethnique et la beauté de ses plages opèrent un charme unique, en particulier durant, ou juste après, le *kharif* (mousson marquée par de légères pluies et des brumes de mi-juin à fin août).

Nombre de sites se découvrent dans la journée au départ de Salalah, tels le tombeau de Job, la ville héroïque de Mirbat entourée de belles plages, ou encore Mughsail, ses célèbres "trous du souffleur" (cavités naturelles d'où la mer jaillit comme un geyser) et ses peuplements d'arbres à encens sauvages.

En période de *kharif*, rejoindre Salalah par voie terrestre (et revenir par avion) réserve une belle surprise, aussi fastidieux soit le trajet depuis Mascate ou Nizwa à travers la monotone région d'Al-Wusta. C'est le meilleur moyen d'apprécier l'effet du *kharif* sur les hauteurs montagneuses : après huit heures de plaines rocailleuses, le Dhofar semble un miracle de la nature.

Salalah صلالة

Capitale du gouvernorat du Dhofar, Salalah doit pour beaucoup son caractère à ses anciens territoires d'Afrique orientale. Lorsque l'on y arrive par avion depuis Mascate, surtout pendant le *kharif*, on a du mal à croire que cette pittoresque cité subtropicale, deuxième ville du sultanat, appartient au même continent que sa capitale. De mi-juin à mi-août, les nuages de mousson venus d'Inde noient Salalah sous une bruine constante, et la montagne alentour se couvre de végétation. Toute l'année, les plages frangées de cocotiers et de plantations de bananiers ou de papayers font planer un parfum de Zanzibar au cœur du désert Arabique.

À voir

Musée Terre d'encens SITE ARCHÉOLOGIQUE
(Al-Balid ; www.omantourism.gov.om ; 2 OMR ; 9h-21h dim-jeu, 15h-21h ven-sam). Bien signalisé et joliment éclairé la nuit, Al-Balid regroupe les vestiges de la ville de Zafar (XIe siècle), dont le port assurait l'expédition de l'encens jusqu'en Inde, en échange d'épices. Un excellent **musée** remonte aux origines de l'implantation, en 2000 av J.-C., et expose les objets mis au jour lors des fouilles. Il retrace, d'une part, l'histoire de l'encens au sultanat et, d'autre part, toute l'histoire maritime du pays, du IIIe millénaire jusqu'au nouvel essor actuel. Plusieurs kilomètres de sentiers paysagers sillonnent le site, à travers des roselières peuplées d'oiseaux.

Plantations AGRICULTURE
Palmeraies, bananeraies aux petits fruits doux-amers et papayeraies font la renommée de Salalah. Baladez-vous sur les routes des plantations proches de la corniche, à 2 km du centre-ville, et arrêtez-vous pour prendre un jus de fruits frais dans l'un des nombreux petits stands ouverts jusque tard le soir.

Souk Al-Husn SOUK
(Sultan Qaboos St ; 10h-13h et 16h30-21h30). Effluves d'encens, turbans en coton colorés et bijoux fantaisie font le charme de ce souk séculaire, proche du palais du Sultan, où les Dhofari commercent dans une ambiance joviale. L'endroit idéal pour voir comment sont fabriquées les calottes omanaises.

Activités

Extra Divers – Salalah PLONGÉE
(91 780935 ; www.extradivers.org ; marina de Juweira, Salalah Beach ; 15h30-19h oct-mai). Pour la plongée et le snorkeling – impraticables de juin à septembre à cause des courants dangereux –, vous pouvez vous fier à la compétence d'Extra Divers. Une sortie à la journée, comprenant transport, équipement, permis et deux plongées, coûte 40 OMR. Règlement en espèces. Transport gratuit de la marina de Juweira à Mirbat.

Salalah

À voir
1 Souk Al-Husn C4

Où se loger
2 Al-Hanaa Hotel D2
3 Salalah Hotel B2

Où se restaurer
4 Al Jood Restaurant D2
5 Marrosh Restaurant D1

Transports
6 Gulf Transport Company C2

Around the Office

Around the Ocean SORTIES EN BOUTRE
(☎98 111123 ; aroundtheocean@yahoo/com ; marina de Juweira, Salalah Beach). L'unique prestataire de Salalah assurant des promenades en *dhow* vous emmène naviguer pendant 1 heure au coucher du soleil (adulte/enfant 10/3 OMR). Il organise aussi une excursion de snorkeling de 10 heures (8h-18h, adulte/enfant 40/20 OMR, 2-8 participants), des sorties à la rencontre des dauphins (2 heures, 20 OMR, 8h et 10h) et des parties de pêche.

No Boundaries Oman PÊCHE
(☎aux Émirats +971 5088 49070 ; www.noboundariesoman.com). Ce spécialiste reconnu de la pêche au gros raisonnée offre notamment l'occasion de capturer des carangues à grosse tête. Dirigé par un couple d'expatriés, Ed et Angela Nicholas, il opère depuis Shwaymiyah, une jolie baie à 3 heures de route de Salalah. Hébergement dans des lodges sans prétention et excursions dans l'archipel de Halaniyat, à 50 km au large.

Fêtes et festivals

Festival de Salalah CULTURE
(☎23 383333 ; www.travelleroasis.om/en/ ; Ittin Rd ; ⏲21 juin-21 sept). Le festival de Salalah, qui a lieu durant le *kharif* et se tient principalement autour d'Ittin Rd, attire toute la région, et les familles pique-niquent volontiers au beau milieu des attractions. Au programme : fête foraine, stands de vêtements, villages culturels, théâtre, restaurants et nombreux stands de kebabs et de *chawarma*. *Oman Today* signale les concerts et autres activités culturelles programmés chaque soir.

Où se loger

Pendant le *kharif*, il est indispensable de réserver, car les hébergements de Salalah affichent vite complet et doublent souvent leurs tarifs. Les amateurs de camping se dirigeront vers Mirbat, à condition d'être équipés. On trouve néanmoins du matériel

Salalah

CIRCUITS DANS LE DHOFAR

Vu le manque de transports publics et la difficulté de la conduite en période de *kharif*, le Dhofar est une région qui justifie d'opter pour un circuit organisé. Pour ce faire, on peut passer par un hôtel ou s'adresser aux agences de voyages situées dans An-Nahdah St, à Salalah, qui programment toutes des circuits à peu près similaires.

La plupart des excursions à la journée (80 OMR au minimum) mènent soit à l'est de Salalah (vers Khor Rori, Taqah et Mirbat), soit à l'ouest (vers le tombeau de Job et les trous du souffleur de Mughsail). Les plus rêveurs préféreront peut-être partir (en 4x4) à la recherche de la cité perdue d'Ubar (120 OMR), à 175 km de Salalah : Atlantis des sables qui sollicite l'imagination si l'on n'a pas lu (en anglais) l'*Atlantis of the Sands* de l'explorateur Ranulph Fiennes (voir l'encadré p. 129) pour apprécier le site. Une expérience plus fascinante pour tous consiste à passer une nuit dans le désert du Rub al-Khali, dans un campement proche d'Al-Hashman (à partir de 160 OMR en demi-pension). Toutes ces prestations s'entendent sur la base d'un véhicule de 4 personnes au maximum conduit par un chauffeur parlant anglais.

Arabian Sand Tours (✆99 495175 ou 23 235833 ; www.arabiansandtoursservices.com ; Arabian Sea Villas, Salalah Beach). Pour une expédition plus aventureuse dans le Rub al-Khali (littéralement le "Quart vide"), adressez vous à Mussallem Hassan, spécialiste du désert qui gère cette agence expérimentée. Il organise des excursions de 5 jours en pension complète (200 OMR/jour, 1-3 pers). Pour vous prendre pour un Thesiger des temps modernes, en longeant toute la frontière Oman-Arabie Saoudite jusqu'aux Émirats arabes unis, comptez 10 jours et 600 OMR par jour (2-12 pers).

Vous trouverez Mussallem Hassan aux Arabian Sea Villas, près des Salalah Beach Villas, sur le front de mer de Salalah.

Tour Salalah (Silk Road Tours ; ✆23 288798 ; www.tour-salalah.com ; circuit de 14 jours dans le désert avec min. 6/max. 12 participants 975/850 OMR/pers). Cette agence propose diverses formules sur mesure dans la légendaire mer de sable du Rub al-Khali, dont des randonnées, des méharées et des excursions en 4x4 plus ou moins longues. S'y ajoutent des circuits culturels responsables, des sorties d'observation des dauphins et des parties de pêche.

Kathy Zanchi (✆95 253794 ; zebralfa@yahoo.de). Les locaux recommandent cette guide polyglotte (anglais, allemand, italien), basée à Salalah, qui organise des visites de la ville et des excursions en bivouac dans le Rub al-Khali.

de camping dans l'un des grands centres commerciaux de Salalah.

♥ Salalah Beach Villas HÔTEL $
(✆23 235999 ; www.beach-villas-salalah.com ; Beach Rd ; s/d avec balcon et vue mer 30/38 OMR ; P). Un hôtel accueillant de style familial qui donne sur la plage, à un pâté de maisons à l'est de Crowne Plaza. Idéal pour se balader sur le sable blanc et faire un plongeon si la mer est calme juste avant ou après le petit-déjeuner. Pensez à goûter la spécialité de la maison, le légendaire curry de poisson (6 OMR) de M. et Mme Kumar. Excursions et location de voitures (standard/4x4 à partir de 14/37 OMR avec forfait de 200 km).

La même direction gère le **Beach Resort** (s/d avec balcon et vue mer 35/50 OMR), l'hôtel voisin de 65 chambres dont le restaurant sert à manger sans discontinuer.

Al-Hanaa Hotel HÔTEL $
(✆23 290274 ; msarawas@omantel.net.om ; 23 July St ; s/d/tr 13/17/20 OMR ; P). Recommandé pour ses chambres propres et lumineuses, cet hôtel de style oriental bien entretenu (avec son hall carrelé) se situe au cœur de la ville. On gagne ainsi à pied les principales zones commerçantes et la gare routière.

Salalah Hotel HÔTEL D'AFFAIRES $
(✆23 295332 ; fax 23 292145 ; Al-Souq St ; ch 15 OMR ; P @). L'établissement compense son air un peu défraîchi par de grandes chambres confortables et un personnel avenant. Proche de la nouvelle zone commerciale et presque en face de la gare routière, c'est une option pratique si vous devez prendre le bus tôt le matin pour Mascate.

Salalah Gardens Residences HÔTEL **$$**
(☎23 381000 ; www.safirhotels.com ; Salalah Gardens Mall, Ar-Robat St ; ch/ste avec kitchenette 59/71 OMR ; P 📶 🏊). Sa situation au cœur du Salalah Gardens Mall lui permet de profiter de tous les équipements du centre commercial. Il se trouve aussi à une courte distance à pied d'Ittin Rd, où se déroule chaque année le festival de Salalah. Ses formules de longs séjours présentent un bon rapport qualité/prix hors saison.

Juweira Boutique Hotel BOUTIQUE-HÔTEL **$$**
(☎23 239600 ; www.juweirahotel.com ; Taqah Rd ; ch à partir de 70 OMR ; P 📶 🏊). Sur la plage isolée de Salalah Beach, à 13 km de la ville, cet hôtel a maintenant des voisins, dont quelques boutiques regroupées autour de la marina de Juweira. Cela dit, il faudra du temps avant que l'ensemble touristique et résidentiel alentour prenne vraiment forme. En attendant, on peut profiter du calme et des équipements de qualité.

Le Salalah Rotana Resort, à côté, abrite des restaurants.

Hilton Salalah Hotel RESORT **$$**
(☎23 211234 ; www.hilton.com ; Sultan Qaboos St ; ch à partir de 73 OMR ; P 📶 🏊). Que le Hilton choisisse Salalah plutôt que Mascate fut une surprise. Plus surprenante encore fut l'implantation de cet hôtel à 12 km de la ville sur la route de Mughsail, avec vue sur l'immense port de Raysut. Malgré les files de cargos à l'horizon et les dromadaires qui courent à proximité de son terrain un peu exigu, cet hôtel a la cote auprès des vacanciers nordiques.

Crowne Plaza Resort Salalah RESORT **$$$**
(☎23 238000 ; www.ihg.com/crowneplaza ; Al-Khandaq St ; ch avec vue montagne/mer à partir de 100/110 OMR ; P 📶 🏊). Rendez-vous favori des expatriés occidentaux, c'est, de tous les grands hôtels de Salalah et alentour, celui qui présente le plus de caractère. Efficacité et convivialité sont de mise dans ce cadre qui a su conserver quelques touches locales. Petit parcours de golf, superbes piscines et restaurants en terrasse donnant sur une magnifique plage de sable bordée de palmiers et illuminée le soir.

Où se restaurer

Une foule de petits restos indiens jalonnent As-Salam St et Sultan Qaboos St à la hauteur du Crowne Plaza Resort. Bons restaurants et cafés sont de règle dans les hôtels haut de gamme, tout comme leur carte internationale et des prix en conséquence. Supermarchés, hypermarchés – dont Lulu – et boutiques de surgelés ne manquent pas.

Makdas Restaurant FAST-FOOD **$**
(☎23 236234 ; Sultan Qaboos St ; plats 300 bz ; 🕒16h-1h). Parmi un chapelet de restaurants peu onéreux et chaleureux situés à 1 km à l'est du Crown Plaza Resort, celui-ci sert des jus de fruits, du poulet grillé, des burgers et des pizzas. De nombreux stands de fruits jalonnent la route, de quoi vous offrir un dessert tout frais.

Marrosh Restaurant CHAWARMA **$**
(☎23 292456 ; Ar-Robat St ; chawarma avec houmous 3 OMR ; 🕒9h-1h). Ce restaurant simple sert une cuisine savoureuse dans un espace moderne juste au sud-est du

QUAND LE DÉSERT SE MET AU VERT

Si Oman enregistre l'été une forte baisse de fréquentation à cause de la chaleur intense, une petite portion du pays connaît alors sa haute saison touristique. Le Dhofar, à l'extrême sud du territoire, bénéficie en effet de la mousson annuelle apportée par les vents venant d'Inde. Les nuages qui atteignent la côte omanaise ont certes perdu beaucoup de leur volume, mais ils n'en répandent pas moins une pluie légère ou un crachin qui perdure pendant environ 60 jours en juillet-août.

Durant cette période, la brume et des températures plus fraîches provoquées par la pluie transforment le paysage aride en un vert tapis d'herbes et d'arbustes. Appelé localement *kharif* ("automne" en arabe), le phénomène est célébré à Salalah, capitale du Dhofar, par un festival qui attire des visiteurs de toute la région.

Les voyageurs qui vivent dans des contrées tempérées ou humides perçoivent difficilement l'attrait d'un pique-nique par temps pluvieux, avec la boue et les nuées de mouches qui l'accompagnent. Mais pour les habitants de la péninsule Arabique qui subissent à longueur de temps un climat caniculaire, le *kharif* a un avant-goût de paradis.

DE MASCATE À SALALAH PAR LA ROUTE

Route de l'intérieur

Au rond-point Rusayl, à Mascate, un panneau indique "Salalah 998 km". Comme si, à la sortie de Paris, un panneau indiquait Marseille ! Ce qui laisse penser qu'il n'y a rien entre Mascate et Salalah, la deuxième ville du pays. Il est vrai qu'une fois sur la route 31, après Nizwa, il n'y a quasiment plus rien jusqu'à Salalah.

Entre Nizwa et Thumrait, soit 8 heures de route à travers la région d'Al-Wusta, le paysage reste désespérément vide, en dehors d'une unique hauteur calcaire près d'Adam et de la petite bourgade délabrée de Hayma. C'est à peu près tout. Pas un rocher, pas un buisson, rien qui interrompe la morne plaine. Le "trajet le moins mémorable au monde", comme le fait remarquer un voyageur sur le forum Lonely Planet.

Si vous voyagez indépendamment en 4x4, voici cependant les rares points d'intérêt de la route. Pour rendre cet interminable trajet plus supportable, vous pouvez vous arrêter dans de modestes mais accueillantes pensions à Hayma. Pas besoin de réserver !

Oasis de Muqshin. Un accès relativement rapide aux magnifiques boisements de *ghaf* (*Prosopis cineraria*) et aux pommiers de Sodome en bordure du Rub al-Khali.

Oasis de Muntasar (près de Qitbit). Célèbre pour le défilé quotidien de milliers de gangas tachetés.

Shisr. Pour rêver sur le site supposé de la légendaire Ubar, la "Cité aux mille piliers" (p. 129), faites un bref détour par la route 43.

Conseil Si vous empruntez cet itinéraire l'été (de juillet à mi-septembre), vous arriverez par la route 31 et, juste après Thumrait, surprise : le djebel est soudain vert, sans aucune transition. Après des heures, voire des jours, de conduite dans le désert, c'est une vision inoubliable !

rond-point de la tour de l'horloge, au croisement d'Ar-Robat St et d'Al-Matar St.

Al Jood Restaurant LIBANAIS $$

(☎23 295656 ; 23 July St ; mezzes pour 2/4 12/9 OMR/pers ; ⏲10h-2h). Avec ses *kenafeh* (pâtisseries à base de cheveux d'ange, fromage et sirop) exposés et ses pains qui sortent du four, cette nouvelle table vaut la peine de s'extraire de la plage. Il y a aussi un comptoir de poissons frais et une salle familiale au sous-sol.

Annabi Shisha Lounge MOYEN-ORIENTAL $$

(☎23 381000 ; www.safirhotels.com ; Salalah Gardens Mall, Ar-Robat St ; buffet déjeuner de luxe 7 OMR ; ⏲12h30-16h et 19h-23h). Un restaurant plaisant où l'on peut déguster des mezzes et des cocktails sans alcool en toute intimité derrière un écran orné d'arabesques ou bien sur une terrasse agrémentée de plantes en observant le ballet des acheteurs. Pas besoin d'être fumeur pour apprécier les effluves de tabac à la pêche qui s'échappent des narguilés.

♥ **Dolphin Beach Restaurant** INTERNATIONAL $$$

(☎23 238000 ; Crowne Plaza Resort Salalah ; buffet 14 OMR ; ⏲12h-15h et 18h-minuit). Un des rares établissements de Salalah avec vue sur la mer. On y dîne en plein air sous les cocotiers, et le buffet à thème change tous les soirs. Réservez à l'avance une table en bordure de plage : vos assiettes vous seront servies à la lumière du couchant sur les flots où les échassiers guettent leur propre dîner.

☆ Où sortir

Le Crowne Plaza Resort Salalah et le Hilton Salalah Hotel programment tous deux des soirées concerts.

Palmyra 7D Simu(lator) CINÉMA

(Salalah Gardens Mall ; film 5-12 min 1,5 OMR ; ⏲10h-23h, séance ttes les 30 min). Ce simulateur présente des films saisissants à effets multisensoriels tels que douche froide, chute de neige ou sièges vibrants. Ceinture de sécurité obligatoire.

Fun Station FÊTE FORAINE

(Salalah Gardens Mall ; entrée 2 OMR, manèges en sus ; ⏲10h-22h dim-mer, 10h-minuit jeu et sam, 14h-minuit ven). Un petit groupe d'attractions conçues pour divertir enfants et adolescents.

Route du littoral

Aller de Mascate à Salalah par la route du littoral demande au moins 3 jours, voire davantage vu la beauté de la côte qui longe la mer d'Oman. Il existe des hôtels à Al-Ashkharah, Mahout et Duqm, mais il faut prévoir son matériel de camping sur le dernier tronçon. Une nouvelle route spectaculaire longe la côte de Shwaymiyah à Hasik, autour du djebel Samhan. Si vous souhaitez explorer les plus beaux endroits de cet axe côtier, vous aurez besoin d'un 4x4 pour rejoindre le rivage et parcourir les *wadi*. Le mieux consiste à se procurer un guide papier des itinéraires hors-piste. Voici quelques-uns des sites phares :

De Filim à Khaluf. Quelques maisons de pêcheurs traditionnelles en *barasti* subistent dans ce secteur de lagunes salées où les 4x4 doivent faire la course contre la marée.

Wadi Shuhram. Formations rocheuses très anciennes, tels les fossiles d'algues bleu-vert (plus ancien organisme vivant sur terre) dans les strates de ce *wadi* (près de Shital).

Duqm. Grès érodé par le vent dans le jardin de rochers (p. 131).

Ras Madrakah. Cap aux criques accueillantes, tant pour camper que pour ramasser de superbes coquillages.

Al-Kahil. Lagunes teintées de rose par les algues et peuplées de flamants en saison.

Shwaymiyah. Village réputé pour sa vannerie, sur une longue baie à l'ombre du djebel Samhan, repaire du léopard d'Arabie.

Hasik. Des formations calcaires, comme on en voit plus souvent dans les grottes, flanquent la route.

Achats

Il serait dommage de visiter le Dhofar sans marcher sur les traces de ses marchands d'autrefois. Un petit paquet d'encens local coûte à partir de 500 bz, un brûle-encens en terre fabriqué sur place entre 3,500 et 10 OMR. Il existe différentes qualités d'encens : le somalien, d'un prix inférieur, exhale une senteur moins riche que la résine d'un vert laiteux de la région, beaucoup plus prisée. Pour la modique somme de 1 OMR, vous aurez le kit brûle-encens et charbon ; vous pouvez aussi acheter un parfum du cru à base d'encens (5-50 OMR la fiole).

Autrement, les paniers en paille et cuir de dromadaire (8-30 OMR) du village de pêcheurs de Shwaymiyah ne manquent pas d'intérêt, de même que les nattes en paille de riz tressée, aux couleurs vives. Les petits flacons de khôl (4-10 OMR) décorés de perles figurent aussi parmi les souvenirs les plus typiques.

Au **souk de l'or**, sur An-Nahdah St, colliers et bracelets en argent typiques de Salalah valent en moyenne 25 OMR (en fonction du poids).

Des boutiques de *halwa* (confiserie traditionnelle omanaise) occupent une grande partie du carrefour entre Al-Hafah St et Sultan Qaboos St.

Enfin, vous trouverez des provisions et du matériel de camping au supermarché Lulu et au Salalah Gardens Mall.

Oman House Handicrafts ARTISANAT
(☎98 218700 ; dhofarfrankincense1@gmail.com ; Aswaq, Salalah Gardens Mall ; brûle-encens à partir de 3,5 OMR ; ⏲10h-22h). Caché dans le souk traditionnel (*aswaq* étant le pluriel arabe de souk) au milieu du Salalah Gardens Mall, ce magasin d'artisanat appartient à un expert de l'encens, le docteur Mohammed Al-Mashani, qui vous montrera une résine très recherchée de la couleur du jade.

Renseignements

Il n'existe pas d'office du tourisme, mais les agences de voyages d'An-Nahdah St apportent une aide efficace et organisent, pour certaines, des excursions. Des banques pourvues de DAB, dont HSBC, et quelques bureaux de change se tiennent à l'intersection d'An-Nahdah St et d'As-Salam St. La **Muscat Pharmacy** se situe sur An-Nahdah St, tout près du souk de l'or. Salalah propose des infrastructures médicales de qualité au **Sultan Qaboos Hospital**.

Central téléphonique (angle An-Nahdah St et Al-Montazah St ; 8h-14h30 et 16h-22h). Équipé pour les fax.

Family Bookshop (23 290027 ; Ar-Robat St ; 9h-13h et 16h-20h sam-mer, 16h-20h ven). L'une des très rares librairies qui vendent des livres et des cartes en anglais. Près du rond-point de la tour de l'horloge, au croisement d'Ar-Robat St et d'Al-Matar St.

Internet Café & Computer Services (23 July St ; 1 OMR/heure ; 9h-2h). L'un des cybercafés autour de 23 July St, en face de la gare routière.

Poste principale (An-Nahdah St ; 8h-14h sam-mer, 9h-11h jeu). Entrée par l'arrière du bâtiment.

Depuis/vers Salalah

AVION

Aéroport de Salalah (24 518072 ; www.omanairports.co.om). Ce bel aéroport flambant neuf éclipse tous les autres en Oman. Les grandes compagnies de location de voitures ont des comptoirs après le hall d'arrivée.

Oman Air (Mascate 24 531111, aéroport de Salalah 23 368201, agence de Salalah 23 295747). La compagnie nationale propose environ 6 vols par jour pour Mascate (aller simple/aller-retour à partir de 32/64 OMR, 1 heure 30) à des horaires variables.

BUS

Les bus **Mwasalat** (23 292773 ; mwasalat.om/en-us/ ;) pour Mascate (aller simple/aller-retour 7,500/12 OMR, 12 heures) passent par Nizwa (6 OMR) et partent de la gare routière dans le nouveau souk à 7h, 10h et 18h. La billetterie voisine propose gratuitement une consigne à bagages. Il y a aussi à 15h un départ pour Dubai (aller simple/aller-retour 11/18 OMR) desservi par des bus climatisés, non-fumeurs, avec toilettes et TV.

Gulf Transport Company (à Mascate 24 790823, à Salalah 23 293303 ; Jnct 8, 23 July St ; 5h-23h). Des bus modernes à destination de Mascate quittent Salalah à 7h, 10h et 13h30, puis chaque heure de 17h à 21h (aller simple/aller-retour 7/13 OMR, 12 heures). Il existe aussi un service pour Dubai à 15h (aller simple/aller-retour 10/18 OMR, 16 heures. Les billets doivent être achetés en espèces un jour à l'avance.

Comment circuler

DEPUIS/VERS L'AÉROPORT

Le nouvel aéroport n'est pas encore relié au centre-ville par les transports publics. Le trajet de 20 minutes en taxi tourne autour de 10 OMR.

TAXI ET MICROBUS

Ils stationnent derrière la banque HSBC, sur As-Salam St.

Des microbus desservent Mirbat (2 OMR), mais ils déposent leurs passagers loin de la ville. Pour un trajet dans Salalah, vous débourserez environ 500 bz.

En taxi privatisé, voici quelques exemples de tarifs depuis le centre : Crowne Plaza (5 OMR), Hilton (6 OMR), marina de Juweira (7 OMR), Taqah (15 OMR), Mirbat (25 OMR) et le Salalah Marriott Resort (30 OMR).

VOITURE

Explorer la région, en particulier durant le *kharif*, nécessite de louer une voiture à Salalah. Un 4x4 n'est indispensable que si vous voulez camper dans les plus beaux endroits sauvages ou explorer les routes défoncées. Attention toutefois à ne pas vous enliser dans le sable sur les plages.

Les grandes compagnies de location ont un comptoir à l'arrivée de l'aéroport, et Budget a un représentant au Crowne Plaza Resort. De nombreux loueurs locaux jalonnent 23 July St. Réputé pour ses tarifs compétitifs et ses bons conseils, **Salalah Beach Villas** (23 235999) loue des voitures ordinaires/4x4 pour environ 14/37 OMR avec un forfait de 200 km et des tarifs dégressifs pour une location à la semaine.

Durant la mousson, les routes montagneuses présentent quelques dangers, car elles sont glissantes et les conducteurs locaux ne tiennent pas compte du brouillard. Les dromadaires, qui déambulent sur la route, causent aussi nombre d'accidents. Et, si vous en heurtez un, on vous dira à coup sûr qu'il s'agit d'une femelle de grande valeur, un animal de course qui a remporté des prix !

Environs de Salalah

Au cœur d'une plaine délimitée à l'est par le djebel Samhan et à l'ouest par la frontière yéménite, Salalah est enserrée entre l'océan Indien et une chaîne de montagnes qui dessine un arc. En une journée, on peut faire une excursion vers l'est ou vers l'ouest, mais pas les deux à la fois !

Les versants des collines conservent leur attrait tout au long de l'année : on y voit l'interaction entre l'homme et la nature, l'empreinte de siècles de pâturage (dromadaires, vaches et chèvres surtout). Parmi les merveilles naturelles de la région figurent des arbres vénérables et d'étonnantes formations calcaires.

Dans le Dhofar, restaurants, salons de thé et autres installations sur les sites touristiques ne sont souvent ouverts que pendant le *kharif*.

À voir et à faire

Tombeau de Job SITE RELIGIEUX

(قبر النبي أيوب ; aube-crépuscule). GRATUIT Le tombeau où serait enterré Job, personnage de l'Ancien Testament commun au judaïsme, au christianisme et à l'islam, est le site religieux le plus important du Dhofar. Perché sur une colline isolée dominant Salalah, il mérite le détour pour la beauté du trajet, surtout durant le *kharif,* et de la vue par temps clair sur la plaine alentour. Non couvert par les transports publics, le mausolée se trouve à environ 30 km au nord-ouest de la ville. Suivez la signalisation le long d'Ittin Rd et tournez à gauche 22 km plus loin au panneau indiquant "An-Nabi Ayyub".

Un petit restaurant en contrebas offre une perspective splendide – et de bonnes omelettes roulées.

Si vous venez en période de *kharif,* regagnez la route principale et prenez à droite pour rejoindre le village d'**Ayoon**. En parcourant encore 22 km, au milieu d'un paysage ponctué d'arbres à encens, vous atteindrez la fin de la zone touchée par la queue de mousson. Le contraste entre les pentes verdoyantes et le plancher désertique au-delà se révèle saisissant. Après Ayoon, des bassins naturels accessibles par un itinéraire hors-piste de 3 km forment un coin agréable pour pique-niquer.

On peut ensuite continuer sur l'axe principal pendant 22 km jusqu'à la route de Thumrait, d'où un embranchement à droite retourne vers Salalah.

Plages et sources d'eau douce

De superbes plages de sable blanc frangent toute la plaine côtière de Salalah, depuis la corniche au cœur de la ville. Attention aux dangereux courants qui interdisent la baignade durant le *kharif* et la rendent hasardeuse tout au long de l'année si l'on ne nage pas bien.

Tout autour de Salalah jaillissent des *ayn* (sources d'eau douce), qui font l'objet d'une agréable excursion d'une demi-journée. Des panneaux bruns les signalent depuis la route Salalah-Mirbat. Parmi les plus pittoresques figurent **Ayn Razat**, au milieu de jardins, **Ayn Tabraq** et **Ayn Athum**, au cœur d'un fourré subtropical, tout comme **Ayn Garziz**, non loin d'Ittin Rd sur le chemin de la tombe de Job. Avec ses étonnantes falaises calcaires, d'où pendent des fougères et d'où émergent des racines noueuses de figuiers, c'est un bon site pour apprécier les transformations apportées par l'eau.

Est de Salalah

Taqah طاقة

Installé à l'extrémité du long ruban de sable blanc qui s'étire depuis Salalah, ce village de pêcheurs a plusieurs atouts : outre son *khor* paysagé et sa belle corniche, on notera son fort (pas de visite) perché sur la colline et, plus étonnant pour le lieu, les étages de la succursale de la Bank Dhofar.

Château de Taqah CHÂTEAU

(Plein tarif/enfant 500/200 bz ; 9h-16h sam-jeu, 8h-11h ven). Cette petite forteresse du XIXe siècle est bien conservée. Mobilier intérieur, présentation vidéo, excellente signalisation, boutique d'artisanat, brochure accompagnatrice qui explique l'histoire du bourg, spécialisé dans la production de sardines, en font l'une des plus intéressantes forteresses-musées d'Oman. Une galerie consacrée aux chercheurs français qui, à la fin des années 1980 et au début des années 1990, ont mis au jour des fossiles de primates, les plus anciens anthropoïdes hors du continent africain ; une découverte capitale dans la fameuse quête du chaînon manquant.

Khor Rori خور روري

En voyant cette jolie baie, l'une des plus belles du Dhofar, avec ses dromadaires qui paissent paisiblement et ses foules de flamants roses, on a du mal à imaginer que Khor Rori fut, il y a deux millénaires, l'un des plus importants ports de commerce de la route de l'encens. De cette cité portuaire, il ne reste que des vestiges, soigneusement dégagés, dans le parc archéologique de Sumhuram.

Parc archéologique de Sumhuram SITE ARCHÉOLOGIQUE

(2 OMR/voiture ; 8h-21h). On peut se promener parmi les ruines en observant les archéologues à l'œuvre et visiter le musée qui expose des vestiges du Ier au IIIe siècle av. J.-C. exhumés sur le site, dont des inscriptions évocatrices dans une langue sudarabique ancienne. Hormis des toilettes, il n'y a pas d'aménagements, mais un nouvel amphithéâtre pourrait bientôt accueillir un spectacle son et lumière.

Situé 35 km à l'est de Salalah, Khor Rori est indiqué sur la route de Mirbat par des panneaux marron. Le trajet en microbus jusqu'à l'embranchement coûte 500 bz.

Wadi Dharbat وادي دربات

Magnifique en toute saison pour son paysage montagneux et idéal pour aller pique-niquer durant le *kharif*, le Wadi Dharbat est la source de l'estuaire qui débouche à Khor Rori. Quand la mousson est forte, d'impressionnantes cascades tombent sur la falaise jusque dans la plaine, 300 m plus bas. Dans les cuvettes calcaires se forment des plans d'eau scintillants. Durant la période sèche (octobre-mai), les tribus jibbali établissent leurs campements dans la région.

Au milieu des années 1970, les grottes alentour ont abrité les forces du sultan, ainsi que des membres du SAS (Special Air Service) britannique chargés d'infiltrer les régions sous insurrection communiste. Aujourd'hui, les seules créatures que vous puissiez encore voir se faufiler subrepticement sont les damans des rochers (aux allures de gros cochons d'Inde mais curieusement apparentés aux éléphants). Ils partagent ce territoire avec les plus discrets caméléons, se fondant à loisir dans l'environnement.

Pour rejoindre le Wadi Dharbat, suivez les panneaux depuis la route de Mirbat, puis grimpez 3 km jusqu'à l'embranchement qui y mène, repérable au petit café à l'entrée. Une route goudronnée conduit au-dessus des cascades, puis à un improbable lac (une simple mare après une maigre mousson !) où un salon de thé ouvre durant le *kharif*. Ne vous baignez pas, au risque d'attraper la bilharziose. Au pied de la falaise, une route goudronnée mène à un lac saisonnier, un havre pour les papillons.

Mirbat مرباط

À 70 km à l'est de Salalah, Mirbat a connu des jours plus glorieux, mais reste un haut lieu historique. Aujourd'hui délabré, son principal **fort** fut le site de la bataille de Mirbat qui a marqué la fin de la guerre du Dhofar : en juillet 1972, neuf hommes des SAS ont réussi à empêcher 300 guérilleros communistes de prendre Mirbat. Une opération couverte par le secret-défense, qui n'a pas permis de leur remettre les médailles décernées. Près du rivage se dresse un fort beaucoup plus ancien restauré depuis peu mais fermé.

Remarquez les anciennes **maisons de marchands** aux magnifiques fenêtres de bois sculpté. À 1 km de la route principale, le **tombeau de Bin Ali**, coiffé d'un dôme en bulbe, marque l'entrée du bourg.

À voir et à faire

Des **plages** magnifiques se déploient à l'est et à l'ouest de Mirbat. Pour aller camper sur le rivage, dépourvu d'équipement, vous aurez besoin d'un 4x4.

Le centre de plongée du Salalah Marriott Resort (ci-après) propose une gamme complète d'expériences sous-marines.

Où se loger

Salalah Marriott Resort RESORT **$$$**
(☎23 275500 ; www.marriottsalalahresort.com ; demi-pension ch à partir de 110 OMR ; @ ≋). Apportant luxe et confort sur la côte pour ceux qui ne veulent pas camper, ce *resort* doublé d'un centre de plongée se trouve à 10 minutes en voiture à l'est de Mirbat. Il assure le transfert gratuit de l'aéroport et une navette gratuite vers/depuis Salalah à 16h30 les lundis et jeudis (retour à 20h45).

Depuis/vers Mirbat

Le trajet en microbus/taxi de Salalah à Mirbat coûte 2/30 OMR.

Djebel Samhan جبل سمحان

Visiter la réserve de léopards d'Arabie dans le djebel Samhan nécessite un permis (et une réelle motivation), mais l'ascension par la route goudronnée jusqu'à l'entrée de la réserve justifie à elle seule cette excursion d'une journée depuis Salalah. La route passe devant l'entrée du Tawi Attair, profonde doline surnommée le "puits des oiseaux", que l'on peut observer depuis une plateforme mais dans laquelle on ne peut descendre qu'avec un guide. Plus haut sur la route du djebel Samhan, un panneau indique la grotte Taiq, vaste grotte karstique qui s'enfonce profondément dans la colline. En chemin, vous passerez devant des huttes rondes appartenant aux Jibbali (montagnards autochtones du Dhofar), construites traditionnellement en bois tressé et couvertes depuis peu de bâches et de pneus.

En continuant vers le djebel Samhan, la route grimpe à travers un paysage à la flore variée, dont des champs de roses du désert au milieu de la rocaille. Parfois appelée faux baobab, cette plante succulente possède un gros tronc bulbeux et donne de superbes fleurs roses au printemps. En approchant du sommet (environ 1 300 m), roulez vers le bord de la falaise pour profiter de la vue panoramique sur le littoral. Oman offre de nombreuses vues exceptionnelles : en voilà une ! Sur le plateau, vous verrez de rares dragonniers, aux feuilles rigides et étroites qui ne se rencontrent que dans un milieu semi-aride d'altitude. Deux maisons de thé marquent la fin de la route.

Pour atteindre ces divers sites, après le bourg de pêcheurs de Taqah, prenez la route de Tawi Attair et suivez les panneaux bruns. Au retour, si vous revenez vers la côte en suivant la direction de Mirbat, vous repérerez (sur la droite quand on descend) un *wadi* où poussent de hauts **baobabs** au tronc bulbeux – les seuls arbres de ce genre en Arabie.

Hasik حاسك

Situé à l'extrême est de la côte du Dhofar, juste après la barre de falaises du djebel Samhan, Hasik mérite les 2 heures de route depuis Salalah, plus pour le trajet que pour la destination en soi. L'hiver, cette route goudronnée ne présente rien d'exceptionnel, mais l'été de gros et lumineux nuages descendent du djebel sur la mer, où des vents violents font jaillir l'écume des vagues qui déferlent en rouleaux. Des cormorans au plumage brillant se regroupent dans les criques, et les échassiers s'abritent de ces fureurs saisonnières au milieu des amas de coquillages roses.

Il n'y a pas grand-chose à voir à Hasik même, mais si vous continuez en direction de Hadraban, vous découvrirez d'intéressantes formations karstiques qui surplombent les falaises de grès. Le site abrite un petit parking et des toilettes. La route spectaculaire qui relie Hasik à Shwaymiyah à travers le djebel Samhan constitue une attraction touristique à part entière.

Ouest de Salalah

Mughsail مغسيل

À 48 km à l'ouest de Salalah, Mughsail se situe sur la plus grandiose baie d'Oman, fermée par des falaises abruptes en direction de la frontière yéménite. Là où commencent les falaises (tournez à gauche en face de la station-service Al-Maha), au pied de celles-ci, le pavement rocheux est creusé de cavités naturelles, ou **trous du souffleur**, à travers lesquelles la mer jaillit furieusement. Le phénomène se produit toute l'année, mais ces jets atteignent une hauteur vertigineuse pendant les hautes marées du *kharif*. Il y a des toilettes sur la plage à proximité, et le **Restaurant for Local Food** prépare du dromadaire rôti (3 OMR/kg).

VAUT LE DÉTOUR

LA CITÉ PERDUE D'UBAR

Début 1992, l'explorateur britannique Ranulph Fiennes et un groupe de chercheurs américains dirigé par Nicholas Clapp annoncèrent qu'ils avaient découvert (grâce à des images par satellite, entre autres outils) les vestiges d'Ubar, l'une des illustres cités perdues d'Arabie. Surnommée "l'Atlantis des sables", Ubar aurait été la plaque tournante du commerce de l'encens. Les spécialistes sont pratiquement convaincus de l'existence de cette cité, qui contrôlait le commerce de l'encens et en a tiré une immense fortune. Là s'arrêtent les certitudes.

Le Coran affirme que la ville d'Ubar fut détruite par Allah parce que ses habitants avaient sombré dans la décadence et s'étaient détournés de la religion. Les archéologues sont plus enclins à penser que la cité fut engloutie lors d'un effondrement de grottes karstiques sous-jacentes ou d'une doline. Aujourd'hui, on ne distingue que quelques maigres vestiges, consolidés par du béton de façon pas très heureuse.

Comme on peut s'en douter, les spécialistes restent très partagés sur cette éventuelle redécouverte d'Ubar. Les fouilles n'ont rien exhumé de suffisamment ancien pour accréditer cette thèse, et des pièces d'échecs suggèrent au contraire une occupation bien postérieure. Alors, cela vaut-il la peine d'endurer les cahots de la route, au milieu de nulle part, pour ne voir presque rien ? Oui, si vous êtes passionné d'histoire et d'archéologie, rêveur romantique ou simplement curieux de vous aventurer dans une plaine caillouteuse chargée de légendes.

Route de Sarfait طريق صرفيت

Si vous avez votre propre véhicule, vous pouvez continuer au-delà de Mughsail en direction de la frontière yéménite. Une vertigineuse route en lacets vous mène en 1 000 m de dénivelé au sommet de la falaise. À 8 km de Mughsail, remarquez le *wadi* où poussent de très nombreux **arbres à encens**. Trois ou quatre kilomètres après le point culminant de la route, on jouit d'une vue spectaculaire sur Mughsail et sur des *wadi* parmi les plus sauvages d'Arabie. Avec ses yuccas et autres plantes succulentes accrochées aux rebords calcaires, la végétation de la région diffère totalement de celle de la plaine de Salalah.

À 13,5 km de la station-service Al-Maha de Mughsail, sur la route de Sarfait, un petit panneau indique la direction de **Fizayah**, 6 km en contrebas de la falaise. L'endroit n'est accessible en voiture ordinaire que pendant la saison sèche. Mais le détour vaut la peine pour découvrir l'un des paysages les plus spectaculaires du Dhofar : impressionnantes falaises et pinacles calcaires au pied desquels se nichent des criques sablonneuses de rêve et des pâturages pour les nombreux dromadaires des Jibbali (les populations des montagnes du Dhofar).

La route de Sarfait mène à la frontière yéménite, à 2 heures de voiture de Salalah par un itinéraire goudronné, découvrant au passage un panorama exceptionnel appelé le **Sea Overlooking Site**, à Shaat, à 31 km de la station-service Al-Maha. Il n'existe aucun hébergement.

Shisr (Ubar) اوبار

Le village de Shisr n'a guère d'intérêt, sinon qu'il s'élève peut-être sur le site de la légendaire Ubar (Iram). Au-delà, les cultures cèdent rapidement la place au Rub al-Khali. Les tour-opérateurs de Salalah organisent des excursions avec nuit en bivouac en lisière de ce désert mythique au départ d'**Al-Hashman**, à 1 heure de Shisr par une mauvaise piste.

Ubar SITE ARCHÉOLOGIQUE
(Wubar ; ⏲24h/24). GRATUIT Ubar est un site archéologique au fort potentiel (voir p. 129). La redécouverte, dans les années 1990, de vestiges de cette importante cité caravanière de la route de l'encens, dont on avait perdu la trace depuis plus d'un millénaire, a passionné les spécialistes. Pour le profane, les raisons d'un tel enthousiasme n'ont rien d'évident, car on ne distingue pas grand-chose sur place. Un petit musée poussiéreux, en cours de transfert dans une tour beaucoup plus récente, exposera le produit, limité, des fouilles. En attendant, on peut se promener au milieu des remparts en ruine mis au jour. Quant aux fameux piliers d'or de l'Antiquité, il s'agit vraisemblablement d'une fable bédouine. L'embranchement qui part de Thumrait est désormais goudronné et signalé sur la route principale.

Hayma هيما

Principale ville de la région et important point de transit entre l'intérieur des terres et la côte, Hayma ne présente guère d'attrait touristique. Elle dispose toutefois d'hébergements rudimentaires et fait une base commode pour visiter la réserve d'oryx d'Al-Wusta, relativement proche.

À voir

Al-Wusta Wildlife Reserve RÉSERVE NATURELLE
(☎99 356002 ; circuit guidé d'une demi-journée/journée avec son propre véhicule 25/40 OMR ; ⏲7h-12h et 15h-17h). GRATUIT Un circuit guidé, la plupart du temps conduit par un membre de la tribu des Harsusi, est la seule manière valable de découvrir la réserve. On peut néanmoins se rendre au centre d'information installé dans un préfabriqué et voir un troupeau d'oryx en captivité sans bourse délier. Les guides ne parlent pas anglais et se contentent de vous orienter. Accessible uniquement en 4x4, le site est desservi par une piste mal nivelée de 50 km marquée "Habab", à 110 km de Hayma sur la route de Duqm (Hwy 37). Au bout de 23 km de piste, tournez à droite.

Le circuit d'une journée inclut les remarquables formations façonnées par le vent de l'escarpement de Huqf, loin dans la réserve. Mais, même ici, les chances d'apercevoir gazelles, lièvres et ibex, sans parler des oryx, restent minces.

Depuis que le camping sauvage est tombé en disgrâce dans la réserve (p. 274), la seule solution d'hébergement consiste à camper à l'extérieur en prévoyant équipement et provisions. Gardez vos vêtements sous tente, car il y a toujours beaucoup de rosée le matin – c'est ainsi que les animaux survivent en l'absence de points d'eau.

Où se loger

Sans fioritures, les hôtels d'Hayma s'adressent essentiellement aux camionneurs fatigués. Autour de la station-essence en face du motel, plusieurs restaurants quelconques servent du poulet et du riz.

Hayma Motel HÔTEL $
(Himah Motel ; fax 23 436061 ; Hwy 31 ; s/d 15/20 OMR ; P). Sur la voie rapide en face de la grande route qui mène en ville, cet établissement loge surtout une clientèle d'affaires asiatique. La gentillesse du personnel rattrape en partie le reste.

Arabian Oryx Hotel HÔTEL $
(23 436379 ; arabianoryxhotel@gmail.com ; Hwy 31 ; s/d sans petit-déj 20/30 OMR ; P). Cet hôtel très sommaire loue des lits propres et prépare une cuisine indienne de base.

Duqm الدقم

Ancien petit village de pêcheurs sur une côte sauvage, Duqm subit actuellement une lente transformation pour devenir une ville de 40 000 habitants et le plus grand port du Moyen-Orient. Les chantiers fleurissent le long de son rivage aride, où deux hôtels voisinent avec d'improbables lotissements de luxe çà et là.

Les promoteurs ont néanmoins prévu de préserver la principale curiosité de la région, le beau **jardin de rochers** aux formations spectaculaires produites par l'érosion. Choisi pour accueillir un centre culturel, le site a déjà été clôturé mais n'a pas d'entrée. Le rocher qui émerge des flots s'appelle l'**île de Nafun.**

Où se loger

Crowne Plaza Duqm HÔTEL $$
(25 214444 ; www.ihg.com/crowneplaza ; ch à partir de 60 OMR ; P@). Que l'on se réjouisse ou non des projets hôteliers sur cette plage jadis isolée, il faut admettre que la chaîne Crowne Plaza a construit ici un établissement joliment aménagé et pourvu d'équipements de premier ordre. Le ponton qui mène à la ligne de marée haute jonchée de pectens invite à la baignade en fin d'après-midi, à moins de préférer la piscine à débordement. Ajoutez à cela un buffet correct à prix honnête et un bar avec musique live, et vous obtiendrez une option d'un excellent rapport qualité/prix

Park Inn & Residence HÔTEL $$
(24 507777 ; www.parkinn.com ; ch à partir de 59 OMR ; P@). Seconde réalisation parmi les hôtels prévus sur la plage au sud des installations portuaires, ces chambres individuelles de type chalet se prêtent aux séjours de plus longue durée, mais ont l'inconvénient d'être en retrait du rivage.

City Hotel Duqm HÔTEL D'AFFAIRES $$
(25 214900 ; www.cityhotelduqm.com ; s/d 50/60 OMR). Une adresse moderne et discrète, fléchée depuis la voie rapide. Direction aimable et efficace.

Depuis/vers Duqm

Aéroport de Duqm Jaaluni (www.omanair.com). Oman Air propose 4 vols hebdomadaires pour Mascate (aller simple/aller-retour 35/64 OMR ; 1 heure 30) depuis cet aéroport dans le désert, exempt d'infrastructures. Consultez les horaires sur le site Internet.

Happy Line Oman (24 798470 ; www.happylineoman.com). Des bus modernes et climatisés couvrent chaque jour le trajet épique entre Mascate et Duqm (aller simple 10 OMR, 7 heures 15-8 heures 15). Ils partent à 7h et arrivent à 15h15. En sens inverse, ils prennent la route à 6h et atteignent la capitale à 13h15.

Émirats arabes unis

الإمارات العربية المتحدة

Dans ce chapitre ➡

Le top des sites culturels

- Grande Mosquée Sheikh Zayed, Abu Dhabi (p. 184)
- Sharjah Heritage Museum (p. 162)
- Sheikh Mohammed Centre for Cultural Understanding, Dubai (p. 141)
- Souks de Deira, Dubai (p. 139)
- Sharjah Museum of Islamic Civilization (p. 163)

Le top des sites naturels

- Oasis de Liwa (p. 202)
- Île de Sir Bani Yas (p. 205)
- Zoo d'Al-Aïn (p. 199)
- Côte est (p. 207)
- Route de montagne du djebel Jais (p. 173)

Pourquoi y aller

Pour beaucoup, les Émirats arabes unis se résument aux gratte-ciel de Dubai, à des îles fascinantes aux formes futuristes, à des centres commerciaux démesurés, à des pistes de ski couvertes et à d'opulentes stations balnéaires. Or, derrière les paillettes, se cachent six autres émirats qui possèdent leur charme propre.

À une heure de route vers le sud, la capitale, Abu Dhabi, riche en pétrole, se veut un cenre régional majeur pour la culture, le sport et les loisirs. Au-delà s'étend la vaste région d'Al-Gharbia, que vient lécher la partie nord du célèbre désert de Rub al-Khali, dont le silence magique n'est troublé que par le murmure des dunes progressant lentement vers l'Arabie Saoudite.

Au nord de Dubai, on peut découvrir l'art et le patrimoine à Chardja, ou un aperçu de ce qu'était la vie avant que le pétrole ne soit l'enjeu de l'économie dans les petits émirats d'Adjman et d'Umm al-Qaywayn. Plus loin, Ras al-Khayma est blotti contre les imposants monts Hajar. Pour la baignade et la plongée, traversez la chaîne de montagnes pour atteindre Fudjayra et vous rafraîchir dans les eaux claires du golfe d'Oman.

Quand partir

Émirats arabes unis

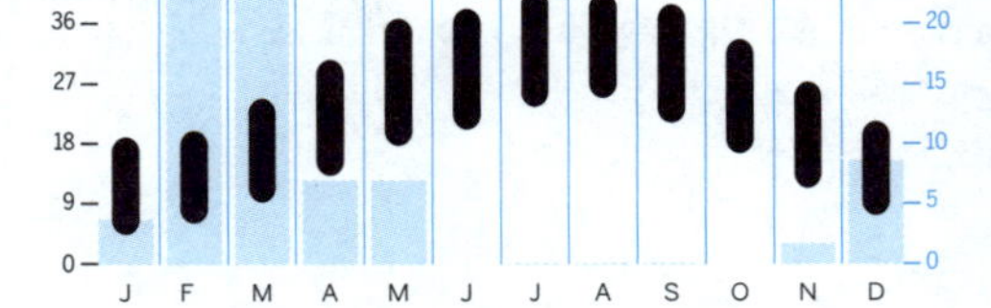

Novembre-mars Températures modérées ; fêtes et festivals majeurs ; idéal pour les activités en plein air.

Mars-mai et octobre Journées chaudes, nuits douces ; idéal pour la plage et le camping dans le désert.

Juin-septembre Temps très chaud et humide ; rabais dans les hôtels ; soldes d'été ; mois propices pour la plongée.

Budget quotidien

On peut aisément dépenser des fortunes aux Émirats arabes unis, mais il est possible de limiter la casse, en optant pour des hôtels de catégorie moyenne (chambres doubles 400-600 AED). Pour un verre de vin ou une bière, comptez 30-50 AED, mais si vous vous en tenez à l'eau, vous pourrez vous restaurer pour environ 70 AED, et un *shawarma* à emporter ne coûte que 4 AED. Les musées sont gratuits ou peu onéreux, mais attendez-vous à débourser au moins 200 AED pour les visites guidées et les entrées dans les parcs aquatiques et autres bases de loisirs.

ITINÉRAIRES ÉMIRATIS

Deux jours

Pour une courte escale, séjournez à Downtown Dubai. Le premier jour, découvrez les principaux sites à bord d'un **Big Bus Tour**, puis montez en haut du **Burj Khalifa** au coucher du soleil (réservez bien à l'avance), faites un tour dans le **Dubai Mall** et dînez au **Souk Al-Bahar** avec vue sur la **fontaine de Dubai**. Le lendemain, prenez un taxi jusqu'à Chardja et visitez le **quartier du patrimoine**, faites le plein de souvenirs dans le **souk central** et dînez dans le secteur animé d'**Al-Qasba**.

Une semaine

Le quatrième jour, gagnez Abu Dhabi, au sud, pour contempler la **Grande Mosquée Sheikh Zayed**, faire le plein d'adrénaline au **Ferrari World** et en apprendre davantage sur le quartier culturel de l'**île de Saadiyat**. Pour un changement de décor complet, enfoncez-vous dans le désert, au milieu de dunes immenses arpentées par les dromadaires. Passez-y une nuit, puis terminez par une journée à Al-Aïn, riche de son fabuleux **zoo** et de ses sites inscrits au patrimoine mondial par l'Unesco.

À table !

Les établissements servant une cuisine émiratie authentique ne sont plus aussi rares qu'avant. Goûtez à ces plats typiques, sans faire l'impasse sur les succulentes dattes !

- **Balalit** Copieux petit-déjeuner à base de vermicelles, sirop de sucre, safran, eau de rose et oignons frits.
- **Farid** Soupe de mouton servie avec du pain.
- **Haris** Blé et agneau cuits lentement.
- **Khuzi** Agneau entier farci et rôti sur un lit de riz épicé.
- **Madrouba** Poisson salé (*maleh*), ou poulet, mélangé à de la pâte à pain crue jusqu'à épaississement.
- **Makbous** Ragoût de riz épicé à la viande (d'agneau, souvent) ou au poisson, avec amandes, raisins et oignons.

BON À SAVOIR

- **Devise** Dirham des Émirats (AED)
- **Téléphones portables** Le réseau GSM est très répandu.
- **Argent** Les DAB sont nombreux dans les zones urbaines.
- **Visa** Visa à l'aéroport international de Mascate (voir p. 300).

En bref

- **Capitale** Abu Dhabi
- **Indicatif** ☎ 971
- **Langue** Arabe ; l'anglais est largement pratiqué
- **Population** 9,86 millions d'habitants

Taux de change

Zone euro	1 €	4 AED
Oman	1 OMR	9,54 AED
Canada	1 $C	2,83 AED
Suisse	1 FS	3,75 AED

Consultez les derniers taux de change sur www.xe.com.

Sites Web

- **UAE Interact (Conseil national des médias)** (www.uaeinteract.com/french)
- **Office du tourisme de Dubai** (www.visitdubai.com/fr)
- **Visit Abu Dhabi** (www.visitabudhabi.ae/fr)
- **Lonely Planet** (www.lonelyplanet.fr)

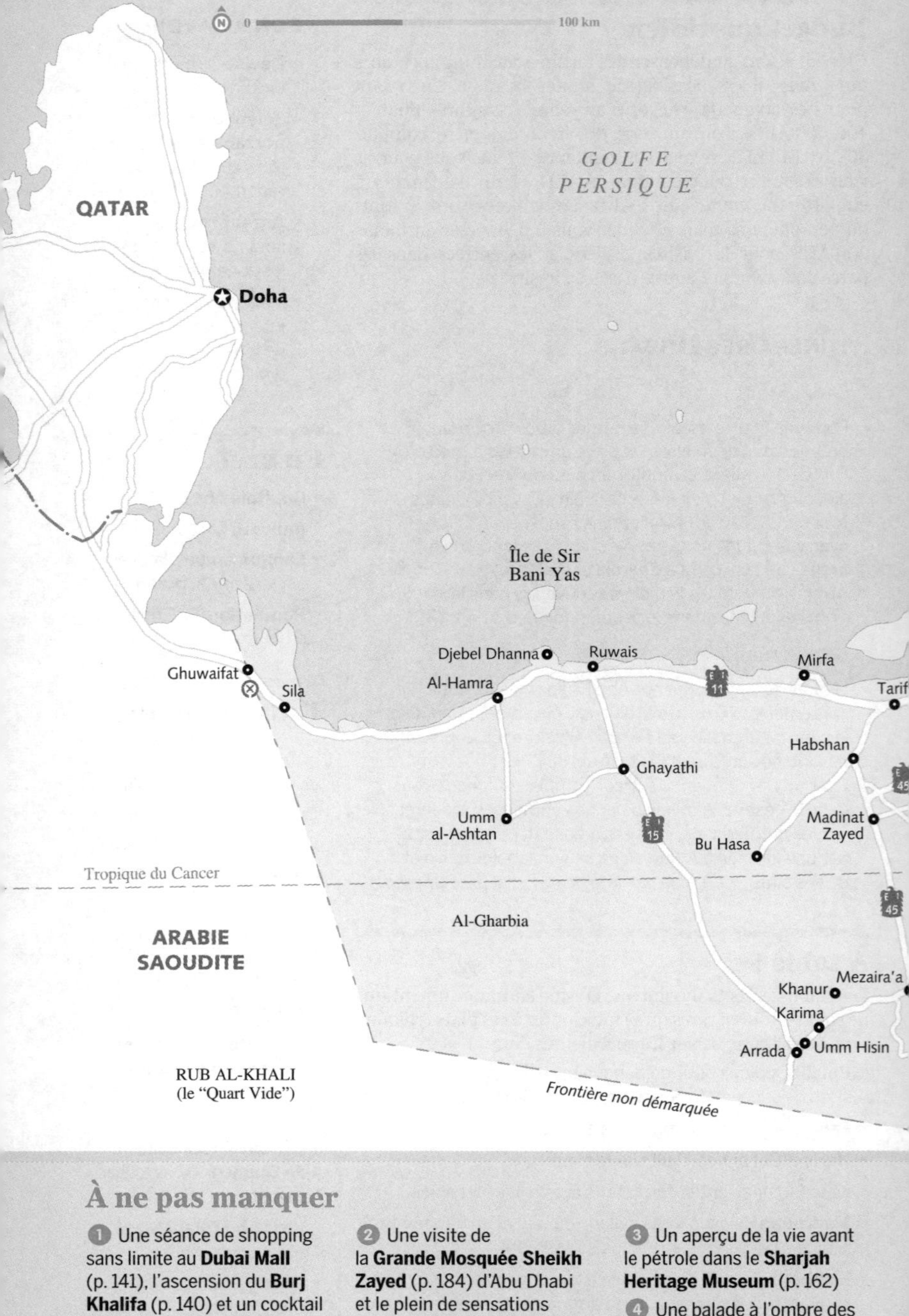

À ne pas manquer

1 Une séance de shopping sans limite au **Dubai Mall** (p. 141), l'ascension du **Burj Khalifa** (p. 140) et un cocktail au bar de l'emblématique hôtel **Burj al-Arab** (p. 143)

2 Une visite de la **Grande Mosquée Sheikh Zayed** (p. 184) d'Abu Dhabi et le plein de sensations fortes au **Ferrari World Abu Dhabi** (p. 186)

3 Un aperçu de la vie avant le pétrole dans le **Sharjah Heritage Museum** (p. 162)

4 Une balade à l'ombre des palmiers-dattiers de l'**oasis d'Al-Aïn** (p. 200) et dans l'un

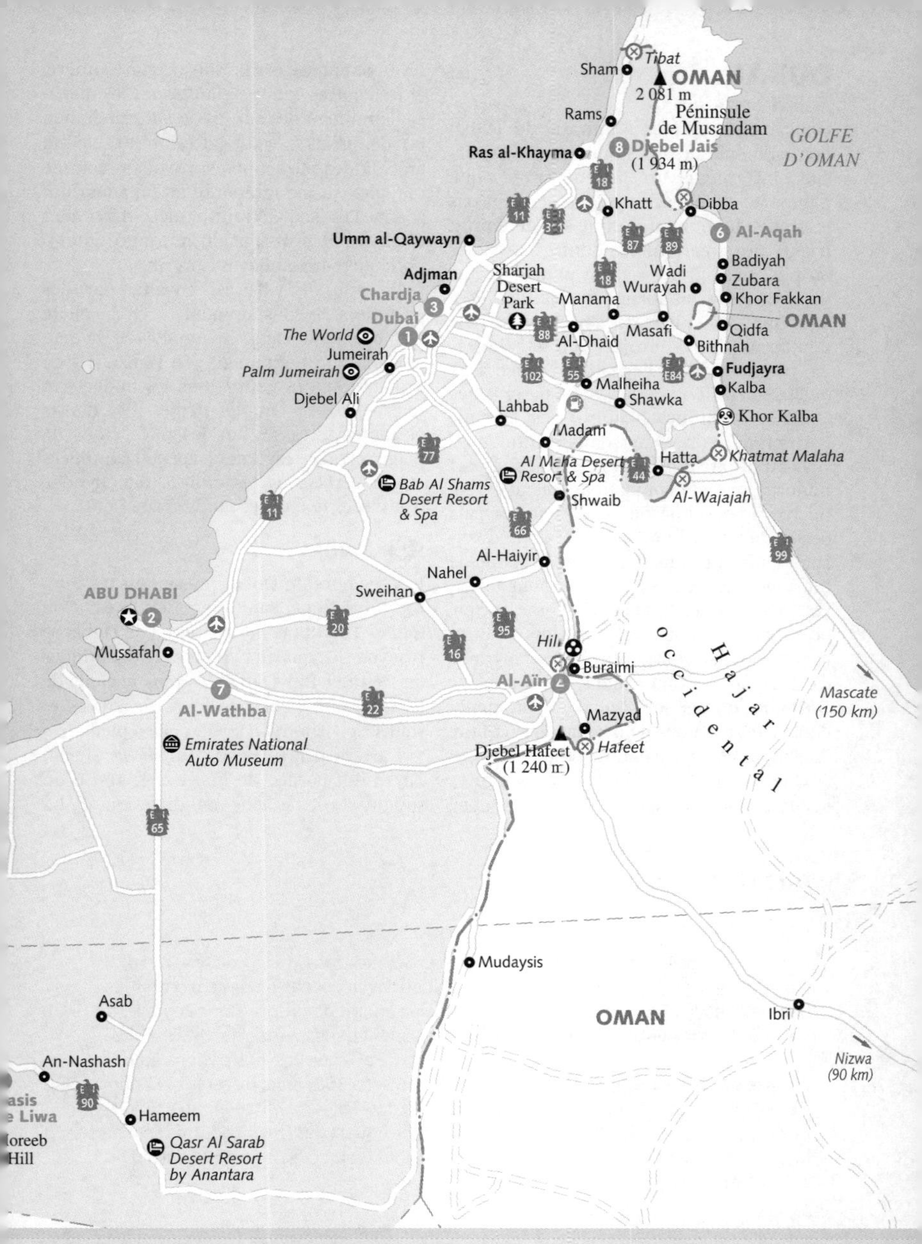

des derniers **marchés aux dromadaires** (p. 199) des Émirats

5 Une expérience mystique au milieu des dunes dansantes de l'**oasis de Liwa** (p. 202)

6 Une rencontre avec les tortues et les requins dans les eaux bordant **Al-Aqah** (p. 212), sur la côte est

7 Une course effrénée de dromadaires dans un camélodrome, comme celui d'**Al-Wathba** (p. 247)

8 Une virée sur la spectaculaire route de montagne du **djebel Jais** (p. 173), à Ras al-Khayma

DUBAI دبي

2,1 MILLIONS D'HABITANTS

On ne peut qu'être admiratif de Dubai pour son énergie, son ambition et sa capacité à imaginer et à réaliser des projets qui, n'importe où ailleurs, ne dépasseraient pas le stade du bureau d'études. Cet émirat friand de superlatifs a donné naissance au plus haut gratte-ciel du monde, à une île artificielle en forme de palmier et à une immense piste de ski couverte. De nombreux autres projets ont été lancés en prévision de l'Exposition universelle de 2020. Visiter cette ville déterminée à écrire sa propre histoire, c'est comme entreprendre un voyage dans le futur.

Les Émiratis ne constituent qu'une part minoritaire de la population : Dubai est un microcosme animé où cohabitent en paix des cultures du monde entier. Cette diversité se ressent dans la cuisine, la mode, la musique et les arts. Sans oublier pour autant ses racines musulmanes, c'est une société ouverte où les nouveaux arrivants peuvent profiter sans contrainte d'une myriade d'expériences - dîner dans un camp de Bédouins, danser sur la plage, se promener dans le désert à dos de dromadaire ou faire du shopping jusqu'à épuisement.

Quel que soit votre budget, vous n'aurez aucun mal à dépenser vos dirhams à Dubai. Ici, le shopping est un loisir à part entière, et les centres commerciaux, dont les magasins prennent des allures de *palazzo* italien ou de palais persan, attirent le chaland grâce à des attractions surréalistes comme une piste de ski intérieure ou un aquarium géant. Les souks traditionnels débordent d'activité et bruissent du murmure intemporel de marchandages sans fin.

La nuit, la ville est envahie par des jet-setters constamment en quête d'amusement. Dans le monde de la fête en évolution permanente de Dubai, il y en a pour tous les goûts, tous les budgets et tous les âges : temples dédiés à la danse, élégantes terrasses sur les toits, clubs de plage torrides, cavernes à cocktails huppées ou concerts sous les étoiles, une kyrielle d'odyssées nocturnes s'offre à vous.

À voir

Les secteurs de Dubai présentant un intérêt touristique sont bien délimités. Non loin de l'aéroport international de Dubai se trouvent les quartiers bondés et chaotiques de Deira et Bur Dubai, les plus anciens de la ville, qui, riches de leurs mosquées et souks, se visitent de préférence à pied.

L'artère principale de Dubai, la Sheikh Zayed Rd, bordée de gratte-ciel, s'étire du sud-ouest de la ville en direction d'Abu

DUBAI EN...

Un jour

Commencez par un petit-déjeuner culturel au **Sheikh Mohammed Centre for Cultural Understanding** (encadré p. 141) pour avoir l'occasion de rencontrer les habitants de la région et de goûter à une cuisine émiratie maison. Plongez-vous ensuite dans la culture et l'histoire locales en flânant dans le **quartier historique d'Al-Fahidi**, avant de visiter le **Dubai Museum**. Partagez vos impressions autour d'un déjeuner au calme dans la cour du **XVA Café** (p. 152), puis traversez le Khor Dubai en *abra* (bateau-taxi en bois traditionnel) pour aller marchander au **souk de l'or de Deira** (p. 139). Promenez-vous le long des quais des *dhow* (boutres) et finissez la journée par un dîner-croisière à bord de l'**Al Mansour Dhow** (p. 152), suivi d'un dernier verre au **QDs** (p. 155).

Deux jours

Consacrez le deuxième jour au Dubai moderne, en débutant par une visite guidée de la **mosquée de Jumeirah** (p. 143). Descendez en taxi sur la côte pour acheter des souvenirs au charmant **souk Madinat Jumeirah** (p. 157), puis déjeunez au bord du canal devant l'emblématique **Burj al-Arab** (p. 143). Faites ensuite chauffer votre carte bancaire au **Dubai Mall** (p. 141) et montez à la plateforme d'observation du **Burj Khalifa** (p. 140) au soleil couchant (pensez à réserver). Dînez en terrasse devant la **fontaine de Dubai** (p. 142) et finissez la soirée au **Neos** (p. 155) en admirant la ville qui scintille à vos pieds. Magique !

100% LOCAL

BIENTÔT À DUBAI

La crise fiscale n'étant plus qu'un mauvais souvenir, plusieurs projets pharaoniques mis en attente sont à nouveau à l'ordre du jour et devraient être achevés dans les années à venir. Voici le top 5 de ces chantiers :

Dubai Frame Tel un gigantesque cadre, ce rectangle de 150 m de haut domine le Zabeel Park, près du début de Sheikh Zayed Rd, offrant une vue spectaculaire sur la ville depuis une passerelle en verre que l'on atteint par un ascenseur. Ouverture en 2016.

Dubai Opera (dubaiopera.com) Au pied du Burj Khalifa, cette salle de 2 000 places accueille des opéras, des pièces de théâtre, des concerts, des expositions d'art, des projections de films et des événements spéciaux depuis 2016. La salle fait partie du Dubai Opera District où l'on trouve des hôtels, des boutiques et des tours résidentielles.

Dubai Safari Dubai aura enfin son zoo moderne lorsque ce parc animalier ouvrira. Les animaux se sentiront comme chez eux dans de vastes enclos répartis dans 4 villages : Afrique, Asie, Arabie et Safari. Un parc aux papillons, une ferme pédagogique et un jardin botanique sont également prévus. Ouverture prévue à la fin 2016.

Dubai Parks & Resorts Trois parcs à thèmes majeurs prennent forme le long de l'autoroute E11 vers Abu Dhabi : le premier Bollywood Park du monde (www.bollywoodparkdubai.com), Legoland Dubai (www.legoland.com/dubai) avec 40 parcours, spectacles et attractions répartis dans six zones thématiques, et Motiongate Dubai (www.motiongatedubai.com), où Sony, Dreamworks et Lionsgate collaborent pour proposer 27 attractions autour du cinéma, dont beaucoup seront en intérieur pour garantir une affluence tout au long de l'année.

Île de Bluewaters Sur un polder en face de la Jumeirah Beach Residence, l'île de Bluewaters accueillera la plus haute grande roue du monde, le Dubai Eye ("œil de Dubai") de 201 m de hauteur, au début de l'année 2017.

Dhabi, reliant le centre financier, Downtown Dubai – avec le Burj Khalifa et le Dubai Mall –, le quartier des arts d'Al-Quoz ou encore le Mall of the Emirates – avec sa piste de ski couverte. Le métro de Dubai circule en parallèle à la Sheikh Zayed Rd.

Le long de la côte, le quartier de Jumeirah, qui abrite de riches villas et jouit des plus belles plages, se fond progressivement dans Umm Suqeim, que dominent les fameux Burj al-Arab et Madinat Jumeirah, un complexe touristique de style oriental. Un peu plus loin se trouvent les luxueux hôtels et immeubles résidentiels de la Dubai Marina, au large de laquelle se déploie l'archipel artificiel de Palm Jumeirah.

Deira et Bur Dubai

Bordant de part et d'autre le bras de mer Khor Dubai, Deira et Bur Dubai témoignent du passé de la ville. Al-Fahidi et Shindagha, les quartiers historiques soigneusement restaurés de Bur Dubai, offrent d'agréables promenades en fin d'après-midi, tandis qu'à un court trajet en *abra* (bateaux-taxis locaux), le quartier multiculturel de Deira est plus célèbre pour ses souks bruyants et son quai aux boutres colorés. Chargés de toutes sortes de marchandises, ces bateaux de commerce traditionnels sillonnent les mers depuis des siècles vers l'Iran, l'Inde et d'autres destinations lointaines.

En 2012, Dubai a soumis la candidature des quartiers historiques bordant le Khor Dubai au Comité du patrimoine mondial de l'Unesco, mais celle-ci a été rejetée en 2014.

Dubai Museum MUSÉE

(Carte p. 138 ; 04-353 1862 ; Al-Fahidi St ; adulte/enfant 3/1 AED ; 8h30-20h30 sam-jeu, 14h30-20h30 ven ; M Al-Fahidi). Le meilleur musée de Dubai occupe l'imposant fort d'Al-Fahidi, construit vers 1800 et considéré comme l'édifice le plus ancien de la ville. De captivantes expositions interactives retracent l'évolution-éclair de l'émirat, ancien petit village de pêche et de perliculture devenu un centre international du commerce, de la finance et du tourisme. L'époque précédant la découverte de pétrole est illustrée par la reconstitution d'un souk, des expositions

Deira et Bur Dubai

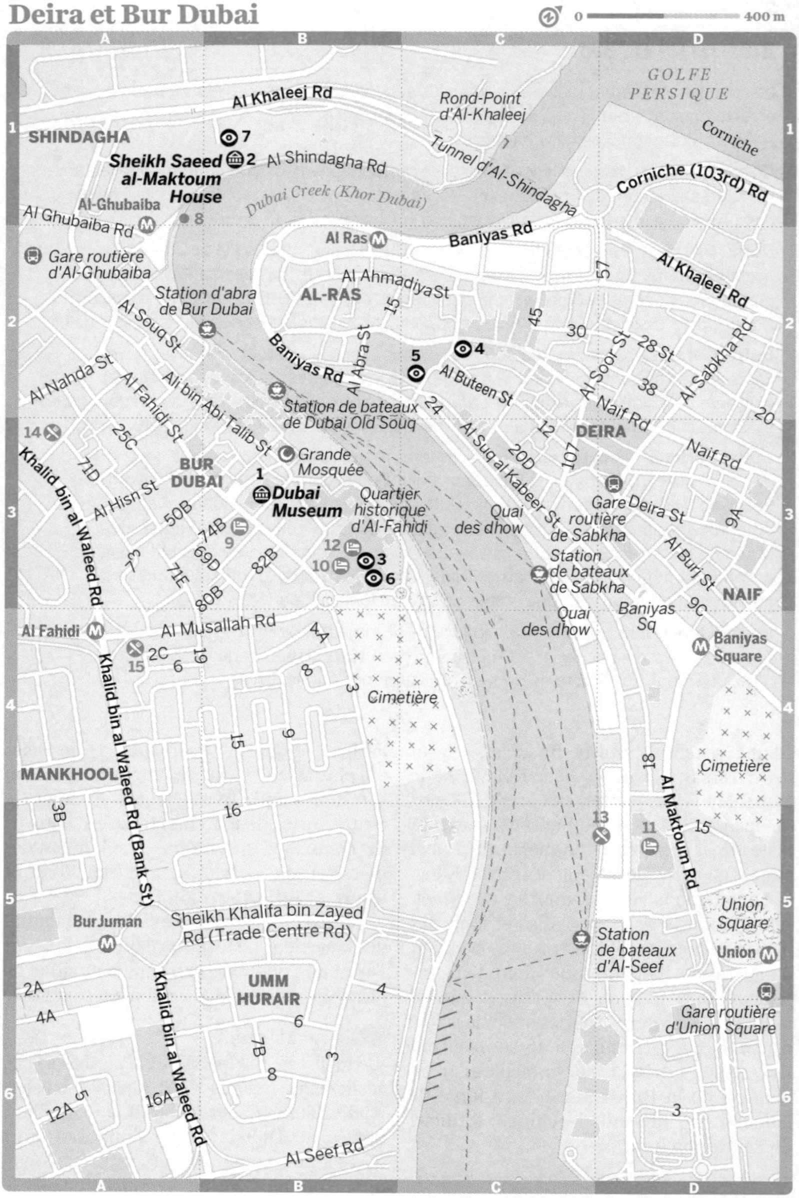

sur la vie des Bédouins dans le désert et une salle consacrée au rôle essentiel joué par la mer. Au terme de la visite sont exposées les dernières découvertes archéologiques provenant de sites de fouilles des alentours.

Quartier historique d'Al-Fahidi

QUARTIER HISTORIQUE

(Carte ci-dessus ; Al-Fahidi St ; Ⓜ Al-Fahidi). GRATUIT
Le vacarme urbain se mue en un lointain murmure au cœur du dédale de ruelles de ce quartier historique restauré avec brio,

Deira et Bur Dubai

Les incontournables

1 Dubai Museum B3
2 Sheikh Saeed al-Maktoum House B1

À voir

3 Quartier historique d'Al-Fahidi B3
4 Souk de l'or de Deira C2
5 Souk aux épices de Deira C2
6 Sheikh Mohammed Centre for Cultural Understanding B3
7 Quartier du patrimoine de Shindagha .. B1

Activités

8 Dubai Ferry – quai Al-Ghubaiba A1

Où se loger

9 Arabian Courtyard Hotel & Spa B3
10 Orient Guest House B3
11 Radisson Blu Hotel D5
12 XVA Hotel B3

Où se restaurer

13 Al Mansour Dhow D5
14 Sind Punjab A3
15 Special Ostadi A4
XVA Café .... (voir 12)

anciennement appelé quartier de Bastakia. Ses étroites rues piétonnes sont bordées de maisons couleur sable surmontées de tours à vent leur fournissant une climatisation naturelle. Une cinquantaine de ces demeures abritent aujourd'hui des musées, des boutiques d'artisanat, des expositions culturelles, des cafés, des galeries d'art et deux boutiques-hôtels.

Le quartier fut construit au début des années 1900 par des marchands de la ville perse de Bastak venus s'installer à Dubai pour profiter des allégements fiscaux offerts par le cheikh. Mais 70 ans plus tard, les habitants avaient déserté le quartier, devenu vétuste, pour des logements plus modernes. Dans les années 1980, ce patrimoine fut sauvé de la démolition grâce à l'engagement de certains résidents, d'expatriés et même du prince Charles. Caché au cœur de ce labyrinthe, une partie de l'ancien mur d'enceinte de la ville datant des années 1800 a résisté au passage du temps. Pour une exploration plus poussée, faites une visite guidée du Sheikh Mohammed Centre for Cultural Understanding (encadré p. 141).

À côté du quartier historique, un nouveau front de mer touristique nommé Marsa al-Seef, qui célèbre la culture émiratie, est en construction. Le chantier devrait s'achever en 2017.

Quartier du patrimoine de Shindagha — SITE HISTORIQUE

(Carte ci-contre ; Shindagha Waterfront ; Ⓜ Al-Ghubaiba). Stratégiquement situé à l'embouchure du Khor Dubai, Shindagha était jusque dans les années 1950 le lieu de résidence des cheikhs, de leurs familles et des notables de la ville. Ces majestueuses demeures de corail et de gypse, rafraîchies par des tours à vent et abritant de belles cours, ont été restaurées. Désormais quartier du patrimoine, Shindagha est bordé d'un front de mer le long du Khor, où il fait bon flâner au crépuscule et en début de soirée, en contemplant les reflets des lumières sur l'eau et les boutres partant vers le large.

♥ Sheikh Saeed al-Maktoum House — MUSÉE

(Carte ci-contre ; ☎04-393 7139 ; quartier du patrimoine de Shindagha, Shindagha Waterfront ; adulte/enfant 3/1 AED ; 8h-20h30 sam-jeu, 15h-22h ven ; Ⓜ Al-Ghubaiba). Cette splendide maison ouvrant sur une cour intérieure était la résidence du cheikh Saeed, grand-père du cheikh Mohammed ben Rachid, souverain actuel de Dubai, qui l'habita entre 1912 et sa mort en 1958. Cette merveille architecturale abrite une belle collection de photographies de la ville avant l'ère du pétrole, prises dans les souks, sur le Khor Dubai et lors de cérémonies traditionnelles. Il y a aussi d'intéressantes images prises dans l'intimité du clan Al-Maktoum. Dans d'autres salles sont exposés des pièces de monnaie, des timbres et des documents dont les plus anciens remontent à 1791.

Souk de l'or de Deira — SOUK

(Carte ci-contre ; Sikkat al-Khail St ; 10h-13h et 15h-22h ; Ⓜ Palm Deira). Sous une longue galerie en bois, les centaines de boutiques de ce souk coloré débordent de bijoux en or et en argent, des plus petites bagues aux plus massifs colliers nuptiaux. Rien que pour observer, ce souk vaut le détour. Installez-vous sur un banc et contemplez le spectacle chamarré des ouvriers afghans poussant de lourds chariots chargés de marchandises, des Africaines en caftans bariolés et des Émiratis en virée shopping. Privilégiez une visite à la nuit tombée.

Souk aux épices de Deira — SOUK

(Carte ci-contre ; entre Baniyas Rd, Al-Ras Rd et Al-Abra St ; env 9h-22h sam-jeu, 16h-22h ven ;

Est de Dubai

Ⓜ Al-Ras). À quelques mètres de la station d'*abra* Deira Old Souq, les allées de ce petit marché bruissent de conversations en arabe. Les commerçants s'échinent à décharger leurs stocks de cardamome, de safran et autres épices exposées dans de photogéniques sacs en toile de jute le long d'étals chargés de fruits secs, de noix, de brûleurs d'encens, de kits de henné et de narguilés. À l'écart de la touristique allée centrale, des petites boutiques vendent des fruits et légumes, des articles domestiques et d'autres objets aux locaux et aux conducteurs de boutres.

Downtown Dubai

Le Burj Khalifa est le pinacle (au sens propre comme figuré) de ce centre urbain en constante évolution, où l'on trouve des hôtels cinq étoiles, des bars et des restaurants, ainsi que le Dubai Mall (le plus vaste centre commercial du monde) et le Burj Lake, avec son hypnotisante fontaine de Dubai. L'Opera District, toujours en chantier, accueillera bientôt une salle de spectacle de 2 000 places. Le tramway rouge vif de Dubai parcourt une portion de Sheikh Mohammed bin Rashid Blvd, l'artère principale qui fait le tour du centre.

♥ Burj Khalifa — ÉDIFICE D'INTÉRÊT

(Carte ci-dessus ; ☎04-888 8888 ; www.atthetop.ae ; 1 Sheikh Mohammed bin Rashid Blvd, entrée rdc, Dubai Mall ; At the Top adulte/enfant 4-12 ans/fast track 125/95/300 AED, At the Top Sky 300 AED, audioguide 25 AED ; ⌚At the Top 8h30-minuit, At the Top Sky 11h-23h dim-jeu, 10h-23h ven-sam, dernière entrée 45 min avant la fermeture ; Ⓜ Burj Khalifa/Dubai Mall). Époustouflante merveille technique et architecturale, le Burj Khalifa compte deux plateformes d'observation (l'une au 124e étage, l'autre au 148e) et un bar-restaurant au 112e étage. Plus haute

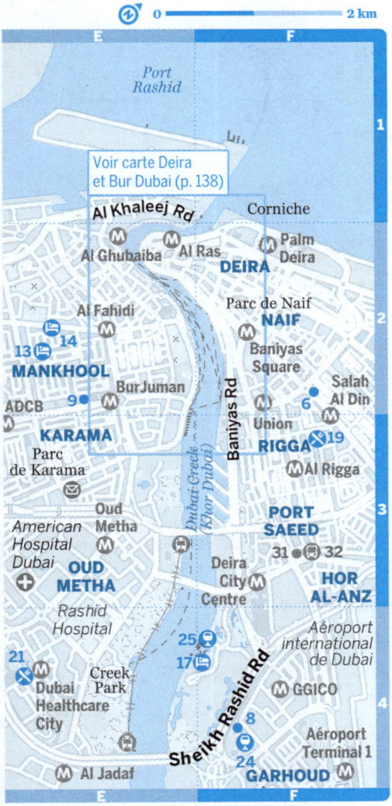

tour au monde, elle culmine à la hauteur vertigineuse de 828 m. Elle a été inaugurée en janvier 2010, tout juste six ans après le début des travaux. Pour éviter de faire la queue ou d'acheter un onéreux billet *fast track*, réservez en ligne 30 jours à l'avance. Notez que la vue n'est pas toujours extraordinaire à cause du voile d'humidité enveloppant fréquemment la ville.

La plateforme d'observation la plus appréciée est celle du 124e étage (452 m), où de puissants télescopes (payants) permettent d'observer en détail les chantiers les plus distants (par temps dégagé) et de simuler de façon ingénieuse une vue de la Dubai nocturne d'il y a 35 ans. Pour parvenir à la plateforme, vous traverserez des expositions multimédias avant de prendre un ascenseur à 2 niveaux atteignant la vitesse de 10 m/s.

Pour fouler la plateforme d'observation la plus haute du monde, il vous faudra des billets "At the Top Sky", donnant accès au 148e étage (555 m). Vous bénéficierez alors d'un traitement VIP : boissons fraîches, visite guidée et écran interactif qui vous permettra de "voler" vers différents sites de la ville d'un simple mouvement de la main grâce à des capteurs high-tech. Vous serez ensuite escorté au 125e étage où vous seront exposées toutes sortes d'anecdotes sur Dubai et le Burj, avant de faire une visite virtuelle des sites touristiques de la ville dans une étonnante attraction interactive appelée "A Falcon's Eye View" ("L'Œil du faucon").

Dubai Mall CENTRE COMMERCIAL

(Carte ci-contre ; ✆ appel gratuit 800 382 246 255 ; www.thedubaimall.com ; Sheikh Mohammed bin Rashid Blvd ; ⏲ 10h-23h dim-mer, 10h-minuit jeu-sam ; 👪 ; Ⓜ Burj Khalifa/Dubai Mall). Le roi des centres commerciaux est bien plus que la simple somme de ses 1 200 magasins : c'est un véritable centre de loisirs familial avec un aquarium géant, un parc d'attractions, des jeux d'arcade, une patinoire olympique et un authentique squelette de dinosaure. On y trouve aussi le très beau souk Al-Bahar et une avenue des créateurs de mode qui propose des défilés et son propre magazine

OUVRIR DES PORTES, OUVRIR LES ESPRITS

"Ouvrir ces portes, ouvrir les esprits" est le mot d'ordre du **Sheikh Mohammed Centre for Cultural Understanding** (carte p. 138 ; ✆ 04-353 6666 ; www.cultures.ae ; House 26, Al-Musallah Rd ; visites guidées 65 AED, petit-déj et déj 90 AED, dîner et brunch 100 AED ; ⏲ 9h-17h dim-jeu, 9h-13h sam ; Ⓜ Al-Fahidi), fondé en 1998 par le cheikh Mohammed, souverain actuel de Dubai, pour bâtir des ponts entre les cultures, et permettre aux visiteurs et aux expatriés de comprendre les traditions et coutumes des Émirats. Le centre organise des visites guidées du quartier historique d'Al-Fahidi et de la mosquée de Jumeirah, ainsi que les très populaires repas communaux où vous pourrez rencontrer et échanger avec des habitants en dégustant une excellente cuisine émiratie. Réservations indispensables pour les visites et les repas.

Est de Dubai

Les incontournables
1 Burj Khalifa B3
2 Mosquée de Jumeirah C2

À voir
Dubai Aquarium & Underwater Zoo .... (voir 4)
3 Dubai Dino B3
Fontaine de Dubai .... (voir 1)
4 Dubai Mall B3

Activités
5 Arabian Adventures A3
Patinoire de Dubai .... (voir 4)
6 Hormuz Tourism F2
7 Knight Tours B3
8 Orient Tours F4
9 Wonder Bus Tours E2

Où se loger
10 Address Downtown Dubai B3
11 Beach Hotel Apartment C2
12 Dusit Thani Dubai B3
13 Golden Sands Hotel Apartments E2
14 Majestic Hotel Tower E2
15 Novotel World Trade Centre C3
16 Palace Downtown Dubai B3
17 Park Hyatt Dubai F4

Où se restaurer
18 Al-Fanar B2
19 Aroos Damascus F3
20 Baker & Spice B3
Mayrig .... (voir 16)
Milas .... (voir 3)
21 Qbara E4
22 Ravi D2
Thiptara .... (voir 16)
23 Zaroob C3

Où prendre un verre et faire la fête
24 Irish Village F4
Neos .... (voir 10)
Nippon Bottle Company .... (voir 12)
25 QDs F4

Où sortir
26 Act B3
Music Room .... (voir 14)

Achats
27 BoxPark B2
Dubai Mall .... (voir 4)
28 Galleria Mall B2
29 Mercato Shopping Mall B2
30 S*uce C2

Transports
31 Emirates Airlines F3
32 Mwasalat – International (anciennement ONTC) F3

mensuel. Et ce n'est pas fini : des travaux d'agrandissement étaient en cours lors de notre dernière visite.

Dubai Aquarium & Underwater Zoo — AQUARIUM

(Carte p. 140 ; 04-448 5200 ; www.thedubaiaquarium.com ; Sheikh Mohammed bin Rashid Blvd, rdc, Dubai Mall ; forfait tout compris 100-250 AED ; 10h-23h dim-mer, 10h-minuit jeu-sam, dernière entrée 30 min avant la fermeture ; ; Burj Khalifa/Dubai Mall). Le spectacle le plus hypnotique du Dubai Mall est son aquarium gigantesque, où des milliers de créatures évoluent au milieu de coraux artificiels. Les requins et les raies sont les stars, mais les énormes mérous et les impressionnants bancs de poissons pélagiques ne sont pas loin de leur voler la vedette. Beaucoup de créatures sont visibles gratuitement depuis l'extérieur, tandis que le tunnel sous-marin est payant. Le billet inclut l'accès au zoo marin à l'étage, dont l'attraction n°1 est un crocodile australien de 5,1 m de long surnommé King Croc.

Fontaine de Dubai — FONTAINE

(Carte p. 140 ; Burj Lake ; spectacles 13h et 13h30 sam-jeu, 13h30 et 14h ven, toutes les 30 min 18h-23h tlj ; Burj Khalifa/Dubai Mall). GRATUIT Au milieu d'un grand bassin au pied de l'étincelant Burj Khalifa, cette fontaine féerique est une merveille. Les jets d'eau ondulent avec la grâce de danseuses du ventre et s'élancent tels des dauphins jusqu'à 150 m de hauteur au son de musiques classiques, arabes et du monde. Le spectacle est visible depuis de nombreux sites, dont certains restaurants du souk Al-Bahar, le pont reliant le souk au Dubai Mall et la terrasse du Mall.

Dubai Dino — SITE D'INTÉRÊT

(Carte p. 140 ; www.thedubaimall.com ; Sheikh Mohammed bin Rashid Blvd, Dubai Mall ; 10h-23h dim-mer, 10h-minuit jeu-sam ; ; Burj Khalifa/Dubai Mall). GRATUIT Le jurassique a rendez-vous avec le futur sous le dôme du souk du Dubai Mall, qui abrite le squelette quasiment complet d'un *amphicoelias brontodiplodocus* vieux de 155 millions d'années découvert dans le Wyoming en 2008. Le dinosaure de 8 m de haut et 24 m de long – en comptant sa queue en forme de fouet – occupe presque tout l'espace du lumineux atrium à l'architecture exotique.

Jumeirah et ses environs

Situé entre la mosquée de Jumeirah et le Burj al-Arab, ce quartier de front de mer bordé par les plus belles plages publiques de Dubai comportent de belles demeures abritant d'excellentes boutiques, de nombreux spas et centres de soins, et un nombre croissant de bons restaurants.

Mosquée de Jumeirah MOSQUÉE

(Carte p. 140 ; 04-353 6666 ; www.cultures.ae ; Jumeirah Rd ; visite guidée 20 AED ; visite guidée 10h-11h15 sam-jeu ; Emirates Towers, World Trade Centre). D'un blanc immaculé et finement ornée, la mosquée de Jumeirah est l'une des plus belles de Dubai, et l'une des rares des Émirats ouvertes aux non-musulmans lors des visites guidées d'environ 1 heure 15 organisées par le Sheikh Mohammed Centre for Cultural Understanding (encadré p. 141). Les visites se concluent par une séance de questions-réponses lors de laquelle vous pourrez obtenir toutes les informations que vous souhaitez sur la culture et la religion musulmanes. Il n'est pas nécessaire de réserver, mais habillez-vous convenablement – vous pourrez emprunter gratuitement une tenue traditionnelle à l'entrée. Photos et vidéos autorisées.

Burj al-Arab ARCHITECTURE, HÔTEL

(Carte p. 144 ; 04-301 7777 ; www.jumeirah.com ; Jumeirah 3 ; Mall of the Emirates). Évoquant une voile de boutre – embarcation en bois traditionnelle –, la gracieuse silhouette du Burj est à Dubai ce que la tour Eiffel est à Paris. Achevé en 1999, l'emblématique édifice se dresse sur une île artificielle près de Jumeirah Rd. Il est doté d'un héliport et d'une armada de limousines Rolls Royce avec chauffeurs. Passé le gigantesque hall et son hypnotisante fontaine, on y trouve 202 chambres à la décoration d'une délirante opulence.

Rien que pour un coup d'œil à l'intérieur, aussi clinquant que l'extérieur est élégant, le Burj vaut le détour. Le vaste espace d'accueil, aux tons rouge, bleu et vert, hérissé de majestueux piliers recouverts de feuilles d'or, culmine à 180 m – on pourrait y faire tenir la statue de la Liberté !

Si vous n'y séjournez pas, vous devrez être muni d'une réservation au restaurant pour franchir les contrôles de sécurité du hall d'entrée. Impossible de négocier : la consommation au Skyview Bar s'élève à 350 AED minimum, et un thé gourmand vous coûtera 620 AED. Renseignements et réservations sur le site Internet.

QUARTIER DES GALERIES D'ART DE DUBAI

Au cœur du quartier naissant d'Al-Quoz, l'**Alserkal Avenue** (carte p. 144 ; www.alserkalavenue.ae ; 8th St ; First Gulf Bank) est l'œuvre du promoteur et mécène Abdelmonem bin Eisa Alserkal. D'anciens entrepôts ont été transformés en une vingtaine de galeries d'art immaculées et jouissant d'une belle hauteur sous plafond. Parmi les meilleures, la Gallery Isabelle van den Eynde (www.ivde.net) aide des talents prometteurs d'Afrique et du Moyen-Orient à sortir de l'ombre, tandis que Carbon 12 (carbon12dubai.com) expose des œuvres contemporaines majeures d'artistes, qui pour beaucoup viennent de la région.

Fin 2015, de nouvelles galeries ont ouvert dans une ancienne usine de marbre, dont la prestigieuse Leila Heller Gallery (www.leilahellergallery.com), originellement basée à New York, la fondation Jean-Paul Najar de Paris (www.jpnajarfoundation.com) et un pionnier de la région, Third Line (www.thethirdline.com).

Outre les espaces d'exposition, on trouve des ateliers d'art et de design, un projet de radio culturelle, deux théâtres communautaires et des cafés branchés. Des visites guidées gratuites des galeries ont lieu le samedi après-midi ; consultez le site Internet pour plus d'informations. Les galeries sont fermées le vendredi, et beaucoup n'ouvrent que l'après-midi le samedi (malgré les horaires affichés).

Al-Quoz est un quartier poussiéreux et chaotique au sud de Sheikh Zayed Rd entre Downtown Dubai et le Mall of the Emirates.

Ouest de Dubai

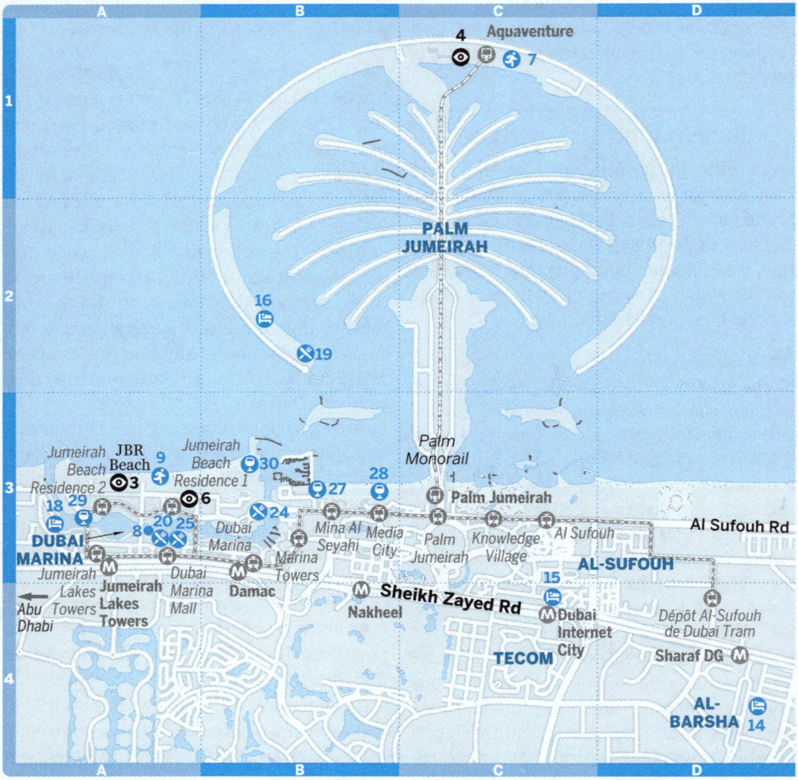

Madinat Jumeirah QUARTIER

(Carte ci-dessus ; ☎04-366 8888 ; www.jumeirah.com ; Al-Sufouh Rd, Umm Suqeim ; Ⓜ Mall of the Emirates). Ce nouveau quartier de Dubai est une interprétation moderne du village arabe traditionnel, avec un souk, un bord de mer planté de palmiers, et des hôtels et villas aux couleurs du désert surmontés de tours à vent. L'endroit est particulièrement enchanteur à la nuit tombée, lorsque le Burj al-Arab luit à l'arrière-plan des jardins éclairés d'où émane une atmosphère romantique à souhait. Le moindre recoin peut cacher de belles surprises : n'hésitez donc pas à errer au hasard d'escaliers menant parfois à des terrasses secrètes offrant de splendides vues sur les lumières du quartier.

Dubai Water Canal

La construction du Dubai Water Canal est l'un des derniers grands chantiers en date de la ville ; il prolongera le Khor Dubai sur 3 km jusqu'au golfe. À partir de son embouchure à Deira/Bur Dubai, le bras de mer ralliait à l'origine la réserve naturelle Ras al-Khor, avant d'être artificiellement prolongé sur 2,2 km en 2007, jusqu'au nouveau quartier d'affaires de Business Bay.

La construction du Dubai Water Canal a débuté en 2013. Au-delà de Business Bay, il passera sous Sheikh Zayed Rd, traversera le parc Al-Safa et se jettera dans la mer à Jumeirah Beach. Les 6 km de rives (qui seront reliées par plusieurs ponts) accueilleront un centre commercial, des hôtels, des restaurants et des cafés, une piste pour joggeurs et d'autres aménagements publics. Le chantier devrait s'achever en 2017 ; d'ici là, il faudra faire avec les fréquentes déviations et les fermetures du Jumeirah Beach Park et de certaines sections du parc Al-Safa.

Dubai Marina et Palm Jumeirah

La Dubai Marina s'étend le long d'un canal de 3 km flanqué d'une succession de gratte-ciel futuristes et bordé par la promenade Marina Walk, particulièrement agréable à la nuit tombée, lorsque au loin tanguent paisiblement les yachts et scintillent les lumières des tours. Profitez du spectacle en dînant, en buvant un verre ou en fumant un narguilé. Ou bien arpentez la Walk at JBR, une plaisante promenade de front de mer longeant une belle plage de sable, bordée de boutiques et de restaurants familiaux. Au milieu du golfe affleure Palm Jumeirah, île artificielle en forme de palmier où se dresse le gigantesque complexe hôtelier Atlantis The Palm, avec son parc aquatique et son aquarium appréciés des touristes.

The Walk at JBR FRONT DE MER

(Carte ci-dessus ; Jumeirah Beach Residence ; M Jumeirah Lakes Towers, Damac, Jumeirah Beach Residence 1, Jumeirah Beach Residence 2). Contrastant avec les très nombreux centres commerciaux climatisés, cette agréable promenade extérieure de 1,7 km, bordée de boutiques et de restaurants, a connu un succès immédiat dès son inauguration en 2008. Flânez-y avec les habitants de la région et les expatriés, regardez le beau monde défiler depuis une terrasse de café, parcourez les boutiques tendance, ou comptez les Ferrari et autres voitures de luxe qui la parcourent à un train de sénateur le week-end.

The Beach at JBR QUARTIER

(Carte ci-dessus ; www.thebeach.ae ; Jumeirah Beach Residence ; M Jumeirah Lakes Towers, Damac, Jumeirah Beach Residence 1, Jumeirah Beach Residence 2). Bordant la plage sur 1 km environ, ce quartier ouvert aux vents est

Ouest de Dubai

Les incontournables
1 Burj al-Arab E3

À voir
2 Alserkal Avenue F4
3 Beach at JBR A3
4 Lost Chambers Aquarium C1
5 Madinat Jumeirah E3
6 Walk at JBR A3

Activités
7 Aquaventure Waterpark C1
8 Dubai Ferry A3
9 JBR Beach A3
10 Kite Beach G3
11 Ski Dubai E4
12 Sunset Beach E3
13 Wild Wadi Water Park E3

Où se loger
14 Centro Barsha D4
15 Gloria Hotel C4
16 Jumeirah Zabeel Saray B2
17 Mina A'Salam Hotel E3
18 Pearl Marina Hotel Apartments A3

Où se restaurer
19 101 Lounge & Bar B2
20 Asia Asia A3
Fümé .... (voir 20)
21 Pai Thai E3
22 Pierchic E3
23 Tom & Serg F4
24 Toro Toro B3
25 Zafran A3

Où prendre un verre et faire la fête
26 360° E3
Bahri Bar .... (voir 5)
27 Barasti B3
28 Jetty Lounge B3
29 Tribeca A3
30 Zero Gravity B3

Où sortir
Dubai Community Theatre & Arts Centre .... (voir 31)
Madinat Theatre .... (voir 5)
MusicHall .... (voir 16)
Vox Mall of the Emirates .... (voir 31)

Achats
31 Mall of the Emirates E4
Souk Madinat Jumeirah .... (voir 5)

constitué de bas immeubles modernes répartis autour de vastes places. Très apprécié des familles le week-end, il abrite des cafés, des boutiques de luxe et une aire de loisirs en front de mer avec parcs aquatiques, un espace de gym extérieur, un cinéma en plein air et de nombreuses autres attractions. Louez un transat au club de plage ou étendez simplement votre serviette où bon vous semble.

Lost Chambers Aquarium AQUARIUM
(Carte p. 144 ; ☎04-426 0000 ; www.atlantisthe-palm.com ; Atlantis The Palm, Palm Jumeirah ; adulte/enfant 3-11 ans 100/70 AED ; ⏲10h-22h ; Aquaventure). Ali et Blue, de rarissimes alligators albinos, sont les dernières recrues vedettes de ce fantastique labyrinthe souterrain évoquant la cité engloutie de l'Atlantide. Les 20 aquariums hébergent quelque 65 000 créatures exotiques, parmi lesquelles des raies, des méduses et des mérous. L'attraction phare en est l'Ambassador Lagoon, un bassin de 11,5 millions de litres dans lequel vous pourrez – en payant un supplément – plonger avec ou sans bouteilles au milieu des poissons.

Activités

Wild Wadi Waterpark PARC AQUATIQUE
(Carte p. 144 ; ☎04-348 4444 ; www.jumeirah.com ; Jumeirah Rd, Jumeirah 3 ; plus/moins de 1,10 m 285/240 AED ; ⏲10h-18h nov-fév, 10h-19h mars-oct ; ; Mall of the Emirates). Un concentré d'adrénaline aquatique : montagnes russes dans l'eau, toboggans à faire pâlir les morts et *bodysurf* sur d'énormes vagues. Ces attractions exigent de mesurer plus de 1,10 m, mais les plus petits trouveront aussi à s'amuser en descendant une paisible rivière ou en s'éclaboussant dans une vaste aire de jeux avec des toboggans à leur taille, des pistolets à eau et un grand seau à bascule.

Aquaventure Waterpark PARC AQUATIQUE
(Carte p. 144 ; ☎04-426 0000 ; www.atlantisthe-palm.com ; Atlantis The Palm, Palm Jumeirah ; plus/moins de 1,20 m 250/205 AED ; ⏲10h-coucher du soleil ; ; Aquaventure). Sensations fortes garanties dans ce parc aquatique de l'hôtel Atlantis. Une rivière de 1,6 km jalonnée de rapides, de déferlantes et de cascades serpente dans un vaste domaine que dominent deux tours : celle de Neptune, en forme de ziggourat, compte trois toboggans,

dont le bien nommé Leap of Faith ("Le Saut de la foi"), qui plonge à la verticale dans un lagon infesté de requins (sous l'eau, le toboggan se transforme en tunnel de verre) !

Les enfants de moins de 1,20 m pourront s'ébattre dans les eaux plus paisibles d'une piscine à vagues et d'une immense aire de jeux aquatiques. Accès à une plage privée.

Ski Dubai SKI

(Carte p. 144 ; ✆ appel gratuit 800 386 ; www.theplaymania.com/skidubai ; Sheikh Zayed Rd, Al-Barsha Rd, Mall of the Emirates ; pass journée 250-500 AED ; ⌚10h-23h dim-mer, 10h-minuit jeu, 9h-minuit ven, 9h-23h sam ; 👪 ; Ⓜ Mall of the Emirates). Du ski dans le désert ? C'est à Dubai, évidemment ! Le site le plus incongru de la ville est un faux paysage hivernal, construit à l'intérieur du gigantesque Mall of the Emirates. Il comprend : des sculptures de glace, un groupe de pingouins, une petite descente de luge, cinq pistes de ski (la plus longue mesurant 400 m) et un espace freestyle avec des tremplins et des rails.

Les débutants et les enfants apprécieront l'igloo coloré et la colline à toboggans. La neige, dépourvue d'additifs chimiques, est produite nuitamment au moyen de canons à neige. Le pass inclut combinaison et matériel, mais pas le bonnet et les gants. Prenez les vôtres ou achetez-les sur place.

100% LOCAL

PROMENADE SUR LA DUBAI MARINA

Dubai Marina est l'un des quartiers les plus agréables pour se promener à pied, mais il dispose également de transports publics pratiques. On peut s'y déplacer à bord du **Dubai Tram** (www.rta.ae ; Dubai Marina ; billets 3-5 AED ; ⌚6h30-1h) climatisé qui fait la navette entre Dubai Internet City et Jumeirah Beach Residence, avec des correspondances aux stations de métro Damac et Jumeirah Lakes Towers. Le **Palm Monorail** (p. 160) circule sur toute la longueur du tronc de Palm Jumeirah. Pour explorer le secteur sans vous ruiner, visitez la Dubai Marina à bord d'un **bus amphibie** (www.rta.ae ; Dubai Marina ; billets 3-11 AED, pass journée 25 AED ; ⌚10h-23h sam-jeu, 12h-minuit ven), de préférence après le coucher du soleil.

☞ Circuits organisés

Big Bus Dubai BUS

(✆ 04-340 7709 ; www.bigbustours.com ; adulte/enfant 240/100 AED pour 24 h, 295/130 AED pour 48 h). Les visites de la ville à bord d'un bus à impériale, avec montées et descentes à volonté, sont un bon moyen de se repérer dans Dubai à l'occasion d'un premier séjour. Les bus parcourent 3 itinéraires et marquent l'arrêt dans les principaux centres commerciaux, plages et monuments. Vous pouvez acheter les billets en ligne (réduction de 10%), dans le bus ou dans les hôtels. Il existe aussi une visite nocturne de 2 heures 45 sans arrêt (adulte/enfant 145/75 AED).

Des commentaires enregistrés sont disponibles en 12 langues, et les circuits comptent quelques surprises comme la visite d'un souk ou une mini-croisière en boutre.

Big Bus (p. 188) propose aussi des visites à Abu Dhabi.

Wonder Bus Tours BUS

(Carte p. 140 ; ✆ 04-359 5656 ; wonderbusdubai.net ; Khalid bin al-Waleed Rd ; adulte/enfant 3-11 ans 160/115 AED ; ⌚plusieurs circuits quotidiens ; Ⓜ BurJuman). Embarquez à bord d'un bus amphibie jaune vif pour une visite d'une heure hors du commun. Le Wonder Bus quitte le centre commercial BurJuman pour rejoindre le Khor, dans lequel il se jette avant de naviguer le long des quartiers historiques de Bur Dubai et Deira et de revenir au centre commercial.

Dubai Ferry CROISIÈRE

(✆ 04-284 4444 ; www.rta.ae ; billets à partir de 50 AED, enfant 2-10 ans moitié prix ; ⌚11h, 13h, 15h, 17h et 18h30). Mini-croisières de 1 heure 30 entre le **quai Al-Ghubaiba** (carte p. 138 ; ✆ 800 9090 ; www.rta.ae ; station Al-Ghubaiba, Shindagha Waterfront ; billets or/argent 75/50 AED ; Ⓜ Al-Ghubaiba) à Bur Dubai et la **Dubai Marina** (carte p. 144 ; ✆ 800 9090 ; www.rta.ae ; billets or/argent 50/75 AED ; Ⓜ Damac). Vous pourrez admirer Madinat Jumeirah, le Burj al-Arab et Port Rashid. Outre les départs à 11h, 13h et 18h30, on peut aussi embarquer à 15h pour une croisière-thé et à 17h pour une croisière-soleil couchant, au départ de l'un ou l'autre des embarcadères.

Frying Pan Adventures CIRCUIT CULINAIRE

(www.fryingpanadventures.com ; visite guidée 335-450 AED). Les étroites ruelles de Bur Dubai et Deira regorgent de restaurants tenus par des expatriés faisant honneur à leurs

DUBAI POUR LES ENFANTS

De nombreux hôtels proposent des clubs et des activités pour enfants, qui trouveront aussi de quoi se divertir en ville. Bambins et ados peuvent se raffraîchir tout en s'amusant dans les parcours et toboggans du Wild Wadi Water Park (p. 146) ou d'Aquaventure (p. 146), sur les pistes de Ski Dubai (p. 147) ou à la **patinoire de Dubai** (carte p. 140 ; ☎ 04-437 1111 ; www.dubaiicerink.com ; rdc, Dubai Mall ; 60-80 AED/session, patins compris ; ⏲ 10h-minuit ; Ⓜ Burj Khalifa/Dubai Mall) du Dubai Mall. Ils pourront découvrir la faune marine au Lost Chambers Aquarium (p. 146) du complexe hôtelier Atlantis The Palm et au Dubai Aquarium & Underwater Zoo (p. 142) du Dubai Mall. Presque tous les centres commerciaux abritent un parc d'attractions, comme le Magic Planet du Mall of the Emirates et Sega Republic au Dubai Mall (www.segarepublic.com). Les petits pourront jouer aux grands à KidZania (www.kidzania.com), également dans le Dubai Mall. Le site Internet www.uae4kidz.biz constitue une bonne source d'information.

Le lait maternisé et les couches sont largement disponibles dans les supermarchés et les pharmacies. Les enfants de moins de 5 ans voyagent gratuitement dans les transports en commun.

cuisines nationales. Arva et Farida Ahmed pousseront les portes des meilleurs d'entre eux pour vous faire découvrir des plats du Maroc, du Népal ou d'Inde lors de visites en petits groupes.

Fêtes et festivals

Dubai Shopping Festival ACHATS
(www.visitdubai.com ; ⏲ jan). Ce festival de shopping dure tout le mois de janvier et attire des touristes en quête de bonnes affaires venus du monde entier. Les souks et les centres commerciaux proposent d'énormes réductions et les quatre coins de la ville s'animent de concerts, de défilés de mode et de feux d'artifice.

Art Dubai ART
(www.artdubai.ae ; ⏲ mars). Restez à la pointe de l'art du Moyen-Orient et d'Asie du Sud, en constante évolution, grâce à cet événement prestigieux auquel participent près de 100 galeries des Émirats et du monde entier à Madinat Jumeirah.

Dubai World Cup COURSE HIPPIQUE
(www.dubaiworldcup.com ; Meydan Racecourse, Nad Al-Sheba ; ⏲ mars). Les Émirats ont une longue tradition hippique reconnue dans le monde entier. La saison des courses débute en novembre et culmine en mars avec la Dubai World Cup, la plus huppée des courses de chevaux internationales.

Dubai International Film Festival CINÉMA
(DIFF ; www.dubaifilmfest.com ; ⏲ déc). Cet excellent festival de cinéma permet de découvrir des films indépendants internationaux, ainsi que les dernières œuvres du monde arabe et du sous-continent indien.

Où se loger

Selon l'expérience que vous souhaiterez vivre à Dubai, établissez-vous dans le quartier qui semble le mieux vous correspondre afin de réduire le temps passé dans les transports. Ainsi, pour explorer le bras de mer Khor Dubai, les souks et le quartier du patrimoine Shindagha, optez pour un logement à Deira ou à Bur Dubai. Si le cœur de la ville moderne a vos faveurs, cherchez un hébergement dans Downtown. Et si la plage vous attire, rendez-vous à Jumeirah ou à la Dubai Marina.

Deira et Bur Dubai

Dubai Youth Hostel AUBERGE DE JEUNESSE $
(☎ 04-298 8151/61 ; www.uaeyha.com ; 39 Al-Nahda Rd, Al-Qusais ; dort/s/d/tr membres HI 110/220/260/330 AED, non-membres 120/230/270/360 AED ; ⏲ réception 24h/24 ; @ 📶 🏊 ; Ⓜ Stadium). La seule auberge de jeunesse de Dubai se trouve au nord de l'aéroport, loin de la plupart des sites touristiques, mais proche d'une station de métro et d'un centre commercial. Parmi les installations : piscine, terrain de tennis, café et laverie. Les chambres privatives de la nouvelle aile (auberge A) sont dotées de TV, réfrigérateur et salle de bains.

Les équipements des dortoirs de 4 personnes dans les ailes plus anciennes (auberges B et C) sont minimes. Entre l'hypermarché Lulu et l'Al-Bustan Centre.

Établissement non-fumeur, visites et alcool interdits.

XVA Hotel HÔTEL HISTORIQUE $$

(Carte p. 138 ; ☎04-353 5383 ; www.xvahotel.com ; ch à partir de 300 AED ; ; Ⓜ Al-Fahidi). Hôtel à la déco artistique dans une demeure séculaire avec tour à vent près d'Al-Fahidi St, en plein cœur du quartier historique d'Al-Fahidi. Les 13 petites chambres donnant sur une cour (donc assez sombres) sont élégamment décorées d'après des thèmes locaux, comme la chambre henné et la chambre *dishdasha* (costume émirati traditionnel). Toutes sont ornées d'arabesques et de touches de couleurs vives. Petit-déjeuner dans l'agréable café (p. 152).

Orient Guest House HÔTEL HISTORIQUE $$

(Carte p. 138 ; ☎04-351 9111 ; www.orientguesthouse.com ; Al-Fahidi St ; ch à partir de 500 AED ; ; Ⓜ Al-Fahidi). Ce B&B romantique installé dans une ancienne demeure du quartier historique d'Al-Fahidi donne un splendide aperçu du Dubai d'autrefois. De massives portes en bois ouvrent sur 11 chambres entourant une cour centrale où est servi le petit-déjeuner. Beau mobilier arabe traditionnel : armoires en bois richement ornées, lits à baldaquin et sols carrelés.

Arabian Courtyard Hotel & Spa HÔTEL $$

(Carte p. 138 ; ☎04-351 9111 ; www.arabiancourtyard.com ; Al-Fahidi St, Meena Bazaar ; ch à partir de 600 AED ; @ ; Ⓜ Al-Fahidi, Al-Ghubaiba). Situé en face du Dubai Museum, un point de chute idéal pour explorer la ville. La thématique arabe s'étend du personnel enturbanné aux riches ornements des chambres de tailles correctes, dont certaines ont vue sur le Khor de l'autre côté du souk. L'hôtel abrite un pub, plusieurs restaurants, une piscine, un spa et une salle de sports. Pas de supplément pour un enfant de moins de 11 ans.

Majestic Hotel Tower HÔTEL $$

(Carte p. 140 ; ☎04-359 8888 ; www.dubaimajestic.com ; Al-Mankhool Rd ; ch à partir de 600 AED ; P@ ; Ⓜ Al-Fahidi). Cet hôtel compense les nuisances sonores de la rue animée par un confort à toute épreuve, un beau design et une atmosphère vivante grâce à son restaurant grec et à son club de concerts, le meilleur de la ville. Dans les chambres, lits douillets et épais rideaux aux couleurs neutres. Les chambres standards sont petites, optez pour les "de luxe" si vous voulez davantage de place.

Park Hyatt Dubai HÔTEL $$$

(Carte p. 140 ; ☎04-602 1234 ; www.dubai.park.hyatt.com ; Dubai Creek Golf & Yacht Club, Dubai Creek Club St ; d à partir de 2 200 AED ; P@ ; Ⓜ Deira City Centre). On comprend dès que l'on emprunte l'allée privée de plus de 1 km qu'il ne s'agit pas là d'un hôtel ordinaire. L'impression se confirme lorsque l'on pénètre sous l'immense dôme soutenu par des colonnes du hall d'entrée. À la frontière du branché et de l'aristocratique, les immenses chambres aux tons pastel, ornées d'arabesques, disposent de balcons d'où vous pourrez admirer les boutres voguant sur le Khor.

Le spa, les restaurants haut de gamme et le golf ne font que corroborer le standing de l'endroit.

Radisson Blu Hotel HÔTEL $$$

(Carte p. 138 ; ☎04-222 7171 ; www.radissonblu.com/hotel-dubaideiracreek ; Bani Yas Rd ; ch à partir

VAUT LE DÉTOUR

RAS AL-KHOR, LA NATURE AU CŒUR DU BÉTON

Les flamants roses sont les stars du **Ras Al Khor Wildlife Sanctuary** (☎04-606 6822 ; angle Oud Metha Rd et Ras al-Khor St ; 9h-16h ; Ⓜ Dubai Healthcare City) en hiver, mais les adeptes d'ornithologie pourront également observer plus de 170 espèces d'oiseaux dans un habitat reconstitué de salants, de vasières, de mangroves et de lagons s'étendant sur 6,2 km^2. Ce sanctuaire bordant le Khor Dubai constitue une escale importante pour les oiseaux empruntant le couloir migratoire reliant l'Afrique orientale à l'ouest de l'Asie. On peut observer les oiseaux depuis deux plateformes dotées de jumelles d'une précision remarquable, à 6 km en taxi de la station de métro la plus proche. Pas de réservation requise pour les groupes de moins de 5 personnes.

La plateforme Flamingo Hide se trouve à l'ouest du sanctuaire, près du perchoir des flamants roses et du croisement entre Al Wasl Rd et Oud Metha Rd, tandis que la Mangrove Hide, au sud, donne sur la mangrove près de Ras al-Khor Rd.

de 1 000 AED ; P @ ; M Union, Baniyas Sq). Véritable institution dressée au bord du Khor, ce luxueux hôtel fut le premier cinq-étoiles de Dubai. On s'y sent immédiatement à l'aise. Les chambres standards sont plutôt petites mais bien équipées, décorées avec goût et dotées de petits balcons donnant sur le bras de mer.

Downtown Dubai

Dusit Thani Dubai HÔTEL $$
(Carte p. 140 ; ☎ 04-343 3333 ; www.dusit.com/dusitthani/dubai ; 133 Sheikh Zayed Rd ; ch à partir de 975 AED ; P @ ; M Financial Centre). Évoquant un diapason planté à l'envers, la façade futuriste de ces incroyables tours dissimule un décor thaïlandais traditionnel. L'hôtel cible avant tout une clientèle d'affaires, mais les nomades urbains apprécieront aussi la chaleur des boiseries, les couleurs terre et les épais rideaux des immenses chambres, sans parler de la vue incroyable depuis la piscine sur le toit.

Novotel World Trade Centre HÔTEL $$
(Carte p. 140 ; ☎ 04-332 0000 ; www.novotel.com ; Al-Saa'da St ; ch sans petit-déj à partir de 700 AED ; P ; M World Trade Centre). Cet hôtel pratique jouxtant le centre de conventions propose des chambres petites mais bien pensées, avec des bureaux et des canapés. La piscine est assez grande pour faire des longueurs et la salle de sports est bien équipée. Le Blue Bar est l'un des meilleurs clubs de jazz de la ville.

Palace Downtown Dubai HÔTEL $$$
(Carte p. 140 ; ☎ 04-428 7888 ; www.theaddress.com ; Sheikh Mohammed bin Rashid Blvd, Old Town Island ; d à partir de 1 900 AED ; P @ ; M Burj Khalifa/Dubai Mall). Si vous avez l'âme d'un romantique, vous tomberez sous le charme de cet hôtel de luxe qui mêle avec succès vénérable élégance et esthétique arabe. Les chambres de cet édifice bas – notamment en comparaison du Burj Khalifa tout proche – sont d'un chic sans prétention, avec des tons neutres et des balcons donnant sur la fontaine de Dubai. C'est également un QG

100% LOCAL

LE TOP 3 DES PLAGES PUBLIQUES DE DUBAI

Vous voulez piquer une tête dans les eaux du Golfe, mais vous ne logez pas dans un cinq-étoiles et vous n'êtes pas prêt à vous ruiner pour accéder à un beach club ? Ne vous découragez pas, il existe de nombreuses plages publiques. La plupart sont désertes en semaine et bondées le week-end (vendredi et samedi).

Les installations proposées varient du néant à la gamme complète d'infrastructures, avec des améliorations notables ces dernières années, notamment depuis l'ouverture à la fin 2014 de la Jumeirah Corniche, longue de 14 km. S'étendant du Dubai Marine Beach Resort au Burj al-Arab (quelques portions sont toujours en travaux), elle compte une promenade en bois, une piste pour le jogging, des cabines pour se changer, des kiosques, des bancs, et, évidemment, des plages d'un sable immaculé pour bronzer et batifoler dans l'eau. Voici notre top 3 des plus belles plages de Dubai (d'est en ouest) :

Kite Beach (Sheikh Hamdan Beach ; carte p. 144 ; Umm Suqeim 1 ; M Noor Bank). GRATUIT Plage très appréciée des sportifs qui s'y adonnent au kitesurf, au foot sur savon, au beach-tennis, au beach-volley, au kayak et à toute activité permettant de faire admirer leur généreuse musculature. Douches, toilettes, cabines de plage et belle vue sur le Burj al-Arab. Sortir de Jumeirah Rd devant le Saga World Mall.

Sunset Beach (carte p. 144 ; Umm Suqeim 3 ; M First Gulf Bank, Mall of the Emirates). GRATUIT À côté du Jumeirah Beach Hotel et dotée d'une vue imprenable sur le Burj al-Arab, la plage Sunset est fréquentée par les familles, les adeptes de selfies et les surfeurs, malgré des installations se limitant à quelques cabines de plage et une aire de jeux.

JBR Beach (carte p. 144 ; Jumeirah Beach Residence ; M Jumeirah Lakes Towers, Jumeirah Lakes Towers). GRATUIT Cette plage n'est pas la plus grande, mais elle possède des installations de qualité et des attractions payantes, dont un parc aquatique, une aire de jeux d'eau pour enfants, des chaises longues et un espace de gym en plein air. De nombreux restaurants bordent la plage au centre commercial en plein air du quartier The Beach at JBR (p. 145) et sur la promenade The Walk at JBR (p. 145).

idéal pour les accros au shopping : le Dubai Mall est à deux pas.

Address Downtown Dubai HÔTEL $$$
(Carte p. 140 ; ☎04-436 8888 ; www.theaddress.com ; Sheikh Mohammed bin Rashid Blvd ; d à partir de 2 250 AED ; @ ; M Burj Khalifa/Dubai Mall). L'illustration parfaite de l'esprit de Dubai : beauté, élégance, glamour et ambition. Depuis son ouverture en 2008, des foules de connaisseurs envahissent les chambres, mais aussi les restaurants et les bars branchés de cet établissement. Bois précieux et beaux tissus ornent les immenses chambres dotées de vues incomparables et équipées des dernières technologies de communication.

Et comme si tout cela ne suffisait pas, il y a également une salle de gym ouverte 24h/24 et une piscine à débordement à 5 niveaux.

Jumeirah et ses environs

Cette section inclut également quelques propriétés meilleur marché dans les terres, près du Mall of the Emirates.

Centro Barsha HÔTEL $$
(Carte p. 144 ; ☎04-704 0000 ; www.rotana.com/centrobarsha ; Rd 329, Al-Barsha 1 ; d à partir de 570 AED ; P @ ; M Sharaf DG). La marque Rotana fait son entrée sur le marché de l'hôtel-design économique avec cet établissement à 10 minutes à pied du Mall of the Emirates. Les chambres sont petites mais élégantes, et dotées de tous les équipements essentiels de la vie moderne (télévision par satellite et téléphones sur IP). Détendez-vous au confortable bar à cocktails ou au bord de la piscine, ou allez transpirer dans la salle de sports ouverte 24h/24.

Le Wi-Fi coûte 70 AED/24h. Derrière le Mall of the Emirates.

Beach Hotel Apartment APPARTEMENTS $$
(Carte p. 140 ; ☎04-345 2444 ; beachhotelapartment.ae ; Al-Hudaiba Rd et 10B St ; app à partir de 950 AED ; P ; M World Trade Centre). Personnel extrêmement serviable, belle architecture, piscine au soleil sur le toit et emplacement idéal font de cet hébergement une option de choix. Vous serez à deux pas de la mosquée de Jumeirah, de cafés et de boutiques tendance, et d'un supermarché Spinneys où faire des provisions si vous êtes d'humeur à cuisiner.

Jumeirah Mina A'Salam COMPLEXE HÔTELIER $$$
(Carte p. 144 ; ☎04-366 8888 ; www.jumeirah.com ; Madinat Jumeirah, Al-Sufouh Rd, Umm Suqeim 3 ; ch sans petit-déj à partir de 1 800 AED ; P @ ; M Mall of the Emirates). Le magnifique vestibule n'est qu'un avant-goût de la symphonie de luxe qui vous attend dans les immenses chambres tout équipées. Les balcons donnent soit sur la jungle d'arabesques de Madinat Jumeirah, soit sur l'impressionnant Burj al-Arab. Les clients disposent également d'un accès à l'établissement voisin Al-Qasr, qui leur permet de faire usage des piscines, de la plage privée longue de 2 km et du club pour enfants.

Les tarifs comprennent une entrée gratuite au Wild Wadi Waterpark.

Dubai Marina et Palm Jumeirah

Pearl Marina Hotel Apartments APPARTEMENTS $$
(Carte p. 144 ; ☎04-447 1717 ; www.pearlmarinahotel.com ; Marina Waterfront ; app à partir de 555 AED ; P ; M Jumeirah Lakes Towers). Niché tout au bout de la Dubai Marina, le Pearl n'est peut-être pas aussi clinquant que les gratte-ciel voisins, mais les tarifs y sont beaucoup plus attractifs : gardez donc vos dirhams pour vous amuser, vous restaurer et faire les boutiques. À deux pas de la Walk at JBR et de sa fabuleuse plage.

Jumeirah Zabeel Saray HÔTEL $$$
(Carte p. 144 ; ☎04-453 0000 ; www.jumeirah.com ; West Crescent Rd, Palm Jumeirah ; ch à partir de 1 680 AED ; P @ ; M Nakheel). Avec son majestueux dôme orné de colonnes drapées d'or et de lustres comme autant de bijoux, le hall du Zabeel Saray fait penser à un palais ottoman. Le décor exotique se retrouve de façon plus subtile dans les chambres, où tout est fait pour se remettre du voyage. Ouvrez les portes sur le balcon pour laisser entrer la brise de l'océan et admirer l'horizon dubaïote.

Le Talise Spa est également un parfait lieu de détente, avec son hammam turc et sa piscine d'eau salée tout en longueur. Un bon choix de restaurants comblera les amateurs. L'hôtel se trouve à environ 15 minutes en taxi (40 AED) de la station de métro la plus proche.

Où se restaurer

Deira et Bur Dubai

On trouve ici quelques restaurants gastronomiques, mais ces quartiers sont surtout réputés pour leurs petits cafés sans prétention qui servent de délicieuses spécialités du Kerala ou de Katmandou. Choisissez une table en terrasse sous les néons pour vous imprégner de l'atmosphère locale et manger pour moins de 20 AED.

Aroos Damascus SYRIEN **$**
(Carte p.140 ; ☎04-221 9825 ; angle Al-Muraqqabat Rd et Al-Jazeira St ; sandwichs 4-20 AED, plats 15-60 AED ; 24h/24 ; Ⓜ Salah al-Din). Ce restaurant sert des spécialités syriennes à une clientèle enthousiaste depuis 1980. Parmi nos préférées, l'*arayees* – une pita garnie d'agneau haché aux épices, grillée à la perfection. Le taboulé est excellent. L'immense patio qui s'étend sous un néon clignotant ne désemplit pas avant le lever du jour.

Special Ostadi IRANIEN **$**
(Carte p.138 ; ☎04-397 1469 ; Al-Musallah Rd ; plats 20-40 AED ; 12h-16h et 18h30-1h sam-jeu, 18h30-1h ven ; Ⓜ Al-Fahidi). Des cheikhs aux cireurs de chaussures, tout le monde adore ce restaurant de kebabs établi depuis 1978. Les serveurs s'affairent dans la salle aux murs couverts de photos de clients rassasiés, où résonnent rires et discussions animées, apportant avec agilité les assiettes de riz et de poulet mariné au yaourt.

Sind Punjab INDIEN **$**
(Carte p.138 ; ☎04-352 5058 ; Bukaz Bldg, Al-Esbij St ; plats 11-35 AED ; 8h-2h ; Ⓜ Al-Fahidi, Al-Ghubaiba). Tel un grand cru, ce restaurant (le premier établissement familial à s'être installé à Meena Bazaar en 1977) se bonifie avec le temps. Une foule de fidèles habitués se délecte dans la salle sans fioritures de *butter chicken* et de *dal makhani* (ragoût de lentilles et de haricots rouges).

XVA Café CAFÉ **$$**
(Carte p. 138 ; ☎04-353 5383 ; www.xvahotel.com/cafe ; plats 25-55 AED ; 7h-21h nov-avr ; ; Ⓜ Al-Fahidi). Échappez à l'agitation de Dubai dans ce café sur cour à l'ambiance *arty* d'Al-Fahidi, où vous pourrez déguster des burgers d'aubergine, de la salade de boulgour et du *mojardara* (riz et légumes sautés nappés de yaourt). La limonade à la menthe est parfaite les jours de grande chaleur. Petit-déjeuner à toute heure. Près d'Al-Fahidi St.

♥ **Qbara** MOYEN-ORIENTAL **$$$**
(Carte p.140 ; ☎04-709 2500 ; www.qbara.ae ; Wafi Fort Complex, Oud Metha Rd ; plats 95-325 AED ; 18h-1h ; Ⓜ Dubai Healthcare City). Restaurant du Wafi Mall réputé pour sa cuisine arabe contemporaine et inventive, servie dans un décor de rêve : sombre, mystérieux, sensuel, avec un bar de 10 m de long, un immense lustre en bulles de verre, de somptueux tissus et des projections sur des panneaux de bois sculptés. À l'étage, les box intimes du lounge sont parfaits pour les petits groupes. Près de l'angle entre 13th St et 28th St.

Al Mansour Dhow INTERNATIONAL **$$$**
(Carte p.138 ; ☎04-205 7033 ou 04 222 7171 ; www.radissonblu.com/hotel-dubaideiracreek ; Bani Yas Rd ; dîner-croisière 2h 185 AED ; 20h ; ; Ⓜ Union, Baniyas Sq). Vivez une expérience typique (quoique touristique) en réservant une table sur cet antique boutre joliment égayé par des guirlandes clignotantes. Embarquez devant le Radisson Blu (le boutre est géré par l'hôtel ; p. 150) et profitez du somptueux buffet aux accents indiens et moyen-orientaux. Mangez en écoutant les musiciens maison avant de monter sur le pont supérieur pour vous détendre en fumant un narguilé.

Downtown Dubai

Attendez-vous à payer le prix fort pour vous faire plaisir dans les restaurants des hôtels cinq étoiles. Pour un repas rapide et bon marché, rendez-vous dans l'aire de restauration du Dubai Mall.

Zaroob LIBANAIS **$**
(Carte p.140 ; ☎04-327 6060 ; www.zaroob.com ; rdc, Jumeirah Tower Bldg, Sheikh Zayed Rd ; plats 9-28 AED ; 24h/24 ; ; Ⓜ Emirates Towers). Cuisines ouvertes, paniers débordant de fruits, lanternes chamarrées et rideaux de fer couverts de graffitis : on se croirait dans une ruelle d'échoppes de Beyrouth. Régalez-vous de spécialités levantines comme les délicieux falafels, les *shawarma*, les *manakish* ou *man'ouché* (pizzas libanaises) plats ou roulés, ou le taboulé (persil, tomate et boulgour).

Mayrig ARMÉNIEN **$$**
(Carte p.140 ; ☎056-364 9794 ; www.mayrigdubai.com ; Sheikh Mohammed bin Rashid Blvd ; plats 55-74 AED ; 12h-0h30 ; ; Ⓜ Burj Khalifa/

Dubai Mall). Les plats arméniens de Mayrig, d'inspiration libanaise, ont néanmoins des saveurs distinctives. Au menu : *sou beureg* (feuilleté au fromage), l'appétissant kebab *fishnah*, nappé d'une sauce acidulée à la cerise sauvage, et gâteau au chocolat et aux zestes de citron. Pas d'alcool, mais narguilés en terrasse.

Milas ÉMIRATI **$$**

(Carte p. 140 ; ☎ 04-388 2313 ; milas.cc ; rdc, The Village, Dubai Mall, Sheikh Mohammed bin Rashid Blvd ; plats 55-95 AED ; ⏲ 9h30-23h30 dim-mer, 9h30-0h30 jeu-sam ; Ⓜ Burj Khalifa/Dubai Mall). Milas est la prononciation émiratie de *majlis* (salle de réception traditionnelle). Celle-ci est décorée dans un style contemporain et élégant (bois, verre, néons). Les plats mêlent également tradition et modernité, notamment le *harees* (galette de blé saupoudrée de sucre) et le *makbous* (ragoût de bœuf). Petits plus : serviettes humides, amuse-bouches de pois chiches offerts et plateau de parfums à la fin du repas.

Baker & Spice INTERNATIONAL **$$**

(Carte p. 140 ; ☎ 04-425 2240 ; www.bakerandspiceme.com ; Souk Al-Bahar ; plats 68-152 AED ; ⏲ 8h-23h ; 📶 ; Ⓜ Burj Khalifa/Dubai Mall). Dans ce café aux allures champêtres importé de Londres, le bar à salades coloré est la vedette, avec ses associations originales d'ingrédients bios de saison. Plus classiques, les plats comme les lasagnes de bœuf et la tourte au poulet sont tout aussi bons. Idem pour les petits-déjeuners.

Thiptara THAÏLANDAIS **$$$**

(Carte p. 140 ; ☎ 04-888 3444 ; www.theaddress.com ; Sheikh Mohammed bin Rashid Blvd ; plats 120-290 AED ; ⏲ 18h-23h30 ; 📶 ; Ⓜ Burj Khalifa/Dubai Mall). Thiptara signifie "magie au bord de l'eau", un nom approprié pour cette pagode romantique donnant sur le lac et la fontaine de Dubai au Palace Downtown Dubai Hotel (p. 150). La cuisine n'est pas en reste et réinvente des classiques thaïlandais agrémentés d'herbes aromatiques cultivées par le chef lui-même.

Jumeirah et ses environs

Les restaurants de Jumeirah attirent les habitants et les touristes fortunés. Ceux de Madinat Jumeirah servent généralement une cuisine de bonne tenue et sont les plus pittoresques, bien que chers. Pour des saveurs locales et des repas traditionnels délicieux, dirigez-vous vers l'intérieur des terres, à Satwa.

Ravi PAKISTANAIS **$**

(Carte p. 140 ; ☎ 04-331 5353 ; Al-Satwa Rd, Satwa ; plats 8-25 AED ; ⏲ 5h-2h30 ; Ⓜ World Trade Centre). Tout le monde, des chauffeurs de taxi aux chefs des cinq-étoiles, afflue vers ce restaurant pakistanais légendaire qui date de 1978, où chacun dîne comme un prince à prix doux. Le *butter chicken* est un délice, mais essayez de garder un peu de place pour goûter au mouton *tikka* et au poulet *masala biryani*. Près du rond-point de Satwa.

Tom & Serg INTERNATIONAL **$$**

(Carte p. 144 ; ☎ 056-474 6812 ; www.tomandserg.com ; Al-Joud Center, 15A St, Al-Quoz ; plats 37-79 AED ; ⏲ 8h-16h dim-jeu, 8h-18h ven-sam ; 📶 ; Ⓜ Noor Bank, First Gulf Bank). Ce café installé dans un loft à la déco moderne – sol en béton, tuyauterie apparente et cuisine

VOYAGER HALAL

La plage sans bikini et sans alcool ? C'est possible, si l'on se fie à la croissance rapide du marché du tourisme halal. De plus en plus d'hôtels et de complexes balnéaires ciblent une clientèle musulmane en proposant des services et des installations en conformité avec les impératifs religieux de l'islam : ils ne servent que des plats halal et des boissons non alcoolisées ; leurs piscines, spas et espaces de loisirs sont non mixtes ; certaines sections de plages sont réservées aux femmes, et dans les zones mixtes, les visiteurs sont tenus de respecter le code vestimentaire de l'islam ; enfin, les salles de prière y sont aussi essentielles que les aires de loisirs familiales.

Le **Gloria Hotel** (carte p. 144 ; ☎ 04-399 6666 ; www.gloria-hotels.com ; Sheikh Zayed Rd ; ch sans petit-déj à partir de 700 AED ; P @ 📶 🏊 ; Ⓜ Dubai Internet City) et les **Golden Sands Hotel Apartments** (carte p. 140 ; ☎ 04-373 5340/04-355 5553 ; www.goldensandsdubai.com ; Al-Mankhool Rd ; studio à partir de 500 AED ; @ 📶 🏊 ; Ⓜ BurJuman), à Dubai, ainsi que l'**Oceanic Khorfakkan Resort & Spa** (p. 211), sur la côte est, font partie des établissements 100% halal des Émirats.

ouverte –, au milieu des galeries d'Al-Quoz, paraît venir tout droit de Londres ou de Melbourne. Parmi les plats internationaux du menu : tacos de thon, poulet à la marocaine et œufs bénédicte. Le café est excellent. Près d'Ace Hardware.

Al-Fanar ÉMIRATI **$$**

(Carte p. 140 ; ☎ 04-344 2141 ; www.alfanarrestaurant.com ; Jumeirah Rd, Jumeirah 1 ; plats 42-120 AED ; 8h30-23h30 ; Ⓜ Burj Khalifa/Dubai Mall). Al-Fanar mise tout sur la nostalgie avec un Land Rover garé à l'entrée, un toit en roseau et des serveurs en tenue traditionnelle. Choisissez votre plat parmi les spécialités locales en photo sur le menu comme le *biryani laham* (riz et agneau), le *maleh nashef* (poisson salé à la sauce tomate) et le *thereed deyay* (ragoût de poulet).

Pai Thai THAÏLANDAIS **$$$**

(Carte p. 144 ; ☎ 04-432 3232 ; www.jumeirah.com ; Madinat Jumeirah, Al-Sufouh Rd, Umm Suqeim 3 ; plats 65-195 AED ; 18h30-23h30 dim-jeu, 12h30-14h45 et 18h30-23h30 ven-sam ; Ⓜ Mall of the Emirates). Un tour en *abra* (bateau-taxi local), une table éclairée à la bougie au bord d'un canal – tout pour la romance dans ce lieu enchanteur. Même si votre rendez-vous est un échec, vous vous consolerez avec les spécialités thaïlandaises parfaitement assaisonnées comme les fruits de mer au wok ou le bar à la vapeur. Réservez le plus tôt possible.

Pierchic POISSON, FRUITS DE MER **$$$**

(Carte p. 144 ; ☎ 04-366 5866 ; www.jumeirah.com ; Madinat Jumeirah, Al-Sufouh Rd, Umm Suqeim 3 ; plats 100-240 AED ; 12h-15h et 18h30-minuit ; Ⓜ Mall of the Emirates). L'endroit rêvé pour glisser une bague de fiançailles dans une coupe de champagne. Réservez dès que possible pour profiter de l'atmosphère romantique à souhait de ce restaurant de fruits de mer posé sur un antique ponton avec vue sur le Burj al-Arab et Madinat Jumeirah. Le menu met la gastronomie à l'honneur, avec entre autres délices un ceviche au champagne et de la langouste pochée.

Dubai Marina et Palm Jumeirah

De nombreux restaurants haut de gamme dans les hôtels, ainsi que des établissements plus abordables avec terrasse le long de The Walk at JBR.

Fümé INTERNATIONAL **$$**

(Carte p. 144 ; ☎ 04-421 5669 ; www.fume-eatery.com ; 1er ét, Pier 7, Dubai Marina ; plats 50-95 AED ; 12h-1h sam-mer, 12h-2h jeu-ven ; Ⓜ Damac, Dubai Marina Mall). Design branché, personnel décontracté et plats réconfortants des quatre coins du monde au cœur de la Marina. Au menu, des recettes créatives pour le plus grand bonheur des gourmets. Le top du top : la côte de bœuf juteuse fumée pendant 6 heures dans un four à charbon. Pas de réservations.

Zafran INDIEN **$$**

(Carte p. 144 ; ☎ 04-399 7357 ; www.dubaimarinamall.com ; rdc, Dubai Marina Mall ; plats 30-130 AED ; 12h-minuit sam-mer, 12h-23h jeu-ven ; ; Ⓜ Damac, Dubai Marina Mall). L'ambiance aseptisée du centre commercial s'arrête aux portes de ce restaurant indien contemporain servant kebabs, curries et *biryani*, à déguster de préférence en terrasse. Goûtez aux *dahi kebab* (beignets), aux kebabs d'agneau grillé et aux gambas tandoori.

Asia Asia FUSION **$$$**

(Carte p. 144 ; ☎ 04-276 5900 ; www.asia-asia.com ; 6e ét, Pier 7, Dubai Marina ; plats 70-200 AED ; 16h-1h dim-lun et mer, 16h-2h mar et jeu, 14h-2h ven, 14h-1h sam ; ; Ⓜ Damac, Dubai Marina Mall). Préparez-vous à un périple sur la Route des épices en empruntant le couloir éclairé à la bougie débouchant dans une salle exotique, où des lustres en cages à oiseaux se balancent au-dessus des box. La cuisine mélange avec brio saveurs asiatiques et moyen-orientales. Parmi les spécialités maison : le tajine de poulet *sambal* et la morue noire persane. Bar bien fourni.

Toro Toro LATINO-AMÉRICAN **$$$**

(Carte p. 144 ; ☎ 04-317 6000 ou 399 8888 ; www.torotoro-dubai.com ; Al-Sufouh Rd ; petites assiettes 60-130 AED ; 19h30-2h sam-jeu, 12h30-16h et 19h30-2h ven ; ; Ⓜ Damac, Jumeirah Beach Residence 1). Le décor a autant de panache que la cuisine latine de ce restaurant imaginé par le célèbre chef Richard Sandoval. Faites votre choix de petites assiettes de jarret d'agneau, de ceviches et de poulpe grillé, ou optez pour le menu *rodizio* (une succession de viandes grillées découpées sous vos yeux ; pour 4 personnes minimum). Vaste choix d'alcools et de cocktails.

101 Dining Lounge & Bar MÉDITERRANÉEN **$$$**

(Carte p. 144 ; ☎ 04-440 1030 ; thepalm.oneandonlyresorts.com ; West Crescent, Palm

Jumeirah ; plats 85-220 AED, sélection de 3/6/9 tapas 90/160/220 AED ; 11h30-2h). Difficile de se concentrer sur les plats tant la vue sur la Marina Dubai est époustouflante depuis ce pavillon ouvert du complexe hôtelier ultra-classe One&Only The Palm. Venez prendre un cocktail au bar ou optez pour un dîner au restaurant (paella, grillades, pâtes). Renseignez-vous au sujet du bateau-navette gratuit quand vous appelez pour réserver.

Où prendre un verre et faire la fête

Deira

QDs BAR

(Carte p. 140 ; 04-295 6000 ; www.dubaigolf.com ; Dubai Creek Golf & Yacht Club, Garhoud ; 17h-2h dim-mer, 17h-3h jeu-sam ; M Deira City Centre). Laissez-vous bercer par le ballet lumineux des boutres sur le Khor en sirotant un cocktail sur la terrasse toujours animée de ce lounge, où tapis et coussins ne demandent qu'à vous accueillir. En cas de coup de chaud, faites une pause rafraîchissante sous la tente climatisée. Les narguilés sont bons, la nourriture un peu moins, hormis les pizzas et les barbecues.

Irish Village PUB

(Carte p. 140 ; 04-282 4750/4752 ; www.theirishvillage.com ; 31st A St, Garhoud ; 11h-1h sam-mer, 11h-2h jeu-ven ; ; M GGICO). Ce pub qui ne désemplit jamais est une institution de la ville depuis 1996. Sa devanture typiquement irlandaise est constituée de matériaux importés de l'île d'Émeraude. Ici, la Guinness et la Kilkenny coulent à flots. L'établissement dispose d'un jardin avec un petit lac, et propose des sessions de musique live certains soirs et de la cuisine de pub pour éponger vos éventuels excès. Près du Dubai Tennis Stadium.

Downtown Dubai

Neos BAR

(Carte p. 140 ; 04-888 3444 ; www.theaddress.com ; Sheikh Mohammed bin Rashid Blvd ; 18h-2h30 ; ; M Burj Khalifa/Dubai Mall). Mêlez-vous à la clientèle huppée de ce bar urbain aux parois de métal et au sol tapissé, un cocktail à la main et les yeux rivés sur la fontaine de Dubai, 63 étages plus bas. Il faut prendre deux ascenseurs pour profiter de la vue et des sets du DJ résident.

> **100% LOCAL**
>
> **NARGUILÉS ET COCKTAILS SANS ALCOOL**
>
> La plupart des Émiratis ne boivent pas d'alcool, préférant se retrouver autour d'un café, d'un jus ou d'un cocktail sans alcool. Si vous êtes d'humeur sans alcool, joignez-vous aux locaux dans les tranquilles bars à chicha pour une partie de backgammon. Même les non-fumeurs se laissent souvent tenter par une bouffée de fumée parfumée. Ces cafés ne ferment pas avant minuit et plus tard encore en hiver. Un narguilé revient à 35-85 AED par pipe et par session. Mais ne vous laissez pas tromper par la popularité et le charme de cette pratique : la fumée de narguilé n'est pas moins nocive pour la santé que la fumée de cigarette.

Nippon Bottle Company BAR

(Carte p. 140 ; www.dusit.com/dusitthani/dubai ; 133 Sheikh Zayed Rd ; 18h-3h ; M Financial Centre). Pour trouver cet établissement japonais baignant dans la lumière des néons, caché tel un bar clandestin derrière une bibliothèque dans le hall de l'hôtel Dusit Thani Dubai (p. 150), mieux vaut être sobre. Mais vous risquez fort de ne pas le rester longtemps après une dégustation de cocktails et de whiskies japonais.

Jumeirah et ses environs

360° BAR, CLUB

(Carte p. 144 ; réservations 04-432 3232 ; www.jumeirah.com ; Jumeirah Rd, Umm Suqeim 3 ; 17h-2h dim-lun, mar-jeu et sam 17h-3h, 16h-3h ven ; ; M Mall of the Emirates). Posé sur un long ponton incurvé, ce lounge branché en plein air offre une vue magique sur le Burj al-Arab. Le week-end, des DJ de renom font danser les foules ; c'est plus calme en semaine. Interdit au moins de 21 ans (pièce d'identité requise).

Bahri Bar BAR À COCKTAILS

(Carte p. 144 ; 04-432 3232 ou 04-366 5866 ; www.jumeirah.com ; Madinat Jumeirah, Al-Sufouh Rd ; 16h-2h sam-lun, 16h-3h mar-ven ; ; M Mall of the Emirates). Avec sa véranda jonchée de tapis persans et de sofas, ce bar à cocktails chic, à la déco arabisante et sensuelle, est idéal pour contempler la splendide vue sur les canaux de Madinat

Jumeirah et le Burj al-Arab. Les promotions quotidiennes sur les cocktails, ainsi que les groupes et DJ jazz et soul font de l'endroit un lieu de rendez-vous prisé des locaux comme des visiteurs.

Dubai Marina et Palm Jumeirah

Barasti — BAR

(Carte p.144 ; 04-318 1313 ; www.barastibeach.com ; Al-Sufouh Rd ; 11h-1h30 sam-mer, 11h-3h jeu-ven ; M Nakheel). Installé en bord de mer, au Meridien Mina Seyahi Beach Resort, Barasti attire une marée humaine de fêtards venus paresser sur la plage et boire des bières. Football et rugby sur écran géant, billards en terrasse, concerts occasionnels et promotions sur les cocktails le lundi soir.

Jetty Lounge — BAR À COCKTAILS

(Carte p.144 ; 04-399 9999 ; www.oneandonlyresorts.com ; Al-Sufouh Rd ; 14h-2h ; ; M Nakheel). Dès l'instant où vous vous engagerez sur le chemin serpentant à travers les jardins luxuriants du complexe hôtelier One&Only The Palm, vous comprendrez que vous vous dirigez vers un lieu hors du commun. À la fois classe et sans prétention, le Jetty Lounge est dédié à la détente (si possible au coucher du soleil) avec ses sofas blancs posés à même le sable. Le bar est bien fourni et des en-cas calmeront les petites faims.

Zero Gravity — BAR, CLUB

(Carte p.144 ; 04-399 0009 ; 0-gravity.ae ; Al-Seyahi St ; pass journée sem/we 150/250 AED, avec boisson et repas 50/100 AED ; 10h-2h lun-jeu, 8h-3h ven-sam, 10h-minuit dim ; M Damac). Contemplez la Marina et jetez un œil aux fous furieux sautant des avions qui survolent cet élégant bar de plage jouxtant le Skydive Dubai. Quoi de plus agréable que d'achever une journée de bronzette et de baignade avec quelques verres, un ou deux en-cas, et des sets de DJ internationaux ? En bonus : brunch le vendredi après-midi.

Tribeca — BAR

(Carte p.144 ; 050-345 6067 ; tribeca.ae ; The Walk at JBR ; 17h-1h sam-mer, 17h-2h jeu, 14h-2h ven ; ; M Jumeirah Lakes Towers, Jumeirah Lakes Towers). Le décor d'acier, de béton et de street art fait penser à un loft new-yorkais, pourtant l'ambiance décontractée de ce bar animé est clairement locale. Une scène accueille des DJ, musiciens et artistes de la région. On y sert des cocktails, des vins bios et des plats légers, à déguster sur la terrasse avec vue sur Palm Jumeirah.

☆ Où sortir

Music Room — CONCERTS

(Carte p.140 ; 04-359 8888 ; www.themusicroomdubai.com ; Al-Mankhool Rd ; 18h-3h ; M Al-Fahidi). La reine du hip-hop arabe Malikah et le groupe de métal anglais Salem font partie des nombreux artistes qui se sont produits dans la meilleure salle de concerts de Dubai pour la musique indé et alternative. Les mélomanes peuvent ainsi rester à la page et découvrir la scène musicale locale.

MusicHall — CONCERTS

(Carte p.144 ; 056-270 8670 ; www.jumeirah.com ; West Crescent Rd, Palm Jumeirah ; plats 170-290 AED, addition minimum 450 AED ; 21h-3h jeu-ven ; Aquaventure). Installé dans l'hôtel Jumeirah Zabeel Saray (p. 151), le MusicHall, au décor somptueux, n'est ni un théâtre, ni un club, ni un bar, ni un restaurant : c'est tout cela à la fois. Le concept a été importé de Beyrouth, où depuis 2003 le public s'enthousiasme pour des concerts variés – musique indienne, country, rock, balades russes, etc. En bonus, une cuisine fusion internationale de petits en-cas.

Act — CABARET

(Carte p.140 ; 04-355 1116 ; www.theactdubai.com ; Sheikh Zayed Rd ; 20h30-3h dim et jeu, 20h30-1h lun-mer ; M Financial Centre). Ni strip-teases ni danses lascives dans cette version dubaïote du restaurant-théâtre burlesque, installée dans une salle de style victorien aux murs carmin, ornés d'épais rideaux et de miroirs baroques. Vous assisterez à des performances artistiques souvent sexy en dégustant un ceviche et autres spécialités péruviennes. Et après dîner, tout le monde en piste ! Photos, vidéos et téléphones interdits.

Dubai Community Theatre & Arts Centre — THÉÂTRE

(Ductac ; carte p. 144 ; 04-341 4777 ; www.ductac.org ; Mall of the Emirates, Sheikh Zayed Rd, Al-Barsha ; 9h-22h sam-jeu, 14h-22h ven ; M Mall of the Emirates). Centre culturel florissant à la programmation variée, de Shakespeare au théâtre classique, en passant par des rétrospectives Bollywood, du folklore arabe et des expositions d'art. Le centre soutient activement les talents émiratis, c'est donc l'endroit idéal pour découvrir la scène artistique locale. Garez-vous entre les allées S et T du parking de Ski Dubai.

Madinat Theatre THÉÂTRE
(Carte p. 144 ; ☎04-366 6546 ; www.madinat-theatre.com ; Al-Sufouh Rd, Umm Suqeim 3 ; Ⓜ Mall of the Emirates). La programmation de ce beau théâtre de 442 places situé au cœur du souk de Madinat cible essentiellement un public d'expatriés britanniques, avec des spectacles importés de West End, des humoristes, des comédies musicales entraînantes et des ballets russes.

Vox Mall of the Emirates CINÉMA
(Carte p. 144 ; ☎600 599 905 ; www.voxcinemas.com ; Mall of the Emirates, Sheikh Zayed Rd, Al-Barsha ; billet 47-160 AED ; Ⓜ Mall of the Emirates). Ce multiplexe ne cesse de s'agrandir ; après une énième rénovation, il compte désormais 24 salles, dont un cinéma 4D (les fauteuils bougent, et il y a des effets de lumière, de vent et d'eau), la première salle IMAX Laser de la région, et le Theatre by Rhodes ultra-luxueux, où vous pourrez déguster la cuisine du chef étoilé Gary Rhodes en regardant votre film. Achetez vos billets en ligne pour éviter la queue.

Meydan Racecourse COURSES HIPPIQUES
(☎04-327 0077, billetterie 04-327 2110 ; www.dubairacingclub.com ; Al-Meydan Rd, Nad al-Sheba ; entrée gratuite, places VIP 50 AED ; ⏲ courses nov-mars). Centre névralgique de l'hippisme de Dubai, la spectaculaire Meydan Racecourse est un champ de courses de 1,5 km de long, à 5 km au sud-ouest de Dubai. Sa tribune, aussi grande qu'un terminal d'aéroport et protégée par un toit recouvert de panneaux solaires, peut accueillir 60 000 spectateurs. On y trouve un hôtel cinq étoiles, des restaurants, un cinéma IMAX et un musée des courses.

Achats

Dubai maîtrise l'art des centres commerciaux, lesquels, dans les faits, sont de véritables villes climatisées où se retrouver en famille ou entre amis pour discuter, manger, faire des achats et se divertir. Pour plus de couleur locale, dirigez-vous vers les souks de Deira et Bur Dubai, où vous pourrez trouver toutes sortes de souvenirs, à l'instar du souk touristique de Madinat Jumeirah. Jumeirah Beach Rd (près de la mosquée de Jumeirah) est bordée de boutiques indépendantes, tandis que sur Al-Wasl Rd ont ouvert des centres commerciaux rassemblant des boutiques de créateurs.

♥ Dubai Mall CENTRE COMMERCIAL
(Carte p. 140 ; ☎800-382 246 255 ; www.thedubaimall.com ; Sheikh Mohammed bin Rashid Blvd ; ⏲10h-23h dim-mer, 10h-minuit jeu-sam ; 📶 ; Ⓜ Burj Khalifa/Dubai Mall). Plus grand centre commercial du monde, le Dubai Mall est une véritable petite ville : 1 200 boutiques, une patinoire et un aquarium immenses, un squelette de dinosaure, des parcs d'attractions et 150 restaurants. Les marques européennes sont très représentées, avec notamment les Galeries Lafayette, le magasin de jouets britannique Hamley's et le premier Bloomingdale's implanté hors des États-Unis.

♥ Mall of the Emirates CENTRE COMMERCIAL
(Carte p. 144 ; ☎04-409 9000 ; www.malloftheemirates.com ; Sheikh Zayed Rd, Al-Barsha ; ⏲10h-22h dim-mer, 10h-minuit jeu-sam ; 📶 ; Ⓜ Mall of the Emirates). Autre centre commercial géant de Dubai, le MoE compte 600 magasins allant de la boutique de détail aux enseignes haute couture. La principale attraction du centre est la piste de ski couverte Ski Dubai.

Mercato Shopping Mall CENTRE COMMERCIAL
(Carte p. 140 ☎04-344 4161 ; www.mercatoshoppingmall.com ; Jumeirah Rd, Jumeirah 1 ; ⏲10h-22h ; Ⓜ Financial Centre, Burj Khalifa/Dubai Mall). À l'échelle de Dubai, ce centre commercial de 140 boutiques est un poids plume. Il se distingue cependant par une architecture originale, à mi-chemin entre hall de gare et Renaissance italienne : grande verrière, arches en brique, horloge géante et *piazza* entourée de cafés. Côté shopping, on trouve des boutiques de prêt-à-porter haut de gamme et un supermarché Spinneys.

Souk Madinat Jumeirah CENTRE COMMERCIAL
(Carte p. 144 ; ☎04-366 8888 ; www.jumeirah.com ; Madinat Jumeirah, Al-Sufouh Rd, Umm Suqeim 3 ; ⏲10h-23h ; Ⓜ Mall of the Emirates). Ce beau souk, qui fait partie intégrante du complexe aux airs de village arabe de Madinat Jumeirah, est davantage un agrégat de boutiques pour touristes qu'un marché traditionnel. C'est l'endroit idéal pour trouver des souvenirs : figurines de dromadaires chez Camel Company, dagues de Bédouins chez Lata's et pashminas de qualité chez Yasmine. Les plus beaux cafés et restaurants donnent sur les canaux du complexe hôtelier.

Galleria Mall CENTRE COMMERCIAL

(Carte p. 140; Al-Wasl Rd ; 10h-minuit ; M Burj Khalifa/Dubai Mall). Centre commercial au design arabe moderne abritant des perles rares comme la première succursale des Émirats de la chaîne saoudienne de décoration d'intérieur Cities et les vêtements branchés de Valleydez. Concluez votre visite en prenant un déjeuner léger au café sud-africain Tashas ou en dégustant les pâtisseries émiraties gluantes de Home Bakery. Près de 13th St.

BoxPark CENTRE COMMERCIAL

(Carte p. 140; 800 637 227 ; boxpark.ae ; Al-Wasl Rd ; 10h-minuit ; ; M Business Bay). Ce centre commercial dédié à l'aménagement intérieur occupe quelque 220 containers alignés sur 1,3 km de long, comme sa version originale londonienne. Il attire depuis son ouverture de nombreux promeneurs venus chercher des pièces uniques de créateurs, manger une glace ou déguster des plats exotiques d'Azerbaïdjan ou d'Argentine. Parking limité.

S*uce MODE

(Carte p. 140; 04-344 7270 ; shopatsauce.com ; Village Mall, Jumeirah Rd ; 10h-22h sam-jeu, 16h-22h ven ; M Emirates Towers). Les vêtements et accessoires de S*uce (prononcez "sauce"), un pionnier de la mode à Dubai, ne manquent certainement pas de piquant. Profitez-en pour acheter des articles signés Anouk Grewal (Inde) ou Vanina (Liban), que vous ne retrouverez pas chez vous.

Renseignements

OFFICE DU TOURISME

Dubai Tourism (www.visitdubai.com). Site officiel du tourisme à Dubai.

POSTE

Poste centrale (carte p. 140 ; 04-337 1500 ; Za'abeel Rd ; 7h30-21h sam-jeu ; M BurJuman). Dans le quartier de Karama à Bur Dubai, entre Za'abeel Rd et Umm Hurair Rd.

SERVICES MÉDICAUX

Info pharmacies (04-223 2323). Les pharmacies sont généralement ouvertes de 9h à 22h, mais certaines le sont 24h/24 et 7j/7. Appelez la ligne directe pour plus de détails.

American Hospital Dubai (carte p. 140 ; rendez-vous 04-377 5000, urgences 04-377 6645 ; www.ahdubai.com ; Oud Metha Rd, Bur Dubai ; clinique premiers soins 8h-18h sam-jeu ; M Dubai Healthcare City, Oud Metha). Un des meilleurs hôpitaux de la ville. Clinique ouverte à tous sans rendez-vous. Urgences 24h/24.

Dubai Hospital (04-219 5000 ; web.dohms.gov.ae/dh ; Al-Khaleej Rd, Deira ; M Abu Baker Al-Siddique). L'un des meilleurs hôpitaux publics de la région avec service d'urgences 24h/24 et 7j/7.

URGENCES

Ambulance (999)

Pompiers (997)

Police (999)

TICKETS DE BUS ET DE MÉTRO

- Le réseau de la RTA (www.rta.ae) est découpé en 5 zones, et les tarifs varient selon le nombre de zones que vous traversez.
- Avant de monter à bord d'un bus, d'un train ou d'un bateau-bus, vous devez acheter une carte NOL (www.nol.ae) aux guichets dans les stations ou aux distributeurs automatiques, qui vous permettront aussi de la recharger.
- Les visiteurs de passage ont plutôt intérêt à se procurer un Red Ticket, qui coûte 2 AED et peut être rechargé jusqu'à 10 trajets. Les tarifs vont de 2 à 6,50 AED par trajet.
- Si vous comptez faire plus de 10 trajets, achetez une Silver Card pour 25 AED (dont 19 AED de crédit), rechargeable aux guichets et aux distributeurs, mais aussi par téléphone, en ligne ou dans certains supermarchés, de type Carrefour ou Spinneys. Les trajets coûtent alors entre 1,80 et 5,80 AED, avec un maximum de 14 déplacements quotidiens.
- La Gold Card donne accès aux voitures "gold class".
- Le prix de votre trajet est automatiquement déduit de votre carte lorsque vous la passez dans le lecteur avant de monter et de descendre d'une rame de métro ou d'un bus.
- Les enfants de moins de 5 ans voyagent gratuitement.

Depuis/vers Dubai

AVION

Aéroport international de Dubai (☎04-224 5555, infos vols 04-224 5777 ; www.dubaiairports.ae ; Ⓜ Airport Terminal 1, Airport Terminal 3). À la frontière avec l'émirat de Chardja, l'aéroport international de Dubai dispose de trois terminaux. Les grandes compagnies internationales utilisent le terminal 1, les charters et les petites compagnies sont au terminal 2, et le terminal 3 est réservé à la compagnie Emirates. Les halls des départs et des arrivées abritent des boutiques duty-free.

BUS

La **Roads & Transport Authority** (p. 307) assure des liaisons en bus dans Dubai, ainsi qu'entre les émirats. Les bus sont climatisés et très bon marché, mais souvent bondés.

Gare routière d'Union Square (carte p. 138 ; Union Sq ; Ⓜ Union). Le bus E700 se rend à Fudjayra (25 AED, 2 heures, toutes les 45 min), le E400 dessert Adjman (10 AED, 1 heure-1 heure 30, toutes les 30 min) et le E303 va à Chardja (10 AED, 40 min-1 heure, toutes les 15 min) au départ de cette gare routière à côté de la station de métro Union.

Al-Ghubaiba Bus Station (carte p. 138 ; Al-Ghubaiba Rd ; Ⓜ Al-Ghubaiba). De la gare routière Al-Ghubaiba de Bur Dubai, à côté du supermarché Carrefour, le bus E100 dessert Abu Dhabi (25 AED, 2 heures, plusieurs/heure) et le E306 se rend à Chardja (10 AED, 50 min, toutes les 20 min).

Sabkha Bus Station (carte p. 138 ; angle Al-Sabkha Rd et Deira St ; Ⓜ Baniyas). Le bus E16 part toutes les heures pour Hatta (10 AED, 2 heures 15) depuis cette gare routière aux souks de Deira.

TAXI

Les taxis pour Chardja et les autres émirats du Nord sont majorés d'une taxe de 20 AED. Les tarifs standards entre Downtown Dubai et d'autres villes des Émirats sont valables pour une voiture remplie de passagers : 140 AED pour Chardja, 160 AED pour Adjman, 225 AED pour Umm al-Qaywayn, 380 AED pour Ras al-Khayma et 500 AED pour Abu Dhabi ou Al-Aïn. Il est néanmoins possible de négocier le tarif avec le chauffeur. Pour réserver un taxi, appelez la **Dubai Taxi Corporation** (p. 160).

VOITURE

Dubai possède des dizaines d'agences de location de voitures, des grandes compagnies aux petites entreprises locales. Les agences internationales possèdent des antennes à l'aéroport ainsi qu'en ville. Voir p. 308 pour plus de détails.

Comment circuler

Explorer Dubai à pied, même en empruntant les transports en commun, se révèle très difficile, non seulement à cause de la chaleur, mais également en raison du manque de trottoirs, de feux de la circulation et de passages pour piétons.

La plupart des visiteurs se déplacent en taxi. Le métro de Dubai est aussi un très bon moyen de transport, avec deux lignes et des rames impeccables. Bien que des bus couvrent une bonne partie de la ville, ils sont lents et rarement à l'heure.

DEPUIS/VERS L'AÉROPORT

Métro

La Red Line (ligne rouge) s'arrête aux terminaux 1 et 3. Vous serez limité à deux bagages, lesquels ne devront pas mesurer plus de 81 x 58 x 30 cm pour l'un, et 55 x 38 x 20 cm pour l'autre. Se faire contrôler avec de l'alcool à bord (même si vous l'avez acheté dans une boutique hors taxes de l'aéroport) entraîne une amende de 200 AED.

Taxi

Le compteur des taxis de l'aéroport débute à 25 AED et facture ensuite 1,75 AED/km (25 AED plus 1,86 AED/km pour les minibus et les *ladies taxis* – conduits par une femme – voir p. 160). Exemples de trajets :

DESTINATION	TARIF	DURÉE
Souk de l'or de Deira	50 AED	20 minutes
Bur Dubai	60 AED	15 minutes
Downtown Dubai	65 AED	15 minutes
Madinat Jumeirah	110 AED	25 minutes
Dubai Marina	130 AED	30 minutes

TRANSPORTS EN COMMUN

Les transports en commun de Dubai sont également assurés par la **RTA** (p. 307) et se composent du métro de Dubai, des bus, bateaux-bus et *abra* (bateaux traditionnels).

Abra (bateau-taxi)

Les *abra* sont des bateaux à moteur en bois traditionnels qui relient Bur Dubai et Deira à travers le bras de mer, en empruntant deux itinéraires :

Route 1 De la station d'*abra* de Bur Dubai à la station d'*abra* du vieux souk de Deira ; tous les jours entre 5h et 24h.

Route 2 De la station d'*abra* du vieux souk de Dubai à la station d'*abra* de Sabkha ; 24h/24.

Les *abra* partent quand elles sont pleines (environ 20 passagers), ce qui prend rarement plus de quelques minutes. Le trajet coûte 1 AED, et vous payez le chauffeur en chemin. Louer votre propre *abra* vous reviendra à 120 AED/heure.

Bateau-bus

Il y a deux lignes de bateaux-bus climatisés : une qui parcourt le Khor, l'autre qui dessert la Dubai Marina ; 2 AED par trajet et cartes NOL valides.

Ligne B1 De la station Bur Dubai à Al-Seef via les stations Dubai Old Souq, Sabkha et Baniyas (7h-22h sam-jeu, 10h-minuit ven).

Ligne BM1 De The Walk at JBR à Dubai Marina Mall (10h-minuit jeu, 12h-minuit ven, 12h-22h sam, 10h-22h dim-mer).

Bus

Dubai a un réseau de bus propres, confortables et climatisés. L'avant de chaque bus est réservé aux femmes et aux familles. Pour plus d'informations ou pour organiser un trajet, rendez-vous sur www.rta.ae.

Du samedi au jeudi, la plupart des lignes circulent toutes les 15-20 minutes entre 6h et 23h30, et les bus de nuit circulent toutes les 30 minutes dans l'intervalle. Le service du vendredi est moins fréquent, et commence parfois plus tard pour finir plus tôt.

Métro

Le métro de Dubai (dubaimetro.eu) connaît un grand succès depuis son ouverture en 2010.

Ligne rouge Parcourt les 52,1 km séparant l'aéroport international de Dubai de Jebel Ali via Dubai Marina, en longeant la Sheikh Zayed Rd sur la plus grande partie du trajet.

Ligne verte Parcourt 22,5 km entre la Dubai Airport Free Zone (station Etisalat) et Dubai Healthcare City (station Creek).

Correspondances lignes rouge et verte Station Union à Deira et station BurJuman à Bur Dubai.

Depuis le métro Des taxis et des bus attendent à chaque station pour vous conduire à votre destination finale.

Fréquence Il y a un métro toutes les 10 minutes en moyenne de 6h à 23h du samedi au jeudi, et de 14h à minuit le vendredi.

Wagons Chaque rame compte quatre wagons standards et un wagon divisé en une section réservée aux femmes et un section “Gold Class”, où l'on bénéficie en payant le double du tarif normal de moquette et de sièges en cuir. Les femmes sont évidemment libres de monter dans les autres wagons.

Tickets Les cartes NOL sont en vente dans les stations et doivent être passées sur la borne à l'entrée et à la sortie du métro.

Tarifs Les tarifs varient entre 1,80 AED pour un trajet ne couvrant qu'une zone à 6,50 AED pour un trajet sur 5 zones.

Itinéraires Il existe des plans de métro en anglais où les différentes zones sont clairement indiquées.

Amendes Si vous sortez d'une station sans un crédit suffisant, vous devrez vous acquitter du montant d'un pass journée (14 AED).

Palm Monorail

Le **Palm Monorail** (carte p. 144 ; www.palm-monorail.com ; aller/aller-retour 15/25 AED ; ⏲10h-22h) est un train sans chauffeur de 5,45 km de long qui dessert l'archipel artificiel de Palm Jumeirah entre la station Gateway et l'hôtel Atlantis The Palm en 10 minutes. Correspondance avec le Dubai Tram à la station Palm Jumeirah. C'est un trajet agréable, mais les taxis ne sont pas plus chers, même pour un voyageur seul.

TAXI

Les véhicules de la **Dubai Taxi Corporation** (☎04-208 0000 ; www.dubaitaxi.ae) sont équipés de compteurs, sont assez bon marché et offrent le moyen le plus rapide et le plus confortable pour se déplacer, sauf aux heures de pointe. Vous pourrez les héler dans la rue ou les réserver.

- Le prix de départ en journée est de 5 AED (8 AED avec réservation, 12 AED aux heures de pointe), auquel s'ajoute 1,71 AED/km (3,50 AED de 22h à 6h ou 7 AED/km si réservé), péages inclus. Le tarif minimal est de 12 AED.
- Les trajets pour Chardja et les autres émirats du Nord entraînent un supplément de 20 AED.
- Les pourboires sont d'environ 10%. Ayez toujours sur vous des petites coupures : la plupart des chauffeurs de taxi ne peuvent ou ne veulent pas rendre la monnaie.
- Les femmes voyageant seules en taxi ne craignent généralement rien, même à la nuit tombée, mais vous pourrez demander un *ladies taxi* (conduit par une femme) en réservant. Des taxis à huit places (minibus) et d'autres adaptés aux personnes handicapées sont également disponibles.
- De nombreux hôtels proposent un service de limousine, qui peut coûter jusqu'au double. Faites-vous confirmer le prix à l'avance et, si celui-ci ne vous convient pas, demandez au concierge de vous appeler un taxi normal.
- Plutôt que de demander à être déposé à une adresse précise, indiquez à votre chauffeur le point de repère le plus proche (par exemple un hôtel, un centre commercial, un rond-point ou un grand bâtiment). Si votre chauffeur semble perdu, n'hésitez pas à lui demander d'appeler son bureau pour se faire indiquer la bonne direction.

ENVIRONS DE DUBAI

Si, fatigué du chaos urbain, vous recherchez un peu de quiétude, ces complexes hôteliers de luxe vous donneront à découvrir, dans le désert, un côté plus paisible de l'émirat.

Al Maha Desert Resort & Spa

Al Maha Desert Resort & Spa RESORT $$$

(☎04-832 9900 ; www.al-maha.com ; Dubai Desert Conservation Reserve, Al-Aïn Rd ; pension complète à partir de 2 900 AED ; 📶❄). Quand bien même il ne se trouve qu'à 65 km au sud-est de Dubai (sur la route de Dubai à Al-Aïn), l'Al Maha semble appartenir à un tout autre univers. Ici, fini le trafic, les gratte-ciel et l'empressement à tout crin. Tout est fait pour que les hôtes de ce complexe à vocation écologique se sentent proches de la nature.

Rattaché à la Dubai Desert Conservation Reserve (DDCR), cet hôtel parmi les plus chics des Émirats porte le nom arabe de l'oryx d'Arabie, ongulé en voie de disparition élevé dans le cadre du programme de sauvegarde du DDCR. Ses 42 suites luxueuses sont autant de bungalows indépendants aux toits de toile tendue. Chacun possède une piscine privative et un patio offrant une vue magnifique sur le désert et ses dunes de couleur pêche, ponctuées de montagnes, et hantées d'oryx et de gazelles.

Les tarifs incluent deux activités par jour (safari faune du désert, tir à l'arc, excursion à dos de dromadaire, etc). Les véhicules privés, les visiteurs et les enfants de moins de 10 ans ne sont pas autorisés.

Bab Al Shams Desert Resort & Spa

Bab Al Shams Desert Resort & Spa RESORT $$$

(☎04-809 6498, 04-809 6498 ; www.meydanhotels.com/babalshams ; Al-Qudra Rd ; ch à partir de 1 150 AED ; P@📶❄). Ce complexe aux allures de fort se fond dans les dunes du désert – l'endroit rêvé pour fuir la civilisation et s'imaginer dans un conte des *Mille et Une Nuits*. Son agencement labyrinthique révèle des influences à la fois arabes et mauresques ; les 115 chambres, superbes et spacieuses, sont agrémentées de piliers, de lanternes, de tableaux de paysages désertiques et de jolis coussins aux motifs de style bédouin.

On pourrait y passer ses journées à lire ou à méditer en contemplant le désert, mais les adeptes de vacances actives y trouveront également leur compte. Superbe piscine à débordement, Satori Spa luxueux et 8 restaurants. Les enfants de 5 à 12 ans noueront des amitiés à l'Aladdin's Kid Club. Le patrimoine culturel émirati n'est pas oublié : excursions dans le désert, fauconnerie, tir à l'arc, et balades à cheval et à dromadaire. À 45 km au sud de Dubai par la route E611, près de l'Endurance Village.

Hatta حتا

Au cœur des escarpés monts Hajar, Hatta, une enclave de l'émirat de Dubai, est une destination populaire le week-end. Son atout principal tient à son climat frais et sec, et à son magnifique paysage de montagne. C'est une bonne base pour les excursions hors-pistes, mais également un merveilleux endroit où se détendre.

À voir

Hatta Heritage Village MUSÉE

(☎04-852 1374 ; www.dubaiculture.gov.ae ; ⏲7h30-20h30 sam-jeu, 14h30-20h30 ven). GRATUIT Ce vaste village restitue ce qu'était le Hatta d'autrefois. Aménagé dans le fort historique restauré du dirigeant, il comprend une *majlis* (salle de réunion), une maison traditionnelle avec cour et divers bâtiments en *barasti* (feuilles de palmier). Des expositions sur l'armement, la musique locale, les produits tirés du palmier, l'artisanat, le tissage, les robes

100% LOCAL

MARCHÉ DE MASAFI

Malgré son nom, le **Masafi Friday Market** (Masafi ; ⏲8h-22h), une longue allée d'étals tous quasiment identiques le long de l'E88 entre Dubai et Fudjayra, sur la côte est, est un marché quotidien. On y vend tapis, poteries, articles de maison et bibelots, mais le plus intéressant est d'y faire le plein de légumes de la région et d'y prendre des photos. Masafi est réputée pour ses sources naturelles dont l'eau minérale se vend dans tout le pays.

traditionnelles et la société de l'ancien village illustrent le passé. La vue est belle depuis la tour de défense de 1880, dont les portes se trouvent à quelque 2,5 m du sol – les gardes devaient y accéder à l'aide de cordes.

Pour vous y rendre, prenez vers le sud au rond-point principal de Hatta, roulez environ 3 km, puis tournez à gauche au panneau. Si vous voyagez en bus, il vous faudra marcher 1,5 km depuis le terminus de Hatta.

Où se loger et se restaurer

Hatta Fort Hotel HÔTEL $$$

(☎ 04-814 5400 ; www.jaresortshotels.com ; rond-point principal de Hatta ; d à partir de 1 100 AED ; P 📶 🏊). Seul hébergement des environs, le Hatta Fort Hotel est apprécié des expatriés le week-end. Atmosphère de country-club des années 1960 avec une pelouse impeccable et un vaste terrain. Les 48 chalets, spacieux et chics, débordent d'ornements arabes, que rehaussent les murs en pierre et les plafonds aux poutres apparentes. Tous disposent d'un patio ou d'un balcon privatif avec vue sur la montagne.

Donnant sur l'une des deux piscines de l'hôtel, le Café Gabezo (plats 25-60 AED) sert le petit-déjeuner, le déjeuner et des en-cas jusqu'à 20h. Pour dîner, le restaurant gastronomique Jeema (plats 60-130 AED) vous attend ; des musiciens s'y produisent parfois.

Depuis/vers Hatta

Hatta se trouve à quelque 125 km à l'est de Dubai. Le bus E16 assure la navette toutes les heures entre la gare routière d'Al-Sabkha et le terminal des bus de Hatta, à environ 2,5 km au sud du rond-point principal (7 AED, 2 heures 45). Le premier bus part à 5h35 de Hatta, le dernier à 21h30. Les bus depuis Dubai circulent entre 6h et 22h.

Le trajet de 125 km depuis Dubai via l'autoroute E44 est ponctué de dromadaires errants, de dunes de sable ondulantes et de quelques oasis, le tout sur fond de montagnes. Une partie de la route passe par Oman et, bien qu'il n'y ait pas de formalités d'immigration ou de douane associées, vous serez susceptible de vous faire contrôler par des soldats en cas de barrage routier installé en prévention de l'immigration clandestine. Si vous êtes au volant d'une voiture de location, veillez au préalable à être autorisé à vous rendre en Oman et à être assuré. Pour éviter ces aléas, vous pourrez emprunter le trajet par l'E102, plus septentrional.

ÉMIRATS DU NORD

Chardja الشارقة

☎ 06 / 946 000 HABITANTS

Chardja (ou Sharjah) n'a pas l'opulence dorée des émirats voisins, mais se distingue par l'attention qu'elle porte à son histoire et à son patrimoine culturel, ce qui lui a valu d'être nommée par l'Unesco capitale culturelle du monde arabe en 1998, puis capitale de la culture islamique en 2014. Une fois que vous aurez traversé la périphérie encombrée de la ville, vous pourrez aisément explorer le vieux centre historique à pied. Prévoyez plusieurs heures pour visiter les quartiers du patrimoine et des arts, ainsi que les souks et les musées.

En dehors de la ville principale de Chardja, les enclaves de Dibba al-Hisn, Khor Fakkan et Kalba sur la côte est font également partie de l'émirat.

Petite mise en garde : la rigoriste Chardja prend ses lois de décence très au sérieux, aussi habillez-vous convenablement : n'exposez pas vos genoux, votre dos ou votre ventre – ce qui est valable pour les hommes comme pour les femmes. Il s'agit également du seul émirat où l'alcool, plus fermement prohibé qu'ailleurs, n'est disponible nulle part.

À voir

Les principaux sites touristiques de Chardja sont éparpillés autour de la partie fortifiée du **quartier du patrimoine** et du **quartier des arts**, près de la corniche. Ces deux secteurs font partie du projet de restauration Heart of Sharjah dont l'achèvement est prévu pour 2025. Rendez-vous sur www.heartofsharjah.ae pour plus d'informations.

♥ **Sharjah Heritage Museum** MUSÉE

(☎ 06-568 0006 ; www.sharjahmuseums.ae ; quartier du patrimoine ; adulte/enfant 5 AED/gratuit ; ⏲ 8h-20h sam-jeu, 16h-20h ven). Ce musée, aménagé de façon créative, contribue grandement à démystifier, aux yeux des visiteurs, la culture et les traditions locales. Chacune des cinq galeries se concentre sur différents aspects de l'existence, de la vie dans le désert aux valeurs religieuses, de la naissance aux rites funéraires, en passant par les fêtes, le mariage et la médecine traditionnelle. De multiples objets originaux et d'excellentes explications en anglais font de la visite une expérience éducative enrichissante.

Bait Al Naboodah SITE HISTORIQUE
(☎ 06-556 6002 ; www.sharjahmuseums.ae ; quartier du patrimoine). Ancienne résidence d'un marchand de perles, cette maison datant de 1845 comporte une grande porte d'entrée, des décorations sculptées et une vaste cour intérieure. Il s'agit d'un bel exemple d'architecture émiratie, témoignant, plus globalement, du cadre de vie des classes aisées de l'époque. Le site était fermé au moment de notre passage et devait rouvrir dans le courant de l'année 2016, après d'importants travaux de restauration.

Souk Al-Arsah SOUK
(Quartier du patrimoine ; 9h-21h sam-jeu, 16h-21h ven). Comptant parmi les plus anciens des Émirats (donc vieux d'une cinquantaine d'années), le souk Al-Arsah accueillait jadis une foule de marchands de Perse et d'Inde, ainsi que de Bédouins locaux, qui tous laissaient leurs dromadaires attachés à des poteaux à l'extérieur. Malgré d'importantes rénovations, c'est toujours un lieu pittoresque, même si les marchands y rivalisent désormais pour vendre aux touristes, dans le confort climatisé de leurs échoppes, pashminas, *dhalla* (cafetières), herbes et épices, reproductions d'anciens kandjars (poignards orientaux) et de bijoux traditionnels.

Sharjah Art Foundation New Art Spaces GALERIE ARTISTIQUE
(☎ 06-548 1381 ; www.sharjahart.org ; quartier du patrimoine ; bureau d'information 9h-21h jeu-sam, 16h-21h ven). Modernité et tradition dialoguent harmonieusement dans cette succession de galeries en cubes blancs occupant des demeures émiraties restaurées du quartier du patrimoine, derrière la mosquée Al-Zahra. Inauguré en 2015 lors de la biennale de Chardja, cet espace donne à découvrir des œuvres avant-gardistes et des films sur l'art dans un cinéma en plein air. Prenez un plan au centre d'information.

Sharjah Fort Museum MUSÉE
(☎ 06-568 5500 ; www.sharjahmuseums.ae ; Al-Hisn Sq ; adulte/enfant 5 AED /gratuit ; 8h-20h sam-jeu, 16h-20h ven). Une rangée de canons accueille les visiteurs au fort Al-Hisn, construit en 1823, puis magnifiquement restauré et converti en musée en 2015. Passé l'imposante porte en teck, de belles expositions présentent l'histoire de Chardja, la dynastie Qasimi et l'histoire du fort. Le clou de la visite est la prison dans la tour ronde. Audioguide gratuit.

VISITES DE LA MOSQUÉE AL-NOOR

L'une des plus belles mosquées parmis les 600 que compte Chardja, la **mosquée Al-Noor** (www.shjculture.com ; Corniche, Khalid Lagoon ; visites guidées 10h lun) se dresse sur un site splendide au-dessus du Khalid Lagoon. C'est la seule mosquée de l'émirat ouvrant ses portes aux non-musulmans lors de visites guidées d'une heure organisées par l'association à but non lucratif Sharjah Centre for Cultural Communication. Les visites se terminent par une séance de questions-réponses. Habillez-vous convenablement, bien entendu, et n'oubliez pas votre appareil photo. Pas de réservation requise.

Sharjah Art Museum MUSÉE
(☎ 06-568 8222 ; www.sharjahmuseums.ae ; quartier des arts, près de la corniche ; 8h-20h sam-jeu, 16h-20h ven). GRATUIT Le quartier des arts est établi autour de l'un des plus grands et des plus animés musées de la région, également organisateur de la biennale de Chardja. À l'étage, une exposition permanente retrace la création artistique des 50 dernières années dans le monde arabe. D'autres salles accueillent des expositions itinérantes de classe mondiale, et il y a un bon café.

♥ **Sharjah Museum of Islamic Civilization** MUSÉE
(☎ 06-565 5455 ; www.sharjahmuseums.ae ; angle corniche et Arabian Gulf St ; adulte/enfant 5 AED/gratuit ; 8h-20h sam-jeu, 16h-20h ven). À peu près tout ce que vous avez toujours voulu savoir sur l'Islam est abordé dans ce musée bien pensé, installé dans un ancien souk sur le bord de mer. Les galeries du rez-de-chaussée se concentrent sur les différents aspects de la foi islamique, et plus particulièrement sur l'important rituel du *hadj*, ainsi que sur les réalisations scientifiques arabes, notamment en mathématiques et en astronomie. L'étage parcourt 1 400 années d'art islamique à travers des céramiques, armures, boiseries, textiles et bijoux. Terminez votre

Chardja

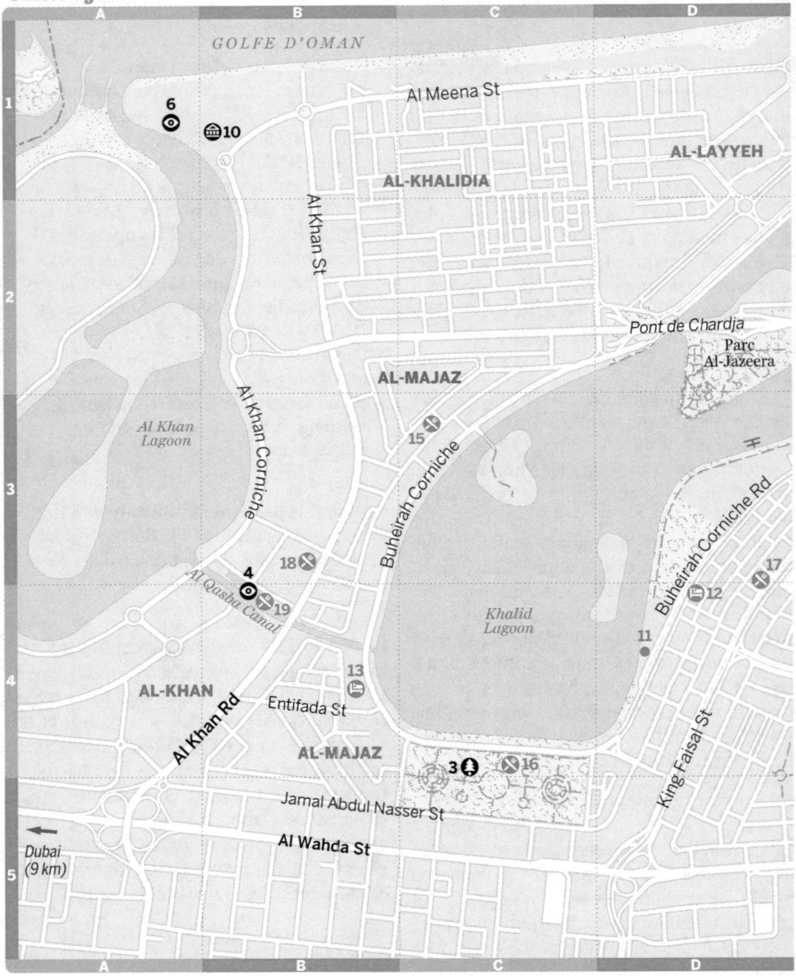

visite par un thé sous le dôme central et ses impressionnantes mosaïques zodiacales bleu foncé.

Al-Qasba QUARTIER

(☎06-525 2444 ; www.alqasba.ae ; Al-Qasba Canal). GRATUIT Au bord d'un canal, ce quartier piéton à l'atmosphère familiale abrite des cafés, manèges, embarcadères, boutiques, ainsi qu'une petite fontaine musicale et une grande roue de 60 m de haut appelée Eye of the Emirates ("l'œil des Émirats"). L'endroit est particulièrement agréable en soirée, mais évitez les vendredis et samedis soir si vous n'aimez pas la foule. Passez voir les expositions du Maraya Art Centre.

Al-Majaz Waterfront PARC

(☎06-552 1552 ; www.almajaz.ae ; Al-Buheirah Corniche Rd). GRATUIT L'attraction principale de cette zone de loisirs familiale au bout du Khalid Lagoon est la fontaine de Chardja, qui, la nuit tombée, s'illumine en musique et projette des colones d'eau entrelacées de lasers le temps de grandioses spectacles de 5 minutes. On y trouve aussi des cafés, des fast-foods, un

minigolf, un parc aquatique, une aire de jeux, une *camera obscura* ; également, des balades en bateau.

Sharjah Aquarium AQUARIUM
(☎06-528 5288 ; www.sharjahmuseums.ae ; Al-Meena St ; adulte/enfant Maritime Museum inclus 25/15 AED ; ⏲8h-20h lun-jeu et sam, 16h-22h ven). Entrez dans un "boutre abandonné" pour apercevoir de près des créatures marines des côtes ouest et est des Émirats, sans vous mouiller les pieds. Au nombre des pensionnaires : murènes, requins à pointes noires, raies aigles et méduses. Les aquariums recréent le site de Dibba Rock, les mangroves, les récifs coralliens de Shark Island et autres habitats marins. Les écrans tactiles sont intéressants, mais la signalétique est un peu trop succincte.

Sharjah Maritime Museum MUSÉE
(☎06-522 2002 ; www.sharjahmuseums.ae ; Al-Meena St ; adulte/enfant 10/5 AED ; ⏲8h-20h sam-jeu, 16h-22h ven). Pour une introduction au passé maritime des Émirats, visitez ce charmant musée où sont présentés des boutres traditionnels, du matériel de

Chardja

Les incontournables
- 1 Sharjah Heritage Museum F2
- 2 Sharjah Museum of Islamic Civilisation G2

À voir
- 3 Al-Majaz Waterfront C4
- 4 Al-Qasba B4
- 5 Bait Al-Naboodah F2
- 6 Sharjah Aquarium A1
- 7 Sharjah Art Foundation New Art Spaces F2
- 8 Sharjah Art Museum G2
- 9 Sharjah Fort Museum F2
- 10 Sharjah Maritime Museum B1

Activités
- 11 Mosquée Al-Noor D4

Où se loger
- 12 72 Hotel by Hues D4
- 13 Golden Tulip Sharjah B4
- 14 Sharjah Heritage Hostel F1

Où se restaurer
- 15 Bangkok Town C3
- 16 El Manza C4
- 17 Grub Shack D3
- 18 Katis Restaurant B3
- 19 Shababeek B4

Achats
- 20 Souk central E2
- 21 Mega Mall F4
- 22 Souk Al-Arsah F2

pêche et des expositions sur la pêche des perles, de quoi vous distraire pendant une demi-heure.

Fêtes et festivals

Biennale de Chardja ART

(www.sharjahart.org/biennial ou www.sharjah-biennial.org ; mars-mai). Cette biennale, dont la prochaine édition aura lieu en 2017, constitue l'un des événements artistiques les plus importants du monde arabe.

Sharjah International Book Fair SALON DU LIVRE

(www.sharjahbookfair.com ; nov). Événement culturel majeur lancé en 1982, ce Salon du livre régional rassemble sur 11 jours éditeurs, auteurs, traducteurs et visiteurs autour des dernières nouveautés littéraires en arabe, en anglais et dans d'autres langues.

Où se loger

Sharjah Heritage Hostel AUBERGE DE JEUNESSE $

(06-298 8151 ; www.uaeyha.com ; quartier du partimoine ; dort sans sdb 75 AED/pers ; réception 9h-23h ; P). Sise dans un cadre calme, en bordure du quartier du patrimoine, cette auberge de jeunesse occupe un bâtiment historique joliment restauré donnant sur une cour intérieure. Des portes en bois sculpté y mènent à huit dortoirs, propres et bien entretenus, chacun pourvu de cinq ou six lits, de la climatisation et d'un petit réfrigérateur. Cuisine commune. Derrière la mosquée Al-Zahra.

Golden Tulip Sharjah HÔTEL $

(06-519 7777 ; www.goldentulipsharjah.com ; Al Buheirah Corniche Rd ; ch sans petit-déj à partir de 300 AED ; P). Idéalement situé à deux pas d'Al-Qasba et d'Al-Majaz Waterfront, le Golden Tulip propose des chambres pour la plupart spacieuses au mobilier traditionnel et aux couleurs terre ; certaines ont vue sur le lagon. L'hôtel est dans le centre commercial Al-Fardan. Salle de sports avec espaces séparés pour les hommes et les femmes.

72 Hotel by Hues BOUTIQUE-HÔTEL $$

(06-507 9797 ; www.hueshotels.com/seventy-two-hotel ; Corniche 110 St ; ch sans petit-déj à partir de 720 AED ; P @). Hôtel branché de 72 chambres au design urbain, bien pensé, dont les angles sont adoucis par des couleurs chaudes, de beaux tissus et un éclairage tamisé. Piscine intérieure, salle de gym, sauna et hammam, le tout à deux pas des principaux sites touristiques de la ville. Pour quelques dirhams de plus, réservez une chambre avec vue sur le lagon.

Coral Beach Resort Sharjah RESORT $$

(06-522 9999 ; www.hmhhotelgroup.com ; Al-Muntazah St ; ch à partir de 525 AED ; P). Complexe balnéaire familial dont la situation un peu à l'écart des sites touristiques est compensée par les installations. Les enfants adoreront les toboggans de la piscine et l'aire de jeux ; les sportifs apprécieront la salle de gym et la piscine à débordement ; les amoureux pourront profiter d'un dîner romantique au bord de la mer. Les chambres, agréables, ont vue sur la mer, mais la plage est petite.

Où se restaurer

Grub Shack INDIEN $

(06-544 576 ; King Faisal St, Al-Majaz ; plats 18-32 AED ; 12h-23h lun-sam). Chaises rouge vif et joli déco vintage dans ce rendez-vous de gastronomes qui propose d'excellentes spécialités de Goa, dont le très épicé poulet *piri piri*, le succulent *junglee pulao* de crevettes et le croustillant crabe rôti masala. Tout est fait maison, frais, authentique et copieux. Derrière la station service ADNOC.

Katis Restaurant INDIEN $

(☎06-556 5650 ; Al-Khan St, Al-Khan ; plats 15-33 AED ; ⏲11h30-15h et 17h-minuit). Petit restaurant géré en famille, aux murs dorés et aux tables en bois sombre. La cuisine, également familiale, propose des plats indiens traditionnels comme le *butter chicken* et les crevettes *biryani*, et de délicieuses entrées comme les *momos* (beignets vapeur), les pilons de poulet et les rouleaux de poulet *kati*. En face du marché de Safeer.

El Manza MAROCAIN $$

(☎06-552 1882 ; www.elmanza.ae ; Al-Majaz Waterfront ; plats 40-100 AED ; ⏲8h30-minuit sam-mer, 8h30-1h jeu-ven). Photos en noir et blanc, cloisons treillissées et lampes métalliques design forment le décor de ce restaurant marocain haut de gamme, où les plats – couscous, tajines, et le très épicé *ketf mechoui* (épaule d'agneau rôtie) – sont à la hauteur du cadre. En entrée, goûtez au classique *pastilla bil hamam* (feuilleté au pigeon, aux amandes et à la fleur d'oranger).

Bangkok Town THAÏLANDAIS $$

(☎06-556 8282 ; angle Al-Qasba St et 9th St, Al-Majaz ; plats 27-80 AED ; ⏲12h-16h et 18h30-minuit). Vous serez séduit tant par la cuisine que par le cadre de ce restaurant, un salon rétro où l'on mange dans des box confortables tendus de lin ou sous des auvents de chaume. Le menu est particulièrement axé sur les poissons et les fruits de mer (il y a même un aquarium de tilapias), mais les classiques y figurent également. Derrière le Grand Buhaira Cinema.

Shababeek LIBANAIS $$

(☎06-554 0444 ; www.shababeek.ae ; block B, Qanat Al-Qasba ; mezzes 18-30 AED, plats 32-70 AED ; ⏲12h-23h30). Avec ses murs violet foncé, son mobilier noir et ses ornements aux motifs arabes, ce restaurant chic et contemporain est d'une élégance rare à Chardja. Les plats ne sont pas très copieux mais savoureux, et le menu ne se limite pas aux habituels mezzes et grillades. Terminez votre repas par un sorbet parfumé à l'eau de rose.

Achats

Souk central SOUK

(Souk bleu ; Khalid Lagoon ; ⏲9h-13h et 16h-23h sam-jeu, 16h-23h ven). Non loin d'Al-Ittihad Sq, ce souk occupe deux longs édifices parallèles ornés de mosaïques et reliés par des ponts couverts. Les boutiques du rez-de-chaussée vendent des bijoux contemporains, des montres et des vêtements, tandis qu'à l'étage les étals proposent des marchandises plus typiques : pashminas, tapis et curiosités des quatre coins du monde arabe. Venez plutôt le soir : la journée, le lieu est envahi par les touristes.

Mega Mall CENTRE COMMERCIAL

(☎06-574 2574 ; www.megamall.ae ; Istiqlal St, Abu Shagara ; ⏲horaires variables 10h-23h dim-mer, 10h-minuit jeu et sam, 14h-minuit ven). Avec ses 150 magasins, ce centre commercial fait figure de poids plume par rapport à ses concurrents de Dubai, mais on y trouve un multiplexe et un parc à thème intérieur avec montagnes russes et maison hantée. Le supermarché est ouvert 24h/24.

Renseignements

Al Zahra Hospital (☎06-561 9999 ; www.alzahra.com ; Al-Zahra Sq, Al-Ghuair). Urgences 24h/24 et 7j/7 près de la tour d'horloge de Chardja.

Sharjah Commerce & Tourism Development Authority (☎800 80000 ; www.sharjahmydestination.ae).

VISITES EN BUS TOURISTIQUE

City Sightseeing Sharjah (☎06-525 5200 ; www.citysightseeing.ae ; 24h adulte/enfant 85/45 AED, 48h 295/130 AED ; ⏲10h-18h sam-mer, 10h-18h et 19h-22h jeu-ven). Ces bus rouges à impériale conduisent leurs passagers sur 20 sites notables de Chardja, dont le souk central et le quartier du patrimoine. Montée et descente libre, commentaires enregistrés en 7 langues, dont l'anglais et l'allemand. Les billets, valables 48 heures, sont également valides pour les visites de Dubai avec City Sightseeing. Billets en vente en ligne, dans les hôtels ou à bord des bus.

DESTINATION	TARIF	DURÉE	FRÉQUENCE
Abu Dhabi	30 AED	3 heures	toutes les 30 minutes
Adjman	5 AED	30 heures	toutes les 20 minutes
Al-Aïn	30 AED	2 heures	toutes les 45 minutes
Dubai (Bur Dubai)	5 AED	1 heure	toutes les 15 minutes
Fudjayra	25 AED	2 heures 30	toutes les heures
Ras al-Khayma	20 AED	2 heures	toutes les heures
Umm al-Qawayn	15 AED	1 heure	toutes les heures

Depuis/vers Chardja

AVION

L'**aéroport international de Chardja** (p. 301) se trouve à 15 km à l'est du centre-ville et s'est considérablement agrandi depuis qu'il est devenu le hub de la compagnie **Air Arabia** (p. 301).

BUS

La **gare routière Al-Jubail** est au centre de Chardja, près du souk aux légumes et au poisson.

TAXI

La **principale station de taxis** se trouve à côté de la gare routière, mais les taxis peuvent être hélés n'importe où en ville. Les trajets pour Dubai sont surtaxés de 20 AED. Attendez-vous à payer environ 50 AED pour l'aéroport international de Dubai, 90 AED pour le Dubai Mall, 200 AED pour Fudjayra ou Al-Aïn, et 300 AED pour Abu Dhabi.

Si possible, évitez de circuler entre Dubai et Chardja durant les heures de pointe (en semaine, 7h-10h, 13h-14h et 17h-21h), lorsque l'intense trafic engendre de pénibles bouchons.

VOITURE

Depuis Dubai, prenez Sheikh Rashid Rd, traversez le Garhoud Bridge et continuez vers Chardja. Le trajet prend entre 30 minutes et 1 heure selon les conditions de circulation et votre point de départ à Dubai.

Comment circuler

DEPUIS/VERS L'AÉROPORT

Les bus n[os]14, 15 et 99 relient l'aéroport de Chardja et le centre-ville (6 AED). Une course en taxi coûte environ 50 AED, avec 20 AED de taxe d'aéroport inclus.

BUS

Les bus sont gérés par **Mowasalat** (☎600 522 282 ; www.mowasalat.ae) et circulent entre 5h30 et 23h30, toutes les 10 à 30 minutes, sur neuf lignes différentes. Un billet coûte 4 AED, ou 5 AED sur les lignes express.

TAXI

Les **taxis** (☎600 525 252) peuvent être hélés ou réservés. Le prix de départ est de 3,50 AED (4 AED de 23h à 6h), plus 1 AED par 620 m, avec un tarif minimum de 11,50 AED. Un trajet moyen en ville coûte entre 10 et 30 AED. Un supplément de 20 AED est facturé pour les trajets au départ de l'aéroport et pour Dubai.

Sharjah Desert Park

Ce parc du "désert" comporte quatre installations regroupées sur 1 km², dont un musée d'histoire naturelle, un musée botanique et une ferme pédagogique, où les enfants peuvent nourrir et caresser des chèvres, des dromadaires et des canards, et monter à cheval ou à dos de dromadaire.

Le clou du parc est l'**Arabia's Wildlife Centre** (☎06-531 1999 ; www.breedingcentresharjah.com ; Al-Dhaid Rd ; ⌚9h-18h dim-lun et mer-jeu, 14h-18h ven, 11h-18h sam, dernière entrée 30 min avant la fermeture), un zoo où l'on peut découvrir la diversité de la faune locale. Vipères, flamants roses, chats sauvages, mangoustes, hyènes, loups et le splendide léopard d'Arabie y sont représentés. On y admire les animaux toute l'année à travers de grandes vitres dans le confort de salles climatisées.

Le parc possède également un café et des aires de pique-nique. Sur l'Al-Dhaid Rd (E88), à 26 km à l'est de Chardja.

Adjman عجمان

☎06 / 262 000 HABITANTS

Adjman (ou Ajman) est le plus petit des sept émirats. Il est constitué de trois enclaves, dont la plus grande, au nord de Chardja, abrite la capitale, la ville d'Adjman, qui ouvre sur le golfe Persique. Sa belle plage de sable bordée de palmiers, son atmosphère sans prétention et le bon rapport qualité/prix de ses hôtels en font une destination attrayante. Entre promenade sur la corniche, où les locaux profitent des températures plus clémentes pour faire des barbecues et pique-niquer, et visite du musée, la ville offre quelques passe-temps agréables.

On trouve à Adjman l'un des derniers chantiers de construction de boutres de la région, au nord d'Ajman Khor, où le luxueux quartier d'Al-Zorah est en train de sortir de terre.

À voir

Ajman Museum MUSÉE

(☎06-742 3824 ; Central Square ; adulte/enfant 5/1 AED ; ⏲8h-20h sam-jeu). Cette forteresse de la fin du XVIIIe siècle a servi de résidence à l'émir jusqu'en 1970, puis de poste de police. Elle est désormais transformée en un musée retraçant le passé d'Adjman au travers de photos, d'armes, d'outils et de pièces archéologiques.

Où se loger

Ramada Beach Hotel Ajman HÔTEL $

(☎06-742 9999 ; www.ramadaajman.com ; Sheikh Humaid bin Rashid Al-Nuaimi St (Corniche Rd) ; ch à partir de 420 AED ; P ᯤ ≋). Situé dans une tour déjà ancienne mais encore en bon état, cet hôtel propose une vue sur le golfe à un tarif attractif. Les chambres sont

Adjman

À voir
1 Ajman Museum C2

Où se loger
2 Ajman Saray C1
3 Ramada Beach Hotel Ajman A3

Où se restaurer
4 Attibrah B2
5 Bukhara C1
6 Themar Al Bahar B3

Adjman

décorées avec goût aux couleurs du désert. Celles standards donnent sur la ville et sont petites ; optez plutôt pour une suite avec balcon sur la mer.

Ajman Saray HÔTEL $$$
(06-714 2222 ; www.ajmansaray.com ; Sheikh Humaid bin Rashid al-Nuaimi St (Corniche Rd) ; ch à partir de 1 100 AED ; P). Ce nouvel hôtel luxueux offre un cadre idéal pour se détendre : atmosphère tranquille en face de la plage et jardins luxuriants. Les chambres bien équipées sont parsemées d'élégantes touches arabes et dotées de balcons. L'immense spa vaut à lui seul le détour.

Où se restaurer

Themar Al Bahar POISSON, FRUITS DE MER $$
(06-747 0550 ; Sheikh Humaid bin Rashid al-Nuaimi St (Corniche Rd) ; poisson 50-160 AED/kg ; 12h-3h). Si l'apparence du lieu et le service laissent à désirer, il n'y a pas mieux à Adjman pour se régaler de poisson et de fruits de mer frais à des prix raisonnables. Dans une salle dédiée, faites votre choix parmi la pêche du jour ; les produits sont ensuite pesés et cuisinés à votre goût, puis servis accompagnés de salades et de garnitures arabes. À côté de l'Al-Owais Tower.

Attibrah MOYEN-ORIENTAL $$
(06-744 8383 ; Sheikh Humaid bin Rashid al-Nuaimi St (Corniche Rd) ; plats 30-70 AED ; 8h-1h sam-jeu, 14h-1h ven). Un petit creux après une promenade sur la corniche ? Oubliez les nombreux fast-foods pour goûter à une cuisine arabe traditionnelle, avec les spécialités émiraties *gisheeda* (poisson épicé) et *harris biliyan* (aubergine), puis détendez-vous autour d'un narguilé.

Bukhara INDIEN $$$
(06-714 5555 ; Sheikh Humaid bin Rashid al-Nuaimi St (Corniche Rd) ; plats 50-140 AED ; 12h30-15h et 18h30-23h15 ;). Ce restaurant rattaché au Kempinski Hotel sert de délicieuses spécialités indiennes préparées de manière parfaitement authentique dans une cuisine ouverte. La spécialité végétarienne maison, le *dal bukhara* (lentilles aux épices) est un régal, tandis que le succulent *murgh malai kebab* remporte la palme du meilleur tandoori. Laissez les couverts de côté et utilisez vos mains ou des *naan* frais.

Renseignements

Ajman Tourism (06-711 6666 ; www.ajmantourism.ae).

Depuis/vers Adjman

BUS

Les bus d'Ajman Public Transport Corporation desservent Ras al-Khayma (20 AED), Al-Aïn (20 AED), Chardja (3 AED) et Dubai (15 AED) au départ de Liwara Station, à l'extrémité nord de Sheikh Rashid bin Humaid St. Pas de bus locaux.

Le bus E400 de RTA à Dubai part d'Union Station à Deira (Dubai) vers Adjman (7 AED, 50 min) via la gare Al-Jubail de Chardja. Il y a plusieurs bus 112 par heure entre Al-Jubail à Chardja et Adjman (5 AED, 30 min). Ils font le retour à vide ; vous devrez donc prendre un taxi.

TAXI

Il y a de nombreux taxis à Adjman ; c'est le seul moyen de vous déplacer sans votre propre véhicule. Une course coûte 3 AED (4 AED entre 22h et 6h) plus 1 AED tous les 650 m, avec un tarif minimum de 10 AED dans Adjman et de 20 AED hors d'Adjman. Il y a une **station de taxis** dans le centre (Sheikh Humaid bin Abdul al-Aziz St).

Umm al-Qaywayn أم القيوين

06 / 75 000 HABITANTS

Minuscule émirat enroulé autour d'une lagune semée d'îles, Umm al-Qaywayn (Umm Al Quwain en anglais) est à maints égards un “anti-Dubai”. Petit, endormi, au charme désuet et démuni de tout complexe hôtelier international et centre commercial, il se singularise par une atmosphère rétro qui offre un contraste frappant avec le plus clinquant de ses homologues méridionaux. Venez y découvrir un aperçu des Émirats tels qu'ils étaient à l'époque antépétrolière.

Au milieu de la crique, l'île inhabitée Al-Sinniyah est une réserve marine protégée, connue pour sa mangrove qui héberge une vaste colonie de cormorans de Socotra. L'île sert aussi d'escale à des oiseaux migrateurs, dont des flamants roses, des mouettes et des sternes.

La vieille ville, le quartier des affaires et quelques hôtels se situent sur la pointe nord d'une étroite péninsule de 12 km de long, accessible par King Faisal Rd, une artère animée bordée de centres commerciaux. Les autres sites d'intérêt se trouvent le long de l'E11 en direction du nord.

À voir et à faire

Umm Al Quwain Museum MUSÉE
(06-765 0888 ; Al-Lubna Rd ; adulte/enfant 4 AED/gratuit ; 17h-20h ven, 8h-14h et 17h-20h sam-jeu, réservé femmes mar). Cette forteresse de 1768 magnifiquement restaurée a tenu lieu de résidence à l'émir et de siège au gouvernement jusqu'en 1969. On y admire de belles *majlis* (salles de réception), d'antiques bijoux bédouins, de superbes armes et des pièces archéologiques des sites de Tell Abraq et Al-Dour, dont deux statues de faucons sans têtes.

Dreamland Aqua Park PARC AQUATIQUE
(06-768 1888 ; www.dreamlandaquapark.com ; sur l'E11 ; adulte/enfant moins de 1,20 m 160/100 AED ; 10h-18h sam-jeu, 10h-19h ven-sam mars-mai et sept-oct, 10h-18h dim-jeu, 10h-20h ven-sam juin-août, 10h-18h tlj nov-fév). Avec son charme à l'ancienne, le plus vieux parc aquatique des Émirats compte 16 attractions correctement entretenues, dont le bien nommé toboggan Kamikaze, un manège en rafting gentillet et une piscine saline imitant la mer Morte. Bar de piscine servant des bières fraîches et des cocktails à des prix raisonnables. À environ 10 km au nord de l'embranchement pour la péninsule d'Umm al-Qaywayn.

Où se loger

Barracuda Beach Resort RESORT $
(06-768 1555 ; www.barracuda.ae ; sur l'E11 ; ch à partir de 390 AED ; P). Réputé pour sa boutique vendant de l'alcool, ce complexe hôtelier de style méditerranéen, aux façades chaulées, loue des studios carrelés simples et spacieux, ainsi que des suites avec balcons et vues sur la lagune. Mais il n'abrite aucune plage, en dépit de ce que laisse entendre son nom.

Dreamland Aqua Park CAMPING, BUNGALOWS $$
(06-768 1888 ; www.dreamlandaquapark.com ; route E11 ; tentes pour 2 adultes 550-650 AED, bungalows 700-900 AED, adulte ou enfant suppl 200-250 AED ; P). Le seul camping de plage des Émirats jouxte le parc aquatique : vous serez les premiers aux attractions dès le petit matin après une nuit passée dans un bungalow en bois ou sous la tente. Inclus dans le prix : accès illimité au parc et trois repas (dîner barbecue, petit-déjeuner et déjeuner).

Umm al-Qaywayn

Umm Al Quwain Beach Hotel RESORT $$
(06-766 6647 ; www.uaqbeachotel.com ; Beach Rd ; villas 1 ch à partir de 900 AED ; P). Lâchez prise à l'ombre d'un *baratsi* (parasol en palmes) sur la plage. Hébergement dans des villas bien équipées d'une à trois chambres donnant sur la mer dans de beaux jardins. Mais l'atout principal de ce complexe est peut-être son magasin de vins et spiritueux. Le complexe se trouve sur la Péninsule ; prenez l'embranchement sur la partie ouest de King Faisal Rd, au nord du rond-point de la tour d'horloge (près du KFC).

Où se restaurer

Le meilleur endroit pour se ravitailler est l'énorme **Lulu Centre** (06-766 6331 ; King Faisal Rd ; 8h-23h30), près du rond-point Al-Kuwait.

Al Ayaam LIBANAIS $
(06-766 6969 ; King Faisal Rd ; plats 15-55 AED ; 8h-1h). S'il ne décroche pas la palme de la déco, ce restaurant familial sert une cuisine libanaise parmi les meilleures de la ville. Commencez par du *baba ganoush* et une salade de cresson avant de vous attaquer aux grillades de viande (dont du dromadaire et de la caille) et de

poisson. L'addition est très raisonnable. En face du KFC.

Aquarius INTERNATIONAL $$

(☎ 06-768 1555 ; www.barracuda.ae ; Barracuda Beach Resort ; plats 35-120 AED ; 🕒 8h-23h). Ce restaurant informel de bord de mer aura de quoi satisfaire toutes vos envies, depuis les hamburgers jusqu'aux kebabs aux crevettes et langoustes.

Depuis/vers Umm al-Qaywayn

BUS

De Chardja, prenez le bus 115 (15 AED, 1/heure) à la gare routière Al-Jubail. Depuis Dubai, le bus E601 part de la gare routière Al-Ittihad de Deira (10 AED, toutes les 45 min). Les bus s'arrêtent au rond-point Union d'Umm al-Qaywayn, endroit où attendent des taxis. Les deux lignes continuent jusqu'à Ras al-Khayma via l'E11, mais ne marquent pas l'arrêt sur le retour vers Chardja.

TAXI

Une course pour Dubai ou Ras al-Khayma coûte à partir de 120 AED ; pour Chardja, comptez 70 AED, et pour Adjman 50 AED.

VOITURE

Umm al-Qaywayn se trouve à environ 40 km au nord de Dubai via l'E11. Pour rejoindre la vieille ville, tournez sur King Faisal Rd juste après l'embranchement avec l'E55.

Comment circuler

Sans véhicule, il n'est possible de se déplacer à Umm al-Qaywayn qu'en taxi. Vous pouvez simplement les héler ; ils sont nombreux et bon marché. La plupart des trajets coûtent entre 5 et 10 AED.

Ras al-Khayma راس الخيمة

☎ 07 / 300 000 HABITANTS

Entouré par les sauvages monts Hajar, Ras al-Khayma (Ras Al Khaimah en anglais, ou simplement RAK) est l'émirat le plus septentrional de la fédération. Il a les faveurs des amateurs de plein air pour ses paysages variés : des plages de sable fin aux vastes oasis, des sources d'eau chaude au désert brûlant, le tout sur fond de montagnes abruptes.

La croissance exponentielle qu'a connue Ras al-Khayma ces dernières années a donné naissance à une zone franche, à une île artificielle avec hôtels de luxe, à des bases de loisirs et à une route de montagne offrant un superbe panorama. La plupart des développements ont eu lieu à Al-Hamra, une zone à environ 15 km au sud du centre de la capitale Ras al-Khayma (aussi appelée RAK City).

Dans le centre-ville, un monument a vu le jour : la mosquée blanche Sheikh Zayed, qui domine la corniche Al-Qawasim, une promenade pavée avec des kiosques, des bancs et des restaurants, face au bras de mer.

Ras al-Khayma est également la porte d'entrée vers la spectaculaire péninsule de Musandam, une enclave d'Oman.

À voir

National Museum of Ras Al-Khaimah MUSÉE

(☎ 07-233 3411 ; www.rakheritage.rak.ae ; adulte/enfant 5 AED/gratuit ; 🕒 10h-17h mer-lun sept-mai, 8h-12h et 16h-19h mer-lun juin-août). Ce musée d'histoire locale occupe un fort du XIXe siècle où résidaient les souverains Qawasim jusqu'en 1964. Passé le portail en bois richement orné vous attend une collection d'objets traditionnels et d'artefacts archéologiques de la région, notamment de Julfar, un port d'importance entre les XIVe et XVIIe siècles. Parmi les joyaux : des récipients finement décorés de l'âge du fer et des urnes en terre cuite. Près d'Al-Hisn Rd.

Fort de Dhayah FORTERESSE

(🕒 24h/24). GRATUIT Les efforts que requiert l'ascension des escaliers zigzaguant jusqu'à cette forteresse à deux tours au sommet d'une colline ne sont pas vains tant le panorama à 360° sur la ville de Ras al-Khayma, ainsi que sur une vaste oasis couverte de palmiers-dattiers et sur les monts Hajar est splendide. Érigé au XIXe siècle, le fort connut en 1819 l'ultime bataille entre les troupes britanniques et les tribus locales. À 18 km au nord de la capitale par Al-Rams Rd – sortir au panneau indiquant Dhayah Resthouse.

Jazirat Al-Hamra Fishing Village VILLAGE

(🕒 24h/24). GRATUIT Ce troublant village fantôme dont les origines remontent au XVIe siècle est l'un des plus anciens et des mieux préservés des Émirats. Ses habitants ont principalement vécu de la pêche et de la perliculture jusqu'à ce qu'ils quittent subitement les lieux en 1968. Pour vous y rendre, sortez de la route E11 en face de Majan Printing et continuez vers

Ras al-Khayma

Al-Hamra. Prenez à droite au rond-point, puis à nouveau à droite et immédiatement à gauche sur une route de terre que vous suivrez pendant 1 km.

Le village est officiellement fermé, mais vous pourrez admirer à travers le grillage les vestiges de maisons en pierre de corail, de tours à vent, de mosquées, d'écoles et de boutiques.

Activités

Route de montagne du djebel Jais ROUTE PANORAMIQUE

GRATUIT Culminant à 1 934 m, le djebel Jais est le plus haut sommet des Émirats – il peut même y neiger. Depuis 2015, une route de montagne serpente presque jusqu'au sommet, offrant un panorama spectaculaire de falaises artistiquement érodées, de profonds canyons et de pitons escarpés. L'itinéraire est jalonné de petits parkings avec toilettes, mais n'offre rien d'autre (pour l'heure du moins) : emportez à boire et à manger.

La route s'étend sur 50 km entre le rond-point reliant Khuzam Rd et Al-Rams Rd à Ras al-Khayma.

Iceland Water Park PARC AQUATIQUE

(☎ 07-206 7388, gratuit 800-969 725 ; www.icelandwaterpark.com ; E11, Jazirat Al-Hamra ; adulte 175 AED, enfant de moins de 120/80 cm 100 AED/gratuit ; ⏲ 10h-18h dim-jeu, 10h-19h ven-sam, réservé femmes 20h-minuit ven). Les pingouins règnent sur ce parc aquatique “arctique”, vous mettant au défi d'expérimenter les cinq attractions offertes par une montagne polaire, dont une descente quasi verticale depuis les 40 m de hauteur du Mount Attack. La plupart des attractions ne sont pas accessibles aux personnes mesurant moins de 1,20 m. Alimentation et boissons, y compris alcoolisées, disponibles. Bondé le week-end.

VAUT LE DÉTOUR

SOURCES CHAUDES DE KHATT

L'eau minérale à 40°C qui jaillit des sources chaudes naturelles de l'**Harmony Ayurveda Centre** (☎07-244 8141 ; Khatt Springs Rd, Khatt ; 50 AED ; ⏲7h-21h) est réputée faire des merveilles sur les douleurs articulaires ou musculaires. Détendez-vous dans des bassins de galets non mixtes ou choisissez une cure dans le vaste menu du spa (tel un soin du corps au miel et au sésame). L'entrée est gratuite si vous logez à l'hôtel **Golden Tulip Khatt Springs Resort & Spa** (☎07-244 8777 ou 800 358 0846 ; www.goldentulipkhattsprings.com ; Khatt Springs Rd, Khatt ; d à partir de 360 AED ; P 📶 🏊), dominant les sources. Les chambres de ce mastodonte aux airs de château sont confortables, très spacieuses et dotées de balcons avec vue sur la vallée parsemée de palmiers.

Khatt se trouve à environ 25 km au sud-est du centre de Ras al-Khayma. Prenez l'E18 après l'aéroport, puis suivez les panneaux.

Bedouin Oasis Desert Camp VISITE CULTURELLE

(☎055-228 4984, 04-266 6020 ; www.arabianincentive.com ; Banyan Tree Al-Wadi, Al-Mazraa, Wadi Khadija ; 380 AED/pers ; ⏲19h-22h). Laissez-vous tenter par un dîner romantique dans un camp de Bédouins reconstitué à la lumière de bougies et de lanternes. Le prix inclut boissons, henné, excursions à dos de dromadaire, danse du ventre et narguilé. On peut aussi camper sur place dans de confortables tentes.

Où se loger

Hotel Ras Al Khaimah HÔTEL $$

(☎07-236 2999 ; www.rasalkhaimahhotel.com ; Khuzam St ; d à partir de 565 AED ; P 📶 🏊). Bonne option pour loger en ville sans se ruiner, au sommet d'une colline. Le mobilier et le décor ne sont pas du dernier cri, mais les infrastructures incluent une piscine extérieure et un restaurant servant une bonne cuisine libanaise 24h/24. Pas d'alcool. Les chambres donnent sur la baie. Wi-Fi gratuit dans les parties communes uniquement.

♥ **Hilton Al Hamra Beach & Golf Resort** RESORT $$$

(☎07-244 6666 ; www.hiltonhotels.com ; Vienna St, Jazirat Al-Hamra ; d à partir de 1000 AED ; P 📶 🏊). Immense complexe balnéaire avec deux piscines, une plage de sable de 400 m, des courts de tennis et une base nautique, où vous pourrez choisir entre adrénaline et paresse. Chambres installées dans la tour principale ou dans des villas entourées de palmiers et de bougainvillées. Toutes disposent d'une terrasse ou d'un balcon, et combinent sophistication et ornements arabes. Excellents buffets au petit-déjeuner et brunch le vendredi.

Banyan Tree Al Wadi RESORT $$$

(☎07-206 7777 ; www.banyantree.com ; Al-Mazraa, Wadi Khadija ; villas à partir de 2 600 AED ; P 📶 🏊). Ce complexe hôtelier dans le désert, avec ses villas de style oriental disposant chacune d'une piscine privative, est le summum du luxe. Il est entouré d'une réserve naturelle où vous pourrez apercevoir gazelles, dromadaires et oryx à la faveur de promenades guidées ou d'excursions. Des spectacles de fauconnerie quotidiens (275 AED) vous feront découvrir les prouesses de majestueux rapaces. À environ 14 km au sud du nouveau Ras al-Khayma (à 7 km au sud de l'E311).

Les clients ont également accès à la plage privée de l'établissement associé Banyan Tree Ras Al Khaimah Beach (mêmes coordonnées), une retraite tout aussi romantique et élégante sur la péninsule d'Al-Hamra.

Cove Rotana Resort RESORT $$$

(☎07-206 6000 ; www.rotana.com ; Al-Hamra Rd ; ch à partir de 1450 AED ; P 📶 🏊). À environ 8 km au sud du centre de Ras al-Khayma, sur l'E11, ce vaste complexe hôtelier tout confort aux allures de village arabe un peu chaotique, entourant une lagune et bordant 600 m de plage de sable blanc. Réservez une "chambre premium" si vous souhaitez une vue sur la mer.

Où se restaurer et prendre un verre

Pure Veg Restaurant INDIEN $

(☎07-227 3266 ; Al-Muntasir Rd ; plats 8-17 AED ; ⏲7h30-15h et 17h-minuit ; 🌿). Pas de viande dans ce restaurant impeccable et convivial dont le vaste menu fera voyager vos papilles à travers l'Inde avec ses croustillants dosas, ses délicieux tandooris et ses curries crémeux. En face de l'hypermarché Al-Manama.

Cafe La Luna ITALIEN **$$**
(07-243 4600 ; www.laluna.ae ; Al-Hamra Yacht Club & Marina, Minsk St, Al-Hamra ; plats 40-70 AED ; 8h-22h sam-mer, 8h-minuit jeu-ven). Installez-vous à une table à l'extérieur et profitez de la vue sur les yachts de l'Al-Hamra Marina, tout en dégustant une pizza ou un plat de pâtes. Cet établissement sert également d'excellents cafés, ainsi que des croissants et omelettes pour le petit-déjeuner. La route d'accès part de l'E11, en face de Majan Printing.

Madfoon Al Sada YÉMÉNITE **$$**
(Sheikh Mohammed bin Salem Rd ; plats 20-60 AED ; 11h-minuit). Ne vous laissez pas rebuter par l'apparence modeste de cet accueillant repaire : le *mandi* (recette yéménite traditionnelle de riz agrémenté d'agneau, de poulet ou de poisson) y est l'un des meilleurs du pays.

Trader Vic's Mai Tai Lounge INTERNATIONAL **$$**
(07-244 6666 ; www.hiltonhotels.com ; Hilton Al Hamra Beach & Golf Resort, Vienna St, Jazirat Al-Hamra ; plats 40-125 AED ; 17h-1h sam-mer, 17h-2h jeu-ven ;). Choisissez parmi les *pupus* (entrées polynésiennes) du menu, comme les crevettes croustillantes et le crabe accompagnés de sauce à l'artichaut, en sirotant d'excellents cocktails tropicaux dans ce lounge à l'atmosphère relax où un groupe joue tous les soirs une sensuelle musique cubaine. L'association crevettes-filet de bœuf du "beef and reef" est particulièrement réussie.

Passage to Asia ASIATIQUE **$$$**
(07-228 8844 ; www.hiltonhotels.com ; Al-Maareedh St ; sushis 85-147 AED, plats 58-82 AED ; 18h30-23h). Au menu de cet excellent restaurant du Hilton Ras Al Khaimah Resort & Spa, deux des cuisines les plus populaires d'Asie : japonaise et thaïlandaise. Le petit plus : le cadre agréable, au milieu des fleurs tropicales, et le service, merveilleusement attentif.

Où prendre un verre et faire la fête

ShoFee Rooftop Bar BAR
(07-203 0000 ; Marjan Island Blvd ; 9h-2h). Cette terrasse au 9e étage du Double Tree by Hilton sur l'île artificielle Al-Marjan est l'endroit idéal pour se détendre autour de cocktails, de mezzes ou d'un narguilé en regardant le soleil plonger dans la mer. La nuit venue, un DJ se met aux platines.

Breakers on the Beach BAR
(07-206 6000 ; www.rotana.com ; route E11 ; 10h-22h sam-mer, 10h-minuit jeu-ven). Paressez avec un café ou un cocktail (avec ou sans alcool) à la main dans ce merveilleux bar de plage en enfonçant vos orteils dans le sable, bercé par le murmure des vagues. Dans le Cove Rotana Resort, sur la route principale, à peu près à mi-chemin entre Jazirat al-Hamra et Ras al-Khayma.

Club Acacia CLUB
(07-243 4421 ; acacia.binmajid.com ; Acacia Hotel, Jazirat Al-Hamra ; 22h-4h). Venez danser dans cette boîte de nuit chic de l'Acacia Hotel, à moins que vous ne jetiez votre dévolu sur le karaoké, les fléchettes et le billard.

Depuis/vers Ras al-Khayma

AVION

L'**aéroport international de Ras al-Khayma** (p. 301), minuscule malgré son nom ronflant, est à 18 km au sud de la capitale par la route E18 (Airport Rd). Air Arabia y dessert des aéroports de la région et y affrète des vols depuis la Russie et l'Allemagne.

VERS LA PÉNINSULE DE MUSANDAM (OMAN)

Ras al-Khayma est le point d'accès émirati à la magnifique péninsule de Musandam, une enclave omanaise, via le poste frontière de Shams/Tibat à environ 35 km au nord du centre de Ras al-Khayma. Après la frontière, une spectaculaire route côtière vous attend, puis la ville de Khasab, d'où partent des circuits en boutre pour aller plonger avec les dauphins.

Si vous êtes ressortissant d'un des 45 pays bénéficiant d'une exemption de visa pour les Émirats (voir p. 291), vous n'aurez pas non plus besoin de visa pour Oman. Dans le cas contraire, vous devrez vous acquitter de 35 AED pour sortir des Émirats au poste-frontière de Shams, puis de 6 ORM à l'entrée à Tibat.

Si vous êtes en voiture de location, vérifiez bien que votre contrat vous permet d'aller en Oman et que vous y serez assuré.

BUS

Les bus partent de la principale station de taxis sur l'E11, en face du Cove Rotana Resort. À l'arrivée des bus, des taxis sont là pour assurer la suite du trajet. Les bus coûtent 10 AED pour Umm al-Qaywayn, 15 AED pour Adjman et 20 AED pour Chardja et Dubai.

TAXI

La principale station de taxis se trouve sur l'E11 en face du Cove Rotana Resort. Comptez environ 200 AED pour Dubai, 150 AED pour Chardja et 130 AED pour Adjman et Dibba sur la côte est.

VOITURE

Ras al-Khayma est relié aux autres émirats par la lente route côtière E11, appelée Sheikh Mohammad bin Salem St dans les limites de la ville, et par la plus rapide E311. L'E18 (Al-Rams Rd) se dirige au nord vers la péninsule de Musandam et au sud vers l'aéroport et les sources chaudes de Khatt.

Comment circuler

Il n'y a aucun transport en commun. Vous pouvez héler un **taxi** (☎ 800 1700) ou en réserver un par téléphone. Une course coûte 3 AED, plus 1 AED tous les 650 m, et le tarif minimum est de 10 AED.

ABU DHABI أبو ظبي

☎ 02 / 1,5 MILLION D'HABITANTS

Abu Dhabi, la capitale des Émirats arabes unis, collectionne les records : le plus grand tapis tissé main du monde, les montagnes russes les plus rapides, le salon de thé le plus haut perché, la plus grande concentration d'édifices culturels du XXIe siècle. Bienvenue dans une ville étonnante où rien ne tient en place – à part peut-être quelques hérons immobiles au milieu des mangroves.

Abu Dhabi permettra aux plus curieux de découvrir la culture du Golfe et l'histoire des Émirats grâce à ses musées, ses expositions et ses visites guidées. Heureusement, le patrimoine local n'est pas confiné aux vitrines des musées ; il se vit lors de promenades dans le port aux boutres, de marchandages interminables dans les souks et dans l'atmosphère enfumée des cafés à narguilés.

À voir

Al-Markaziyah et ses environs

Les quartiers animés ne manquent pas à Abu Dhabi, mais le véritable cœur, l'âme de la ville, est la zone qui entoure son plus ancien édifice, le Qasr al-Hosn, où l'on

Agglomération d'Abu Dhabi

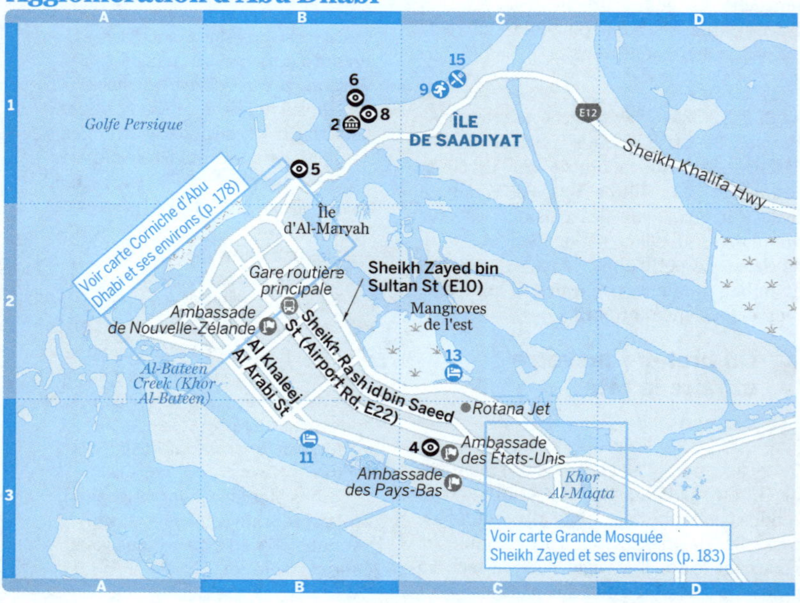

trouve également le World Trade Center, construit sur le site de l'ancien souk. Jour et nuit, le quartier fourmille de commerçants, d'employés de bureau, de visiteurs et de locaux venus faire les boutiques.

♥ Qasr al-Hosn FORT

(White Fort ; carte p. 178 ; ☎ 02-697 6472 ; Sheikh Zayed the First St ; ⌚ 9h-20h). GRATUIT Ce fort emblématique, que l'on retrouve au dos des billets de 1 000 AED, fut construit en 1760 pour protéger un précieux puits d'eau douce. Agrandi par la suite, il devint en 1793 la résidence principale de la famille régnante Al-Nahyane et demeura un palais royal jusqu'en 1966. Une exposition gratuite y retrace l'histoire d'Abu Dhabi et de ses habitants à travers des photos, des pièces archéologiques et autres objets.

Après avoir brièvement servi de centre administratif, le palais a fermé en 1990 pour de monumentaux travaux de restauration qui sont toujours en cours.

Burj Mohammed bin Rashid ÉDIFICE D'INTÉRÊT

(Carte p. 178 ; Khalifa bin Zayed the First St). Cette tour résidentielle géante de 382 m et 92 étages sert de point de repère dans le quartier hétéroclite du World Trade Center, au cœur du centre-ville. Outre sa taille, qui en fait la plus haute tour de la ville (pour l'instant), elle se distingue par un incroyable jardin intérieur en terrasses au 90e étage. Inclinés et elliptiques, son toit et celui de sa sœur jumelle légèrement plus petite (278 m) sont remarquables lorsqu'ils sont éclairés la nuit.

Etisalat Head Office ÉDIFICE D'INTÉRÊT

(Carte p. 178 ; angle Sheikh Zayed the First St et Sheikh Rashid bin Saeed Al-Maktoum St). Cet emblématique immeuble de 27 étages, glorieusement couronné d'une "balle de golf", est un point de repère utile pour s'orienter dans la ville. Construit en 2001,

Agglomération d'Abu Dhabi

À voir

1 Grand Prix d'Abu Dhabi E2
2 Louvre Abu Dhabi B1
3 Aldar HQ E2
4 Capital Gate C3
5 Marche de fruits et légumes B1
6 Manarat al-Saadiyat B1
7 Masdar City E3
8 Pavillon des Émirats B1

Activités

Abu Dhabi Pearl Journey .... (voir 13)
Ferrari World Abu Dhabi .... (voir 18)
9 Saadiyat Public Beach C1
10 Yas Beach E2
Yas Marina Circuit .... (voir 1)
Yas Waterworld .... (voir 18)

Où se loger

11 Aloft Abu Dhabi B3
12 Centro Yas Island E2
13 Eastern Mangroves Hotel & Spa C2
Yas Viceroy Abu Dhabi .... (voir 1)

Où se restaurer

Aquarium .... (voir 1)
Cipriani .... (voir 1)
14 Nolu's Café E2
Rogo's Rollercoaster Restaurant .... (voir 18)
15 Turquoiz C1

Où prendre un verre et faire la fête

16 McGettigan's E2
17 O1NE E2
Relax@12 .... (voir 11)
Stills Bar & Brasserie .... (voir 12)

Où sortir

Burlesque Restaurant & Lounge .... (voir 1)

Achats

18 Yas Mall E2

Corniche d'Abu Dhabi et ses environs

il abrite le siège de la compagnie téléphonique locale.

Breakwater et ses environs

On vient avant tout dans ce quartier pour admirer l'Emirates Palace, l'un des hôtels les plus luxueux du Moyen-Orient. Aux alentours ont récemment poussé d'autres monuments, dont les Etihad Towers et le prestigieux St Regis. Au niveau du sol, la corniche ouest, une promenade en front de mer joliment aménagée, transforme petit à petit Abu Dhabi en station balnéaire, tandis que le Heritage Village rend hommage aux racines bédouines de la ville.

Emirates Palace ÉDIFICE D'INTÉRÊT

(Carte p. 178 ; ☎ 02-690 9000 ; www.kempinski.com ; W Corniche Rd). GRATUIT Ce que le Burj Khalifa apporte en splendeur verticale à Dubai, l'Emirates Palace d'Abu Dhabi le réalise à l'horizontale, avec ses audacieux pavillons d'entrée couronnés de dômes d'où d'élégantes rampes prennent leur envol vers le vestibule. Les quelque 11 milliards d'AED engloutis dans la construction en ont fait l'hôtel de luxe par excellence du Golfe : 114 dômes, 400 chambres et suites, 1 002 lustres en cristal et une plage privée de 1,3 km de long. Nul besoin d'y séjourner pour visiter les lieux : c'est un centre culturel majeur de la ville.

L'Emirates Palace accueille en effet opéras et orchestres de renom lors de la saison musicale Abu Dhabi Classics, et des films y sont projetés pendant l'Abu Dhabi Film Festival ; l'établissement a contribué pour beaucoup à hisser la ville au rang de capitale culturelle du golfe Persique. On peut y découvrir des œuvres antiques de Chine, d'Égypte, d'Afrique, de Grèce et de Rome dans la galerie Barakat, prendre un thé gourmand dans le vestibule (160 AED)

ou acheter un lingot d'or dans un distributeur automatique.

Abu Dhabi Heritage Village MUSÉE

(Carte p. 178 ; ☎ 02-681 4455 ; Abu Dhabi Theater Rd ; 🕒 9h-17h sam-jeu, 15h30-21h ven). GRATUIT Cette reconstitution d'un village traditionnel donne un aperçu du quotidien aux Émirats avant le pétrole – un patrimoine encore bien vivant dans de nombreuses régions de la péninsule Arabique. Tous les aspects du mode de vie persique sont représentés : un fort pour repousser les envahisseurs arrivant par la côte, un souk où troquer chèvres et dattes entre voisins, et une mosquée rappelant le rôle central de l'islam dans le monde arabe.

Zayed Centre for Studies & Research MUSÉE

(Baba Zayed's House ; carte p. 178 ; ☎ 02-665 9555 ; Bainunah St, Al-Bateen ; 🕒 8h-15h dim-jeu). GRATUIT Collection éclectique d'artefacts et d'objets retraçant la vie du cheikh Zayed, père fondateur des Émirats, exposée dans un bel ensemble de villas anciennes, surmontées des traditionnelles tours à vent, sur la côte près du nouveau quartier d'Al-Bateen. Le musée, qui abrite notamment la Range Rover défoncée et la Mercedes bleue préférée de "Baba" (père) Zayed, n'est pas très fréquenté ; les visiteurs attendent sans doute l'ouverture prochaine du Zayed National Museum (p. 186) sur l'île de Saadiyat.

On peut voir dans la salle principale d'intéressantes photos en noir et blanc de leaders renversés lors des Printemps arabes, comme Hosni Moubarak et le colonel Kadhafi, ainsi que des cadeaux variés offerts par des dignitaires étrangers, dont un léopard empaillé et des peaux d'anaconda. Parmi les objets personnels du cheikh : une bouteille d'eau de cologne entamée, un fusil que l'on peut manipuler et l'horloge-faucon personnelle de Zayed.

Corniche d'Abu Dhabi et ses environs

Les incontournables
1 Corniche d'Abu Dhabi ... C2
2 Emirates Palace ... A1
3 Qasr Al Hosn ... E2

À voir
4 Abu Dhabi Global Market Square ... H3
5 Abu Dhabi Heritage Village ... C1
6 Jardin d'Al-Khalidiyah ... C2
7 Promenade de l'île Al-Maryah ... H3
8 Marché au poisson d'Al Mina ... H1
9 Burj Mohammed bin Rashid ... E2
10 Corniche – Al-Khalidiyah ... B2
11 Dhow Harbour (port aux boutres) ... H1
12 Etisalat Head Office ... E2
13 Miraj Islamic Centre ... B1
14 Drapeau des Émirats ... C1
15 Zayed Centre for Studies & Research ... B4

Activités
16 Corniche Beach ... C2
Fun City ... (voir 37)
17 Funride - Hiltonia Beach Club ... B2

Où se loger
18 Beach Rotana Hotel & Towers ... H3
19 Crowne Plaza Abu Dhabi ... F2
20 Khalidiya Palace Rayhaan by Rotana ... A2
21 Le Royal Méridien Abu Dhabi ... F2

Où se restaurer
Chaîne Abu Dhabi Co-op ... (voir 33)
22 Al-Arish Restaurant ... H1
23 Al-Dhafra ... H1
Biryani Pot ... (voir 4)
24 Brasserie Angélique ... A2
Carrefour ... (voir 37)
Cho Gao ... (voir 19)
Finz ... (voir 18)
Kababs & Kurries ... (voir 38)
25 La Brioche Café ... F2
26 Lebanon Mill ... F3
27 The Living Room Café ... D3
Mama Thani ... (voir 38)
Mezlai ... (voir 2)
Saudi Cuisine VIP ... (voir 34)
28 Spinneys ... B2
Zuma ... (voir 4)
29 Zyara Café ... F2

Où prendre un verre et faire la fête
30 Belgian Beer Café ... A3
31 Havana Café & Restaurant ... B1
Hemingway's ... (voir 32)
Level Lounge ... (voir 19)
Observation Deck at 300 ... (voir 24)
Ray's Bar ... (voir 24)
Sax ... (voir 21)

Où sortir
32 Jazz Bar & Dining ... B2
Novo Cinemas Abu Dhabi ... (voir 33)
Vox Cinemas ... (voir 37)

Achats
33 Abu Dhabi Mall ... H3
34 Centre of Original Iranian Carpets ... C2
Galleria ... (voir 4)
35 Souk iranien ... H1
36 Khalifa Centre ... G3
37 Marina Mall ... B1
38 World Trade Center Souk ... E2

Renseignements
39 Ambassade d'Australie ... E3
40 Ambassade du Canada ... H3
41 Ambassade de France ... A2
Ambassade d'Allemagne ... (voir 40)
42 Ambassade d'Irlande ... C3
43 Sheikh Khalifa Medical City ... E4
44 Ambassade du Royaume-Uni ... E2

Transports
45 Enregistrement du City Terminal ... G3

Corniche – Al-Khalidiyah FRONT DE MER

(Carte p. 178 ; W Corniche Rd ; 24h/24). GRATUIT En paressant sur un transat, en batifolant dans l'eau ou en se promenant à l'ombre des arbres, on peine à croire que la corniche était jusque dans les années 1970 un quai où les boutres chargeaient passagers et marchandises. La zone fut réquisitionnée en 2004 afin d'y bâtir une corniche de 8 km, aménagée 10 ans plus tard en un front de mer paysager apprécié des promeneurs. La partie ouest de la corniche, à Al-Khalidiyah, est la plus animée.

Parcs, fontaines, pistes cyclables et allées piétonnes serpentent le long des plages. Les nombreux bancs, zones ombragées et espaces sportifs attirent promeneurs et joggeurs, et les cafés se multiplient.

Hampe et drapeau des Émirats SITE D'INTÉRÊT

(Carte p. 178 ; Abu Dhabi Theater Rd). Culminant à 122 m, cette hampe était la plus haute du monde lors de son érection en 2001. Ce record a été largement battu en 2004 par celle de Raghadan en Jordanie. Mais le drapeau émirati n'en flotte pas moins fièrement au-dessus d'une petite promenade d'où le panorama sur les immeubles du centre-ville d'Abu Dhabi est particulièrement photogénique.

An, et toute l'année une myriade de cafés et de bistrots.

Al-Zahiyah et île Al-Maryah

Parfois encore surnommé “Tourist Club Area”, le quartier d'Al-Zahiyah est désormais prolongé par l'île Al-Maryah. Ce double quartier est essentiellement dédié à la dépense, que vous soyez à la recherche d'un ragoût de dromadaire pour le dîner, de casseroles pour en cuisiner un vous-même ou d'assiettes de créateurs pour le servir.

Abu Dhabi Global Market Square ÉDIFICES D'INTÉRÊT
(Anciennement Sowwah Sq ; carte p. 178 ; www.almaryahisland.ae ; Al-Falah St). Hébergeant plus de 40 multinationales, cet ensemble de menhirs de verre et d'acier de l'île d'Al-Maryah est le nouveau cœur de la finance à Abu Dhabi. On y trouve également quelques hôtels cinq étoiles, le luxueux Galleria Mall, un pont suspendu, et la Cleveland Clinic – qui donnerait presque envie de tomber malade.

Promenade de l'île Al-Maryah FRONT DE MER
(Carte p. 178 ; Al-Maryah Island ; 24h/24). GRATUIT Située juste en face du quartier d'Al-Zahiyah, cette promenade de 5,4 km suit la courbe de la rive ouest d'Al-Maryah, d'où la vue sur Abu Dhabi, avec au premier plan le bras de mer parsemé d'embarcations, est splendide. Devenu le rendez-vous des élites de la ville, l'endroit accueille un luxueux marché de Noël, un feu d'artifice au Nouvel An, et toute l'année une myriade de cafés et de bistrots.

Al-Mina et île de Saadiyat

Ces deux quartiers mitoyens ouvrent une fenêtre sur le patrimoine culturel de Dubai, passé et présent. Sur le port, des boutres et des souks animés ; sur l'île de Saadiyat, des plages de sable et un littoral préservé pour échapper un moment à la frénésie urbaine.

La nouvelle île de Saadiyat est divisée en plusieurs quartiers dont le plus intéressant est le **quartier culturel** à l'ouest. Les chantiers du Louvre Abu Dhabi et du Guggenheim Abu Dhabi avancent sur leurs îlots respectifs. Leurs dates d'ouverture sont constamment repoussées ; le Louvre sera achevé en premier et devrait ouvrir à la fin 2016.

Au nord-est des musées, **Saadiyat Leisure** compte des hôtels cinq étoiles, des villas, un *beach club* et un parcours de golf ; au sud-est, **Saadiyat Education** s'apprête à accueillir un campus de la New York University et Cranleigh Abu Dhabi, une grande école à l'anglaise. Un aperçu des différents projets est visible au pavillon Manarat al-Saadiyat.

Le Yas Express (p. 187) relie Saadiyat à l'île de Yas par la Sheikh Khalifa Hwy (E12).

Manarat al-Saadiyat CENTRE D'EXPOSITIONS
(Carte p. 176 ; 02-657 5800 ; www.saadiyat-culturaldistrict.ae ; quartier culturel, île de

ABU DHABI EN...

Un jour

Commencez la journée par une visite de la splendide **Grande Mosquée Sheikh Zayed** (p. 184), puis allez déjeuner en ville, par exemple au **Zyara Café** (p. 190). Après une promenade digestive sur la **corniche d'Abu Dhabi** (carte p. 178), faites un tour au **World Trade Center Souk** (p. 195), puis rendez-vous en taxi à l'**Abu Dhabi Heritage Village** (p. 179) pour un aperçu de la société d'avant l'ère du pétrole. Allez ensuite contempler l'opulence démesurée de l'**Emirates Palace** (p. 178) en dégustant un capuccino saupoudré d'or.

Deux jours

Le matin, découvrez comment transformer une île déserte en quartier culturel futuriste au **Manarat al-Saadiyat** (p. 181). Deux îles plus loin, dévalez les montagnes russes les plus rapides du monde au **Ferrari World Abu Dhabi** (p. 186), avant de vous émerveiller face à l'architecture excentrique de l'hôtel **Yas Viceroy Abu Dhabi** (p. 190), que traverse littéralement le circuit Yas Marina. Finissez la journée par une visite au **souk Qaryat al-Beri** (p. 196), avant de dîner dans l'un de ses délicieux restaurants.

ABU DHABI POUR LES ENFANTS

Pour rafraîchir les petits esprits échauffés, conduisez vos enfants au tout nouveau **Yas Waterworld** (p. 187), un parc aquatique ultramoderne. Immense parc d'attractions intérieur sur le thème de la jungle, **Fun City** (carte p. 178 ; 02-681 5527 ; funcity.ae ; Marina Mall, digue ; à partir de 55 AED ; 10h-22h) occupera les bambins avec des autos-tamponneuses, un parcours de montagnes russes, des manèges et des jeux d'arcade. Si vous préférez le plein air, emmenez-les à la plage le long de la corniche ou au **jardin d'Al-Khalidiyah** (carte p. 178 ; Sheikh Zayed the First (7th) St ; 8h-1h lun-sam, 8h-minuit dim), GRATUIT où ils pourront profiter de vastes pelouses idéales pour les pique-niques, de toboggans gonflables, de trampolines et de promenades à poney. Les plus grands apprécieront sûrement une visite au **Falcon Hospital** (encadré p. 189) ou une virée dans le désert, tandis que les adolescents mordus de vitesse trouveront leur bonheur au **Ferrari World Abu Dhabi** (p. 186).

Saadiyat ; 9h-20h). GRATUIT Dans un édifice postmoderne à la façade en nid d'abeilles, Manarat al-Saadiyat ("lieu d'illumination") propose une exposition multimédia appelée "Saadiyat Experience" détaillant la vision qui sous-tend le développement de l'île et de ses zones résidentielles, ses hôtels, ses plages, ses écoles, et, bien sûr, son quartier culturel et ses têtes d'affiche : le Louvre, le Guggenheim et le Zayed National Museum.

Une grande maquette et un survol virtuel de l'île permettent de comprendre comment vont s'agencer les zones résidentielles, culturelles et de loisirs de cet ambitieux chantier. Il y a aussi une maquette détaillée du Zayed National Museum, dont l'architecture s'inspire des ailes déployées d'un faucon. Le Guggenheim, quant à lui, évoquera l'architecture émiratie traditionnelle et les tours à vent.

Pavillon des Émirats — ÉDIFICE D'INTÉRÊT

(Carte p. 176 ; 02-406 1501 ; www.saadiyatculturaldistrict.ae ; quartier culturel, île de Saadiyat). GRATUIT Évoquant deux dunes parallèles, à la surface lisse et onduleuse côté vent, striée et abrupte côté érodé, ce monument primé signé par Norman Foster et son équipe a été conçu pour l'Exposition universelle de Shanghai de 2010. Il accueille aujourd'hui des expositions culturelles itinérantes et en novembre le Salon d'art contemporain d'Abu Dhabi, mais l'édifice à lui seul vaut une visite. À côté de Manarat al-Saadiyat.

Louvre Abu Dhabi — MUSÉE

(Carte p. 176 ; louvreabudhabi.ae ; quartier culturel, île de Saadiyat). L'ouverture du Louvre Abu Dhabi, conçu par Jean Nouvel, est programmée pour la fin 2016. On devine la référence aux palmiers-dattiers dans le dôme en filigrane dont les ouvertures géométriques évoquent le treillage en palmes des toitures traditionnelles. Les galeries, qui accueilleront une prestigieuse collection de peintures, sculptures et objets d'art de l'Antiquité à nos jours seront ainsi illuminées par une pluie de lumière sans cesse en mouvement.

Des œuvres proviendront des immenses fonds du Louvre, et d'autres seront prêtées par de grands musées français. Parmi les pièces qui seront exposées à l'ouverture du musée, on pourra admirer une statue égyptienne de Ramsès II vieille de 3 000 ans, une cuirasse de l'âge du bronze venue de France, un reliquaire médiéval, un portrait de femme peint par Léonard de Vinci, un autoportrait de Van Gogh, et l'œuvre *Big Electric Chair* d'Andy Warhol.

Dhow Harbour — PORT

(Carte p. 178 ; Al-Mina). Regarder les magnifiques boutres (*dhow* ; bateaux de transport en bois traditionnels) prendre le large a quelque chose de magique. Sur le port, l'activité est incessante : les pêcheurs réparent leurs filets, empilent des marmites à langoustes, étendent des sarongs colorés, déchargent le poisson et discutent en petits groupes. À contempler les boutres à quai, arrimés cinq par cinq, reliques d'une époque ancienne, on oublierait presque la modernité environnante.

Marché de fruits et légumes — MARCHÉ

(Carte p. 176 ; Al-Mina ; 7h-minuit). Dans ce vaste marché en partie en plein air, on trouve des melons de Jordanie, des pommes de terre de Turquie et des oignons des quatre coins du monde. Promenez-vous dans l'allée des dattes, où plus de 45 variétés sont vendues (à partir de 25 AED/kg) : les dattes géantes *medjool* d'Arabie Saoudite coûtent 65 AED/kg, les dates médicinales *ajwa* jusqu'à 110 AED/kg ; essayez les *sucri* jaunes, charnues et réputées pour leur goût particulièrement sucré.

Les sympathiques commerçants (indiens pour la plupart) vous feront goûter leurs produits avec plaisir, mais il convient tout de même de leur acheter quelque chose. Si vous prenez des dattes, choisissez des fruits à moitié mûrs pour une expérience douce-amère, et attendez 2 jours pour les manger. Les dattes séchées, quant à elles, ne pourrissent jamais – enfin, presque !

Grande Mosquée Sheikh Zayed et ses environs

La Grande Mosquée Sheikh Zayed est visible depuis les trois ponts reliant l'île d'Abu Dhabi au reste de la ville. Ce somptueux monument n'est pas seulement une merveille architecturale, c'est aussi l'âme d'un émirat soucieux de préserver sa culture et son patrimoine à travers la mise à disposition des habitants de cet immense lieu de culte et mémorial en l'honneur du père fondateur de la nation. Pour les touristes, la mosquée est de loin le principal attrait de ce quartier, mais d'autres

Grande Mosquée Sheikh Zayed et ses environs

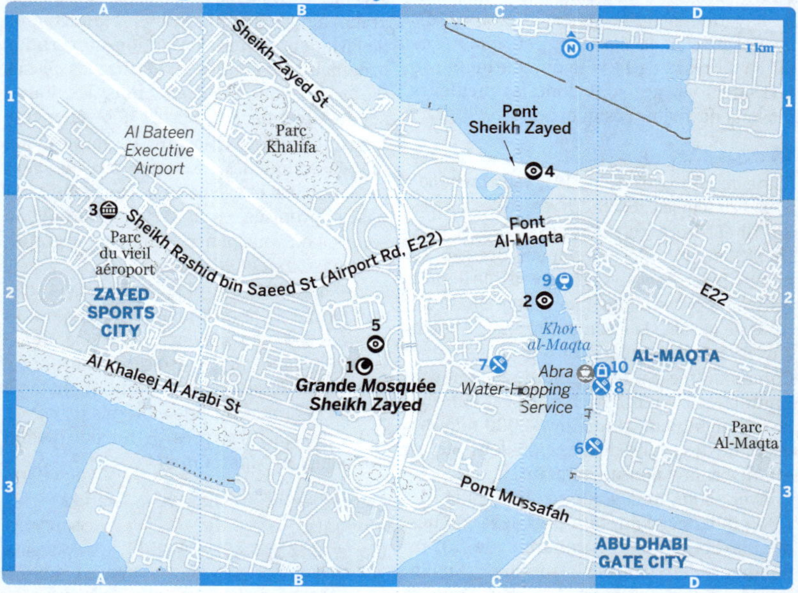

Grande Mosquée Sheikh Zayed et ses environs

Les incontournables
1 Grande Mosquée Sheikh Zayed B2

À voir
2 Khor al-Maqta C2
3 Miraj – The Museum A2
4 Pont Sheikh Zayed C1
5 Bibliothèque centrale de la Grande Mosquée Sheikh Zayed B2

Où se loger
Traders Hotel, Qaryat al Beri ....(voir 10)

Où se restaurer
6 Bord Eau..................................C3
7 Mijana C2
Milas ....(voir 10)
8 Ushna.....................................D2

Où prendre un verre et faire la fête
9 Chameleon C2

Achats
10 Souk Qaryat al-Beri.....................D2

100% LOCAL

CROISIÈRE GASTRONOMIQUE

La corniche d'Abu Dhabi et la vue sur les gratte-ciel offrent un cadre de choix pour un dîner tranquille à bord d'un boutre traditionnel (*dhow*). Basé à côté du marché au poisson, dans le port, Al-Dhafra propose des croisières gastronomiques de 2 heures, incluant un menu oriental complet et des boissons non alcoolisées. Dînez dans la salle climatisée en bas ou en plein air sur le pont au décor de style *majlis*.

sites du sud-est de l'île ne manquent pas d'intérêt, comme le nouveau quartier Bain al-Jessrain. Les visites Big Bus font la navette entre le centre d'expositions, la mosquée et la corniche est, mais sans rallier le reste de la ville au continent ; le taxi ou la voiture sont donc les meilleurs moyens de visiter ces quartiers.

Grande Mosquée Sheikh Zayed MOSQUÉE
(Carte p. 183 ; ☎02-419 1919 ; www.szgmc.ae ; ⏲9h-22h sam-jeu, 16h30-22h ven, visites guidées 10h, 11h et 17h dim-jeu, visites suppl 14h et 19h sam, 17h et 19h ven). GRATUIT Fièrement dressée au milieu de jardins paysagers et visible depuis les trois ponts reliant l'île d'Abu Dhabi au reste de la ville, la Grande Mosquée Sheikh Zayed impressionne tous les visiteurs. Commanditée par le premier président des Émirats, le cheikh Zayed, qui y est enterré, la mosquée peut accueillir 41 000 fidèles ; c'est une des seules de la région dont l'accès est ouvert aux non-musulmans.

Avec son toit soutenu par plus de 1 000 piliers et comptant plus de 80 dômes de marbre, et ses 4 minarets de 107 m de haut, la Grande Mosquée Sheikh Zayed est un véritable chef-d'œuvre d'architecture et de design islamiques modernes. Sa construction a nécessité plus de 100 000 tonnes de marbre d'un blanc immaculé importé de Grèce et de Macédoine. De délicats motifs floraux incrustés de pierres semi-précieuses dont des lapis-lazuli, des agates rouges, des améthystes, des abalones, des jaspes et de la nacre ornent le marbre blanc et contrastent avec les motifs géométriques en céramique plus traditionnels.

Si l'époustouflant intérieur de la mosquée s'inspire des styles mamelouk, ottoman et fatimide, la décoration est globalement contemporaine et novatrice, avec notamment trois lustres en acier, or et laiton qui illuminent la salle de prière de leurs rayons colorés. Ces lustres, dont le plus grand pèse autour de 12 tonnes, sont incrustés de cristaux Swarovski et de 40 kg d'or 24 carats galvanisé.

Autre merveille de la salle de prière : le plus grand tapis tissé main du monde. Son dessin en médaillon aux motifs en arabesques a mobilisé 1 200 artisans durant 2 ans. La moitié du travail a consisté à nouer à la main les 5 700 m² de fil de laine sur le support en coton, pour aboutir à un total phénoménal de 2 milliards 268 millions de nœuds !

Les visiteurs sont les bienvenus dans la mosquée, hormis pendant les prières. Les excellentes visites guidées (en anglais et en arabe) aident à comprendre les fondements de l'islam et attirent l'attention sur certains ornements de l'intérieur. Vérifiez les heures de prière (qui changent tous les jours) sur le site Internet. Portez des vêtements longs (jusqu'aux chevilles) et amples, aux manches longues. Les femmes doivent couvrir leurs cheveux. Si votre tenue n'est pas appropriée, vous serez conduit au sous-sol où vous pourrez emprunter gratuitement *abaya* et *gandoura*.

Au mausolée du cheikh Zayed, proche de l'entrée de la mosquée, des prières sont récitées en permanence. C'est la seule partie du site qu'il est interdit de photographier – faites attention tout de même à ne pas déranger les fidèles venus prier.

La mosquée est près de Sheikh Rashid bin Saeed Al-Maktoum St.

Bibliothèque centrale de la Grande Mosquée Sheikh Zayed BIBLIOTHÈQUE
(Carte p. 183 ; ☎02-419 1919 ; www.szgmc.ae ; ⏲ 9h-21h dim-mer, 9h-16h jeu, 10h-17h sam). GRATUIT Cette collection inestimable de calligraphie arabe et d'exemplaires du Coran remontant jusqu'au XVIe siècle sert essentiellement à la recherche, mais elle est aussi ouverte au public. Une partie de l'intérêt de la bibliothèque réside dans sa situation dans l'un des minarets, d'où la vue aérienne sur les splendides dômes de la mosquée et les îles est magique.

La bibliothèque est près de Sheikh Rashid bin Saeed Al-Maktoum St.

Miraj – The Museum MUSÉE
(Carte p. 183 ; ☎02-449 1041 ; www.mirajabudhabi.com ; Sheikh Rashid bin Saeed

Al-Maktoum St ; 9h-19h). GRATUIT Cette collection privée ouverte au public est constituée de magnifiques objets des quatre coins du monde arabe dont des tapis persans, des calligraphies, des céramiques et des tissus ; certaines pièces sont à vendre. À proximité du Hilton Capital Grand Abu Dhabi Hotel. Un **second site** (carte p. 178 ; 050-250 3950 ; www.mirajabudhabi.com ; Villa 14-15, Marina Office Park ; 9h-19h), GRATUIT dans des villas près du Marina Hall, donnant sur le Breakwater au sud, dispose d'un beau café sur le toit avec vue sur l'Emirates Palace.

Khor al-Maqta FRONT DE MER

(Carte p. 183 ; Bain al-Jessrain). Ce bras de mer historique qui sépare Abu Dhabi des terres est protégé par le fort Al-Maqta et une petite tour d'horloge, dressés sur un petit promontoire au milieu du *khor*, mais aujourd'hui peu visibles. Le long de ses rives, que l'on peut parcourir sur les allées piétonnes ou en *abra* (bateaux-taxis en bois traditionnels), on trouve des hôtels de luxe et le charmant souk Qaryat al-Beri, dominés en arrière-plan par l'imposante silhouette blanche de la Grande Mosquée Sheikh Zayed.

Pont Sheikh Zayed PONT

(Carte p. 183). Censé symboliser le dynamisme de la capitale émiratie, ce pont moderne de 842 m de long signé Zaha Hadid, célèbre architecte irako-britannique disparue en mars 2016, est l'un des trois accès à Abu Dhabi. Sa forme incurvée évoque des dunes de sable que l'éclairage nocturne met en mouvement.

Capital Gate ÉDIFICE D'INTÉRÊT

(Carte p. 176 ; 02-596 1234 ; abudhabi.capitalgate.hyatt.com ; Al-Khaleej al-Arabi St). En apercevant la silhouette du Capital Gate, visible depuis de nombreux endroits de la ville, on pourrait facilement s'imaginer avoir bu un cocktail de trop. Dressé au sud-est d'Abu Dhabi, ce gratte-ciel de 35 étages détient le record du monde de la tour la plus penchée du monde, avec une inclinaison de 18° vers l'ouest, soit quatre fois plus que celle de la tour de Pise.

Site principal de l'Abu Dhabi National Exhibition Centre (Adnec), l'édifice abrite également un hôtel Hyatt.

Corniche est FRONT DE MER

(New Corniche ; Sheikh Zayed bin Sultan St ; E10). Lorsque Sheikh Zayed bin Sultan St rejoint la mer, elle se transforme en une promenade rivalisant avec la corniche du centre d'Abu Dhabi, où alternent jardins paysagers, parkings, aires de pique-nique et allées piétonnes. Le panorama sur les mangroves permet d'observer les oiseaux, à moins que vous ne préfériez lancer une ligne pour pêcher. La corniche s'anime les soirs d'hiver.

Île de Yas et ses environs

Contribuant à l'image dynamique d'Abu Dhabi, l'île de Yas est devenue le principal centre d'activité de la capitale. Le Grand Prix y attire des visiteurs du monde entier en novembre, mais l'endroit a bien plus à offrir qu'un circuit de formule 1. Si les mordus de mécanique apprécieront les attractions et les simulations de Ferrari World, d'autres découvriront les machines à vagues de Waterworld (p. 187) et un restaurant dont les plats sont acheminés depuis les cuisines par des montagnes russes ! Ceux qui préfèrent la nature pourront admirer les paysages de mangroves qui parsèment le golfe en prenant part à diverses excursions écologiques. Enfin, les marins en herbe s'extasieront devant les yachts amarrés dans la **Yas Marina**.

L'île de Yas est accessible par le Yas Tunnel depuis Al-Raha Beach et par la Sheikh Khalifa Hwy (E12).

Aldar HQ ÉDIFICE D'INTÉRÊT

(Aldar Headquarters ; carte p. 176 ; Shahama Rd, Al-Raha). Visible de très loin, cet emblématique immeuble futuriste est surnommé "la pièce" en raison de sa forme. Premier gratte-ciel circulaire du monde, l'élégant édifice

BATEAUX-TAXIS

Abra Water-Hopping Service
(050-636 5227 ; captaintonys.ae ; Red Rte généralement 16h-22h30). Des bateaux-taxis traditionnels, appelés *abra*, conduisent leurs passagers à travers le Khor al-Maqta, en s'arrêtant à l'hôtel Shangri-La, au Ritz-Carlton Hotel, au Fairmont Hotel et au souk Qaryat al-Beri ("Red Route" ; 20 AED ; montée et descente libres). Sur réservation, ils relient aussi l'Eastern Mangrove Marina au souk Qaryat al-Beri ("Yellow Route", 50 AED, minimum 5 pers) et à l'île de Yas ("Blue Route" ; 100 AED ; minimum 5 pers).

ABU DHABI INVESTIT AUSSI DANS L'ART

Avis aux amateurs d'art : l'un des plus ambitieux projets de construction culturels du monde prend forme sur l'île de Saadiyat, au large de la côte d'Abu Dhabi. Quand les travaux seront achevés, le nouveau quartier culturel (www.saadiyatculturaldistrict.ae) comptera trois musées et un centre des arts de la scène.

Les travaux, retardés à plusieurs reprises, ont finalement repris début 2013.

Louvre Abu Dhabi (p. 182 ; p. 212). Le musée sera le premier édifice à ouvrir, sans doute à la fin 2016. Conçu par l'architecte Jean Nouvel, il se distingue par son dôme alvéolé qui semble flotter au dessus de l'eau.

Zayed National Museum (www.zayednationalmuseum.ae). Autre futur joyau architectural, ce musée retracera le parcours du père fondateur de la nation émiratie, le cheikh Zayed bin Sultan al-Nahyane, dans le contexte de l'histoire de la région et de ses interactions culturelles avec le reste du monde. En référence à l'intérêt que porte le cheikh Zayed à la fauconnerie, l'architecte Norman Foster a conçu un édifice avant-gardiste constitué de galeries en verre et acier, inspiré par la thématique du vol et des plumes. Chaque "plume" enserrera une galerie consacrée à différents aspects historiques et culturels du pays.

Guggenheim Abu Dhabi (www.guggenheim.org/abu-dhabi). Conçu par Frank Gehry, l'édifice promet également d'être une merveille, composition cacophonique de formes géométriques – cubes, dômes, cylindres, prismes, etc. On pourra y voir des œuvres d'artistes du monde entier, des années 1960 à aujourd'hui.

Performing Arts Centre. La seconde phase du chantier du quartier culturel verra l'érection de cet édifice futuriste en forme de vaisseau spatial signé par l'architecte britannique Zaha Hadid.

Maritime Museum. Également prévu pour la seconde phase du chantier, cet immeuble de l'architecte japonais Tadao Ando évoquera le lien entre la mer et la culture émiratie. Pour un aperçu de cet ambitieux projet, visitez le centre d'exposition de Manarat al-Saadiyat (p. 181) sur l'île de Saadiyat.

abrite le siège d'Aldar, l'un des plus grands promoteurs immobiliers des Émirats.

Activités

L'île de Yas plaira aux amateurs de sensations fortes. Depuis 2009, les plus célèbres coureurs automobiles du monde viennent s'affronter en novembre dans le cadre du Grand Prix de formule 1 d'Abu Dhabi sur le circuit Yas Marina (5,5 km), lequel comprend 21 virages difficiles et des lignes droites où les vitesses maximales atteintes dépassent 300 km/h. Le circuit passe sous les bâtiments futuristes de l'hôtel Yas Viceroy.

Ferrari World Abu Dhabi PARC À THÈME

(Carte p. 176 ; ☎02-496 8000 ; www.ferrariworldabudhabi.com ; Yas Leisure Dr ; adulte/enfant moins de 1,30 m 250/205 AED ; ⏲11h-20h dim-mer, 11h-22h jeu-sam). Si vous voulez pouvoir vous vanter d'avoir "fait" Formula Rossa, les montagnes russes les plus rapides du monde, visitez ce temple de la mécanique célébrant la marque à l'étalon. Vous y passerez de 0 à 240 km/h en 4,9 secondes, soit une accélération plus rapide que celle d'une F1 !

Parmi les autres attractions : un parcours aquatique en bûches dans un moteur V12, un simulateur de conduite permettant d'endosser le rôle de passager d'un pilote de course et une aventure 4 D pleine d'imagination. Il y a aussi un parcours de montagnes russes moins terrifiant, qui tient davantage d'une "course" à bord de Ferrari F430 Spider. Entre deux frissons, jetez un œil aux voitures exposées ou aux spectacles.

Funride – Hiltonia Beach Club VÉLO

(Carte p. 178 ; ☎02-441 3264 ; W Corniche Rd ; adulte/enfant 30/20 AED/heure ; ⏲16h-minuit). Un bon moyen d'admirer les différents gratte-ciel d'Abu Dhabi est d'emprunter la piste cyclable qui longe la corniche. On peut louer des vélos pour hommes, femmes et enfants dans quatre stations réparties sur la piste. La plus fiable est près du Hiltonia Beach Club.

Il y a 8 km de la station au port aux boutres ; un supplément de 10 AED vous sera demandé si vous souhaitez déposer un vélo dans une station différente de celle où vous l'avez loué.

Yas Marina Circuit CIRCUIT AUTOMOBILE
(Carte p. 176 ; ☎ 02-659 9800 ; www.yasmarina-circuit.ae ; visite du circuit 120 AED, expérience pilote ou passager 250-1 600 AED ; ⌚ visites de 2 heures 10h et 14h mar-sam). Même si le Grand Prix d'Abu Dhabi n'a lieu qu'en novembre, il est possible de s'amuser toute l'année sur le circuit. Prenez-vous pour Alain Prost au volant (ou sur le siège passager) d'une Aston Martin GT4, faites un tour tout en dérapages dans un taxi ou passez de 0 à 100 km/h en 2 secondes à bord d'un dragster.

Les visiteurs les moins intrépides pourront visiter les coulisses du circuit, des boutiques de la tribune au centre de contrôle de la course, en passant par la salle de presse. On accède au circuit par Yas Leisure Rd.

Yas Waterworld PARC AQUATIQUE
(Carte p. 176 ; ☎ 02-414 2000 ; www.yaswaterworld.com ; Yas Leisure Dr ; adulte/enfant 240/195 AED, fast pass 460/415 AED ; ⌚ 10h-18h nov-fév, 10h-19h mars-mai et sept-oct, 10h-20h juin-août, réservé femmes 18h-23h jeu). Le parc aquatique le plus sophistiqué des Émirats propose 45 parcours, toboggans et attractions au fil desquels on suit une petite fille émiratie, Dana, dans sa quête d'une perle magique. Si vous ne venez que pour vous rafraîchir, profitez de la piscine à vagues et de deux rivières paresseuses bordées de transats.

Avec 4 niveaux de sensations, le parc propose des attractions pour les plus téméraires comme pour les plus timides. Parmi les meilleures : les montagnes russes Bandit Bomber avec effets d'eau et lasers, le terrifiant toboggan à looping Liwa Loop et la tornade Dawwama, une descente de 1 minute 30 défiant la gravité dans un toboggan en spirale de 20 m de haut. Les beaux palmiers-dattiers, le spectacle de plongée aux perles, les abris en *barasti* (palmes) et le souk contribuent à créer une atmosphère typique.

☞ Circuits organisés

Big Bus Abu Dhabi VISITE EN BUS
(☎ 02-449 0026 ; www.bigbustours.com ; adulte/enfant 24h 230/100 AED, 48h 260/130 AED ; ⌚ 9h-20h). Cette visite en bus avec montée et descente libres et commentaires enregistrés est une bonne manière de se familiariser avec la ville. Le circuit couvre les principaux sites touristiques, dont la Grande Mosquée Sheikh Zayed, la corniche, le Heritage Village, l'Emirates Palace et l'île de Yas. Le billet comprend le prêt d'un casque audio. On peut réserver en ligne (avec une réduction), ou acheter les billets dans les hôtels ou à bord du bus.

Une seconde navette, qui part toutes les heures et demie, parcourt l'île de Yas et Masdar City tous les jours de 9h à 17h30. Il y a aussi un bus de nuit (adulte/enfant 115/75 AED) qui part de Marina Mall (au Breakwater) tous les soirs à 19h15 pour un circuit de 2 heures. Vous pourrez monter à bord à n'importe quel arrêt.

Abu Dhabi Pearl Journey EN BATEAU
(Carte p. 176 ; ☎ 02-656 1000 ; www.adpearljourney.info ; Sheikh Zayed bin Sultan St ; adulte/-12 ans 500/400 AED ; ⌚ croisières 9h-20h). Organisées par l'Eastern Mangroves Hotel & Spa, ces visites ouvertes à tous parcourent les mangroves en boutre traditionnel. Le bateau de 18 places largue les amarres une fois qu'il a fait le plein de passagers. On vous racontera le passé perlicole d'Abu Dhabi, et vous apprendrez des chansons de marins typiques de la région en dégustant les dattes et le café offerts. La visite se termine par une session

ℹ YAS EXPRESS

Le moyen de locomotion idéal sur l'île de Yas est le **Yas Express** (☎ 02-496 8110 ; www.yasisland.ae ; ⌚ 9h-21h), GRATUIT un service gratuit de trois lignes de bus faisant la navette entre les principaux sites de l'île au moins une fois par heure. Consultez le plan du réseau et les horaires sur le site Internet.

Blue Route Relie Yas Waterworld aux hôtels de Yas Plaza, à l'hôtel Yas Viceroy Abu Dhabi, au circuit de Yas Marina et à Ferrari World Abu Dhabi, de 9h à 21h.

Red Route Fait la navette de 9h à 2h entre Yas Plaza, le Viceroy, Yas Beach, Yas Marina et le parcours de golf de Yas Links.

Saadiyat Island Route Relie les îles de Yas et de Saadiyat de 10h à 19h.

d'ouverture d'huîtres, qui ne prend fin que lorsqu'une perle est découverte !

Noukhada Adventure Company KAYAK
(☎02-558 1889 ; noukhada.ae ; plusieurs points de départ ; excursions kayak adulte/enfant à partir de 155/120 AED ; ⏲bureau 8h30-17h30). Les visites en kayak des mangroves d'Abu Dhabi sont très populaires. Les excursions de 1 heure 30 (155 AED) sont idéales pour découvrir ce milieu unique. L'Eco Tour de 2 heures (220 AED) permet une compréhension plus poussée de l'écosystème des mangroves. Il y a aussi des excursions nocturnes les soirs de pleine lune (adultes uniquement, 200 AED).

Fêtes et festivals

Grand Prix d'Abu Dhabi FORMULE 1
(Carte p. 176 ; ☎02-659 9800 ; www.yasmarinacircuit.com ; Yas Marina Circuit ; ⏲nov). Le Grand Prix de formule 1 d'Abu Dhabi est un événement majeur qui rassemble des aficionados de la région et du monde entier. C'est l'un des plus beaux circuits de la saison. Cette course annuelle se tient à la tombée de la nuit ; les voitures filent sur la Marina et passent à chaque tour sous une partie de l'hôtel Yas Viceroy.

Où se loger

Abu Dhabi ne compte aucune auberge de jeunesse, et l'hébergement bon marché y est quasi inexistant, mais la plupart des hôtels figurant ci-après proposent d'importantes réductions en basse saison (notamment l'été, pendant le ramadan et hors des vacances scolaires européennes). La ville étant très étendue, il convient de trouver un hébergement dans un quartier correspondant à vos envies. Optez pour le centre-ville si vous recherchez l'animation et les sites historiques ; choisissez le Khor al-Maqta à l'est pour des hôtels et restaurants haut de gamme et une vue superbe sur la Grande Mosquée ; installez-vous sur l'île de Yas pour vous rapprocher de Ferrari World et des activités de loisirs qui y sont proposées.

Centre-ville

♥ **Crowne Plaza Abu Dhabi** HÔTEL $$
(Carte p. 178 ; ☎02-616 6166 ; www.ihg.com/crowneplaza ; Sheikh Hamdan bin Mohammed St ;

LE TOP 3 DES PLAGES PUBLIQUES D'ABU DHABI

Corniche Beach (carte p. 178 ; www.bakeuae.com ; W Corniche Rd ; adulte/-12 ans 10/5 AED ; ⏲8h-20h). Cette plage impeccablement entretenue et signalée par des drapeaux bleus compte trois accès. Eau turquoise, vue sur l'île Lulu, palmiers et jardins en font une étonnante oasis de calme au cœur de la ville. Un maître-nageur surveille la plage jusqu'au crépuscule.

La plage est divisée en trois sections : Al-Sahil destinée aux célibataires et aux groupes ; Gate 2, pour les familles, abrite une zone calme ; et Gate 3 accueille les familles et les enfants. Les deux dernières sont abritées des regards par des cloisons. Douches, cabines de plage et cabanons, ainsi qu'un service de location de serviettes (10 AED), et de transats et de parasols (25 AED).

Saadiyat Public Beach (carte p. 176 ; www.bakeuae.com ; île de Saadiyat ; adulte/enfant 25/15 AED ; ⏲8h-20h). On accède à cette magnifique plage de sable fin de la côte nord-ouest de l'île de Saadiyat, où des tortues font leurs nids, par une promenade en bois traversant une zone de végétation littorale protégée. Un maître-nageur veille sur le site jusqu'au crépuscule. Le café ne sert pas d'alcool. Serviettes à louer pour 10 AED, transats pour 25 AED.

Yas Beach (carte p. 176 ; ☎056-242 0435 ; www.yasbeach.ae ; île de Yas ; adulte/8-16 ans/-8 ans 100 AED/50 AED/gratuit, dim-jeu moitié prix ; ⏲10h-19h dim-mer, 10h-22h ven-sam). Surprenante oasis de calme dans un coin de cette île high-tech, Yas Beach est un endroit idéal pour se détendre une bière à la main en contemplant la mer ou pour s'essayer aux sports nautiques. On y déguste des grillades de poissons locaux et autres savoureux en-cas. Un DJ joue de la musique d'ambiance le vendredi. L'entrée inclut le prêt d'une serviette, d'une chaise longue et d'un parasol, ainsi que l'accès aux douches. Alcool disponible.

VAUT LE DÉTOUR

HÔPITAL DES FAUCONS D'ABU DHABI

En observant les propriétaires anxieux qui amènent en personne les "patients" cagoulés à l'**Abu Dhabi Falcon Hospital** (02-575 5155 ; www.falconhospital.com ; Sweihan Rd ; visite guidée 2 heures adulte/enfant 170/60 AED ; visites guidées 14h sam, 10h et 14h dim-jeu), vous comprendrez rapidement que cette structure, loin d'être un luxe superflu, est essentielle aux habitants de la région. Les faucons font partie intégrante des traditions du Golfe, et les propriétaires dépensent sans compter pour soigner ces magnifiques oiseaux. Lors des visites guidées, on peut découvrir le musée du faucon, la salle d'examen et la volière. Réservation indispensable (disponible en ligne). Les plus téméraires se risqueront à poser pour la photo avec un de ces rapaces bien dressés.

L'hôpital est à environ 6 km au sud-est de l'aéroport d'Abu Dhabi. En venant du centre-ville, suivez Airport Rd (E20) jusqu'à Sweihan Rd en direction de Falah City ; environ 3 km après la jonction avec l'autoroute E11, tournez à droite après la citerne (avant la sortie 30A) et suivez les panneaux conduisant à la clinique.

ch à partir de 570 AED ; P @). Hôtel plus qu'agréable, avec de grandes chambres et une belle vue sur la ville, où vous serez comme un coq en pâte. L'accent est mis sur le service et la convivialité, notamment dans le très populaire restaurant-lounge asiatique, Cho Gao (p. 190), au bar Heroes et au bar à cocktails sur le toit.

Khalidiya Palace Rayhaan by Rotana HÔTEL **$$**
(Carte p. 178 ; 02-657 0000 ; www.rotana.com ; W Corniche Rd ; ch à partir de 975 AED ; P @). Avec sa piscine géante, ses jardins paysagers et ses installations pour les enfants (aire de jeux, balançoires et crèche), cet hôtel de bord de mer à l'ambiance décontractée, sans alcool, est fréquenté par les familles de la région en escapade pour le week-end. L'authentique restaurant arabe Kamoon est également très apprécié des locaux.

Le Royal Méridien Abu Dhabi HÔTEL **$$**
(Carte p. 178 ; 02-674 2020 ; www.leroyalmeridienabudhabi.com ; Khalifa bin Zayed the First St ; ch à partir de 850 AED ; P @). À ne pas confondre avec Le Méridien (plus familial), cet hôtel accueille tout ce que les élites et la jet-set produisent de mieux, et de pire. Les "*leisure guests*" y séjournant vont et viennent dans un défilé de tenues haute couture. Si vous aimez parader et être vu, cet hôtel est pour vous.

Beach Rotana HÔTEL **$$$**
(Carte p. 178 ; 02-697 9000 ; www.rotana.com ; 10th St ; ch à partir de 1 100 AED ; P @). Les centaines d'hôtes – voyageurs ou participants à des conférences – qui séjournent dans cet hôtel mitoyen de l'Abu Dhabi Mall sont dorlotés par le personnel après avoir fait chauffer leur carte bleue dans le centre commercial voisin.

Grande Mosquée Sheikh Zayed et ses environs

Aloft Abu Dhabi HÔTEL **$$**
(Carte p. 176 ; 02-654 5000 ; www.aloftabudhabi.com ; Al-Khaleej al-Arabi St ; d à partir de 615 AED ; P). Esprit loft, piscine paysagée et gadgets high-tech dans cet hôtel à l'élégance urbaine. Le Wi-Fi gratuit dans les chambres, les grands téléviseurs et les stations d'accueil pour lecteurs MP3 sont pratiques pour travailler un peu entre deux événements à l'Adnec situé juste à côté. Au bar Relax@12 sur le toit, la vue est aussi belle que les cocktails sont réussis.

Traders Hotel, Qaryat al-Beri HÔTEL **$$**
(02-510 8880 ; www.shangri-la.com/traders ; Khor al-Maqta ; ch à partir de 750 AED ; P @). L'ambiance pop art et les couleurs vives du hall changent agréablement du marbre et du cristal des hôtels de la région. Après un tour aux piscines ou à la plage, les hôtes peuvent se reposer dans des chambres sombres mais spacieuses. L'accès aux installations du Shangri-La Qaryat al-Beri, tout proche et affilié à l'hôtel, est gratuit, et vous trouverez d'excellents restaurants non loin.

Eastern Mangroves Hotel & Spa HÔTEL **$$$**
(Carte p. 176 ; 02-656 1000 ; www.abu-dhabi.anantara.com ; Sheikh Zayed bin Sultan St ; d à partir de 1 000 AED ; P @). Dès l'entrée dans le vestibule, où un musicien joue de l'oud au milieu de motifs *mashrabiya*,

MASDAR, CITÉ ÉCOLOGIQUE DU FUTUR

Non loin de l'aéroport d'Abu Dhabi, **Masdar City** (carte p. 176 ; appel gratuit 800 627 327 ; www.masdar.ae ; entre les routes E10 et E20 ; 8h30-16h30 dim-jeu) est la première ville du monde au bilan carbone neutre, ne produisant aucun déchet et entièrement alimentée par des énergies renouvelables. Loin d'être un quartier résidentiel lambda, il s'agit plutôt d'un campus scientifique où sont regroupés un centre de recherches universitaire et des entreprises dédiées au développement durable, aux technologies propres et aux énergies renouvelables. Une visite de la ville intéressera notamment les amateurs d'architecture et de science-fiction.

Le court trajet entre le parking et le campus principal, particulièrement amusant, se fait à bord d'une capsule sans pilote du Personal Rapid Transit (PRT). Prenez un plan à l'accueil au-dessus du terminus de la capsule PRT (ou téléchargez un plan sur le site Internet) avant de visiter le campus. Il y a plusieurs cafés et restaurants sur place.

Le tour du monde de Solar Impulse 2 (www.solarimpulse.com), qui avait pour ville de départ et d'arrivée Abu Dhabi, a également Masdar comme partenaire du projet.

on comprend que ce luxueux repaire ne plaisante pas avec l'hospitalité arabe. Les chambres élégamment décorées aux couleurs de la nature donnent sur les mangroves (où l'on peut faire des balades en kayak). Faites un tour à la piscine avant d'aller vous sustenter sur le toit avec les plats internationaux du restaurant-lounge Impressions.

Île de Yas et ses environs

Centro Yas Island HÔTEL $$

(Carte p. 176 ; 02-656 4444 ; www.rotana.com ; Yas Plaza ; ch à partir de 700 AED ; P @). D'un bon rapport qualité/prix dans le quartier des hôtels de l'île, cet établissement agréable attirant une clientèle plus jeune épargnera un peu vos finances. Le prix des chambres compactes inclut un service de navette vers Yas Beach et l'accès aux installations haut de gamme du Yas Island Rotana voisin.

Yas Viceroy Abu Dhabi HÔTEL $$$

(Carte p. 176 ; 02-656 0000 ; www.viceroyhotelsandresorts.com ; Yas Marina Circuit ; ch à partir de 1 000 AED ; P @). Cet hôtel à l'architecture extravagante est en pole position, littéralement à cheval sur le circuit de formule 1 de Yas Marina. La structure avant-gardiste du bâtiment, avec sa passerelle ondulant au-dessus de la piste, est illuminée de manière spectaculaire la nuit ; et l'intérieur blanc-bleu évoquant un hôtel de glace se révèle une oasis de fraîcheur dans la chaleur torride du Golfe.

Où se restaurer

Al-Markaziya et ses environs

Mama Thani ÉMIRATI $

(Carte p. 178 ; Khalifa bin Zayed the First St ; sandwichs 22-35 AED ; 10h-22h ;). Pain plat et rond d'origine bédouine, le *khameer* est aux Émiratis ce que la baguette est aux Français. Ce petit café au rez-de-chaussée du World Trade Center Souk en fait de délicieux sandwichs avec toutes sortes de garnitures salées ou sucrées comme le Rose (crème de rose, pistaches et figues) et l'Italiano (roquette, bresaola, œuf et feta). Goûtez aux délicieux milk-shakes au lait de dromadaire.

Cho Gao ASIATIQUE $$

(Carte p. 178 ; 02-616 6149 ; Sheikh Hamdan bin Mohammed St ; plats 50-150 AED ; 12h-1h ;). Le restaurant du Crowne Plaza Abu Dhabi est apprécié autant pour son excellent menu que pour son ambiance éminemment conviviale. On s'y régale de spécialités du Japon, de Singapour, de Chine, de Thaïlande et d'autres contrées asiatiques. Tout est frais et bon, du curry aux sautés en passant par le canard laqué.

Zyara Café LIBANAIS $$

(Carte p. 178 ; 02-627 5007 ; plats 20-60 AED ; 24h/24 ;). La salle de ce charmant restaurant offre une riche palette de nuances de rouge : coussins écarlates, rideaux rubis, nappes carmin et tissus aux motifs orientaux. Petit-déjeuner servi toute la journée et délicieux mezzes et pâtisseries maison. Bondé au déjeuner. Près de l'angle entre Khalifa bin Zayed the First St et 4th St, avec une belle vue sur la corniche.

La Brioche Café FRANÇAIS $$

(Carte p. 178 ; ☎ 02-677 0905 ; www.labriocheuae.com ; Sheikh Hamdan bin Mohammed St ; petit-déj 23-52 AED, plats 20-90 AED ; ⏲ 7h-minuit ; 📶). Petit coin de Paris à Abu Dhabi, cette minichaîne est surtout réputée pour ses petits-déjeuners, mais sert aussi des salades équilibrées, de généreux sandwichs et certains des meilleurs pains, viennoiseries et pâtisseries de la ville (préparés et cuits sur place). Personnel efficace et souriant, idéal pour commander à emporter et aller pique-niquer aux Capital Gardens tout proches.

Kababs & Kurries INDIEN $$

(Carte p. 178 ; ☎ 02-628 2522 ; Khalifa bin Zayed the First St ; plats 28-73 AED ; ⏲ 12h-23h30). Ce restaurant attrayant, situé au rez-de-chaussée du World Trade Center Souk signé Norman Foster, sert de nombreux plats indiens raffinés en salle et en terrasse.

Breakwater et ses environs

♥ **The Living Room Café** CAFÉ $$

(TLRC ; carte p. 178 ; ☎ 02-639 6654 ; www.thelivingroomcafeabudhabi.com ; Khalidiya Village, Khalifa bin Shakhbout St (28th St) ; en-cas 10-20 AED, plats 35-80 AED ; ⏲ 7h30-23h30 dim-jeu, 8h30-23h30 ven-sam ; 📶). Cet établissement primé géré en famille était à l'origine un simple café ne servant que des gâteaux avant de se transformer grâce au bouche-à-oreille en un restaurant réputé. L'accent est mis sur une cuisine familiale (il y a un menu enfant VIP et un coin enfants). On y sert des gâteaux, des petits-déjeuners toute la journée, des sandwichs grillés et d'appétissantes salades qui combleront tous les appétits. Dans le Sarouh Compound.

Saudi Cuisine VIP SAOUDIEN $$

(Carte p. 178 ; ☎ 02-665 5355 ; 3rd St ; plats 40-100 AED ; ⏲ 12h-minuit). Cette confortable tanière nichée derrière les Corniche Towers abrite des box conviviaux, ornés de peaux de moutons. L'endroit idéal pour goûter aux spécialités d'agneau du cœur de la Péninsule, rôties pendant des heures et servies avec du riz et de la sauce pimentée. Utilisez vos mains pour déguster – la viande se détache de l'os presque toute seule.

♥ **Mezlai** ÉMIRATI $$$

(Carte p. 178 ; ☎ 02-690 7999 ; www.kempinski.com ; W Corniche Rd ; plats 110-210 AED ; ⏲ 13h-22h30 ; 📶). Dans le somptueux Emirates Palace, Mezlai ("vieille serrure") vous fait découvrir une cuisine émiratie à base de produits bios locaux. Au menu : *lamb medfoun* (épaule d'agneau braisée dans une feuille de bananier) et poulet *makbus* avec riz aux épices. La purée de pommes de terre au lait de dromadaire est une garniture originale.

Brasserie Angélique FRANÇAIS $$$

(Carte p. 178 ; ☎ 02-811 5666 ; www.jumeirah.com ; W Corniche Rd ; plats 75-225 AED ; ⏲ 12h-15h et 19h-23h30). Ce restaurant gastronomique primé de l'hôtel Jumeirah at Etihad Towers fait un tabac en ville. Si les opulents lustres font très "Golfe", la cuisine est farouchement française : escalopes de pigeon sautées, selle d'agneau farcie, côtelette de veau à l'armagnac, foie gras, escargots et quiches.

Al-Zahiyah et île Al-Maryah

Lebanon Mill LIBANAIS $

(Carte p. 178 ; ☎ 02-677 7714 ; 9th St ; sandwichs 5-15 AED, plats 18-37 AED ; ⏲ 12h-1h). Les tables libres se comptent sur les doigts d'une main dans cette cafétéria simple et propre qui enchantera votre palais avec cinq variétés de *shawarma*, kebabs grillés et poulets rôtis, accompagnés de houmous, de salade arabe et de jus de fruits. Sur 9th St, près de Fatima bint Mubarak St.

Biryani Pot INDIEN $$

(Carte p. 178 ; ☎ 02-676 6555 ; www.biryanipot.ae ; Galleria Mall, Al-Falah St, île Al-Maryah ; plats 22-44 AED ; ⏲ 10h-23h sam-mer, 10h-minuit jeu-ven ; 📶). Fast-food indien haut de gamme proposant d'excellents *biryani* (dont une version végétarienne avec du quinoa), curries, grillades tandoori et salades. L'atmosphère "centre commercial" n'incite pas à s'éterniser, à moins que vous ne trouviez une place en terrasse avec vue sur le Khor.

♥ **Zuma** JAPONAIS $$$

(Carte p. 178 ; ☎ 02-401 5900 ; www.zumarestaurant.com ; Galleria Mall, île Al-Maryah ; plats 80-180 AED ; ⏲ 12h-15h et 19h-minuit ; 📶). Sans doute le meilleur japonais d'Abu Dhabi. Réservez le plus tôt possible pour déguster les excellents sushis et sashimis, la spécialité maison de morue noire marinée au miso ou une pièce de viande grillée à la perfection au barbecue robata. Le menu "*business*" du déjeuner, servi du dimanche au jeudi, compte 4 plats pour 140 AED. Alcool disponible. Bar animé.

100% LOCAL

DÎNER DE POISSON AU MARCHÉ

Même si vous n'êtes pas friand de poisson et de fruits de mer, le **marché au poisson d'Al-Mina** (carte p. 178 ; Dhow Harbour, Al-Mina ; 5h-23h) du port aux boutres vous émerveillera par son foisonnement de couleurs et de formes, ses étals garnis de glace débordant de crevettes roses, de carangues à points orange, de crabes à carapace bleue, de sultans Ibrahim roses (petits rougets) et autres animaux marins comestibles insoupçonnés.

Pour un repas mémorable à moins de 20 AED, achetez votre poisson aux employés en bleu, puis remettez-le aux employés en rouge de la station d'évidage et d'écaillage ; après avoir récupéré vos filets, passez à côté (le long de la section poisson séché) pour choisir vos épices ; apportez ensuite le tout au fond de la section épices où les cuisiniers en feront un curry de poisson kerala pimenté à souhait ou le mettront simplement à griller avec du gros sel et des piments séchés. Allez enfin déguster votre plat dehors sur le port aux boutres, assis sur une caisse à langoustes.

Finz FRUITS DE MER $$$

(Carte p. 178 ; 02-697 9011 ; www.rotana.com ; 10th St ; petits plats 40-90 AED, plats 130-350 AED ; 17h-1h dim-mer, 12h30-3h jeu-ven, 12h30-1h sam). Parcourez tranquillement la jetée pour rejoindre ce vaste restaurant dont les terrasses dominent la mer, puis commandez un cocktail et préparez-vous à déguster certains des meilleurs plats de fruits de mer de la ville. Qu'ils soient cuits au gril, au wok, au four ou au *tandoor*, le résultat est toujours délicieux. Parfait pour un en-cas en journée. Alcool disponible. Au Beach Rotana, près de l'Abu Dhabi Mall.

Al-Mina et île de Saadiyat

Al-Arish Restaurant MOYEN-ORIENTAL $$

(Carte p. 178 ; 02-673 2266 ; Al-Mina Port, près du marché au poisson ; buffet déj et dîner 175 AED ; 12h-16h et 19h-minuit). Ce somptueux restaurant ancien et flamboyant, avec son décor arabe un peu passé, son plafond en *barasti* (treillage de palmes) et son mobilier sculpté à la main, vous accueille dans sa magnifique *majlis* (salle de réception) où cheikhs et princes se sont restaurés au fil des ans. Le buffet déjeuner vous permettra de goûter à des spécialités locales comme le *ouzi* (agneau rôti) et le *majboos* (poulet au riz). Près du marché au poisson.

Turquoiz POISSON, FRUITS DE MER $$$

(Carte p. 176 ; 02-498 8001 ; www.turquoizabudhabi.com ; île de Saadiyat ; plats 80-170 AED ; 12h-15h et 18h30-23h dim-jeu, 12h-16h et 18h30-23h ven-sam ;). Difficile de trouver plus romantique pour déguster un verre ou une assiette de moules au soleil couchant, entouré des doux effluves de narguilés. Occupant une succession de pavillons en bois donnant sur la mer, ce charmant restaurant du St Regis Saadiyat Island Resort semble à des années-lumière de l'agitation urbaine.

Al-Dhafra SAOUDIEN $$$

(Carte p. 178 ; 02-673 2266 ; Dhow Harbour (port aux boutres), Al-Mina ; dîner-croisière 180 AED/pers ; croisière 20h-22h). Le restaurant réputé Al-Arish fournit le buffet pour les dîners-croisières quotidiens faisant l'aller-retour Al-Mina-Breakwater-Al-Mina. À bord d'un boutre traditionnel, vous goûterez aux saveurs locales assis sur des coussins, en admirant le défilé des gratte-ciel illuminés.

Grande Mosquée Sheikh Zayed et ses environs

Milas ÉMIRATI $$

(02-558 0425 ; www.milas.cc ; Khor al-Maqta ; plats 30-95 AED ; 9h-23h30 ;). Bois sombre, verre noir et néons : ce restaurant émirati est bien de son siècle. Les plats traditionnels comme le poulet *makbous* (ragoût) et le *deyay shiwa* (poulet mariné au yaourt et au safran) sont revisités à la sauce contemporaine. En bonus : des serviettes chaudes, un amuse-bouche de *danqaw* (pois chiches) offert, et un plateau de parfums à la fin du dîner. Au 1er étage du souk Qaryat al-Beri.

Ushna INDIEN $$

(02-558 1769 ; Khor al-Maqta ; plats 50-110 AED ; 12h30-23h30). Romantique à souhait et élégant, ce restaurant du souk

Qaryat al-Beri régale sa clientèle d'une cuisine indienne élaborée, importée aux Émirats par une vaste communauté d'expatriés. On trouve des curries à tous les coins de rue, mais c'est ici que l'on déguste ceux qui sont le plus soigneusement préparé, face à une vue magnifique sur la Grande Mosquée Sheikh Zayed, de l'autre côté du canal.

Bord Eau FRANÇAIS $$$

(☎02-509 8511 ; www.shangri-la.com ; Khor al-Maqta ; plats 180-320 AED, menu dégustation surprise 5 plats 500 AED ; ⏲18h30-23h30 ; 📶). Situé dans le Shangri-La Hotel, Bord Eau est le restaurant français par excellence à Abu Dhabi. Les classiques de la gastronomie de l'Hexagone (soupe à l'oignon, foie gras, chateaubriand), superbement préparés, offrent des saveurs exceptionnelles. Le décor, à la fois décontracté et élégant (une copie de *L'Étoile* de Degas orne la salle), fait honneur au raffinement des plats servis sur de jolies nappes blanches.

Mijana LIBANAIS $$$

(☎02-818 8282 ; www.ritzcarlton.com ; Khor al-Maqta ; plats 80-160 AED ; ⏲16h-1h). Ce restaurant clinquant du Ritz-Carlton propose une cuisine libanaise originale, avec d'excellentes spécialités revisitées comme le *moutabal* (caviar d'aubergines) à la betterave, six types d'houmous et l'*habra niyah* (agneau haché cru à la menthe et à l'ail). Gardez de la place pour un *smoothie* au lait de dromadaire, ou bien fumez un narguilé en terrasse en assistant à un concert de musique arabe.

Île de Yas et ses environs

Aquarium POISSON, FRUITS DE MER $$

(Carte p. 176 ; ☎02-565 0007 ; www.yasmarina.ae/aquarium ; Yas Marina ; plats 65-130 AED ; ⏲12h-1h ; 📶). Les immenses aquariums s'élevant du sol au plafond annoncent la couleur quant au menu de ce restaurant à l'atmosphère décontractée. Le soir venu, on se presse pour obtenir une table en terrasse et profiter de la vue sur la marina et le spectaculaire hôtel Yas Viceroy, en dégustant de délicieux poissons pêchés localement et cuisinés à l'asiatique. Il y a aussi des narguilés.

Nolu's Café CAFÉ $$

(Carte p. 176 ; ☎02-557 9500 ; Al-Raha Beach, Al-Bandar ; plats 50-125 AED ; ⏲8h-22h sam-mer, 8h-23h jeu-ven). Avec ses cloisons aux motifs étoilés, sa déco vert citron, et ses plats sains et équilibrés, on se croirait presque en Californie dans cet agréable café. Pourtant, les recettes du propriétaire afghan, qu'il tient de sa mère, sont bien orientales. Goûtez à des plats méconnus comme les *aushak* (beignets) ou le *bolani* (galette fourrée). Sert aussi le petit-déjeuner. À côté de Spinneys.

Rogo's Rollercoaster Restaurant BURGERS $$

(Carte p. 176 ; ☎02-565 0888 ; www.rollercoaster-restaurant.com ; Town Sq, Yas Mall, ouest de l'île de Yas ; repas environ 55 AED ; ⏲12h-22h sam-mer, 12h-minuit jeu-ven). Vous ne vous sentez pas encore d'attaque pour Ferrari World ? Échauffez-vous dans ce nouveau restaurant où les plats (sans grand intérêt, par ailleurs) sont commandés via des tablettes et acheminés depuis la cuisine dans des fait-tout en métal posés sur des plateaux en plastique et qui sont acheminés par deux montagnes russes de 12 m de haut à double looping, des ascenseurs et autres mécanismes délirants.

Cipriani ITALIEN $$$

(Carte p. 176 ; ☎02-657 5400 ; www.cipriani.com ; Yas Marina ; plats 100-260 AED ; ⏲18h-minuit). Si la cuisine de ce restaurant réputé est indubitablement italienne (avec notamment des recettes importées du mondialement célèbre Harry's Bar de Venise), la vue est clairement émiratie. La terrasse donne sur la tribune du Yas Marina Circuit, sur les yachts de luxe amarrés non loin de là, et sur l'hôtel Yas Viceroy et sa rivière de diamants lumineux.

Faire ses courses

Parmi les supermarchés centraux aux horaires prolongés figure **Carrefour** (carte p. 178 ; ☎02-681 4266 ; www.carrefouruae.com ; Marina Mall ; ⏲9h-minuit sam-mer, 9h-1h jeu), où l'on trouve de nombreux produits européens. En général, les Nord-Américains préfèrent **Spinneys** (carte p. 178 ; ☎02-681 2897 ; www.spinneys-dubai.com ; angle 5th St et 6th St, Khalidiya ; ⏲24h/24). La chaîne locale **Abu Dhabi Co-op** (carte p. 178 ; ☎02-645 9777 ; www.abudhabicoop.com/english ; rdc, Abu Dhabi Mall, 10th St ; ⏲8h-minuit) rencontre aussi un franc succès. Toutes ces enseignes ont d'autres adresses dans l'émirat (voir leurs sites Internet).

Où prendre un verre et faire la fête

Al-Markaziyah et ses environs

Level Lounge BAR

(Carte p. 178 ; 02-616 6101 ; www.ihg.com/crowneplaza ; Sheikh Hamdan bin Mohammed St ; 17h-2h ;). Le lounge avec piscine situé sur le toit du Crowne Plaza Abu Dhabi (p. 188) est une oasis de calme sous le ciel étoilé au cœur de la ville. Idéal pour discuter autour d'un narguilé sur fond de musique d'ambiance.

Sax DISCOTHÈQUE

(Carte p. 178 ; 02-674 2020 ; www.leroyal-meridienabudhabi.com ; Khalifa bin Zayed the First St ; 17h-2h dim-mer, 17h-3h jeu-sam ;). En début de soirée, le Sax attire d'expansifs jet-setters, avant de monter le volume de son excellente sono, au grand bonheur d'une foule cosmopolite et apprêtée. Les soirées spéciales – *Ladies' Night, Cabin Crew Night, Lebanese Weekend* – garantissent une ambiance de feu. Dans Le Royal Méridien Abu Dhabi (p. 189).

Breakwater et ses environs

Observation Deck at 300 CAFÉ

(Carte p. 178 ; 02-811 5666 ; www.jumeirah.com ; W Corniche Rd ; entrée 75 AED, thé gourmand 175 AED ; 10h-18h). Cet élégant café, le plus haut d'Abu Dhabi, est situé au 74e étage de la Tower 2 de l'emblématique hôtel Jumeirah at Etihad Towers (d'où le "300" du nom, correspondant à l'altitude), d'où il offre une vue imprenable sur la ville, la mer et les alentours. Le prix de l'entrée donne droit à 50 AED de consommations.

Belgian Beer Café BAR

(Carte p. 178 ; 02-666 6888 ; www.belgianbeer-cafe.com ; InterContinental Hotel, Bainunah St ; 16h-1h ;). Pour vous, la bière se résume à une cannette de 33 cl ? Les bières spéciales, à la pression ou en bouteilles du Belgian Beer Café de l'hôtel Intercontinental vous convertiront à la vraie bière belge. Faites comme les expatriés et commandez des moules-frites que vous dégusterez avec vue sur la marina – vous ne le regretterez pas.

Hemingway's BAR

(Carte p. 178 ; 02-681 1900 ; www.abudhabi.hilton.com ; Hilton Abu Dhabi, W Corniche Rd ; 12h-2h). Cantine tex-mex appréciée des expatriés qui se détendent devant un match de foot sur écran géant avec une bière, des frites ou des nachos (ou les trois). Musique live du lundi au samedi, *happy hour* de 16h à 20h, et soirée quiz le dimanche.

Ray's Bar BAR

(Carte p. 178 ; 02-811 5666 ; www.jumeirah.com ; W Corniche Rd ; 17h-3h ;). Pour apprécier pleinement l'audace architecturale d'Abu Dhabi, prenez l'ascenseur du Jumeirah at Etihad Towers et rejoignez ce bar du 62e étage. Le soleil couchant se reflète dans un ballet de lumière sur les majestueux gratte-ciel de la ville. Si la vue et les cocktails vous font défaillir, reprenez des forces grâce à la carte de tapas asiatiques.

Havana Café & Restaurant CAFÉ

(Carte p. 178 ; 02-681 0044 ; W Corniche Rd ; narguilé à partir de 35 AED ; 9h-0h30). La terrasse de ce café à chicha très fréquenté offre l'une des meilleures vues sur Abu Dhabi by night. Service efficace malgré la foule.

Mosquée Sheikh Zayed et ses environs

Relax@12 BAR

(Carte p. 176 ; 02-654 5138 ; www.relaxat12a-budhabi.com ; Al-Khaleej al-Arabi St ; 17h-2h lun-mer, 17h-3h jeu-dim). Bar élégant sur le toit de l'hôtel Aloft Abu Dhabi (p. 189), idéal pour se détendre : musique douce, sièges confortables et carte des cocktails bien fournie sans que vos finances en souffrent outre mesure. Un petit creux ? Sushis, mezzes et tapas vous revigoreront. Promotions différentes tous les soirs.

Chameleon BAR

(02-654 3238 ; www.fairmont.com ; Khor al-Maqta ; 18h-1h). Mojitos au concombre, vodkas-romarin flambées et margaritas à la pastèque : voici quelques-uns des cocktails uniques proposés par les sympathiques mixologues de ce bar-lounge sophistiqué au rez-de-chaussée de l'hôtel Fairmont Bab al-Bahr. Un DJ résident se met aux platines à partir de 22h (23h le jeudi et le vendredi).

Île de Yas et ses environs

O1NE CLUB

(Carte p. 176 ; 052-788 8111 ; www.o1neyasisland.com ; Yas Leisure Dr ; 23h-tard jeu-ven). Importé de Beyrouth, ce club occupe un bâtiment évoquant le Colisée construit pour l'occasion près de l'entrée du Yas

Tunnel. Les 19 *street artists* qui ont orné la façade de leurs visions créatrices ont fait du lieu un succès immédiat. À l'intérieur, technologies de pointe et projections en 3D accompagnent les rythmes endiablés.

Stills Bar & Brasserie BAR

(Carte p. 176 ; ☎02-656 3053 ; www.ihg.com ; Yas Island Golf Plaza ; ⏲12h-1h ven-mer, 12h-3h jeu, happy hour 17h-20h). Accoudé au plus long bar d'Abu Dhabi, vous pourrez boire une bière ou un cocktail et vous repaître de plats de pub haut de gamme (burgers, moules fraîches, etc.) en écoutant de la musique live. Sur l'île de Yas, au Crowne Plaza.

McGettigan's PUB IRLANDAIS

(Carte p. 176 ; ☎02-652 4333 ; www.mcgettigans.com ; Channel St ; ⏲12h-3h ; 📶). On ne s'ennuie jamais dans un pub irlandais, et celui-ci, tout droit venu de Dublin, ne fait pas exception à la règle. Si une pinte de Guinness ne suffit pas à vous mettre de bonne humeur, il y a aussi des soirées quiz, des *happy hours*, du foot anglais sur 18 écrans et de bons plats de pub. Le long de l'E10, près de l'Al-Raha Beach Hotel.

☆ Où sortir

Jazz Bar & Dining CONCERTS

(Carte p. 178 ; ☎02-681 1900 ; www.abudhabi.hilton.com ; Hilton Abu Dhabi, W Corniche Rd ; plats 85-165 AED ; ⏲19h-1h sam-mer, 19h-2h jeu-ven ; 📶). Les amateurs de jazz se donnent rendez-vous dans ce club-restaurant sophistiqué de l'Hilton Abu Dhabi, qui propose une cuisine internationale dans un cadre art déco. Mais on y vient plus pour la musique que pour les plats : un groupe de sept musiciens régale un public d'aficionados qui ne peut qu'apprécier leur talent. *Ladies' Night* les lundis et mercredis.

Burlesque Restaurant & Lounge CABARET

(Carte p. 176 ; ☎056-498 7580 ; Marina Wing, Yas Viceroy Abu Dhabi ; plats 65-225 AED ; ⏲19h-2h sam-lun et mer, 19h-4h mar et jeu-ven). Ambiance coquine années 1920 dans cette salle aux confortables sofas écarlates et aux rideaux épais où se produisent des spectacles de chant et danse de 2 heures, suivis de soirées dansantes à thème à partir de 23h30.

Abu Dhabi Classics MUSIQUE CLASSIQUE

(☎appel gratuit 800-555/02-444 0444 ; www.abudhabiclassics.com ; billets 80-350 AED ; ⏲nov-mai). Belle série de concerts classiques avec solistes et orchestres du monde entier dans plusieurs sites de la ville, dont l'Emirates Palace et Manarat al-Saadiyat à Abu Dhabi, et le fort historique Al-Jahili d'Al-Aïn.

Vox Cinemas CINÉMA

(Carte p. 178 ; ☎02-681 8464 ; uae.voxcinemas.com ; Marina Mall ; billets à partir de 35 AED). Ce cinéma tout confort projette des blockbusters de Hollywood et de Bollywood en 2D, 3D et 4D. Billets disponibles sur Internet.

Novo Cinemas Abu Dhabi CINÉMA

(Carte p. 178 ; ☎02-645 8988 ; www.novocinemas.com ; 3e ét, Abu Dhabi Mall, 10th St ; billets 35 AED). Ce multiplexe propose les dernières nouveautés de Hollywood, dont certaines en 3D.

🛍 Achats

World Trade Center Souk CENTRE COMMERCIAL

(Carte p. 178 ; ☎02-810 7814 ; www.wtcad.ae ; Khalifa bin Zayed the First St ; ⏲10h-22h sam-mer, 10h-23h jeu-ven ; 📶). La réinterprétation par Norman Foster du souk traditionnel prend la forme d'une élégante composition de treillage en bois aux tons chauds, de vitraux, de passerelles et de balcons. Bâti sur le site de l'ancien souk central, il est relié au centre commercial moderne du World Trade Center par une passerelle. Parmi les nombreuses boutiques, on trouve Persian Carpet House & Antiques, Kashmir Cottage et Rocky Mountain Chocolate Factory.

Marina Mall CENTRE COMMERCIAL

(Carte p. 178 ; ☎02-681 2310 ; www.marinamall.ae ; digue ; ⏲10h-22h sam-mer, 10h-minuit jeu-ven ; 📶). Outre ses quelque 400 magasins, ce centre commercial populaire propose des divertissements variés dont un multiplexe, l'aire de jeux Fun City, l'Emirates Bowling Village et la toute nouvelle grande roue Marina Eye.

Centre of Original Iranian Carpets TAPIS

(Carte p. 178 ; ☎02-681 1156 ; www.coicco.com ; Al-Khaleej al-Arabi St ; ⏲9h30-13h30 et 17h-21h30 sam-jeu). Ce centre d'exposition de tapis sur 3 niveaux abrite la plus grande collection de tapis du Moyen-Orient (plus de 4 000 pièces). On trouve sur l'excellent site Internet un guide de l'acheteur et un glossaire.

Abu Dhabi Mall CENTRE COMMERCIAL

(Carte p. 178 ; ☎02-645 4858 ; www.abudhabi-mall.com ; 10th St ; ⏲10h-22h sam-mer, 10h-23h jeu-ven). Élégant centre commercial avec 200 magasins, un cinéma et une aire de jeux, mais aussi des boutiques à l'accent plus local. On peut acheter sucreries et noix chez Arabesq et Al-Rifai au niveau 3, et les dattes de Bateel, au niveau 1, feront un cadeau idéal.

Les chalands les plus avisés iront acheter des *oud* (parfums) d'Inde et du Cambodge dans la célèbre boutique Yas – The Royal Name of Perfumes (niveau 1). Au même étage, on trouve chez Khunji des *abaya* (tuniques pour femme) pour environ 1 700 AED et des *bisht* (tuniques cérémoniales pour homme) entre 300 et 2 000 AED.

Souk iranien ARTICLES POUR LA MAISON
(Carte p. 178 ; Al-Mina ; 7h-minuit). Si vous n'avez jamais mis les pieds dans une brocante, alors ce capharnaüm d'étals agglutinés sur le port sera une expérience amusante. Dans ce souk animé, on trouve pêle-mêle d'énormes chaudrons, des plateaux en mélamine à motifs floraux, des bibelots chinois en plastique, des objets en osier, des thermos, des cafetières et bien d'autres curiosités.

On peut aussi dénicher de l'artisanat local, comme des sets de table en paille de riz (40 AED environ).

Khalifa Centre SOUVENIRS, ARTISANAT
(Carte p. 178 ; 10th St, Al-Zahiyah ; 10h-13h et 16h-22h sam-jeu, 16h-22h ven). Le Khalifa Centre est l'endroit idéal pour la chasse aux souvenirs (narguilés, boîtes en os de dromadaire, figurines de dromadaires, tapis et housses de coussins). Situé en face de l'Abu Dhabi Mall, il compte plus d'une dizaine de boutiques indépendantes, la plupart tenues par des Indiens, vendant des objets artisanaux et des tapis.

La plupart des articles en vente sont malheureusement fabriqués en Inde, en Turquie, en Syrie ou en Chine, mais profitez de l'occasion pour vous entraîner au marchandage.

Galleria CENTRE COMMERCIAL
(Carte p. 178 ; 02-616 6999 ; www.thegalleria.ae ; Al-Falah St, île Al-Maryah ; 10h-22h sam-mer, 10h-minuit jeu, 12h-minuit ven). Ce centre commercial clinquant installé dans le nouveau quartier d'affaires de l'île Al-Maryah frappe par son architecture spectaculaire (plafonds hauts comme une nef de cathédrale, toiture sculpturale) et par son assortiment de boutiques haute couture réservées aux visiteurs les plus aisés (Jimmy Choo, Prada, Dior). Il abrite deux aires de restauration plaisantes donnant sur un étang.

Souk Qaryat al-Beri SOUK
(02-558 1670 ; www.soukqaryatalberi.com ; Khor al-Maqta ; 10h-22h sam-mer, 10h-23h jeu, 15h-23h ven). Avec sa belle architecture arabe, ce marché situé le long du Khor offre une interprétation moderne très réussie du souk traditionnel. Les boutiques, fréquentées par les touristes comme par les locaux, proposent des produits d'origine arabe, dont des huiles essentielles, des gâteaux au lait de dromadaire, des dattes enrobées de chocolat et des bijoux artisanaux. Certains petits étals se spécialisent dans les souvenirs. À côté de l'hôtel Shangri-La.

Yas Mall CENTRE COMMERCIAL
(Carte p. 176 ; appel gratuit 800 927 6255 ; www.yasmall.ae ; ouest de l'île de Yas ; 9h30-22h30 sam-mer, 9h30-minuit jeu-ven ;). Dernier grand centre commercial en date d'Abu Dhabi, le Yas Mall est vaste, lumineux et arboré (il y a même un mur végétal). Admirez les sculptures de 12 m de haut du célèbre artiste sud-africain Marco Cianfanelli, qui évoquent des arbres dont les feuilles sont inspirées de la calligraphie arabe. Depuis le centre, on peut accéder à Ferrari World, à des cinémas, à l'aire de loisirs Xtreme Zone et à un hypermarché Géant.

Orientation

La ville d'Abu Dhabi occupe une île reliée au continent par trois ponts : le pont Sheikh Zayed, qui relie l'E10 (la route Abu Dhabi-Dubai) à Sheikh Zayed bin Sultan St, qui traverse le centre-ville via un tunnel éponyme de 4,2 km ; l'Al-Maqta Bridge, entre, d'un côté, l'E22 (Abu Dhabi-Al-Ain Rd) et l'E20 (International Airport Rd) et, de l'autre, Rashid Bin Saeed (2nd) St ; et le Mussafah Bridge, entre l'E22 et l'E20 et Al-Khaleej Al-Arabi (30th) St. Tous les grands axes traversent le centre-ville d'Abu Dhabi et mènent à la corniche.

L'aéroport est à 30 km à l'est de la corniche, près de l'île de Yas. On y accède par l'autoroute E12 (Sheikh Khalifa Hwy), qui continue jusqu'à l'île de Saadiyat avant de rejoindre la corniche via le pont Sheikh Khalifa.

Renseignements

Abu Dhabi Tourism Authority (ADTA ; appel gratuit 800 555 ; visitabudhabi.ae). Kiosques d'information dans le hall des arrivées de l'aéroport (7h-13h), au Yas Mall (près de l'entrée de Ferrari World, 11h-20h mar-dim) et au World Trade Center Souk (10h-20h).

Abu Dhabi Central Post Office (carte p. 178 ; 600 599 999 ; epg.gov.ae ; angle Al-Sharqi St et 4th St ; ⏲7h30-21h sam-jeu, 17h-21h ven). Poste principale.

Sheikh Khalifa Medical City (carte p. 178 ; ☎02-819 0000 ; www.seha.ae ; angle Al-Karama St et Hazzaa bin Zayed the First St). Un des nombreux hôpitaux bien équipés d'Abu Dhabi ; urgences 24h/24.

Depuis/vers Abu Dhabi

AVION

L'**aéroport international d'Abu Dhabi** est à environ 30 km à l'est de la ville ; il est desservi par 50 compagnies avec des départs vers 85 villes. Il compte trois terminaux, dont un exclusivement réservé à Etihad (terminal 3). Une importante extension, le Midfield Terminal, doit être achevée en 2017. Wi-Fi gratuit partout.

BUS

La **gare routière** centrale (carte p. 176 ; Sheikh Rashid bin Saeed St) est située à l'angle de 4th St et 11th St, à 4 km au sud de la corniche. Le bus E100 de RTA dessert l'**Al-Ghubaiba Bus Station** (p. 159) de Bur Dubai toutes les 30 minutes entre 5h30 et 22h30 (25 AED, 2 heures).

L'Abu Dhabi Department of Municipal Affairs and Transportation propose de nombreuses liaisons dans l'émirat. Parmi les destinations :

VERS	TARIF	DURÉE	FRÉQUENCE
Al-Aïn (X90)	25 AED	2 heures 15	toutes les 30 minutes
Djebel Dhanna (X87)	35 AED	3 heures 30	jusqu'à 4/jour
Madinat Zayed (X60)	25 AED	2 heures 30	toutes les 2 heures
Mezaira'a (X60)	30 AED	3 heures 15	toutes les 2 heures

TAXI

Une course en **taxi** (☎600 535 353 ; www.transad.ae) pour Dubai ou Al-Aïn coûte entre 250 et 300 AED ; réservation possible.

VOITURE

Abu Dhabi se trouve à 150 km au sud de Dubai via Sheikh Zayed Rd (E11). Toutes les enseignes internationales de location de voitures possèdent des agences à l'aéroport et en ville.

Comment circuler

DEPUIS/VERS L'AÉROPORT

La navette climatisée A1 part toutes les 40 minutes, 24h/24 (1 heure, 4 AED), et se trouve devant la zone d'arrivée de tous les terminaux. Elle se rend à la gare routière centrale, avant de rejoindre le centre-ville jusqu'à Al-Zahiyah.

Les passagers Etihad peuvent emprunter des navettes gratuites depuis et vers Dubai et Al-Aïn (présentez votre carte d'embarquement).

Un taxi pour le centre-ville revient à 70-80 AED (30 min).

Si vous repartez avec Etihad, Gulf, Cathay Pacific, Air Berlin et quelques autres compagnies, vous pourrez enregistrer vos bagages et récupérer votre carte d'embarquement entre 4 et 24 heures avant le départ à l'un des quatre comptoirs d'enregistrement à distance : **City Terminal** (carte p. 178 ; ☎02-644 8434 ; www.abudhabiairport.ae ; 10th St ; 4 AED ; ⏲24h/24, bus toutes les 40 min) près de l'Abu Dhabi Mall, de l'Adnec, du complexe Park Rotana et de l'hôtel Crowne Plaza, sur l'île de Yas.

BUS

Abu Dhabi City Bus (☎800 55 555 ; dot.abudhabi.ae ; Abu Dhabi intra-muros 2 AED) gère 14 lignes fonctionnant 24h/24. Parmi les plus pratiques, le bus n°5 relie le Marina Mall à l'île Al-Maryah en passant par Al-Zahiyah, et le bus n°54 part d'Al-Zahiyah pour la Grande Mosquée Sheikh Zayed. Pour plus d'informations, appelez ou consultez le site Internet.

Un trajet coûte 2 AED. Depuis 2015, une carte rechargeable appelée Hafilat est disponible. La Temporary Card (5 AED, valable 14 jours) est la plus utile pour les visiteurs. On la trouve aux distributeurs des arrêts de bus, dans les centres commerciaux et dans les centres de service clients. Passez votre carte Hafilat sur la borne à la montée et à la descente du bus.

TAXI

Les **taxis** (☎600 535 353) sont équipés de compteurs. Le tarif de base est de 3,50 AED, plus 1,60 AED/km. Entre 22h et 6h, les prix montent respectivement à 4 et 1,69 AED, et la course minimale est de 10 AED. On peut héler les taxis dans la rue ou les réserver par téléphone (supplément 8 AED).

Uber (www.uber.com) propose des courses à partir de 35 AED, plus 2,50 AED/km (ou 1,50 AED/km au-dessous de 18 km/h). Vous devez télécharger l'application gratuite Uber pour utiliser ce service.

Careem (www.careem.com) établit le contact entre les clients et des chauffeurs privés à proximité. Réservez avec l'application gratuite. Les tarifs sont les mêmes qu'Uber et prélevés sur une carte bancaire.

Al-Aïn العين

03 / 650 000 HABITANTS

À environ 2 heures à l'est d'Abu Dhabi, Al-Aïn est entouré d'oasis et de plantations irriguées par des sources naturelles, ce qui lui a valu le surnom de "ville-jardin". Ville natale du cheikh Zayed, le père fondateur de la nation émiratie, elle était jadis une étape essentielle sur la route des caravanes reliant Oman au Golfe. Ses forts, ses musées, son zoo, ses sites reconnus par l'Unesco et son oasis centrale de palmiers-dattiers attirent de nombreux visiteurs. L'ascension de la route de montagne serpentant jusqu'au sommet du djebel Hafeet et offrant un vaste panorama sur les paysages arides du Rub al-Khali est une expérience inoubliable.

Al-Aïn touche la ville de Buraimi, de l'autre côté de la frontière omanaise. Les voyageurs non ressortissants d'un pays membre du Conseil de coopération du Golfe (CCG) doivent traverser la frontière à Hili, au nord d'Al-Aïn. Le passage est loin d'être une formalité : vous devrez payer 35 AED de frais pour sortir des Émirats, puis rouler (ou prendre un taxi) sur 40 km jusqu'au poste-frontière omanais de Wadi al-Jizi où vous obtiendrez un visa pour 5 ORM. Il n'y a rien à payer pour revenir aux Émirats. Les ressortissants du CCG peuvent emprunter le poste-frontière d'Al-Mudif, plus central.

À voir

Il est assez difficile de circuler à Al-Aïn en raison des nombreux ronds-points. Les panneaux marron orientant les visiteurs vers les principaux sites touristiques sont certes utiles, mais quelques indications supplémentaires ne seraient pas de trop.

Al-Aïn et Buraimi

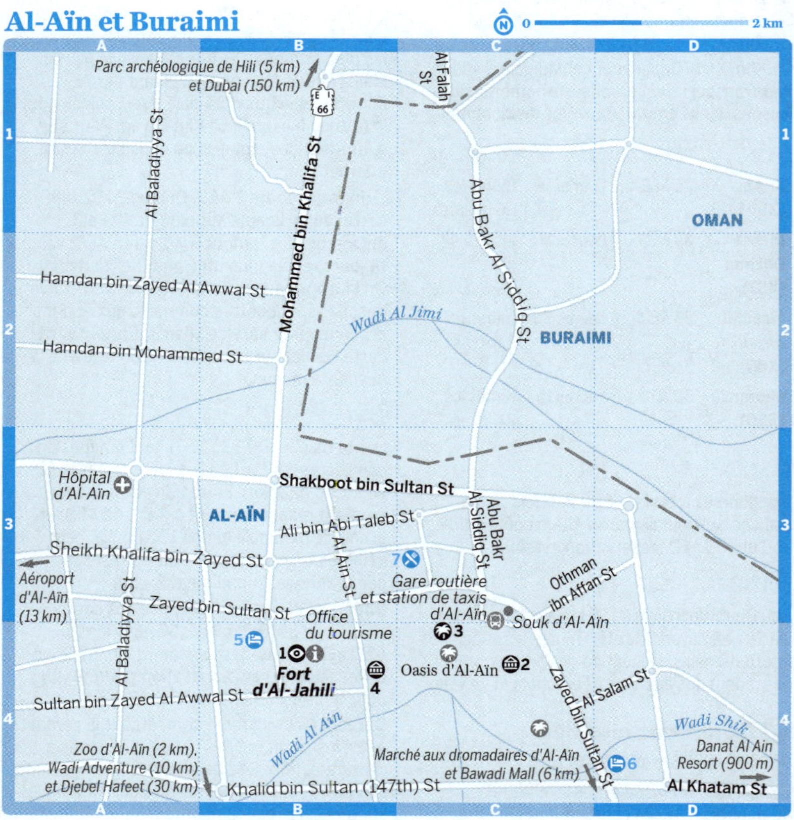

♥ Fort d'Al-Jahili SITE HISTORIQUE

(☎03-784 3996 ; Mohammed bin Khalifa St ; 9h-17h mar-dim). GRATUIT Ce fort féerique au cœur d'un parc luxuriant fut bâti en 1890 pour servir de résidence d'été au cheikh Zayed Ier (1836-1909), avant d'être agrandi par les Britanniques dans les années 1950. L'édifice original correspond au fort carré au fond à gauche de la cour et à la tour de plusieurs niveaux qui lui fait face. Le domaine abrite désormais un centre touristique et une superbe exposition de photographies de l'explorateur britannique sir Wilfred Thesiger, prises dans les années 1940 durant ses multiples traversées du Rub al-Khali.

Al Ain Palace Museum MUSÉE

(☎03-751 7755 ; Al-Ain St ; ⌚8h30-19h30 sam-dim et mar-jeu, 15h-19h30 ven). GRATUIT Tout en coins et recoins, ce palais joliment restauré, dressé en lisière de l'oasis d'Al-Aïn, fut la résidence du cheikh Zayed de 1937 à 1966. L'édifice couleur cannelle, simple et élégant, est composé d'une partie privée et d'une partie réservée aux invités et officiels, que séparent plusieurs cours ornées de cactus, de magnolias et de palmiers. On peut visiter la *majlis* (salle de réception) où le souverain recevait ses hôtes, explorer l'immense cuisine, voir le lit à baldaquin de son épouse et prendre en photo le Land Rover que le cheikh utilisait pour rendre visite aux Bédouins du désert.

Al Ain National Museum MUSÉE

(☎03-764 1595 ; Zayed bin Sultan St ; adulte/enfant 3/1 AED ; ⌚8h30-19h30 sam-dim et mar-jeu, 15h-19h30 ven). Ce musée délicieusement désuet est idéal pour se plonger dans le passé lointain de la région d'Al-Aïn. Parmi les joyaux de la section archéologique, on peut voir des armes, des bijoux, des poteries et des pièces trouvées non loin dans les tombeaux vieux de 4 000 ans d'Al-Hili et Umm al-Nar. Les galeries ethnographiques sont consacrées à différents aspects de la vie quotidienne des Bédouins et des peuples sédentaires notamment l'éducation, le mariage et l'agriculture.

On peut y voir de magnifiques bijoux en argent, des costumes traditionnels et une série d'instruments chirurgicaux rudimentaires, où pointes et crochets ont la part belle.

♥ Zoo d'Al-Aïn ZOO

(☎03-799 2000 ; www.alainzoo.ae ; adulte/enfant 30/10 AED ; ⌚9h-21h oct-avr, 16h-22h mai-sept). Le plus grand et le plus renommé des parcs zoologiques de la région possède de vastes enclos modernes où évoluent des animaux indigènes et exotiques. Vous pourrez y observer des oryx d'Arabie, des mouflons à manchettes, des crocodiles, des tigres, des lions et des dizaines d'autres espèces, dont certains spécimens nés sur place (le zoo a un programme de conservation et de reproduction réputé). Les enfants apprécieront la ferme pédagogique, les spectacles de rapaces et de perroquets, et les repas des girafes. Près de Zayed al-Awwal St et Nahyan al-Awwal St.

Marché aux dromadaires d'Al-Aïn MARCHÉ

(Zayed Bin Sultan St ; ⌚7h-coucher du soleil). GRATUIT Si poussiéreux, bruyant, puant et chaotique qu'il puisse être, le célèbre marché aux dromadaires d'Al-Aïn n'en demeure pas moins une merveilleuse immersion dans la culture arabe traditionnelle. Des dromadaires de toutes sortes sont parqués dans des enclos, aussi bien de jeunes spécimens aux pattes tremblantes appelés à devenir des animaux de course que des mâles imposants élevés pour la reproduction. Le marchandage intense est amusant à regarder. Les ventes se déroulent le matin, mais on peut généralement voir les animaux toute la journée.

Certains marchands vous proposeront peut-être une visite guidée (payante), mais vous pourrez vous promener librement. On vous demandera aussi de payer pour prendre des photos. En marchandant, vous ferez vite descendre les requêtes exorbitantes à des tarifs plus décents (10-20 AED). Les femmes doivent veiller à être habillées convenablement.

À 8 km au sud du centre d'Al-Aïn, derrière le Bawadi Mall.

Al-Aïn et Buraimi

LES SITES CLASSÉS D'AL-AÏN

En juin 2011, quatre sites d'Al-Aïn sont devenus les premiers des Émirats arabes unis à être classés au patrimoine mondial par l'Unesco en raison de leur intérêt archéologique, culturel et historique. Outre les deux sites décrits ci-dessous ont été distingués les antiques tombeaux surmontés de dômes au pied du djebel Hafeet et les tombeaux de Bida Bint Saoud ; ces mausolées sont pour l'heure fermés au public.

Oasis d'Al-Aïn (03-712 8429). GRATUIT Choisissez parmi les huit portes d'accès pour pénétrer dans les vastes plantations de palmiers-dattiers de cette célèbre oasis, qui compte environ 150 000 arbres d'une centaine d'espèces. Errez tranquillement à travers ce labyrinthe arboré à l'écart de l'agitation de la ville et admirez les *aflaj*, un réseau d'irrigation vieux de 3 000 ans sillonnant toute l'oasis. Si vous vous égarez, demandez à un gardien de vous déposer à la sortie en voiturette (offrez un pourboire). On accède à l'oasis par Zayed bin Sultan St.

Parc archéologique de Hili (Mohammed Bin Khalifa St, Hili ; 16h30-21h30 sam-jeu, 10h-22h ven). GRATUIT Offrez-vous un aperçu de la vie des premiers habitants de la région au village de Hili, en découvrant les vestiges d'une colonie et des tombeaux datant de la période Umm al-Nar, il y a plus de 5 000 ans. Situés à 12 km au nord d'Al-Aïn, ces témoignages historiques ont été intégrés dans un agréable parc dont l'attraction principale est le grand tombeau de Hili, dans lequel on pénètre par deux entrées ornées de figures humaines et d'antilopes sculptées. De nombreuses pièces archéologiques trouvées sur les lieux sont exposées à l'Al Ain National Museum.

Activités

Wadi Adventure PARC AQUATIQUE

(03-781 8422 ; www.wadiadventure.ae ; Jebel Al-Hafeet St ; adulte/enfant 50/25 AED, attractions 25-150 AED ; 10h-19h). Réveillez l'intrépide aventurier qui sommeille en vous ! Le billet d'entrée dans le parc aquatique ne donne accès qu'aux piscines, aux restaurants et aux parcours de cordes. Il faut réserver pour faire du rafting (100 AED/1 heure 30), descendre la tyrolienne de 200 m (50 AED/heure) ou tester la solidité de votre estomac sur l'impressionnante balançoire de 14 m de haut (25 AED).

Où se loger

Hilton Al Ain HÔTEL $$

(03-768 6666 ; www.placeshilton.com/al-ain ; Khata Al-Shikle St ; d à partir de 700 AED ; @). Une institution d'Al-Aïn, tout confort et bien équipée, avec en bonus beaucoup de charme et un personnel souriant. Détendez-vous dans les spacieuses chambres avec balcons ou allez vous dépenser à la salle de sports, sur les courts de tennis ou à la piscine. Des activités sont organisées pour les enfants, qui disposent également d'une piscine séparée avec des toboggans. Près du croisement entre Khalid bin Sultan St et Zayed bin Sultan St.

Danat Al Ain Resort RESORT $$

(03-704 6000 ; alain.danathotels.com ; Al-Salam St ; ch à partir de 850 AED ; P). Complexe familial entouré de jardins fleuris avec une piscine pour faire des longueurs et une autre dotée de toboggans. Les chambres récemment rénovées dans d'élégants tons crème et chocolat disposent de balcons, d'oreillers en plume d'oie, et de quoi faire du thé et du café.

Al Ain Rotana Hotel HÔTEL $$

(03-754 5111 ; www.rotana.com/alainrotana ; Zayed bin Sultan St ; d à partir de 800 AED ; P). Hôtel central abritant un impressionnant atrium, une piscine avec bar et des chambres spacieuses et douillettes avec balcons. Les meilleures sont situées dans l'aile Falaj autour de 5 piscines circulaires.

Où se restaurer et prendre un verre

Makani LIBANAIS $$

(03-768-6666 ; Khata Al-Shikle St ; grillades 48-165 AED ; 18h-1h). Atmosphère délicieuse (Makani signifie "chez moi" en arabe) dans cette annexe du Hilton Abu Dhabi au décor de palmes et de confortables fauteuils en rotin. Les plats (falafels, sandwichs de keftas d'agneau et grillades mixtes de la mer) sont simples et bons. La musique arabe live, les narguilés et une belle sélection de vins libanais accompagneront votre repas.

Tanjore INDIEN $$

(03-704 6000 ; Al-Salam St ; plats 33-80 AED ; 12h30-15h et 19h30-23h mar-dim ;). Situé dans le Danat Al Ain Resort, le meilleur indien de la ville est un émerveillement pour les papilles grâce aux arômes complexes du *butter chicken*, de la langouste tandoori et du poulet *biryani*. Service attentif et décor discrètement folklorique.

Cafeteria Al Mallah MOYEN-ORIENTAL **$$**
(☎03-766 6616 ; Mohammed bin Khalifa St ; sandwichs 5-22 AED, plats 29-67 AED ; ⏰8h30-minuit). Ce restaurant simple mais impeccablement tenu sert de bons plats libanais, dont un succulent *shawarma* de poulet et un mémorable houmous aux pignons de pin.

Paco's TEX-MEX **$$**
(☎03-768 6666 ; Khata Al-Shikle St ; plats 35-90 AED ; ⏰14h-2h dim-mer, 12h-3h jeu, 12h-2h ven, 12h-1h sam). L'ambiance est festive dans cette cantine tex-mex où l'on vient dévorer des burritos, des burgers ou des travers de porc en buvant des verres devant un match de football sur grand écran. Un groupe joue en live à partir de 21h30 du mardi au samedi. Au Hilton Al Ain.

Shahryar IRANIEN **$$**
(☎03-737 0077 ; Othman bin Affan St ; plats 48-89 AED ; ⏰12h-23h30). Au 1er étage de l'Al Ain Mall, ce restaurant simple et propre sert des classiques de la cuisine iranienne dont des kebabs, des assiettes de riz et un succulent assortiment d'entrées avec taboulé, houmous et *fattouche* (crudités et pain). Gardez de la place pour le *faloudeh* (glace à la perse).

Trader Vic's BAR
(☎03-754 5111 ; Zayed bin Sultan St ; ⏰12h30-15h30 et 19h30-23h30). Sirotez d'exotiques cocktails à base de rhum dans un original décor polynésien et choisissez parmi les nombreux en-cas du menu de ce bar de l'Al Ain Rotana Hotel. Encore faim ? Réservez une table pour un dîner sur fond de musique cubaine live.

ℹ Renseignements

Office de tourisme (☎03-784 3996 ; www.visitabudhabi.ae ; fort d'Al-Jahili ; ⏰9h-17h sam-dim et mar-jeu, 15h-17h ven). Nombreuses brochures sur la ville et l'émirat d'Abu Dhabi ; dans le fort d'Al-Jahili.

ℹ Depuis/vers Al-Aïn

BUS

La **gare routière** centrale d'Al-Aïn (près de Zayed bin Sultan St) est de l'autre côté du rond-point Al-Murabba par rapport au Lulu Centre. Le bus express X90 fait la navette vers Abu Dhabi toutes les 30 minutes de 4h30 à 2h20 (15 AED, 1 heure 30). Les minibus Al-Gazal relient Al-Aïn et la gare routière Al-Ghubaiba de Bur Dubai toutes les heures de 6h30 à 23h30 (20 AED).

Depuis la gare routière Al-Jubail de Chardja, le bus 117 part toutes les 45 minutes entre 7h et 22h45 (30 AED).

TAXI

Comptez environ 200 AED pour Dubai ou Abu Dhabi.

VOITURE

Al-Aïn est à 150 km au sud de Dubai par l'autoroute E66. Depuis Abu Dhabi, prenez l'E22 vers l'est sur environ 160 km. Europcar, Avis et Hertz ont des agences à Al-Aïn.

VAUT LE DÉTOUR

DJEBEL HAFEET جبل حفيت

Cette montagne calcaire déchiquetée culmine à 1 240 m au-dessus de la plaine au sud d'Al-Aïn. Sur ses pitons rocheux gambadent des renards roux, des chats sauvages et des damans des rochers (sortes de grands lapins, étonnamment lointains cousins de l'éléphant). Une route goudronnée de 12 km entièrement éclairée la nuit serpente jusqu'au sommet, où se dresse le **Mercure Grand Jebel Hafeet** (☎03-783 8888 ; www.mercure.com ; ch 850 AED ; P 📶 🏊), entouré par quelques cafés. La route est jalonnée d'aires de stationnement permettant de contempler le panorama.

Les pentes verdoyantes au pied de la montagne sont irriguées par des sources chaudes naturelles. Un petit complexe hôtelier avec un lac et une gigantesque fontaine s'est installé autour des sources, où l'on trouve des zones de baignade séparées pour les hommes et les femmes, un camping et des aires de pique-nique.

Le sommet est situé à environ 30 km du centre d'Al-Aïn (les 12 km de route de montagne inclus). Depuis le centre, prenez vers l'ouest en direction de l'aéroport sur Khalifa bin Zayed St, puis suivez les panneaux.

Comment circuler

Al-Aïn bénéficie d'un réseau étendu de lignes de bus qui passent toutes les 30 minutes environ de 5h à minuit (2 AED). Consultez les itinéraires et les horaires sur dot.abudhabi.ae (cherchez la page Eastern Region Bus Services).

Les taxis sont équipés de compteurs ; la plupart des courses à l'intérieur de la ville coûtent entre 10 et 20 AED.

Al-Gharbia الغربية

Le désert est une terre de contradictions : vaste mais intime, aride mais fascinant, rude mais revigorant. En bref, c'est un lieu à part, propice à la spiritualité, car plongé dans un silence obsédant, au point d'en devenir presque tangible. Si vous voulez vraiment vous évader, filez au sud et à l'ouest d'Abu Dhabi dans la région d'Al-Gharbia, où vous ne croiserez pas grand monde. Ses deux principaux attraits sont l'oasis de Liwa et l'île de Sir Bani Yas, au nord-ouest de l'émirat.

Madinat Zayed مدينة زايد

En route pour l'oasis de Liwa, vous traverserez Madinat Zayed, la plus grande ville de la région d'Al-Gharbia. Le long de la principale rue commerçante, vous trouverez des distributeurs de billets, des cybercafés, une clinique, une station-service, le supermarché Al-Dhafra Co-op et le City Mall.

Madinat Zayed est connue pour son **Festival Al-Dhafra** (www.aldhafrafestival.com ; fin déc), qui voit 25 000 dromadaires débarquer en ville pendant 11 jours. Outre les courses de dromadaire et le concours du plus beau camélidé, d'autres compétitions font concourir faucons, pur-sang arabes, *salukis* (lévriers persans) et voitures de collection. Il y a aussi des activités autour du patrimoine, des ventes aux enchères, un souk traditionnel et de nombreuses autres distractions.

Madinat Zayed possède également son propre **camélodrome**, juste au sud de la ville, où des courses ont généralement lieu les vendredis d'octobre à mars. Ce champ de courses est surplombé par le **Tilal Liwa Hotel** (02-894 6111 ; tilalliwa.danathotels.com ; Million St ; ch à partir de 550 AED ; P), un hôtel moderne et confortable au style évoquant un fort, d'où l'on peut admirer la palette de nuances du désert à travers une immense arche enjambant la piscine à débordement.

À 6 km au sud, en allant vers Liwa, vous passerez devant la **centrale solaire Shams 1**, l'une des plus vastes du monde, inaugurée en 2013 et fournissant du courant à des milliers de foyers.

Madinat Zayed est situé à environ 180 km au sud-ouest d'Abu Dhabi via l'autoroute E11 par l'ouest et l'E45 par le sud. Ensuite, il faut encore parcourir 45 km jusqu'à Mezaira'a, principal village de l'oasis de Liwa. Le bus X60, qui part d'Abu Dhabi, s'arrête à Madinat Zayed (25 AED, toutes les 2 heures) en allant vers Mezaira'a.

Oasis de Liwa ليوا

À environ 250 km au sud d'Abu Dhabi, l'oasis de Liwa est un arc de 150 km de longueur constitué de villages et de fermes bordant le Rub al-Khali (le "Quart vide"), lequel porte vraiment bien son nom : les rares

HORS DES SENTIERS BATTUS

EMIRATES NATIONAL AUTO MUSEUM

Tel un mirage incongru, une étrange structure pyramidale jaillit du désert à 45 km au sud d'Abu Dhabi, au bord de la route de l'oasis de Liwa. L'**Emirates National Auto Museum** (055-749 2155 ; www.enam.ae ; route E65 ; adulte/enfant 50 AED/gratuit ; 10h-18h) abrite la collection de voitures du cheikh Hamad bin Hamdan al-Nahyane, alias "Rainbow cheikh" : quelque 200 véhicules – du *concept-car* le plus récent aux plus anciennes voitures de collection (la plus vénérable étant une Mercedes à vapeur de 1885), en passant par des modèles américains de légende. La dernière nouveauté du site est un mur de SUV entourés de verre se dressant à côté du musée.

En 1983, le cheikh Hamad acheta sept Mercedes 500 SL – une pour chaque jour de la semaine – peintes aux couleurs de l'arc-en-ciel. On trouve dans le parking des véhicules emblématiques comme le *monster truck* du cheikh, un mobil-home de 8 chambres avec balcon, et la remorque en forme de globe terrestre surnommée *"Earth on Wheels"*.

dromadaires ou petites oasis que l'on y croise soulignent à quel point ce paysage de dunes est spectaculaire, ondulant à perte de vue dans des tons d'or, d'abricot et de cannelle.

C'est l'Arabie décrite par l'explorateur sir Wilfred Thesiger, mais également la terre d'origine des familles Al-Maktoum et Al-Nahyane, qui règnent respectivement sur Dubai et Abu Dhabi. Une fois que vous l'aurez visitée, vous comprendrez pourquoi Liwa occupe une place particulière dans le cœur des Émiratis, qui y viennent pour retrouver leurs racines, se relaxer et s'adonner à la contemplation.

Le cœur commercial de l'oasis est Mezaira'a, où l'activité est concentrée à la jonction des autoroutes E43 (en provenance de Madinat Zayed) et E90 (principal axe routier traversant l'oasis). Vous y trouverez une station-service, un distributeur de billets, un supermarché et une clinique.

À voir et à faire

On ne saurait mieux découvrir Liwa qu'à bord de son propre véhicule, afin de s'y déplacer en toute liberté.

Sur le principal axe routier (E90), la section la plus spectaculaire est celle entre Hameem et Mezaira'a. Les dunes y ressemblent à des chaînes de montagnes mouvantes émaillées de fermes vertes, créant un effet bigarré inattendu. Le paysage à l'ouest de Mezaira'a, en direction de Karima, est plus plat et dégagé.

Dune de Moreb SITE D'INTÉRÊT

Culminant à plus de 300 m d'altitude, Moreb (qui signifie "montagne effrayante") est l'une des plus hautes dunes du monde. Pour vous y rendre, tournez à gauche au second rond-point à 5 km à l'ouest du centre de Mezaira'a, restez sur la droite en passant devant la Liwa Resthouse et continuez sur la route goudronnée pendant environ 20 minutes. De nombreux panneaux annoncent "Moreeb Dune" ou "Tal Mireb". La dune est au bout de la route – vous ne pourrez pas la rater !

Ferme piscicole FERME PISCICOLE

Dans cette ferme piscicole près de Khanur, vous pourrez acheter du tilapia, de la carpe et d'autres poissons frais à faire griller ensuite à votre campement. La bifurcation pour rejoindre Khanur est à quelque 20 km à l'ouest de Mezaira'a. Une fois sur place, demandez votre chemin pour accéder à la ferme.

Fêtes et festivals

Festival international de Liwa SPORT

(www.agsc.ae ; ⌚généralement en janv). Dans la vaste zone plane au pied de la dune de Moreb se tient ce festival. Diverses animations sont proposées, notamment des courses de voitures, de motos et de dromadaires, des concours de tir, des démonstrations de fauconnerie et une exposition de voitures de collection.

Festival de la datte de Liwa GASTRONOMIE

(Oasis de Liwa ; ⌚juil). La quête de la meilleure datte a lieu lors de ce festival d'une semaine, qui propose également des concours de cuisine, un souk et une tente pour les enfants. Des compétitions variées ont lieu, dont le concours de la plus belle datte.

Où se loger et se restaurer

Le **camping** est très prisé dans l'oasis de Liwa, même s'il n'existait aucune zone dévolue à cet effet lors de nos recherches. Si vous décidez de camper, veillez à ne laisser aucun déchet sur place. Les détritus abandonnés, en particulier le plastique, sont extrêmement dangereux pour les dromadaires et autres espèces locales qui risquent de les ingérer. Si vous n'avez pas de matériel de camping, fournissez-vous dans l'une des trois boutiques **Liwa Oasis Picnic** (☎050-812 0288 ; Mezaira'a) : l'une se trouve au centre de Mezaira'a, une autre dans la zone industrielle de Jefn sur la route de la dune de Moreb, et une troisième au pied de la dune elle-même.

Le meilleur endroit pour faire le plein de victuailles est l'**Al-Dhafra Hypermarket** (☎02-834 6065 ; www.adcs.ae ; Mezaira'a ; ⌚8h-21h), au bout d'une zone commerciale sur la route menant à Madinat Zayed, à côté de la station-service ouverte 24h/24. Vous y trouverez aussi un distributeur de billets.

Liwa Resthouse PENSION $

(☎02-882 2075 ; Mezaira'a ; d à partir de 200 AED ; P). Cet établissement appartenant à l'État, simple et fonctionnel, est tenu par un personnel charmant. Le mobilier des vastes chambres est un brin désuet, avec notamment des téléviseurs et des réfrigérateurs d'un autre âge. La cafétéria sert trois repas par jour. Pour y accéder, dirigez-vous à l'ouest de Mezaira'a et prenez la porte sans inscription au deuxième rond-point, juste après le poste de police. Espèces uniquement.

SUBLIMES DUNES DE SABLE

Évitez les trajets monotones en empruntant les itinéraires suivants pour profiter de superbes paysages désertiques :

Liwa : d'Abu Dhabi à Hameem (principalement E65). Vous serez ébloui par le spectacle des dunes aux tons pêche et cannelle, émaillées d'oasis de dattiers. Prenez la route pour Hameem au lieu de l'axe principal passant par Madinat Zayed ; l'embranchement est à environ 20 km d'Abu Dhabi, sur la route Mussafah-Tarif.

Liwa : de la Liwa Resthouse à la dune de Moreb (Tal Mireb). Émerveillez-vous devant cette énorme dune abricot bordant le Rub al-Khali – la plus grande des Émirats.

Mahafiz : de Chardja à Kalba Rd (E102). Regardez les dromadaires se fondre dans le sable le long de la route S116, qui serpente vers l'est en passant devant des fermes de dromadaires jusqu'à Kalba, sur le golfe d'Oman.

Al-Aïn : de Dubai à Al Ain Rd (E66). Contemplez les grandes dunes mandarine près de Shabat à l'approche d'Al-Aïn ; arrêtez-vous en bord de route pour apprécier pleinement le paysage.

Shwaib : d'Al-Aïn à Hatta Rd (E55). De gracieuses gazelles bondissent entre les arbustes désertiques sur les grandes dunes rouges dans l'enceinte du palais d'un cheikh à Shwaib. Depuis Al-Aïn, roulez vers le nord sur l'E66 en direction de Dubai pendant environ 50 km, puis bifurquez à droite jusqu'à Shwaib ; entrez dans la ville pour découvrir les montagnes aux contours déchiquetés sur votre droite et les gazelles sur votre gauche.

♥ Qasr Al Sarab Desert Resort by Anantara RESORT $$$

(☎ 02-886 2088 ; qasralsarab.anantara.com ; 1 Qasr al-Sarab Rd ; ch à partir de 1 740 AED ; P ᯤ ≋). Cet hôtel discret près de Hameem se fond dans le désert. Les chambres à la déco couleur terre sont ornées d'authentiques objets bédouins (tout comme l'ensemble du complexe) et disposent de balcons avec vue sur les dunes. Trois restaurants, deux bars, un beau spa, une bibliothèque, une immense piscine de forme libre entourée de chaises longues abritées du soleil et de nombreuses activités en plein air.

Autour de l'hôtel, le désert, mais avec autant d'installations, aucune chance de s'ennuyer !

Liwa Hotel HÔTEL $$$

(☎ 02-882 2000 ; www.liwahotel.net ; Mezaira'a ; ch à partir de 500 AED ; P ᯤ ≋). Cet hôtel paisible, entouré de jardins, est idéal pour se reposer après une journée dans la poussière du désert. Certains balcons donnent sur un palais du cheikh Zayed, bâti sur une dune de sable verte. Même les chambres standards sont immenses, avec une déco au charme discrètement rétro-chic. Un café ouvert 24h/24 sert des plats légers et internationaux. Alcool disponible.

ℹ Depuis/vers Liwa

BUS

Le bus X60 rallie Mezaira'a depuis la gare routière centrale d'Abu Dhabi *via* Madinat Zayed (30 AED, 3 heures 15, toutes les 2 heures).

De Mezaira'a, le bus local 640 circule vers l'ouest sur l'E90 jusqu'à Arrada Farms, tandis que le n°650 part vers l'est pour rejoindre Hameem Farms.

La dune de Moreb n'est pas desservie par les transports.

VOITURE

Les principaux axes routiers sont adaptés aux véhicules classiques, mais il vous faudra un 4x4 pour circuler en dehors des grandes routes.

En venant d'Abu Dhabi, dirigez-vous vers l'ouest sur l'autoroute E11, puis bifurquez vers le sud, soit sur l'E65 jusqu'à Hameem, soit sur l'E45 pour passer par Madinat Zayed. La distance totale est de 250 km dans les deux cas. On trouve des stations-service sur l'E65 à l'Emirates National Auto Museum, à Tarif sur l'E11 et à Madinat Zayed. Dans l'oasis de Liwa, vous trouverez de l'essence à Hameem, à Mezaira'a, près de l'embranchement pour Khanur, et à Umm Hisin.

Depuis le djebel Dhanna/Ruwais, la longue et isolée E15 mène également à Liwa ; il est possible de faire le plein à Ghayathi.

D'Abu Dhabi à Sila

Reliant Abu Dhabi et Sila, ville située à la frontière saoudienne, l'autoroute E11 est une quatre-voies très monotone de 350 km de longueur. Flanquée de palmiers et de barrières délimitant les riches gisements de pétrole et de gaz de l'émirat, elle a pour principal intérêt de rallier l'île de Sir Bani Yas.

Après 2 heures de route, **Mirfa**, petit village de pêcheurs calme et discret doté d'une jolie plage de sable, est un lieu idéal pour faire une pause. Pendant 10 jours en avril, il s'anime lors du **festival des sports aquatiques d'Al-Gharbia** (www.algharbiafestivals.com ; avr-mai), qui donne lieu à des compétitions de kitesurf, de voile et de natation, ainsi qu'à des courses de boutres et de bateaux-dragons. Si vous voulez y séjourner, dirigez-vous vers le **Mirfa Hotel** (02-895 3000 ; www.almarfapearlhotels.com/mirfa ; E11, Mirfa ; ch à partir de 870 AED ; P), en forme de faucon : grandes chambres avec vue sur la mer et piscine avec bar.

Ruwais, ville industrielle située à environ 1 heure de Mirfa, n'existe que pour servir les énormes raffineries qui l'entourent. Inutile de dire qu'un arrêt ici ne présente guère d'intérêt.

Non loin de Ruwais, le **djebel Dhanna** est le point d'accès à l'île de Sir Bani Yas. Ses plages de sable blanc sont absolument magnifiques, et son eau azur peu profonde idéale pour la baignade des enfants. On y trouve un cinq-étoiles inattendu, le **Danat Jebel Dhanna Resort** (02-801 2222 ; jebeldhanna.danathotels.com ; djebel Dhanna ; ch à partir de 1 900 AED ; P), où vous pourrez vous prélasser dans des hamacs, musarder au bord de la piscine, jouer au tennis ou louer un kayak. Il comprend un café, un restaurant avec buffet, l'excellent restaurant italien **Zaitoun** (pizza et pâtes 60-100 AED, plats 90-200 AED), un bar et une discothèque appréciée des expatriés travaillant à Ruwais.

Ces derniers constituent également la clientèle principale du **Dhafra Beach Hotel** (02-801 2000 ; dhafrabeach.danathotels.com ; djebel Dhanna ; ch à partir de 720 AED ; P), qui accuse ses trente ans d'âge. Y séjourner vous donnera cependant accès aux installations du Danat Jebel Dhanna Resort.

Bien que cette région soit très reculée, des bus la desservent depuis la gare routière centrale d'Abu Dhabi. Le X87 rallie le terminal des ferries du djebel Dhanna en 3 heures 30 (35 AED, jusqu'à 4 par jour). Le bus X80 dessert Mirfa (25 AED, toutes les 2 heures).

Si vous êtes en voiture, sachez que, malgré l'omniprésence des champs de pétrole, les stations-service sont très rares. Faites donc le plein avant de prendre la route – l'E11 n'a rien d'un lieu indiqué pour tomber en panne d'essence.

Île de Sir Bani Yas

جزيرة صير بنى ياس

Un séjour sur l'île de Sir Bani Yas se révèle un excellent moyen de se débarrasser des tensions qui polluent l'esprit, en contemplant la vie depuis un cadre luxueux, parcouru d'animaux en liberté, et baigné des paisibles eaux azur du golfe Persique.

Isolée dans le grand vide de l'ouest du pays, cette île désertique de 87 km² était à l'origine une retraite privée du cheikh Zayed. Son amour pour les animaux l'a poussé à en faire une réserve naturelle, sauvant ainsi de nombreuses espèces indigènes de l'extinction. Aujourd'hui, 60% de la surface de l'île constituent un habitat préservé pour quelque 13 000 espèces indigènes ou importées, dont des gazelles des sables, des mouflons de barbarie, des autruches, et même des girafes et des guépards. Au nombre de ces raretés figurent l'antilope cervicapre, qui peut atteindre 90 km/h, et plusieurs espèces d'oryx, dont l'oryx d'Arabie (l'un des animaux les plus menacés au monde).

La famille royale d'Abu Dhabi a conservé deux palais au sud de l'île, mais, à moins d'y être invité, il vous faudra loger dans l'un des trois complexes hôteliers de Sir Bani Yas. Parmi les activités possibles : tir à l'arc, snorkeling, excursions à cheval, à pied ou en voiture.

Renseignez-vous directement auprès de l'établissement où vous séjournez. Notez que vous ne pourrez visiter l'île sans une réservation dans un complexe, ou en ayant à tout le moins rejoint un circuit organisé ou une activité.

Activités

Nature & Wildlife Drive CIRCUIT MOTORISÉ

(02-801 5266 ; adulte/2-12 ans 250/100 AED ; visites 7h, 9h, 11h, 14h et 16h). Si vous ne disposez que de peu de temps, réalisez ce safari de 2 heures au cœur de la savane du centre de l'île. Les guides connaissent très bien la faune et la flore locales, et n'hésitent pas à quitter le chemin pour vous permettre d'observer les bêtes. Essayez de réserver un circuit tôt le matin ou en fin d'après-midi, horaires où les animaux sont les plus actifs.

Sir Bani Yas Stables RANDONNÉE ÉQUESTRE
(Randonnée 250-500 AED ; départs 7h, 9h et 16h). Pour une rencontre intime avec la nature, réservez une randonnée équestre auprès de cet excellent centre d'équitation. Les guides vous choisiront une monture adaptée à votre niveau d'expérience et vous fourniront chaussures, guêtres et casque avant de vous emmener en promenade le long de la plage ou dans la brousse.

Anantara Spa SPA
(02-801 5400 ; desertislands.anantara.com/spas ; Desert Islands Resort et Spa by Anantara, île de Sir Bani Yas ; massages à partir de 450 AED ; 10h-22h). Une excellente adresse pour se relaxer, avec un vaste choix de massages (spécial *jet lag*, pour femmes enceintes, aux émeraudes…) et de soins pour délier les tensions et ressortir rayonnant(e).

Où se loger

Desert Islands Resort & Spa by Anantara RESORT $$$
(02-801 5400 ; sir-bani-yas-island.anantara.com ; île de Sir Bani Yas ; ch à partir de 2 650 AED ; @). Dans ce complexe ultra-luxueux, vous dormirez paisiblement dans d'immenses chambres toutes d'exotisme et de tons chauds, brun, beige et rouge foncé. L'établissement est décoré avec goût d'œuvres d'art de la région, et les balcons privatifs donnent sur le jardin fleuri, la piscine à débordement aux contours arrondis et la mer scintillante. Les plus fortunés en quête d'intimité peuvent louer leur propre villa avec piscine.

Al Yamm Villa Resort RESORT $$$
(02-801 4200 ; sir-bani-yas-island.anantara.com ; île de Sir Bani Yas ; ch à partir de 2 350 AED ;). Villas élégantes au charme méditerranéen sur la côte orientale de Sir Bani Yas. Vous pourrez compter les flamants roses en vol depuis votre terrasse privative. Mention spéciale pour les jolies baignoires ovales sur pieds. Le restaurant propose une bonne cuisine italienne.

Al Sahel Villa Resort RESORT $$$
(02-801 4300 ; sir-bani-yas-island.anantara.com ; île de Sir Bani Yas ; ch à partir de 2 100 AED ;). Dans ce luxueux complexe implanté à l'ouest de l'île et en pleine savane, vous pourrez presque à coup sûr apercevoir des animaux sauvages depuis l'une des 30 villas de style africain à toit de chaume, avec hauts plafonds, poutres apparentes et lits à baldaquin. Les couleurs de la déco se fondent dans le paysage. Le restaurant sert des grillades de viande et de poisson.

Où se restaurer

Al Shams INTERNATIONAL $$
(02-801 5400 ; desertislands.anantara.com/al-shams ; Desert Islands Resort & Spa by Anantara, île de Sir Bani Yas ; plats 40-90 AED ; 12h-22h30 ;). Ce restaurant-lounge à l'ambiance décontractée donnant sur la piscine du Desert Islands Resort & Spa sert toute la journée des salades fraîches, des pâtes, de superbes burgers, des *fish and chips*, et d'autres en-cas et repas légers. On peut aussi se détendre autour d'un narguilé à partir de 17h.

Olio ITALIEN $$$
(02-801 4200 ; al-sahel.anantara.com/olio ; Al-Sahel Villa Resort, Sir Bani Yas Island ; plats 95-195 AED ; 7h-10h30, 12h-18h, 18h30-22h30 ;). Festival de saveurs dans ce restaurant en bord de mer élégant et confortable. Au menu, d'excellents plats italiens comme la morue noire rôtie et le traditionnel tiramisu.

Depuis/vers Sir Bani Yas

AVION

Rotana Jet (www.rotanajet.com) propose des vols d'environ 1 heure vers Sir Bani Yas au départ du terminal 2 de l'aéroport international d'Abu Dhabi du mardi au samedi, et du nouvel aéroport international Al-Maktoum de Dubai à Jebel Ali le lundi, le jeudi et le samedi. Aller-retour à partir de 400 AED.

Il est également possible d'affréter un hydravion **Seawings** (www.seawings.ae) pour 11 500 AED.

BATEAU

Depuis l'embarcadère des ferries du djebel Dhanna, des bateaux rejoignent l'île en 20 minutes à 7h, puis toutes les 2 heures entre 10h et 20h. Du jeudi au samedi, un bateau part aussi à 10h30. Une navette vous conduira ensuite au Desert Islands Resort & Spa by Anantara en 20 minutes.

BUS

Le bus X87 dessert l'embarcadère des ferries depuis la gare routière centrale d'Abu Dhabi 4 fois/jour (35 AED, 3 heures 30).

VOITURE

L'embarcadère des ferries du djebel Dhanna est à environ 250 km à l'ouest d'Abu Dhabi et à 370 km au sud-ouest de Dubai via l'autoroute E11. Après Ruwais, suivez les panneaux indiquant la jetée.

Si vous préférez être conduit, demandez au complexe hôtelier de vous réserver une voiture avec chauffeur (à partir de 650 AED depuis Abu Dhabi et 1 000 AED depuis Dubai).

CÔTE EST

Le temps semble s'être arrêté sur la côte orientale des Émirats, dont les plages attirent locaux et expatriés désireux d'échapper, l'espace d'un week-end, à l'agitation urbaine. Il y a quelques hôtels cinq étoiles, mais l'atmosphère est globalement décontractée et sans prétention. L'attrait touristique de la région souffre de la concurrence des complexes hôteliers clinquants de Dubai et des nouvelles propriétés de l'émirat voisin en plein essor de Ras al-Khayma.

La côte est, qui borde l'océan Indien (plus précisément, le golfe d'Oman), appartient presque entièrement à l'émirat de Fudjayra ; seules trois petites enclaves appartenant à Chardja (Dibba al-Hisn, Khor Fakkan et Kalba) échappent à son emprise territoriale. La capitale Fudjayra compte quelques sites historiques, mais l'essentiel du tourisme se concentre plus au nord, surtout autour d'Al-Aqah, où les imposants monts Hajar plongent dans l'océan le long de vastes plages de sable idéales pour la baignade, le snorkeling et la plongée.

Au sud de Khor Fakkan, le paysage est davantage marqué par l'industrie, comme en témoignent les grands ports à conteneurs et le nouveau terminal pétrolier à la limite de Fudjayra. Près de deux millions de barils de pétrole provenant des gisements de l'ouest désertique des Émirats arrivent ici chaque jour par un oléoduc long de 370 km.

Plusieurs sites archéologiques, dont certains remontent à 4 000 ans, attestent de l'histoire longue et tumultueuse de la côte. L'héritage des Portugais, qui envahirent la région au XVIe siècle pour contrôler le commerce des épices, subsiste au travers d'une poignée de forts.

Fudjayra الفجيرة

☎09 / 192 000 HABITANTS

Fudjayra (Fujairah en anglais) est le pôle économique et commercial de l'émirat. Des immeubles de bureaux bordent son axe principal, Hamad bin Abdullah Rd, tandis que son front de mer, au nord, est entouré de vastes champs de conteneurs à pétrole de forme circulaire. Cependant, cette localité vaut le détour ne serait-ce que pour se faire une idée de son passé en visitant son fort restauré et le musée voisin. Ses habitants sont également fiers de plusieurs éléments : l'imposante mosquée Sheikh Zayed, d'un blanc éclatant, le City Centre Fujairah, premier grand centre commercial de l'émirat, et l'autoroute Sheikh Khalifa, qui mène à Dubai.

À voir

Fort de Fudjayra SITE HISTORIQUE

(Angle Al-Nakheel Rd et Al-Salam Rd ; générallement 9h-13h). GRATUIT Ce splendide fort superbement restauré recouvre un monticule rocheux dominant les vestiges de l'ancien village de Fudjayra et une oasis de

PLONGÉE SUR LA CÔTE EST

La côte orientale compte les meilleurs sites de plongée des Émirats, essentiellement des récifs et des épaves, dont beaucoup sont tout proches du rivage. Avec un peu de chance, vous verrez apparaître des tortues vertes et des requins à pointes noires entre deux immenses bancs de poissons. Le meilleur moment pour plonger est le matin, avant que la marée ne trouble la visibilité à la mi-journée et que les vents de l'après-midi ne rendent la mer agitée. Faites attention aux méduses.

La plupart des hôtels de la côte abritent des centres de plongée PADI louant du matériel de snorkeling, délivrant des brevets de plongée et organisant des excursions de plongée et de snorkeling, notamment vers la péninsule de Musandam, en Oman. Les prix varient légèrement, mais prévoyez de débourser au moins 350 AED pour une sortie avec deux plongées, matériel complet inclus. Le matériel de snorkeling se loue environ 100 AED la journée. Les plongeurs aguerris peuvent essayer **Scuba 2000** (☎09-238 8477 ; Al Badiyah Beach, route 99 ; 9h-19h), à environ 1 km au nord de la mosquée de Badiyah, où il est également possible de se loger pour 200 AED (250 AED si vous ne plongez pas).

Fudjayra

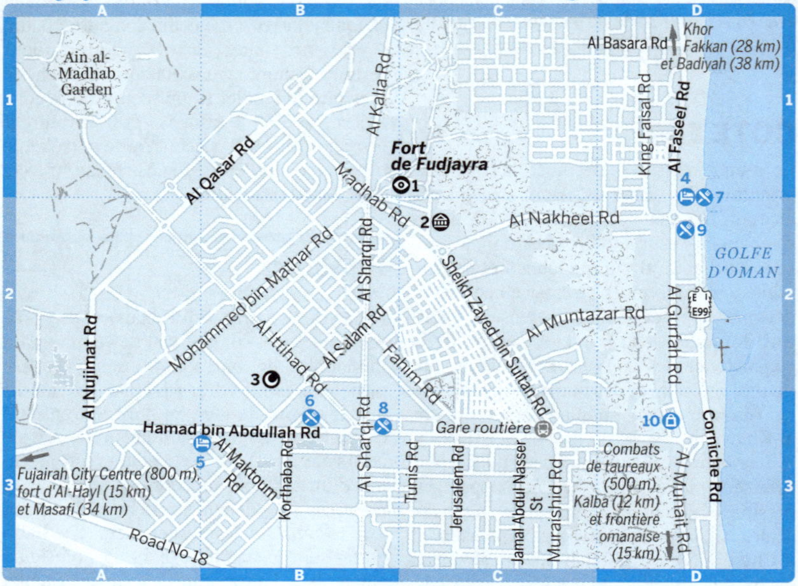

Fudjayra

Les incontournables
1 Fort de Fudjayra C1

À voir
2 Fujairah Museum C2
3 Grande Mosquée Sheikh Zayed B2

Où se loger
4 Hilton Fujairah Resort D1
5 Novotel Fujairah B3

Où se restaurer
6 Al Meshwar B3
7 Breezes D1
8 Nalukettu B3
9 Sadaf D2

Achats
10 Souk central D3

palmiers-dattiers. Il est encore plus beau de nuit, éclairé par des projecteurs. Bâti avec de la terre, du gravier, du bois et du gypse au XVIe siècle, il relevait d'un astucieux agencement défensif de tours circulaires et carrées. Généralement, un gardien ouvre la lourde porte en teck le matin, permettant aux visiteurs de gravir les tours et les remparts pour admirer le panorama.

Fujairah Museum MUSÉE
(☎09-222 9085 ; angle Al-Nakheel Rd et Al-Salam Rd ; adulte/enfant 5/1 AED ; ⏲8h-18h30 sam-jeu, 14h30-18h30 ven). Dans ce vieux musée d'histoire locale, les pièces archéologiques provenant de tombeaux de Badiyah, Dibba ou Qidfa (dont des récipients, des pointes de flèches et des perles de cornaline) sont exposées sans la moindre explication ni le moindre classement, laissant les visiteurs perplexes quant à la nature de ce qu'ils contemplent. Dans d'autres salles, notamment les deux dernières, s'entassent des pièces ethnographiques dont des armes, des tenues et des bijoux de Bédouins.

Mosquée Sheikh Zayed MOSQUÉE
(Angle Al-Ittihad Rd et Al-Salam Rd). La nouvelle mosquée de Fudjayra est la deuxième plus grande des Émirats après celle d'Abu Dhabi. Dominée par 6 minarets de 100 m de hauteur, l'édifice de marbre et de granit peut accueillir jusqu'à 28 000 fidèles. Il n'est pas ouvert aux non-musulmans, mais l'imposant édifice vaut à lui seul le coup d'œil.

Fort d'Al-Hayl SITE HISTORIQUE
(Al-Hayl). GRATUIT Érigé vers 1830, ce fort bien conservé se niche au cœur des monts

Hajar près du village d'Al-Hayl, à 13 km au sud-ouest de Fudjayra. Un gardien est généralement présent pour faire visiter les lieux (pourboire apprécié). Pour vous y rendre (habituellement faisable sans 4x4), sortez de la route Khalifa bin Zayed vers le sud près du City Centre Fujairah et suivez les panneaux routiers. Allez-y de préférence quand le soleil est bas.

Où se loger

Novotel Fujairah HÔTEL $
(09-203 4851 ; www.novotel.com ; Hamad bin Abdullah Rd ; ch à partir de 250 AED ; P). Central et bien tenu, cet hôtel assez récent joue dans la cour des grands en termes de confort : salle de sports vaste et moderne, piscine et club pour enfants. Le confort est également au rendez-vous dans les chambres aux tons bleus et violets décorées d'œuvres d'art morderne.

Hilton Fujairah Resort RESORT $$
(09-222 2411 ; www.hilton.com ; Al-Faseel Rd ; ch à partir de 650 AED ; P). Propriété pleine de cachet à l'ambiance décontractée et impeccablement tenue, qui parvient à rassembler dans un domaine restreint toutes les installations habituelles des complexes de luxe, dont une salle de sports, des courts de tennis et une aire de jeux pour enfants. C'est également le seul hébergement de la ville donnant sur la plage. Autres atouts : buffet petit-déjeuner imbattable, personnel extraordinaire et le restaurant-lounge Breezes sur la plage. En famille, optez pour un chalet.

Où se restaurer

Nalukettu INDIEN $
(09-222 3070 ; Hamad bin Abdullah Rd ; plats 13-36 AED ; 12h-15h et 18h30-minuit ;). La déco de ce restaurant du City Plaza Hotel est un peu passée, mais les savoureuses spécialités de la province du Kerala, au sud de l'Inde, sont fraîches et authentiques. Parmi les plats vedettes, goûtez aux crevettes masala ou au poulet frit. Le personnel est parfois débordé quand il y a du monde.

Breezes INTERNATIONAL $$
(09-222 2411 ; www.hilton.com ; Al-Faseel Rd ; plats 50-160 AED ; 11h-minuit ;). Il n'y a pas meilleur endroit pour passer une douce soirée autour de cocktails et d'un bon repas que ce restaurant du Hilton Fujairah Resort (p. 209), le seul de la ville qui donne sur la plage. Au menu : pâtes, pizzas, burgers et salades, mais le meilleur choix est sans doute l'immense plateau de fruits de mer. Le soir scintillent au large les lumières des cargos qui font la queue pour entrer dans le port de Fudjayra. Narguilés disponibles.

Sardinia ITALIEN $$
(09-228 3601 ; The Club, Sakamkam ; plats 40-70 AED ; 12h-15h30 et 19h-23h30 ;). Les nuisances sonores dues à l'emplacement de ce restaurant sont le prix à payer pour déguster une cuisine italienne maison d'une authenticité rare, grâce au talent du chef Angelo Usai. Des pâtes, des pizzas au feu de bois et des risottos crémeux sont

100% LOCAL

COMBATS DE TAUREAUX

Tous les vendredis, un étonnant spectacle se tient à Fudjayra. Du matin jusqu'au soir, la pratique ancestrale des combats de taureaux est perpétuée sur un terrain boueux au bord de la corniche, juste au sud du "rond-point de la main" (cherchez un immense rassemblement de SUV garés le long de la route). Des dizaines de bêtes massives, attachées à des poteaux, s'ébrouent et piétinent en attendant leur entrée dans l'arène, où deux de leurs congénères sont déjà cornes contre cornes dans une démonstration de force acclamée par des centaines de spectateurs. Est déclaré vainqueur l'animal qui parvient à faire reculer son adversaire, ce qui ne prend généralement que quelques minutes. S'ils ne parviennent pas à se départager, les taureaux sont séparés à l'aide de cordes. Les bovidés sortent de cette épreuve en parfaite santé, tout au plus un peu choqués et avec une fierté égratignée.

L'origine de cette tradition, qui est encore plus populaire en Oman, est contestée ; certains affirment qu'elle fut importée par les Portugais, mais il est possible qu'elle remonte à une époque bien plus ancienne. Aujourd'hui, deux clubs se relaient pour organiser les combats.

délicieux, à déguster avec un verre de Chianti. Excellent tiramisu. À 4 km au nord du centre par la route de la côte (E99), près de l'entrée de la Free Zone N2.

Sadaf IRANIEN **$$**
(☎09-223 3400 ; sadafrestaurantsuae.com ; Corniche Rd ; plats 35-60 AED ; ⏲12h-15h et 19h-minuit). Cette antenne très fréquentée de la chaîne de restauration Sadaf propose des plats traditionnels iraniens comme des kebabs grillés et le subtilement épicé *zereshk polo* (riz aux épines-vinettes) accompagné de viande rouge ou de poulet. La déco rétro-kitsch est hilarante. Près du rond-point Coffeepot.

Al Meshwar LIBANAIS **$$**
(☎09-222 1113 ; Hamad bin Abdullah Rd ; mezzes 15-33 AED, plats 33-95 AED ; ⏲9h-1h ; 📶) Ce restaurant local, depuis toujours populaire, a des airs de maison Pierrafeu. La cuisine libanaise que l'on y déguste est à se lécher les babines : houmous acidulé, mezzes copieux, grillades et *sambouseks* (beignets à la viande). Installez-vous en bas pour fumer le narguilé, ou bien gagnez l'étage en famille.

McGettigan's FJR PUB IRLANDAIS
(☎09-224 4880 ; www.mcgettigans.com ; Tennis & Country Club ; plats 50-85 AED ; ⏲15h-2h jeu, 12h-2h ven, 12h-1h sam, 15h-1h dim-mer ; 📶). L'ouverture de McGettigan a injecté un peu de vie dans les soirées de Fudjayra, qui en avaient bien besoin. Les fêtards s'y retrouvent pour les soirées quiz, les *happy hours*, les soirées open-mic et les bons plats de pub, comme les burgers et les *fish and chips*. Près du Fujairah City Centre Mall, derrière Ajman University.

Achats

Souk central MARCHÉ
(⏲8h-21h). Tout au bout de l'artère principale, Hamad bin Abdullah Rd, on achète de la viande, du poisson, des fruits et légumes, des dattes et des épices dans ce souk traditionnel installé dans une halle bien pratique.

City Centre Fujairah CENTRE COMMERCIAL
(www.citycentrefujairah.com ; Sheikh Khalifa bin Zayed Rd ; ⏲10h-23h dim-mer, 10h-minuit jeu-ven ; 📶). Le premier grand centre commercial moderne de Fudjayra est en périphérie de la ville ; il est apprécié pour son multiplexe 3D et son parc à thème intérieur Magic Planet.

Depuis/vers Fudjayra

BUS

Le bus E700 part toutes les heures de la **gare routière d'Union Square** (p. 159) de Dubai à Deira pour le centre de Fudjayra (25 AED, 2 heures). Depuis la gare routière Al-Jubail de Chardja, le bus 116 se rend à Fudjayra (25 AED) via Dhaid (15 AED) et Masafi (20 AED) toutes les heures.

TAXI

Le trajet en **taxi** (☎09-223 3533) depuis Fudjayra jusqu'à Dubai ou Chardja coûte de 180 à 250 AED. Prévoyez 80-100 AED pour Al-Aqah ou Badiyah, et environ 120 AED pour Dibba. Dans Fudjayra, la plupart des courses ne dépassent pas 15 AED.

HORS DES SENTIERS BATTUS

ORNITHOLOGIE À KALBA

À la frontière omanaise, environ 15 km au sud de la ville de Fudjayra, Kalba, une enclave de l'émirat de Chardja, est réputé pour son bras de mer (Khor Kalba), un ensemble de mangroves, de criques et de plages de sable où les ornithologues peuvent s'en donner à cœur joie. Site de reproduction d'espèces d'oiseaux rares, dont le martin-chasseur à collier blanc et l'hippolais rama, le Khor Kalba sert aussi de résidence d'hiver au crabier de Gray.

Le gouvernement de Chardja a interdit l'accès au site en 2012 afin de préserver cet habitat fragile, menacé par l'affluence croissante d'amateurs de 4x4 et de moto sur les dunes. On peut néanmoins, avec de bonnes jumelles, observer les oiseaux depuis le pont dominant les mangroves. Visitez le site www.uaebirding.com pour plus d'informations.

Chardja réfléchit à des projets de conversion de la zone en une destination d'écotourisme avec centre d'accueil, camping et excursions dans la nature écoresponsables, mais il n'y avait rien de concret au moment de notre passage.

WADI WURAYAH وادي الوريعة

Au cœur des monts Hajar, entre Dibba, Khor Fakkan et Masafi, Wadi Wurayah (canyon de Wurayah) est une véritable merveille de la nature, et le premier site des Émirats à être nommé zone montagneuse protégée par le WWF en 2009. Recelant l'une des rares sources d'eau douce du pays, cette zone de 127 km² abrite une impressionnante biodiversité, dont des mammifères endémiques comme la gazelle d'Arabie, le caracal et le renard de Blanford. Dans le canyon sont également dissimulés des vestiges archéologiques remontant à 300 av. J.-C.

Malheureusement, les autorités ont dû fermer le parc au public en décembre 2014 en raison de la trop grande menace que faisaient peser sur cet habitat fragile les activités humaines (feux de camp, déchets, braconnage, etc.). Le WWF travaille avec l'Emirates Wildlife Society à l'élaboration de solutions pour reconstituer et protéger l'écosystème de la région. Plus d'informations sur uae.panda.org.

VOITURE

L'ouverture, en décembre 2011, de la touristique Sheikh Khalifa Hwy (E84), qui traverse les monts Hajar et réduit à environ 1 heure le trajet entre Fudjayra et Dubai, fut un soulagement pour les habitants. Elle rejoint la vieille autoroute E89 (via Masafi) près d'Al-Hayl, à l'ouest de Fudjayra.

Khor Fakkan خورفكان

À environ 25 km au nord de Fudjayra, Khor Fakkan est dominé par son port à conteneurs très actif. Toute une armada de bateaux se profile parfois à l'horizon, les navires attendant leur tour pour se mettre à quai, déposer leur chargement ou se ravitailler. Cependant, Khor Fakkan n'est pas dénué de charme, en particulier le long de sa **corniche** bordée d'une plage, de palmiers, de jardins, de kiosques et d'aires de jeux. Longue de plusieurs kilomètres, cette agréable promenade familiale relie le port et le marché au poisson à l'hôtel Oceanic.

Notez bien que Khor Fakkan étant une enclave de l'émirat de Chardja, vous n'y trouverez pas une goutte d'alcool.

Où se loger et se restaurer

Oceanic Khorfakkan Resort & Spa HÔTEL $$

(☎09-238 5111 ; oceanichotel.com ; Al-Mudifi St ; ch à partir de 550 AED ; P 📶 🏊). Après d'importants travaux de rénovation, cette institution de Khor Fakkan reconnaissable à la rotonde posée sur son toit est à nouveau resplendissante, avec de belles chambres tapissées de moquette au mobilier en bois sombre et aux couleurs inspirées de la nature. Parmi les distractions possibles : un spa, du yoga sur la plage privée en forme de faucille et une piscine extérieure. Pour manger, vous aurez le choix entre cinq restaurants, dont l'excellent Bab Al Bahar pour les produits de la mer.

Irani Pars Restaurant IRANIEN $$

(☎09-238 7787 ; rond-point de la Corniche ; plats 20-75 AED ; ⏲21h30-0h30). Restaurant très apprécié des locaux pour ses copieuses grillades accompagnées de riz. Goûtez aussi aux ragoûts, comme le *ghorm sabzi* aux herbes.

Badiyah بادية

Mosquée Al-Badiyah MOSQUÉE

(Dibba Rd (E99) ; ⏲9h-17h). GRATUIT Badiyah (également orthographié Bidyah ou Bidiya), situé à 8 km au nord de Khor Fakkan, est célèbre pour sa minuscule

LE VAISSEAU DU DÉSERT

Le dromadaire...

- peut atteindre 40 km/h
- a une gestation de 13 à 15 mois
- peut tenir 15 jours sans boire
- ingère de l'eau à un rythme effréné lorsqu'il a soif, absorbant jusqu'à 100 litres en 10 minutes
- ne stocke pas l'eau dans sa bosse
- a une espérance de vie de 50 à 60 ans
- a un estomac en trois parties, comme tous les ruminants
- peut parcourir 160 km sans boire
- va l'amble (peut mouvoir les deux pattes du même côté en même temps)

mosquée. Modeste structure en pierre et en torchis ornée de quatre dômes pointus et supportée par un unique pilier central, la mosquée datant de 1446 est considérée comme la plus ancienne des Émirats.

Les non-musulmans peuvent jeter un coup d'œil à l'intérieur, mais doivent être habillés convenablement et se déchausser ; les femmes doivent couvrir leurs cheveux. Un employé pourra vous prêter une *abaya* (tunique noire pour femme) pour la visite.

La salle de prière, égayée par un tapis rouge à pois blancs et agrémentée de niches abritant des recueils en cuir, dégage une belle atmosphère propice à la méditation. Il y a un petit mihrab (niche indiquant la direction de La Mecque) et un modeste *minbar* (pupitre surélevé).

La mosquée est bâtie à flanc de coteau, au bord de la route côtière située au nord du village de Badiyah, et gardée par deux tours de guet en ruines. Rien que pour le vaste panorama sur les monts Hajar et le golfe, l'ascension vaut la peine.

Al-Aqah العقة

Al-Aqah jouit des plus belles plages de la côte est, flanquées d'hôtels pour la plupart luxueux, et d'une atmosphère paisible. La mer est le plus souvent calme, et les températures plaisantes même en hiver. C'est une destination de choix pour le snorkeling et la plongée, que même les débutants peuvent expérimenter aux abords de Snoopy Island, une île nommée ainsi par un esprit facétieux qui trouvait que le contour de cet affleurement rocheux, situé à environ 100 m de la côte, rappelait la silhouette allongée du célèbre chien.

Où se loger et se restaurer

Le Méridien Al Aqah Beach Resort RESORT **$$**
(☎09-244 9000 ; www.lemeridien-alaqah.com ; Dibba Rd (E99) ; d 800 AED ; P 📶 🏊). Magnifiquement situé le long d'une plage privée, ce complexe est à lui seul un site à ne pas manquer. On y passerait des jours à faire

UN PHARAONIQUE LOUVRE DES SABLES

Sur l'île de Saadiyat (voir p. 182), des ouvriers s'échinent à bâtir le **Louvre Abu Dhabi** (www.louvreabudhabi.ae/fr), dessiné par l'architecte Jean Nouvel. L'élément le plus caractéristique de ce majestueux bâtiment qui semble posé sur l'eau est son immense coupole blanche ajourée de 180 m de diamètre.

En 2007, l'émirat a conclu avec la France un accord de coopération culturelle sur 30 ans ; son contenu est mis en œuvre par l'agence France-Muséums, qui regroupe 12 musées français (dont le Centre Pompidou et le musée Guimet), chapeautés par le Louvre parisien. Selon les termes de cet accord, les 12 partenaires prêteront des œuvres de leurs collections au Louvre Abu Dhabi pendant 10 ans, organiseront quatre expositions par an pendant 15 ans et l'épauleront pour qu'il se constitue sa collection propre qui viendra progressivement remplacer les œuvres prêtées. Ce dernier point a suscité des critiques acerbes dans l'Hexagone : comment, déontologiquement, peut-on permettre à des conservateurs de délivrer leurs conseils pour des acquisitions qui profiteront à un autre pays plutôt que de venir enrichir les collections françaises ?
Il faut dire que les moyens déployés par l'émirat pour le projet sont colossaux : pas moins de 965 millions d'euros sur 30 ans, qui bénéficient au musée du Louvre et aux autres musées partenaires de l'opération.

Ce fastueux musée à vocation "universelle" se voit déjà aussi reprocher d'être un écrin à bijoux sans démarche muséographique convaincante. Parmi les pièces qui se veulent des témoins d'exception des grandes civilisations, de l'Antiquité au XXIe siècle, on pourra ainsi voir une statuette de Bactriane, un bracelet en or de l'Iran ancien, une riche fibule italienne du Ve siècle, un bodhisattva du Pakistan, une Vierge à l'Enfant de Bellini, des tableaux de Caillebotte, Gauguin ou Manet, un inédit de Picasso et des toiles de Cy Twombly (disparu en 2011).

En attendant l'ouverture des galeries au public dans le courant de l'année 2017, vous aurez un avant-goût en feuilletant le catalogue *Louvre Abu Dhabi. Naissance d'un musée* (Flammarion, 2013) ou le petit album de l'exposition parisienne de 2014, *Louvre Abu Dhabi* (Flammarion, 2014).

LA SORBONNE AUX ÉMIRATS

Créée en 2006 et se voulant "un pont entre les civilisations", l'**université Paris-Sorbonne d'Abu Dhabi** (carte p. 178, repère H4 ; 02-656 9555/9666 ; www.sorbonne.ae ; île d'Al-Reem, Abu Dhabi) accueille aujourd'hui plus de 700 jeunes de 75 pays (dont un tiers d'Émiratis et 60% de filles) venus étudier le droit, l'économie, la physique ou les sciences humaines. S'il vous prend l'envie de les rejoindre, commencez par découvrir les 93 000 m² du campus (ouvert en 2009 et doté d'un dôme évoquant l'institution parisienne) lors d'une **visite pour étudiants** (02-656 9313/9315 ; 14h mar, 11h jeu et 12h dim). La plupart des cours sont en français en licence, mais en anglais en master.

de la plongée, du ski nautique, du volley-ball ou simplement un peu de bronzette au bord de la piscine ou de l'océan. Le soir, faites votre choix entre les cinq restaurants du complexe.

Sandy Beach Hotel & Resort RESORT $$
(09-244 5555 ; sandybeachhotel.ae ; Dibba Rd (E99) ; ch à partir de 725 AED ;). Implanté au bord d'une vaste plage de sable en face des sites de plongée de Snoopy Island, ce complexe familial sans prétention, l'un des plus anciens des Émirats, abrite notamment de petits bungalows au charme un peu rétro, éparpillés dans des jardins en fleurs. Le centre de plongée PADI loue du matériel et organise des excursions en bateau.

Gonu Bar & Grill INTERNATIONAL $$$
(09-244 9000 ; www.lemeridien-alaqah.com ; Le Méridien Al Aqah Beach Resort ; plats 60-250 AED ; 12h-17h et 19h-23h). Dégustez un steak grillé à la perfection ou attaquez-vous à une langouste omanaise en écoutant le bruit des vagues qui s'écrasent sur l'étroite plage privée de l'hôtel de luxe hébergeant ce charmant restaurant. L'endroit est idéal pour un cocktail au soleil couchant.

Dibba دبا

Dibba entra dans l'histoire en 633 lorsque s'y déroula l'une des grandes batailles des guerres de Ridda, une succession de campagnes menées par le calife Abu Bakr peu après la mort de Mahomet afin de mater les rebellions antimusulmanes et d'imposer l'unité religieuse à travers la péninsule Arabique. Certains estiment qu'environ 10 000 membres de la tribu locale Azd auraient péri pendant la révolte ; ces ossements trouvés dans un cimetière tout près de Dibba seraient ainsi ceux de rebelles.

La ville a aujourd'hui un statut particulier en ce qu'elle est partagée par deux émirats et le sultanat d'Oman. La zone la plus commerciale est Dibba Al-Fudjayra, au sud, dont l'artère principale est bordée de boutiques et de cafés.

Dibba Al-Hisn, au centre, est un territoire de l'émirat de Chardja ; la zone a radicalement changé ces dernières années grâce à d'importants investissements du gouvernement qui ont fait sortir de terre une succession d'immeubles administratifs le long d'Al-Fareed St, et qui vont prochainement donner naissance à une base de loisirs avec des restaurants, un canal, des parcs et des aires de jeu sur l'île Al-Hisn.

Dibba Al-Baya, de l'autre côté de la frontière omanaise, est idéale pour explorer la belle et sauvage péninsule de Musandam. L'agence locale **Sheesa Beach Dive Centre** (02-683 6551/50-333 6046 ; www.sheesabeach.com ; Dibba Al-Baya, Oman ; 8h-17h), sur le front de mer à environ 3 km au nord du poste-frontière de la corniche, propose des croisières en boutre (*dhow*) et des sorties de plongée. **Absolute Adventure** (04-345 9900 ; www.adventure.ae ; sortie à la journée à partir de 350 AED ; oct-avr) est spécialisé dans la randonnée, le VTT et le kayak.

À l'heure où nous imprimons, les voyageurs éligibles pour un visa de tourisme émirati gratuit n'ont pas besoin d'un visa omanais pour se rendre à Musandam (prenez tout de même votre passeport) ; il vaut cependant mieux vous renseigner auprès d'un hôtel ou d'un tour-opérateur avant d'entreprendre une visite.

Où se loger

Il est possible de camper le long de la plage de Dibba Al-Baya et dans les dunes au nord du Golden Tulip Hotel, du côté omanais.

Royal Beach Hotel & Resort HÔTEL **$$**
(09-244 9444 ; www.royalbeach.ae ; Dibba Rd (E99), Dibba Al-Fudjayra ; d à partir de 820 AED ;). Ce complexe convivial à l'ancienne s'étend sur une bande de sable en face du Dibba Rock, un site de plongée et de snorkeling apprécié pour ses jardins de coraux peu profonds. Sur place, Freestyle Divers loue du matériel et propose des sorties de plongée et des stages PADI. Toutes les chambres possèdent une terrasse donnant sur la pelouse, impeccable, et la plage privée parsemée de parasols en *barasti* (feuilles de palmiers). À 8 km au sud de Dibba.

Radisson Blu Resort, Fujairah COMPLEXE HÔTELIER **$$**
(09-244 9700 ; www.radissonblu.com/resort-fujairah ; Dibba Rd (E99), Dibba Al-Fudjayra ; d à partir de 840 AED ;). Avec sa modeste entrée et son vestibule quelconque, le Radisson n'a rien d'impressionnant. L'établissement, impeccablement tenu, n'en compte pas moins cinq piscines, une immense plage privée et plusieurs bons restaurants. Même les chambres standard sont grandes et dotées d'un balcon sur la mer. À 7 km au sud de Dibba.

Comprendre Oman et les Émirats

Oman et les Émirats aujourd'hui

Oman et les Émirats jouissent d'une confiance revivifiée, marquée par un investissement dans la culture, l'éducation, la santé et les infrastructures, et un assouplissement relatif des régimes autocratiques, au moins en regard de leur fermeté du milieu du XXe siècle. Guidés par la foi musulmane, les deux pays se comportent en sociétés modernes, partageant nombre des aspirations des nations du reste du monde, tout en s'efforçant de maintenir leur identité arabe.

Sites du patrimoine mondial de l'Unesco

Terre de l'encens (Oman ; p. 120 ; p. 222). Anciens ports de commerce et routes caravanières de la précieuse sève dans la région du Dhofar.

Fort de Bahla (Oman ; p. 104). Forteresse du XIIIe siècle, récemment restaurée après deux décennies de travaux.

Bat et Al-Ayn (Oman ; p. 105). Sites archéologiques présentant des sépultures préislamiques.

Aflaj (Oman ; p. 78). Système d'irrigation traditionnel.

Al-Aïn (Émirats arabes unis ; p. 200). Sites culturels (dont le parc archéologique de Hili), associés aux fameuses oasis.

Pas d'impair !

Main gauche Utilisez votre main droite lorsque vous mangez avec les habitants, serrez la main ou offrez des cadeaux.

Pieds Cachez vos plantes de pied sous vos jambes lorsque vous vous asseyez par terre.

Chaussures Déchaussez-vous avant d'entrer dans une mosquée ou chez quelqu'un.

Corps Couvrez vos épaules et vos genoux dans tous les lieux publics.

Un changement fulgurant

Les anciens se rappellent du temps où un voyage en Arabie s'effectuait à dos d'âne, où l'école se faisait sous un arbre et où les logements ne protégeaient guère leurs occupants des rudesses du climat. Le taux de mortalité infantile était élevé et l'espérance de vie, faible.

En cinquante ans, la Péninsule s'est transformée de façon radicale, ce dont les infrastructures dernier cri témoignent partout. Bien sûr largement liée à la manne pétrolière, cette croissance relève également d'une volonté d'embrasser la modernité et ses outils complexes. Les compétences informatiques, l'e-gouvernance et la culture du téléphone mobile sont aujourd'hui monnaie courante dans la région.

Aujourd'hui, le désenchantement politique porte moins sur des questions idéologiques que sur des problèmes nationaux comme le sectarisme religieux et le fort taux de chômage des jeunes. Ce dernier, le plus élevé du monde en 2015, classe Oman au 52e rang en termes d'indice de développement humain (statistiques déterminant le niveau de vie).

La renaissance d'Oman

On qualifie souvent de "Renaissance" le règne du sultan Qabus, considéré par la grande majorité des Omanais comme celui qui a su conduire en douceur le pays vers la modernité. Oman a en effet rattrapé ses riches voisins. En janvier 1992 a été instauré un Majlis ash-Shura (Conseil consultatif), premier pas vers un élargissement de la participation au gouvernement. Les femmes y sont de mieux en mieux représentées (les Omanaises ont d'ailleurs été les premières de la région à participer à la vie politique) et elles occupent des postes importants au sein du gouvernement, y compris celui de ministre. En outre, Oman enregistre un faible taux de criminalité. Il bénéficie surtout d'un niveau d'instruction élevé et d'une main-d'œuvre bien formée.

En 2011, ce sont d'ailleurs les étudiants qui ont suscité le printemps arabe et brièvement déstabilisé le sultanat. À Sohar, dans le Nord, le mouvement de protestation portait moins sur des revendications démocratiques (le sultan dispose du pouvoir absolu, jusque sur les décisions politiques mineures) que sur le manque de travail pour les demandeurs d'emploi et sur la lenteur de l'omanisation, ce processus visant à remplacer les expatriés par des Omanais. Le gouvernement a répondu en instaurant un généreux système de bourses pour permettre aux citoyens d'étudier à l'université. De fait, une large proportion de la population suit désormais un cursus de deuxième ou de troisième cycle. Certains observateurs s'interrogent toutefois sur la poursuite de ce financement si le prix du pétrole reste bas.

Au cours des cinq années passées, la popularité du sultan Qabus n'a pas faibli malgré les défis politiques et économiques. Cependant, alors qu'il vient de fêter ses 45 ans d'un règne autocrate éclairé, on s'interroge sur la succession du vieux souverain aujourd'hui malade, qui n'est pas marié et n'a pas de descendance. Son absence prolongée du pouvoir en 2015, pour raisons de santé, a toutefois calmé quelque peu les inquiétudes en montrant que la bonne gouvernance du pays pourra sans doute se poursuivre après lui.

Pour construire un État moderne, Qabus a investi massivement dans l'éducation afin de créer une force de travail très qualifiée. Les études sont gratuites (partiellement à l'université) et même les enfants des villages les plus reculés y ont accès. Aucune distinction de genre ne s'applique, si bien que les filles représentent près de la moitié des élèves des écoles publiques et privées. Les femmes forment également 50% des étudiants de l'université Sultan Qabus, l'établissement d'enseignement le plus prestigieux du pays.

Avec des revenus pétroliers limités, Oman ne peut se permettre une coûteuse main-d'œuvre d'expatriés. Ainsi, le sultanat poursuit une politique d'"omanisation" de sa population active. On y voit des gens du pays, souvent des deux sexes, travailler à tous les niveaux de la société, des pompistes aux consultants seniors, ce qui est rare dans la Péninsule.

Deux grands axes sous-tendent l'économie omanaise : l'autosuffisance en matière de production alimentaire, réalisée grâce à l'agriculture intensive le long de la côte de la Batinah, et la diversification. Pour ce faire, le pays mise notamment sur l'exportation de gaz naturel depuis une usine établie près de Sour, sur les immenses ports de Salalah et de Duqm, et sur les usines de méthanol et d'aluminium de Sohar. La répartition des initiatives économiques à travers tout le territoire a permis de maintenir l'activité locale et de freiner l'exode rural vers la capitale. Le secteur du tourisme connaît pour sa part des fortunes plus diverses, en raison des troubles qui agitent actuellement le Moyen-Orient.

POPULATION: **3,9 MILLIONS D'HABITANTS EN OMAN, 9,4 MILLIONS DANS LES ÉMIRATS**

ALPHABÉTISATION : **OMAN 86,9% : ÉMIRATS 90%**

CHÔMAGE : **OMAN : 15% ; ÉMIRATS : 2,4%**

SUPERFICIE : **OMAN : 309 500 KM² ; ÉMIRATS : 83 600 KM²**

Sur 100 habitants en Oman

56 sont omanais
36 sont indiens, bangladais ou pakistanais
3 sont d'autres pays asiatiques
5 sont européens ou africains

Sur 100 habitants aux Émirats

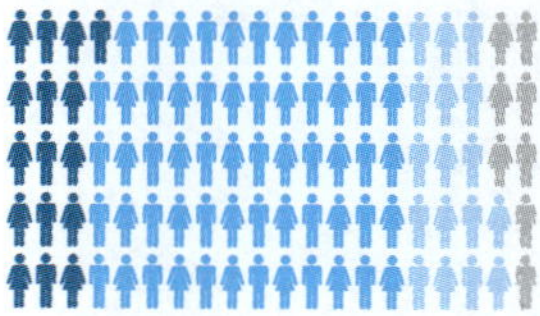

16 sont émiratis
59 sont indiens, bangladais ou pakistanais
17 sont d'autres pays asiatiques
8 sont européens ou africains

Population au km²

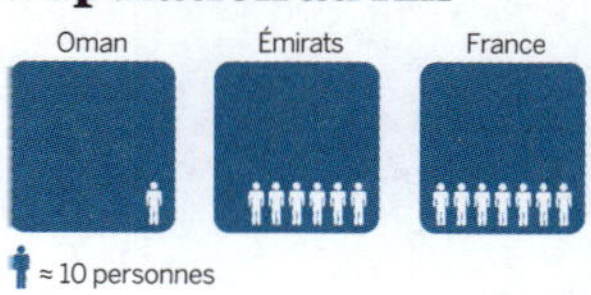

Lectures contrastées

Monarchies et Sociétés d'Arabie. Le temps des confrontations (Presses de Sciences Po, 2013), de Fatiha Dazi-Héni.

Géopolitique de Dubaï et des Émirats arabes unis (Arbre bleu éditions, 2014), de William Guéraiche.

Perles des Émirats : qui sont vraiment ces femmes derrière le voile ? (Éd. du Moment, 2014), de Kyra Dupont-Troubetzkoy. Une enquête sur les femmes et les bouleversements culturels que connaît le pays.

Sourates pour Dubaï (Atelier de création libertaire, 2010), de Jean-Manuel Traimond. Un essai traitant de l'hypercapitalisme et qui décrit la vie des résidents de Dubai aujourd'hui.

Histoires de Dubaï (Feymedia, 2010), de Helge Sobik. Recueil de photos témoignant de l'essor de la ville.

Desert Spirit (Éditions Xavier Barral, 2010), de Philippe Chancel. Le regard d'un photographe sur une certaine démesure émiratie.

Lady Sharjah (Persée, 2013), de Fabienne Herbane. Un roman au cœur des Émirats qui nous fait découvrir l'histoire et la culture de Chardja.

La Fête à Abu Dhabi (L'Harmattan, 2012), de Caroline Piquet-Di Paolo. Roman mettant en scène une femme géologue confrontée au monde du travail dans les Émirats.

Précisons toutefois qu'Oman avance ces dernières années avec une extrême prudence, d'où un rythme de développement ralenti qui en agace certains au regard de son potentiel. Le gouvernement mène néanmoins une nouvelle stratégie visant à créer un secteur de petites et moyennes entreprises dirigées par des Omanais pour les Omanais. Gageons que cela aura un impact positif sur l'avenir et l'autonomie du pays.

Les défis actuels aux Émirats

Les Émirats possèdent les septièmes plus grandes réserves de pétrole du monde, dont l'immense majorité est concentrée à Abu Dhabi. Aux rythmes de production actuels, on estime que les hydrocarbures n'arriveront à épuisement que dans un siècle, mais – comme l'a montré la chute spectaculaire du prix du pétrole en 2015 – le pays ne peut plus compter uniquement sur cette manne pour conserver sa richesse.

Avec leurs voisins du Golfe, les Émirats cherchent donc des sources d'énergie alternatives et des façons de diversifier leur économie. Grâce à la politique ambitieuse de l'émir Mohammed bin Rashid al-Maktoum, Dubai a particulièrement bien réussi dans cette voie. Les réserves de pétrole et de gaz limitées du pays, dont le revenu ne représente plus aujourd'hui que 2% du PIB, ont en effet servi à financer des infrastructures modernes et performantes dans le commerce, l'industrie et le tourisme.

La crise de 2008 a cependant durement frappé Dubai. Après une chute brutale des prix de l'immobilier (jusqu'à 50%, l'émirat s'est retrouvé dans l'incapacité d'honorer sa dette, mais les marchés se sont stabilisés après qu'Abu Dhabi fut venu à sa rescousse avec un prêt de 10 milliards de dollars).

Contrairement aux prévisions de ses éternels détracteurs, Dubai a rapidement rebondi et joue sur le long terme en investissant dans des stratégies durables qui lui permettront de résister à de futures tempêtes. Abu Dhabi a pris conscience de l'efficacité de cette politique et commence à développer d'autres secteurs que le pétrole, notamment le tourisme.

Les zones de libre-échange ont également joué un rôle déterminant. Les entreprises y sont attirées par la promesse du maintien total sous contrôle étranger, du rapatriement complet des capitaux et des bénéfices et de l'absence d'impôt sur les sociétés pendant 15 ans, de restrictions monétaires et d'impôt sur le revenu. L'une des plus grandes zones de libre-échange est la Jebel Ali, à Dubai, qui abrite 5 500 entreprises originaires de 120 pays.

Diversification et coopération

Créer des emplois s'avère difficile quand la chute du prix du pétrole, due aux nouvelles méthodes d'extraction et la surproduction qui en résulte, a des répercussions économiques dans tous les pays de la région, y compris en Oman et aux Émirats. Cela a mis l'accent sur la nécessaire diversification des sources de revenus via les affaires, le commerce et le tourisme. À cet égard, Dubai peut se vanter de sa réussite, car l'industrie pétrolière ne représente désormais que 5% de son PIB.

La dépendance envers la main-d'œuvre expatriée constitue également un obstacle. Il faut du temps pour que les avantages d'un système d'éducation moderne produisent des experts locaux, et certaines communautés d'immigrés s'opposent à former leurs remplaçants parmi les autochtones. Car si le développement des ressources humaines ne progresse pas dans la région, il est à craindre qu'une société à deux vitesses ne mène à un regain de colère et d'instabilité.

Le renforcement des liens entre les pays du Conseil de coopération du Golfe (CCG) a permis de trouver des solutions régionales au problème du chômage, notamment en autorisant l'immigration des travailleurs autochtones à l'intérieur de la zone. Si la création d'une monnaie commune a été mise en suspens, la nouvelle ligne ferroviaire en chantier qui traversera la Péninsule, du Koweït jusqu'en Oman, témoigne de l'unité et de la collaboration des membres du CCG.

Équilibrer l'avenir

Si les habitants de la péninsule Arabique ont accueilli la modernisation, le changement ne sera véritablement acquis que lorsque chaque pays trouvera un moyen d'honorer ses racines tout en donnant un plus grand sentiment d'intégration à ses citoyens. L'établissement d'un Majlis ash-Shoura (Conseil consultatif) dans les politiques publiques est un bon départ, et la nomination de femmes à des postes de ministre est également perçue de manière favorable.

Mues par leur propension avérée à l'éducation et un plus grand détachement face à la *wasta* (népotisme), les femmes sont immanquablement appelées à devenir les agents du changement.

Histoire

Dans les années 1950, les pays de la péninsule Arabique n'étaient qu'une juxtaposition d'États, appauvris et disparates, où la notion de tribu importait plus que celle de nation. Les souvenirs glorieux des routes de l'encens et des empires d'Afrique orientale semblaient s'être évanouis dans les sables. Comment la région s'est-elle soudain hissée au rang de puissance économique majeure dotée d'un sens marqué de son identité ? La réponse est dans les traditions arabes d'échanges commerciaux et de cohésion sociale, deux domaines qui sont en lien direct avec le contexte historique de la Péninsule.

Des racines tropicales (66 000 000-10 000 av. J.-C.)

Dans le paysage aride du Wadi Fanja, en lisière de Mascate, les archéologues ont mis au jour un dinosaure herbivore, pas très différent des *Zalmoxes* et *Rhabdodon* retrouvés en France et en Roumanie. Cette découverte montre qu'il y a 66 millions d'années (Crétacé), le climat de l'est de l'Arabie était beaucoup moins désertique qu'aujourd'hui, avec d'abondantes pluies et des prairies du genre savane. Des crocodiles peuplaient aussi des sites comme le Wadi Fanja, ce qui laisse penser que des rivières à débit permanent entaillaient profondément les chaînes montagneuses de l'actuelle péninsule Arabique.

Ces terres propices à la cueillette et à la chasse attirèrent l'*Homo erectus* dans le sud de l'Arabie il y a plus de 1 million d'années. L'*Homo sapiens* entra en scène il y a quelque 100 000 ans avant notre ère et commença à s'établir en communautés organisées. En visitant les musées nationaux, en particulier le Bait al-Baranda à Mascate, vous verrez des foyers à charbon de bois, des haches en silex et des fers de lance, vieux de 10 000 av. J.-C., qui témoignent des premières formes d'organisation sociale.

Des marchands nés (10 000 av. J.-C.-500 apr. J.-C.)

Les échanges commerciaux jouent un grand rôle dans l'histoire de la région depuis les temps les plus anciens. Tout commença avec le

CHRONOLOGIE

66 000 000 av. J.-C.

Grâce à une pluviosité abondante, la péninsule Arabique est couverte de savanes et de pâturages, et peuplée de crocodiliens et de dinosaures herbivores.

100 000 av. J.-C.

L'*Homo sapiens* pratique la chasse, la cueillette, fait paître ses troupeaux et maîtrise le feu. Traces de premières communautés organisées.

6000-3200 av. J.-C.

Aux âges de la pierre et du bronze, les hommes vivent en groupes disparates. Les échanges commerciaux se développent entre l'Arabie, la Mésopotamie et la vallée de l'Indus.

cuivre, exporté à travers le puissant royaume de Dilmoun. Les premiers navigateurs-marchands de Dilmoun avaient atteint un important degré de civilisation : ils appréciaient les délicates verreries, enfilaient des perles de camélia pour mettre au cou de leurs aimées, appréciaient les légendes complexes et exprimaient leur intérêt pour la vie dans leur attention portée à la mort ; leurs défunts étaient inhumés dans des tombes à chambres funéraires, rassemblées en nécropoles. Actif dès le IVe millénaire, ce peuple prospéra en même temps que les grands royaumes de Mésopotamie et de l'Indus. Oman dut, de son côté, également une bonne partie de sa prospérité préislamique au commerce du cuivre. Certaines sources parlent d'ailleurs d'Oman comme le pays de Majan, "la montagne de cuivre", où le minerai était exploité.

L'Arabie tira aussi très tôt sa richesse d'un petit arbre rabougri, le *Boswellia sacra*, qui pousse dans le sud de la Péninsule et sur lequel on récolte une précieuse résine aromatique : l'encens. Le commerce de l'encens, transporté par caravanes à travers les grands déserts de l'intérieur de l'Arabie et échangé contre des épices avec l'Inde, devint la principale ressource économique de la région.

Déjà, au IIIe millénaire av. J.-C., le sud d'Oman (l'actuel Dhofar) figurait au cœur du commerce de l'encens. Si l'on trouvait des arbres à encens également au Yémen et dans un ou deux autres sites, ils poussaient particulièrement bien dans les montagnes du Dhofar arrosées par la mousson, où la récolte de la résine se perpétue de nos jours. Cette résine aromatique était si précieuse que la reine de Saba aurait offert, de ses propres mains, de l'encens du Dhofar au roi Salomon. Dans la Bible, l'encens figure aussi au nombre des cadeaux apportés par les Rois mages.

Cette précieuse denrée participa de l'essor de la puissante civilisation nabatéenne, laquelle contrôla une grande partie du nord-ouest de l'Arabie de 200 à 100 av. J.-C. Selon Pline l'Ancien, auteur latin du Ier siècle, c'est grâce au commerce de l'encens que les peuples du sud de l'Arabie seraient devenus les plus riches du monde. Considéré comme sacré, évoqué dans la Bible et dans le Coran, l'encens fut utilisé dans les sanctuaires de l'Égypte ancienne, à Jérusalem ou à Rome, et continue d'être employé aujourd'hui (voir encadré p. 222). Pendant plus de 3 000 ans, l'encens a fait du sud de l'Arabie non seulement une contrée prospère, mais aussi une terre que l'on disait touchée par la magie.

Selon la tradition, l'arbre à encens était un cadeau d'Allah, et de ce fait ne devait être ni acheté, ni vendu, ni cultivé ailleurs. Seuls pouvaient récolter sa précieuse résine ceux qui avaient la chance qu'il pousse sur leur terre. Les tentatives de s'approprier et de cultiver cet arbre ne s'en multiplièrent pas moins. Pour protéger leur précieux trésor, les Jibbali, les gardiens omanais des arbres à encens, passèrent maîtres dans l'art de la désinformation. Pour écarter le mauvais œil et les voleurs,

Vers 3000 av. J.-C.
Fondation de Dilmoun, première grande civilisation de la Péninsule, au large de la côte de Bahreïn. Elle s'étend des îles Failaka (près de l'actuel Koweït) jusqu'aux montagnes d'Oman.

3000-2000 av. J.-C.
En Oman, des tombes sont érigées à Bat et à Gaylah le long des crêtes montagneuses. Elles sont le fait des cultures Hafeet et Umm an-Nar, des populations des basses terres du Golfe.

323 av. J.-C.
Attiré par la richesse de l'Arabie, Alexandre le Grand projette une expédition dans la région, mais meurt avant d'avoir pu réaliser son plan.

200 av. J.-C. - 100 apr. J.-C.
Le royaume nabatéen contrôle le nord-ouest de l'Arabie. Il tire sa prospérité de la taxation des caravanes qui transportent l'encens du sud de l'Arabie vers Damas. Le Golfe subit l'influence des dynasties perses.

L'ARBRE À ENCENS

Si vous empruntez la route de Salalah (Dhofar) vers la frontière yéménite, il se peut que vous ne fassiez même pas attention à un petit arbre qui joua un rôle majeur dans l'histoire de l'Arabie. Accroché à la roche calcaire de pentes désertiques, comme s'il n'avait nul besoin de se nourrir, dépourvu de feuilles et comme mort une grande partie de l'année, le *Boswellia sacra* est sans doute l'un des "monuments" les moins spectaculaires qu'un voyageur puisse rencontrer. Avec son écorce qui pèle et ses branches rabougries, on dirait plus un arbuste sorti d'un film apocalyptique que celui qui a fait jadis la fortune de la région.

Ce qui fait la qualité de cet arbre, c'est sa résine aromatique, appelée *lubban* en arabe et encens en français. Cette résine s'écoule sous forme de petites boules de couleur blanche ou ambre, à partir d'incisions faites dans l'écorce, et on les laisse durcir au soleil. L'encens renferme une huile qui fait que si on en dépose une boule sur des charbons ardents, il brûle facilement en dégageant des vapeurs.

Aujourd'hui encore, l'encens est souvent utilisé localement, à l'entrée des maisons, pour écarter les mauvais esprits ou le mauvais œil, ou pour parfumer les vêtements. Il a aussi d'autres usages traditionnels. Les Grecs et les Romains y avaient recours pour ses vertus médicinales dans presque toutes leurs prescriptions. Dans certaines régions d'Arabie, on l'utilise encore pour traiter divers maux, dont la toux et les troubles psychotiques attribués à la sorcellerie. Un peu partout ailleurs, l'encens participe de nombreux rites religieux (chrétiens et bouddhistes notamment) et fait partie des ingrédients utilisés dans la parfumerie.

Des arbres à encens poussent aussi au Yémen et dans le nord de la Somalie, mais ceux du Dhofar sont réputés depuis l'Antiquité pour la qualité de leur encens. Les arbres profitent du système climatique très spécifique de cette région, qui n'est pas touchée par les vents chargés d'humidité du *kharif* (l'été), mais qui en est suffisamment proche pour profiter de leur effet rafraîchissant. D'où la difficulté pour l'acclimater ailleurs que dans cette partie de l'Arabie.

ils propagèrent de nombreux mythes et rumeurs, dont la présence de serpents rouges volants et de vapeurs toxiques autour de leurs arbres à encens. La récolte de cette gomme aromatique n'était pas sans danger, à cause des risques d'infection et des rudes conditions climatiques hors de la zone de mousson. Ce travail était souvent le fait des esclaves ou de bannis, envoyés dans la région en guise de punition.

Le grand port de commerce de l'encens était Sumhuram, appelé Moscha par les Grecs, et aujourd'hui Khor Rori. C'était l'un des plus importants ports de l'époque. Ses ruines se situent à 35 km de Salalah, la capitale du Dhofar, et la deuxième plus grande ville d'Oman. Mais il suffit de contempler la mer par un jour venteux et humide de juillet, quand les

Vers 300

Le centre et l'ouest de l'Arabie forment une mosaïque de cités-États indépendants, vivant du commerce de l'encens ou de l'agriculture. Le Golfe se retrouve sous la coupe de l'Empire perse sassanide.

570

Naissance du prophète Mahomet à La Mecque (Arabie Saoudite).

610

Mahomet a sa première révélation. Tenu par les musulmans pour parole divine littérale, le Coran établit les fondements d'une nouvelle religion monothéiste qui condamne le culte des idoles.

622-632

Mahomet et ses fidèles fuient La Mecque pour se réfugier à Médine en 622, marquant ainsi l'amorce d'un premier État musulman. Malgré la mort de Mahomet en 632, la nouvelle religion se répand dans la Péninsule.

dromadaires et les flamants se réfugient sur les hauteurs de la lagune, laissant le rivage et la violence des éléments aux crabes fantômes, pour comprendre que Khor Rori ait fini par disparaître au profit de ports plus faciles d'accès.

La Bible mentionne quant à elle Ubar, la "Cité aux mille piliers", construite par les Ad (ou Adites). Cette cité légendaire, qui a excité la curiosité des explorateurs des siècles durant, serait devenue l'une des plus puissantes de la région grâce au contrôle du commerce de l'encens. Ses vestiges auraient été redécouverts dans les années 1990 par l'explorateur britannique sir Ranulph Fiennes. Mais, à considérer la quasi-nudité du site proche de Thumrait, la chose est difficile à croire. Plus convaincant reste le fait que les descendants présumés de cette remarquable civilisation vivent toujours dans le désert alentour et parlent le *jebbali* (connue sous le nom de "langue des oiseaux"), une langue sémitique de la même branche que les langues sudarabiques anciennes.

Les premiers villages des Émirats remontent, eux, à l'âge du bronze. Au IIIe millénaire av. J.-C., une culture appelée Umm an-Nar vit le jour près de l'actuel Abu Dhabi. Son influence s'étendit loin à l'intérieur des terres et le long de la côte jusqu'en Oman. Des villages apparurent également à Badiyah (près de Fudjayra) et à Rams (près de Ras al-Khayma) pendant la même période. Les Perses et, dans une moindre mesure, les Grecs marquèrent à leur tour la région au plan culturel. L'Empire perse sassanide y assura sa mainmise en même temps que sur Oman, jusqu'à l'arrivée de l'islam en 636, facilitée par l'usure consécutive au long conflit mené contre les Byzantins, et remporté par ces derniers. Le christianisme se manifesta brièvement dans la région sous son acception nestorienne, avec la fondation d'un monastère sur l'île de Sir Bani Yas, à l'ouest d'Abu Dhabi, au Ve siècle.

Histoire ancienne

Les Céramiques d'Oman et l'Asie moyenne. Une archéologie des échanges à l'âge du bronze, de Sophie Méry (CNRS Éditions, 2000)

L'Arabie : des route de l'encens à l'ère du pétrole, de Pascal Ménoret (Découvertes Gallimard, 2010)

Les Relations entre Oman et la France (1715-1905), de Sultan Muhammad Al-Qasimi (L'Harmattan, 1995)

Histoire des peuples arabes, d'Albert Hourani (Points Histoire, 2000)

Naissance et expansion de l'islam (570-1498)

Le prophète Mahomet (en arabe Muhammad) naquit vers 570 à Mekka (La Mecque). En qualité de fondateur de l'islam, religion à laquelle adhère aujourd'hui un quart de la population mondiale, Mahomet a joué un rôle non seulement religieux mais aussi historique considérable.

Plus que ses enseignements, c'est ici le contexte historique de sa vie qui nous intéresse. Bien que limitées, les descriptions de son enfance donnent d'intéressantes indications sur la vie dans le désert à son époque. Son père étant mort avant sa naissance, l'orphelin fut recueilli par son grand-père. Bien que sa famille appartînt à une tribu arabe bien établie, on le confia à une mère nourricière bédouine, comme c'était la coutume à l'époque, qui l'éleva dans le désert.

632-850
Damas devient la capitale du monde musulman, qui s'étend d'Espagne jusqu'en Inde. La Mecque et Médine perdent leur primauté politique, mais s'imposent comme centres spirituels de l'islam.

850-1300
Avec l'effondrement des anciennes routes commerciales, l'Arabie s'appauvrit. Des petits émirats se disputent leurs ressources, sous la domination des Mongols, des Perses et des Ottomans.

1498
Un marin renommé d'Oman, Ahmad ibn Majid, aide Vasco de Gama à doubler le cap de Bonne-Espérance, ce qui conduira à l'occupation portugaise une décennie plus tard.

1507
Le Portugal annexe l'île yéménite de Suqutra. Le pays s'en sert de base pour achever son occupation d'Oman et coloniser l'île de Bahreïn.

Mahomet accompagna les caravanes et devint un marchand considéré avant de retourner à Mekka. C'était alors une grande et prospère cité, le centre d'un important pèlerinage. Mekka abritait en effet la Kaaba, un sanctuaire fondé par Abraham, mais qui rassemblait les idoles de nombreux autres peuples et tribus.

Le culte d'un seul vrai Dieu et la condamnation des idoles étant au cœur de l'enseignement de Mahomet, les habitants de Mekka furent effrayés et obligèrent ce dernier à s'éloigner de chez eux et à se réfugier à Médine en 622. Ce départ, appelé hégire ("émigration"), marque le début de l'ère islamique. Transcendant l'histoire personnelle de Mahomet, la nouvelle religion se répandit rapidement dans toute la Péninsule et, par-delà, dans le monde. Mais paradoxalement, alors que l'islam étendait son empire (avec notamment le gouvernorat d'Amr ibn al-As, compagnon de Mahomet, en Oman), l'Arabie voyait s'évanouir ses sources de richesse. Reste que la Péninsule tient une place spéciale dans l'histoire en tant que lieu de naissance d'une des plus grandes religions monothéistes au monde.

Arabe musulman né à Tanger en 1304, Ibn Battuta partit à 20 ans accomplir le pèlerinage à La Mecque... et finalement son voyage dura 28 ans. Il parcourut l'Arabie, l'Asie, l'Afrique, en tout plus de 120 000 km, beaucoup plus que son aîné Marco Polo. Il dicta le récit de ses voyages au soir de sa vie. Même si une part de merveilleux y a été ajoutée, c'est un formidable document sur le monde du XIVe siècle.

Arrivée des Européens (1498-1650)

Il y a quelque satisfaction à se rendre au mausolée de Bibi Miriam à Qalhat, près de Sour en Oman, en sachant que deux des plus grands voyageurs du Moyen Âge, Marco Polo et Ibn Battuta, y vinrent aussi et les mentionnèrent dans leurs écrits. Leurs voyages préfigurent le renouveau de l'intérêt des marchands occidentaux d'alors pour l'Arabie : il ne fallut pas longtemps pour que les caravanes de pèlerins de Mekka transportent à nouveau des épices et autres denrées précieuses de l'Orient jusqu'en Europe via les ports de Constantinople et de Venise.

Parallèlement, un grand navigateur omanais, Ahmad ibn Majid, aida Vasco de Gama à doubler le cap de Bonne-Espérance, en 1498, et lui parla, en toute innocence, des merveilles de son propre pays sur le détroit d'Ormuz. Les Portugais ne tardèrent pas à saisir l'importance stratégique de leur "découverte". À partir de 1507, le Portugal s'était emparé de Julfar (près de Ras al-Khayma), avait annexé l'île yéménite de Suqutra, colonisé Bahreïn et occupé Oman, affaibli par des siècles de guerres internes entre factions tribales et la dynastie régnante des Bani Nabhan (1154-1624). Si vous longez aujourd'hui la côte du Golfe, vous verrez apparaître régulièrement des forts portugais ; si vous coupez par l'intérieur, vous n'en verrez aucun. Les Portugais ne s'intéressaient qu'à la protection de leurs routes commerciales maritimes et pas du tout à l'intérieur de l'Arabie.

Oman fit donc l'objet d'une bonne part de leur effort militaire. En 1507, ils occupèrent les principales villes littorales de Qalhat, de Mascate et de Sohar. Au cours des 150 années suivantes, Oman lutta contre l'occupant.

1650

Sous la dynastie des Ya'aruba, Oman réussit à chasser les Portugais, après des années de lutte contre l'occupant.

1793

La confédération bédouine Bani Yas, qui s'était établi à Liwa, une oasis au cœur du désert, s'installe à Abu Dhabi en 1793.

1804-1856

Sous le sultan Saïd bin Sultan (règne 1804-1856), Oman contrôle divers points stratégiques de la côte africaine, dont Mombasa et Zanzibar, et une partie de l'Inde et du Pakistan actuels.

1835

La Trêve maritime de 1835 accrut fortement l'influence britannique dans la péninsule Arabique. Près de vingt ans plus tard, le traité fut de nouveau modifié et renommé Traité de paix perpétuelle.

C'est finalement sous l'égide de la dynastie éclairée des Ya'aruba (1624-1743) que, grâce au renforcement de sa flotte, Oman réussit à chasser les Portugais, en 1650. La chose fut d'autant plus facile que ceux-ci s'étaient cantonnés sur le littoral afin de protéger leurs expéditions maritimes et ne s'étaient guère aventurés à l'intérieur du pays. En dehors des forts d'Al-Jalali, d'Al-Mirani et de Mutrah, qui dominent le centre de Mascate, les Portugais laissèrent peu de vestiges, mais leur architecture militaire continua à marquer la construction des forts d'Oman pour des siècles.

Le bilan des échanges culturels au terme de cette période d'incursions fut relativement négligeable. Lorsque les Portugais eurent été expulsés au milieu du XVIIe siècle, ils ne laissèrent guère plus qu'une tradition d'architecture militaire – et le thaler de Marie-Thérèse.

Le protectorat britannique (1650-1914)

À partir de 1650, devenu un pays stable et unifié, Oman connut un épanouissement culturel et économique considérables en étendant son influence jusqu'en Asie et en Afrique. Nombre de ses plus grands forts datent de cette période, dont l'imposant fort de Nizwa avec sa tour ronde.

"Une des grandes particularités de Mascate [...] est le respect et la politesse dont font preuve ses habitants, quelle que soit leur classe, envers les Européens", écrivait en 1816 le diplomate anglais James Silk Buckingham dans son ouvrage intitulé *Travels*. Au XIXe siècle, sous le sultan Saïd bin Sultan (règne 1804-1856), Oman possédait un empire considérable contrôlant des points stratégiques de la côte africaine, dont Mombasa et Zanzibar, et une partie de l'Inde et du Pakistan actuels. L'influence qu'a eue Oman sur le littoral de ces pays reste encore bien visible, mais l'enrichissement que le sultanat a tiré de ces contacts est encore plus manifeste dans sa propre culture et sa population. La côte de la Batinah, par exemple, abrite des Baloutches originaires du Pakistan, d'où, le long de la route Barka-Sohar, ces mosquées qui rappellent davantage l'architecture fleurie de l'autre côté du détroit d'Ormuz que l'austère tradition ibadite de l'intérieur d'Oman.

À la mort du sultan Saïd, l'empire fut partagé entre deux de ses fils. L'un devint le sultan de Zanzibar et régna sur les colonies africaines, l'autre devint le sultan de Mascate et régna sur Oman. L'éclatement de l'empire priva Mascate de ses ressources les plus lucratives et entraîna une période de stagnation, encore accrue par la pression des Britanniques pour faire cesser le juteux trafic omanais des esclaves et des armes.

Dans le cas des Émirats arabes unis, l'avènement de la puissance navale britannique dans le golfe Persique au milieu du XVIIIe siècle coïncida avec la consolidation de deux factions tribales sur la côte du sud du Golfe : les Qawassim et les Bani Yas, ancêtres des familles régnantes de quatre des sept émirats qui composent le pays aujourd'hui.

La saison de la récolte des perles commençait fin mai. Les pêcheurs restaient en mer quatre mois d'affilée, pendant tout l'été torride, jusqu'à la mi-octobre. Ils étaient ravitaillés par des boutres.

Le commerce des perles est vieux de plusieurs siècles. En 2008, un splendide collier de plusieurs rangées de perles, cadeau du cheikh Zayed, père fondateur des Émirats, à la célèbre chanteuse arabe Oum Kalthoum, a été vendu pour 1,4 million de dollars.

1902
Abdul Aziz bin Abdul Rahman al-Saud, dit Ibn Saud, entame une série de conquêtes qui amènent à la formation de l'État d'Arabie Saoudite.

1912
Les Saoudiens menacent sérieusement les émirats du Golfe. La protection britannique évite au Koweït, au Qatar et aux Émirats de se retrouver absorbés par l'Arabie saoudite.

1916-1917
Husayn bin Ali al Hashimi conduit la révolte contre les Ottomans dans l'espoir de devenir "roi des Arabes". La couronne britannique signe la déclaration Balfour en faveur de la création de l'État d'Israël.

1920
Le commerce des perles, qui étaient récoltées dans toute la péninsule Arabique, atteint son apogée dans les années 1920.

Les Qawassim, dont les descendants gouvernent aujourd'hui Chardja et Ras al-Khayma, étaient un clan de marins établi à Ras al-Khayma dont l'influence s'étendait à une certaine époque jusqu'à la côte persane du Golfe. Ils étaient entrés alors en conflit avec les Britanniques, qui avaient forgé dans l'intervalle une alliance avec la tribu Al-Busaid, dont descend la famille régnante d'Oman, pour empêcher les Français de s'emparer de leurs précieuses routes maritimes vers l'Inde.

L'INDUSTRIE PERLIÈRE

L'histoire de l'industrie perlière est nettement moins reluisante que les reflets irisés des belles perles naturelles qui garnissent les vitrines des bijouteries d'Oman et des Émirats.

Bien que les perles soient plutôt associées au Bahreïn, leur récolte était pratiquée dans toute la Péninsule. Dans de nombreuses villes, dont Salalah, Chardja ou Ras al-Khayma, des monuments modernes rappellent cette industrie disparue. Le type de perles différait selon les régions. Les *Pteria*, avicules ou huîtres ailées, étaient abondamment récoltées au large de la côte de Ras al-Khayma pour leurs perles aux reflets bleutés. Les huîtres appelées "Bombay Shells" se récoltaient dans les eaux omanaises et étaient principalement exportées à Londres pour la coutellerie décorative et les incrustations en nacre. L'huître la plus répandue dans le Golfe était la *Pinctada radiata*, récoltée notamment au large des Émirats : il s'en exportait 2 000 tonnes par an.

Le commerce des perles, existant depuis le IIIe millénaire av. J.-C., trouva son essor à partir du XVIIe siècle sous la domination britannique, mais ce n'est qu'au XIXe siècle, avec l'effondrement des autres routes commerciales dans la région, que les perles prirent une importance économique majeure. Le commerce des perles atteignit son apogée dans les années 1920, avec une demande internationale qui semblait insatiable.

La récolte était une activité très éprouvante et risquée. Les plongeurs tenaient une pierre entre les jambes pour descendre plus vite sur les bancs d'huîtres. Ils plongeaient environ soixante fois par jour. Les haleurs les remontaient avec la corde juste le temps de reprendre leur souffle entre chaque plongée. Ni les uns ni les autres ne touchaient de salaire. Ils ne recevaient une partie des profits globaux qu'à la fin de la saison. La part du haleur correspondait à la moitié ou aux deux tiers de celle du plongeur. Les propriétaires des bateaux leur avançaient de l'argent en début de saison. Mais les plongeurs étaient souvent dans l'incapacité de rembourser ces prêts et s'endettaient davantage chaque année. Résultat, ils étaient souvent liés à un propriétaire de bateau. Si un plongeur mourait, ses fils étaient obligés de travailler à sa place pour payer ses dettes. Il n'était pas rare de voir des hommes continuer à plonger à un âge avancé.

Puis, vers 1930, les Japonais mirent au point une méthode de culture artificielle des perles. Cette soudaine concurrence, associée aux effets de la Grande Crise de 1929, conduisit à l'effondrement du marché de la perle à l'échelle internationale. L'industrie perlière de la Péninsule s'arrêta ainsi presque du jour au lendemain, entraînant le déclin des pays du Golfe pendant des décennies jusqu'à l'arrivée de la manne pétrolière.

1932

Ibn Saud réunit ses deux royaumes du Hedjaz et du Najd sous le nom de "Royaume d'Arabie Saoudite". La même année, on découvre au Bahreïn un gisement de pétrole en quantités exploitables.

1938

En Oman, le sultan Said ibn Taymur tente de reprendre le contrôle de l'intérieur, déclenchant les guerres du djebel des années 1950.

1948

La "roupie du Golfe" remplace la roupie indienne en tant que monnaie commune aux États du Golfe, qui s'émancipent de la juridiction du Raj britannique après l'indépendance de l'Inde.

1952

Une chaussée est édifiée pour relier l'île d'Abu Dhabi au continent. Le pont Al-Maqta viendra la remplacer en 1968.

Les Qawassim, estimant que les Al-Busaid s'étaient comportés en traîtres, attaquèrent des navires britanniques pour marquer leur volonté d'indépendance. Les Britanniques surnommèrent alors la région la "côte des Pirates" et lancèrent des offensives contre les Qawassim en 1805, 1809 et 1811. En 1820, une flotte britannique détruisit ou captura tous les navires Qawassim qu'elle trouva, imposant un traité de paix à neuf territoires arabes des environs et y installa une garnison.

Adopté sous la contrainte, ce texte fut le précurseur d'un autre traité, la Trêve maritime de 1835, qui accrut fortement l'influence britannique dans la région. En 1853, le traité fut de nouveau modifié et renommé Traité de paix perpétuelle. C'est à cette époque que la région fut désignée sous le nom d'"États de la Trêve". Au cours des décennies suivantes, les chefs de chaque confédération tribale signèrent des accords avec les Britanniques aux termes desquels ils acceptaient officiellement leur protectorat. Tout au long de cette période, la principale puissance parmi les tribus bédouines de l'intérieur fut la confédération Bani Yas, composée des ancêtres des émirs actuels d'Abu Dhabi et de Dubai. Les Bani Yas s'établirent d'abord à Liwa, une oasis au cœur du désert, puis s'installèrent à Abu Dhabi en 1793. Au début du XIXe siècle, ils se séparèrent en deux groupes lorsque 800 d'entre eux partirent vers le nord pour diriger un petit village de pêcheurs sur le Khor Dubai. C'est ainsi que naquit la dynastie Al-Maktoub, qui règne aujourd'hui sur Dubai.

En définitive, les traités et "accords d'exclusivité" que l'Angleterre avait signés avec le sultan et les émirs de la région tenaient à l'écart les Français et protégeaient les routes commerciales britanniques avec l'Inde. En retour, les Britanniques soutenaient les jeunes émirats dans leur appel à la souveraineté face aux intérêts des Turcs et des Perses et aux ambitions de celui qui allait fonder l'Arabie Saoudite, Ibn Saud.

Durant la Première Guerre mondiale, les Britanniques virent leurs intérêts dans le Golfe menacés par les Ottomans. Le sultan, qui s'était rangé aux côtés des Allemands, déclara la guerre sainte, le djihad, appelant tous les musulmans à se dresser contre les puissances alliées, Grande-Bretagne, France et Russie. En réponse, les Britanniques persuadèrent le chérif Husayn ibn Ali, émir de La Mecque, de mener une révolte arabe contre les Ottomans en échange de quoi ils lui promettaient de faire de lui le "roi des Arabes " une fois le conflit terminé. Au lieu de quoi, les Britanniques négocièrent avec les Français le dépeçage de l'Empire ottoman et soutinrent le mouvement sioniste, au grand désespoir du fameux T. E. Lawrence, dit "Lawrence d'Arabie", dont les engagements à l'endroit de ses anciens alliés se trouvèrent battus en brèche.

L'évolution des techniques et l'essor de l'économie mondiale allaient toutefois remettre la région au premier plan.

1960

Le Moyen-Orient produit 25% du pétrole mondial, monde communiste mis à part. Les années 1960 apportent un vent de changement et, avec l'indépendance, un sens de l'identité nationale et régionale.

1961-1971

Le Koweït obtient son indépendance en 1961. Fin 1971, c'est le tour de Bahreïn et du Qatar, suivis par les émirats du sud du Golfe qui fondent les Émirats arabes unis.

1964-1976

Une rébellion, soutenue par le Yémen du Sud communiste, embrase le Dhofar, en Oman.

1970

En juillet 1970, le fils unique du sultan Said, Qabus, renverse son père à la faveur d'une sanglante révolution de palais, secrètement soutenue par les Britanniques.

Le journaliste américain Lydell Hart a fait de "El-Lawrence" un superhéros. En juin 1968, le *Sunday Times* qualifiait T. E. Lawrence de "Prince de La Mecque, chevauchant à travers l'Arabie". Le film *Lawrence d'Arabie*, du cinéaste britannique David Lean, avec Peter O'Toole dans le rôle titre a fait le reste.

Manne pétrolière et modernisation (1930-aujourd'hui)

Au début du XXe siècle, la découverte du pétrole allait changer à jamais la face de la région. C'est grâce à cette précieuse ressource que les villes archimodernes du Golfe ont été bâties sur des terres conquises sur la mer et que les nations d'Arabie ont été propulsées dans le XXIe siècle.

La route vers l'unification des Émirats

L'effondrement du marché mondial de la perle plongea le littoral du Golfe dans la pauvreté. Pendant qu'Abu Dhabi se lançait dans l'exploration pétrolière, Dubai adoptait le concept de réexportation, consistant à importer légalement des marchandises (notamment de l'or) avant de les ré-expédier vers d'autres ports exempts de taxes.

Les revenus générés par le commerce de l'or jaune à Dubai furent rapidement éclipsés par les richesses engrangées par Abu Dhabi grâce à l'or noir. Le premier champ de pétrole exploitable d'Abu Dhabi fut découvert à Babi en 1960. Du pétrole fut trouvé à Dubai six ans plus tard. Ces découvertes donnèrent un coup de fouet au développement de la région et constituèrent un facteur majeur dans la création des Émirats arabes unis.

Les Britanniques établirent en 1951 le Trucial States Council, rassemblant pour la première fois les cheikhs des différents émirats qui constitueraient bientôt une fédération. Lorsque la Grande-Bretagne annonça son départ de la région en 1968, le cheikh Zayed bin Sultan al-Nayhan s'évertua à former des alliances avec les sept émirats membres des Trucial States.

Sa persévérance finit par payer le 2 décembre 1971, date de la création des Émirats arabes unis. Il était constitué des émirats de Dubai, Abu Dhabi, Adjman, Fudjayra, Chardja et Umm al-Qaywayn. Ras al-Khaimah rejoignit la fédération en 1972. Malgré l'instabilité de la région, les Émirats ont accompli l'exploit de perdurer jusqu'aujourd'hui en tant que seule fédération d'États arabes de tout le Moyen-Orient, et ils ne risquent pas de se disloquer, d'autant que le sauvetage financier de Dubai par son riche voisin pétrolier Abu Dhabi lors de la crise économique de 2008 en a pérennisé les liens d'interdépendance.

Oman : heurts et conservatisme

Le début du XXe siècle fut marqué par d'incessantes luttes entre les régions côtières sous le règne du sultan et les tribus de l'intérieur qui ne voulaient reconnaître qu'une nouvelle lignée d'imams. Arrivé au pouvoir en 1938, le sultan Said ibn Taymur tenta de reprendre le contrôle

1973

Les États du Golfe déclarent l'embargo sur les livraisons de pétrole contre les États qui soutiennent Israël dans le cadre de la guerre israélo-arabe. C'est la première fois que l'or noir sert de moyen de rétorsion.

1981

L'Arabie Saoudite, le Koweït, Bahreïn, le Qatar, les Émirats et Oman forment le Conseil de coopération du Golfe (CCG) pour renforcer leur alliance économique et contrer la menace iranienne.

1990

En août, l'Irak envahit le Koweït et l'annexe. Le roi Fahd d'Arabie Saoudite appelle les Américains à la rescousse. Les États-Unis et une coalition internationale lancent l'opération *Tempête du désert*.

1991

Les États du Golfe surveillent attentivement la situation au Yémen, qui devient la première démocratie multipartite de la Péninsule arabe.

de l'intérieur, déclenchant les guerres du djebel des années 1950. Il ne parvint à réunifier le pays qu'en 1959, avec l'appui des Britanniques.

Pour le reste, le sultan Said mena une politique hostile aux innovations et isolationniste. Sous son règne, ce pays qui, un siècle plus tôt, avait rivalisé avec les puissances européennes, se retrouva coupé du monde moderne. Alors que ses voisins (Bahreïn, Qatar ou Koweït) développaient le commerce international et le bien-être de leur population, Oman sombrait dans la pauvreté, pâtissant d'un taux élevé de mortalité infantile et d'analphabétisme. Même l'insurrection communiste dans le Dhofar dans les années 1960 ne réussit pas à faire sortir Said de son existence recluse dans son palais de Salalah. À la fin de la décennie, ses sujets, dont les plus puissants avaient été emprisonnés ou exilés, perdirent patience : un vent de rébellion balaya le pays.

En juillet 1970, le fils unique du sultan, Qabus, renversa son père à la faveur d'une sanglante révolution de palais, secrètement soutenue par les Britanniques. Blessé au pied, Said fut transporté à Londres, où il passa le restant de ses jours. D'aucuns suggèrent que le vieux souverain n'était pas tant guidé par la cupidité ou la malveillance que par le souci de préserver à tout prix les traditions conservatrices de son pays face à la modernisation rapide des pays voisins. Sa défiance à l'endroit des influences occidentales aura peut-être participé de l'équilibre actuel du pays, entre tradition et modernité, si habilement entretenu par son fils.

Avant l'accession de Qabus au trône, Oman ne possédait que deux écoles primaires et aucune école secondaire, deux hôpitaux gérés par la mission américaine et 10 km de routes goudronnées. Sans parler du fait que le pays était en état de guerre civile. Depuis, Oman a rattrapé ses riches voisins, et il est convenu d'appeler “Renaissance” cette période du règne du sultan Qabus, considéré par la grande majorité des Omanais comme celui qui a su conduire en douceur le pays vers la modernité. Le sultanat possède désormais des hôpitaux efficaces, gérés par des Omanais, des collèges et des universités ; l'électricité parvient jusque dans les villages reculés, et le réseau routier ne cesse de s'améliorer. En janvier 1992 a été instauré un Majlis ash-Shoura (Conseil consultatif) élu depuis 2003 au suffrage universel (il était censitaire au départ), premier pas vers un élargissement de la participation au gouvernement. Les femmes y sont de mieux en mieux représentées – les Omanaises ont d'ailleurs été les premières de la région à participer à la vie politique – et elles occupent des postes élevés au sein du gouvernement, notamment sur le plan ministériel. Oman connaît un faible taux de criminalité. Il bénéficie d'une force de travail expérimentée et d'un niveau d'instruction élevé. Alors que le sultan Qabus fête plus de 40 ans d'un règne d'autocrate éclairé, on s'interroge sur sa succession. Célibataire, sans enfants, il laisse ouverte la question de ce que deviendra le pays après lui.

Histoire moderne

Sultan à Oman, de Jan Morris (Nervicata, 2016). Récit du voyage du sultan d'Oman, en 1955, pour affirmer son autorité sur le sultanat.

Voyage illustré du sultanat d'Oman, de Pierre Macaire (Le Plein de sens, 2015). Informations historiques, culturelles et sociales.

Abou Dhabi, de Jean-François Doulet et Simon Texier (B2, 2016). Un historien et un urbaniste évoquent la capitale des Émirats.

Les Émirats arabes unis, de Thibault Cadro (De Boeck, 2015)

1992

En janvier 1992, en Oman, est instauré un Majlis ash-Shoura (Conseil consultatif), élu depuis 2003 au suffrage universel.

2004

Le cheikh Zayed ibn Sultan al-Nahyan, fondateur et président des Émirats, décède à près de 86 ans. Son fils aîné, Khalifa ibn Zayed, lui succède.

2006

Le cheikh Maktoum ben Rashid al-Maktoum, émir de Dubai, décède à l'âge de 62 ans. Son frère Mohammed lui succède.

2006

Le Qatar accueille les jeux Asiatiques – un coup d'éclat pour l'ensemble de la région. Oman se retire du projet d'union monétaire, un coup d'arrêt au renforcement de l'intégration au sein du CCG.

Émirats : prospérité et ressources fossiles

Après un arrêt temporaire durant la Seconde Guerre mondiale, la jeune industrie pétrolière, fondée sur une série de concessions accordées à des compagnies occidentales, reprit vite et accrut sa production pour rivaliser avec l'Iran, plus grand producteur mondial de pétrole en 1960.

Dans les années 1960-1970, cette nouvelle richesse, et la menace de couper les approvisionnements en pétrole de l'Europe et des États-Unis, a donné aux pays de la région une influence internationale telle qu'ils n'en avaient pas connue en des siècles. Après chaque embargo, la hausse du prix du pétrole accrut à la fois leur richesse et leur puissance, déclenchant un essor pérenne de la construction dans le Golfe, devenu un marché immobilier de premier plan. Les expatriés occidentaux ont afflué pour apporter leur expertise en matière d'ingénierie et de finances, tandis que des centaines de milliers d'expatriés asiatiques venaient grossir les rangs de la main-d'œuvre. Cet apport démographique a eu des effets profonds et durables sur les populations locales, en favorisant le développement de sociétés multiculturelles et un accroissement

LE PRINTEMPS ARABE EN ARABIE

En 2011, la péninsule Arabique a elle aussi connu son printemps arabe. Majoritairement suscité par des étudiants sensibles aux aspirations démocratiques de leurs homologues nord-africains, il a débouché sur une poignée de manifestations en Oman, des problèmes plus prononcés au Bahreïn et une éviction du président au Yémen. Or, le terme général de "printemps arabe" ne saurait masquer indéfiniment la nature principalement locale des motifs de ces soulèvements, qu'il se soit agi de préoccupations économiques ou identitaires et fondamentalistes. Ainsi, à Sohar, dans le nord d'Oman, le mouvement portait moins sur des revendications démocratiques (le sultan dispose du pouvoir absolu, jusque sur les décisions politiques mineures) que sur le manque de travail pour les demandeurs d'emploi et sur la lenteur de l'"omanisation", ce processus visant à remplacer la main-d'œuvre expatriée par des Omanais. Le printemps arabe a seulement effleuré les Émirats, la police s'étant tenue sur ses gardes et réprimant les moindres prémices de manifestation. L'État affichait par ailleurs son soutien aux gouvernements en place dans les pays voisins, participant même, avec les Saoudiens, à la répression au Bahreïn.

Aujourd'hui, en termes de politique étrangère, l'insurrection au Yémen, bastion d'al-Qaida, menace d'entrer en conflit avec l'Arabie Saoudite, alors que leurs idéologies opposées s'affrontent pour s'implanter dans la seule région pauvre de la Péninsule. En termes de politique intérieure, les soulèvements du printemps arabe persistent au Bahreïn, où la crise se greffe sur un conflit entre chiites et sunnites, et au Koweït, et les citoyens ne tolèrent plus que le changement ne suive pas leur vision du futur.

2007

Le boom de la construction atteint son apogée. Les projets se comptent en milliards de dollars et seraient inimaginables ailleurs dans le monde.

2008

La crise mondiale commence à toucher la péninsule Arabique et produits des effets catastrophiques en 2009 à Dubai. Le Qatar et Oman restent relativement peu touchés.

2011

Le printemps arabe enflamme la région, déstabilisant brièvement Oman. Les gouvernements de la Péninsule s'attaquent à la corruption et revoient leurs politiques afin d'apaiser leurs populations.

2015

Au Yémen, un conflit armé éclate entre le gouvernement démocratiquement élu et les rebelles houthistes, provoquant des frappes aériennes de l'Arabie Saoudite et menaçant la stabilité de la Péninsule.

MODE DE GOUVERNEMENT DES ÉMIRATS

Les Émirats arabes unis sont composés de sept émirats : Abu Dhabi, Dubai, Chardja, Ras al-Khayma, Adjman, Umm al-Qaywayn et Fudjayra. Le mot "émirat" vient du terme "émir" (prince). Dans la pratique, les sept émirs héréditaires du pays sont appelés cheikhs. Malgré la présence d'un gouvernement fédéral dirigé par un seul des cheikhs (le président), chaque émir est entièrement souverain dans son propre émirat.

Les sept princes des émirats forment le Conseil suprême, la plus haute autorité du pays, qui ratifie les lois fédérales et fixe la politique générale. Il existe aussi un Conseil des ministres, ou cabinet, présidé par le Premier ministre, qui a notamment pour fonction de nommer des ministres originaires de tous les émirats. Naturellement, les émirats les plus peuplés et les plus riches, comme Abu Dhabi et Dubai, sont représentés dans une plus grande proportion.

Le cabinet et le Conseil suprême sont conseillés par une instance parlementaire, le Conseil national fédéral (FNC), lequel ne peut toutefois pas annuler leurs décisions. Depuis 2006, la moitié de ses 40 membres sont élus ; les 20 autres sont nommés par les émirs. Le nombre d'électeurs est passé de 6 595 en 2006 à 224 000 aux dernières élections de 2015. Toutefois, le taux de participation, de 35,29%, est bas. Il est prévu d'accorder au FNC des pouvoirs législatifs et éventuellement de donner le droit de vote à tous les citoyens des Émirats arabes unis.

considérable des infrastructures. En retour, aux Émirats, la population autochtone s'est trouvée dépassée en nombre par l'afflux d'expatriés, et les deux pays ont connu des difficultés pour assurer du travail à leur population native.

À chaque effondrement des cours du pétrole (liés à la crise mondiale ou à la concurrence résultant des nouvelles technologies de fracturation hydraulique), les pays du Golfe éprouvent des difficultés à poursuivre leurs projets de construction et à maintenir les généreuses aides sociales auxquelles se sont habituées leurs populations. Pourtant, ces crises ont des effets positifs au sens où elles poussent les pays du Conseil de coopération du Golfe (CCG) à diversifier leurs économies.

Mais la manne pétrolière n'est pas encore épuisée. L'exploration se poursuit, en même temps que des investissements sont faits dans la recherche pour trouver des moyens d'extraction plus sophistiqués, comme la fracturation hydraulique. Malgré l'essor actuel des ressources renouvelables et la lutte pour les économies d'énergie, il est peu probable qu'aucune de ces technologies vertes ne remplace le pétrole dans la mémoire collective de la région. De fait, c'est bien l'or noir qui a donné à la Péninsule sa place dans le monde moderne.

2016

L'avion à énergie solarie Solar Impulse 2, piloté par les Suisses André Borschberg et Bertrand Piccard, atterrit en juillet à Abu Dhabi, étape finale de son tour du monde commencé en 2015 dans cette même ville.

Population et société

Bien que les pays de la vaste péninsule Arabique présentent de nombreuses disparités en termes de géographie, d'histoire et de destinée récente, ils n'en partagent pas moins une même identité culturelle, distincte de celle de leurs voisins du monde arabe. Que cela soit imputable à l'expérience du désert, au statut de carrefour commercial entre l'Asie et l'Occident ou à la proximité du berceau de l'islam, les visiteurs ressentiront partout les racines bédouines de leurs hôtes omanais et émiratis.

Population

Le cliché de l'Arabe du Golfe véhiculé par les Occidentaux a évolué au cours du siècle passé. Autrefois décrit comme un être aux mœurs austères, émacié et féroce, il est désormais dépeint comme riche, extravagant et présentant un embonpoint systématique ; il possède des dromadaires, de nombreuses épouses et enfants, plusieurs voitures – dans cet ordre – et se couvre de draps et de torchons. Il n'est fait mention des femmes que lorsqu'on évoque le hidjab (voile) ; dans les caricatures, elles sont invariablement réduites à une morne existence de perpétuelle sujétion.

Fort heureusement, ces stéréotypes reculent aujourd'hui en Occident, battus en brèche par le multiculturalisme grandissant et par une meilleure connaissance des "us et coutumes" arabes grâce aux médias.

La distinction entre les habitants de toute la péninsule Arabique ne se fait pas tant entre ressortissants d'un pays par rapport à un autre (bien que les allégeances à la nation ou à la tribu se maintiennent farouchement) qu'entre natifs de la région et expatriés ou travailleurs immigrés. Dans la mesure où les résidents étrangers dépassent en nombre les autochtones, la question alimente le débat social et affecte la politique de ces pays, sur leur sol et entre eux. Il existe aussi un clivage entre les citadins ayant fait fortune grâce au pétrole et ceux qui ont choisi, ou été contraints, de continuer à vivre dans l'environnement hostile du désert. Si les premiers s'enorgueillissent de leurs origines bédouines, bien peu regrettent la rude existence de leurs ancêtres.

Statistiques

Pasteurs nomades dans la péninsule Arabique : moins de 5% des Bédouins

Population autochtone aux Émirats : 18%

La population des Émirats figure parmi les plus diverses, multiculturelles et masculines (trois habitants sur quatre) du monde. La société émiratie est globalement plus accommodante. La plupart des religions sont tolérées (le judaïsme étant une exception), et des lieux de culte existent pour les chrétiens, les hindous et les sikhs. Malgré tout, la culture traditionnelle et la vie sociale sont profondément liées à l'islam. La religion commande très largement les activités quotidiennes, les relations, le régime alimentaire et la tenue vestimentaire.

Depuis l'accession au pouvoir du sultan Qabus, en 1970, Oman a quant à lui parcouru un délicat chemin en limitant les influences extérieures tout en profitant de certains de leurs bienfaits. Il a adopté le meilleur de la philosophie du Golfe, marquée par la tolérance à l'égard des "coutumes et manières" étrangères, sans sacrifier son identité nationale, comme souvent en cas de modernisation rapide. Fier de sa longue histoire,

Oman tient à préserver ses coutumes, ses traditions vestimentaires, son architecture, ses règles d'hospitalité et restaure méticuleusement ses monuments historiques. Avec des revenus pétroliers relativement modestes, les Omanais ont dû travailler dur pour faire de leur pays ce qu'il est aujourd'hui, et font donc bien moins montre de cette relative condescendance que l'on rencontre parfois dans les pays voisins. Du reste, on rencontre ici des Omanais de toutes catégories sociales et professionnelles, aussi bien des professeurs d'université que des chauffeurs de taxi.

UNE HIÉRARCHIE CHEZ LES "EXPATS"

Bien qu'il y ait officiellement égalité de traitement, il existe un ordre hiérarchique clairement défini parmi les travailleurs étrangers de la Péninsule en fonction de leur nationalité. Les travailleurs au revenu intermédiaire venant d'autres pays du Moyen-Orient, par exemple, sont accueillis chaleureusement comme frères arabes et coreligionnaires, mais regardés avec une certaine condescendance car leur principale préoccupation est d'épargner. Généralement, ces expatriés restent juste assez longtemps pour gagner de quoi se faire construire une maison chez eux et envoyer leurs enfants à l'université. Dans certains pays, comme l'Égypte, la Jordanie et le Yémen, les versements des émigrés constituent même la colonne vertébrale de l'économie.

Le nombre d'Européens et d'Américains dans la région a décliné ces dernières décennies depuis que le secteur militaire et l'industrie des hydrocarbures sont passés aux mains de nationaux. Souvent perçu comme un mal nécessaire pour une modernisation rapide, le recrutement d'Occidentaux concerne une main-d'œuvre hautement qualifiée. Ce groupe, bien rémunéré, commence aujourd'hui à céder la place à des professionnels indiens et chinois, souvent tout aussi compétents mais moins exigeants sur le plan salarial.

Les expatriés originaires d'Inde (et dans une moindre mesure du Pakistan et du Bangladesh) forment traditionnellement la catégorie des cadres moyens, en particulier dans les affaires, le commerce et l'industrie, et servent de modèle entrepreneurial à une nouvelle génération de diplômés autochtones.

Cependant, la majorité des travailleurs de ces pays exercent des activités manuelles et gagnent leur vie dans des conditions très difficiles : horaires à rallonge, absence de normes de sécurité, exposition quotidienne à des températures de 45°C, restrictions en matière de visa et de retour dans le pays d'origine soumis à autorisation. L'exploitation dont ils sont victimes est largement dénoncée par les organisations de défense des droits de l'homme et les médias. Malgré tout, nombre de ces expatriés préfèrent une situation précaire dans le Golfe à la pauvreté qu'ils ont quittée, et ils continuent d'être recrutés en masse. Beaucoup rentrent ensuite au pays en héros avec de quoi transformer l'existence d'une famille entière.

Les femmes, philippines pour la plupart, jouent un rôle important dans le secteur sanitaire, en qualité d'infirmières et de formatrices dans le domaine de la santé. Le gros des employées de maison provient de Malaisie et d'Indonésie. Si leurs journées sont souvent très longues, leur salaire est bien inférieur à celui des autres expatriés. Sans compter les risques d'abus sexuels.

En dépit de ce tableau négatif, quelques Asiatiques s'installent dans la Péninsule pour une vingtaine d'années, pendant lesquelles ils ne rendent visite à leurs proches que tous les deux ans. Conscient des problèmes qu'ils rencontrent, les ministres du Travail du Conseil de coopération du Golfe (GCC) se sont mis d'accord en 2014 pour la création d'un contrat d'embauche standardisé pour les domestiques, qui supprime notamment le système controversé du parrainage (*kafala*). Dans le futur, les employés n'auront plus à remettre leur passeport à l'employeur, pourront changer de travail et bénéficieront d'horaires réglementés par la loi. Si cette mesure a été reçue comme un progrès par la communauté expatriée, reste à savoir si elle changera véritablement le sort et les perspectives d'emploi des salariés les plus précaires.

Mode de vie

En roulant dans les banlieues des grandes villes de la Péninsule, le visiteur découvre de somptueuses villas à coupole qui scintillent au soleil. Dans les souks de l'or, des femmes arborant des sacs Gucci s'offrent perles et diamants. Dans les rues de Dubai ou d'Abu Dhabi défilent les voitures de luxe. Il ne fait aucun doute que d'immenses fortunes se sont bâties sur le pétrole et le secteur du bâtiment.

Les invités sont généralement reconduits par l'hôte jusqu'à la porte, voire jusqu'au bout du couloir ou du jardin. Cette coutume symbolise la traversée sans encombre du territoire de la tribu. Si vous recevez, assurez-vous d'en faire autant !

Et du fait notamment de l'influence des médias de masse, miroir de l'actuelle prospérité, les attentes de chacun sont devenues plus élevées. Ceux qui jadis se contentaient de peu en veulent désormais plus. Le prix du ciment et de l'acier a doublé en une décennie, et les membres de la florissante "classe moyenne" arabe font tout pour obtenir le crédit nécessaire pour achever la construction de leur maison ou payer les frais de scolarité de leurs enfants. À en juger d'après la quantité d'achats effectués avant le jour de paie, la plupart des familles ont sans doute des fins de mois difficiles.

Pour compléter le tableau, il faut s'éloigner des villes. La vie dans les villages de montagne, dans les oasis du désert, au milieu des dunes ou dans les villages de pêcheurs de la côte semble de prime abord peu altérée par les salaires de la ville, mais on aperçoit bientôt l'antenne parabolique attachée aux murs de *barasti* (feuilles de palmier), les poteaux électriques qui s'alignent jusqu'aux *wadi* ; le camion communal qui a permis aux habitants d'abandonner leur mode de vie nomade. L'eau, l'électricité, les routes, l'éducation et les services de santé constituent désormais les véritables richesses de la région, et sont en outre très bien répartis, malgré la géographie et la topographie difficiles.

Dans une région où l'essence coûte moins cher que l'eau, les Arabes de la région ont une passion pour la voiture et se déplacent beaucoup avec. En revanche, l'idée de faire la navette chaque jour en transports en commun entre domicile et lieu de travail reste un concept étranger aux mentalités locales, ce dont témoigne l'absence d'un système cohérent en la matière.

Oman au défi de la modernité

Difficile d'imaginer un pays qui ait connu un tel changement en aussi peu de temps. En dehors de Mascate, la plupart des habitants d'âge moyen se souviennent du temps où il leur fallait enfourcher un âne ou un vélo pour se rendre au village voisin, où l'instruction reposait sur le seul Coran et où les médications se limitaient à quelques herbes de montagne (du reste empiriquement efficaces). De nos jours, des fermiers à la pointe de la technique contemplent les rotations de cultures OGM, tout en pensant, lorsque le ciel reste trop longtemps sans nuages, que leurs grands-mères et leurs enfants n'ont pas prié assez fort. Des médecins administrent des médicaments modernes, mais soignent leurs propres maux de tête avec des remèdes ancestraux à base de plantes. Pas étonnant que sous la pression d'un changement si rapide, certaines familles se trouvent en rupture avec les principes d'autrefois : alcoolisme clandestin, abus de drogue, divorce... Autant de questions sociales qui ont émergé récemment.

Reste que, dans l'ensemble, c'est une réussite. Oman a embrassé le monde moderne, avec juste ce qu'il faut de scepticisme pour permettre aux Omanais de retourner dans leurs villages le week-end, en garant leur 4x4 au bout de la route asphaltée et en continuant à pied pour aller voir leur grand-père.

Les Émirats au-delà du cliché

L'islam n'est pas seulement la religion officielle des Émirats, il constitue le pilier de la culture locale et fait partie intégrante du quotidien. Il guide les choix individuels et régit la vie familiale ainsi que les relations avec autrui. En ce sens, il joue un rôle de ciment social dans ce pays qui évolue rapidement, fournissant un soutien là où les structures traditionnelles, qu'elles soient physiques ou humaines, ont été démantelées pour laisser place à un nouveau mode de vie urbain.

Pour le visiteur, comprendre ces liens peut aider à mieux appréhender des pratiques souvent mal interprétées. Prenez par exemple la tenue vestimentaire. L'islam prescrit, aux hommes comme aux femmes, de s'habiller décemment dans les lieux publics. On ignore l'origine exacte de la coutume consistant à se couvrir le corps, mais elle précède certainement l'islam et a sa raison d'être sous le soleil brûlant de la Péninsule. De même, les musulmans n'ont le droit de consommer ni porc ni alcool. Ces interdits s'expliquent dans une région où le ténia infectait couramment la viande porcine et où la chaleur extrême accentuait les effets éthyliques.

Femmes en islam : essai (L'Harmattan, 2016), d'Ouzaki Fouzia, est une synthèse sur la représentation de la femme dans le Coran et sa place dans les sociétés musulmanes.

Santé et espérance de vie

La modernisation du mode de vie, en ville comme dans l'arrière-pays, et l'amélioration du système médical ont eu un impact important sur la santé de la plupart des habitants de la Péninsule. L'espérance de vie a augmenté, la mortalité infantile a baissé, et des maladies comme le paludisme ont été éradiquées. Il y a 20 ans encore, la pénibilité des travaux agricoles dans les champs en terrasses sous le soleil écrasant ou dans la boue usait la population rurale avant l'âge. Pour beaucoup, les "pathologies d'aujourd'hui", telles que diabète, hypertension et AVC, constituent un prix acceptable à payer, en regard de la situation antérieure ..

Moindre dépense physique, stress accru et régime alimentaire riche en sucres, sel et graisses, voici autant de facteurs responsables de l'augmentation du diabète dans la péninsule Arabique. La région abrite actuellement cinq des dix pays comptant le plus fort taux de diabétiques au monde, dont les Émirats.

Population et diversité ethnique

Dans la région, les patronymes en disent long sur l'origine des uns et des autres. Tous les pays prennent ces distinctions très au sérieux : "Avec un nom pareil, il doit être baloutche (c'est-à-dire pas un vrai Émirati) ; il parle le swahili, donc il doit être *zanzibari* (pas un vrai Omanais)." Et ainsi de suite, de sorte que l'on finit par se demander s'il existe vraiment des habitants de "pure souche". De telles interrogations sur l'origine ethnique des uns et des autres montrent bien que les Arabes se sentent davantage liés à une tribu qu'à une nation.

Des siècles d'échanges commerciaux et de pèlerinages ont favorisé un extraordinaire brassage de cultures, et seuls quelques individus, comme les Jibbali du sud d'Oman, se réclament d'un peuplement originel.

À côté d'une population à prédominance arabe, Oman compte aussi une mosaïque de populations liées à son histoire et à celle de son empire. De nombreux Omanais sont issus de mariages mixtes, en particulier avec des groupes d'Afrique orientale. C'est ainsi que certains Omanais parlent

LE BÉDOUIN DES TEMPS MODERNES

Les Bédouins se sont modernisés, s'équipant de camions 4x4 (aujourd'hui les dromadaires voyagent en camion), achetant le fourrage en ville (ce qui rend le nomadisme moins nécessaire) et puisant leur eau potable dans un camion-citerne. Certains ont des téléphones portables et la TV par satellite ; la plupart écoutent la radio. Quelques-uns ne se déplacent même plus du tout. Toutefois, les traditions bédouines, qui remontent à la naissance de l'Islam, n'ont guère changé – en particulier leur légendaire hospitalité.

L'agencement des tentes perdure également : le campement comprend généralement un *haram* (zone interdite) pour les femmes et une zone réservée aux hommes. Ce dernier espace tient lieu de salon public, où les invités se voient offrir un café accompagné de dattes, voire un repas complet. C'est aussi là que se transmettent les nouvelles et les rumeurs, élément essentiel à la survie du groupe dans un environnement hostile.

La famille bédouine est étroitement unie. Les femmes se chargent de la plupart des tâches domestiques : elles vont chercher l'eau (il faut parfois marcher plusieurs kilomètres), font le pain et tissent. Bien souvent, elles sont aussi les premières à aider les touristes à dégager leur 4x4 enlisé dans le sable. Les hommes assurent le revenu en temps de paix, et se montrent âpres au combat en temps de guerre.

mieux le swahili que l'arabe. Une communauté de marchands indiens est établie à Mascate depuis au moins deux siècles, tandis que des populations perses et baloutches dominent la côte de la Batinah, dont une bonne partie parlent toujours le farsi ou le baloutche. Les Jibbali forment un groupe bien particulier du Dhofar. Nombre d'entre eux vivent essentiellement en nomades et ont leurs propres coutumes. De son côté, le *kumzari*, parlé dans certaines parties de la péninsule de Musandam, est une langue persane variante du *lori*. Les Omanais sont très attachés à leur tribu et à leur nom tribal (comme al-Nabhani, al-Wahaybi ou al-Balushi) qui indique clairement la région à laquelle ils appartiennent. Certaines familles, comme les Al-Abri du Wadi Sahtan, dans les monts Hajar, indiquent dans leurs noms de quel *wadi* ils proviennent.

Lady Mary Wortley Montagu, écrivaine britannique du XVIIIe siècle, remarquait à son époque que les femmes arabes jouissaient d'une plus grande liberté que les Européennes et que le port de l'*abaya* (le "déguisement noir" selon ses termes) leur permettait de prendre plus facilement un amant.

Nombreuses sont les personnes qui, à la recherche de travail et des commodités du monde moderne, affluent vers la capitale, Mascate, qui s'étire le long du littoral en direction de Sib. Pour freiner cet exode rural, même les plus petits *wilayat* (villages) ont été raccordés à des routes asphaltées, à l'électricité et à l'eau courante. Même dans ces coins perdus, il n'est pas rare de voir des expatriés (le plus souvent venus de l'Inde) travailler dans des magasins, des écoles et des dispensaires.

De fait, en Arabie, le visiteur croise souvent davantage d'étrangers que d'Arabes. La population de la Péninsule dans son ensemble – 78 millions d'habitants – compte moins de 50 millions d'autochtones. En Oman, les étrangers représentent 44% de la population, et le chiffre atteint 82% dans les Émirats.

Les étrangers commencèrent à affluer vers la péninsule Arabique après que l'on y eut découvert du pétrole. Des centaines de milliers de travailleurs étrangers s'y rendirent pour aider à développer les industries de la région, et fournir les compétences et le savoir nécessaires à la création d'infrastructures modernes. Bien qu'aucun de ces ressortissants étrangers n'ait obtenu la naturalisation, beaucoup se sont installés définitivement en Arabie, élevant leur famille et créant leur propre entreprise grâce à un système de parrainage local, lié au droit islamique, ce qui a modifié la démographie de toute la Péninsule.

Rencontre avec les Bédouins

Sharqiya Sands, Oman

Rub al-Khali, Oman et Émirats arabes unis

Il s'agit aujourd'hui de réduire la dépendance par rapport à la main-d'œuvre étrangère et de former la population locale pour qu'elle puisse prendre la relève. Ce processus appelé omanisation a été mis en place dès 1988, d'où le plus faible nombre d'expatriés sur le sol omanais. Or, on

LES BÉDOUINS, OU L'ALTRUISME COMME MODE DE SURVIE

Le terme "Bedu" – nomade – est devenu inadapté. Parmi les centaines de milliers de Bédouins recensés, peu sont encore vraiment itinérants. Seuls une poignée d'entre eux vivent toujours comme autrefois. Après avoir monté leurs caractéristiques tentes noires en poil de chèvre – les *beit ash-sha'r* ("maisons de poils") –, ils font paître leurs chèvres, leurs moutons ou leurs dromadaires au même endroit pendant plusieurs mois. Lorsque la végétation clairsemée du désert s'amenuise, ils doivent reprendre la route pour laisser la terre se régénérer.

L'hospitalité des Bédouins est légendaire, même à l'aune de cette région où la générosité est tenue en haute estime. La sacrosainte tradition d'hospitalité veut notamment qu'aucun voyageur fatigué ou affamé ne soit repoussé. En outre, il bénéficiera de la protection de ses hôtes pour une période de trois jours, et pourra traverser sans encombre le territoire de la tribu.

Marqué de pragmatisme, leur code de conduite, fondé sur l'entraide, tient cette dernière pour garante de la survie de tous dans un environnement hostile aux ressources limitées. De fait, ce code participe de la pérennité du mode de vie nomade et du maintien du commerce.

DÉBATS AUTOUR D'UN THÉ

La *diwaniya* (réunion), qui se tient généralement chez quelqu'un – plus exactement devant la maison, dans une tente ou sur des coussins – a son importance dans les pays du Golfe. Tout visiteur ayant la chance d'y prendre part sera donc aux premières loges pour observer la vie sociale arabe. Tirant son origine de la tradition d'hospitalité des Bédouins, le rituel consiste à siroter d'innombrables tasses de thé chaud sucré, tout en ruminant faits divers et actualité politique. L'activité est normalement réservée aux hommes. Comme nous l'expliquait l'une des femmes de la maison, ces dernières sont trop occupées par les tracas de la vie quotidienne pour perdre leur temps à philosopher.

s'en doute : peu d'expatriés sont disposés à former de futurs concurrents sur le marché du travail. En outre, dans certains des riches pays du Golfe, les travailleurs locaux rechignent à assurer des tâches manuelles ou à postuler aux emplois traditionnels du secteur industriel.

La plupart des Émiratis travaillent dans le secteur public, où les horaires légers, les bons salaires, les avantages et les préretraites participent à un mode de vie agréable. À l'instar de son voisin omanais, le gouvernement a cependant lancé une politique active d'"émiratisation" qui incite les citoyens à travailler dans le secteur privé. Tant que les locaux ne prendront pas la tête des petites et moyennes entreprises, il restera difficile pour l'État de réduire sa dépendance vis-à-vis de la main-d'œuvre importée, qui représente environ 80% de la population. D'ailleurs, le visiteur aura surtout l'occasion de rencontrer lors de son séjour les étrangers de toutes origines attirés dans le Golfe par la perspective d'une vie meilleure (ou du moins plus lucrative).

Certaines nationalités ont tendance à être employées dans des secteurs spécifiques : la santé pour les Philippins, la construction pour les Pakistanais, le conseil financier pour les Indiens. Les Occidentaux apportent quant à eux le savoir-faire technique. Les mauvaises conditions de travail, surtout celles des ouvriers du bâtiment et des employés de maison, restent un sujet récurrent.

Racines bédouines

L'attrait touristique des grandes villes des Émirats occulte la réelle importance de l'héritage bédouin dans la société arabe. Pourtant, même en séjournant en ville, on peut s'offrir un week-end dans le désert omanais ou assister à un spectacle de fauconnerie (à Dubai), des manifestations du fort attachement à cette culture ancienne, présente dans tous les États de la péninsule Arabique.

Le sens de l'humour des Bédouins est bien connu. Favorisant la tolérance et l'humilité, il figure d'ailleurs pour ces derniers parmi les quatre secrets de la vie – avec le courage, la vigilance et la foi religieuse.

L'attitude de la population à l'égard des dromadaires illustre parfaitement le phénomène. L'âne a joué un rôle tout aussi essentiel pour le transport dans les zones montagneuses, mais personne n'élève cet animal pour le plaisir, alors qu'il en va tout autrement des dromadaires. Dans certains coins d'Arabie (comme le Dhofar en Oman), ils se multiplient, livrés à eux-mêmes, à une telle allure, qu'ils sont devenus une menace pour leur fragile habitat. Évidemment, l'engouement pour les courses n'est pas étranger à cette obsession des dromadaires, mais, au-delà de cela, l'animal est profondément ancré dans la culture arabe. Évoquant l'ancien mode de vie nomade, les dromadaires sont le symbole de la communauté unie contre vents et marées – l'héritage, en somme, des Bédouins.

Le terme "bédouin" renvoie davantage à un mode de vie qu'à un groupe ethnique. Les citadins arabes d'aujourd'hui, tracassés par le désir de s'enrichir et de conserver leur bien, songent avec mélancolie à cette époque révolue à laquelle ils sont attachés, même si leurs ancêtres étaient plus probablement eux aussi citadins, ou marins.

Société

Le mariage et le rôle des femmes

L'islam autorise l'homme à prendre jusqu'à quatre épouses, à condition de les traiter de manière équitable. Cette coutume musulmane se justifiait initialement par des considérations d'ordre pratique, car elle offrait une protection aux veuves restées sans moyens de subsistance. Aujourd'hui, la plupart des Émiratis privilégient la monogamie, tant pour des raisons économiques que sociétales. Le coût élevé du logement et de l'éducation joue un rôle non négligeable dans ce choix. Le nombre moyen d'enfants dans les familles modernes est d'ailleurs passé de cinq à deux.

Entre 1945 et 1950, Wilfred Thesiger a partagé le quotidien des Bédouins du Rub al-Khali, expérience qu'il relate dans un livre fascinant : *Le Désert des déserts. Avec les Bédouins, derniers nomades de l'Arabie du Sud* (Pocket, 1999).

Les conditions de vie urbaines pèsent particulièrement sur les couples, d'où un taux de divorce élevé (trois par jour rien qu'à Dubai) qui révèle une rupture avec les valeurs traditionnelles. L'infidélité croissante, les attentes irréalistes, les difficultés des unions interculturelles et les longs trajets quotidiens entre ville et banlieue font partie des nombreux facteurs rendus responsables de l'échec des mariages.

La procédure de divorce est assez simple et de moins en moins tabou, en Oman comme dans les Émirats. Les femmes arabes modernes sont qualifiées, et souvent beaucoup plus acharnées que les hommes à l'université, remportant de ce fait plus de succès sur le marché du travail. Elles ont le droit de percevoir un salaire et de le conserver (contrairement aux hommes qui, eux, sont tenus de le consacrer au maintien du foyer). Elles jouissent donc d'une indépendance dont leurs propres grands-mères n'auraient pu rêver.

En Arabie Saoudite, la discussion se concentre sur les droits fondamentaux – le droit de voter (qu'elles ont obtenu en 2015), de conduire, de voyager sans être escortées par un homme de la famille, de représenter et d'être représentées dans la sphère publique. Par ailleurs, les thématiques abordées dans les Émirats et en Oman (où l'accès aux études a aussi conduit à une égalité des attentes) sont axées sur la possibilité pour les femmes de franchir le plafond de verre et de se former dans des disciplines traditionnellement réservées aux hommes, comme les métiers d'ingénieur, tout en ayant leur mot à dire sur leurs horaires et leur temps de présence sur le lieu de travail.

Le fait que les femmes soient plus nombreuses que les hommes à sortir diplômées de certaines universités réputées de la région soulève inévitablement des interrogations : qui sera chargé en priorité de l'éducation des enfants ? Quelles sont les conséquences psychologiques pour les hommes, dont l'autorité, jusqu'alors incontestée, est remise en question par la médiocrité de leurs résultats au regard de ceux de leurs homologues féminines ?

En matière d'instruction, il n'y a pas, en Oman, de distinction entre garçons et filles. Ces dernières sont presque aussi nombreuses que les garçons dans les écoles publiques et privées. Les étudiantes comptent environ pour moitié à la Sultan Qaboos University, le meilleur établissement d'études supérieures du pays. Même en médecine ou dans les formations d'ingénieur, disciplines traditionnellement masculines, les femmes obtiennent de meilleurs résultats que les garçons. Plusieurs ministères ont été et sont encore dirigés par des femmes. La première femme ingénieur de vol de la région vient du sultanat, où les femmes assument également des fonctions de haut niveau dans le domaine militaire.

Aux Émirats, la modernisation a permis aux femmes de s'émanciper de leurs seules fonctions familiales et domestiques. Elles représentent désormais 77% des étudiants de l'université, soit un record planétaire. Beaucoup exercent des métiers divers, y compris médecin, ingénieur, cadre d'entreprise, voire ministre. Elles forment en fait 66% des employés du secteur public (contre 48% en moyenne dans le monde) et

COSTUME TRADITIONNEL OMANAIS

Tandis que de nombreux pays en voie de développement s'empressent d'adopter l'uniforme de la mode internationale – costume et cravate ou jeans et tee-shirt –, les Omanais font l'effort de conserver leurs traditions en matière d'habillement. Si cela commence un peu à changer (à Mascate, par exemple, les femmes mettent souvent des pantalons sous leur *abaya*), le visiteur ne pourra s'empêcher de remarquer l'harmonie vestimentaire de la population, sans distinction d'âge, et son élégance.

En observant les tenues des femmes, on peut reconnaître leur origine ethnique, voire la région d'où elles viennent. Si toutes ont la tête, les bras et les jambes couverts, les habitantes du Dhofar arborent une longue traîne en velours, les Bédouines une *abaya* (voile noir couvrant la femme de la tête aux pieds) transparente sur une tunique colorée et un masque pointu (appelé *burka*). Lors des fêtes, les sœurs et même les amies choisissent souvent des vêtements taillés dans le même tissu, avec des parements richement brodés sur leurs pantalons et tuniques et un long voile paré de bijoux en or.

Les hommes portent une "robe-chemise" descendant jusqu'aux chevilles, généralement blanche, appelée *dishdasha*, ainsi qu'un *kumar* (toque en coton) brodé. Au travail, ils se coiffent d'un turban en pashmina de couleur pastel, orné de broderies, provenant du Cachemire, qu'ils nouent d'une façon différente selon la région. Pour les cérémonies, une ceinture ouvragée et un kandjar (dague) en argent d'apparat complètent la tenue. Dans les très grandes occasions s'y ajoutent un manteau en soie transparente rehaussée d'or et une canne de chamelier.

30% des décideurs de haut niveau. En 2012, les Émirats sont devenus la seconde nation à rendre obligatoire la nomination de femmes dans les conseils d'administration. Depuis septembre 2014, ils accueillent aussi la première école militaire féminine.

Cinq femmes ont fait partie du gouvernement, dont la ministre du Commerce extérieur Lubna Khalid Al-Qasimi, classée par le magazine *Forbes* parmi les 100 femmes les plus puissantes du monde et qui a reçu le Clinton Global Citizen Award en 2015. Hélas, les Émiratis se montrent encore réticents à élire des politiciennes (les membres du gouvernement sont nommés) : lors des élections du Conseil national fédéral (FNC) en 2015, une seule a remporté un siège sur les 20 à pourvoir.

Les raisons d'un faible taux de criminalité ?

Les règles de conduite morale strictes énoncées par l'islam

Le système juridique, appliqué à la lettre

Les valeurs arabes traditionnelles

Le code de l'honneur séculaire

Mutations de la famille et assistance de l'État

La famille, guidée par les principes de l'islam, est au cœur du mode de vie arabe. Celle-ci tient d'un vaste réseau qui englobe souvent des villages entiers, liés par un même nom de tribu. Il est d'une importance capitale d'éviter toute action susceptible d'attirer la honte sur les siens. Sauver l'honneur représente donc plus qu'une réticence à admettre ses torts : c'est le refus catégorique de voir toute sa famille forcée de prêter le flanc à la critique. De la même manière, promotion et réussite ne sont pas pensées à l'échelle de l'individu, mais par rapport aux bénéfices qu'elles peuvent procurer à la famille. Évidemment, tout fonctionne beaucoup par relations et accroître sa *wasta* (son influence) est l'un des passe-temps favoris dans la Péninsule.

Les efforts de toute une génération se sont exprimés dans la volonté de garantir instruction et opportunités à la suivante. Le prix à payer est qu'aujourd'hui peu d'Arabes peuvent se permettre d'avoir jusqu'à 12 enfants, comme il y a dix ans : la moyenne dans les États du Golfe est désormais d'environ 2,5 enfants par famille.

Dans toute la Péninsule, les gouvernements ont adopté des mesures généreuses en faveur des familles – en matière d'éducation gratuite et de soins – mais les ressources ne sont pas inépuisables et la jeune génération commence à prendre conscience qu'elle doit travailler dur si elle veut garantir à ses enfants les mêmes opportunités.

Vêtements et mode

Les hommes tirent une grande fierté de leur costume traditionnel, lequel, par sa simplicité et son uniformité, est censé masquer les différences de fortune et les origines. En Arabie, beaucoup d'hommes portent un ample foulard, la *ghutra*. Aux Émirats, il s'agit d'un tissu blanc (tandis que dans l'ouest du Koweït et en Arabie Saoudite, il est à carreaux). La corde noire utilisée pour maintenir la *ghutra* est appelée *agal*. Elle évoquerait le filin utilisé par les Bédouins pour attacher leurs dromadaires la nuit. Pour la tenue des Omanais, voir encadré p. 239.

La plupart des hommes arabes portent une robe-chemise descendant jusqu'aux chevilles, appelée *dishdasha* dans les Émirats et en Oman. Généralement blanche, parfois pourvue d'un col et de manchettes, elle peut aussi être ornée de pompons, ou brodée de fil blanc au niveau du cou. Pour les grandes occasions, la tenue est complétée d'une belle ceinture ouvragée, d'un poignard d'apparat et d'un manteau de soie.

La tenue des femmes est plus variée. Elles portent souvent une longue robe colorée ou une tunique-pantalon brodée, et des anneaux de cheville richement décorés. En ville, les vêtements modernes sont omniprésents. Par-dessus leurs habits, les femmes portent généralement un grand carré de tissu noir, l'*abaya* : il n'est pas forcément ajusté et peut recouvrir la tête ; il peut aussi tenir lieu de véritable accessoire de mode, près du corps et semé de brillants (comme en Oman).

Si la plupart des femmes arabes couvrent leurs cheveux, elles ne portent pas toutes le *niqab*. En Oman et dans les Émirats, la plupart ont en effet le visage découvert. Les voiles peuvent être faits d'une fine gaze couvrant entièrement le visage, d'un tissu ne laissant à découvert que les yeux, ou encore d'un masque cachant le nez, les joues et une partie de la bouche. Les femmes choisissent souvent de les porter pour se sentir plus à l'aise en compagnie des hommes, ou pour protéger leur peau du soleil et garder le teint clair, idéal de beauté. Il s'agit d'une coutume antérieure à l'islam.

Le zèle religieux

Dans la péninsule Arabique, seule une faible minorité est concernée par le fondamentalisme religieux ; leur foi s'exprime surtout par des tentatives pacifiques de concilier les libertés de la vie moderne et les valeurs traditionnelles de l'islam. Ceux qui ont recours à la violence pour atteindre des objectifs en grande partie politiques suscitent la méfiance même au sein de leurs communautés, et leurs actes sont réprouvés par la plupart des chefs religieux. Il est regrettable que cette petite minorité ait pris une telle importance médiatique et serve communément de base pour juger dans son ensemble la culture arabique, qui est en fait plutôt pacifique et tolérante.

Arts, sports et loisirs

Le principal trait distinctif de l'art en Arabie (et, d'une manière générale, dans tout le monde arabe) est l'étroite adéquation entre fonction et forme. En d'autres termes, l'art s'y est développé en fonction d'une finalité précise. Il peut se révéler très pragmatique : par exemple, orner la proue d'un bateau de cauris pour éloigner "le mauvais œil" ; ou, au contraire, très abstrait : par exemple, créer des motifs élaborés pour suggérer la présence divine et inviter à la contemplation.

Arts

Poésie

La poésie fait partie intégrante de la fameuse tradition orale, présente dans la littérature de toute l'Arabie et dont l'origine remonte aux Bédouins. Les récits transmis par les vieux sages nomades aux enfants émerveillés ne servent pas uniquement à agrémenter l'après-dîner, mais renforcent aussi les liens entre générations par le partage de l'histoire collective. Ces narrations diffusent les principes de l'islam et renforcent l'identité tribale et nationale. Elles louent la loyauté, la bravoure, l'endurance et l'hospitalité, des valeurs qui rendent supportable la vie dans un milieu naturel hostile.

Véritables figures de proue, tous les grands noms de la littérature classique arabe et persane sont des poètes, notamment le célèbre Omar Khayyam, poète du XIe siècle auteur de *rub'ai* (quatrains), et Abu Nuwas, poète bagdadien du VIIIe siècle. Tous les grands poètes arabes possédaient, croyait-on, un savoir inaccessible au commun des mortels et jouaient de ce fait le rôle d'intermédiaires entre le monde des hommes et le monde spirituel.

Encore aujourd'hui, la récitation de poèmes, y compris sur le modèle des anciennes joutes oratoires entre tribus, joue un rôle important dans toutes les fêtes nationales, et même les jeunes, avides de télévision, peuvent être fascinés par la musicalité d'un texte.

Aux Émirats, Sultan al-Owais (1925-2000) et Ahmad Amin Al-Madani (1931-1995) comptent parmi les grands noms de la poésie contemporaine. L'un des poètes les plus importants de la région était Mubarak Al-Oqaili (1880-1954). Tout un musée lui est dédié dans une bâtisse traditionnelle du souk aux épices de Deira à Dubai.

Le *nabati* (poésie populaire) plaît beaucoup et s'exprime traditionnellement sous forme parlée. L'émir Mohammed bin Rashid al-Maktoum, qui règne sur Dubai, est un poète respecté de cette tradition. De même, la poétesse Ousha bint Khalifa, qui a remporté plusieurs prix et à laquelle le musée des Femmes (Bait al-Banat) de Deira, à Dubai, consacre une salle entière.

Nombreux sont les poètes connus aux Émirats qui emploient encore les formes de la poésie arabe classique, souvent associées à d'autres styles. On y trouve aussi des poétesses célèbres, dont la plupart écrivent en *tafila* (prose) moderne. Rua Salem, sa sœur Sarah Hareb et Sheikha Maisoon Al-Qasimi font partie des plus éminentes.

Le livre poétique El Athir : analectes de la poésie omanaise contemporaine (L'Harmattan, 2015), sous la direction de T. Ould-Aroussi et A. El Rabel. Un recueil de six poètes omanais qui témoigne des préoccupations actuelles de la société et de ses valeurs ancestrales.

Les Mille et Une Nuits est un recueil de contes (où l'on croise Ali Baba et Aladdin) originaires d'Arabie, d'Inde et de Perse. Renouvelant ses contes nuit après nuit, la belle et envoûtante Shéhérazade cherche ainsi à retarder le moment de sa décapitation, ordonnée par un roi vengeur.

UNE TRADITION ORALE BIEN VIVANTE

Pour les Bédouins, la vie est nomade par essence. À l'image des traces éphémères laissées dans le désert par leur passage, rien ne perdure. Les expressions artistiques de leur culture ont évolué afin de devenir elle aussi transportables – tissage enroulable transporté par les dromadaires, ouvrages en perles facilement glissés dans une poche, récits narrés de mémoire à la nuit tombée autour d'un feu de camp.

Les contes des Bédouins et leurs interminables digressions ne tiennent pas de simples distractions. Allégories et paraboles sont utilisées pour éclairer une situation, conseiller avec tact un ami, ou mettre discrètement quelqu'un en garde contre un danger ou une personne malintentionnée. Le plus souvent, ils tournent en dérision les chefs corrompus et proposent un commentaire satirique de l'actualité – notamment aux dépens des malhonnêtes "citadins". Les récits peuvent être très drôles, voire grivois et légèrement diffamatoires, en fonction du conteur.

Il existerait un conte adapté à chaque situation. Les voyageurs s'étonneront peut-être de la fréquence avec laquelle les Bédouins ont recours aux proverbes, maximes ou récits dans le cours de la conversation, tout autant qu'aux citations du Coran ou des hadiths.

Hélas, le monde moderne empiète sur la tradition orale. L'apparition de la télévision et d'autres formes de loisirs a réduit le rôle de ce précieux héritage immatériel, désormais menacé. Les rassemblements autour des conteurs lors des fêtes nationales montrent toutefois qu'il reste cher au cœur des Arabes.

Musique

La chanson et la danse arabe ont évolué en fonction d'un but précis. La musique avait pour rôle de faire oublier les difficultés – celles des marins pris au piège par les eaux stagnantes du Golfe ou celles des pêcheurs traînant inexorablement leurs filets. On trouve aussi des chansons de moisson et des ballades amoureuses, interprétés sans accompagnement, ou sur des rythmes frappés (mains ou tambours). Sous l'influence des rythmes d'Afrique de l'Est rapportés par les colons arabes, une partie de la musique de la Péninsule a pris un caractère fortement hypnotique (les chansons peuvent durer plus d'une heure).

Dans les souks d'Arabie orientale, les bijoux en argent étaient souvent vendus au poids avec pour unité de mesure le *tolah* (11,75 g). Le nom de ce dernier provient du thaler de Marie-Thérèse, une pièce de monnaie autrichienne du XVIIIe siècle qui fut utilisée dans une grande partie de la Péninsule au XIXe siècle et au début du XXe siècle.

Tandis que les austères courants wahhabite et ibadite proscrivent le chant et la danse, aucune fête nationale ni aucun mariage en Arabie ne saurait s'en passer. Les hommes dansent en cercle, levant leurs sabres ou poignards d'apparat, tout en sautant et se balançant. Ils se laissent même parfois emporter jusqu'à échanger une volée de coups de feu par-dessus la foule. La tradition veut que les femmes dansent pour la mariée lors des noces. À l'abri du regard des hommes, elles tournoient insolemment dans leurs magnifiques costumes (ou leurs robes de bal modernes) semblant encourager la mariée à rejoindre le lit conjugal.

Toutefois, si la musique traditionnelle occupe une place prépondérante dans la vie des Arabes d'aujourd'hui, elle n'est pas le seul genre écouté. La pop, surtout influencée par le style de l'Égyptien Amr Diab, est omniprésente, tandis que les tubes internationaux programmés à la radio et dans les clubs ont aussi beaucoup de succès, en particulier aux Émirats.

Les Émiratis ont toujours accordé une grande place à la musique dans la vie quotidienne. Les chansons sont traditionnellement composées pour accompagner différentes tâches (porter de l'eau, pêcher des perles, etc.). La musique arabe que vous entendrez sûrement le plus à la radio reste toutefois le *khaliji,* musique populaire du golfe Persique. Parallèlement, une scène rock et métal underground commence à apparaître, notamment à Dubai.

Les contacts des Émirats avec les cultures asiatiques et nord-africaines occasionnés par le commerce, qu'il fût maritime ou caravanier, ont été vecteurs de maintes influences en matière de musique et de danse dans le pays. L'une des danses les plus populaires est l'*ayyalah,* de tradition bédouine, pratiquée dans tout le golfe Persique. Dans la version émiratie, au son d'un simple tambour, 25 à 200 hommes évoluent en se tenant par les bras pour former deux rangées qui se font face. Ils brandissent des bâtons de marche ou des épées devant eux et se balancent d'avant en arrière, les deux rangées chantant à tour de rôle. Il s'agit d'une danse guerrière, et les paroles exposent les vertus de la bravoure au combat. Dansé par les femmes, qui balancent la tête d'un côté et de l'autre pour montrer leur longue chevelure de jais, le *naashat* chante l'amour, l'honneur ou le courage des hommes de la tribu.

Oman n'est pas en reste : plus de 130 styles de chants et de danses traditionnels y ont été répertoriés par l'Oman Centre for Traditional Music, créé en 1984 pour préserver le patrimoine musical du pays. Le pays a été la première nation arabe à faire partie du Conseil international de la musique traditionnelle (CIMT) sous l'égide de l'Unesco.

Oman doit la variété de sa musique, nourrie d'influences étrangères, à sa tradition maritime. Le *naham*, par exemple, est un style de chant bien connu pour rythmer le travail des marins lors des longs voyages en mer.

Le sultan Qabus est aussi un grand amateur de musique classique. La création, en son honneur, du Royal Oman Symphony Orchestra a été couronnée de succès. Le magnifique Royal Opera House de Mascate, inauguré en 2011 à l'occasion du 40e anniversaire de son règne, accueille opéras, ballets et concerts de musique classique venus du monde entier.

Chaque branche des forces armées possède un orchestre de rang international, dont la très populaire formation de cornemuses. Aucune cérémonie officielle en Oman ne serait la même sans tambours ni cornemuses. De grandes parades militaires ont lieu chaque année avec force démonstrations de chevaux et de dromadaires. Certains orchestres militaires participent régulièrement au célèbre Royal Edinburgh Military Tattoo, gigantesque parade qui se déroule devant le château d'Édimbourg.

Artisanat

Un lien étroit entre fonction et forme est vraiment manifeste dans le riche patrimoine artisanal d'Arabie – bijouterie, orfèvrerie d'argent, tissage, broderie et vannerie. La confection de bijoux en argent massif, par exemple, dont les femmes bédouines se parent, n'a pas seulement une fin esthétique : elle permet aussi de transporter avec soi ses richesses. Les amulettes en argent renferment des parchemins ou des papiers roulés couverts d'inscriptions du Coran censées protéger ceux qui les portent. Et les bijoux sont refondus pour créer de nouvelles pièces, dans un esprit assumé de pragmatisme.

Le revers de la médaille, avec l'artisanat utilitaire, tient à ce que sa pérennité repose sur l'usage que l'on a de ses produits. Pourquoi les potiers de Bahla (Oman) continueraient-ils à façonner des brocs en argile alors que tout le monde boit désormais de l'eau en bouteille ? Plusieurs gouvernements de la Péninsule ont encouragé la création d'associations locales d'artisanat, dans l'espoir de maintenir vivants des trésors de savoir-faire. Parmi les plus prospères de la region : les centres d'artisanat des femmes d'Abu Dhabi. L'Omani Craft Heritage Documentation Project (Projet de documentation sur le patrimoine artisanal omanais) est une autre initiative d'envergure, qui a reçu le soutien de l'Unesco Lancé en 1996 dans le but de rendre compte du riche patrimoine artisanal du sultanat, il a abouti après huit années de recherches à la publication d'un ouvrage en anglais en deux volumes, *The Craft Heritage of Oman*, de Neil Richardson et Marcia Dorr.

Livres sur l'art

L'Art du Moyen-Orient. L'art moderne et contemporain du monde arabe et de l'Iran (Saeb Eigner, 2010)

Les ouvriers du signe : calligraphie en culture musulmane (ACR, 2002) de Valère-Marie Marchand. L'art en lui-même, mais aussi l'histoire des matériaux et des hommes.

Les arts de l'islam au Musée du Louvre (Hazan, 2012), sous la direction de Sophie Makariou. Un choix d'œuvres exposées dans les nouvelles salles du Louvre et consacrées aux arts d'islam.

Les arts de la péninsule Arabique : l'exemple des Émirats arabes unis (Unesco, 2013). Un guide des sites inscrits sur la liste du Patrimoine mondial.

Pour en savoir plus sur ce riche patrimoine, consultez le site (en français) de l'office du tourisme (www.omantourism.gov.om) ou celui (en anglais) de la Public Authority for Craft Industries (☎24 525944 ; www.paci.gov.om).

Architecture

Tout comme les autres expressions artistiques de la région, l'architecture est un art fonctionnel. Le climat revêt une grande influence : les tours à vent du Golfe, outre leur aspect esthétique, sont des réservoirs d'air frais. La question de l'espace joue aussi un rôle majeur : dans les zones montagneuses, des villages entiers constitués de hauts bâtiments à étages semblent suspendus dans les airs, pour éviter d'empiéter sur les précieuses terres cultivables.

On trouve une présentation en photographies de l'environnement et des richesses culturelles d'Oman dans *Oman : rencontres... 40e anniversaire des relations franco-omanaises* (Sépia, 2015), de Patrick Mérand.

Aujourd'hui, le goût du Golfe pour les gratte-ciel provient peut-être de ce lointain héritage. Quoi qu'il en soit, l'utilisation de matériaux tels que le béton et le verre, inadaptés à la chaleur du désert, a rompu l'équilibre entre forme et fonction. Il faudra davantage que des fenêtres à ogive, des moucharabiehs et autres éléments traditionnels pour rétablir l'harmonie entre l'architecture et le cadre dans lequel elle s'inscrit. Des projets économes en énergie, comme la cité de Masdar à Abu Dhabi, tentent toutefois de relever le défi.

S'il n'existe plus guère de traces d'Ubar, la légendaire "Cité aux mille piliers", Oman conserve en revanche plus de 500 forts, châteaux et tours de guet. Rares sont les villages qui ne possèdent pas un ouvrage fortifié, et des créneaux décoratifs ornent nombre de bâtiments publics, jusqu'aux arrêts de bus et cabines téléphoniques. Par ailleurs, le pays a largement échappé à l'obsession des gratte-ciel qui hante ses voisins pour privilégier des bâtiments publics à taille humaine et plus en rapport avec ses moyens. Et ce que les bâtiments perdent en étages, ils le regagnent dans leur qualité architecturale. En particulier à Mascate, où abondent les édifices d'une élégante sobriété comme les bâtiments ministériels et ceux des ambassades du quartier d'Al-Khuwair. Summum de sobriété, la Grande Mosquée, achevée en 2001 dans le quartier d'Al-Ghubrah, cache sous un dehors d'une grande simplicité un intérieur d'une richesse exubérante.

Les *barasti* (feuilles de palmier) ou autres habitations construites à partir des palmiers ne sont plus aussi courantes, mais quelques exemples subsistent sur la côte entre Duqm et Shwaymiyah. Dans les Sharqiya

TOURS À VENT, L'ART DE DOMPTER L'AIR

Les tours à vent – *barjil* en arabe – sont un système de climatisation non électrique caractéristique des pays du Golfe. Dans les villes, il en existe encore quelques-unes, parfois rattachées à des maisons individuelles, soigneusement préservées ou converties en musées. Dans l'émirat de Chardja, d'imposants spécimens servent à rafraîchir le bâtiment du marché central, très moderne.

Une tour à vent traditionnelle mesure 5 à 6 m de hauteur. Surplombant la maison, elle peut être en bois ou en pierre, plus rarement en toile. Elle présente des ouvertures sur ses quatre faces et peut donc capter même une brise légère. Ces courants d'air sont dirigés vers un conduit central menant à la pièce en dessous. Pendant le transfert, l'air prend de la vitesse et se rafraîchit. L'air frais déjà présent dans le conduit s'arrête, rafraîchissant ainsi l'air plus chaud venu du dehors, par un simple phénomène de convection.

En s'asseyant dans une tour à vent par une journée chaude et humide, on perçoit aisément la différence de température et le courant d'air constant, même lorsque, à l'extérieur, l'air est lourd et qu'il ne semble pas y avoir de vent.

Sands, les Bédouins vivent sous des tentes en poil de chèvre, tandis qu'en montagne les habitations troglodytiques, fermées par une porte de fortune, demeurent nombreuses.

Trouver un compromis entre l'ancien et le moderne est un défi. D'un côté, les jeunes ingénieurs omanais expriment leur frustration devant les immeubles de faible hauteur de leur capitale. De l'autre, il a été difficile de convaincre certains villageois d'évacuer les chèvres des habitations construites pour eux par les municipalités. Pour l'heure, la chute du prix du pétrole a quelque peu bridé les ambitions architecturales, et le visiteur peut continuer d'apprécier la belle homogénéité du bâti.

Art islamique

L'art islamique illustre à la perfection l'union entre art et fonctionnalité. Pour les musulmans, l'art est avant tout une expression de la foi. Aujourd'hui encore, ils se méfient de "l'art pour l'art" ou de l'art comme pure expression de la sensibilité de l'artiste, détachée de toute référence à la communauté.

La calligraphie est l'un de ces arts visuels porteurs de sens ou propices à la méditation. L'arabe n'est pas seulement la langue des Arabes : pour les musulmans du monde entier, c'est la langue du Coran. C'est donc un instrument de cohésion et d'unification. La calligraphie islamique – la reproduction des mots d'Allah – est vue comme un acte de piété et demeure à ce jour l'art le plus noble du monde arabe. Dans les musées de toute l'Arabie, on peut contempler de magnifiques expressions de cet art raffiné, lequel repose sur une savante répétition de formes et de motifs symétriques.

Les amateurs de calligraphie et d'art islamiques ne manqueront pas la bibliothèque centrale de la Grande Mosquée Sheikh Zayed (p. 184) et le Museum of Islamic Civilization de Chardja (p. 163).

La mosquée reste toutefois le lieu d'expression privilégié de l'art islamique. L'architecture des mosquées est également guidée par des principes de fonctionnalité. En fait, les premières mosquées s'inspiraient de la maison du prophète Mahomet. Le plan de base, censé fournir un cadre sûr, frais et calme pour l'exercice du culte, a peu changé : il comprend une cour en plein air, un portique et une salle de prière couverte, souvent coiffée d'un dôme, où le mihrab (niche) indique la direction de La Mecque. Les premiers minarets ne firent leur apparition que longtemps après la mort de Mahomet. Auparavant, le muezzin, chargé de l'appel à la prière, se tenait souvent sur un toit ou autre lieu surélevé afin de se faire entendre du plus grand nombre. Traditionnellement, une fontaine aux ablutions trône au centre de la cour, souvent sculptée dans le marbre. La plupart des mosquées modernes comportent désormais une rangée de robinets et un drain, plus pratiques.

La mosquée est un lieu primordial pour la communauté. Les enfants s'initient au Coran ou courent librement sur les tapis ; des fidèles assis s'absorbent dans une contemplation silencieuse, face aux panneaux de bois sculpté et aux murs couverts de faïence ; d'autres s'offrent simplement une paisible sieste au frais. À ce titre, la mosquée constitue une parfaite illustration d'un art mis au service du peuple.

Art contemporain

La péninsule Arabique s'ouvre de plus en plus aux autres courants esthétiques. Cela se traduit par des expositions d'art contemporain stimulantes et la création de musées illustrant des traditions artistiques plus larges. Les projets architecturaux qui prennent forme actuellement sur l'île de Saadiyat, au large d'Abu Dhabi, incarnent cette tendance. Parmi eux figure le magnifique "Louvre des sables", conçu par Jean Nouvel, qui doit ouvrir fin 2016. Recouvert d'une canopée inspirée des feuilles de palmiers laissant passer une pluie de lumière, il présentera au public des œuvres du Louvre de Paris et d'autres musées français.

Cinéma

Le succès croissant des festivals internationaux organisés à Dubai et à Abu Dhabi contribue largement à la promotion du cinéma arabe. Si l'Égypte produit toujours 75% des films, des cinéastes du Golfe commencent toutefois à se faire un nom grâce à des initiatives bien financées.

Sports et loisirs

Les Omanais et les Émiratis sont passionnés de sport – les Émirats, notamment, organisent des événements d'envergure internationale –, et cet engouement n'est pas nouveau. Pendant des siècles, les hommes arabes se sont réunis dans les plaines du désert pour faire montre de leur agilité, de leur vélocité et de leur courage. La plupart de ces jeux traditionnels – course à pieds nus, jeux de ballon, lutte et même lancer de fusil – restent assez hermétiques pour le visiteur, mais depuis 2007, le Conseil de coopération du Golfe (CCG, Gulf Cooperation Council, en anglais) encourage les habitants à participer. Ces sports jouiront donc peut-être d'une plus grande popularité à l'avenir.

VOILE

En 2013, un équipage omanais exclusivement féminin a pris part au Tour d'Arabie, course à la voile dans le golfe Persique. Avant septembre 2011, aucune de ces femmes n'avait jamais pratiqué ce sport. On leur a conçu un ciré spécifique avec voile intégré.

Courses de dromadaires

Les courses de dromadaires opposent tout d'abord les dromadaires à leurs propriétaires : les premiers se passeraient bien de courir ; les seconds font tout pour les y contraindre. Le jockey joue le plus souvent un rôle insignifiant. La piste est généralement une longue ligne droite, les dromadaires ayant du mal à négocier les virages. Les passionnés suivent la course en 4x4 pour encourager leur favori.

Les courses ont lieu dans toute la Péninsule, d'octobre à mai. Les autorités, inquiètes de la mauvaise presse associée au recrutement des jeunes jockeys, ont insisté pour que les enfants-jockeys soient remplacés par des adultes poids plume... ou autres créatures étonnantes (voir encadré p. 247. Le champ de courses d'Al-Marmoum – sur la route d'Al-Aïn en arrivant de Dubai – attire de nombreux visiteurs.

Les paris sont interdits par l'islam. Néanmoins, les courses de dromadaires donnent lieu à d'importantes transactions – récompense du vainqueur, parrainage et vente entre propriétaires. Un dromadaire de compétition peut rapporter plus de 100 000 $US.

Courses de chevaux

L'élevage de chevaux, embarqués notamment depuis le port de Sour en Oman, constitue depuis des siècles une des richesses de l'Arabie. Les chevaux arabes, agiles et rapides, courent dans le monde entier, en partie grâce aux efforts déployés au XIXe siècle par l'éleveuse britannique lady Anne Blunt.

Les courses hippiques réunissent de nombreux spectateurs issus de la Péninsule. Les plus huppées – et les plus chères – ont lieu pendant

CORNICHE ET LOISIRS

Jusqu'à une période récente, la vie des habitants de la Péninsule leur laissait peu de temps libre en dehors du travail et de la famille. Depuis l'avènement de la manne pétrolière, la notion de loisir est devenue une réalité.

Les infrastructures ont cependant mis du temps à répondre à ce nouveau besoin. Secteur réservé aux pêcheurs il y a encore 20 ans, le front de mer est aujourd'hui investi par une foule de promeneurs, joggeurs, baigneurs et joueurs de football, mais les aménagements permettant ces activités demeurent peu nombreux.

La situation commence toutefois à changer. La plupart des grandes villes ont désormais leur corniche, une promenade côtière au large trottoir jalonnée de plages de sable, de cafés, d'équipements de sports nautiques et de toilettes publiques. Parcourir à pied ou à vélo ces artères agréables donne un aperçu de la manière dont la population se divertit. Et si vous restez sur place assez longtemps, il se peut même que l'on vous enrôle dans l'équipe de volley locale !

LES COURSES DE DROMADAIRES

Très appréciée des habitants et des visiteurs, les courses de dromadaires restent profondément ancrées dans la culture émiratie. La centaine de camélidés qui s'élancent sur la piste de terre de leur étrange galop et se bousculent jusqu'à la ligne d'arrivée offrent un spectacle saisissant.

Les dromadaires de race débutent leur entraînement quotidien vers l'âge de 2 ans. La race locale *mahaliyat*, l'*omaniyat* d'Oman, le *sudaniyat* du Soudan et le *muhajanat*, un croisement, sont les espèces les plus courantes dans la discipline.

Les jockeys chevauchant les dromadaires étaient traditionnellement des enfants, souvent "achetés" à des familles pauvres au Pakistan et au Bangladesh. Entraînés dans des conditions déplorables et délibérément sous-alimentés, ils étaient par ailleurs exposés à de grands risques de chute pendant les courses. Le sort de ces jeunes garçons a ému la communauté internationale, si bien que la pratique a aujourd'hui quasiment disparu. Mais il a fallu trouver un poids plume pour remplacer les enfants... Une solution novatrice a fait son apparition : des "jockeys-robots" télécommandés, d'apparence plus ou moins humaine, capables de manier la cravache électronique. Les dromadaires semblent obéir aussi bien (ou plutôt aussi mal) à leurs nouveaux cavaliers. Des versions futures de ce gadget seront dotées d'yeux-caméras qui permettront aux propriétaires de voir défiler la piste, et de s'imaginer à la place du jockey redevenus jeunes et sveltes et faisant des pointes à 60 km/h sur la piste.

La saison dure d'octobre à début avril. Il n'y a pas de calendrier fixe des courses, mais des rencontres de 2 ou 3 heures ont généralement lieu à partir de 7h le vendredi, parfois avec une seconde course vers 14h30. Des séances d'entraînement peuvent parfois être observées le reste du temps. Pour connaître les horaires précis, consultez les journaux locaux ou appelez les numéros figurant ci-dessous. L'entrée est libre et gratuite.

Voici les principales pistes émiraties où s'affrontent les athlètes du désert :

Al-Wathba (☎02-583 9200 ; Al-Wathba ; ⏲7h30 et 14h30 jeu-sam oct-avr). À environ 45 km à l'est d'Abu Dhabi par l'E22 en direction d'Al-Aïn ; prenez la sortie 47, tournez à droite vers l'Al-Wathba Palace, puis encore à droite pour rejoindre la piste.

Al-Marmoum (☎04-832 6526 ; près de l'E66 ; ⏲oct-avr). À environ 40 km au sud de Dubai sur la route d'Al-Aïn, près d'Al-Lisaili ; passez devant le Dubai Outlet Mall et le stade de rugby Sevens puis tournez à droite à la sortie 37.

Al-Sawan (E18, Ras al-Khayma ; ⏲habituellement 6h30-21h30 ven-sam nov-mars). À environ 15 km au sud-est de Ras al-Khayma par l'E18. Dirigez-vous vers l'aéroport de Ras al-Khayma jusqu'à Digdagga, tournez en face du grand magasin World Discount Store (juste avant le minaret isolé) et roulez encore environ 5 km.

la Dubai World Cup. Chefs d'État, familles royales, célébrités et jockeys de renommée internationale s'y donnent rendez-vous pour l'occasion. À l'instar d'Ascot au Royaume-Uni, c'est l'endroit idéal pour être vu. L'hippodrome de Meydan, à Dubai, accueille régulièrement des courses.

Fauconnerie

L'art séculaire de la chasse avec un faucon est encore pratiqué à travers toute l'Arabie, et notamment aux Émirats. Selon la légende, il remonterait aussi loin que le VIIe siècle avant J.-C., lorsqu'un roi persan fasciné aurait attrapé un faucon afin d'étudier sa vélocité, ses tactiques et son acuité visuelle.

Aujourd'hui, les fauconniers, toujours admiratifs des qualités exceptionnelles de l'oiseau, continuent de prodiguer à leurs rapaces affection et respect. Ils les capturent au moment de leur migration, les dressent et les relâchent après la saison de la chasse (octobre à mars). Le spectacle magique des oiseaux en plein vol peut être vu, par exemple, à Dubai. Une clinique leur est même dédiée à Abu Dhabi, assortie d'un musée (voir p. 189). Par ailleurs, ils figurent toujours sur les billets de banque des Émirats comme d'Oman.

Foot : les ballons du Golfe

Reading, Royaume-Uni (l'Omanais Ali al-Habsi est gardien de but)

Manchester City (propriété d'un fonds d'investissement d'Abu Dhabi et sponsorisé par Etihad Airways)

PSG Paris (principal sponsor : Emirates). Vente du PSG, en juin 2011, à QSI, société qatar qui gère le club pour le prince héritier, cheikh Tamim Bin Hamad Al-Thani

FC Barcelone (sponsorisé par Qatar Airways)

Combats de taureaux

Aux Émirats comme en Oman se pratiquent des combats de taureaux, lors desquels des animaux de race brahmane doivent mesurer leurs forces. Malgré les précautions, les bêtes sont parfois blessées aux oreilles et au cou. L'affrontement a lieu dans une arène où les animaux sont incités à croiser la corne, déambulant en tous sens.

Les propriétaires de taureaux tiennent beaucoup à leurs bêtes, et ces dernières, en retour, donnent le meilleur d'elles-mêmes. Bien qu'ils ne soient pas très spectaculaires, ces combats attirent de nombreux habitants. Les meilleurs endroits pour y assister sont les environs de Mascate (en Oman) et de Fudjayra (Émirats).

Sports modernes

Les sports contemporains sont populaires en Arabie, notamment les rallyes automobiles, le quad, le volley et même le patinage sur glace. On trouve d'ailleurs à Dubai cinq pistes de ski recouvertes de neige (carbonique). C'est pourtant le football qui a la préférence. Dans presque tous les villages d'Arabie, les jeunes hommes affluent vers le terrain vague local le vendredi à 16h, rêvant tous d'intégrer un jour un club européen, comme leurs stars nationales. Ils jouent souvent pieds nus, sur un terrain de sable, et vêtus de *wizza* (vêtement en coton) et maillot en nylon, mais le match est disputé avec autant de sérieux que dans un stade international prestigieux… dont un, au moins, appartient à l'un des pays du Golfe dans une autre partie du monde !

L'islam en Arabie

Pour les citoyens des pays occidentaux, dans lesquels l'Église et l'État sont rigoureusement séparés, il est souvent difficile de réaliser que pour beaucoup de musulmans, la frontière est très mince entre politique, culture et religion. En apprendre davantage sur l'identité religieuse des Omanais et des Émiratis permet de comprendre certaines de leurs coutumes, et de prévenir tout risque d'offenser quiconque.

L'héritage de l'islam

La naissance de l'islam

L'islam est fondé au début du VIIe siècle par le prophète Mahomet. Né vers 570 à La Mecque, Mahomet commence à recevoir des révélations à l'âge de 40 ans, phénomène qui se poursuivra jusqu'à la fin de sa vie. Les musulmans tiennent ces révélations, reçues à La Mecque et à Médine, comme venues directement d'Allah et transmises par l'ange Gabriel.

Mahomet étant issu d'une tradition orale, il ne couche pas les révélations par écrit mais les mémorise puis les répète à ses amis et à sa famille sous forme de sourates (versets). Ses contemporains reconnaissent le caractère divin des révélations, qui constituent la base du Coran ("récitation" en arabe). Le Coran, complété d'une série de hadiths (communications orales du Prophète), devient alors le fondement d'une nouvelle religion : l'islam.

Sunnites, chiites et ibadites

Peu après sa fondation, l'islam se divise en courants, davantage du fait des événements que d'interprétations théologiques divergentes. Lorsque le prophète Mahomet meurt en 632, il ne laisse aucune instruction relative à la personne vouée à lui succéder ou au mode de désignation des futurs dirigeants islamiques (les califes). Dans un premier temps, la communauté choisit Abu Bakr, beau-père et compagnon le plus proche de Mahomet, pour devenir le nouveau commandant de la foi musulmane, mais cette décision ne fait pas l'unanimité. En effet, certains affichent une préférence pour Ali, cousin et gendre de Mahomet ; ces partisans deviennent connus sous le nom de chiites (de l'arabe *shi'a*, "partisan"). En 656, Ali devient finalement calife, mais il est assassiné cinq ans plus tard par des

ORIGINES DE L'ISLAM

Vers 570
Mahomet, fondateur de l'islam, naît à La Mecque, dans l'actuelle Arabie Saoudite.

610
Mahomet reçoit sa première révélation. Ces "mots de Dieu" sont réunis dans le Coran et deviennent le fondement d'une nouvelle religion monothéiste.

622
Mahomet et ses fidèles quittent La Mecque et se rendent à Médine, ce qui marque l'hégire, début du calendrier musulman. La nouvelle religion se répand dans toute la Péninsule.

632
Mort de Mahomet. L'Empire arabe transfère sa capitale à Damas. La Mecque et Médine deviennent les foyers spirituels de l'islam.

656
Ali, gendre de Mahomet, devient calife ; c'est le quatrième successeur de Mahomet. Ses disciples sont appelés les chiites ("partisans" d'Ali).

661
Ali est assassiné par des opposants obéissant à un parent éloigné de Mahomet. La communauté se scinde alors en deux grandes factions rivales, les sunnites et les chiites.

680
Hussein, fils d'Ali, est tué à la bataille de Kerbala (actuel Irak) par l'armée du calife omeyyade. Cet événement accentue le clivage entre sunnites et chiites. Aujourd'hui, Bahreïn est le seul pays à majorité chiite de la Péninsule.

opposants à la solde du gouverneur de Syrie, Moawiyya, qui prend à son tour la tête du califat.

Au fil des siècles, le sunnisme est devenu le courant "orthodoxe" de l'islam et représente aujourd'hui environ 90% des musulmans de la planète. Il existe toutefois d'importantes minorités chiites, un peu partout au Moyen-Orient ; ils sont majoritaires au Bahreïn.

Dès lors, la communauté musulmane se scinde en deux principales factions rivales. D'un côté, les sunnites soutiennent les Omeyyades, la dynastie fondée par Moawiyya. De l'autre, les chiites pensent que seuls les descendants du Prophète appartenant à la lignée d'Ali doivent gouverner les musulmans. Les chiites ayant rarement détenu un pouvoir temporel, leur doctrine a renforcé la position spirituelle de leurs dirigeants, les imams.

En 680, le fils d'Ali, Hussein, est brutalement assassiné à Kerbala (dans le sud de l'actuel Irak). Cet événement accentue la division et l'hostilité entre les deux courants, qui perdurent jusqu'aujourd'hui.

Se refusant aux effusions de sang pour motifs de querelles théologiques, un autre groupe a fait scission : les ibadites. Rejetant le principe d'hérédité, ces derniers considèrent que tout homme instruit peut diriger les croyants. On les trouve aujourd'hui essentiellement en Oman, où ils représentent plus de la moitié des musulmans du sultanat.

Comme toute religion rassemblant près de 1 milliard de fidèles, l'islam a engendré par la suite de nombreuses autres branches et courants au sein du clivage traditionnel sunnites-chiites. C'est le cas notamment du wahhabisme, mouvement sunnite fondamentaliste né au XVIIIe siècle dans l'actuelle Arabie Saoudite dont il demeure la religion officielle et majoritaire.

Pour en savoir plus sur le courant majoritaire de l'islam omanais, lisez *Les Ibadites. De Djerba à Oman, la troisième voie de l'islam*, de Virginie Prevost (Brepols, 2010) et *L'Ibadisme, une minorité au cœur de l'islam*, de Cyrille Aillet (Presses universitaires de Provence, 2012).

Les enseignements

Les cinq piliers de l'islam

Le mot "islam" signifie "soumission", au sens d'abandon à la volonté divine, lequel doit s'exprimer dans tous les actes et pensées de la vie quotidienne.

Le principal enseignement de l'islam est qu'il existe un seul Dieu, créateur de l'Univers. Les musulmans pensent que le Dieu de l'islam est le même que celui des chrétiens et des juifs, mais qu'il demeure Un et n'a besoin d'aucun intermédiaire (comme les prêtres). Ils estiment que les prophètes, à commencer par Adam, puis Abraham, Jésus et enfin Mahomet, ont été envoyés pour révéler la parole de Dieu, mais qu'aucun d'eux n'avait un caractère divin.

Historiquement, cette religion avait clairement de quoi séduire les populations éparpillées en Arabie, qui avaient ainsi accès à une vie spirituelle riche sans avoir à se soumettre à d'obscurs rituels et s'en remettre à des intercesseurs. Il suffisait aux fidèles de respecter les cinq piliers de l'islam, où qu'ils fussent, pour remplir leur devoir religieux.

LA RELIGION EN ARABIE

Ce tableau montre la répartition approximative des obédiences religieuses dans toute la péninsule Arabique.

PAYS	SUNNITES	CHIITES	IBADITES	AUTRES RELIGIONS
Arabie Saoudite	93%	4%	0%	3%
Bahreïn	25%	57%	0%	18%
Émirats	80%	16%	0%	4%
Koweït	45%	30%	0%	25%
Oman	45%	3%	51%	1%
Qatar	92%	0%	0%	8%
Yémen	53%	47%	0%	0%

ET VOUS, QUELLE EST VOTRE RELIGION ?

Dans la péninsule Arabique, après avoir échangé quelques plaisanteries avec des connaissances, la conversation s'oriente inévitablement vers trois sujets que la plupart des étrangers cherchent à éviter : le sexe, la politique et la religion. Le degré de franchise dont relèvent certaines de ces discussions est parfois surprenant. Toutefois, un homme averti en vaut deux, et la meilleure façon de sonder l'âme d'une nation consiste à parler des choses qui comptent le plus dans la vie.

Si les trois thèmes peuvent apparaître comme des sujets minés (ne parlez pas de sexe avec une personne du sexe opposé, surtout si vous êtes un homme, et si vous parlez de politique, évitez de dire "vous" quand vous voulez dire "votre gouvernement"), discuter de religion requiert un minimum d'entraînement.

La plupart des musulmans tolèrent les chrétiens, les juifs (tous trois étant des gens du Livre), les bouddhistes ou les hindous, mais se trouver face à un athée leur pose problème. Affirmer que vous ne croyez pas en Dieu revient à mettre en doute les fondations mêmes de la vie d'un musulman. Alors comment dire que vous êtes athée sans choquer votre interlocuteur ? Tentez : "Je ne suis pas croyant." Cela entraînera sans doute un signe de tête compréhensif, puis, lors des rencontres suivantes, une tentative très sincère de vous convertir. Des propos comme "Tu trouveras bientôt Dieu, si Dieu le veut" doivent être considérés comme un signe de bienveillance et non comme un rejet de votre "position" ; la réponse la plus raisonnable est *choukran* (merci).

Ce principe est resté le même jusqu'à maintenant, ce qui explique en partie le succès de l'islam prosélyte.

Livres sur l'islam

L'Islam, d'Anne-Marie Delcambre (La Découverte, 2004)

Islam : arts et civilisations (Ullmann, 2015), de Markus Hattstein et Peter Delius. Cet ouvrage abondamment illustré révèle la diversité des expressions artistiques des régions islamiques.

La chahâda

Il s'agit de la profession de foi que les musulmans déclament publiquement dans les mosquées, cinq fois par jour, partout dans le monde : "Il n'y a pas d'autre Dieu qu'Allah et Mahomet est son prophète." Pour se convertir à l'islam, il suffit de répéter cette phrase trois fois avec conviction.

La salât

Les musulmans doivent prier cinq fois par jour : au lever du soleil, à la mi-journée, au milieu de l'après-midi, au coucher du soleil et le soir (généralement 1 heure 30 après le coucher du soleil). Il est possible de prier chez soi ou au bureau, sauf pour la prière du vendredi à midi, qui doit se faire de préférence dans une mosquée. Avant de prier, un musulman doit se soumettre à des ablutions (consistant à se laver les avant-bras, les mains, la tête et les pieds avec de l'eau ou du sable), signe d'une volonté de purifier son esprit. Pendant la prière, le fidèle se prosterne dans la direction de la Kaaba de La Mecque (dans les avions et les chambres d'hôtel, une flèche indique la bonne direction) et récite de façon rituelle des passages du Coran.

La zakât

Il s'agit de l'obligation de donner l'aumône. Tout musulman doit offrir une partie de son salaire (un quarantième de son revenu annuel pour être exact) aux nécessiteux, ou pour la propagation de l'islam.

Le jeûne (siyam)

C'est pendant le mois du ramadan que Mahomet aurait reçu sa première révélation en 610. Chaque année, les musulmans célèbrent cet épisode spécial en jeûnant du lever au coucher du soleil tout au long de ce mois sacré. Pendant le jeûne, les musulmans ne peuvent introduire quelque élément que ce soit dans leur corps : il leur est interdit de manger, de boire, de fumer ou d'avoir des relations sexuelles. Le jeûne a pour but de rapprocher les fidèles d'Allah par le biais de la pureté spirituelle et physique. La rupture du jeûne donne lieu chaque jour à de copieux repas (*iftar*) pris en famille ou entre amis. La fête de l'Aïd al-Fitr conclut la période du ramadan.

Certains individus ne sont pas soumis aux exigences du ramadan, notamment les jeunes enfants et les personnes dont l'état de santé n'autorise pas le jeûne. Les personnes effectuant un voyage sont également exemptées, mais doivent rattraper le jeûne ultérieurement.

Le hadj

Tout musulman dans la capacité de le faire (physiquement et financièrement) doit effectuer le pèlerinage du hadj à La Mecque au moins une fois dans sa vie. Pour qu'un pèlerinage soit un "véritable" hadj, il doit avoir lieu pendant certains jours spécifiques du calendrier musulman. Un séjour à La Mecque pendant une autre période de l'année est une *oumra* (petit pèlerinage). Effectuer le hadj est très gratifiant puisque tous les péchés passés s'en trouvent effacés. En outre, les pèlerins peuvent ajouter le préfixe *Al-Hadj* à leur nom, ce qui leur vaut un grand respect au sein de la communauté.

Le Coran

Les musulmans tiennent le Coran pour la transmission directe et littérale de la parole de Dieu, alors que la Bible ou la Torah seraient inspirées par Lui, mais auraient été rédigées selon une interprétation de l'homme. De ce fait, pour les musulmans, il constitue non seulement la base de l'enseignement de l'islam, mais également une source d'extase spirituelle. Il est souvent récité avec emphase et conviction, apportant ainsi la grâce à qui déclame comme à qui l'écoute.

L'emploi de la langue arabe *classique* (celle du texte originel, donc de la transmission divine), avec son rythme caractéristique, donne à la déclamation un caractère rituel qui se passe de traduction, et beaucoup de musulmans, partout dans le monde, continuent à apprendre de longs passages du Coran dans le texte afin de se sentir plus proches de la parole d'Allah. Dans la péninsule Arabique, dont la langue parlée reste proche de l'arabe coranique, la récitation du texte a sans doute une résonance plus forte qu'ailleurs. Beaucoup d'événements officiels, tels que congrès, conseils des ministres ou remises de diplômes, débutent d'ailleurs par une lecture du Coran.

CORAN

En raison du caractère sacré du Coran, y compris sous sa forme matérielle, la loi islamique interdit de toucher ou de réciter un Coran arabe sans s'être soumis à des ablutions spéciales. Les voyageurs doivent en être conscients lorsqu'ils visitent des mosquées et se garder de toucher le Livre sacré.

La charia

L'islam ne faisant aucune distinction entre temporel et spirituel, ce sont donc des principes ou "lois" s'appuyant sur les enseignements islamiques qui définissent la marche de la société et le comportement général à observer au quotidien. Le concept de charia désigne les implications "légales" de ces principes, mais il ne s'agit pas d'une "loi" au sens occidental du terme. Elle peut d'ailleurs être interprétée de manières très différentes.

En cas de désaccord, ou si quelqu'un enfreint le code moral de l'islam, les érudits musulmans se tournent soit vers le Coran, soit vers la Sunna, un ensemble de textes rapportant les propos et les actes du Prophète (et de certains de ses compagnons) pour décider de l'attitude à adopter. Toutefois, les prescriptions de la Sunna sont très nombreuses, et leur fiabilité est déterminée par différentes écoles de jurisprudence islamique.

La charia est parfois associée à des punitions extrêmes infligées dans certains pays : amputation de membres pour les voleurs récidivistes, flagellation des individus ayant commis l'adultère, décapitation en public des assassins. Ces châtiments, surtout préconisés par la sévère école de jurisprudence hanbalite, en Arabie Saoudite, ont avant tout un but dissuasif et ne sont que rarement appliqués.

Dans certains cas, la charia est précise, notamment en ce qui concerne l'héritage et les punitions associées à certains délits. Dans beaucoup d'autres, elle donne uniquement des indications générales.

Dictionnaire encyclopédique du Coran (Le Livre de poche, 2011), de Malek Chebel, éclaire le lecteur sur les principales notions du Coran.

Le djihad

Le terme de "djihad" est souvent mal compris par les Occidentaux. Beaucoup y voient un appel lancé par les fondamentalistes musulmans pour prendre les armes contre les régimes occidentaux, appel qui motiverait des actes de terrorisme. Il est vrai que pour certains intégristes, le djihad représente une lutte violente pour protéger la foi islamique de toute influence de valeurs morales différentes (ou, selon leur point de vue, d'une absence de valeurs morales). Pour ces individus, le djihad tient par ailleurs d'un combat contre ce qu'ils jugent être des brimades infligées par les pays dominants, politiquement et économiquement, aux droits et aux libertés des peuples musulmans – en Palestine et en Irak particulièrement.

Toutefois, limiter la définition du djihad à une guerre contre les autres modes de vie et de gouvernement est très réducteur, et la plupart des musulmans rejettent complètement une telle présentation. En réalité, le mot djihad signifie "lutte" ou "combat" mais implique des connotations beaucoup plus larges que la traduction donnée par la plupart des médias occidentaux. Loin d'être une "guerre sainte", il signifie bien plus souvent "lutte sur le chemin de la foi" – il s'agit donc de lutter contre ses propres mauvaises intentions, ou d'éliminer le mal, l'"indécence" ou l'oppression dans la société. L'islam stipule que ce combat doit être mené de façon pacifique et juste, avec sagesse, et non sous l'empire de la colère.

Un érudit ou un juge appliquant la charia doit determiner la juste position de l'islam ou la façon de régler un problème selon son propre jugement. Cela explique en partie les grandes divergences au sein de l'opinion musulmane concernant certaines questions – par exemple le djihad.

Dans un contexte politique, le djihad en tant que "lutte pour défendre la foi" suscite des débats intenses parmi les érudits musulmans, et ce depuis 1 400 ans. Si l'on fait référence au droit d'une nation à se défendre contre l'oppression, aucun pays sur la planète ne renoncerait à un tel droit. Cependant, pour la plupart des spécialistes (passés comme présents), le djihad renvoie à un concept spirituel plutôt qu'à une acception politique ou militaire.

Coutumes et cérémonies

Il suffit de séjourner quelques jours dans la péninsule Arabique pour constater la présence d'une "troisième partie" dans toutes les interactions humaines. Tous les événements officiels commencent par la lecture d'un extrait du Coran. Toute tâche à accomplir débute par une prière pour demander l'aide d'Allah. Les mots *al-hamdu lillah* (gloire à Dieu) ponctuent fréquemment les phrases dans lesquelles des choses positives sont évoquées. De la même façon, l'expression *inch'allah* (si Dieu le veut) est présente dans toutes les phrases mentionnant un élément futur. Ces expressions ne sont pas de simples fioritures linguistiques mais sont la preuve d'un lien profond entre la société et la foi.

En d'autres termes, pour la plupart des musulmans, l'islam ne tient pas seulement d'une pratique religieuse, mais d'un mode de vie. Il indique aux fidèles les vêtements qu'ils doivent porter et les aliments qu'ils doivent consommer. Il détermine comment les revenus doivent être dépensés, qui doit hériter et de quelle somme. Il oriente les comportements et suggère des punitions en cas de transgression. Rares sont les religions à concerner autant d'aspects du quotidien. Parfois, les observateurs occidentaux ont du mal à comprendre le rôle joué par la religion, et considèrent les Arabes avec une sévérité que ces derniers, élevé dans cette tradition qui fut celle de leurs aïeux et a nourri leur histoire, ne comprennent pas toujours.

La Turquie est le seul pays musulman à avoir officiellement séparé les sphères religieuse et laïque.

Mariage

L'islam autorise les hommes musulmans à avoir jusqu'à quatre épouses (mais une femme ne peut avoir qu'un seul mari). Comme souvent dans l'islam, cette coutume a pour origine un contexte historique particulier dans lequel les femmes se retrouvaient seules suite à une guerre, une catastrophe naturelle ou un divorce. Cette pratique à la particularité de permettre une "certaine latitude naturelle" de la part des hommes dans le cadre de la loi, mais elle les oblige à être responsables de leurs actions.

L'homme et la femme doivent contracter le mariage en toute liberté, faute de quoi ce dernier est considéré caduc.

Si l'islam autorise un homme à avoir quatre femmes, chaque épouse doit être traitée de façon équitable : "Si vous craignez de n'être pas justes avec celles-ci, alors une seule [épouse]" (Le Coran, sourate 4, verset 3). L'interprétation musulmane moderne met l'accent sur l'impossibilité d'aimer deux épouses de la même façon.

Place des femmes

L'islam considère les femmes, qu'elles soient célibataires ou mariées, comme des individus à part entière, disposant du droit de posséder des biens et de gagner un salaire, sans que quiconque ne puisse leur dicter la manière dont elles doivent dépenser ce revenu. L'homme doit offrir une dot à son épouse ; elle en jouit personnellement et conserve son propre nom une fois mariée.

Les mères sont tenues en haute estime dans l'islam, et loin d'être exclues de la mosquée, comme le pensent parfois les non-musulmans. Elles ne sont en fait dispensées de cette obligation qu'afin de remplir leur rôle auprès des enfants. La plupart des mosquées disposent de salles de prière séparées où les femmes peuvent prier sans être gênées par une présence masculine. Les hommes n'ont jamais le droit de pénétrer dans la salle de prière des femmes mais dans certaines grandes mosquées, les femmes ont le droit, sauf à l'heure des prières, d'entrer dans la salle des hommes. À La Mecque, tous les musulmans, hommes ou femmes, se tiennent côte à côte dans les lieux sacrés et prient ensemble.

Code vestimentaire

L'islam stipule de se vêtir sobrement en public. Cela implique de se couvrir les jambes, les bras et la tête pour les hommes, ainsi que les cheveux et le cou pour les femmes. Toutefois, il ne mentionne pas l'utilisation d'un voile. L'origine de la pratique consistant à se couvrir le corps est incertaine et très vraisemblablement antérieure à l'islam.

Régime alimentaire

Les musulmans ont l'interdiction de consommer du porc ou de l'alcool. Ils ne peuvent pas non plus absorber le sang ou la viande d'un animal mort de causes naturelles. Dans le passé, ces restrictions étaient très logiques : dans la péninsule Arabique, les parasitoses relevaient d'un fléau endémique, et les effets de l'alcool étaient exacerbés par le climat extrême.

La viande doit être halal (licite). Ainsi, l'animal doit être tué selon la méthode prescrite.

L'islam et l'Occident

Musulmans et chrétiens se sont maintes fois affrontés au cours de l'histoire. La propagande religieuse était utilisée comme un moyen d'aider chaque partie à arriver à ses fins et ses effets perdurent. Ajoutez à cela le comportement d'une petite minorité d'individus qui se présentent comme musulmans mais qui ne sont pas de bons ambassadeurs de la foi, et il semblerait que la religion reste condamnée à être "considérée en mauvaise part" pour les millénaires à venir.

Les attentats du 11 septembre ont, en marge de leurs conséquences les plus violentes, suscité un dialogue de fond parmi les citoyens ordinaires sur ce qui constitue l'islam et sur les relations qu'il entretient avec les pays de l'Ouest. Dans les journaux et les programmes télévisés de toutes

L'Orient et l'Occident

Comment l'Islam a découvert l'Europe, de Bernard Lewis (Gallimard, 2005)

L'orientalisme : l'Orient créé par l'Occident, d'Edward W. Said (Points Essais, 2013)

les nations occidentales, le lexique de l'islam devient mieux connu et nécessite moins d'explications.

Bien sûr, le dialogue n'a pas toujours été facile comme l'ont prouvé l'affaire des caricatures de Mahomet au Danemark et la diffusion de certaines vidéos aux États-Unis. De même, les conséquences ne sont pas toujours pertinentes, notamment quand il s'agit de censurer l'expression de l'opinion chrétienne dans les cas où elle offenserait les musulmans. Toutefois, doucement mais sûrement, chaque partie penche vers une meilleure compréhension des limites tolérées par l'autre, et cette démarche amenuise l'aspect effrayant de la rencontre.

L'origine de ces anciens désaccords fait l'objet des paragraphes suivants.

Les fondations communes du monothéisme

En 2003, le général américain William Boykin déclara, parlant d'un soldat musulman : "Je savais que mon Dieu était un vrai Dieu et que le sien n'était qu'une idole." Ses propos choquèrent le monde musulman, pour lequel il n'y a de Dieu qu'Allah, dont l'unicité se manifeste dans les trois grandes religions monothéistes : l'islam, le christianisme et le judaïsme.

Les trois religions ont beaucoup en commun puisque toutes tiennent Jérusalem en haute importance (pour les musulmans, la troisième ville sacrée après La Mecque et Médine) et qu'elles partagent les mêmes prophètes, notamment Abraham, Moïse et Jésus. Un point crucial toutefois : l'islam nie le caractère divin de ces personnages et affirme que Mahomet fut le dernier prophète et celui qui viendra le jour du jugement.

Incursion en Europe

Si les religions monothéistes sont devenues des entités culturelles et politiques puissantes dans le monde, c'est parce qu'elles ont repoussé leurs frontières géographiques initiales. L'islam ne fit pas exception et se diffusa rapidement dans les pays voisins ; sa capitale temporelle passa de La Mecque à Damas, puis à Jérusalem. Là, les commerçants originaires du pourtour de la mer Noire, de la région méditerranéenne et d'Afrique du Nord découvrirent une nouvelle religion, adoptèrent facilement cette manière pratique et mobile d'exercer sa foi et la ramenèrent chez eux.

Les premières manifestations importantes de l'islam en Occident furent les campagnes menées par les armées musulmanes qui, parties d'Afrique du Nord en 711, gagnèrent l'Espagne, s'établissant en Andalousie. Durant leur occupation de cette région espagnole, les Arabes construisirent les superbes citadelles et mosquées de Grenade et de Cordoue et encouragèrent une dynamique créative et dans une large mesure pacifique avec la chrétienté, laquelle dura sept siècles.

Les Croisades

Les îlots de résistance à l'expansion de l'islam finirent par prendre une forme militante avec les Croisades, qui se déroulèrent entre 1096 et 1272. Au nom du concept de "guerre juste" (*Bellum justum*), les croisés arrachèrent la Terre sainte aux musulmans en 1099, lors d'une bataille pour la reconquête de Jérusalem. Malheureusement, les neuf Croisades attirèrent non seulement des combattants pieux mais aussi toutes sortes d'aventuriers et de mécréants désireux d'en découdre, et la victoire est marquée par un bain de sang injustifié. En 1204 par exemple, des Croisés emmenés par les Vénitiens mirent Constantinople à sac, comme en témoignent les chevaux en bronze dérobés sur l'hippodrome de Constantinople, lesquels ornent désormais la basilique Saint-Marc à Venise.

Les musulmans pensent que l'islam n'est pas une nouvelle religion, mais la version raffinée et ultime des religions monothéistes. De fait, les musulmans respectent le christianisme et le judaïsme, ainsi que leurs adeptes (appelés les "gens du Livre"), et reconnaissent les révélations de la Bible et de la Torah, antérieures au Coran.

La première rencontre entre l'islam et l'Europe entraîne un croisement d'influences culturelles. Les érudits de l'Espagne musulmane traduisent des textes classiques grecs et romains dans les domaines de la médecine, de l'astronomie, de la chimie, de la philosophie et de l'architecture. La redécouverte de ces travaux, qui s'étaient égarés dans l'Europe de l'obscurantisme, contribue à l'avènement de la Renaissance, base de l'Europe moderne.

Les atrocités se multiplièrent des deux côtés, avec notamment l'assassinat de 2 700 hommes, femmes et enfants musulmans par l'Anglais Richard Cœur de Lion et le Français Philipe Auguste, le 20 août 1191. Les représailles ne tardèrent pas : des prisonniers chrétiens furent torturés et tués dans tout l'Empire de Saladin. En dépit d'une telle animosité entre les deux parties, les voyageurs qui se rendirent ultérieurement en Terre sainte sont surpris de constater que chrétiens et musulmans cohabitaient tranquillement. En effet, au fil des siècles suivants, les chrétiens s'inspirèrent de nombre de coutumes musulmanes, en particulier en matière d'alimentation et de style vestimentaire.

L'expansion ottomane

On doit la deuxième grande irruption de l'islam en Europe aux Turcs ottomans, peuple souvent considéré comme particulièrement oppressif. En témoigne la critique brossée par Lawrence d'Arabie dans *Les Sept Piliers de la sagesse*, qui trouve des échos dans les livres d'histoire occidentaux tout au long du XXe siècle. En effet, on a souvent eu tendance à mettre l'accent sur les invasions militaires des Turcs plutôt que sur leur influence culturelle. Ainsi, la conquête de la Constantinople chrétienne en 1453 est-elle traditionnellement considérée comme un événement traumatisant, qui a eu des conséquences sur l'identité européenne. Toutefois, ce point de vue est remis en cause par les historiens modernes. Ces derniers soulignent le fait qu'à l'apogée de leur règne aux XVIe et XVIIe siècles, dans un empire qui s'étendait de la Hongrie à la Libye, les Turcs étaient souvent accueillis chaleureusement car ils apportaient culture et prospérité dans les pays qu'ils contrôlaient. De plus, ils traitaient chrétiens et juifs avec le respect accordé aux religions monothéistes par le Coran.

Dans le même temps, dans la région aride de Nadjd en Arabie Saoudite, un nouvel esprit de "fondamentalisme", c'est-à-dire un retour aux principes islamiques purs, apparut en la personne d'Abd al-Wahhab (1703-1792). Accueilli par une famille saoudienne séduite par ses enseignements, ce sunnite ultra-conservateur originaire de Bassora (actuel Iraq) influença fortement l'expression de la foi en

AUTRES RELIGIONS DE LA PÉNINSULE

Aujourd'hui, tous les individus autochtones de la péninsule Arabique sont musulmans. De très rares musulmans convertis au christianisme errent en marge de la société comme dans un misérable purgatoire, coupés de toute interaction sociale avec leur famille et leurs amis en raison d'une décision que la plupart des musulmans considèrent non seulement comme un acte d'apostasie, mais comme un rejet du bon sens, de l'histoire et de la culture.

La situation est tout autre pour les chrétiens expatriés : leur religion est respectée, et ils peuvent assister à des offices partout dans la région. On trouve également des temples hindous et bouddhiques en périphérie des grandes villes, et des missions visitent les camps d'expatriés en zone rurale afin d'apporter du soutien à ceux qui sont privés des repères de leur communauté. Au Yémen, de petits groupes de juifs vivant dans la Péninsule depuis des siècles bénéficient d'une certaine latitude dans la vie privée, comme le veut la culture musulmane en matière de tolérance religieuse.

En tant que gardienne des principaux lieux saints de l'islam, l'Arabie Saoudite fait exception à la règle : aucune autre religion que l'islam n'y est officiellement autorisée. Cela dit, la société ferme les yeux sur l'exercice privé du culte dans quelques îlots de chrétienté.

Arabie Saoudite. Au cours des siècles qui suivirent, ses partisans, les wahhabites, tentèrent à plusieurs reprises d'obtenir le pouvoir politique et religieux, avec notamment une audacieuse attaque sur la ville chiite de Kerbala en 1802, ce qui laisse augurer l'apparition de mouvements comme les Frères musulmans deux siècles plus tard.

Avec près d'un milliard de fidèles, l'islam est la deuxième religion de la planète après le christianisme ; environ 50 pays sont majoritairement musulmans et 35 autres possèdent une minorité musulmane significative.

Le colonialisme

Encouragées par la révolution industrielle et lancées dans une compétition acharnée, les grandes puissances européennes se dotèrent, au XIXe siècle, de vastes colonies et se livrèrent, à pure fin stratégique, à des incursions en territoire arabe.

La période coloniale connut également son lot d'interactions positives. Les explorateurs européens arrivèrent en Arabie avec un véritable intérêt pour une culture qu'ils idéalisaient comme épargnée par la décadence de la société occidentale. À partir du milieu du XXe siècle, le désir de découverte s'exerça dans la direction inverse et beaucoup de riches musulmans partirent étudier en Europe, et regagnèrent leur pays, imprégnés d'idées occidentales.

Le panarabisme

Le contrôle exercé par l'Europe sur le Moyen-Orient diminua avec la crise de Suez, en 1956. C'est à cette époque que Gamal Abdel Nasser devint président de l'Égypte, apportant avec lui la notion de panarabisme. Apparu pour la première fois en 1915, le panarabisme était un mouvement pour l'unification des nations arabes du Moyen-Orient. Il s'agissait d'un courant séculier et majoritairement socialiste, avec une pointe de nationalisme puisqu'il s'opposait à toute forme d'influence occidentale ou d'intervention dans les affaires arabes. Toutefois, une unité basée uniquement sur l'identité arabe semblait incomplète et une unification fondée sur l'islam apparut à certains comme une perspective plus souhaitable.

Des mouvements comme les Frères musulmans en Égypte, menés par le radical Saïd Qotb, entendirent aboutir à une société islamique universelle par tous les moyens nécessaires, y compris la violence et le martyre. Avec ce courant, une dynamique différente se mit en place vis-à-vis de l'Occident. La révolution iranienne de 1979, au terme de laquelle la monarchie fut remplacée par une théocratie d'obédience chiite, est un autre signe témoignant d'une nouvelle expression de l'ancienne alliance entre la foi et l'épée.

Tensions récentes

Selon une perspective musulmane, la politique du pétrole domine les relations entre l'Occident et le Moyen-Orient depuis les années 1970. Les richesses issues du pétrole ont créé d'importantes scissions au sein du monde arabe, entraînant l'émergence d'éléments islamiques fondamentalistes qui considèrent que les liens entre l'Occident et les pays arabes constituent une menace pour les valeurs arabes et islamiques traditionnelles.

Beaucoup de musulmans pensent que la politique du pétrole a été la principale motivation pour l'invasion de l'Irak en 2003. Quand le 16 septembre 2001, à Camp David, George W. Bush utilise le terme "croisade" pour décrire les prémices de sa "guerre contre la terreur", beaucoup d'Arabes en viennent à concevoir le combat mené dans la région comme le prolongement d'un héritage caractérisé par l'oppression du faible par le puissant.

Le conflit israélo-palestinien est un autre sujet de cristallisation des tensions. Tant que l'on ne résoudra pas le problème de la cohabitation entre Juifs et Arabes en Israël, la région tout entière restera sous tension.

Garder la foi aujourd'hui

L'Islam dans les médias (Sindbad, 2011), d'Edward W. Said, s'intéresse à la façon dont les médias présentent le monde islamique.

Si la vie moderne oblige à faire des compromis en matière de religion, il en est de fait toujours allé ainsi. À cet égard, une vie menée dans la région ne diffère pas tellement d'une vie occidentale, si ce n'est que les tentations sont peut-être plus nombreuses à l'Ouest. Mais cette situation évolue : la culture occidentale est désormais plus présente dans la région.

Hormis dans l'émirat de Chardja, en Arabie Saoudite et au Koweït, l'alcool reste accessible et constitue une source de curiosité et d'expérimentation pour beaucoup de jeunes. Il fait même partie du quotidien de certains Arabes qui ont étudié et travaillé à l'étranger. Les drogues, qui la plupart du temps arrivent illégalement depuis l'autre côté du Golfe, provoquent des addictions (ainsi que les inévitables phénomènes de misère, honte dans la communauté et explosion de la cellule familiale) chez un nombre limité mais croissant de jeunes Arabes.

Éduquée pour réfléchir et trouver la vérité par elle-même, la nouvelle génération tend à remettre en question les connaissances transmises par ses aînés. Les révoltes du printemps arabe de 2011 témoignent d'un tiraillement entre deux directions : d'un côté, une vie traditionnelle régie par les principes islamiques et l'implication dans la société, et de l'autre les réalités d'une vie moderne dans laquelle l'individu et ses besoins et satisfactions personnels priment sur le reste.

En dépit d'un relatif assouplissement des mœurs dans la plupart des pays de la péninsule Arabique, il est probablement juste de dire que l'intensité de la foi n'a pas diminué. Les mosquées sont toujours pleines le vendredi, les étudiants continuent d'interrompre leurs révisions pour prier, les amis attentionnés tentent toujours de convertir leurs connaissances non musulmanes à "la véritable foi", et la conduite automobile continue de se détériorer pendant le ramadan (la vaste majorité de la population jeûne du lever au coucher du soleil, ce qui entraîne une baisse de vigilance sur les routes). Dans les villes modernes de toute la région, les hommes continuent de se réunir dans certains lieux publics, et les femmes dans d'autres ; hommes et femmes ne se retrouvant que pour partager la vie de famille, l'intimité et les activités privées. Tel est le mode de fonctionnement ancestral des communautés arabes : nourrir les passions humaines mais les réfréner sous l'influence inconsciente de la religion et de la culture, et attendre, en une impatiente expectative, la renaissance spirituelle assurée par le pèlerinage à La Mecque.

La cuisine d'Oman et des Émirats

Si l'image de somptueux festins bédouins à base de mouton farci de riz et de raisins secs, le tout accompagné de sorbets défiant la chaleur du désert, tient plus du mythe que de la réalité, les plaisirs de la table occupent néanmoins une place importante dans la région. Peu d'échanges sociaux se déroulent en effet sans partager le "pain et le sel", ou du moins le *qahwa* (café) et les dattes. Profitez-en pour éveiller votre palais à de nouvelles saveurs en découvrant de succulentes spécialités moyen-orientales et les coutumes liées à leur préparation.

Spécialités

Cuisine arabe

Petit-déjeuner

Pour la plupart des habitants des pays du Golfe le petit-déjeuner se compose d'œufs, sous toutes les formes, et de fromage frais salé local, accompagnés d'un verre de babeurre ou de *labné* (yaourt maigre), et de *tahini* sucré au sirop de dattes. Il inclut parfois du *foul moudammas,* un plat de fèves arrosé d'huile d'olive, assorti de légumes au vinaigre et d'olives les jours de fête. Il peut également y avoir des lentilles fortement aillées, au grand désespoir des collègues.

Désigné sous l'appellation générique de *khobz,* le pain (il en existe 40 variétés différentes) est consommé en copieuses quantités à tous les repas. Le plus souvent sans levain, sous forme de disques plats de la taille d'une assiette, il se mange traditionnellement par petits morceaux, et tient lieu de couverts.

Déjeuner

Au déjeuner, les plats sont systématiquement à base de riz. Celui-ci est souvent parfumé de quelques graines de cardamome, et, lors des fêtes, de safran et de raisins secs. Caché à l'intérieur ou déposé sur le riz, un délicieux ragoût épicé, aux gombos ou à la viande de poulet, d'agneau, de chèvre – ou même de dromadaire – grillée et assaisonnée – mais bien sûr, jamais de porc, qui est *haram* (interdit) pour les musulmans.

AU FIL DES SAISONS

Janvier-février

Entamez votre périple culinaire en dégustant de délicieux agrumes – oranges, citrons jaunes et verts – au sommet du djebel Akhdar en Oman. Rejoignez ensuite la côte du Dhofar pour la récolte annuelle d'ormeaux et de conques.

Mars-avril

Dirigez-vous vers les plaines côtières omanaises pour vous délecter de tomates, poivrons et piments.

Mai-juin

C'est le début de la récolte des dattes, principale production omanaise, qui s'étend jusqu'en septembre-octobre. Choisissez une tente du ramadan pour goûter les spécialités de l'*iftar* (rupture du jeûne au coucher du soleil) dans un hôtel émirati.

Juillet-août

Passez la journée de l'Aïd al-Fitr dans les villages du désert pour vous régaler de plats de fête célébrant la rupture du jeûne du mois du ramadan. Des papayes et des mangues vertes en saumure agrémentent le mouton tué pour l'occasion.

Septembre-octobre

C'est la pleine saison des noix, des amandes et des grenades dans le djebel Akhdar. Goûtez les friandises imbibées de miel avec les pèlerins de retour de La Mecque.

Novembre-décembre

Aux Émirats, profitez de la dinde aux marrons et autres mets occidentaux importés pour Noël.

Le porc est *haram* (interdit) pour les musulmans, mais il est possible d'en trouver dans les supermarchés des Émirats, en raison de l'importante proportion d'expatriés.

L'assaisonnement inclut tout ou partie des épices suivantes : cardamome, coriandre, cumin, cannelle, muscade, piment, gingembre, poivre et le très important curcuma, presque sans saveur mais très bon pour la santé. Quoique rarement employé, le piment sert parfois à relever de manière inopinée un simple bouillon ou un plat de haricots quand on s'y attend le moins.

Sans surprise dans une région au littoral étendu, le poisson (frais ou séché) est aussi un élément important du déjeuner. Mérou, mulet, maquereau, rouget barbet et thon sont grillés, frits ou cuits au barbecue, puis servis avec du riz et une salade de chou cru assaisonnée de citron vert ou jaune. Les sardines, qui abondent en saison, sont entassées en tas malodorants entre les maisons et ne sont pas toujours consommées : elles sont données aux animaux une fois séchées.

Dîner

Le repas du soir est une affaire plus compliquée : alors que les enfants réclament des hot-dogs ou des hamburgers, et que les domestiques leur donnent de quoi les calmer, les mères dînent d'un sandwich chez Starbucks et les grands-mères préparent des confiseries et de la purée d'aubergine, tout en grignotant des dattes et en persuadant les pères de profiter de la compagnie de leur famille plutôt que de sortir pour un kebab.

Les habitants des villes de la péninsule Arabique aiment manger dehors et, comme beaucoup d'autres citadins, apprécient une cuisine variée (et facilement disponible) : côtelettes d'agneau de Mongolie, raviolis chinois au crabe ou encore spaghettis à la bolognaise. Les spécialités libanaises, notamment les copieux assortiments de mezzes (hors-d'œuvre) chauds et froids, ont toutefois leur préférence. Des carottes crues, salades entières, feuilles d'épinards ou radis peuvent constituer un repas à eux seuls.

Les familles arabes aiment recevoir chez elles, mais, lorsqu'elles sortent, c'est pour profiter d'autres saveurs que celles dont elles ont l'habitude. Les visiteurs auront donc du mal à goûter à la cuisine traditionnelle. À défaut d'être invité à dîner chez des particuliers, renseignez-vous sur les restaurants régionaux auprès des habitants.

Spécialités omanaises

Nourrissante et variée, la cuisine omanaise reflète la diversité ethnique du pays et utilise beaucoup la cardamome, le safran et le curcuma. Jusqu'à tout récemment, il était difficile de goûter aux spécialités omanaises, car peu de restaurants en préparaient. Cela commence à changer, du moins dans la capitale. L'habitude de manger dehors ainsi que l'augmentation des femmes sur le marché du travail, ont conduit à une demande accrue de plats omanais à déguster hors de la maison.

LE PLUS GRAND HALWA DU MONDE

Les habitants de la péninsule Arabique ont un goût prononcé pour les friandises très sucrées, préparées lors des fêtes. En 2015, pour célébrer les 45 ans de règne du sultan Qabus en Oman, un jeune confiseur entreprenant a confectionné un *halwa* de 675 kg évoquant la forme du pays. La douceur de consistance gélatineuse (différente du halva que l'on trouve ailleurs au Moyen-Orient, à base de sésame), qui a nécessité 67,5 kg d'amidon, 405 kg de sucre blanc, 270 kg de sucre brun, amandes, noix de cajou, noix, safran, eau de rose, cardamome et beurre, et 135 œufs, pourrait bien figurer dans le *Livre Guinness des records*. Le *halwa* accompagne traditionnellement le *qahwa* (café arabe) lors des grandes occasions, et il en existe de différentes sortes dans la région.

LE RITUEL DU CAFÉ

Dans la péninsule Arabique, il existe un rituel ancien et complexe autour du café. Dans les maisons, les bureaux et même certains hôtels, il se peut qu'une tasse de café vous soit proposée. La refuser reviendrait à rejeter un geste important de bienvenue et d'hospitalité, ce qui risquerait de blesser votre hôte. Le café "arabe" ou "bédouin" est généralement servi avec une casserole ornée et équipée d'un long bec verseur (*dalla*) dans de toutes petites tasses sans anse, qu'il convient d'accepter de la main droite.

Il est poli de boire au moins trois tasses (la troisième étant traditionnellement considérée comme porteuse de bénédiction). En boire davantage peut être impoli ; le mieux est de suivre votre hôte. Pour montrer que vous en avez assez bu, faites légèrement pivoter la tasse entre vos doigts et votre pouce.

La longueur du littoral a fait de tous temps des Omanais de grands amateurs de poissons. En témoignent toutes ces sardines mises à sécher de Sohar à Salalah. Récemment encore, cependant, on ne mangeait pas de fruits de mer. La cigale de mer (grosse langouste sans pinces), notamment, n'était pas considérée comme comestible. Les goûts ont changé et les cigales de mer sont devenues un plat apprécié, même dans les petits restaurants régionaux. Délicieux plat traditionnel du sud d'Oman, le *rabis* consiste en du bébé requin bouilli avant d'être vidé et débarrassé de sa peau, puis frit avec son foie. Cette spécialité nourrissante provient d'une mer où les requins abondent.

Chaque ville dispose d'une boutique de baklavas ou de pâtisseries vendant des confiseries sirupeuses à base de pâte sucrée, fruits à coque, miel et parfois eau de rose. Elles s'achètent au poids (minimum 250 g).

Le plat omanais le plus typique est peut-être le *haris,* un mélange de blé cuit à la vapeur et de viande bouillie. Souvent garni *ma' owaal* (avec du requin séché) et agrémenté de citron vert, de piment et d'oignons, il se consomme fréquemment durant le ramadan, pour la rupture du jeûne au crépuscule. Peu de plats omanais sont fortement épicés, même si de la pâte pimentée, sous une forme ou une autre, accompagne habituellement les plats.

Le *showa* est un plat de fête typique, il se prépare avec de la viande de chèvre, de mouton, de veau ou de dromadaire, mise à mariner dans du jus de datte et des épices, puis enrobée dans des feuilles de bananier pour une cuisson d'au moins 12 heures dans un four en terre enfoui dans le sol. Merveilleusement imprégnée de fumée de bois et d'épices, la viande fond en bouche. On la déguste de la main droite, bien sûr, avec du *rukhal* (fine galette de pain omanaise) et du riz sur un *fadhl* (immense plateau commun). La tradition veut que les hôtes mangent en premier, suivis des hommes, lesquels sont censés réserver les meilleurs morceaux aux femmes, qui mangent avec le reste de la famille une fois les invités partis. Cela ne représente pas une attente aussi longue qu'on pourrait le penser, car, traditionnellement, les invités "mangeaient et partaient", ayant fini leur discussion avant le début du repas. Aujourd'hui, de nombreuses familles modernes mangent ensemble.

Si, en tant que voyageur, vous tentez de refuser une cinquième cuillerée de sucre dans votre thé ou votre café, vous serez inévitablement considéré comme diabétique.

Dans le djebel Akhdar, des cultures en terrasse assurent la production de bananes, d'abricots, d'agrumes et de grenades prisés par la population omanaise. Les visiteurs sont souvent surpris de voir que les fruits sont généralement servis avant le plat de viande.

Dans les campements bédouins, vous pourrez goûter au lait de dromadaire fraîchement trait et encore tiède. Comme le lait de jument, tout le monde n'aime pas ! L'alcool n'est pas en vente libre, il faut un permis de séjour pour en acheter. Mais la plupart des hôtels et restaurants haut de gamme en servent (et il est obligatoire de le consommer sur place).

Spécificités émiraties

Les repas aux Émirats sont placés sous le signe de la diversité et proposent un choix formidable de cuisines. Les restaurants libanais et indiens sont les plus courants, mais vous trouverez quasiment de tout, du kebab afghan au *fish and chips* britannique à la choucroute allemande en passant par les *boerewors* (saucisses) sud-africaines. Grâce au grand nombre de restaurants asiatiques et indiens, les végétariens n'auront aucun problème pour goûter à une excellente cuisine.

Dans la cosmopolite Dubai – et à un degré moindre à Abu Dhabi – la nouvelle tendance est "de la ferme à la table", et plusieurs chefs font désormais pousser leurs propres herbes et légumes, s'approvisionnent sur des marchés fermiers, prennent leur œufs dans des fermes d'Al-Aïn et leur poisson à Ras al-Khayma. Durant les dernières années, on a vu la multiplication des food trucks, des restaurants servant de la cuisine émiratie, des cafés proposant des menus "santé" et des produits conçus à partir de lait de dromadaire.

Les non-musulmans peuvent acheter de la viande de porc dans certains grands supermarchés, tel Spinneys. Dans de nombreux restaurants d'hôtels, le porc (clairement identifié) fait partie du menu.

En-cas et friandises

La datte, produit arabe de base depuis des siècles, est le plus ancien fruit cultivé du monde. Des quelque 90 millions de dattiers qui existent sur la planète, 64 millions se trouvent dans des pays arabes.

Les fast-foods sont devenus très populaires auprès des habitants de la péninsule Arabique. Le concept a aisément trouvé sa place au côté de la restauration rapide traditionnelle – kebabs, falafels et autres types de sandwichs. Le *chawarma* (viande découpée sur une broche servie dans un pain pita avec des tomates et autres garnitures), généralement servi avec une salade, est un en-cas de choix dans toute la région. Les sorties dans les cafés qui vendent ce genre de repas rapides consistent davantage à bavarder avec des amis qu'à manger, et les hommes en particulier peuvent passer la soirée entière assis sur la même chaise en plastique, à fumer le narguilé et à boire du thé.

Les habitants de la Péninsule ne sont pas de grands amateurs de desserts et préfèrent consommer des fruits et des jus de fruits après (ou avant) le repas. Cela dit, pour les grandes occasions et les jours fériés, baklavas (pâtisseries à base de pâte filo et de miel) et puddings – dont le *mahallabiya* (au lait) et l'*umm ali* (au pain) – font parfois leur apparition après le déjeuner ou le dîner.

Boissons

Boissons sans alcool

Si vous voulez goûter au lait de chamelle sans risquer d'avoir mal au ventre, optez pour celui qui est vendu en supermarché – à côté du *laban,* une boisson rafraîchissante au yaourt, à l'eau, au sel et parfois à la menthe.

L'une des meilleures expériences culinaires de la région consiste dans la dégustation de jus de fruits frais de grenade, hibiscus, avocat, canne à sucre, mangue, melon ou carotte – ou d'un mélange de plusieurs d'entre eux –, servis dans des stands appelés *'asir* ("jus"). La menthe et le citron, jaune ou vert, peuvent remplacer avantageusement les sodas.

Le thé, désigné sous le nom de *shai* ou *chi libton,* peut être servi de plusieurs façons : à la menthe (*min na'ana*), au lait condensé (dans le golfe Persique) ou noir (en Oman), mais, dans tous les cas, il contient une grande quantité de sucre. Le sachet de thé est laissé dans la tasse, et l'eau est versée d'aussi haut que possible par l'hôte, qui fait ainsi démonstration de son talent.

Le café, en arabe *qahwa* (mot qui a donné notre populaire "caoua"), est consommé en grande quantité dans la Péninsule, où il est habituellement

LE NARGUILÉ

Dans toutes les villes de la péninsule Arabique, deux sensations envahissent l'air chaud et humide les soirs d'été : les volutes de fumée parfumée qui s'étirent en spirale au-dessus des cafés et le faible gargouillis de l'eau, tel le râle d'un dromadaire, dans la base de la pipe à eau. Périodiquement interdits par des gouvernements soucieux de la moralité publique (le narguilé – ou pipe à eau – n'a pas d'effet narcotique ; il impliquerait seulement une perte de temps), mais inévitablement rouverts aux coins des rues par la volonté des habitants, les bars à chicha jouent un rôle essentiel dans la vie sociale arabe.

Dans les cafés traditionnels de la région, le narguilé (ou chicha) est entièrement une affaire d'hommes : affalés sur des coussins ou sur des bancs, ils regardent nonchalamment le football à la télévision, s'arrêtant parfois de fumer pour converser avec leur voisin, manger un kebab, ou réclamer au serveur des charbons ardents pour réveiller les braises assoupies de leur pipe à eau.

Mais à Dubai et à Mascate, le narguilé a depuis longtemps gagné les cafés plus familiaux. Il est même devenu un passe-temps à la mode dans les établissements de style occidental. Les femmes en *abaya* (longue robe noire) aux poignets ornés de faux diamants aspirent des bouffées discrètes sur des embouts décorés de velours, leur consommation de tabac ponctuant des bavardages souvent plus animés.

fort. L'Arabie possède un lien important avec le café. Bien qu'il ne soit plus impliqué dans le commerce du café, Al-Mokha, au Yémen, a donné son nom au mélange de chocolat et de café communément appelé "moka", que l'on trouve dans toute la région. Le café bédouin ou arabe traditionnel est fortement parfumé à la cardamome et se boit dans de petites tasses. Le café turc, riche en marc, est apprécié dans la région du golfe Persique.

La bière sans alcool est largement disponible. Attention : les canettes de soda ne suffisent pas pour s'hydrater dans le désert ; elles accentuent même souvent la soif.

Dans les restaurants libanais, vous pourrez trouver près de 50 variétés, voire plus, de mezzes. Ceux-ci incluent des délices comme le foie haché, le rein épicé, la cervelle d'agneau et d'autres abats.

Cafés

À travers la péninsule Arabique, les *coffee houses* sont les bastions de la légendaire hospitalité arabe. Lieux de camaraderie masculine, ces vestiges d'une époque où les gens prenaient davantage le temps de se retrouver pour bavarder ne sont souvent que de tout petits établissements, se limitant même à un banc au bord d'une allée de souk ou à un abri sous un arbre. On y sert le café avec des casseroles en cuivre ou le thé dans des tasses en carton jetables, tandis que des *sheibas* (hommes âgés) barbus offrent des dattes et leurs conseils avisés à qui le souhaite. Pour un visiteur masculin, c'est une occasion unique de fréquenter la société arabe ; les femmes, quant à elles, sont poliment tolérées, mais mieux vaut laisser les hommes à leur camaraderie.

Les *coffee shops*, en revanche, accueillent tout le monde. Ces cafés omniprésents, avec chaises en plastique et guirlandes électriques de rigueur, existent à travers toute l'Arabie. Ils sont généralement tenus par des expatriés du sous-continent et constituent le centre social de nombreux petits villages, où sont proposés kebabs, poulets rôtis ou omelettes, servis dans du pain arabe. La plupart sont de simples devantures de magasin, avec quelques tables et chaises sur le trottoir, mais les plus haut de gamme fournissent également assiettes et serviettes, et diffusent une odeur de chicha (pipe à eau), la passion régionale.

Il est d'usage, comme symbole de richesse dans la tente d'un émir bédouin, de servir un dromadaire farci d'un mouton, lui-même farci d'une chèvre, qui, quant à elle, est farcie d'un poulet.

Boissons alcoolisées

Malgré la réputation de la région, l'alcool est disponible dans tous les pays de la péninsule Arabique, sauf en Arabie Saoudite, au Koweït et

Dans l'ensemble de la Péninsule, il est d'usage de quitter la table dès la fin du repas. Les discussions vont bon train au moment des mezzes, puis chacun se concentre sur la seule dégustation du plat principal ; et, une fois le café servi, les convives ne pensent plus qu'à faire une sieste.

dans l'émirat de Chardja, où sa possession et sa consommation sont strictement interdites, pour les habitants comme pour les touristes (voir aussi p. 290).

Dans les Émirats arabes unis, on trouve des bars, des bars à cocktails et même des pubs. En Oman, de manière générale, seuls certains hôtels (souvent de catégories supérieure ou moyenne) sont autorisés à servir de l'alcool. Le vin est servi dans la plupart des restaurants titulaires d'une licence. En période de ramadan, il est impossible de se procurer de l'alcool avant le coucher du soleil.

Officiellement, aucun pays de la Péninsule ne produit de boissons alcoolisées, mais les expériences clandestines de fermentation de raisins et de dattes alimentent bien des rumeurs. Les prix élevés des produits d'importation visent à limiter la consommation, sans grand succès (l'alcoolisme, bien que limité, tend à augmenter). L'âge légal pour boire de l'alcool est généralement de 18 ans. Seuls les

RÈGLES DE SAVOIR-VIVRE

Partager un repas avec des locaux est un bon moyen de consolider une amitié naissante. Mais les usages alimentaires de la région sont raffinés et complexes. Notez que la nourriture est traditionnellement partagée par tous dans les mêmes plats, répartis sur une nappe par terre, sans couverts.

Avant le repas

- Si vous êtes convié à manger chez quelqu'un, apportez un petit quelque chose : des fleurs, des chocolats, des pâtisseries, des fruits ou du miel.
- Effectuez vos ablutions – il est poli d'être vu en train de se laver les mains avant un repas.
- Ne vous asseyez pas avec les jambes tendues, c'est considéré comme impoli pendant les repas.

Pendant le repas

- N'utilisez que votre main droite pour manger ou attraper de la nourriture ; la main gauche est réservée aux ablutions.
- Ne prenez pas les meilleurs morceaux d'un plat – la viande par exemple – avant d'y être invité ; ils sont généralement servis en dernier.
- Surveillez vos manières : votre hôte déposera souvent devant vous les meilleurs morceaux, qu'il convient d'accepter.
- Ne remettez pas de la nourriture non désirée dans le plat, mais déposez-la dans une serviette.

Après le repas

- Il est d'usage de bien nourrir ses invités : lorsque vous n'avez plus faim, tapotez-vous le ventre avec satisfaction.
- Laissez un peu de nourriture dans votre assiette : traditionnellement, une assiette trop bien nettoyée est un présage de famine.
- N'hésitez pas à vous curer les dents après un repas – c'est tout à fait acceptable, et des cure-dents sont souvent proposés.
- Restez pour le café : il est poli d'accepter un café après un repas et impoli de partir avant qu'il ne soit servi.
- Sachez quand partir : les conversations entre les convives ont généralement lieu avant le repas ; une fois celui-ci terminé, il est temps de partir (mais, le cas échéant, pas avant l'hôte principal).

résidents ont le droit d'acheter de l'alcool à emporter, dans la limite d'un quota mensuel.

Cuisine asiatique

Dans toute l'Arabie, les populations d'expatriés ont apporté leurs cuisines, qui occupent désormais une place de choix sur les cartes des restaurants. Pour de nombreux immigrés d'origine asiatique, le petit-déjeuner, le déjeuner et le dîner se composent de riz et *dhal*, ou de riz, curry et légumes, ou encore de curry "non végétarien", répartis dans trois boîtes rondes métalliques empilées les unes sur les autres, et accompagnés de *chapati* (pains plats indiens).

Offrant une solution agréable et bon marché, des restaurants indiens et pakistanais ont vu le jour un peu partout dans la région. Ils servent samosas, *biryani* ou curries de mouton épicé à des travailleurs affamés. Les familles expatriées apprécient une cuisine variée, qu'elles se procurent sans difficulté en supermarché. Les enseignants britanniques peuvent déguster du roast-beef aux brunchs des hôtels, les restaurants philippins préparent du poulet *adobo*, et les domestiques sri-lankaises servent des curries de poisson épicés à leurs familles adoptives. Dans de nombreuses grandes villes, les voyageurs peuvent découvrir tous ces délices, souvent dans des restaurants de renom.

Cuisine bédouine

Le calife, au milieu des sables brûlants de l'Arabie,
Se désaltérait dans une coupe
Pleine de la neige des montagnes de Perse
Et savourait les fruits rafraîchissants du Nord.

Thomas Moore, *Lalla-Rookh*

L'évocation des délices bédouins, constitués de sorbets et de friandises, par le poète irlandais Thomas Moore au XIXe siècle semble alléchante, mais la réalité est plus prosaïque. T. E. Lawrence (le fameux Lawrence d'Arabie) décrit de façon mémorable un festin avec le cheikh arabe Sherif Nasir de Médine, au cours duquel il a trempé ses doigts dans du gras d'agneau bouillant, tout en déchirant la viande de la carcasse. Ce devait probablement être le *kebsa* – un agneau entier farci de riz et de pignons de pin. Les morceaux les plus prisés de ce plat sont les yeux, que les hôtes irrévérencieux se plaisent à agiter devant les invités étrangers.

La cuisine bédouine est tributaire des aléas du désert, dont les habitants s'emploient davantage à combattre la faim et la soif qu'à préparer des festins somptueux. Les plats se composent ainsi d'ingrédients disponibles à une période donnée. Le lait de chamelle et le fromage de chèvre sont des aliments de base, tout comme les dattes et, bien sûr, l'eau. Celle-ci devient particulièrement précieuse lorsqu'elle est rationnée, et les Bédouins sont réputés pour en consommer très peu, notamment en journée, ne buvant que quelques gorgées, la plupart du temps pour se rincer la bouche.

La réputation d'hospitalité des Bédouins n'est pas usurpée, et les voyageurs dans les Sharqiya Sands (Oman) qui croiseront un campement sur leur route seront invités à partager "le pain et le sel", ce qui inclut au moins un café arabe, du lait de chamelle et un peu de viande séchée, généralement couverte de mouches. Si la présence de ces dernières n'a généralement pas de conséquences sur la santé, le lait peut en revanche perturber les estomacs sensibles.

DATTES

Pour une saveur exquise en bouche, les dattes doivent être consommées à moitié mûres, en croquant dans le fruit dans le sens de la longueur pour savourer le piquant amer avec la partie plus moelleuse. N'oubliez pas de jeter le noyau discrètement dans une serviette : Sinbad, en crachant le sien, fit perdre la vue au fils d'un génie qui se vengea d'une manière espiègle.

Us et coutumes

Dans la plupart des pays du Golfe, les restaurants haut de gamme ou modernes des grandes villes accueillent leur clientèle dans des salles mixtes. Dans les petits établissements, les hommes mangent au rez-de-chaussée, les femmes et les familles, à l'étage.

Pour la plupart des habitants d'Arabie, le repas principal est habituellement fait maison et composé de riz au déjeuner. Si les habitudes et les modes de préparation varient selon les pays et les régions, voici néanmoins quelques constantes.

Achats

La tâche de pourvoir aux besoins en nourriture revient en général aux hommes, qui sont souvent envoyés sur les marchés de gros le jeudi pour acheter des produits frais. Les enseignes de la grande distribution, comme Carrefour, ont rencontré un succès immédiat auprès des citadins de la Péninsule, peut-être parce qu'ils proposent une sorte de version climatisée des marchés. Mais, pour nombre d'habitants, l'achat de la viande au marché au bétail est une affaire de fierté masculine, et les animaux sont parfois ramenés vivants au domicile pour être tués selon des règles islamiques précises.

Cuisine

Le repas est essentiellement une affaire communautaire, et il est normal pour de nombreuses familles qui résident en ville de parcourir de longues distances le week-end jusqu'à leurs villages d'origine pour profiter de la "cuisine de maman". Ce sont presque exclusivement les femmes qui préparent la cuisine : moudre les épices, éplucher les légumes et plumer les poulets sont autant d'occasions de discuter entre femmes et d'échanger les dernières nouvelles.

Repas

Un copieux pique-nique de brochettes sur l'herbe en bord de route constitue le passe-temps préféré de nombreuses familles de la région.

Dans les villes et villages plus traditionnels, les hommes et les femmes mangent séparément ; le fils aîné sert les hommes en premier, tandis que les femmes attendent leur tour dans une autre pièce. Il est de bon ton pour les hommes de laisser les meilleurs morceaux aux femmes. Les Arabes, même les citadins qui meublent leur logement à l'occidentale, affirment qu'il est plus agréable de manger par terre, dans des plats communs, avec le pain et la main droite comme seuls ustensiles. Les repas peuvent ainsi être facilement pris à l'extérieur, et les pique-niques sont l'un des passe-temps favoris des habitants de la région.

Détente

Un plat d'eau de rose, confectionné avec des pétales récoltés dans les montagnes, marque traditionnellement la fin du repas ; les convives rincent leurs mains dans l'eau parfumée. Une sieste est généralement appréciée de tous après le déjeuner.

Ramadan

Bien que marqué par le jeûne et l'abstinence, le mois sacré est une période conviviale, au cours de laquelle de nombreuses personnes prennent du poids. Cela s'explique par les longues nuits du ramadan, généralement sociales et débonnaires, où l'on partage des délices de saison et des friandises. Le jeûne (de l'aube au crépuscule) est interrompu chaque jour par un petit-déjeuner léger composé par exemple de dattes et de *laban* – une boisson au yaourt non sucrée –, pris avant les prières. En soirée, l'*iftar* est un repas généralement copieux, qui permet de manger suffisamment pour compenser les heures passées à s'abstenir, tout en socialisant jusqu'au petit matin. Dans les villages, ce repas commun est souvent pris dans le bureau du *wali* (équivalent de la mairie), dans l'enceinte de la mosquée ou dans une tente spécialement érigée pour le ramadan. Les gens se lèvent ensuite avant l'aube pour préparer un repas qui les aidera à tenir toute la journée.

Établissements

Un des plaisirs incontestables des villes modernes de la région réside dans la variété et la qualité des restaurants. Dans le Golfe en particulier, des établissements raffinés proposent une cuisine haut de gamme au milieu de décors magnifiques.

Dans l'ensemble, les restaurants sont ouverts à l'heure du déjeuner (principalement pour les expatriés) ; puis ils ferment l'après-midi et rouvrent vers 18h jusque très avant dans la nuit, pour servir les habitants de la région, aux habitudes généralement tardives.

Cuisines étrangère et locale

Les villes du Golfe offrent un large éventail de spécialités culinaires du monde entier. Les restaurants libanais et indiens sont les plus répandus, suivis des chinois et des thaïlandais dans les grands centres urbains.

En revanche, la cuisine du cru n'est guère mise en avant, bien que des chaînes comme Bin Ateeq à Mascate et des tables de l'Heritage Village à Abu Dhabi tentent d'y remédier. Dans les établissements typiquement locaux, on s'assoit parfois par terre, après avoir laissé ses chaussures en dehors des tapis, et la nourriture est servie dans des plats communs placés sur un plateau.

Entourée par la mer Rouge, le golfe Persique et la mer d'Oman, la péninsule Arabique ne manque pas de poissons et de fruits de mer. Maquereaux, espadons et mérous ont la faveur des locaux. Les langoustes et les crevettes, jadis considérées comme non comestibles, sont aujourd'hui largement consommées.

Brunch du vendredi

L'une des meilleures expériences culinaires consiste pour les touristes à sauter le petit-déjeuner du vendredi et à se rendre dans un hôtel cinq étoiles pour un brunch – une pratique très appréciée par les habitants de la région comme les expatriés. De somptueux plats locaux, du Moyen-Orient et internationaux, sont alors proposés, ornés de sculptures de glace, le tout pour un prix relativement modeste.

Soirées fruits de mer

De nombreux hôtels organisent des soirées fruits de mer toutes les semaines, avec la plupart du temps des danseuses orientales ou des animations locales. C'est une façon plus économique de goûter aux huîtres, langoustes et crevettes de la région que de réserver une table dans un restaurant spécialisé sélect. Ce genre d'établissement offre toutefois la possibilité de choisir parmi des poissons vivants conservés dans des aquariums, ce qui constitue une garantie de fraîcheur sous un climat torride.

Toutes les villes de bord de mer abritent un marché au poisson où l'on peut se familiariser avec la multitude d'espèces proposées. Ne vous laissez pas rebuter par les étals de sardines et de crustacés séchés, en réalité savoureux.

Sur le pouce

Les en-cas traditionnels, tels que les *chawarmas* ou kebabs – brochettes de viande grillée) – sont rapides à préparer et à consommer, bon marché et peuvent généralement être mangés sans crainte, car ils sont confectionnés et cuits devant vous. Il existe également une bonne sélection de supermarchés bien achalandés et vendant de nombreux produits internationaux dans les grandes villes, et les aires de restauration sont de plus en plus courantes dans les centres commerciaux.

Tentes du ramadan

Pendant le ramadan, la plupart des hôtels préparent pour les non-musulmans des buffets de spécialités, lesquels sont d'ordinaire servis sous des tentes climatisées, donnant ainsi l'impression de rompre le jeûne en commun à l'instar des locaux. L'alcool n'est pas disponible durant cette période, sauf via le service de chambre dans les hôtels.

GOURMANDISES OMANAISES

Les Omanais sont friands de douceurs, et toutes les fêtes sont des occasions de se régaler. Si l'on vous en offre, vous ne pourrez refuser d'y goûter. N'utilisez *que* la main droite pour accepter comme pour offrir ces gourmandises traditionnelles.

Halwa. À l'occasion des cérémonies officielles, comme les remises de diplômes ou la fête nationale, on sert du *halwa* dans un plat commun où chacun pioche avec le pouce et l'index droits (mieux vaut alors disposer d'une serviette ou d'un mouchoir pour essuyer ses doigts). Ce dessert à base de sucre ou de miel de datte, de safran, de cardamome, d'amandes, de muscade et d'eau de rose cuit pendant des heures dans de grands chaudrons en cuivre, tandis que des hommes mélangent la pâte avec de longs pilons en bois. C'est un travail dur, dans la chaleur du feu, qui donne lieu à des démonstrations notamment lors des *aïd* (fêtes islamiques). Si chaque région prétend produire le meilleur *halwa*, le plus renommé reste celui de Barka, où les magasins en vendent dans des récipients en plastique coloré ou en céramique vernissée.

Dattes. Les dattes sont un élément essentiel du repas, mais aussi de l'hospitalité omanaise. Les Omanais proposent systématiquement à leurs hôtes une ou deux tasses de café arabe ou *qahwa* (café noir avec un soupçon de cardamome) accompagné de quelques dattes. Il serait impoli de refuser de partager au moins une datte et deux ou trois tasses de café (mais pas beaucoup plus) avec son hôte.

Miel. Surnommé par certains l'"or liquide", le miel coûte de 10 à 70 OMR le kilo. À ce prix, on comprend l'essor de l'apiculture. Mais la tendance n'est pas récente, et le miel a connu d'autres usages que gustatifs : depuis leurs forteresses, les Omanais versaient du miel bouillant sur leurs assaillants (remarquez les orifices au-dessus des portes). Le miel le plus cher se récolte dans les ruches sauvages des monts Hajar. Le miel de palmier-dattier se reconnaît à sa coloration pâle et dorée ; le miel de *samar* (acacia gommier) a une couleur d'ambre foncé ; le miel de *sidar* (une variété de jujubier) est couleur de mélasse.

Végétariens et végétaliens

Les habitants de l'Arabie sont traditionnellement considérés comme de gros mangeurs de viande rouge, même si c'est loin d'être le cas dans les faits. Pour beaucoup de personnes au revenu modeste, la viande est réservée pour les grandes occasions et les jours de fête. À cela s'ajoute l'influence de la cuisine d'Inde du Sud, introduite par les communautés d'expatriés hindous végétariens, qui explique que de nombreux plats de légumes figurent aux menus des restaurants.

La cuisine végétarienne de base comprend des plats de fèves et de légumineuses, tels que la soupe, le *foul* (à base de fèves), le *dhal* et le ragoût de lentilles. Les pois chiches, soit frits en falafels, soit écrasés en houmous, sont un accompagnement courant. Les aubergines et les gombos sont utilisés dans de nombreux ragoûts délicieux, et les crudités sont généralement locales et bios.

Végétariens, attention ! Certains chefs de la Péninsule considèrent le végétarisme comme un caprice occidental incompréhensible ou une sorte d'apostasie culinaire. Pour éviter les discussions embarrassantes sur la composition de tel ou tel plat, fréquentez de préférence les restaurants indiens.

Manger avec des enfants

Sortir manger en famille est de plus en plus populaire chez les habitants de la région et les expatriés : des cohortes de minibus débarquent des villes sur les bords de mer, en particulier en hiver, où se regrouper autour du réchaud est un vrai plaisir. De même, beaucoup de parents se joignent à leurs enfants pour partager un "MacArabia" au poulet halal ou une pizza au pepperoni dans les fast-foods de plus en plus nombreux.

Les enfants sont acceptés dans les restaurants, sauf dans les plus chics du Golfe, et de nombreux établissements de milieu de gamme proposent des menus pour enfants. Les chaises hautes ne sont pas très fréquentes.

Le lait frais ou en poudre est largement disponible, hormis dans les régions reculées. Le *labné* et le yaourt peuvent généralement être consommés sans crainte par les enfants.

GLOSSAIRE CULINAIRE

Notez qu'en raison de l'imprécision de la transcription de l'arabe, vers le français comme vers l'anglais, les orthographes peuvent varier.

Mezzes

baba ghanoush	purée fumée à base d'aubergines cuites au four et écrasées, généralement mélangées à des tomates et des oignons, et parfois des arilles de grenade
batata harra	dés de pommes de terre revenus avec de la coriandre, de l'ail et des poivrons
börek	feuilletés fourrés au fromage frais ou à la viande hachée épicée, avec des pignons de pin ; parfois aussi appelé sambousek
chanklich	salade à base de morceaux émiettés de fromage relevé, d'oignons émincés et de tomates
fatayer	petits triangles de pâte fourrés aux épinards
fattoush	salade d'oignons, tomates, concombres, laitue et morceaux de pain frit croustillant
foul	pâte à base de fèves, tomates, oignons et piments ; parfois épelé *fuul*
houmous	pois chiches écrasés et mélangés à du *tahini* (crème de sésame), de l'ail et du citron pour former une préparation pâteuse
kebbé	boulettes frites d'agneau haché, de boulgour et de pignons de pin
kebbé nayyé	agneau haché mélangé à du blé concassé et servi cru
kebda	foie, souvent de poulet (*kebda firekh* ou *kebda farouj*), généralement revenu dans du citron ou de l'ail
labné	yaourt égoutté, fortement assaisonné d'ail ou de menthe
lahma bi-'ajin	petites pizzas à l'agneau haché
loubié	salade de haricots verts avec des tomates, des oignons et de l'ail
mashi	légumes, tels que courgettes, feuilles de vigne, poivrons ou aubergines, farcis de viande hachée, riz, oignons, persil et herbes aromatiques, et cuits au four
moujaddara	"plat du pauvre" traditionnel, à base de lentilles et de riz, parsemé d'oignons caramélisés
moutabbal	semblable au baba ganoush, mais les aubergines sont mélangées à du *tahini*, du yaourt et de l'huile d'olive pour obtenir une consistance plus crémeuse
soujouk	saucisse d'agneau épicée
taboulé	salade de boulgour, persil et tomates, assaisonnée de graines de sésame, citron et ail
tahini	crème de sésame
warak enab	feuilles de vigne farcies de riz et de viande

Plats principaux

bamiya	ragoût à base de gombos
chawarma	équivalent du *gyros* grec ou du *döner kebab* turc ; des bandes de viande d'agneau ou de poulet sont découpées sur une broche verticale, puis servies avec des tomates et autres garnitures dans du pain arabe
falafel	boulettes de pois chiches frites, souvent servies dans du pain arabe avec de la salade et du houmous

fassolya	ragoût de haricots verts
haris	blé et agneau cuits lentement
kabbza	agneau ou poulet cuit avec des oignons, tomates, concombres, carottes râpées, et autres fruits et légumes
kebab	brochettes de viande grillée, en général de l'agneau, mais aussi du poulet, de la chèvre, du dromadaire, du poisson ou du calamar ; parfois appelé *shish* ou *shish kebab*
kebab mashwi	pâte de viande moulée sur des brochettes et grillée
kebsa	agneau entier farci et servi sur un lit de riz épicé et de pignons de pin ; appelé également *khuzi*
kofta	viande hachée épicée, façonnée en petites saucisses et grillées sur des brochettes
machbous	viande grillée (généralement poulet ou agneau) et riz épicé
machkoul	riz servi avec des oignons
makbous	ragoût de viande ou de poisson avec du riz
mihammar	agneau cuit dans une sauce au yaourt et farci de noix, raisins et autres fruits secs
moushkak	viande de dromadaire assaisonnée et grillée sur une brochette – généralement dure comme de la semelle !
mu'addas	riz servi avec des lentilles
samak mashwi	poisson cuit au barbecue sur des braises après avoir été garni d'une purée de dattes
shish taouq	kebab de morceaux de poulet marinés et épicés
shuwa	agneau cuit lentement dans un four souterrain
ta'amiyya	voir *falafel*

Pâtisseries et douceurs

asabih	pâte filo roulée et farcie de pistaches, pignons de pin, noix de cajou et miel
baklava	terme générique pour toutes sortes de gâteaux à base de pâte feuilletée, noix, noisettes, amandes et miel
barazak	biscuits plats et ronds, parsemés de graines de sésame
isfinjiyya	tranche de noix de coco
kenafeh	cheveux d'ange sur une base crémeuse de fromage sucré, le tout cuit dans du sirop
labné makbous	boulettes de yaourt doux, parfois intégrées à une omelette ou roulées dans du paprika ; peut se manger au petit-déjeuner
mahallabiya	dessert à base de lait
moushabak	pâtisseries dentelées, trempées dans du sirop
umm ali	dessert à base de pain, avec des raisins secs et des fruits à coque, aromatisé à la muscade
zlabia	pâtisseries trempées dans de l'eau de rose

Environnement

Il suffit de contempler la péninsule Arabique après la pluie pour se convaincre qu'elle n'est pas l'étendue sans fin de dunes mouvantes et stériles que beaucoup s'imaginent. Les paysages désertiques, très divers, abritent des plantes et des animaux uniques et parfaitement adaptés, notamment dans les *wadi* et les oasis. À ce décor extraordinaire s'ajoute celui d'un littoral peuplé lui aussi d'une faune marine à nulle autre pareille.

Territoire

Géologie

Bien qu'assez pauvre en minéraux et en pierres précieuses (hormis le cuivre, dans le nord d'Oman), la péninsule Arabique porte le témoignage des premiers temps de la Terre. Les géologues pensent qu'à l'origine, elle faisait partie du continent africain, et que de la tectonique des plaques auraient procédé la vallée du Grand Rift (laquelle s'étend du Mozambique à Djibouti en Afrique, puis sur l'ouest du Yémen, l'Arabie Saoudite et la Jordanie) et la mer Rouge.

C'est à cette scission que la Péninsule devrait sa relative déclivité, l'Ouest s'en étant surélevé et l'Est affaissé, entraînant ainsi la formation du golfe Persique.

Au fil de millions d'années d'épisodes de submersion, des couches de sédiments marins se déposèrent sur cette masse terrestre inclinée – comme en témoignent l'abondance et la variété des fossiles disséminés à travers l'Arabie. Or, lorsque de la matière organique se retrouve emprisonnée sous la surface, où l'absence d'oxygène l'empêche de se dégrader en eau et en dioxyde de carbone, elle devient la matière première à l'origine des hydrocarbures : c'est ainsi que se forment le pétrole et le gaz. Cette alchimie dépend de maints autres facteurs, comme la profondeur et la température.

Les conditions géologiques de l'Arabie s'étant révélées idéales pour la formation d'énormes gisements pétrolifères, les chevalets de pompage (prévus pour forer jusqu'à une profondeur de 5 km) sont, en notre époque de dépendance aux énergies fossiles, devenus omniprésents à l'intérieur des terres. Les gouvernements ne laissent pas de s'interroger sur les réserves disponibles. Cette manne, base de leur économie, étant promise à disparaître, ils tentent de diversifier leurs intérêts économiques au cas où leurs réserves s'épuiseraient plus tôt que prévu.

Le désert du Rub al-Khali (le "Quart vide") s'étale sur 650 000 km², essentiellement en Arabie Saoudite, mais aussi au Yémen, aux Émirats et en Oman.

Pour les géologues, la péninsule Arabique se divise en deux parties. La première, le bouclier arabique, est constituée de roches sédimentaires volcaniques et comprend le tiers occidental de la Péninsule. La seconde, dite plateau arabique, englobe les zones inférieures adossées au bouclier, du centre de l'Arabie aux eaux du Golfe.

Géographie

Les plaines côtières basses et les dépressions salées s'étendent le long des eaux du Golfe, du nord (Koweït) jusqu'à cette exclave d'Oman qu'est la péninsule de Musandam. C'est le territoire des amphibiens et des échassiers, et de longues étendues de sable blanc éblouissant.

L'intérieur de l'Arabie aussi est constitué principalement de plaines, mais les territoires situés dans les principales chaînes de montagnes, comme les monts Hajar d'Oman (ou les hautes montagnes d'Arabie Saoudite et du Yémen), sont caractérisés par un climat et un mode de vie complètement différents.

Oman Off-Road (Explorer Publishing, 2014), de Sam Owen et Jenny Walker, coauteure de ce guide, est précieux pour découvrir la nature et les paysages désertiques omanais, car il décrit comment rejoindre pratiquement tous les coins du pays (voir aussi p. 308).

Oman est un pays vaste et très varié, avec plus de 2 000 km de côtes, des montagnes escarpées et 70% de son territoire désertique (dont une partie du Rub al-Khali). Il s'étend des baies encaissées de la péninsule de Musandam jusqu'à la région du Dhofar, verdoyante selon la saison, car c'est la seule touchée par la mousson.

La majeure partie de la population omanaise se concentre sur la côte de la Batinah, une plaine semi-fertile qui s'étend de la frontière avec les Émirats, au nord du sultanat, jusqu'à Mascate et qui est séparée du reste de l'Arabie par les monts Hajar. Ce massif est réputé pour son héritage géologique, et même les profanes apprécieront la beauté de sa roche striée. Son plus haut sommet, le djebel Shams ("montagne du Soleil") culmine à 3 009 m. À côté, le Wadi Ghul et le Wadi Nakhr forment une profonde entaille surnommée le Grand Canyon d'Arabie. Sur les pentes du proche djebel Akhdar ("montagne Verte") sont cultivés des arbres fruitiers de climat tempéré.

Entre les monts Hajar et le Dhofar, tout au sud, Oman tient d'un territoire désertique, plat et rocailleux, mais ponctué de zones de dunes de sable. Les plus remarquables sont les Sharqiya Sands, appelés familièrement Wahiba Sands, et le désert de sable moins accessible du Rub al-Khali. Oman n'est pas aussi riche en hydrocarbures que ses voisins, mais possède quelques vastes champs pétrolifères dans les plaines de graviers du côté de Marmul, dans la région d'Al-Wusta, et du côté de Fahood, dans la région d'Al-Dakhiliyah.

Au large des côtes d'Oman prospère une vie marine riche et variée. On y trouve aussi de nombreuses petites îles, la plus grande étant l'île désertique de Masirah.

Il n'existe pas, à proprement parler, de rivières permanentes dans la péninsule Arabique. Les nuages gorgés d'eau venus du large traversent les montagnes, entraînant le prompt ruissellement le long des *wadi* (lits des rivières). De petits ruisseaux issus de sources naturelles confluent vers les *wadi*, formant les oasis du désert. Dans la Péninsule, les nappes phréatiques sont souvent affleurantes - suffisamment pour creuser à la main un puits - comme l'ont bien compris les Bédouins, qui (jusqu'à très récemment) survivaient grâce au système de puits et de sources découverts ou bâtis par leurs ancêtres. L'irrigation, rendue possible par des conduites complexes (appelées *aflaj* en Oman), aide à acheminer l'eau jusqu'aux plantations, ce qui permet davantage de cultures extensives dans la région qu'on ne pourrait le croire.

Le désert vu par les Britanniques au XIXe siècle

Voyages dans l'Arabie deserte, Charles Doughty (Karthala, 2002)

Voyage à La Mecque, Richard F. Burton (Payot, 2015)

Écosystèmes

Désert

Les paysages inhospitaliers d'Arabie ont toujours fasciné les voyageurs, du Marocain Ibn Battuta au XIVe siècle aux explorateurs européens qui s'y sont succédé à partir du XVIIIe siècle, désireux de voir de leurs propres yeux ces "paysages désolés, infestés de bêtes sauvages et d'hommes plus sauvages encore", d'après les mots de sir Richard F. Burton dans son *Voyage à La Mecque*... Le Rub al-Khali ("le Quart vide"), mer de sable à cheval sur l'Arabie Saoudite, le Yémen, Oman et les Émirats, est surnommé "le désert des déserts" ; il n'en faut pas moins pour faire surgir tout un monde d'exploration et de découverte.

En fait, si le Rub al-Khali et ses dunes sont la plus célèbre curiosité géographique, il n'est pas pour autant le seul désert digne d'intérêt, et le sable n'est pas le seul visage des autres déserts. La péninsule Arabique est en grande partie constituée de plaines de gravier émaillées d'affleurements de grès rongés par les intempéries, qui prennent la forme de colonnes, de champignons et de corniches. On peut admirer de remarquables spécimens en Oman, dans le jardin de rochers de Duqm et

POUR UN DÉSERT VIVANT

Tout explorateur s'aventurant dans un espace sauvage doit se montrer responsable, *a fortiori* dans le désert, où la moindre maladresse peut avoir des conséquences dramatiques sur ses écosystèmes fragiles. Les plaines rocheuses de l'intérieur ressemblent peut-être à un vaste terrain vague, mais il n'en est rien. Les balises rouges le long des routes ont beau avoir l'air incongru par une journée d'été sans nuages, elles indiquent le niveau que peut atteindre l'eau lors d'une crue subite. Environ un mois après la crue, un tapis d'herbe signalera l'emplacement qui accueillera pour un temps une myriade de méloés, d'insectes à longues pattes et autres créatures.

Les voitures défigurent à jamais les déserts de roches, écrasant des plantes et des insectes invisibles pour le conducteur. Les déchets ne se décomposent pas aussi vite que sous un climat tropical ou tempéré. La fleur épanouie cueillie négligemment manquera ainsi peut-être sa première et seule occasion de se reproduire en sept ans de sécheresse.

Avec un peu de bon sens, cependant, et en prenant soin d'emprunter les pistes déjà tracées, il est possible de profiter du désert sans porter préjudice aux êtres invisibles qui l'habitent. On peut aussi couper le contact, et rester simplement là, immobile. Le désert s'anime au crépuscule : un fennec chasse un hérisson, un chien sauvage émerge du *wadi* sans voir le serpent se faufiler en direction inverse, les feuillages denses se relâchent durant le bref répit du soir ; un bousier roule son "trophée" jusqu'au logis.

sur l'escarpement de Huqf, dans la réserve de Jaaluni. Il existe du reste de nombreux autres types de désert, notamment sur les plaines côtières.

De nos jours, les dromadaires (rares à l'état sauvage) et les ânes sauvages dominent le paysage d'acacias épineux (arbustes en forme d'entonnoir) et de *ghaf* (des arbres vitaux). La rosée du matin déposée sur les feuilles attire des gazelles, des colonies d'oryx protégés et une multitude de petits mammifères – lièvres, renards et hérissons – qui sont la proie des nombreux rapaces du pays. Lézards, serpents et insectes sont plus difficiles à observer, mais ils sont à la base de l'écosystème du désert.

Adaptation au désert

Ce qu'il y a de plus remarquable dans les écosystèmes du désert, c'est la présence même de la vie. Certaines espèces ont développé des stratégies extraordinaires pour survivre à l'intense chaleur estivale et à la rareté de l'eau. On qualifie de désert tout territoire recevant moins de 250 mm de pluie par an : des conditions intenses de sécheresse qui ont obligé les espèces à évoluer de manière remarquable. Les renards et hérissons ont adopté un mode de vie nocturne, les gerboises sont protégées de la chaleur par leurs pattes garnies de poils et leurs grandes oreilles, les gazelles parviennent à survivre grâce à la rosée, et certains crapauds passent des années sous terre dans un état de semi-hibernation.

Montagnes

Si elles ne sont pas les plus imposantes au monde, les chaînes de la Péninsule présentent néanmoins un caractère spectaculaire, abrupt, tranchant sur les plaines côtières.

L'une de ces grandes chaînes se trouve en Oman : les monts Hajar protègent les communautés des alentours du golfe d'Oman contre l'avancée du désert. Des terrasses sont visibles dans le djebel Akhdar et sur de minuscules lopins de terre dans le Musandam. Les montagnes du sud d'Oman, dans les collines du Dhofar, sont caressées par les pluies fines de la mousson indienne, qui donnent lieu à une explosion de vie dans les collines arides pendant l'été alors que le reste de la péninsule Arabique est en grande partie desséché par la chaleur.

Des autruches arpentaient jadis les plaines sèches d'Arabie, et les crocodiles peuplaient les rivières, mais le changement climatique et l'intrusion humaine ont modifié le biotope local.

Littoral

La région est entourée de deux mers aux caractéristiques très différentes.

La mer d'Oman, peuplée de dauphins, de baleines et de cinq espèces de tortues – qui viennent pondre le long de la côte est – offre un double visage. Calme la plupart de l'année, elle devient très agitée durant le *kharif* (la mousson d'été), rejetant des coquillages sur les plages infinies qui comptent parmi les plus préservées du monde. Les falaises se dressent sur une bonne partie de sa longueur ; les villages de pêcheurs qui ponctuent la côte perpétuent un mode de vie séculaire fondé sur l'abondante pêche à la sardine et au thon.

Le golfe Persique présente des caractéristiques très différentes. Plate et calme, tellement lisse qu'elle semble parfois aussi solide qu'un morceau de charbon poli, la mer reste peu profonde, même jusqu'à 1 km au large de la côte. Avec ses lagons bordés de précieuses mangroves, elle constitue un habitat important pour les oiseaux. Elle est – pas toujours pour le meilleur – également favorable au développement humain : les rives du Golfe ont ainsi été abondamment bétonnées ou "aménagées" pour accueillir d'improbables villes nouvelles.

Faune et flore

Animaux

Le chat des sables, le renard de Rüppell et le lièvre du désert ont de grandes oreilles, ce qui leur donne une grande surface pour évacuer la chaleur, et des touffes de poils sur les coussinets, afin de se déplacer sans peine sur le sable brûlant.

Les montagnes et les *wadi* d'Oman abritent toutes sortes d'animaux. Notamment une cinquantaine de mammifères, tels les loups, les renards, les hérissons, les gerboises et les lièvres. Les plus grands mammifères faciles à observer sont les gazelles du Huqf, dans la région d'Al-Wusta.

Treize espèces différentes de baleines et de dauphins croisent dans les eaux omanaises, notamment la baleine bleue, la plus grande créature vivante au monde – dont vous pourrez voir un squelette au Natural History Museum de Mascate (p. 57). Oman compte également une biodiversité importante de mollusques : il n'est pas rare d'en trouver 30 espèces différentes sur 1 km de plage, même dans la capitale.

La liste des oiseaux d'Oman (*Oman Bird List* ; disponible dans les librairies de Mascate), mise à jour régulièrement et publiée par l'Oman Bird Records Committee, recense plus de 500 espèces. Spatules et flamants fréquentent les lagunes, même à Mascate, mais le pays est surtout connu dans le monde pour ses rapaces migrateurs. Les ornithologues passionnés auront intérêt à contacter l'Oman Bird Group (p. 60).

Avec ses *wadi* fertiles ou ses acacias du désert, Oman abrite aussi une très grande diversité d'insectes, depuis le minotaure, un gros coléoptère, jusqu'au magnifique papillon bleu du figuier. Grâce à son microclimat, le Dhofar est un terrain d'observation de rêve pour les entomologues en herbe.

L'oasis d'Al-Aïn, aux Émirats, compte près de 150 000 palmiers de 100 variétés différentes sur 1 200 hectares. Abreuvée par des *aflaj* traditionnels, elle est inscrite sur la liste du patrimoine mondial de l'Unesco.

Espèces menacées

Oman joue un rôle important en matière de préservation des tortues vertes, dont il abrite l'un des plus grands sites de nidification au monde, à Ras al-Jinz (voir p. 80). Les cinq espèces menacées de tortues que l'on rencontre sur les côtes d'Oman sont toutes protégées par décret royal.

Avec sa diversité géographique, Oman abrite un grand nombre d'espèces menacées, dont l'outarde houbara, le bouquetin de Nubie, le *tahr* (espèce de chèvre omanaise) et le léopard d'Arabie, originaire du Dhofar. Les chats des sables, les caracals, les ratels et les mangoustes se font de plus en plus rares.

Dans le désert de Jiddat al-Harasis, l'Al-Wusta Wildlife Reserve (p. 130) assure la protection d'un troupeau d'oryx d'Arabie sauvages, réintroduits dans les années 1980. Le futur de cet animal est compromis.

LE RETOUR DE L'ORYX EN OMAN

Il y a quelques années encore, les visiteurs faisaient le long voyage jusqu'aux paysages désolés de Jiddat al-Harasis pour observer les magnifiques oryx soulever la poussière dans la chaleur de l'été ou surgir de la brume à l'aube d'un matin d'hiver. À observer le spectacle du combat de deux mâles aux cornes telles des épées, vêtus de leur robe blanche estivale, on croirait voir des licornes. Certains pensent d'ailleurs que le mythe de la licorne remonte à l'Égypte antique, où l'on avait coutume de nouer les cornes des jeunes oryx afin qu'elles fusionnent. Quoi qu'il en soit, ce superbe animal continue de nous fasciner, et d'importants efforts ont été déployés pour protéger l'espèce.

En 1962, la Société pour la protection de la faune a capturé les derniers oryx en Oman, près de la frontière avec le Yémen, et les a expédiés dans un zoo aux États-Unis. En 1982, après l'instauration de nouvelles lois interdisant la chasse aux animaux sauvages, un troupeau de 40 oryx d'Arabie a été réintroduit dans le désert pierreux de Jiddat al-Harasis. Malgré quelques cas isolés de braconnage, cette réintroduction fut d'abord couronnée de succès grâce à l'implication des tribus harasis chargées de veiller sur eux et à l'inscription de la réserve au patrimoine mondial de l'Unesco.

Malheureusement, ces efforts ont été en grande partie anéantis par un braconnage plus difficile à contrôler que prévu et par la découverte de pétrole dans la réserve, qui a conduit à une réduction de 90% de l'habitat protégé des oryx. À la grande honte du pays, la réserve devint en 2007 le premier site de l'histoire à être déclassé par l'Unesco. Les oryx, dont la population est passée de 450 spécimens en 1996 à environ 60 aujourd'hui (dont seulement 4 couples), ne sont pas les seuls animaux menacés d'extinction à pâtir de l'exploitation du pétrole dans le Huqf : l'outarde houbara, le ratel et le caracal subissent également l'amputation d'une grande partie de leur habitat naturel.

Flore

Oman a bâti son empire sur les arbres à encens qui poussent au Dhofar. On continue de récolter leur résine aromatique, en pratiquant une incision dans leur tronc, mais les palmiers-dattiers (49% des terres cultivées) ont supplanté l'encens en termes d'importance économique.

La montagne est l'endroit idéal (mais pas le seul) pour observer les fleurs sauvages. Elles éclosent avec force après la saison des pluies. Dans les *wadi* abondent les lauriers-roses et les grands pommiers de Sodome (en fleur toute l'année) ; à flanc de montagne fleurissent des genévriers, des oliviers sauvages, de la lavande et de nombreuses plantes aux vertus médicinales. À Mascate, une clinique de phytothérapie, subventionnée par le gouvernement, utilise de nombreuses plantes et arbustes locaux pour traiter toutes sortes de maladies, dont le diabète et l'hypertension.

Le jardin botanique d'Oman (Oman Botanic Garden ; www.omanbotanicgarden.com), lorsqu'il sera achevé en 2017, présentera dans deux biomes géants 80 espèces endémiques de la région regroupées par habitat. Couvrant 420 ha, il sera le seul jardin botanique en Arabie.

Le *ghaf* (*Prosopis cineraria*) est l'arbre national des Émirats, mais on le trouve aussi en Oman. Il est essentiel à la biodiversité de la région, fournissant de l'ombre, de la rosée et un microhabitat dans ces contrées désertiques.

Sur place, on vous donne le nom d'un oiseau en anglais et vous voulez connaître son équivalent en français ? Cherchez-le sur le formidable site www.oiseaux.net.

Parcs nationaux et zones protégées

La délimitation de zones réservées à la vie sauvage va à l'encontre des pratiques traditionnelles dans la Péninsule, lesquelles consistaient – et consistent toujours, dans une certaine mesure – à maintenir un équilibre avec la nature, plutôt que de l'entourer de murs. Les Bédouins ne lâchaient leurs faucons de chasse qu'à certaines périodes de l'année et déplaçaient leurs dromadaires afin de permettre à la végétation de renaître ; les pêcheurs se contentaient de ce dont ils avaient besoin et remettaient l'excédent de poissons à l'eau. Dans les montagnes, chevriers et bergers s'installaient plus ou moins haut à flanc de coteau selon la saison, afin de laisser la nature se régénérer. Les fermiers, quant à eux, laissaient la terre en jachère pour ne pas épuiser les sols.

HALTE AUX DÉTRITUS

Un conte des *Mille et Une Nuits* décrit une succession de dégâts causés par inadvertance par un marchand qui, en crachant un noyau de datte, aveugle sans le savoir le fils d'un génie.

Les autorités d'Arabie unissent leurs efforts pour assainir les campagnes. La tâche est rude : d'après certaines estimations, chaque habitant utilise en moyenne quelque 300 sacs en plastique par an, ce qui a incité l'ONG Friends of the Earth Middle East à mener une campagne : "Non aux sacs en plastique." Il est très difficile d'éviter de contribuer à l'accumulation des déchets, d'autant plus que les locaux s'accordent plutôt à dire que jeter ses canettes de soda par terre crée des emplois pour les plus démunis.

Les comportements commencent néanmoins à changer, en partie grâce à des projets pédagogiques visant les enfants, et l'adoption de journées de l'Environnement en Oman et aux Émirats. Ces campagnes de sensibilisation sont les bienvenues, car, malgré sa rudesse apparente, le désert abrite un écosystème fragile, difficile à reconstituer.

Toutefois, les pratiques modernes, notamment la sédentarisation des populations nomades, la chasse sportive, la pêche au chalut et l'usage de pesticides ont eu un tel impact sur l'environnement au cours des 50 dernières années, que tous les gouvernements de la région ont reconnu la nécessité de protéger activement les fragiles écosystèmes de leurs pays. Les zones protégées représentent donc désormais 10% de la surface de l'Arabie, mais avec l'intensification du tourisme, il faudra sans doute redoubler d'efforts.

Le Breeding Centre for Endangered Arabian Wildlife (www.breedingcentresharjah.com) est un centre émirati consacré à des programmes de protection des espèces menacées de la Péninsule.

La plupart des pays ont mis en place des programmes de sauvegarde, guidés par l'exemple des Émirats : les initiatives de feu Cheikh Zayed lui ont valu le titre posthume de "champion de la Terre" par le Programme des Nations unies pour l'environnement (PNUE ; www.unep.org/french) en 2005. Sur l'île de Sir Bani Yas, il a développé un programme de reproduction pour les espèces menacées d'Arabie. À Dubai, la Dubai Desert Conservation Reserve (DDCR) couvre 225 km² (5% de la superficie de l'émirat) et comprend un parc national et l'ultraluxueux Al-Maha Desert Resort & Spa ; l'une de ses principales réalisations est l'élevage d'oryx algazelles, espèce menacée. Les oiseaux migrateurs et les flamants roses sont la coqueluche du Ras Al-Khor Wildlife Sanctuary, à Dubai même, visible du Burj Khalifa et des gratte-ciel de Sheikh Zayed Road. Chardja possède un centre d'élevage fructueux au Sharjah Desert Park, tout comme le zoo d'Al-Aïn, transformé en centre de protection de la vie sauvage.

Arabian Wildlife (www.arabianwildlife.com) est la version en ligne (en anglais) de l'*Arabian Wildlife Magazine*, qui couvre "toutes les facettes de la vie sauvage et de sa sauvegarde dans la péninsule Arabique".

Si Oman compte plusieurs réserves naturelles, comme celle de Qurm à Mascate, créée pour protéger la mangrove, ou la réserve d'oryx, il n'a pas de parc national à proprement parler. Les îles Damaniyat sont classées réserve nationale naturelle de la vie marine, et leur accès est contrôlé. Le pays est du reste très en avance en termes de protection de l'environnement. Les actions du sultan en la matière ont été plusieurs fois louées par l'Union internationale pour la conservation de la nature. La réserve d'oryx, le site de nidification des tortues de Ras al-Jinz, connu dans le monde entier, et les zones de protection du *tahr* (mammifères caprins de montagne) et du léopard d'Arabie sont autant d'efforts pour ces espèces menacées.

Défis environnementaux

Eau

Le problème majeur rencontré par tous les pays de la péninsule Arabique, en particulier ceux du Golfe, est celui des ressources hydriques. Les périodes de sécheresse prolongées et la forte augmentation de la consommation d'eau pendant les deux dernières décennies ont asséché les nappes phréatiques. L'Arabie Saoudite verra ainsi s'épuiser ses réserves d'eau souterraines bien avant ses réserves de pétrole.

Les sources d'eau douce souterraines de Bahreïn se sont déjà taries, contraignant le pays à se tourner vers le dessalement, très coûteux. La forte demande en eau pour alimenter les maisons conduit également les pays à repenser leur gestion de cette précieuse ressource. Le dessalement et la modernisation des systèmes d'irrigation semblent être la solution, même si la sensibilisation de la population a également un rôle à jouer. À l'heure actuelle, il serait ainsi encore inenvisageable d'interdire l'arrosage des jardins, publics comme privés, attendu que les parterres fleuris sont perçus comme un symbole ultime de modernité et de raffinement.

Cela dit, l'époque où le désert était semé de vastes champs verdoyants sera bientôt révolue. En se tournant vers l'exportation de céréales, l'Arabie Saoudite a appauvri ses sols et asséché ses nappes phréatiques. Elle a pourtant largement les moyens d'importer du grain, ce qui pourrait ne pas être indéfiniment le cas. De nombreux experts en concluent que le pays aurait tout intérêt à préserver ses ressources afin d'être en mesure d'affronter sereinement les défis et les sécheresses à venir.

Pollution et déchets

Dans une région où le pétrole constitue la principale industrie, il existe toujours des risques de déversements et de fuites. Les rejets illégaux au large des côtes sont une constante source d'irritation pour les pays du Golfe. La marée noire qui a suivi le déversement délibéré de pétrole par l'Irak au Koweït pendant la guerre du Golfe a provoqué une catastrophe environnementale qui, si elle n'a pas été aussi désastreuse qu'annoncé, a néanmoins causé d'importants dégâts dont les effets doivent encore être combattus aujourd'hui.

L'industrie du pétrole n'est pas la seule responsable de la dégradation de l'environnement. Le tourisme, l'un des secteurs en plus forte croissance d'Arabie, est en train de devenir un problème environnemental majeur – notamment sur la plage de Ras al-Jinz, en Oman, où de nombreux touristes se montrent totalement irrespectueux des tortues et de leur environnement. La pratique irresponsable du *dune bashing* (4x4 hors-piste) est également à déplorer.

Toutefois, le problème le plus grave suscité par le tourisme de masse dans le désert reste celui des déchets. La péninsule Arabique est frappée par ce fléau. Sacs en plastique et boîtes de conserve sont jetés sans ménagement par les vitres des voitures ou abandonnés sur les aires de pique-nique : ils dérivent au vent du désert, se prennent dans les branches des arbres ou échouent sur la mer. Les expatriés, tout comme de nombreux Arabes, ne se sentent pas obligés de ramasser leurs ordures – cela reviendrait, paraît-il, à déposséder de son travail le balayeur. On croise en effet ces individus, à scooter ou même à pied en plein été, munis d'une pelle à poussière, d'une balayette et d'un sac poubelle, à 100 km à la ronde autour des villages. L'argument selon lequel les Arabes auraient hérité des Bédouins cette culture du tout-à-jeter et sauraient distinguer les déchets biodégradables des déchets non organiques est souvent invoquée, mais manque de crédibilité. Sans même parler des canettes de soda, les Bédouins savent bien que les pelures d'orange ne se décomposent que très lentement sous le soleil de plomb de la Péninsule.

L'indifférence des Arabes face à la question des déchets – et face au problème de la sauvegarde environnementale dans son ensemble – a sans doute davantage à voir avec un manque d'intérêt généralisé pour la nature en soi. Malgré tout, les temps changent, et les excursions scolaires en milieu sauvage seront peut-être la clé du problème. Aux Émirats, le recyclage est devenu obligatoire en 2010, et la cité de Masdar, à Abu Dhabi, ouvre la voie de l'habitat zéro carbone (voir p. 190).

Une prise de conscience

Oman : sous l'égide du sultan

Pendant plusieurs années, le sultan Qabus a fait figure de chef de file dans la protection de l'environnement. L'Union internationale pour la conservation de la nature (UICN) a consacré ses efforts en lui attribuant en 1996 la médaille du mémorial John C. Phillips, et a cité Oman comme l'un des pays les plus avancés en matière de protection de l'environnement et de prévention de la pollution. Dès 1974, le sultanat imposait des lois visant à protéger l'environnement et, en 1984, Oman fut le premier pays arabe à créer un ministère entièrement consacré au sujet. Créé en 1991, le prestigieux prix du sultan Qabus pour la préservation de l'environnement est décerné tous les deux ans à un organisme (ou à une personne) choisi par l'Unesco pour son action en la matière.

Malgré tous ces efforts, la croissance du tourisme provoque depuis quelques années une multiplication des déchets, notamment en plastique, et les plages jusque-là immaculées du sultanat sont régulièrement souillées par les dégazages illégaux des cargos sillonnant la mer d'Oman. Ces pollueurs encourent de lourdes peines, mais y échappent souvent car il est quasiment impossible aux garde-côtes de surveiller toute la longueur du littoral omanais.

Différents projets de recherche ont été lancés pour tenter de résoudre la question des déchets, pour améliorer la résistance aux vents de sable des centrales solaires et pour préserver au mieux les ressources en eau du pays. Mais on est encore loin d'une économie fondée sur le recyclage et la production d'électricité grâce aux déchets.

Pour en savoir plus sur les mesures de protection prises par Oman pour préserver l'environnement, sa flore et sa faune exceptionnelles, contactez l'Environment Society of Oman (www.eso.org.om). D'autre part, l'initiative Outward Bound (www.outwardboundoman.com), qui sensibilise les jeunes sur la question environnementale avec le soutien du gouvernement, rencontre un franc succès.

Le long chemin des Émirats

La conscience écologique gagne globalement du terrain aux Émirats, en grande partie grâce aux efforts du cheikh Zayed. À travers ses initiatives de sauvegarde de la nature, telles que l'île de Sir Bani Yas (voir plus haut), et l'interdiction de la chasse au fusil il y a plusieurs décennies, il a anticipé les graves menaces pesant sur la faune et la flore de la région.

Sur le plan de l'écologie domestique, il reste beaucoup à faire aux Émirats. Le gaspillage d'eau et d'énergie (presque toute l'eau provient d'usines de dessalement) et l'abondance des déchets sont des problèmes majeurs. La consommation des ressources excède largement leur capacité de reconstitution, d'où le mauvais bilan carbone des villes du Golfe. Mais les Émirats, qui dépendent fortement des importations et où l'habitat urbain est désormais la norme, semblent réticents à faire marche arrière pour tendre vers un développement plus durable.

Quelques projets ont néanmoins été lancés dans ce sens, comme la centrale solaire Shams 1, au sud de Madinat Zayed, et la cité de Masdar, fer de lance de l'écologie à Abu Dhabi et première ville du monde au bilan carbone neutre, ne produisant aucun déchet et entièrement alimentée par des énergies renouvelables.

Si vous souhaitez en savoir plus, consultez le site de la principale organisation écologiste des Émirats, l'ONG Emirates Environmental Group (☎04-344 8622 ; www.eeg-uae.org).

Oman et les Émirats pratiques

Sécurité en voyage

CONSEILS AUX VOYAGEURS

La plupart des gouvernements disposent de sites Internet qui recensent les dangers possibles et les régions à éviter. Consultez notamment les sites suivants :

Ministère français des Affaires étrangères (www.diplomatie.gouv.fr)

Ministère des Affaires étrangères de Belgique (diplomatie.belgium.be/fr)

Département fédéral suisse des Affaires étrangères (www.eda.admin.ch/eda/fr/dfae.html)

Ministère des Affaires étrangères du Canada (www.voyage.gc.ca)

À tort ou à raison, la péninsule Arabique a acquis au fil des ans une réputation de région à haut risque gouvernée par des régimes politiques totalitaires et gangrénée par le fondamentalisme islamiste et le terrorisme. Les soulèvements populaires du printemps arabe, en 2011, n'ont rien fait pour arranger cette image négative et le sentiment d'insécurité associés à la région.

Aujourd'hui, les zones à risque sont essentiellement limitées à une ou deux localités de Bahreïn et quelques régions sensibles du Koweït et d'Arabie Saoudite. Au sud-est d'Oman, le Yémen, où un violent conflit armé fait rage depuis plusieurs années, est à l'heure actuelle le seul pays à haut risque de la Péninsule : il est plus que déconseillé de s'y rendre. La frontière entre Oman et le Yémen est fermée.

Politique mise à part, la péninsule Arabique est, dans sa majeure partie, une destination très sûre qui affiche un taux de criminalité parmi les plus bas du monde. Vous pourrez voyager sans vous soucier des vols, des agressions et des escroqueries, même s'il convient, comme partout, de ne pas prendre de risques inutiles.

SITUATION GÉNÉRALE

Lorsque l'on évoque la sécurité en Arabie, certains associent aussitôt la question à celle de l'islam radical, tant le sujet est omniprésent dans les médias. Il s'agit pourtant d'une vision à la fois réductrice et erronée. Il est intéressant de noter que les visiteurs arabes se rendant à l'étranger connaissent des préoccupations similaires : ils ont en tête les reportages d'Al Jazeera sur la fréquence des crimes par armes à feu, du braquage de voitures et des vols dans de nombreuses villes du reste du monde. Il va sans dire que la vie quotidienne dans la Péninsule est aussi paisible que dans la plupart des pays occidentaux.

Par ailleurs, les habitants de la région savent très bien faire la part des choses entre les visiteurs étrangers et les politiques adoptées par les pays dont ceux-ci sont issus. On vous posera peut-être de temps en temps des questions d'ordre politique, mais vous ne serez jamais amené à rendre de comptes à titre personnel.

Oman et les Émirats

Ces deux pays sont parmi les plus sûrs de tout le Moyen-Orient. Il y a bien eu quelques affrontements mineurs lors des printemps arabes de 2011, mais la révolte ne s'est jamais généralisée.

En Oman, comme dans les Émirats, c'est la météo qui constitue le principal danger : il arrive souvent que des visiteurs non avertis se fassent surprendre par des crues subites, en particulier dans les montagnes. De ce fait, il est impératif d'éviter les *wadi* en cas de pluie ou juste après celle-ci. Certains visiteurs sous-estiment la force du courant dans le Golfe et la mer d'Oman ; il convient de respecter les recommandations locales.

S'ensabler en voiture dans une portion de désert isolée peut se révéler fatal. Mais si vous avez pris soin d'emporter beaucoup d'eau, restez à proximité du véhicule et ne paniquez pas, il ne faudra que quelques jours avant que quelqu'un vous repère. Dans les régions plus touristiques, s'ensabler demeure agaçant, mais jamais dangereux. Mais, avant de vous aventurer dans le désert, mesurez la nécessité de cette incursion sur un territoire inexploré et d'être le premier à y laisser des empreintes de pneus. Mieux vaut, en général, pour votre sécurité comme pour l'environnement, suivre les traces déjà existantes.

DÉSAGRÉMENTS ET DANGERS

Sur la route

Les accidents de la route, fréquents et souvent mortels, constituent le principal danger dans la Péninsule. Les embouteillages sont le lot de certaines villes d'Oman et des Émirats. La circulation aux heures de pointe est comparable à celle des agglomérations à l'étranger. Avec l'augmentation du trafic, les accidents de la route sont devenus un problème majeur, en particulier aux Émirats, où le nombre d'accidents mortels est élevé (près de dix fois plus, par exemple, qu'au Royaume-Uni), et constituent un motif de préoccupation pour tous.

Les habitants de la région roulent parfois vite et mal, sans respecter les distances de sécurité. Ne soyez pas surpris si les autres véhicules vous suivent de trop près, vous dépassent sans précaution, forcent le passage, ignorent l'usage du clignotant tout autant que des rétroviseurs ou ne respectent pas les feux de signalisation. Il n'est pas rare qu'une voiture sur la file de gauche coupe la route pour tourner à droite. Utilisé à la moindre occasion dans certaines villes, le klaxon remplace les mesures de précaution et la courtoisie ; presque personne ne veut céder le passage, ralentir ou attendre. Pendant le ramadan, après leur journée de jeûne, les conducteurs sont souvent fatigués et irritables. Et tous sont pressés de rentrer chez eux pour se reposer.

En Oman, toutefois, on respecte en général les limitations de vitesse, on reste sur sa voie et on apprécie que les autres fassent de même. L'usage du klaxon est interdit, hormis en cas d'urgence, et l'on peut se voir infliger une amende en cas de voiture trop sale.

Quelques dangers qui guettent sur la route :

- Les animaux (dromadaires et chèvres en particulier) ;
- Le *kharif* (saison des pluies) au Dhofar (Oman), particulièrement dangereux à cause du brouillard ;

PRÉCAUTIONS D'USAGE

À faire...

- En ville, évitez les grands rassemblements publics.
- Coopérez avec politesse lors des contrôles de sécurité à l'hôtel ou sur la route.
- Tenez-vous au courant de l'actualité dans les journaux anglophones locaux.
- Faites confiance aux policiers, aux militaires et aux services de sécurité. Dans leur écrasante majorité, il s'agit d'individus honnêtes, accueillants et chaleureux, à l'image de leurs compatriotes.

À éviter...

- Être paranoïaque – vous ne risquez pas plus de vous retrouver en situation difficile que dans votre propre pays.
- Engager une conversation à caractère politique avec de vagues connaissances.
- Ne pas avoir de pièce d'identité sur soi : passeport, carte de travail, carte de résident ou permis de conduire. Il peut même être utile de garder sur vous votre carte de groupe sanguin et les coordonnées de vos proches.
- Ramasser des objets non identifiés dans les régions reculées – on trouve encore régulièrement à Dhofar, en Oman, de dangereux vestiges de pièces d'artillerie provenant d'anciens conflits.

LES MORSURES DE SERPENT

De par leur capacité de résistance, les serpents figurent parmi les créatures les plus impressionnantes du désert. La plupart ne sont pas venimeux, ou très peu, mais certains se révèlent plus dangereux. Vous ne risquez de les croiser que si vous campez dans le sable ou allez marcher dans les *wadi*. Sachez qu'un serpent fera tout pour vous éviter, mais ne marchez pas pieds nus dans les dunes et ne sondez pas de trop près les trous des *wadi* : vous risquez de vous retrouver nez à nez avec un serpent. Si vous avez eu la malchance de vous faire mordre, voici quelques recommandations :

- Inutile de vous affoler : dans la moitié des cas de morsure, le venin n'est pas injecté ;
- Immobilisez le membre mordu à l'aide d'une attelle (bâton, par exemple) ;
- Appliquez un bandage sur la plaie en appuyant fortement, comme pour une entorse ;
- N'appliquez pas de garrot, n'incisez pas la plaie et ne cherchez pas à aspirer le venin ;
- Consultez un médecin au plus vite pour qu'un antivenin puisse être donné si nécessaire ;
- Si vous y pensez, prenez le serpent en photo pour aider les médecins à l'identifier et à prescrire l'antivenin adéquat.

- Les tempêtes de poussière qui surviennent brusquement et masquent la route ;
- Les véhicules roulant feux éteints ;
- Les freins qui lâchent sur une route de montagne (mettez-vous toujours en frein moteur) ;
- Les fortes pluies qui ravinent des portions de route ;
- La montée brutale des eaux, fréquente dans les *wadi*, qui entraîne les véhicules sur leur passage ;
- Les revêtements des routes non bitumées qui abîment les pneus ;
- Les sables mous et la *sebkha*, une croûte salée qui semble dure jusqu'à ce qu'on roule dessus. En règle générale, ne quittez pas la piste : si elle s'arrête brutalement, il est temps de faire demi-tour ;
- Les batteries qui rendent l'âme sans prévenir en raison des températures élevées.

Températures extrêmes

Les visiteurs devront garder à l'esprit que le désert constitue le principal environnement de la région. Ce milieu extrême invite à la prudence, en particulier en été, lorsque les températures dépassent 50 °C. Avec des précautions élémentaires, la découverte de ces superbes paysages désertiques constituera l'un des temps forts de votre voyage.

La chaleur constitue assurément le principal désagrément de la région. Quelle que soit la période de l'année, les températures élevées de la mi-journée, associées à une forte humidité, peuvent rapidement entraîner déshydratation, insolation et brûlures graves. Si vous voyagez en été, tomber en panne sur une route déserte sans disposer de réserves d'eau peut se révéler très dangereux. Prenez vos précautions si vous envisagez une excursion en dehors des zones urbaines, d'autant plus si vous décidez de vous déplacer seul.

Pour écarter tout risque, emportez toujours plus d'eau que nécessaire, protégez-vous la tête et le cou, portez des lunettes de soleil, mettez un chapeau, surtout entre 11h et 15h, et évitez toute activité physique excessive en été. En un mot, prenez modèle sur la population locale.

Dangers en mer

Plutôt calmes, les eaux de la région ne présentent généralement pas de danger. Toutefois, mieux vaut éviter les situations suivantes si vous souhaitez vous y baigner :

Courants puissants En été (juil-sept), dans l'est et dans le sud d'Oman, la forte houle rend la baignade périlleuse. Tous les ans, des vagues violentes et des courants sous-marins font des victimes. Sur certains tronçons du littoral émirati du Golfe, habituellement plus paisible, des maîtres-nageurs surveillent la plage le week-end et y déploient les drapeaux reconnus internationalement. Attention en cas de drapeau rouge : à Dubai, des touristes ont été emportés par des courants imprévus.

Pollution En dépit de l'action des autorités locales, de nombreuses plages publiques sont jonchées de détritus. Sur certaines plages isolées, on trouve même des boulettes de goudron, rejetées par des pétroliers – une pratique illégale mais difficile à sanctionner. Il arrive aussi que les eaux des égouts soient déversées dans la mer, simplement pour éviter de faire la queue aux sites de dépôt officiels ou d'en payer les droits d'accès.

EN CAS D'ACCIDENT DE VOITURE

- Ne déplacez pas votre véhicule avant l'arrivée de la police.
- Ne signez pas de constat d'accident si certains éléments échappent à votre compréhension (pour éviter d'endosser une responsabilité indue).
- Contactez aussitôt votre compagnie d'assurances ou de location de véhicule.
- Efforcez-vous de garder votre calme : tout comportement agressif ne ferait qu'empirer la situation et serait retenu à vos dépens.
- Les agents de la police de la route sont en général sympathiques et serviables. Il est d'usage que les hommes leur serrent la main avant d'entamer les discussions.

Faune marine La plupart des désagréments pourront être évités en portant des chaussons et un tee-shirt pour se baigner (également efficace contre les coups de soleil). Méfiez-vous des :

Poissons-pierres Très venimeux.

Méduses Venin urticant mais relativement inoffensif.

Oursins Généralement pas venimeux, mais leurs épines se détachent facilement et peuvent rester sous la peau pendant des mois.

Serpents de mer Très venimeux, mais également très peureux.

Cônes Certaines variétés de ces beaux mollusques sont dotées d'un venin paralysant.

Coraux Attention aux coupures qui peuvent s'infecter rapidement sous ce climat.

Requins S'ils sont présents dans la région, seuls de très rares cas d'agression ont été signalés, bien souvent dans des circonstances prévisibles (comme lorsque des pêcheurs vidaient des poissons).

Marée rouge Les eaux du Golfe et de la mer d'Oman sont parfois teintées de rouge des mois durant, à cause d'une prolifération d'algues brunes microscopiques. La baignade est alors peu engageante, mais l'on ignore encore si ces microorganismes sont véritablement toxiques.

Dangers sur la terre ferme

La surexposition au soleil et les crues subites constituent les principaux dangers associés au désert. Ce phénomène de crue éclair survient lorsque des trombes d'eau s'abattent soudainement sur un sol trop sec pour les absorber et balaient tout sur leur passage. Pour ne courir aucun risque mieux vaut éviter de camper dans les *wadi*, d'aller en montagne s'il pleut, de voyager seul ou d'essayer de traverser une route lorsque l'eau arrive à la hauteur des panneaux de signalisation rouges, même si le niveau de l'eau paraît peu élevé.

Au nombre des autres dangers potentiels figurent les plantes toxiques (laurier-rose dans les *wadi* ou pommier de Sodome dans le désert), les solifuges (araignées), les scorpions, à la morsure dangereuse mais non mortelle, les grosses fourmis, qui piquent douloureusement, ainsi que les nuées de moustiques et de guêpes à certaines périodes de l'année. Les serpents sont également très répandus. Portez toujours des chaussures, et évitez de sonder les cavités ou de retourner les pierres.

VOYAGER EN SOLO

Femmes seules

Pour une femme, il n'est pas aussi compliqué qu'on l'imagine souvent de voyager seule dans ce coin de la Péninsule. Certes, ces voyageuses en solo s'attireront sans doute des regards curieux, étonnés, parfois même des remarques. Mais elles seront bien accueillies presque partout. Certains hommes particulièrement pieux refusent de serrer la main des femmes ; dans ce cas, posez la main sur votre cœur en guise de salutation.

Séparation hommes-femmes

Dans de nombreux lieux, il existe une zone réservée aux hommes et une autre aux femmes – un usage avant tout perpétré par les femmes, semble-t-il. De ce fait, il peut être gênant pour tout le monde, et parfois même dangereux pour elle-même, qu'une femme vienne s'asseoir au beau milieu d'hommes.

Parmi les espaces "réservés" aux hommes, citons les cafés traditionnels, les restaurants et hôtels bon marché, les places au fond des bus et la place avant dans les taxis. Mieux vaut respecter ces usages. Certains hôtels bon marché du Golfe refusent de louer des chambres aux femmes non accompagnées ; insister ne fera que vous attirer des ennuis, surtout au milieu de la nuit. Dans les restaurants de bon standing, les femmes prennent place dans les salles dévolues aux familles.

Cette séparation n'est pas considérée comme une exclusion des femmes, mais plutôt comme la mise à leur disposition d'espaces où elles peuvent se détendre entre elles ou avec leurs enfants en toute sécurité, sans avoir à se soucier du regard des hommes ou du harcèlement. Les voyageuses ont là une occasion unique d'avoir un aperçu de la vie des femmes d'Arabie, qui n'est rarement, voire jamais, donnée aux hommes.

Harcèlement

Les femmes sont parfois suivies (notamment sur les plages) et abordées dans les hôtels, mais ces comportements sont nettement moins fréquents que dans d'autres régions du Moyen-Orient. Reportez-vous aux rubriques *Voyager en solo en Oman* et *Voyager en solo aux Émirats*, ci-après.

Décence

La décence est un concept éminemment culturel et donc difficile à cerner ; c'est en tout cas une valeur essentielle pour les sociétés de la péninsule Arabique. Les voyageuses qui en manqueraient seront à coup sûr confrontées à des problèmes, surtout si elles voyagent seules.

Une tenue inappropriée, trop moulante ou révélant vos épaules, vos genoux ou votre décolleté provoquera l'indignation immédiate de vos comparses locales. Les hommes, quant à eux, pourront interpréter votre tenue comme une invitation sexuelle, surtout dans les zones rurales.

Mais la décence n'est pas limitée à la tenue vestimentaire. Abuser du tabac ou de l'alcool en public, parler trop fort en présence d'hommes, danser de manière trop suggestive avec un homme et plus généralement flirter de quelque manière que ce soit sont des comportements qui peuvent vous sembler inoffensifs mais qui, ici, sont mal vus et susciteront au mieux le mépris des hommes comme celui des femmes, au pire des avances sexuelles de la part des hommes.

Cependant, la décence n'implique pas d'essayer de copier les tenues et les comportements des Omanaises et des Émiraties. Le port de l'*abaya* n'est exigé qu'en Arabie Saoudite, et il n'est obligatoire de se couvrir les cheveux dans aucun pays de la Péninsule. De même, les voyageuses peuvent tout à fait être vues en compagnie d'hommes, du moment qu'elles respectent les convenances locales. Dans la limite du raisonnable, les femmes peuvent s'habiller et se comporter comme elles le souhaitent dans les *resorts* du Golfe et les hôtels de luxe.

Voyager en solo en Oman

Une femme qui voyage seule, c'est une rareté en Oman, et vous risquez de vous sentir mal à l'aise, en particulier dans les transports en commun, dans les restaurants et sur les plages publiques. Les Omanais ignorent le plus souvent les femmes (par respect), et il est difficile de rencontrer des Omanaises. Les attraits du pays se situent souvent à l'écart des routes où il est déconseillé de voyager seul (homme ou femme), à moins d'être particulièrement indépendant et débrouillard, notamment si vous

FEMMES SEULES, QUELQUES CONSEILS

Discuter avec les habitants fait partie des grands plaisirs du voyage. Les femmes voyageant seules n'auront aucune difficulté à nouer des conversations, mais elles doivent toutefois garder à l'esprit que le fait de parler avec des hommes du pays peut être mal interprété. Si vous vous faites harceler, parlez-en à la police, qui prend en général la chose très au sérieux. Quelques petits conseils pour éviter toute ambiguïté :

- Maîtrisez l'art du détachement, en demeurant distante pendant la conversation, comme savent le faire les habitantes du pays ;
- Évitez de regarder votre interlocuteur dans les yeux, sauf pour lui lancer un regard glacial parce qu'il a dépassé les bornes ;
- Si vous avez besoin d'aide (pour demander votre chemin, par exemple), adressez-vous en priorité à une femme ;
- Si vous dînez seule, demandez à être installée dans la section "famille" ;
- Évitez de prendre place à l'avant des taxis ou à l'arrière des bus ;
- Si la situation dégénère, inventez-vous (ou empruntez) un mari, sans perdre de vue que l'on vous demandera peut-être pourquoi vous avez quitté la maison et vos enfants ;
- Conservez assurance et sens de l'humour dans les situations délicates, attitude toujours plus efficace que de perdre patience ;
- Si un individu vous importune, insistez pour connaître son nom de famille et son lieu de travail – la crainte de se couvrir de honte réfrène souvent les ardeurs.

conduisez et qu'il faut intervenir sur la voiture.

Il n'y a pour ainsi dire pas de problème de harcèlement. Mieux vaut toutefois être respectueux de la culture locale en s'habillant de façon pudique avec des vêtements amples, et en portant short et tee-shirt pour se baigner.

Voyager en solo aux Émirats

Beaucoup de femmes s'imaginent que voyager aux Émirats sera bien plus difficile que cela ne l'est réellement. Non, vous ne serez pas obligée de porter un foulard ou un voile. Oui, vous pourrez conduire une voiture. Et non, vous ne serez pas harcelée constamment.

Aux Émirats, les voyageuses peuvent prendre des taxis, séjourner seules dans la plupart des hôtels (en évitant les hôtels miteux de Deira et Bur Dubai) et circuler seules dans la plupart des régions. Ce n'est pas pour autant que certains problèmes, lot commun de tout voyage, n'arrivent pas aux Émirats aussi, notamment les sollicitations non désirées de la part d'hommes et les regards insistants, en particulier sur les plages publiques.

Même si vous verrez de nombreuses Occidentales porter des shorts et des débardeurs (dans les centres commerciaux ou ailleurs), ne pensez pas pour autant que ces tenues soient jugées acceptables. La plupart des Émiratis sont trop polis pour dire quelque chose, mais ils trouvent cela irrespectueux. En ce qui concerne les soirées sur la plage et les discothèques, vous pourrez porter à peu près n'importe quelle tenue, mais couvrez-vous et prenez un taxi pour y aller et en revenir.

Habituellement, s'habiller "modestement" possède des avantages : vos vêtements attirent moins l'attention sur vous, les habitants (qui apprécient que les étrangers démontrent leur volonté de respecter leurs coutumes) vous accueilleront plus chaleureusement, et les vêtements amples sont plus confortables lorsqu'il fait très chaud. Des tee-shirts un peu grands et des pantalons en coton léger protégeront en outre votre peau du soleil. Si vous voyagez à l'extérieur de Dubai et d'Abu Dhabi, gardez en tête que partout ailleurs dans les Émirats, la population est beaucoup plus conservatrice.

Carnet pratique

Activités

De nombreuses activités en mer ou dans le désert sont possibles, mais plusieurs requièrent certaines compétences (techniques de survie et lecture de cartes, par exemple) ou l'aide d'une agence spécialisée (notamment pour l'escalade, la spéléologie et les safaris dans le désert). Ainsi, **Outward Bound Oman** (☎968 2469 6525 ; www.outwardbound.net) propose aux jeunes adultes d'exceptionnelles aventures dans les déserts d'Oman.

Ambassades et consulats

Les ambassades sont une bonne source d'informations, même si elles se montrent prudentes et parfois alarmistes sur les points chauds et les dangers du moment. De nombreuses ambassades recommandent aux voyageurs de s'enregistrer auprès d'elles dès leur arrivée, notamment si vous pensez rester dans le pays pour une durée prolongée : si jamais vous disparaissez, êtes victime d'un accident grave, ou devez rapidement être évacué du pays, vous serez plus en mesure de vous faire aider. Mais si vous enfreignez la loi, vous vous retrouverez seul !

Oman

REPRÉSENTATIONS ÉTRANGÈRES EN OMAN

Sauf mention contraire, toutes les représentations indiquées ci-dessous sont domiciliées dans Jameat ad-Duwal al-Arabiyah St, dans le quartier de Shatti al-Qurm, à Mascate. Pour les visas et en cas d'urgence, les Canadiens doivent s'adresser à l'ambassade du Royaume-Uni.

Les sections consulaires ferment souvent une heure ou deux avant les autres services de l'ambassade ; téléphonez pour vérifier les horaires.

Belgique (consulat ; ☎24 562033 ; binsalim@omantel.net.om ; Ruwi, Mascate)

Émirats arabes unis (carte p. 48 ; ☎24 602531 ; uaeoman@omantel.net.om ; ⏲8h-13h30 dim-jeu)

France (carte p. 48 ; ☎24 681800 ; www.ambafrance-om.org ; ⏲9h-14h30 dim-jeu)

Royaume-Uni (carte p. 48 ; ☎24 609000 ; www.britishembassy.gov.uk ; ⏲7h30-14h30 dim-jeu)

Suisse (☎24 603267 ; www.eda.admin.ch/muscat ; Villa 1366, Way 3017, Shatti Al-Qurum, Mascate)

REPRÉSENTATIONS OMANAISES À L'ÉTRANGER

Belgique (☎2 679 70 10 ; omanembassy@europe.com ; Av. F. D. Roosevelt 236, 1050 Bruxelles)

France (☎01 44 29 67 70/72 ; www.ambassadeoman.com ; paris@mofa.gov.om ; 50 av d'Iéna, 75116 Paris)

Suisse (consulat ; ☎758 96 60 ; missionoman@bluewin.ch ; chemin de Roilbot 3a, 1292 Chambésy)

Émirats arabes unis

REPRÉSENTATIONS ÉTRANGÈRES AUX ÉMIRATS

Toutes les ambassades mentionnées ci-après sont situées à Abu Dhabi, mais la plupart des pays ont également une représentation diplomatique à Dubai.

Belgique (☎2 631 94 49 ; www.diplomatie.be/abudhabi ; Al-Masaood Tower, 6e ét, Hamdan St, Abu Dhabi)

Canada (carte p. 178 ; ☎02-694 0300 ; www.canadainternational.gc.ca ; Abu Dhabi Trade Tower (Abu Dhabi Mall), West Tower, 9e-10e ét)

France (carte p. 178 ; ☎2 813 1000 ; www.ambafrance-eau.org ; Corniche Rd (West), Etihad Tower 3, 22e ét)

Oman (☎2 446 3333 ; abudhabi@mofa.gov.om ; Al-Mushraf Area, Al-Saada St 19, Abu Dhabi)

Suisse (☎2 627 46 36 ; www.eda.admin.ch/uae ; immeuble Centro Capital Center Building, 17e ét, Al-Kaleej Al-Arabi St, Abu Dhabi)

ACTIVITÉS DE PLEIN AIR

QUOI	OÙ	COMMENT	REMARQUES
Excursions à dos de dromadaire	Sharqiya Sands	À organiser depuis un campement dans le désert	Optez pour un guide monté plutôt qu'un guide à pied, l'expérience n'en sera que plus authentique
Plongée et snorkeling	Mascate, Musandam	Contactez Extra Divers (www.extradivers.com)	La mer d'Oman est facile d'accès, mais contient peu de coraux.
Balades en boutre (*dhow*) et observation de dauphins	Musandam, Abu Dhabi, Dubai, Mascate	De nombreuses agences proposent des balades d'une journée ou d'une demi-journée ; sinon, allez voir à la marina locale	Partez tôt le matin pour augmenter vos chances de voir des dauphins
Pêche au gros	Abu Dhabi, Dubai, Mascate	Négociez un tarif horaire avec un pêcheur local ou réservez à la marina locale	Parmi les prises habituelles : thons jaunes (25 à 60 kg), espadons, barracudas et requins. Pas de permis requis
Golf	Abu Dhabi, Dubai, Mascate	Des croisières autour de la Péninsule (www.perrygolf.com/golfcruising) font le tour des meilleurs parcours	Les magnifiques parcours verdoyants des villes du Golfe sont en passe de devenir une spécificité locale
Randonnée	Oman	Réserver dans les agences locales	Oman compte un réseau étendu de sentiers de randonnée, mais ils ne sont pas très bien signalés. Les randonnées sont le plus souvent sur mesure et traversent des villages. Buvez 1 l d'eau par heure et par personne, revêtez des vêtements clairs et évitez les *wadi* après les averses
Conduite tout-terrain (4x4)	Émirats, Oman	Procurez-vous un guide local indiquant les itinéraires tout-terrain	Attention aux crues subites, aux ensablements et aux marais salants. Suivez les pistes pour épargner les écosystèmes fragiles du désert
Bains turcs	Émirats	Demandez conseil dans votre hôtel	Idéal pour les courbatures, les hammams sont également appelés bains turcs. Il est conseillé aux femmes d'appeler pour demander une assistante du même sexe
Sports nautiques	Toutes les villes côtières	Voir avec les hôtels et les complexes cinq étoiles	Parmi les choix possibles : Jet-Ski, kitesurf, windsurf, voile et kayak. Évitez le sud de la Péninsule en été, les courants sont violents

REPRÉSENTATIONS ÉMIRATIES À L'ÉTRANGER

Belgique (☎2 640 60 00 ; info@uaeembassy.be ; rue des Colonies 11, 1000 Bruxelles)

Canada (☎613 565 7272; www.uae-embassy.com ; 125 rue Boteler, Ottawa, Ontario, K1N 0A4)

France (☎01 44 34 02 00 ; www.uae-embassy.ae/embassies/fr ; 2 bd de La Tour-Maubourg, 75007 Paris)

Suisse (☎22 918 00 00 ; mission.uae@ies.itu.int ; 56 rue de Moillebeau, 1209 Genève)

Argent

La meilleure solution est d'emporter une réserve d'euros ou de dollars, à compléter au besoin par des retraits d'espèces aux DAB.

Dans les petites entreprises, y compris les restaurants bon marché, les gares routières et les hôtels économiques, ainsi que dans les zones rurales, vous aurez besoin d'espèces pour effectuer la plupart de vos transactions.

L'Arabie a longtemps été réputée dans le monde entier pour son faible taux d'imposition. Aujourd'hui cependant, des taxes, qui atteignent souvent 17%, sont ajoutées aux prix des hôtels et des restaurants.

Le fait de négocier les prix fait partie du mode de vie de la région, mais dans une moindre mesure que dans d'autres pays du Moyen-Orient (voir encadré p. 288).

En Oman et aux Émirats, les chèques de voyage (traveller's cheques) font partie du passé. Les vols étant rares, nous ne voyons aucune raison d'en utiliser.

Certaines banques prélèvent une commission (entre 1,5 et 2%) pour tout retrait d'espèces à l'étranger ; renseignez-vous auprès de votre banque avant de partir.

SÉCURITÉ

Dans l'ensemble, le vol est rare dans les deux pays. Les arnaques aux DAB peuvent toutefois arriver ; attention aux claviers d'apparence suspecte et à toute trace d'altération sur les machines. Voir aussi le chapitre *Sécurité en voyage*, p. 280.

En Oman

La devise officielle est le rial omanais (OMR), divisé en 1 000 baisa (bz). On peut régler en pièces de 5, 10, 25, ou 50 baisa et en billets de 100 ou 200 baisa. Il existe aussi des billets de 0,500 et 1 rial et de 5 (qui ressemblent beaucoup à eux de 1 rial), 10, 20 et 50 rials.

Un rial vaut autour de 2,25 € (taux de change variable). La plupart des banques changent les chèques de voyage moyennant une commission. Les bureaux de change sont ouverts aux mêmes heures que les banques et, souvent aussi, de 16h à 19h. Ils offrent habituellement un taux de change un peu plus intéressant que celui des banques et prennent généralement une commission forfaitaire de 500 bz par transaction en espèces.

Les distributeurs automatiques de billets (DAB ; ATM en anglais) acceptant les cartes étrangères sont répandus (notamment ceux du réseau HSBC). Les cartes Visa sont les plus couramment admises, mais la MasterCard est aussi largement acceptée. Peu de boutiques prennent les cartes Amex – et une commission de 5% peut être appliquée dans les restaurants et les hôtels.

Les magasins, autres que les supermarchés et les boutiques appartenant à des chaînes de style occidental, consentent des rabais sur la plupart de leurs articles. On peut aussi négocier le tarif d'une course en taxi ou l'achat d'un souvenir, tout en sachant que la marge est faible !

Aux Émirats

Le dirham des Émirats arabes unis (Dh ou AED) a son cours indexé sur le dollar. Un dirham est divisé en 100 fils. Il existe des billets de 5, 10, 20, 50, 100, 200, 500 et 1 000 dirhams et des pièces de 1 dirham

L'ART SUBTIL DU MARCHANDAGE ET DU TROC

Les Orientaux font du shopping une véritable forme d'art, déambulant dans l'artère principale et entrant dans un commerce pour le plaisir de taquiner le propriétaire. Acheter est une tout autre forme de pratique, axée sur l'art du marchandage.

Le marchandage implique qu'un article n'a pas de valeur en soi : celle-ci se situe entre ce que vous êtes prêt à payer et la somme à laquelle le vendeur est prêt à le céder. Cet échange subtil, souvent perçu avec méfiance par ceux issus d'une culture où les prix fixes sont pratiqués, dépend de nombreux facteurs, tels que le nombre de ventes que le vendeur a effectuées ce jour-là, l'allure de l'acheteur, s'il a l'air de pouvoir se permettre de payer un rial ou deux de plus, et même l'humeur du vendeur.

Comme pour toute interaction sociale, il existe un code de conduite tacite qui assure le bon déroulement des négociations :

- Dans un troc, c'est à vous de décider ce que vous êtes prêt à payer pour un article ; utilisez alors votre sens de la négociation pour voir si vous pouvez convaincre le vendeur.
- Le marchandage est une activité sociale, souvent effectuée autour d'un verre ; évitez donc d'offusquer votre interlocuteur en refusant son hospitalité.
- Ne payez pas le premier prix cité : c'est souvent considéré comme arrogant.
- Commencez en dessous du prix que vous souhaitez payer pour vous autoriser une marge – mais ne commencez pas trop bas ou le vendeur se sentirait insulté.
- Si les négociations ne se passent pas comme prévu, souriez et dites au revoir – vous serez surpris de voir à quel point un *ma' as-salâma* (au revoir) peut faire baisser le prix.
- Résistez à la tentation de comparer vos bonnes affaires avec les autres voyageurs ; s'ils étaient satisfaits de ce qu'ils ont payé, ils ne le seront sûrement plus si vous leur dites que vous avez acheté la même chose pour moins cher !

et de 50, 25, 10 et 5 fils. Un dirham vaut environ 0,25 €.

Proposant parfois de meilleurs taux que les banques, des bureaux de change fiables tels qu'**Al Rostamani** (www.alrostamaniexchange.com) et **UAE Exchange** (☎04-229 7373; www.uaeexchange.com) possèdent de multiples antennes à Dubai et Abu Dhabi. Les devises des pays voisins sont facilement échangeables, à l'exception du rial yéménite.

Les cartes Visa, MasterCard et American Express sont acceptées dans la plupart des magasins, des restaurants et des hôtels de Dubai et d'Abu Dhabi. Vous pourrez également les utiliser pour retirer des espèces aux DAB signalés par les logos des cartes (Visa ou Mastercard par exemple).

Seuls les restaurants et les bars des hôtels (par opposition aux restaurants indépendants) sont autorisés à inclure le service (généralement 10%) dans l'addition. Cette somme étant rarement reversée aux serveurs, n'hésitez pas à laisser un pourboire de quelques dirhams si vous êtes satisfait du service.

Pourboires

Les pourboires ne sont généralement pas pratiqués dans le Golfe, et le concept de bakchich, répandu dans le reste du Moyen-Orient, est peu courant dans la Péninsule. Mais les personnes en contact avec les touristes (tels les guides ou les portiers d'hôtel) s'attendent à un pourboire.

En Oman, si le service n'est pas inclus dans la note, il est courant de laisser un pourboire de 10% dans les grands hôtels et restaurants, mais pas dans les petits établissements. On ne gratifie pas non plus d'un pourboire les chauffeurs de taxi.

Notez que les frais de service ajoutés à la plupart des factures d'hôtels et de restaurants ne vont pas directement aux serveurs. Ils sont généralement encaissés et sont souvent un moyen pour le restaurant d'afficher un menu 10 à 15% moins cher. Les serveurs dans le Golfe ne touchent bien souvent qu'un salaire dérisoire, donc si le service est satisfaisant, un pourboire discret laissé sur la table, même s'il n'est pas exigé, est toujours très apprécié. Les pourboires trop élevés, cependant, peuvent se retourner contre les serveurs : de nombreux établissements réduisent simplement les salaires de leurs employés s'ils savent que les pourboires sont pratiqués.

PRIX MOYENS DES REPAS

Les prix omanais correspondent à un repas courant, taxes et service inclus.

Les prix émiratis s'entendent pour un plat principal. Ils peuvent inclure ou non la TVA et le service selon l'émirat. Le détail est presque toujours affiché (en petits caractères) sur les menus des restaurants.

	OMAN	ÉMIRATS
$	moins de 5 OMR	moins de 30 AED
$$	5-10 OMR	30-90 AED
$$$	plus de 10 OMR	plus de 90 AED

Assurance

Il est fortement recommandé de souscrire à une assurance voyage qui couvre les accidents et les problèmes de santé (voir aussi p. 314), d'autant que les accidents de la route représentent un risque majeur dans la région, et des problèmes peuvent facilement survenir si vous voyagez dans le désert (notamment les excursions tout-terrain). Bien que certains hôpitaux régionaux ne facturent pas les soins d'urgence, ne vous y fiez pas. Les coûts pour une opération chirurgicale (pour une fracture, par exemple) sont comparables aux taux ailleurs dans le monde.

Notez que certaines assurances excluent spécifiquement les "activités dangereuses", qui comprennent des activités courantes dans la région, telles que la plongée, l'escalade, la moto ou même la randonnée.

La plupart des assurances ne couvrent pas les dommages survenus en véhicule tout-terrain. Si vous prévoyez des aventures en 4x4, demandez une assurance spécifique.

Douane

Les réglementations douanières varient d'un pays à l'autre, mais dans la plupart des cas, elles ne diffèrent pas beaucoup. Tous les bagages sont passés aux rayons X et sont parfois fouillés. Mais avec un plus grand nombre de touristes et le désir d'être plus accueillant, les nombreux cauchemars douaniers (comme les longues files d'attente pendant que l'on inspecte le contenu de votre boîte à savon) font partie de l'histoire ancienne.

Alcool Il est strictement interdit de prendre de l'alcool dans les Émirats de Chardja et d'Abu Dhabi. À l'heure où nous écrivons, les voyageurs de plus de 18 ans arrivant à l'aéroport international de Dubai peuvent apporter jusqu'à 4 L de vins et spiritueux (non musulmans uniquement). En Oman, l'alcool (deux bouteilles de vin par personne) ne peut être apporté que par des non musulmans et en arrivant par avion. Lors du passage des frontières par voie terrestre entre Oman et les Émirats (et réciproquement), il est interdit de transporter

ALCOOL AUX ÉMIRATS

Achat Lorsque vous arrivez par avion, vous pouvez, en qualité de visiteur non musulman de plus de 18 ans, acheter 4 l d'alcool, de vin ou de bière dans la zone duty-free de l'aéroport. À l'exception de Chardja, où il est interdit de consommer de l'alcool et même de fumer le narguilé, vous pouvez également acheter des boissons alcoolisées dans les bars et discothèques titulaires d'une licence, généralement rattachés aux hôtels quatre ou cinq étoiles, pour les consommer sur place.

Les expatriés non musulmans peuvent obtenir une licence leur permettant d'acheter une quantité (limitée) mensuelle d'alcool dans les magasins de spiritueux African & Eastern ou certains supermarchés Spinneys par exemple. Les employés de ces établissements doivent vérifier que l'acheteur possède bien la licence et ne peuvent pas vendre d'alcool aux touristes. Les seuls magasins où l'on peut officiellement acheter de l'alcool sans licence se trouvent au Barracuda Beach Resort et à l'Umm Al Quwain Beach Hotel, tous deux à Umm al-Qaywayn. Sachez qu'il est interdit de traverser Chardja avec de l'alcool, même si nombreux sont ceux qui s'y risquent.

Au volant En matière d'alcool au volant, les Émirats appliquent la tolérance zéro. Et il ne s'agit pas là d'une simple expression : ne prenez en aucun cas le volant si vous n'avez bu ne serait-ce qu'une goutte d'alcool. Un contrôle positif peut entraîner jusqu'à un mois de prison ferme, une forte amende et une expulsion du territoire. Même l'ivresse sur la voie publique est passible de prison et d'une amende de plusieurs milliers de dirhams. D'autre part, si vous êtes victime d'un crime (agression sexuelle ou vol à l'arrachée), les policiers seront bien moins enclins à vous assister si vous êtes alcoolisé.

de l'alcool. Si vous tentez d'en introduire clandestinement, même en petites quantités, vous risquez des sanctions sévères.

Argent Il n'y a pas de restriction sur l'import et l'export d'argent (dans n'importe quelle devise).

Drogue Les seringues et les aiguilles, et certaines drogues médicinales (comme les tranquillisants et même certains antidépresseurs ou somnifères), sont interdites, sauf si vous possédez une ordonnance.

Livres sur Israël et ouvrages "incendiaires" Les documents (livres, etc.) tenus pour insultants envers l'islam, les gouvernements d'Arabie ou leurs pays, ainsi que les livres pro-israéliens peuvent être confisqués.

Porc Il peut y avoir des complaisances envers les étrangers ; on trouve du porc dans des supermarchés aux Émirats.

Pornographie Les fonctionnaires peuvent considérer certaines images des magazines de mode, ou les femmes en maillot de bain, comme pornographiques et supprimer la page incriminée.

Vidéo et DVD Les censeurs peuvent vouloir les examiner avant de vous autoriser à les récupérer quelques jours plus tard.

Électricité

Les deux pays ont une alimentation électrique de 220 à 240 V. Les adaptateurs se trouvent partout, dans les boutiques des hôtels et dans les supermarchés.

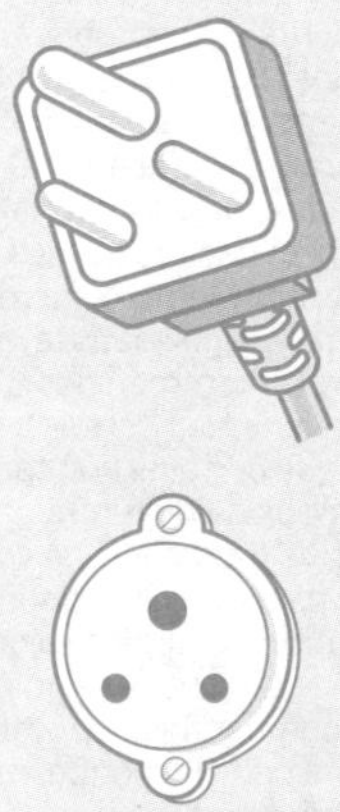

220 V/50 Hz

240 V/50 Hz

Enfants

Oman est un pays accueillant pour les enfants. Avec ses plages où barboter, faire des châteaux de sable et ramasser des coquillages, c'est un rêve pour les petits. Sinon, dans la plupart des villes, en dehors d'un parc avec des balançoires, il n'y a guère d'attractions spécifiques pour les enfants.

Aux Émirats, bon nombre d'hôtels haut de gamme et certains de catégorie intermédiaire sont dotés de clubs, de piscines et d'aires de jeux pour enfants. Les plages, parcs, terrains de jeu et centres d'activités (souvent dans les centres commerciaux) ne manquent pas. Beaucoup de restaurants proposent un menu enfants et mettent à disposition des chaises hautes. Le lait maternisé se trouve facilement en pharmacie et les couches jetables dans les épiceries et les supermarchés. Des services de baby-sitting sont proposés dans tous les hôtels de catégorie supérieure et certains de catégorie moyenne, ainsi que dans quelques centres commerciaux.

Formalités et visas

Les deux pays délivrent des visas touristiques à l'arrivée à l'aéroport pour la plupart des nationalités. En outre, il est possible d'obtenir les visas à l'avance en ligne. Cependant, les changements sont fréquents, donc assurez-vous de vérifier auprès de l'ambassade ou consulat compétent pour obtenir des informations à jour.

Si vous avez un passeport israélien ou avez un tampon israélien sur votre passeport, vous risquez de vous voir refuser l'entrée dans les deux pays.

Ayez toujours votre passeport sur vous. Des contrôles se produisent occasionnellement.

Avant le départ, nous vous conseillons de scanner ou de photocopier tous vos documents importants (pages d'introduction de votre passeport, cartes de crédit, police d'assurance, billets de train/d'avion/de bus, permis de conduire, etc.). Conservez ces copies à part des originaux. Vous remplacerez ainsi plus aisément ces documents en cas de perte ou de vol.

LES STIGMATES DU TAMPON ISRAÉLIEN

Les échanges entre les voyageurs et les diplomates consulaires à travers le Moyen-Orient sont aggravés par ce qu'on appelle les "stigmates du tampon israélien". En Arabie, les pays refusent l'entrée à toute personne munie d'un passeport portant la preuve d'une visite dans l'État hébreu – même si de temps à autre, des rumeurs circulent sur le relâchement de cette règle. Les agents des douanes israéliennes ne tamponnent pas les passeports, mais si vous traversez les frontières entre Israël et la Jordanie ou l'Égypte, les tampons des douanes de ces pays seront tout aussi incriminants qu'un tampon israélien.

La solution la plus sûre est de prévoir votre itinéraire de sorte qu'Israël soit la dernière étape de votre circuit au Moyen-Orient.

En Oman

Pour entrer en Oman, il faut un visa (sauf pour les citoyens des pays du Golfe). Les ressortissants de l'Union européenne, ainsi que les Suisses et les Canadiens, peuvent l'obtenir à l'aéroport international de Mascate. Il coûte 5 OMR pour un séjour de moins de 10 jours et 20 OMR pour 10 à 30 jours.

Tous les passeports doivent être valides au moins six mois après la date de votre départ.

On peut également obtenir un visa aux postes-frontières ouverts aux étrangers. Les détenteurs d'un visa touristique pour les Émirats arabes unis qui veulent visiter Oman (et vice versa) en passant par voie terrestre pouvaient – au moment de nos recherches – être exemptés de visa omanais.

Les réglementations sur les visas changeant souvent, vérifiez ces informations sur le site de la **Royal Oman Police** (Police royale omanaise ou ROP ; www.rop.gov.om ; aéroport international de Mascate ; ⏲7h30-13h dim-jeu).

Un visa touristique de 10 jours ou d'un mois peut être prorogé de 10 jours (5 OMR) ou d'un mois (20 OMR) au bureau d'information sur les visas de la ROP à l'aéroport de Mascate. Dépasser le temps de séjour autorisé par le visa vous coûtera 10 OMR par jour supplémentaire au moment du départ.

Les visas à entrées multiples (50 OMR) ne sont délivrés qu'aux personnes voyageant pour affaires. Valables un an, ils autorisent des séjours de 3 semaines au maximum.

Aux Émirats

Les conditions d'entrée aux Émirats changent fréquemment ; toutes les informations figurant ci-après sont donc fournies à titre indicatif. Renseignez-vous toujours sur les dernières règles en date auprès de l'ambassade des Émirats dans votre pays.

Au moment de la rédaction de ce guide, les ressortissants de la France, de la Belgique, du Luxembourg, de la Suisse, de Monaco et du Canada, entre autres pays, se voyaient accorder gratuitement un visa touristique d'une durée maximale de 90 jours sur une période de 180 jours, en arrivant aux Émirats. Les citoyens de ces pays en transit dans les Émirats sont exemptés de visa touristique et n'ont pas de démarche spécifique à faire à l'avance pour obtenir un visa de transit.

Les autres doivent obtenir un visa de visite par le biais d'un parrain – rôle que pourra tenir votre hôtel ou votre tour-opérateur aux Émirats – avant leur arrivée dans le pays. Ces visas non renouvelables coûtent 100 AED et sont valables 30 jours.

Les visas peuvent être prolongés de 30 jours pour un coût de 500 AED à un bureau de l'immigration dans l'émirat où vous êtes arrivé.

Tous les passeports doivent être valides au moins six mois après la date de votre arrivée dans le pays.

Handicapés

D'une manière générale, on accorde peu d'attention aux besoins des voyageurs handicapés dans la région. Escaliers, trottoirs élevés et autres obstacles sont partout. Les routes sont quasiment impossibles à traverser à cause de la circulation, certaines portes d'entrée sont étroites, et beaucoup de bâtiments ne sont pas équipés d'ascenseurs.

Dans les hôtels de catégorie supérieure, les équipements sont généralement meilleurs (avec ascenseurs, rampes et salles de bains adaptées), mais laissent encore à désirer. Les séjours doivent être organisés avec soin, et risquent d'être limités aux hôtels haut de gamme et aux transports privés.

Oman compte très peu d'équipements adaptés pour les handicapés, excepté à Mascate. L'**Oman Association for the Disabled** (☎99 329030) est à priori réservée aux Omanais, mais pourra vous assister si vous les appelez avec une requête spécifique.

Les personnes âgées éprouvant des difficultés à se déplacer sont très bien accueillies par une population locale toujours prête à les aider. Le respect des anciens est une tradition profondément ancrée dans la culture arabe.

En France

L'**APF** (Association des paralysés de France ; ☎01 40 78 69 00 ; www.apf.asso.fr ; 17 bd Auguste-Blanqui, 75013 Paris) et l'association **Handi Voyages** (handivoyages.free.fr) peuvent fournir des informations utiles sur les voyages accessibles. L'association **Ailleurs & Autrement** (www.ailleursetautrement.fr) organise des voyages adaptés aux personnes à mobilité réduite. **Yanous** (www.yanous.com) et **handicap.fr** (www.handicap.fr) constituent également de bonnes sources d'information.

Hébergement

En période de vacances locales (notamment lors de l'Aïd-el-Fitr, qui clôt le ramadan) et pendant certaines manifestations populaires (telles que le Shopping Festival de Dubai), les vacances occidentales (Noël et Nouvel An) et de grands événements (comme le Dubai Rugby Sevens), il est conseillé de réserver longtemps à l'avance. Des promotions sont fréquentes en été (sauf à Salalah, en Oman).

En dehors des grandes villes, les logements sont rares et le choix est limité. Les chambres, quelle que soit leur catégorie, sont toutes équipées de climatisation, eau chaude, téléphone, réfrigérateur, connexion Internet variable et TV (avec généralement les chaînes du satellite).

Les chambres les moins chères ne sont pas adaptées pour les femmes ; les hôtels très bon marché servent parfois de maisons closes.

En Oman

D'une manière générale, l'hébergement en Oman est cher et offre un choix limité. Notez aussi les points suivants :

- En basse saison (mai-septembre, sauf à Salalah où la haute saison court de juin à août), on peut souvent négocier des tarifs réduits.
- Dans de nombreuses villes, il n'existe que des hôtels de catégorie moyenne à supérieure, voire pas d'hôtel du tout dans les petites localités.
- Presque tous les hôtels, y compris les plus basiques et certains campements dans le désert, disposent d'un réseau Wi-Fi gratuit au moins dans le hall d'entrée.
- Il n'y a pas de campings à proprement parler en Oman, seulement les 3 campements dans le désert du djebel Shams, de Ras al-Hadd et de Sharqiya Sands. Leurs tarifs et leurs équipements sont variables, mais en y mettant le prix, la plupart vous autoriseront à planter une tente sur place et l'accès aux installations.

PRIX MOYEN DE L'HÉBERGEMENT

Les tarifs donnés dans ce guide correspondent à une chambre double avec salle de bains et climatisation, en haute saison (de novembre à mars) Sauf mention contraire, le petit-déjeuner (parfois le Wi-Fi) est inclus.

	OMAN	ÉMIRATS
$	moins de 45 OMR	moins de 500 AED
$$	45-100 OMR	500-1 000 AED
$$$	plus de 100 OMR	plus de 1 000 AED

OMAN ET LES ÉMIRATS PRATIQUES

Cartes de réduction Les cartes étudiants, jeunes et seniors n'ont guère d'utilité dans les deux pays.

Oman

- **Presse** *The Times of Oman* et l'*Oman Daily Observer* sont deux quotidiens en anglais. On trouve des quotidiens étrangers (avec trois jours de retard) dans les hôtels et les grands supermarchés. *What's on in Muscat* est un magazine qui fournit le programme des manifestations.
- **Radio** La radio locale en anglais émet sur 90.4 FM (94.3 FM depuis Salalah) tous les jours de 6h30 à minuit. High FM (95.9 FM) est la station de radio commerciale en langue anglaise la plus écoutée. Une station de musique classique locale (97 FM) reflète la passion du sultan pour les orchestres de musique.
- **Télévision** Oman TV diffuse des informations en anglais tous les jours à 20h et des films en anglais deux à trois soirs par semaine (habituellement vers 23h). La TV par satellite est très répandue.
- **Poids et mesures** Oman utilise le système métrique.
- **Tabac** Fumer est interdit dans les espaces publics intérieurs (incluant les restaurants et les transports publics) et ces interdictions sont la plupart du temps appliquées, en particulier dans les villes.

Émirats arabes unis

- **Presse** Les quotidiens en anglais les plus lus sont *The National, Gulf News, Gulf Today* et *Khaleej Times*. Leur contenu est contrôlé par le gouvernement. *Time Out* produit le guide hebdomadaire des sorties le plus apprécié, avec des éditions distinctes pour Dubai et Abu Dhabi. *What's On* est un mensuel moins approfondi. On trouve des journaux et magazines internationaux facilement.
- **Radio** Les stations les plus écoutées sont BBC Worldwide (87.9) et Dubai Eye (103.8) pour les informations et les émissions ; Dubai FM (92), Channel 4 FM (104.8) et Emirates Radio 1 (104.1) et 2 (99.3) pour la musique.
- **Tabac** À Dubai et Abu Dhabi, il est interdit de fumer dans les lieux publics, à l'exception des discothèques et des bars clos. Les amendes sanctionnant le non-respect de cette interdiction vont de 1 000 à 8 000 AED. Jeter un mégot par terre est également passible d'une amende. Les plages, les bases de loisirs et les parcs publics sont entièrement non fumeurs. Il est interdit de fumer dans une voiture où sont assis des enfants.

- Le camping sauvage fait partie des grands plaisirs du voyage en Oman, à condition de rester discret et de s'installer à l'écart des zones habitées. Une option qui implique souvent d'avoir un 4x4 pour accéder aux plus beaux sites. Mais ne campez pas dans les *wadi*, les régions où vivent les Bédouins et sur les plages de tortues (celles avec de grands trous au-dessus de la ligne de marée). Et ramassez tous vos déchets.

Aux Émirats

- Les Émirats disposent d'un plus large choix d'hébergements : complexes ultraluxueux en bord de plage, hôtels romantiques, hôtels d'affaires haut de gamme, résidences hôtelières tout équipées ou auberges de jeunesse et pensions avec salles de bains communes. Les établissements de catégorie moyenne présentent généralement le meilleur rapport qualité/prix.
- Le pays compte quatre auberges de jeunesse affiliées à Hostelling International : une à Dubai, une à Fudjayra et deux à Chardja. Toutes sont ouvertes aux hommes et aux femmes, mais les femmes seules y sont rares. Les commodités sont basiques et collectives, et il est interdit d'y fumer et d'y boire de l'alcool. L'hébergement se fait dans des dortoirs ou des chambres familiales, qui peuvent être réservées par de petits groupes et des

couples selon la disponibilité, et l'humeur, du responsable.

➡ Bien qu'il n'y ait pas de campings officiels aux Émirats, les habitants comme les expatriés aiment à planter une tente sur une plage ou dans le désert, une solution gratuite et sûre pour passer la nuit. Préparez-vous à tout emporter (et remporter), ne laissez aucun détritus et prévoyez une pelle pour enterrer vos "besoins". Pour connaître les destinations où camper, consultez les guides spécialisés locaux, vendus dans la plupart des librairies. On peut aussi camper dans le confort des tentes et bungalows de Dreamland Aqua Park (p. 171) à Umm al-Qaywayn.

➡ Plutôt destinés aux séjours longue durée, les appartements-hôtels constituent une solution économique pour les voyageurs à budget serré. Allant du studio au 3 pièces, ils disposent de cuisines et d'un service de ménage. La plupart ont une salle de sport et une piscine, mais rarement un restaurant ou un bar sur place. À partir de 300 AED/nuit.

➡ Les tarifs des hôtels varient énormément, avec des pics pendant les festivals, les jours fériés et les grands événements et un creux en été, entre mai et septembre. Les meilleures chambres partent vite, assurez-vous donc de réserver le plus tôt possible si vous avez un établissement en tête. La plupart des hôtels ont des sites Internet avec réservations garanties au meilleur prix. Les tarifs peuvent être sujets à un impôt municipal et à des frais de service qui peuvent varier en fonction de l'émirat mais sont généralement de 10% chacun. À Dubai et Ras al-Khaimah, les voyageurs doivent également s'acquitter d'une "taxe tourisme" de 7 à 20 AED en fonction du nombre d'étoiles de l'hôtel.

SÉSAME, OUVRE-TOI

Arriver sur un site fermé alors que d'après le guide, il devrait être ouvert peut s'avérer très décevant. Dans la péninsule Arabique, même les sites majeurs (forts ou mosquées) des grandes villes peuvent voir leurs horaires d'ouverture ou de visites guidées modifiés d'un jour à l'autre. Malgré les heures d'ouverture affichées sur les sites touristiques ou les horaires définis par les ministères du Tourisme, sur place, la réalité est différente, et les heures d'ouverture dépendent plus ou moins de l'humeur du gardien. Parfois, il peut être là une heure en avance ; mais certains jours, il peut ne pas venir du tout. Comment lui en vouloir, lorsque sur des sites peu visités, comme certains en Oman, il peut patienter plusieurs jours avant de voir un seul visiteur. Toutes les heures d'ouverture doivent ainsi être prises avec un grain de sel et un optimiste *inch'Allah* (si Dieu le veut) ! Le bon côté de la chose, c'est que les portes d'un site censé être fermé peuvent s'ouvrir comme par enchantement grâce à un mot gentil et à un gardien compréhensif.

Heure locale

Oman et les Émirats ont 4 heures d'avance sur le fuseau horaire GMT/UTC. Quand il est midi à Paris, il est 15h/14h à Mascate et à Dubai (en hiver/été). L'heure d'été n'existe pas (en d'autres termes, l'heure reste constante toute l'année).

Heures d'ouverture

Les heures d'ouverture sont variables d'un pays à l'autre. Elles varient également d'un établissement à l'autre et d'une saison à l'autre (surtout pendant le ramadan). Les Orientaux ne sont pas réputés pour respecter les heures d'ouverture et de fermeture à la lettre.

Week-end Dans les deux pays, le week-end est désormais le vendredi et le samedi. Les boutiques restent ouvertes 6 jours par semaine et certaines le vendredi soir. Les principaux sites sont généralement ouverts au moins pendant le week-end.

Ramadan Les administrations ont des horaires réduits pendant le ramadan, et les commerces ont tendance à ouvrir plus tard pour fermer plus tôt, ou restent fermés en journée mais ouverts une grande partie de la nuit. Notez que la plupart des restaurants ferment en journée pendant le ramadan – ou complètement pour le mois.

Sites touristiques Ne comptez pas sur les horaires affichés dans les sites touristiques. Si vous souhaitez voir un musée ou un site en particulier sans perdre trop de temps, mieux vaut appeler au préalable pour vous assurer qu'il est ouvert comme prévu. Mais même cela ne garantit rien !

En Oman

Banques 8h-12h dim-jeu ; certaines rouvrent de 17h à 20h

Boutiques 8h-13h et 16h-19h sam-jeu, 17h-19h ven ; le souk de Mutrah et les grands centres commerciaux de Mascate restent ouverts jusqu'à 21h ou 21h30

Postes 8h-13h30 dim-jeu, 8h-11h sam

Restaurants 11h30-14h et 17h-minuit sam-jeu, 17h-minuit ven

Services publics 7h30-14h30 dim-jeu ; 7h30-13h30 pendant le ramadan

Sites touristiques 9h-16h sam-jeu ; fermés ou horaires réduits le vendredi, de nombreux sites ont des heures d'ouverture qui changent fréquemment

Aux Émirats
Les horaires sont réduits pendant le ramadan et en été.

Banques 8h-13h (certaines jusqu'à 15h) dim-jeu, 8h-12h sam

Centres commerciaux 10h-22h dim-mer, 10h-24h jeu-ven

Restaurants 12h-15h et 19h30-minuit

Services publics 7h30-14h (ou 15h) dim-jeu

Souks 9h-13h30 et 16h-21h (souvent plus tard à Dubai et Abu Dhabi), fermés dim matin

Supermarchés 9h-minuit tlj, certains ouverts 24h/24

Homosexualité

Les pratiques homosexuelles sont illégales dans tous les pays d'Arabie. Vous verrez des hommes marcher main dans la main, mais il s'agit d'un signe d'amitié, socialement exempt de toute connotation sexuelle. Aux Émirats, placés sous la charia (loi islamique), l'homosexualité fait encourir la peine de mort dans certains cas graves, mais la peine varie généralement entre l'amende, la prison et l'expulsion. En Oman, l'infraction peut valoir des amendes et/ou des peines de prison, mais c'est la notion de scandale public qui reste essentielle. Les relations sexuelles hors mariage sont illégales.

Les démonstrations d'affection publiques sont taboues, quelle que soit l'orientation sexuelle. Les touristes, tant qu'ils restent discrets, ont peu de chance d'être victimes de préjudices ou de harcèlement. Mais cela ne sera peut-être plus le cas si vous êtes impliqué avec un(e) habitant(e) de la région. Le partage de chambre ne pose généralement pas de problème (on pensera que vous souhaitez faire des économies). Les préservatifs sont largement disponibles, mais la sélection est limitée.

Les sites Web destinés aux gays et aux lesbiennes ne sont pas accessibles depuis Oman ou les Émirats.

Pour en savoir plus à ce sujet, lisez *Parias. Gays et lesbiennes dans le monde arabe*, de Brian Whitaker (Demopolis, 2008), *L'Homosexualité en islam*, de Farhat Othman (Afrique-Orient, 2014) ou *Le Coran et la chair*, de Ludovic-Mohamed Zahed (Max Milo, 2012).

Avant le départ

Global Gayz (www.globalgayz.com/middle-east). Renseignements, témoignages et guide par pays sur les activités gays et lesbiennes. En anglais.

Barra (www.barramag.com) Forum d'actualités et d'opinions pour la communauté LGBT du Moyen-Orient. En anglais.

Internet, accès

L'accès Internet est généralement compris dans la majorité des hôtels de catégorie moyenne, et le Wi-Fi gratuit devient de plus en plus fréquent dans de nombreux cafés et hôtels. À moins que vous ne fassiez du tout-terrain dans le désert ou du camping dans la montagne, la connectivité des appareils de type smartphone, tablette et autres est pratiquement garantie.

En Oman, les villes d'une certaine importance comptent le plus souvent au moins un cybercafé.

Trouver une connexion aux Émirats n'est pas difficile. Presque tous les hôtels proposent l'accès à Internet dans les chambres, soit par câble soit en Wi-Fi, souvent gratuitement. La plupart des restaurants et cafés mettent le Wi-Fi à disposition de leurs clients, habituellement sans frais. Le Wi-Fi est gratuit dans la plupart des centres commerciaux, mais l'accès au réseau nécessite parfois un numéro de téléphone émirati. Les sites pornographiques, ciblant les homosexuels, critiquant l'Islam ou les souverains des Émirats, les sites de rencontres et de paris, les contenus liés à la drogue, le domaine israélien entier et certains logiciels comme Skype ne sont pas accessibles depuis les Émirats.

Jours fériés

Oman, les Émirats et tous les pays de la Péninsule respectent les jours fériés islamiques. Certains célèbrent aussi le Nouvel An grégorien (1er janvier). Chaque État possède ses propres fêtes nationales et jours fériés.

Nouvel An islamique
Également appelé Ras as-Sana, littéralement "la tête de l'année".

Achoura L'anniversaire du martyre d'Hossein, le troisième *imam* (maître religieux) des chiites.

Anniversaire du prophète
Connu sous le nom de Moulid an-Nabi, c'est la "fête du prophète".

Ramadan Il s'agit du neuvième mois du calendrier hégirien, lorsque les musulmans jeûnent pendant la journée. La rigueur du jeûne dépend de chaque pays, mais la plupart des musulmans s'y conforment dans une certaine mesure. Les étrangers ne sont pas tenus d'en faire autant, mais les visiteurs ne devraient pas fumer, boire ou manger (y compris mâcher du chewing-gum) en public pendant le ramadan. Les hôtels prévoient des séparations pour que les clients non musulmans puissent déjeuner en toute discrétion. Les heures d'ouverture ont tendance à devenir plus irrégulières et généralement plus courtes, et de nombreux restaurants ferment pendant toute la période du ramadan. L'alcool n'est pas disponible, sauf en service de chambre. Chaque jour au coucher du soleil, le jeûne est rompu avec des en-cas légers

GRANDES DATES DU CALENDRIER HÉGIRIEN (2016-2020)

Le calendrier hégirien est lié à l'observation du cycle de la Lune. Les grands événements pourront survenir un jour plus tard que les prévisions données ici, rarement plus tôt. La lune n'apparaît pas forcément le même jour dans tous les pays. Il y a donc chaque année des décalages dans le calendrier en fonction de la région, ce qui donne lieu à moultes spéculations pour savoir si demain on fêtera, ou non, l'Aïd – des débats interminables qui ont le don d'exaspérer les expatriés. Les dates suivantes sont donc mentionnées à titre indicatif.

ANNÉE DE L'HÉGIRE	NOUVEL AN	ASHOURA	NAISSANCE DU PROPHÈTE	DÉBUT DU RAMADAN	AÏD-AL-FITR	AÏD-AL-ADHA
1438	3 oct 2016	12 oct 2016	12 déc 2016	26 mai 2017	26 juin 2017	1er sept 2017
1439	22 sept 2017	1er oct 2017	1er déc 2017	15 mai 2018	16 juin 2018	21 août 2018
1440	12 sept 2018	21 sept 2018	21 nov 2018	6 mai 2019	5 juin 2019	12 août 2019
1441	1er sept 2019	10 sept 2019	10 nov 2019	24 avr 2020	24 mai 2020	31 juil 2020

(dattes et *laban*) avant les prières. S'ensuit l'*iftar* (petit-déjeuner), un repas copieux qui vient compenser les heures d'abstinence précédentes. Avant l'aube, un autre repas est préparé pour tenir toute la journée.

Aïd-al-Fitr Fin du jeûne du ramadan ; les célébrations durent 3 jours et sont un moment de fête en famille et entre amis.

Aïd-al-Adha Cette fête marque la période où les musulmans effectuent le pèlerinage à La Mecque.

En Oman

Outre les grandes fêtes musulmanes, Oman observe les jours fériés suivants :

Lailat al-Mi'raj (ascension du prophète). La date exacte, qui varie en fonction de la lune, n'est donnée qu'au dernier moment.

Jour de la Renaissance (23 juillet). Il commémore l'accession au pouvoir du sultan Qabus.

Fête nationale (18 novembre). Parades militaires, drapeaux le long de la grand-route et courses de dromadaires marquent ces deux jours (minimum) de liesse.

Aux Émirats

Mises à part les principales fêtes musulmanes, les Émirats observent les jours fériés suivants :

Nouvel An 1er janvier

Jour des Martyrs 30 novembre

Fête nationale 2 décembre

Un deuil pouvant aller jusqu'à une semaine suit généralement le décès d'un membre d'une famille royale, d'un ministre ou du chef d'un État voisin. Les services publics, certaines entreprises et les sites touristiques gérés par l'État (tels que les musées) peuvent alors fermer. Des manifestations peuvent également être annulées.

Calendrier islamique

Les activités non religieuses et la vie quotidienne sont régies par le calendrier grégorien (utilisé par une vaste majorité de la planète), mais toutes les fêtes religieuses dépendent du calendrier hégirien. Pour les touristes, cela peut prêter à confusion (notamment lorsque vous essayez de déchiffrer les documents officiels, y compris la date d'expiration des permis de voyage et visas).

Des calendriers affichant les deux systèmes en parallèle existent. L'année musulmane est fondée sur le cycle lunaire et se divise en 12 mois lunaires, comprenant chacun 29 ou 30 jours. Par conséquent, l'année musulmane est de 10 ou 11 jours plus courte que l'année solaire chrétienne, et les fêtes musulmanes se déplacent petit à petit au cours de l'année, complétant un cycle en environ 33 ans.

L'année zéro du calendrier hégirien correspond à l'année où Mahomet et ses disciples ont fui La Mecque pour

REPÈRES FRANCOPHONES SUR PLACE

Institut français des Émirats arabes unis (carte p. 178 ; ☎443 51 00 ; www.ambafrance-eau.org ; angle Delma/13th St et Nahyan/26th St, Abu Dhabi). À l'ambassade de France.

Alliance française de Dubai (☎6666 232 ; www.afdubai.org, info@afdubai.org ; Street 18, Bur Dubai, Oud Metha, Dubai)

Alliance française d'Abu Dhabi (☎335 87 12 ; www.afabudhabi.org ; angle Street 26 et Street 7, immeuble Choitram, Al-Khalidiya, Abu Dhabi). Antenne à Al-Aïn.

Centre franco-omanais (CFO ; ☎24 605837 ; www.facebook.com/CentreFrancoOmanaiscfo, 207 Al-Inshirah St, Madinat Sultan Qaboos, Mascate). Voir aussi le Musée franco-omanais p. 54.

Médine (622). Cette hégire, ou migration, marque le début de la nouvelle ère musulmane, tout comme la naissance du Christ marque l'année zéro du calendrier grégorien. De même que AD (avant J.-C.) désigne "*anno domini*" en latin, AH désigne "*anno hegiræ*".

Offices du tourisme

Bien que le tourisme soit une industrie en pleine croissance dans la Péninsule, il existe peu d'offices du tourisme. La formation du personnel et les installations des offices sont tout aussi minimales. Parfois, vous ne trouverez rien de plus qu'un plan gratuit (souvent très ancien) ou une vieille brochure.

Deux bonnes sources d'informations non officielles sur la Péninsule sont : votre hôtel et les agents de voyage locaux (dont beaucoup fournissent des informations sans s'attendre à ce que vous souscriviez nécessairement à leurs services en retour).

Photo et vidéo

Des cartes mémoire, batteries et autres accessoires pour appareils numériques sont vendus dans les principaux supermarchés, centres commerciaux et magasins de matériel électronique à Mascate (Oman) et aux Émirats. La plupart des studios de photo peuvent transférer les photos numériques d'une carte mémoire sur un CD ou les imprimer.

Restrictions Ne photographiez ni ne filmez rien qui soit de nature vaguement militaire (y compris la police) ou "stratégique" (aéroports, ponts, ports, sites industriels ou bureaux gouvernementaux), sous risque d'arrestation et/ou de poursuites. De manière générale, les Émirats sont les plus souples des pays de la Péninsule en matière de photographie, tandis qu'Oman semble avoir une définition très large de ce qui constitue un site "stratégique".

Photographier les gens Ne prenez jamais quelqu'un en photo sans son autorisation, surtout une femme et a fortiori dans les régions rurales ou reculées.

Photographier la pauvreté Les habitants sont souvent choqués lorsque l'on prend des maisons délabrées en photo, ou tout ce qui se rapporte à la pauvreté, car leur souhait est surtout de montrer ce que le pays a accompli au cours des dernières décennies.

Sites religieux Les photos sont généralement permises à l'intérieur des sites religieux et archéologiques (lorsque l'entrée est autorisée), à moins qu'il ne soit précisé le contraire. Évitez de prendre des photos des pratiques religieuses.

Poste

Depuis Oman, envoyer une carte postale vers toute destination hors du Conseil de coopération du Golfe (CCG) revient à 150 bz. Pour une lettre de moins de 10 g, comptez 250 bz, et 400 bz entre 11 et 20 g. Pour un colis pesant moins de 1 kg, vous débourserez environ 5 ORM.

Aux Émirats, la plupart des hôtels peuvent se charger de vos envois, mais vous pourrez trouver des timbres dans les bureaux de poste d'**Emirates Post** (☎600 599 999; www.emiratespost.com), présents dans toutes les villes.

Problèmes juridiques

Bien que la loi varie d'un pays à l'autre, elle présente certaines similitudes. Comme dans toute l'Arabie, le système juridique se base entièrement, ou en partie, sur la charia, qui provient principalement du Coran.

La charia est souvent perçue comme notoirement sévère et inflexible, mais, en réalité, certains principes de base sont partagés par les valeurs juridiques occidentales (telles que la présomption d'innocence). La punition la plus sévère pour un crime est, en pratique, rarement exigée.

Les touristes doivent se rappeler qu'ils sont sujets aux lois du pays qu'ils visitent, et qu'ignorer la loi ne constitue en aucun cas une défense. Consultez par ailleurs le chapitre *Être expatrié* (p. 31).

En cas d'arrestation, vous aurez droit à passer un appel téléphonique, ce que vous devriez faire le plus tôt possible (c'est-à-dire avant d'être retenu dans une cellule de police ou en prison dans l'attente de l'enquête). Appelez en premier lieu votre ambassade ou consulat afin qu'ils puissent contacter votre famille et vous recommander un avocat (ne signez aucun document avant son arrivée).

Dans le cas d'un accident de voiture, vous ne devez pas déplacer votre véhicule – même si vous provoquez un embouteillage – avant que la police n'arrive.

Ceux pris en possession de drogues (ecstasy, amphétamines, cannabis et cocaïne) risquent la peine de mort.

Aux Émirats

Les stupéfiants (notamment à Dubai et Abu Dhabi) sont à bannir. La peine minimale encourue pour détention, même d'une quantité infime, est de quatre ans de prison, et la peine de mort est toujours en vigueur pour l'importation et le trafic de drogue (bien que cette infraction mène plutôt à une très longue peine de prison). Si vous êtes pris dans une pièce où il y a des stupéfiants, même si vous n'en consommez pas, vous encourez des sanctions. La police secrète est omniprésente et compte des agents de nombreuses nationalités.

Des restrictions s'appliquent aussi à l'importation de médicaments vendus sur ordonnance, notamment le diazépam (Valium), le dextrométhorphane (antitussif), la fluoxétine (Prozac) et tout ce qui contient de la codéine. Demandez la liste actualisée à l'ambassade des Émirats de votre pays. Si un traitement dont vous avez besoin y figure, emportez l'ordonnance originale ou une lettre de votre médecin.

Les infractions au code de conduite et à la loi sont sanctionnées par des avertissements et des amendes (pour abandon de détritus, par exemple) ou par des expulsions du territoire et des peines de prison (consommation de drogue, critique de l'Islam...). Nul n'est censé ignorer la loi.

La police émiratie a mis en place un **Department of Tourist Security** (☎appel gratuit 04-800 243; www.dubaipolice.gov.ae) pour assister les touristes rencontrant des problèmes juridiques ou ayant des ennuis avec la justice pendant leur séjour.

Téléphone

Pour appeler en Oman ou aux Émirats depuis l'étranger, composez le code d'accès international ☎00 (ou ☎011 depuis le Canada), puis l'indicatif d'Oman (☎968) ou des Émirats (☎971), suivi de l'indicatif régional (sans le zéro initial), et du numéro à 7 ou 8 chiffres de votre correspondant.

Pour appeler la France, la Belgique ou la Suisse depuis Oman ou les Émirats, composez le ☎00, suivi de l'indicatif du pays (☎33 pour la France, ☎32 pour la Belgique, ☎41 pour la Suisse), suivi du numéro de votre correspondant sans le 0 initial. Pour appeler le Canada depuis Oman ou les Émirats, composez le ☎00, suivi du ☎1 et du numéro de votre correspondant, incluant le code régional.

En Oman

À chaque région correspond un indicatif (celui de Mascate est le ☎24), qu'il faut utiliser même pour téléphoner à l'intérieur de la région.

Épiceries et stations-service vendent ces cartes prépayées. Avec une carte téléphonique, on peut appeler directement l'étranger depuis la plupart des cabines publiques du pays. Un appel de 2 minutes vers l'Europe et l'Amérique du Nord coûte environ 200 baisa.

Pour vous connecter sur le réseau Omanmobile, procurez-vous une carte SIM Hayyak (www.omanmobile.om ; abonnement de base 2 OMR), incluant 1 OMR de crédit. Ooredoo (www.ooredoo.om) et Friendi Mobile (www.friendimobile.om) offrent des services similaires. Ces cartes s'achètent à l'arrivée à l'aéroport ou dans les centres commerciaux de Mascate.

Aux Émirats

Les Émirats sont dotés d'un réseau de télécommunications efficace. Il y a deux opérateurs de téléphonie mobile : Etisalat et Du. Tous deux appartiennent à l'État. Les appels locaux (avec le même indicatif régional) sont gratuits.

Le réseau de téléphonie mobile des Émirats utilise la norme GSM 900 MHz et 1 800 MHz, la même qu'en Europe. Les numéros de téléphone portable commencent par 050 (Etisalat) ou 055 (Du).

Si vous n'avez pas de numéro d'itinérance internationale et que votre téléphone est débloqué, vous pouvez acheter (avec une carte bancaire) une carte SIM prépayée avec un numéro local dans les boutiques de télécommunication ou de téléphonie mobile. Les abonnements pour visiteurs peuvent être avantageux. Des recharges sont vendues dans les épiceries, les supermarchés et les stations-service.

Pour avoir les renseignements, composez le ☎181, et pour les renseignements internationaux le ☎151.

Lorsque vous passez des appels à l'intérieur du pays, composez le numéro local à 7 chiffres si vous êtes dans la ville de destination et utilisez une ligne fixe. Si vous appelez depuis une autre ville ou un téléphone portable, composez d'abord l'indicatif local à deux chiffres indiqué dans ce guide.

Les téléphones à pièces ont quasiment tous été remplacés par des téléphones à carte. Des cartes téléphoniques de différentes valeurs sont vendues dans les épiceries, les supermarchés et les stations-service.

Toilettes

Les centres commerciaux, musées, restaurants et hôtels de catégories moyenne et supérieure disposent de toilettes publiques à l'occidentale, généralement propres et bien entretenues.

Les toilettes des souks et des gares routières sont souvent réservées aux hommes. Vous trouverez toujours un tuyau d'arrosage avec embout, qui sert à se rincer (de la main gauche, si vous voulez suivre les coutumes locales) avant d'utiliser le papier hygiénique. Il peut se révéler utile de transporter un rouleau de papier toilette avec vous : la plupart des WC fournissent seulement l'eau, et l'utilisation du papier est considérée comme impropre, sauf pour se sécher les mains.

En dehors des villes, les toilettes publiques sont rares et il se peut que vous deviez vous contenter de toilettes à la turque mal tenues, installées derrière les restaurants ou les stations-service.

Voyager en solo

Le voyage, pour les habitants d'Arabie et les expatriés asiatiques, est synonyme de grands convois familiaux et de rassemblements à l'aéroport. Ainsi, les hommes voyageant seuls peuvent être regardés avec compassion ou suspicion, car il est difficile à concevoir pour les habitants de la Péninsule qu'une personne puisse choisir de voyager seule.

Si l'on ne parle pas arabe, un voyage en solo peut être pénible : les routes sont longues et les déserts, vastes. Sans un réseau établi d'installations touristiques, vous pouvez passer des jours entiers sans croiser d'autres touristes.

Les chambres simples sont disponibles dans la plupart des hôtels, mais ne coûtent souvent que quelques dollars de moins que les chambres doubles. Se promener seul ne présente aucun risque.

Un mot d'avertissement : si vous voyagez seul en dehors des zones urbaines avec votre propre véhicule, mieux vaut faire preuve de débrouillardise. Beaucoup de routes sont peu fréquentées, et vous pourriez attendre des heures avant que les secours n'arrivent. Il est déconseillé de faire du hors-piste en solo.

En Oman, en dehors de Mascate et des principales villes que sont Nizwa, Sohar, Sour et Salalah, on peut se sentir très seul. À l'intérieur du pays, la population est clairsemée et comme il n'existe pas vraiment de circuits touristiques établis, il est rare, sauf en période de vacances, de rencontrer d'autres étrangers. Si les Omanais sont très sympathiques et accueillants, ils sont aussi réservés, et il est peu probable que l'on vous invite à rester plus longtemps que pour partager un repas. Si vous vous rendez en stop jusque dans un endroit isolé, vous risquez de devoir attendre très longtemps pour trouver quelqu'un qui vous ramène. Bref, comme dans tout pays comportant de vastes territoires reculés, il vaut mieux avoir un véhicule, un compagnon et, au minimum, de l'eau, une carte et une boussole.

Femmes seules

Une femme voyageant seule éveille immanquablement la curiosité. Les femmes voudront vous adopter, et les hommes vous ignoreront (par respect) ou vous traiteront comme un homme. Dans tous les cas, vous serez reçue avec beaucoup de bonnes intentions, et tous souhaiteront vous aider à rester en sécurité, à vous repérer dans les transports en commun et vous proposeront même de vous loger.

Néanmoins, les femmes voyageant seules peuvent se sentir mal à l'aise, en particulier dans les transports publics, dans les restaurants et sur une plage publique. Les Omanais ignoreront les femmes, par respect pour elles, et il est difficile de faire connaissance ou de rencontrer des Omanaises. Quand on voyage en solo, une bonne partie du charme du pays se cache hors des sentiers battus (pour les deux sexes), mais vous ne devez entreprendre de tels voyages que si vous êtes suffisamment débrouillarde et, si vous conduisez, êtes capable par exemple de changer seule un pneu.

Vous rencontrerez moins de harcèlement que dans d'autres pays du Moyen-Orient. Il est impératif de s'habiller de façon convenable (voir p. 18) pour éviter d'attirer l'attention inutilement et de choquer. Portez un tee-shirt et un short lorsque vous vous baignez. Pour en savoir plus, reportez-vous p. 283.

Transports

DEPUIS/VERS OMAN ET LES ÉMIRATS

Entrer en Oman et aux Émirats

Les visas peuvent être obtenus à l'arrivée pour les citoyens de nombreuses nationalités. Voir *Formalités et visas* (p. 291) pour plus de détails. Vérifiez auprès des ambassades avant de partir, car la réglementation change fréquemment dans les pays de la péninsule Arabique. Tous les passeports doivent être valides au moins six mois après la date de votre arrivée ou de votre départ. Les voyageurs avec un passeport israélien ou dont le passeport présente un tampon israélien peuvent ne pas être autorisés à entrer dans les pays de la Péninsule.

➡ **Oman** Les visas (requis pour la plupart des nationalités) sont disponibles à l'arrivée dans le pays. Vous devez remplir un formulaire (dans le hall d'immigration) et le porter au comptoir des visas, avant de vous mettre dans la file d'attente pour faire tamponner votre passeport. Des visas électroniques sont disponibles sur le site Web de la Royal Oman Police (www.rop.gov.om).

AVERTISSEMENT

Les informations contenues dans ce chapitre sont particulièrement susceptibles de changements. Vérifiez directement auprès de la compagnie aérienne ou de l'agence de voyages les modalités d'utilisation de votre billet d'avion. N'hésitez pas à comparer les prestations. Les détails fournis ici doivent être considérés à titre indicatif et ne remplacent en rien une recherche personnelle attentive.

➡ **Émirats** Si votre nationalité vous donne droit à un visa gratuit de visite ou de transit en arrivant (voir p. 291), rendez-vous directement au bureau de l'immigration ou au poste-frontière pour faire tamponner votre passeport. Si vous entrez avec un visa parrainé, vous devrez vous rendre au comptoir "visa collection" de l'aéroport pour le récupérer à votre arrivée.

Voie aérienne

Aéroports et compagnies aériennes

La Péninsule, et les Émirats arabes unis en particulier, possèdent certaines des meilleures compagnies aériennes au monde et des aéroports très modernes.

La plupart des grandes compagnies européennes, asiatiques et moyen-orientales desservent les villes principales de la péninsule Arabique. Par ailleurs, les liaisons avec les continents européen, américain et l'Australasie ne cessent d'augmenter.

Les transporteurs nationaux de chaque pays relient les pays voisins ; les vols sont réguliers et à des tarifs raisonnables.

La plupart des compagnies aériennes présentes en Oman et aux Émirats assurent un excellent service et affichent un très bon bilan en matière de sécurité.

OMAN

En Oman, le seul véritable aéroport international est celui de Mascate. Cela dit, Qatar Airways assure des vols directs entre Doha et l'aéroport de Salalah et Fly Dubai propose des vols directs entre Dubai et Salalah. L'**aéroport international de Mascate** (☎24 519223 ; www.omanairports.com) est un petit aéroport très bien géré : les files d'attente sont réduites

AGENCES EN LIGNE

Vous pouvez réserver votre vol via une agence en ligne ou vous renseigner auprès d'un comparateur de vols :

- www.bourse-des-vols.com
- www.ebookers.fr
- www.expedia.fr
- www.govoyages.com
- www.illicotravel.com
- www.kayak.fr
- www.opodo.fr
- www.skyscanner.fr
- voyages.kelkoo.fr
- www.voyages-sncf.com

au minimum (excepté pendant les périodes de fêtes), la culture d'hospitalité est palpable dès le passage à la douane et les bagages de soute sortent sur le carrousel très rapidement. Un nouvel aéroport est prévu pour 2017.

Compagnies aériennes

Emirates Airlines (carte p. 56 ; ☎24 404444 ; www.emirates.com). Basé à Dubai. Bureau à Ruwi.

Fly Dubai (☎24 765091 ; www.flydubai.com). Basé à Dubai.

Gulf Air (carte p. 56 ; ☎24 703222 ; www.gulfair.com). Basé à Bahreïn. Bureau à Ruwi.

Oman Air (☎24 531111 ; www.omanair.com). Basé à Mascate. Bureau à Ruwi.

Qatar Airways (☎24 162700 ; www.qatarairways.com). Basé à Doha, Qatar.

Saudi Arabian Airlines (☎24 789486 ; www.saudiairlines.com). Basé à Jeddah, en Arabie Saoudite.

ÉMIRATS

Aux Émirats, les principaux aéroports internationaux sont l'**aéroport international de Dubai** (p. 159) et l'**aéroport international d'Abu Dhabi** (carte p. 197 ; ☎02-505 5555 ; www.abudhabiairport.ae). Quelques vols, essentiellement des charters, atterrissent à l'**aéroport international de Chardja** (☎06-558 1111 ; www.shj-airport.gov.ae) et à l'**aéroport international de Ras al-Khayma** (☎07-207 5200 ; www.rakairport.com ; Hwy 118, Airport Rd). Des appareils commencent également à utiliser le gigantesque (et tout nouveau) terminal Al-Maktoum International de Dubai.

Compagnies aériennes

Air Arabia (www.airarabia.com). Compagnie low cost basée à Chardja, assure des liaisons avec l'Afrique du Nord, le Moyen-Orient, l'Asie et quelques autres destinations d'Europe orientale.

Emirates Airlines (carte p. 140 ; www.emirates.com). Basé à Dubai.

Etihad Airways (www.etihad.com). Basé à Abu Dhabi.

FlyDubai (www.flydubai.com). Compagnie low cost qui dessert une cinquantaine de destinations, principalement au Moyen-Orient, en Inde, en Asie centrale et en Europe orientale. Certains vols utilisent le nouveau terminal Al-Maktoum International de Dubai.

Depuis la France

Les seuls vols directs entre la France et Oman/les Émirats sont au départ de Paris. Pour les deux pays, comptez entre 7 heures et 7 heures 50 de vol et des tarifs compris entre 450 et 800 € l'aller-retour. Les vols avec escale reviennent en moyenne à 300 € (basse saison) et 400 € (haute saison).

OMAN

Oman Air est la seule compagnie aérienne à assurer des liaisons directes entre Paris et Mascate. De son côté, Air France propose des vols en partenariat avec KLM, avec escale à Amsterdam ou Abu Dhabi. D'autres compagnies aériennes, telles que Qatar Airways, Gulf Air, Etihad Airways, British Airways et Turkish Airlines desservent Oman.

ÉMIRATS

Au départ de Paris, Air France, Emirates et Etihad Airways assurent des vols directs pour Dubai et/ou Abu Dhabi. De son côté, Emirates relie également par vols directs Lyon et Nice à Dubai. Parmi les compagnies aériennes desservant les Émirats avec escale, citons Pegasus Airlines, British Airlines, Aéroflot et Gulf Air.

Voici quelques adresses de transporteurs et d'agences de voyages :

Air France (☎36 54, 0,35 €/min ; www.airfrance.fr)

Oman Air (☎01 47 64 21 50 ; www.omanair.com)

Emirates Airlines (☎01 57 32 49 99 ; www.emirates.com/fr)

Etihad Airways (☎01 57 32 43 43 ou 01 47 42 20 00 ; www.etihad.com/fr)

British Airways (☎0 825 825 400, 0,18 €/min ; www.britishairways.com/fr)

Bourse des Voyages (☎0 899 650 649, 0,60 €/min ; www.bourse-des-voyages.fr)

Nouvelles Frontières (☎0 825 000 747, 0,15 €/min ; www.nouvelles-frontieres.fr)

Thomas Cook (☎0 826 826 777, 0,35 €/min ; www.thomascook.fr)

Depuis la Belgique

OMAN

Il n'existe pas de vols directs entre la Belgique et Oman. La plupart des compagnies aériennes font escale dans leur hub (à Doha, par exemple, pour Qatar Aiways). Attendez-vous à débourser de 450 à 550 € pour un vol aller-retour, avec escale, jusqu'à Mascate.

ÉMIRATS

En vols directs, Emirates Airlines rallie Dubai au départ de Bruxelles, alors que Etihad Airways et Brussel Airwways desservent Abud Dhabi. Comptez environ 7 heures 30 de vol et des tarifs à partir de 480 €. Pour un vol aller-retour avec escale, vous paierez entre 290 et 380 € environ.

Voici quelques adresses :

Brussels Airlines (☎0902 51 600, 0,75 €/min ; www.brusselsairlines.com)

Emirates Airlines (☎02 700 7007 ; www.emirates.com/be)

Etihad Airways (☎02 200 8880 ; www.etihad.com/fr-be)

Airstop (☎070 233 188 ; www.airstop.be)

Connections ☎070 23 33 13 ; www.connections.be)

Gigatours Voyages Éole (☎02 672 35 03 ; www.voyageseole.be)

Depuis la Suisse

OMAN

Les compagnies Swiss et Oman Air assurent des vols directs entre Zurich et Mascate (6 heures 50 environ, à partir de 550 FS). Depuis Genève, les vols avec escale reviennent au minimum à 500 FS. Parmi les compagnies aériennes desservant régulièrement les deux pays, citons Qatar Airways, Etihad Airways et Turkish Airlines.

ÉMIRATS

Au départ de Genève, Emirates dessert Dubai en vol direct (à partir de 750 FS) alors que Etihad rejoint Abu Dhabi (à partir de 580 FS). Depuis Zurich, les compagnies aériennes Swiss et Emirates assurent des liaisons directes avec Dubai (à partir de 840 FS). Seul Etihad propose des vols directs Zurich-Abu Dhabi.

Vous paierez au minimum 300 FS pour un vol Genève-Dubai avec escale, et environ 430 FS pour Genève-Abu Dhabi avec escale. D'autres compagnies aériennes, telles que Qatar Airways, British Airways et Turkish Airlines desservent les Émirats.

Vous pouvez contacter :

Swiss (☎848 700 700 ; www.swiss.com)

Oman Air (☎41 44 87 48 565 ; www.omanair.com)

Emirates Airlines (☎0844 111 555 ; www.emirates.com/ch)

Etihad Airways (☎0844 002 211 ; www.etihad.com)

Jerrycan Voyages (☎022 346 92 82 ; www.jerrycan-travel.ch)

STA Travel (☎058 450 49 49 ; www.statravel.ch)

Depuis le Canada

OMAN

Aucune liaison directe dessert Oman depuis le Canada. Les vols Montréal-Mascate, incluant une ou deux escales, débutent à 985 $C l'aller-retour, un peu moins en partant de Toronto. Parmi les compagnies aériennes qui desservent la destination : Air Canada, United Airlines et Turkish Airlines.

ÉMIRATS

Emirates et Air Canada relient en vol direct Toronto à Dubai (vol de nuit, environ 12 heures 50). American Airlines et Air Canada notamment desservent Dubai avec une escale au départ de Montréal ou Toronto (à partir de 750 $C). Enfin, Etihad Airways, British Airways et Air France, entre autres, propose des vols avec escale partant de Montréal ou de Toronto vers Abu Dhabi (à partir de 750 $C).

Voici quelques adresses :

Air Canada (☎1 888 247 2262 ; www.aircanada.com)

Emirates Airlines (☎1 800 777 3999 ; www.emirates.com/ca/french)

Etihad Airways (☎1 866 938 4423 ; www.etihad.com/en-ca)

Expedia (☎1 866 904 8766 ; www.expedia.ca). Représenté au Québec par Vacances Tour Est.

Flight Hub (☎1 800 900 1431 ; www.flighthub.com)

Travel CUTS (☎1 800 667 2887 ; www.travelcuts.com)

Voie terrestre

Passages de frontières

Les points de passage entre Oman et les Émirats sont nombreux et pratiques, mais les formalités peuvent prendre entre 30 minutes et plus de 2 heures. Rester patient, poli et de bonne humeur vous permettra d'accélérer un peu les choses – en voiture ou en bus !

Oman a des frontières avec les Émirats arabes unis, l'Arabie Saoudite et le Yémen. Concrètement, seule la frontière avec les Émirats vous est à ce jour ouverte. La situation changeant fréquemment, vérifiez auprès de la Royal Oman Police (p. 291) quels sont les postes-frontières ouverts aux visiteurs qui ne sont pas citoyens d'un État membre du Conseil de coopération du Golfe (GCC). Tous les postes-frontières omanais délivrent les visas. Lors de la rédaction de ce guide, entre Oman et les Émirats, 6 postes-frontières étaient ouverts (24h/24) aux étrangers : Buraimi, Hafit, Khatmat Milahah, Tibat et Wajaja. L'attente est souvent longue aux postes de Buraimi et Wajaja, surtout en période de fêtes.

Les Émirats partagent des frontières avec Oman et l'Arabie Saoudite, mais seuls les ressortissants d'un État du Golfe (GCC) sont autorisés à entrer en Arabie Saoudite au poste-frontière de Ghuwaifat/Sila, à l'extrémité ouest des Émirats. Les points de passage les plus pratiques pour les citoyens qui ne font pas partie de pays du GCC et qui désirent aller en Oman

VOYAGES ET CHANGEMENTS CLIMATIQUES

Tous les moyens de transport fonctionnant à l'énergie fossile génèrent du CO_2 – la principale cause du changement climatique induit par l'homme. L'industrie du voyage est aujourd'hui dépendante des avions. Si ceux-ci ne consomment pas nécessairement plus de carburant par kilomètre et par personne que la plupart des voitures, ils parcourent en revanche des distances bien plus grandes et relâchent quantité de particules et de gaz à effet de serre dans les couches supérieures de l'atmosphère. De nombreux sites Internet utilisent des "compteurs de carbone" permettant aux voyageurs de compenser le niveau des gaz à effet de serre dont ils sont responsables par une contribution financière à des projets respectueux de l'environnement. Lonely Planet "compense" les émissions de tout son personnel et de ses auteurs.

sont le checkpoint de Hili à Al-Aïn, le checkpoint Hatta à l'est de Dubai et le minuscule passage côtier Khatmat Malaha au sud de Fudjayra. Pour gagner Khasab et la péninsule de Musandam, empruntez le poste-frontière de Shams/Tibat, au nord de Ras al-Khayma ; il existe un autre point de passage à Dibba, sur la côte est d'Oman, mais les contrôles militaires empêchent de rejoindre Khasab par celui-ci.

À moins d'avoir un visa touristique gratuit des Émirats, il faut payer 35 AED en quittant ces derniers et 6 OMR en entrant sur le territoire omanais.

Grâce à l'instauration d'un visa commun en Oman et à l'émirat de Dubai, les ressortissants de 60 pays (la liste est sur www.rop.gov.om/english/dg_pr_visas_dubai.asp) entrant aux Émirats via Dubai sont exemptés de la taxe de sortie du territoire d'Oman – uniquement via le poste-frontière de Hatta. Cependant, il semblerait que tous les employés des douanes de Hatta ne respectent pas cet accord.

Bus

Mwasalat – International (Anciennement Oman National Transport Company, ONTC ; cartes p. 56 et p. 140 ; ☎24 708522 ; mwasalat.om/en-us ; Al Jaame St, Ruwi, Oman et ☎04-252 5909 ; www.ontocoman.com, Dubai, Émirats arabes unis). Gère une ligne de bus express Mascate-Dubai (5,500 ORM/ 55 AED, durée du trajet 5 heures 30). Les bus confortables de Mwasalat, équipés de télévisions et de toilettes, partent de la gare routière de Ruwi à Mascate à 6h, 15h et 23h et arrivent environ 6 heures plus tard à l'arrêt de bus près de centre de Deira City, à Dubai. En sens inverse, les bus pour Mascate partent à 7h, 15h et 23h.

Voiture et moto

Il est possible de traverser librement en voiture la frontière entre Oman et les Émirats, du moment que le véhicule est assuré dans les deux pays. Si vous louez une voiture et que vous souhaitez passer d'un pays à l'autre, vérifiez que vous êtes bien assuré, et rendez le véhicule dans le pays où vous l'avez loué (sinon, vous paierez un supplément exorbitant).

Pour vous rendre aux Émirats en voiture depuis Oman, prenez votre passeport, votre visa (si vous en avez un), votre permis de conduire, les papiers du véhicule et de l'assurance. Attention à la panne sèche : les stations-essence sont peu nombreuses et très espacées. Aux Émirats, des routes à plusieurs voies relient les grandes villes. Pour une conduite tout-terrain, vous aurez besoin d'un 4x4. En cas de panne, appelez l'**Arabian Automobile Association** (☎04-266 9989 ; www.aaauae.com).

Voie maritime

Les cargos en route vers l'Europe et l'Asie s'arrêtent irrégulièrement à Mascate (il n'y a pas de services de transport de passagers depuis/vers Oman, même si Mascate est un port d'escale pour les bateaux de croisière). Réussir à monter à bord est principalement une question de chance et d'occasion (il faut être au bon endroit, au bon moment). Votre voyage dépend aussi de l'humeur du capitaine. Au port de départ, renseignez-vous sur la destination des bateaux présents. Si certains disposent de cabines passagers confortables (destinées aux familles de l'équipage), d'autres ne fournissent ni la literie, ni les repas, ni la boisson (à prévoir avant d'embarquer).

Certaines croisières font escale à Salalah, Mascate et Dubai, permettant ainsi aux passagers de faire un tour à terre.

Plusieurs ferries circulent depuis/vers la Péninsule, mais ils ne sont pas équipés pour les touristes. Si vous voulez tenter l'aventure, gardez à l'esprit les points suivants :

- En été, les conditions peuvent être intenables, en raison de la chaleur, surtout en classe pont.
- La majorité des passagers préfèrent emporter leur nourriture que de dépendre des repas servis à bord.

- Les ferries peuvent transporter des véhicules, mais mieux vaut s'organiser à l'avance.
- Les destinations et les horaires des ferries changeant fréquemment, consultez les sites Internet des compagnies, qui indiquent les tarifs actualisés, les itinéraires et les coordonnées.
- Certains itinéraires sont empruntés par des migrants : ne passez jamais par un intermédiaire pour acheter vos billets, il pourrait s'agir d'un passeur.

Iran

Si vous voulez traverser le golfe Persique entre l'Iran et Dubai ou Chardja, vous pouvez emprunter des ferries qui n'ont que des couchages 1re classe (en cabine), mais ils sont bien moins chers que l'avion, et la plupart circulent de nuit. Ils sont gérés par la **Valfajr-8 Shipping Company** (www.valfajr.ir), à Téhéran, qui a un bon service de réservation en ligne.

VOYAGES ORGANISÉS

Les voyages organisés commencent à gagner en popularité, de l'escapade de quelques jours aux Émirats aux randonnées à pied en Oman ; certains combinent même les deux pays.

Les eaux de la mer d'Oman peuvent faire l'objet d'un beau séjour de plongée. Reportez-vous également aux agences de voyages locales dans les chapitres par pays et à la rubrique *Circuits organisés locaux*, p. 312.

Spécialistes du Moyen-Orient et généralistes

Comptoir des Voyages /Comptoir du Moyen-Orient (☎01 53 10 30 15 ou 01 53 10 70 92 ; www.comptoir.fr ; 2-18 rue Saint-Victor, 75005 Paris). Autres agences à Lyon, Marseille et Toulouse. Dix circuits en Oman, de 8 à 10 jours : séjour familial, rando en 4x4, aventure au Dhofar ou détente de luxe ; également un circuit combiné Oman et Dubai ; des itinéraires à d'Abu Dhabi" et "Mille et une nuits entre Dubai et Abu Dhabi", avec étape à Al-Aïn.

La Maison des Orientalistes (☎01 56 81 38 30 ; www.orientalistes.com ; 76 rue Bonaparte, 75006 Paris). En Oman, nombreux circuits, de 4 à 8 jours, en liberté ou thématiques ("Légendes d'Arabie", "Trésors d'Oman"). Voyages aux Émirats, dont "Les Émirats en toute liberté" (8 jours, avec location de voiture), avec escales à Dubai, Fudjayra, Al Aïn et Abu Dhabi.

Orients (☎01 45 61 90 90 ; www.orients.com, 10 rue de Mézières, 75006 Paris). Un circuit sur mesure de 7 jours "Sultanat d'Oman : couleurs d'encens", à la découverte de Mascate, des forts, du désert, d'une réserve naturelle et de villages pittoresques.

Voyageurs du Monde (☎01 42 86 16 00 ; www.vdm.com ; 55 rue Sainte-Anne, 75002 Paris). Agences à Bruxelles et à Genève et plusieurs autres agences en France (Bordeaux, Grenoble, Nantes, Lille, Montpellier, etc.). Plusieurs voyages itinérants et séjours en Oman, souvent combinés avec les Émirats (incluant la péninsule de Musandam, le désert de Sharqiya, l'oasis de Liwa...).

PÉRIPLE À TRAVERS LE DÉSERT

Le 10 décembre 2015, quatre explorateurs, dont un Anglais et trois Omanais, s'élancèrent de Salalah pour revivre la première traversée documentée du Rub al-Khali (appelé aussi le "Quart vide" et dont une grande partie s'étend en Arabie Saoudite). Marchant sur les traces de Bertram Thomas lors de son épique périple de 1930-1931 et accompagnés sur une partie de la traversée par l'arrière-arrière-petit-fils du guide bédouin de Thomas, l'équipe avait pour mission de promouvoir l'initiative Outward Bound pour la jeunesse, l'environnement et le leadership.

Le plus grand défi qu'ils durent affronter pendant leur odyssée à travers la plus vaste étendue de sable au monde s'avéra être la condition physique de leurs dromadaires. Les "vaisseaux du désert" d'aujourd'hui, moins vaillants que leurs ancêtres après des années d'une vie de pacha, s'adaptèrent difficilement aux rudes conditions du désert.

Contrairement aux aventuriers des années 1930, étrangers aux communications par satellite, nos explorateurs des temps modernes furent suivis dans le monde entier sur les réseaux sociaux. Leur périple de 50 jours et 1 300 km n'en fut pas moins pénible pour autant, et c'est complètement épuisés et pleins d'admiration pour le courage et la détermination de leurs prédécesseurs qu'ils atteignirent Doha (Qatar) en février 2016.

Art et culture

Arts et Vie (☎01 40 43 20 21 ; www.artsetvie.com ; 251 rue de Vaugirard, 75015 Paris). Autres agences à Grenoble, Marseille, Lyon et Nice. Deux escapades en Oman (de Mascate jusqu'à la région du Dhofar) et aux Émirats (architecture, mosquées, etc.) de 6 et 12 jours.

Clio (☎01 53 68 82 82 ; www.clio.fr ; 34 rue du Hameau, 75015 Paris). Un voyage culturel complet de 12 jours combinant Oman et les Émirats : "Archéologie et futurisme".

Intermèdes (☎01 45 61 90 90 ; www.intermedes.com ; 60 rue La Boétie, 75008 Paris). Six circuits et séjours culturels en Oman et aux Émirats, parfois combinant les deux pays. Une croisière du Nouvel An en Oman et aux Émirats et un circuit de 9 jours en Oman, en famille.

Randonnée, plongée et autres activités sportives

Akaoka (☎01 83 62 19 68 ou 04 84 25 06 15 ; www.akaoka.com ; 15 place des Halles, 34190 Ganges). Sept voyages, dont "Sables et mer d'Oman" (rando chamelière ; 9 jours) et "La grande traversée du sultanat d'Oman" (rando, trek et 4x4 ; 15 jours). Pas de voyage aux Émirats.

Allibert Trekking (www.allibert-trekking.com) (☎04 76 45 50 50 ; rue de Longifan, 38530 Chapareillan) (☎01 44 59 35 35 ; 37 bd Beaumarchais, 75003 Paris). Trois autres agences en France et agences en Belgique et en Suisse. Pas moins de 10 voyages de 7 à 14 jours, avec plusieurs niveaux de difficultés. Ainsi, une rando découverte "Marins du Musandam", un trek et kayak dans les fjords et le golfe d'Oman ou une rando sportive dans les canyons et le djebel Hajar.

Atalante (☎04 72 53 24 80 ; www.atalante.fr ; 18 rue Séguier, 75006 Paris). Autres agences à Lyon et Bruxelles. Les plus beaux sites naturels d'Oman déclinés en 7 rando et treks de 8 à 14 jours : "Sahara et montagnes vertes du sud d'Oman", "Mer, désert et *wadi*", "Kayak dans les fjords d'Arabie", etc. Pas de voyage aux Émirats.

Grand Angle (☎04 76 95 23 00 ; www.grandangle.fr ; Le Village, 38112 Autrans-Méaudre en Vercors). Deux randos guidées : "Sentiers d'Oman, montagnes, dunes et canyon" (10 jours) et "Djebels et *wadi*", d'un niveau plus soutenu (14 jours). Pas de voyage aux Émirats.

Huwans – Club Aventure (☎01 44 32 09 30 ou 04 96 15 10 20 ; www.huwans-clubaventure.fr ; 18 rue Séguier, 75006 Paris). Autres agences à Lyon, Marseille et Genève. Huit voyages en Oman de 8 à 14 jours, dont deux en famille : à la conquête des dunes, des *wadi* ou des fjords d'Arabie. Aussi, "Kayak et randonnée au Musandam" et "Trésors de Sindbad et escapade saharienne". Pas de circuits aux Émirats.

La Balaguère (☎05 62 97 46 46 ; www.labalaguere.com ; 48 route du Val-d'Azun, 65400 Arrens-Marsous). Sept circuits rando et trek de 4 à 14 jours, dont "Kayak à Musandam", Du désert à l'océan", "Canyons et *wadi* du djebel Hajar" ou "Montagnes, dunes et océan". Pas de voyage aux Émirats.

Nomade Aventure (☎01 46 33 71 71 ; www.nomade-aventure.com ; 40 rue de la Montagne-Sainte-Geneviève, 75005 Paris). Autres agences à Lyon, Toulouse et Marseille. Deux voyages aux Émirats (incluant le Qatar et une rando dans l'oasis d'Al-Aïn, avec kayak) et 14 offres en Oman, de la randonnée guidée au séjour multiactivités : trek, rando et bateau dans les fjords. Également, circuit en boutre dans les fjords, en famille.

Océanes (☎04 42 52 82 40 ; www.oceanes.com ; 147 chemin des Ruches, Les Gardis, 13490 Jouques). Une croisière tout compris en Oman (via Dubai), près de la péninsule de Musandam, comprenant 18 plongées guidées, dont une de nuit, en 6 jours.

Terres d'aventure (☎01 70 82 90 00 ; www.terdav.com ; 30 rue Saint-Augustin, 75002 Paris). Une dizaine d'agences en France (Lille, Rouen, Nantes, Bordeaux, Grenoble, etc.) et des agences en Belgique et en Suisse. Quelque 12 circuits accompagnés de 8 à 15 jours, dont des randonnées découvertes dans les montagnes, les *wadi* ou les canyons d'Oman, du kayak dans les fjords du Musandam et la baie de Mascate, la traversée du djebel Hajjar ou encore une rando itinérante dans le désert du Rub al-Khali.

Tirawa (☎04 79 33 76 33 ; www.tirawa.com ; 170 voie Albert-Einstein, Alpespace, 73801 Montmélian). Autre agence en Suisse. Sept balades, découvertes ou treks de 9 à 22 jours : "Montagnes, dunes et canyon", "Djebels et *wadi* d'Arabie", "Trek au pays de l'encens" ou encore "Du détroit d'Ormuz au grand désert". Pas de voyage aux Émirats.

Ultramarina (France ☎0 825 02 98 02 ; www.ultramarina.com ; 29 rue de Clichy, 75009 Paris). Autres agences à Marseille, Lyon et Nantes, ainsi qu'en Belgique et en Suisse. Six voyages ou croisières plongée en Oman, incluant les îles Damaniyat, le Dhofar, Mascate et la péninsule de Musandam.

Zig-Zag Randonnées (☎01 42 85 13 93 ; www.zigzag-randonnees.com ; 54 rue de Dunkerque, 75009 Paris). Cinq circuits de 9 à 15 jours, dont "Caravane bédouine", et "Croisière en boutre" ou "Au fil des *wadi* de l'Hagar". Pas de voyage aux Émirats.

COMMENT CIRCULER

L'essence étant bon marché dans toute la péninsule Arabique, les déplacements se font principalement par voie terrestre. Les locations de voiture (avec ou sans chauffeur) sont peu onéreuses, et les voyages en taxis et en bus sont bon marché. Dubai possède un métro, et la construction d'une ligne ferroviaire reliant le Koweït à Oman a débuté.

À l'exception des trajets entre les Émirats et Oman, il est souvent plus aisé de se déplacer en avion : de nombreux vols relient les grandes villes de la Péninsule entre elles.

Auto-stop

Faire de l'auto-stop n'est jamais complètement sûr quel que soit le pays dans lequel on se trouve, et nous ne conseillons pas cette pratique. Les voyageurs qui décident tout de même de faire de l'auto-stop doivent garder à l'esprit qu'ils prennent des risques, certes faibles, mais potentiellement graves. C'est particulièrement le cas dans la région où les villes sont parfois éloignées les unes des autres, et où vous pouvez être abandonné dans des lieux isolés (le conducteur vous laissera entre deux villes pour bifurquer hors-piste vers son village), dans des situations pouvant être fatales (par exemple, manquer d'eau en plein été). Il vous faudra alors être suffisamment autonome pour supporter la chaleur, sans avoir aucune idée, dans certaines régions de l'arrière-pays, du moment où vous pourrez poursuivre le voyage, ou rentrer. Emportez toujours de l'eau et évitez de faire du stop en dehors du réseau routier. Les femmes voyageant seules ne devraient pas faire d'auto-stop.

Cela dit, faire du stop n'est pas illégal, et dans certains coins, c'est une pratique courante pour la population locale. C'est en effet considéré moins comme une alternative aux transports en commun que comme un prolongement de ceux-ci. Attention : un pouce levé est ici un geste vaguement obscène ; tendez plutôt votre bras droit, paume vers le bas, et remuez-le de bas en haut assez vivement.

Si la population considère normal que les habitants du pays et les expatriés asiatiques fassent du stop, elle ne s'attend pas à ce que les Occidentaux fassent de même. Vous risquez de faire naître la suspicion chez les policiers locaux et de l'incompréhension chez certains habitants : dans les zones rurales, aux yeux de la population, le tourisme est censé être une source de revenus, et les voyageurs faisant du stop ne participent pas à cette économie.

L'auto-stop n'est pas gratuit. Il faut généralement débourser l'équivalent d'un trajet similaire en bus ou en taxi partagé, parfois davantage si le conducteur fait un détour de sa route pour vous conduire à une adresse spécifique – même si vous n'avez rien demandé ! Négociez un prix *avant* de monter à bord, précisez clairement votre destination et qu'il ne s'agit pas d'une visite touristique.

Si vous conduisez, attendez-vous à être souvent hélé. Avant de prendre quelqu'un en stop, pensez à ce que cela implique – généralement une visite chez la famille du passager autour d'un café et de dattes. Les conductrices ne devraient jamais accepter de prendre un homme en stop.

En Oman, l'auto-stop est possible, mais déconseillé en dehors de la capitale car il y a très peu de passage sur les routes. Prévoyez à l'avance le retour vers Mascate pour ne pas vous retrouver seul au bord de la route.

Avion

Sur place, des agences de voyages fiables peuvent vous conseiller les vols entre grandes villes les plus avantageux ; il est plus sage d'utiliser les services de ces agences que de contacter directement les compagnies aériennes. Souvenez-vous que les tarifs varient énormément en fonction de la saison et des jours fériés (comme l'Aïd).

Compagnies aériennes

Les deux pays disposent de compagnies aériennes de classe internationale. Dubai possède un aéroport international ultramoderne doté d'infrastructures haut de gamme, dont des hôtels, des centres d'affaires et de vastes zones duty free. Abu Dhabi possède également un aéroport très moderne. Les points ci-dessous sont également à noter :

- Les compagnies Emirates, Etihad et Oman Air augmentent régulièrement le nombre de vols directs à leur actif.
- Les deux pays proposent des liaisons intérieures à des prix raisonnables.
- Les formalités à l'arrivée sont simples, rapides et efficaces. Pour les produits interdits à l'importation, voir p. 289.

En Oman

En dehors de l'aéroport international de Mascate, des aéroports de vols intérieurs se situent à Salalah, Duqm, Sohar et Khasab.

La compagnie aérienne nationale, Oman Air (p. 301), assure les vols intérieurs et a beaucoup développé ses liaisons avec le Moyen-Orient et le sous-continent. Les billets s'achètent dans toutes les agences de voyages ou sur Internet.

Une nouvelle (et première) compagnie low cost basée en Oman, Salam Air, est entrée

MASCATE DEPUIS/VERS	ALLER SIMPLE/ ALLER-RETOUR	DURÉE	FRÉQUENCE
Duqm	35/64 ORM	1 heure 20	4/semaine
Khasab	24/48 ORM	1 heure	2/jour
Salalah	35/64 ORM	1 heure 20	4/jour
Sohar	18/26 ORM	50 min	2/semaine

en activité en 2016. Oman Air possède actuellement le monopole des vols intérieurs.

Aux Émirats

Rotana Jet (carte p. 176 ; ☎02-444 3366 ; www.rotanajet.com ; Al Bateen Executive Airport) est une compagnie basée à Abu Dhabi qui propose des voyages d'affaires au départ de l'aéroport d'Al-Bateen, à 10 km à l'est du centre d'Abu Dhabi. Il y a 3 vols par semaine pour Dubai et 4 par semaine pour l'île de Sir Bani Yas.

Bus

Le nombre de propriétaires de voitures est si élevé dans la région que le besoin en bus publics est quasi inexistant. Les services disponibles sont souvent destinés à la main-d'œuvre expatriée, pour la mener à son lieu de travail. Il n'est pas très difficile de se rendre en bus d'une grande ville à une autre en Oman, mais les Émirats proposent un peu moins de liaisons intérieures. Des services de bus modernes sont en train de se développer à Abu Dhabi.

Parmi les principales routes ouvertes aux étrangers voyageant en bus dans la Péninsule : Émirats-Oman et Émirats-Arabie Saoudite (via le Qatar).

Les liaisons en bus sont généralement confortables, bon marché et ponctuelles, les routes sont bonnes, et les bus climatisés sont la norme. Sur certains itinéraires, les passagers pourront être gênés par la puissance sonore de la musique ou des vidéos, ainsi que par l'épaisse fumée de cigarette. Renseignez-vous sur les différents services et prévoyez une petite laine car la climatisation peut être assez brutale.

Les femmes accompagnées par des hommes peuvent s'asseoir où elles veulent, mais il est habituel que les femmes voyageant seules s'asseyent sur les sièges avant. Il est toujours préférable de réserver sa place de bus à l'avance dans les gares routières, et c'est indispensable durant le week-end musulman (le vendredi), ainsi que durant les jours fériés, comme l'Aïd.

En Oman, Mwasalat (p. 68 ; p. 303) assure un service de bus quotidien depuis/vers les grandes villes pour moins de 10 OMR. Les bus sont en général confortables, fiables et ponctuels. Pour les longs trajets, mieux vaut réserver. Les billets se paient (en espèce) auprès du conducteur du bus.

Aux Émirats, les compagnies de bus ci-dessous proposent des trajets entre les différents émirats. Pour plus d'informations, consultez la rubrique *Depuis/vers* du chapitre concerné.

Abu Dhabi Department of Transportation (☎n° gratuit 800 55555 ; www.dot.abudhabi.ae). Liaisons à l'intérieur de l'émirat d'Abu Dhabi, notamment vers Al-Aïn, Mezaira'a (pour l'oasis de Liwa) et le djebel Dhanna (pour l'île de Sir Bani Yas).

Roads & Transport Authority (RTA ; ☎n° gratuit 800 9090 24h/24 ; www.rta.ae). Basée à Dubai, elle rallie Chardja, Al-Aïn, Abu Dhabi et Ras al-Khayma depuis plusieurs gares routières à Bur Dubai et Deira.

Sharjah Roads & Transport Authority (☎06-562 4444 ; www.st.gov.ae). Les destinations desservies comprennent Dubai, Adjman, Ras al-Khayma, Abu Dhabi, Masafi, Fudjayra, Khor Fakkan et Dibba.

Train

Les seules voies de chemin de fer de la région sont en Arabie Saoudite. La construction d'une voie ferroviaire entre Salalah, en Oman, et le Koweït, a débuté en 2016.

Vélo

La région offre de bonnes possibilités pour faire du cyclotourisme (le Tour d'Oman, course annuelle, attire des cyclistes du monde entier) et la police se révèle bienveillante envers tous les usagers de la route. Les ateliers de réparation se trouvent facilement, et les expatriés sont les rois du dépannage. N'hésitez pas à poser vos questions sur le forum de Lonely Planet, dans la partie "Voyage à vélo" (www.lonelyplanet.fr/forums/voyage-velo). Voici toutefois quelques difficultés :

- Dans la plupart des grandes villes, notamment aux Émirats, il est très dangereux de faire du vélo, les conducteurs de voiture n'ayant pas l'habitude de croiser des cyclistes.
- Dans la région, la majorité des vélos sont des appareils simples : vous ne trouverez de pièces détachées pour VTT ou vélos de tourisme que dans les grandes villes.
- La chaleur pose un problème de taille, et il est déconseillé de faire du vélo entre juin et août, ainsi qu'en milieu de journée le reste de l'année.

Voiture et moto

Dans la région, les villes sont souvent très étendues et les transports publics peu développés ; posséder une voiture est indispensable pour les expatriés. Les motos sont aussi un moyen apprécié pour circuler en ville. Les pièces détachées des modèles japonais sont les plus faciles à trouver. Les mois d'été ne sont pas propices aux sorties à moto.

Transport de véhicule

À moins de venir vous installer dans la région pour une longue durée, emporter votre véhicule peut présenter plus de désagréments que d'avantages. Pour une durée limitée, il est plus raisonnable de louer une voiture. Si vous prévoyez de rester longtemps, il est plus avantageux d'acheter une voiture sur place et de la revendre avant de partir.

Permis de conduire

Même si la plupart des permis de conduire étrangers sont acceptés, mieux vaut avoir aussi un permis de conduire international (PCI), à demander à la préfecture ou à la sous-préfecture de votre domicile.

Location

Disponibilité et coût

Des agences internationales et locales de location de voitures ont des guichets dans les aéroports internationaux et les hôtels cinq étoiles. Les tarifs sont dans la moyenne par rapport aux tarifs internationaux. Il est parfois nécessaire de réserver si vous voyagez en haute saison, en particulier durant les principales fêtes nationales ou religieuses.

Type de véhicule

Pour circuler dans le désert ou faire du tout-terrain, un 4x4 est indispensable. Vous pourrez en louer un dans toutes les agences. N'essayez pas de faire des économies en louant une berline pour faire du tout-terrain : votre assurance serait inadéquate dès que vous auriez quitté la route goudronnée. En cas d'accident, l'agence de location ne vous aidera pas. Il est presque impossible de louer une moto, mais la location de vélos gagne en popularité dans certaines villes, dont Abu Dhabi et Mascate.

Documents à fournir

Pour louer un véhicule, vous aurez besoin de votre permis de conduire et, pour certains pays, d'un permis de conduire international et de photocopies de votre passeport et de votre visa. L'âge minimal varie de 21 à 25 ans. Les cartes bancaires sont désormais indispensables.

CONDUIRE DANS LE DÉSERT

Voici quelques conseils si vous vous aventurez en indépendant dans le désert.

Préparation

- Voyagez à deux véhicules au cas où l'un d'eux s'ensablerait.
- Ne voyagez pas seul à moins de savoir changer un pneu (très lourds sur les 4x4).
- Engagez un guide local pour un long circuit dans les dunes : la navigation y est ardue.
- Emportez carte et boussole. Un GPS et un mobile chargé seront utiles –un GPS ne vous servira que pour connaître votre localisation. Il n'y a pas toujours de réseau Internet.
- Emportez un kit de premier secours, au moins 5 l d'eau par passager et par jour, et assez de nourriture pour plusieurs jours. Les dattes séchées sont une bonne source d'énergie.
- Emportez une boîte à outils avec un câble de remorquage, une pelle, des plaques de désensablage, une clé à molette, un cric, une planche de bois (sur laquelle vous poserez le cric), un compresseur (avec manomètre) et des câbles de démarrage.
- Dites à quelqu'un (voire aux autorités locales) où vous vous rendez.
- Très utile, le guide *Oman Off-Road* (Explorer Publishing, 2014) détaille 26 expéditions à effectuer en 4x4, avec de nombreuses cartes et coordonnées GPS (voir aussi p. 272).

Conseils de conduite

- Dans toutes les régions désertiques, suivez les pistes déjà faites.
- Ne cessez pas d'accélérer dans les zones où le sable est meuble et ne vous arrêtez pas !
- Ne campez jamais au fond d'un *wadi*, même par temps clair. Et si la pluie menace, les inondations éclairs remplissent les étroits *wadi* avec une force surprenante. Tous les ans, de nombreuses personnes perdent la vie de cette façon.

EN OMAN

➡ Les panneaux routiers sont en anglais (avec une orthographe aléatoire) et en arabe dans tout le pays.

➡ Des panneaux marron indiquent les sites touristiques majeurs.

➡ Vous trouverez de l'essence (toujours sans plomb) bon marché partout.

➡ Les stations essence Al-Maha ont généralement des boutiques modernes bien fournies et des toilettes relativement propres.

➡ Parmi les compagnies internationales de location de voiture présentes figurent Avis, Budget, Europcar et Thrifty, mais de nombreuses autres agences locales offrent des tarifs légèrement plus avantageux.

➡ Pour une voiture à deux roues motrices, comptez un minimum de 15 OMR par jour et d'au moins 40 OMR pour un 4x4.

➡ Emportez toujours beaucoup d'eau (le pack de 12 bouteilles de 1,5 l coûte 1,700 OMR dans les stations-service).

➡ Des câbles de remorquage (5 OMR) sont disponibles dans les grands supermarchés.

➡ Les blocs réfrigérants (*freezer packs*, environ 600 bz chacun) permettent de conserver le froid dans une glacière pendant la journée, même en été, et le soir vous pouvez demander à l'hôtel de les remettre au congélateur pour la nuit

Alwan Tour Rent-a-Car (☎99 833325 ; www.alwantour.com). Vaste choix de berlines et de 4x4.

Mark Tours (☎24 782727 ; www.marktoursoman.com/rentacar). Agence locale fiable.

AUX ÉMIRATS

➡ Pour louer une voiture, il vous faut un passeport, une carte bancaire et un permis de conduire. Les permis internationaux ne sont généralement pas obligatoires, mais il est préférable d'en avoir un.

➡ Les prix à la journée commencent autour de 200 AED pour une voiture manuelle de petite taille, avec assurance tous risques et kilométrage illimité.

➡ Attendez-vous à un supplément pour les locations dans des aéroports, un deuxième conducteur, les retours dans une autre agence que celle de départ et les conducteurs de moins de 25 ans. La plupart des sociétés louent des sièges auto pour enfants et bébés, mais il faut les réserver bien à l'avance.

➡ Rétrogradez sur les longues descentes de montagne, même si ça vous ralentit : nombre de voyageurs se retrouvent coincés après avoir cassé les freins.

Si vous êtes ensablé

➡ À la minute où vous sentez que vos roues s'enfoncent dans le sable, arrêtez-vous. Plus vous accélérerez, plus vous vous enfoncerez.

➡ Ne creusez pas si vos roues sont très enfoncées : la voiture s'ensablera davantage.

➡ Dégonflez en partie vos pneus (pour améliorer la traction), et déblayez le sable autour de la roue, dans la direction que vous voulez prendre (derrière la roue si vous allez reculer).

➡ Utilisez vos plaques de désensablage ou ramassez des bouts de bois ou tout autre objet, et mettez-les sous les pneus pour former une plateforme dure.

➡ Planifiez votre sortie pour ne pas finir dans la dune suivante à peine désensablé. La plupart des déserts de dunes sont traversés par des pistes de sable tassé, plus sûres. Trouvez-en une à pied avant de la rejoindre en voiture.

➡ Faire marche arrière peut être tout aussi efficace que d'avancer, surtout si vous vous êtes ensablé en grimpant une dune : la gravité est une grande alliée.

➡ Rouler lentement consomme beaucoup d'essence, accélérez dès que vous le pouvez. Regonflez vos pneus avant de retourner sur une route goudronnée.

Si vous êtes perdu

➡ Restez près du véhicule, où il y a de l'ombre et de l'eau. Les Bédouins vous trouveront avant que vous ne les trouviez. Une voiture se repère mieux que des gens errants.

➡ Utilisez des miroirs, klaxonnez ou faites du feu pour attirer l'attention, et signalez votre position au sol afin qu'elle puisse être visible depuis le ciel.

- On peut louer un GPS pour environ 35 AED par jour. Ils peuvent être utiles, mais leurs données ne sont pas toujours à jour (surtout en dehors de Dubai) : ne vous y fiez pas systématiquement.
- Les agences locales peuvent être moins chères, mais les enseignes internationales ont l'avantage de disposer d'une plus grande flotte et d'un meilleur service en cas d'urgence.
- Pour les locations de plus longue durée, les formules réservées et payées à l'avance dans votre pays peuvent se révéler moins chères qu'une location sur place. Consultez les offres des agences de voyages en ligne, des voyagistes ou des courtiers tels qu'Auto Europe (www.autoeurope.fr)et Holiday Autos (www.holidayautos.com).
- Si vous envisagez de faire passer la voiture en Oman, munissez-vous d'une autorisation écrite du loueur, au cas où on vous la demanderait à la frontière. Il vous faudra aussi une assurance auto valable en Oman. Une assurance omanaise est proposée à la plupart des postes-frontières.

Assurance

Posséder une assurance est obligatoire. Vu le grand nombre d'accidents de la route, il est vivement recommandé de souscrire à une assurance tous risques (et non à une simple assurance au tiers). Cette assurance couvre l'ancienne loi qui exigeait de "payer le prix du sang" en cas de blessure ou de décès d'une personne (parfois d'un animal). Les agences de location de voitures fournissent automatiquement une assurance, mais mieux vaut vérifier attentivement les conditions.

Assurez-vous que l'assurance couvre les circuits tout-terrain et les déplacements d'un pays à l'autre (si vous prévoyez de traverser la frontière lors de vos excursions).

En cas d'accident, ne déplacez pas le véhicule avant que la police ne soit arrivée et remettez le rapport d'accident le plus vite possible à votre compagnie d'assurances ou, si vous louez, à l'agence de location de voiture.

État des routes et équipements

Qualité des routes Le réseau routier de la péninsule Arabique est l'un des meilleurs au monde, avec des routes à deux ou quatre voies de très bonne qualité. La majorité des routes sont goudronnées (sauf en Oman), et les 4x4 sont nécessaires pour circuler dans le désert.

Tout-terrain Le terme anglais *off-road* fait référence aux routes non goudronnées qui ont été nivelées, avec un rouleau compresseur, ou à des pistes faites par les voitures qui ont suivi d'anciens sentiers (chameliers ou muletiers). Pour emprunter ces pistes, un 4x4 est indispensable. Les conducteurs responsables ne quitteront pas les sentiers déjà marqués et ne créeront jamais de nouvelles routes.

Essence Les stations-service sont très répandues le long des routes principales et dans les villes. Dans les zones désertiques, elles peuvent être plus rares et plus éloignées les unes des autres. En dehors des grandes villes, il est préférable de faire le plein dès que vous en avez la possibilité, les stations-service plus isolées étant parfois à court de carburant. L'essence est très bon marché partout. La majorité des voitures fonctionnent au sans-plomb.

Garages On en trouve même dans les plus petites villes et les villages. Ils disposent de pièces détachées (et de la main-d'œuvre) pour la plupart des modèles de voitures les plus communes (notamment Toyota et Land Rover).

Signalisation Bonne dans toute la région, elle utilise des symboles internationaux. Les panneaux sont bilingues, mais l'orthographe anglaise des lieux peut être fantasque et ne pas correspondre aux cartes. Les sites d'intérêt sont souvent indiqués sur des panneaux routiers marron ou parfois verts.

Parking Un casse-tête dans les villes. Les agents de la circulation et les parcmètres sont désormais plus répandus.

Dangers Reportez-vous à la p. 281 du chapitre *Sécurité en voyage*.

EN OMAN

Sur la route, prenez garde aux dangers suivants :

- Conduite agressive et rapide, non-respect des distances de sécurité.
- Dromadaires et chèvres au milieu de la route.
- Chaussées extrêmement glissantes après les averses.
- Pannes de freins sur les routes de montagne (utisez le frein moteur en descente).
- Sables mous et couches de sel appelées *sabkha*, en apparence dures mais qui cèdent sous le poids des véhicules.
- Crues soudaines dans les *wadi*.

Code de la route

Les contrôles sont sévères, en particulier à Mascate (Oman). Le non-respect des règles citées ci-dessous peut vous valoir de fortes amendes, même si cela semble très surprenant, les habitants n'appliquant généralement pas ces directives à la lettre.

- On roule à droite dans les deux pays.
- Les limitations de vitesse varient entre 100 et 120 km/h sur les autoroutes, et entre 40 et 60 km/h dans les villes

et les agglomérations. La plupart des zones urbaines et des autoroutes sont équipées de radars.

- Le port de la ceinture de sécurité est obligatoire.
- L'usage du téléphone mobile au volant sans oreillette ou haut-parleur est un délit.
- L'utilisation du klaxon est déconseillée, sauf en cas d'urgence.
- Griller un feu rouge peut coûter un séjour de deux jours en prison.
- Ne vous séparez jamais de votre permis de conduire.
- Soyez toujours équipé d'une trousse de premiers secours, d'un extincteur et d'un triangle de présignalisation.
- Conduire sous l'emprise de l'alcool (quelle que soit la quantité) ou de la drogue est non seulement considéré comme une grave infraction, mais peut aussi entraîner l'annulation de votre assurance. En cas d'accident, tous les frais engagés seront à votre charge, que vous soyez ou non responsable.
- En Oman, les contraventions de stationnement et pour excès de vitesse doivent être réglées par carte bancaire à l'aéroport international de Mascate. Une voiture sale peut coûter 5 ORM d'amende.

Transports urbains

Les voitures étant assez bon marché à l'achat et à l'usage, les transports publics (en particulier les bus et les minibus dans les villes) sont surtout utilisés par les habitants les plus modestes.

Bus et minibus

Un service de bus ou de minibus existe dans la plupart des grandes villes. Le prix du billet est peu élevé, et les services réguliers suivent des itinéraires fixes. Cependant, à moins de bien connaître la ville, prendre le bus peut être compliqué (ils n'indiquent pas tous leur destination, et ils sont souvent bondés).

Aux Émirats, Dubai, Abu Dhabi et Chardja sont les seuls émirats dotés de services de bus publics. Dubai possède un métro à la pointe de la technologie, qui dessert certains des principaux sites touristiques et centres commerciaux et constitue un moyen économique et efficace de circuler dans la ville. Le Dubai Tram, tout nouveau, circule dans le quartier de Dubai Marina.

Abu Dhabi et Dubai ont des réseaux étendus de bus modernes, climatisés et ponctuels ; certains arrêts de bus sont même climatisés. Dans les autres émirats, de tels réseaux sont encore l'exception plutôt que la règle. Il n'y a le plus souvent que des lignes locales de minibus ou de bus reliant les zones résidentielles aux zones commerciales.

Au moment de nos recherches, un nouveau système de bus voyait le jour à Mascate (Oman) et entre les grandes villes du pays – une nouveauté en Oman, où les transports publics étaient jusque-là plutôt rares et peu fiables.

Taxi

Si, dans de nombreux pays, les taxis sont un luxe dont on peut se passer, dans la Péninsule, ils sont souvent le meilleur moyen pour les voyageurs de se déplacer en ville. La plupart des villes n'ont d'ailleurs pas d'autre moyen de transports publics. En outre, de nombreuses régions rurales ne sont accessibles qu'en taxi ou en véhicule privé.

Le mode opératoire des chauffeurs de taxi est très variable selon la région. Idem pour les tarifs. Il est toujours préférable de négocier le prix de la course à l'avance.

TAXIS COLLECTIFS

Appelés *servis* en arabe, la plupart des taxis collectifs peuvent prendre 4 ou 5 passagers, mais certains peuvent asseoir jusqu'à 12 personnes et ne se distinguent guère des minibus.

Les taxis collectifs sont nettement moins chers que les taxis privés et,

PRENDRE UN TAXI PRIVÉ

Les chauffeurs de taxi sont généralement honnêtes et serviables et ne manquent pas d'humour, mais ils ne résistent souvent pas à la tentation de faire monter les tarifs lorsqu'ils prennent des touristes. Voici quelques conseils utiles pour éviter les arnaques :

- Sachez que rares sont les chauffeurs qui parlent anglais.
- Négociez *toujours* le prix de la course (ou insistez pour mettre en marche le compteur s'il fonctionne) avant de monter à bord.
- Ne vous fiez pas aux noms des rues (il y en a souvent plusieurs versions). Les sites notables feront des repères plus utiles.
- La plupart du temps, il est plus sage de demander au taxi de vous attendre.
- Évitez les chauffeurs de taxi sans licence qui attendent aux aéroports.

une fois que vous avez compris leur fonctionnement, ils se révèlent tout aussi pratiques. S'ils sont un peu plus onéreux que les bus, ils circulent plus fréquemment et sont souvent plus rapides (ils ne s'arrêtent pas aussi souvent ni aussi longtemps). Leurs horaires de circulation ont tendance à être plus étendus que ceux des bus. Les taxis collectifs sont des moyens de transport à la fois urbains, interurbains et ruraux.

Les taxis à itinéraire fixe attendent à leur point de départ jusqu'à ce qu'ils soient pleins (ou presque). En général, ils laissent monter ou descendre les passagers où ils le veulent, le long de l'itinéraire, mais il arrive qu'ils ne fassent halte qu'à des arrêts précis. En général, un seul tarif s'applique quel que soit votre trajet, mais il est parfois possible de n'en payer qu'une partie.

Pour les taxis ne suivant pas d'itinéraire, les tarifs dépendent principalement du temps de trajet, de la distance parcourue et du nombre de passagers à bord.

Attention en montant à bord d'un taxi collectif vide : le chauffeur pourrait croire que vous souhaitez louer le véhicule comme si c'était un taxi classique et faire payer en conséquence. Vous aurez peut-être à attendre longtemps avant qu'il ne parte (parfois plusieurs heures), en particulier s'il a pour destination un lieu isolé.

Les passagers sont censés savoir où ils doivent descendre. Pour avertir le chauffeur que vous voulez descendre, dites *shoukran*, "merci" en arabe. Si besoin, demandez clairement au conducteur, et devant d'autres passagers, de vous indiquer, le moment venu, l'endroit où vous devez descendre.

Oman possède un système de taxis collectifs longues distances (peints en orange et blanc) et de microbus (difficiles à utiliser si vous ne connaissez pas l'arabe) reliant les villes les plus importantes. Les uns et les autres n'attendent pas d'être pleins pour partir, mais ils récupèrent des passagers supplémentaires et en déposent en cours de route. Pour visiter certains sites, il vous faudra souvent affréter un taxi (*engaged taxi*), ce qui vous reviendra généralement quatre fois plus cher, car il vous faudra payer toutes les places (vides). Négociez le prix avant de monter ; les tarifs sont variables.

TAXIS PRIVÉS

Les taxis standards (également appelés "taxis-contrats" ou "taxis spéciaux") sillonnent toutes les villes de la région à côté de moyens de transports plus abordables comme les minibus et les taxis partagés.

Ils assurent essentiellement les trajets en ville ou de courtes escapades dans les zones rurales. C'est aussi souvent le seul moyen de rejoindre les aéroports ou les ports. Ils sont généralement considérés comme sûrs pour les femmes voyageant seules, qui doivent toujours s'asseoir à l'arrière.

Aux Émirats, les taxis ont des compteurs, sont bon marché, omniprésents et, en l'absence de transports publics dignes de ce nom, constituent bien souvent le seul moyen de se déplacer. La plupart des chauffeurs peuvent aussi être engagés à l'heure. Dans ce cas, le prix doit être négocié à moins que des tarifs fixes ne soient déjà établis. À Dubai, par exemple, le tarif pour 6 heures est de 300 AED et pour 12 heures de 500 AED. Pour de longs trajets, négociez le prix au début du voyage. Peu de chauffeurs parlent couramment anglais, et beaucoup connaissent mieux les points de repère que les noms de rues. Il est utile de citer des parcs, centres commerciaux ou noms d'hôtels quand vous fournissez des indications relatives à votre destination. Donnez environ 10% de pourboire si vous êtes satisfait du service.

Circuits organisés locaux

Sur place, de nombreux voyagistes jouissant d'une bonne réputation proposent de bons circuits à des tarifs concurrentiels. Renseignez-vous directement auprès d'eux pour plus de détails. En outre, de nombreuses compagnies aériennes régionales organisent de courts circuits en ville moyennant un supplément raisonnable au prix du billet d'avion.

En Oman

Les circuits sont souvent conçus sur mesure avec un véhicule privé (souvent un 4x4) et un chauffeur-guide anglophone. Une formule idéale pour choisir son itinéraire, mais qui revient cher, à moins de former un groupe de 3 ou 4 personnes pour partager les frais.

Les tarifs suivants correspondent au prix moyen d'une excursion à la journée en véhicule privé au départ de Mascate. Comptez un supplément de 5 OMR pour le pique-nique du déjeuner.

EXCURSION	PRIX
Djebel Shams	130 OMR
Nakhal et Rustaq	90 OMR
Nizwa, Bahla et Jabrin	100 OMR
Sharqiya Sands	130 OMR
Observation des dauphins	20 OMR/pers ; croisière en *dhow* 25 OMR/pers
Wadi Shab et Wadi Tiwi	110 OMR

Très nombreuses sont les agences de voyages de Mascate, de Salalah et de Khasab à proposer des randonnées à dromadaire, des circuits en 4x4, du camping, des visites de villes, de la spéléologie, de l'escalade, des croisières en *dhow* et des sorties d'observation des dauphins. Voici quelques agences recommandées (en plus du **National Travel & Tourism** (p. 62) :

Bike & Hike Oman (☎24 400873 ; www.bikeandhikeoman.com). Nombreuses et spectaculaires randonnées cyclistes et pédestres dans les monts Hajar.

Mark Tours (☎24 782727 ; www.marktoursoman.com). Agence très appréciée pour son expertise et ses voyages sur mesure : études, aventure, etc.

Muscat Diving & Adventure Centre (☎24 543002 ; www.holiday-in-oman.com). L'une des meilleures adresses pour tout ce qui est activités en pleine nature, telles que spéléologie et randonnée. Pour les voyages individuels ou en petit groupe.

Zahara Tours (carte p. 48 ; ☎24 400844 ; www.zaharatours.com) Ce tour-opérateur réputé, plusieurs fois primé, propose une offre variée de visites en petit groupe mettant l'accent sur la culture et l'aventure, et gère une flotte de 4x4 fiables ainsi que l'emblématique hôtel The View dans les monts Hajar.

Aux Émirats

Les tour-opérateurs suivants sont bien établis et habilités par le ministère du Marketing touristique et commercial (DTCM). Ils proposent un large choix de voyages organisés, allant des visites en ville de Dubaï, Al-Aïn et Abu Dhabi à des excursions plus sportives, telles que du trekking dans les monts Hajar ou des virées de 2 jours dans le désert. Consultez les sites Internet pour connaître les détails et les prix. Notez que certains voyages organisés ne sont programmés qu'à partir d'un certain nombre de passagers. Si vous avez le choix, Arabian Adventures a particulièrement bonne réputation.

Alpha Tours (☎04-294-9888 www.alphatoursdubai.com). Excursions dans les dunes, safaris, balades en montgolfière, pêche au gros et virées en hélicoptère.

Arabian Adventures (carte p. 140 ; ☎04-303 4888 ; www.arabian-adventures.com). Vaste gamme d'excursions, dont des visites "soleil couchant" avec balades en 4x4, barbecues et spectacles traditionnels. Propose aussi des excursions sur la côte est et dans les montagnes.

Desert Rangers (☎04-456 9944 ; www.desertrangers.com). L'une des plus anciennes agences de sports d'aventure et d'activités de Dubai. Vaste gamme d'activités, dont des safaris nocturnes dans le désert, des dîners-croisières en boutre, des safaris dans la montagne, des excursions en canoë et des cours de conduite dans le désert.

Hormuz Tourism (carte p. 140 ; ☎04-229 2138 ; www.hormuztourism.com). Agence spécialisée dans les safaris dans le désert, incluant balades à dos de dromadaire, *dune bashing* et ski sur dunes.
Aventures urbaines et aquatiques également.

Knight Tours (carte p. 140 ; ☎04-343 7725 ; www.knighttours.co.ae). Visites menées par des guides/chauffeurs locaux qui connaissent le désert comme leur poche. Parmi les activités proposées : une journée aux courses de dromadaires, des demi-journées avec une caravane de Bédouins, des randonnées dans les monts Hajar et un spectacle de fauconnerie.

Orient Tours (carte p. 140 ; ☎04-282 8238 ; www.orient-tours-uae.com) Cette agence basée à Chardja propose des visites dans le désert, dans les villes et dans les montagnes ainsi qu'une visite complète des sept émirats en 5 jours.

Santé

La prévention et le bon sens restent la meilleure garantie d'un voyage sans incident. Oman et les Émirats disposent de structures médicales de qualité (dans les capitales et les grandes villes surtout, ailleurs il est moins facile d'y obtenir des soins d'urgence ou des soins spécialisés).

Parmi les problèmes récurrents dans la péninsule Arabique figurent les difficultés respiratoires (en raison du climat aride et de la forte exposition à la poussière), les coups de soleil, les insolations, l'épuisement dû à la chaleur et les problèmes oculaires. Le taux d'accidents de la route est également élevé : soyez très prudent, même en tant que piéton !

UNE URGENCE ? VITE, UN TAXI !

En cas d'urgence médicale, appelez plutôt un taxi qu'une ambulance. En Oman et aux Émirats, les services ambulanciers – lorsqu'il y en a – sont réservés aux accidents de la route, pour porter secours aux victimes inconscientes ou immobilisées. Il est tout à fait normal (et beaucoup plus rapide) de prendre un taxi.

AVANT LE DÉPART

Assurance

Il est conseillé de souscrire une assurance qui vous couvrira en cas d'annulation de votre voyage, de vol, de perte de vos affaires, de maladie ou encore d'accident.

Vérifiez notamment que les "sports à risques", comme la plongée, la moto ou même la randonnée ne sont pas exclus de votre contrat, ou encore que le rapatriement médical d'urgence, en ambulance ou en avion, est couvert. De même, le fait d'acquérir un véhicule dans un autre pays ne signifie pas nécessairement que vous serez protégé par votre propre assurance.

Vous pouvez contracter une assurance qui réglera directement les hôpitaux et les médecins, vous évitant ainsi d'avancer des sommes qui ne vous seront remboursées qu'à votre retour. Dans ce cas, conservez avec vous tous les documents nécessaires (les consultations médicales se règlent généralement en espèces : demandez un reçu pour le remboursement).

Attention ! Avant de souscrire une police d'assurance, vérifiez bien que vous ne bénéficiez pas déjà d'une assistance par votre carte de crédit, votre mutuelle ou votre assurance automobile.

N'oubliez pas de prendre avec vous les documents relatifs à l'assurance ainsi que les numéros à appeler en cas d'urgence.

Quelques conseils

Assurez-vous que vous êtes en bonne santé avant de partir. Si vous suivez un traitement de façon régulière, sachez que vos médicaments doivent rester dans leur emballage d'origine et être accompagnés d'une ordonnance de votre médecin datée et signée, décrivant votre état de santé et le traitement associé (notamment le nom générique des médicaments ou celui du principe actif). Voir aussi *Problèmes juridiques* p. 297 pour les restrictions sur les médicaments.

Si vous transportez des seringues ou des aiguilles, assurez-vous d'avoir un certificat indiquant qu'elles sont à usage médical.

Vaccins

Pour entrer en Oman et aux Émirats, aucune vaccination n'est exigée.

Toutefois, l'Organisation mondiale de la santé

(OMS) conseille à tous les voyageurs, quelle que soit leur destination, de se faire vacciner contre la diphtérie, le tétanos, la rougeole, les oreillons, la rubéole, la polio et l'hépatite B.

Plus vous vous éloignez des circuits classiques, plus il faut prendre vos précautions. Faites inscrire vos vaccinations dans un carnet international de vaccination (livret jaune) que vous pourrez vous procurer auprès de votre médecin ou d'un centre.

Le **ministère des Affaires étrangères** (www.diplomatie.gouv.fr/voyageurs) effectue une veille sanitaire et met régulièrement en ligne des recommandations sur les vaccinations.

Planifiez vos vaccinations à l'avance (au moins 6 semaines avant le départ), car certaines demandent des rappels ou sont incompatibles entre elles. Les vaccins ont des durées d'efficacité très variables ; certains sont contre-indiqués pour les femmes enceintes.

Voici les coordonnées de quelques centres de vaccination :

Institut Pasteur (☎01 45 68 80 88 ; www.pasteur.fr/fr/sante ; 209-211 rue de Vaugirard, 75015 Paris ; ⌚lun-sam, vaccinations sans rdv)

Centre de vaccination Air France (☎01 43 17 22 00 ; www.vaccinations-airfrance.fr ; 148 rue de l'Université, 75007 Paris ; ⌚lun-sam sans rdv)

Hôpital Saint-Louis – Centre de vaccination internationale et d'information aux voyageurs (☎ 01 42 49 46 83 ; www.vaccin-voyage-ghparis10.aphp.fr ; 1 av. Claude-Vellefaux, 75010 Paris ; ⌚jeu sur rdv, sam sans rdv)

Centre de vaccinations ISBA (☎04 72 76 88 66 ; www.isbasante.com ; 7 rue Jean-Marie-Chavant, 69007 Lyon ; ⌚lun-ven sur rdv). Autres centres en France. Coordonnées sur le site Web.

TROUSSE MÉDICALE DE VOYAGE

Veillez à emporter avec vous une petite trousse à pharmacie contenant quelques produits indispensables. Certains ne sont délivrés que sur ordonnance médicale. Attention, les liquides et les objets coupants sont interdits en cabine.

☐ des antibiotiques, à utiliser uniquement aux doses et aux périodes prescrites. Il n'est pas absurde de demander à votre médecin traitant de vous en prescrire pour le voyage

☐ un antidiarrhéique, en cas de forte diarrhée, surtout si vous voyagez avec des enfants

☐ un antihistaminique en cas de rhumes, allergies, piqûres d'insectes, mal des transports

☐ un antiseptique ou un désinfectant pour les coupures, les égratignures superficielles et les brûlures, ainsi que des pansements gras pour les brûlures

☐ de l'aspirine ou du paracétamol (douleurs, fièvre)

☐ une bande Velpeau et des pansements pour les petites blessures

☐ une paire de lunettes de secours (si vous portez des lunettes ou des lentilles de contact) et la copie de votre ordonnance

☐ un produit contre les moustiques, de l'écran total

☐ une pommade pour soigner les piqûres et les coupures, et des comprimés pour stériliser l'eau

☐ une paire de ciseaux à bouts ronds, une pince à épiler et un thermomètre à alcool

☐ une petite trousse de matériel stérile comprenant une seringue, des aiguilles, du fil à suture, une lame de scalpel et des compresses

☐ des préservatifs (norme CE)

PENDANT LE VOYAGE

Vols long-courriers

Les trajets en avion, principalement du fait d'une immobilité prolongée, peuvent favoriser la formation de caillots sanguins dans les jambes (par exemple une phlébite). Le risque est d'autant plus élevé que le vol est plus long.

Généralement, l'un des premiers symptômes est un gonflement ou une douleur du pied, de la cheville ou du mollet.

En prévention, buvez en abondance des boissons non alcoolisées, faites jouer les muscles de vos jambes lorsque vous êtes assis et levez-vous de temps à autre pour marcher dans la cabine.

Décalage horaire et mal des transports

Le décalage horaire est fréquent dans le cas de trajet traversant plus de trois fuseaux horaires. Il se manifeste par des insomnies, de la fatigue, des malaises ou des nausées. En prévention, buvez abondamment (des boissons non alcoolisées) et mangez léger. En arrivant, exposez- vous à la lumière naturelle et adoptez les horaires locaux aussi vite que possible (pour les repas, le coucher et le lever).

Pour réduire les risques d'avoir le mal des transports, mangez légèrement avant et pendant le voyage. Si vous êtes sujet à ces malaises, essayez de trouver un siège dans une partie du véhicule où les oscillations sont moindres : près de l'aile dans un avion, au centre sur un bateau et dans un bus. Les antihistaminiques préviennent efficacement le mal des transports, qui se caractérise principalement par une envie de vomir, mais ils peuvent provoquer une somnolence.

Santé sur Internet

Il existe de très bons sites Internet consacrés à la santé en voyage. Avant de partir, vous pouvez consulter les conseils en ligne du **ministère des Affaires étrangères** (www.diplomatie.gouv.fr), de l'**Organisation mondiale de la santé** (OMS ; www.who.int/fr) ou le site très complet du **ministère de la Santé** (www.sante.gouv.fr). Vous trouverez, par ailleurs, plusieurs liens sur le site de **Lonely Planet** (www.lonelyplanet.fr).

Vivre en Oman (www.vivreenoman.com/sante.ws) est un excellent site regroupant conseils, adresses et une liste de médecins parlant anglais ou français.

EN OMAN ET AUX ÉMIRATS

Disponibilité et coût des soins

Voici un panorama général des services médicaux dans la région :

- Un ratio médecin-patient élevé ;
- Des hôpitaux modernes, bien équipés avec un personnel qualifié et anglophone – parfois francophone – dans les grandes villes et la plupart des villes moyennes ;
- Un service des urgences dans la plupart des hôpitaux ;
- Des cliniques moins nombreuses et moins bien équipées en zones rurales ;
- Des pharmacies (signalées par une croix verte) au personnel compétent et anglophone ; les pharmaciens interviennent parfois à la place des médecins dans certaines zones isolées ;
- Des soins dentaires de qualité dans les grandes et moyennes villes ;
- Le site de l'ambassade de France aux Émirats (www.ambafrance-eau.org) fournit une liste de médecins francophones dans le pays.

Précautions élémentaires

- Faire attention à ce que l'on mange et à ce que l'on boit est la première des précautions à prendre.
- Les troubles gastriques et intestinaux sont fréquents, même si la plupart du temps ils restent sans gravité.
- Ne soyez cependant pas paranoïaque et ne vous privez pas de goûter la cuisine locale, cela fait partie du voyage. N'hésitez pas également à vous laver les mains fréquemment.
- Voir l'encadré p. 317 pour des conseils sur l'eau potable.

Problèmes de santé et traitement

- L'autodiagnostic et l'autotraitement sont risqués ; aussi, chaque fois que cela est possible, adressez-vous à un médecin.
- Ambassades et consulats pourront en général vous en recommander un. Les grands hôtels également, mais les honoraires risquent d'être très élevés.

Affections liées à l'environnement

Diarrhée

- Le changement de nourriture, d'eau ou de climat suffit à la provoquer ; si elle est causée par des aliments ou de l'eau contaminés, le problème est plus grave.
- En dépit de toutes vos précautions, vous aurez peut-être la "turista", mais quelques visites aux toilettes sans aucun autre symptôme n'ont rien d'alarmant.
- Il est fortement recommandé d'emmener avec soi un antidiarrhéique et un antiseptique intestinal (de type Intetrix et Ercefuryl).
- Demandez conseil à votre pharmacien et à votre médecin. La déshydratation est le danger principal lié à toute diarrhée, particulièrement chez les enfants. Ainsi le premier traitement consiste à boire beaucoup. Quand vous irez mieux, continuez à manger légèrement.
- Lorsque la diarrhée persiste au-delà de 48 heures ou s'il y a présence de sang dans les selles, il est préférable de consulter un médecin.

Coup de soleil et insolation

- Dans le désert ou en altitude, les coups de soleil sont plus fréquents, même par temps couvert.
- Utilisez un écran solaire haute protection et pensez à couvrir les endroits habituellement protégés, les pieds par exemple. Les lunettes de soleil sont indispensables.
- Durant les mois d'été, les températures peuvent atteindre 50°C : dans ces conditions, même un parcours de golf peut se révéler dangereux.
- Sur la plage, un parasol est vivement recommandé,

L'EAU DU ROBINET

L'eau du robinet est bonne à boire dans les villes des deux pays (mais pas dans les zones rurales, approvisionnées par des camions-citernes). Cependant, mieux vaut boire de l'eau en bouteille (vendue partout) ou faire bouillir l'eau 10 minutes ou bien utiliser des pastilles de purification ou un filtre. Ne buvez jamais l'eau des *wadi* (lits des rivières) ou des ruisseaux : on y fait boire les animaux.

de même que le port d'un chapeau. Évitez de vous exposer aux heures les plus chaudes (12h-16h).

➡ Une exposition prolongée au soleil peut provoquer une insolation. Symptômes : nausées, peau chaude, maux de tête. Dans ce cas, il faut rester dans le noir, appliquer une compresse d'eau froide sur les yeux et prendre de l'aspirine.

Coup de chaleur

➡ De longues périodes d'exposition à des températures élevées peuvent vous rendre vulnérable au coup de chaleur.

➡ Cet état grave survient quand le mécanisme de régulation thermique du corps ne fonctionne plus : la température s'élève alors de façon dangereuse.

➡ Évitez l'alcool et les activités fatigantes lorsque vous arrivez en Oman et aux Émirats.

➡ Symptômes : malaise général, transpiration faible ou inexistante et forte fièvre (39 à 41°C) et céphalée lancinante, difficultés à coordonner ses mouvements, signes de confusion mentale ou d'agressivité.

➡ Il faut absolument hospitaliser le malade. En attendant les secours, installez-le à l'ombre, ôtez-lui ses vêtements, couvrez-le d'un drap ou d'une serviette mouillés et éventez-le continuellement.

Piqûres et morsures

➡ L'utilisation de répulsifs antimoustiques à base de DEET aide à prévenir les piqûres de moustiques.

➡ On trouve quelquefois des punaises de lit et des acariens dans les auberges de jeunesse et les hôtels bon marché. Les piqûres enflent et causent des démangeaisons. Pulvérisez du répulsif sur le matelas ou optez pour un autre hébergement !

➡ Les scorpions pullulent dans le désert. Si leur morsure est douloureuse, elle est rarement dangereuse.

➡ Voir aussi le chapitre *Sécurité en voyage* (p. 280) pour d'autres informations sur les dangers liés à l'environnement.

Maladies infectieuses et parasitaires

Dengue

➡ La dengue est transmise par les moustiques. Il n'existe pas de traitement prophylactique contre cette maladie qui entraîne fièvre, maux de tête et douleurs musculaires, et ressemble à une violente grippe prolongée. Elle peut aussi provoquer des éruptions cutanées. Protégez-vous des piqûres de moustiques.

Diphtérie

➡ Elle prend deux formes : celle d'une infection cutanée ou celle d'une infection de la gorge, pour laquelle il existe un vaccin. On l'attrape au contact de poussière contaminée sur la peau, ou en inhalant des postillons d'éternuements ou de toux de personnes contaminées. Pour prévenir l'infection cutanée, il faut se laver souvent et bien sécher la peau.

Fièvre jaune

➡ La vaccination contre la fièvre jaune n'est pas obligatoire dans la région, mais les voyageurs arrivant d'un pays à risque devront présenter un certificat de vaccination au contrôle de l'immigration. Le vaccin contre la fièvre jaune doit être administré dans une clinique agréée ; son efficacité est de 10 ans. Vaccin vivant, il ne convient ni aux femmes enceintes, ni aux voyageurs immunodéprimés.

Hépatites

➡ L'hépatite est un terme général qui désigne une inflammation du foie. Elle est le plus souvent due à un virus.

➡ Les formes les plus habituelles se manifestent par une fièvre, une fatigue qui peut être intense, des douleurs abdominales, des nausées, des vomissements, associés à la présence d'urines très foncées et de selles décolorées presque blanches. La peau et le blanc des yeux prennent une teinte jaune (ictère).

➡ L'hépatite peut parfois se résumer à un simple épisode de fatigue sur quelques jours ou semaines.

Hépatite A

➡ C'est la plus répandue, mais il existe un vaccin, recommandé en cas de fort risque d'exposition. La contamination est alimentaire : l'hépatite A se transmet par l'eau, les coquillages et, d'une manière générale, tous les produits manipulés à mains nues. Il n'y a pas de traitement médical ; il faut simplement se reposer, boire beaucoup, manger légèrement et s'abstenir totalement de toute boisson alcoolisée pendant au moins six mois.

Hépatite B

➡ Elle est très répandue, mais la vaccination est très efficace. Elle se transmet par voie sexuelle ou sanguine (piqûre, transfusion). Évitez de vous faire percer les oreilles, tatouer, raser ou de vous faire soigner par piqûres si vous avez des doutes quant à l'hygiène des lieux. Les symptômes de l'hépatite B sont les mêmes que ceux de l'hépatite A.

Méningite

➡ Les infections à méningocoque se transmettent par voie aérienne. Un certificat de vaccination contre les méningites de type A et W135 est exigé pour tous les voyageurs arrivant de la ceinture de la méningite (en Afrique subsaharienne).

Paludisme

➡ Le paludisme, ou malaria, n'est pas présent dans les Émirats. En Oman, dans la plupart des grandes villes, le risque est minime, et la transmission est sporadique dans les zones rurales.

➡ Renseignez-vous auprès de votre médecin ou dans un centre de vaccination pour voyageurs pour les dernières informations. Les médicaments antipaludéens sont indispensables s'il existe un risque significatif, et il est utile de savoir reconnaître les symptômes.

➡ Le paludisme se déclare en général par de violents frissons, de la fièvre et des sueurs abondantes. Les douleurs musculaires, maux de tête et vomissements sont aussi fréquents. Les symptômes apparaissent quelques jours – jusqu'à 3 semaines – après la piqûre du moustique contaminé, mais on peut présenter des symptômes malgré la prise de pastilles préventives.

Rage

➡ Très répandue, cette maladie est transmise par un animal contaminé.

➡ Morsures, griffures ou même simples coups de langue d'un mammifère doivent être nettoyés immédiatement et à fond. Frottez avec du savon et de l'eau, puis nettoyez avec de l'alcool. S'il y a le moindre risque que l'animal soit contaminé, allez immédiatement voir un médecin. Même si l'animal n'est pas enragé, toutes les morsures doivent être surveillées de près pour éviter les risques d'infection et de tétanos.

➡ Un vaccin antirabique est disponible. Il faut y songer si vous comptez séjourner longtemps dans des zones rurales, travailler avec des animaux ou pratiquer la spéléologie (les morsures de chauves-souris peuvent être dangereuses). La vaccination préventive ne dispense pas de la nécessité d'un traitement antirabique immédiatement après un contact avec un animal enragé ou dont le comportement peut paraître suspect.

Tuberculose

➡ Répandue dans de nombreux pays en développement, cette maladie ne présente pas de grand danger pour le voyageur.

➡ Les enfants de moins de 12 ans sont plus exposés que les adultes. Il est donc conseillé de les faire vacciner.

➡ La tuberculose se propage par la toux ou par des produits laitiers non pasteurisés faits avec du lait de vaches tuberculeuses. On peut boire du lait bouilli et manger yaourts ou fromages sans courir de risques.

Typhoïde

➡ La fièvre typhoïde est une infection du tube digestif. Elle se transmet directement par les mains contaminées ou par de l'eau ou de la nourriture contaminées par des matières fécales humaines (bactérie *Salmonella typhi*). Mieux vaut être vacciné, même si la vaccination n'est pas entièrement efficace.

➡ Fièvre, maux de tête et de gorge parfois accompagnés de vomissements, de diarrhée ou de constipation, puis une éruption rose sur l'abdomen sont les premiers symptômes, qui s'accompagnent parfois d'une septicémie (empoisonnement du sang).

➡ S'il n'y a pas d'autres complications, la fièvre et les autres symptômes disparaissent peu à peu la troisième semaine. Un suivi médical est indispensable, car les complications sont fréquentes, en particulier la pneumonie (infection aiguë des poumons) et la péritonite (éclatement de l'appendice). De plus, la typhoïde est très contagieuse.

VIH/sida

➡ La transmission de cette infection se fait : par rapport sexuel (hétérosexuel ou homosexuel – anal, vaginal ou oral), d'où l'impérieuse nécessité d'utiliser des préservatifs à titre préventif ; par le sang, les produits sanguins et les aiguilles contaminées. Il est impossible de détecter la présence du VIH chez un individu apparemment en parfaite santé sans procéder à un examen sanguin. Évitez, s'ils ne sont pas stérilisés, tous les instruments de chirurgie, les aiguilles d'acupuncture et de tatouage, ainsi que les instruments utilisés pour percer les oreilles ou le nez.

➡ Toute demande de certificat de séronégativité pour le VIH est contraire

LE SIDA DANS LA PÉNINSULE

Bien qu'il soit formellement interdit aux porteurs du VIH de s'installer dans la péninsule Arabique (le dépistage de la maladie conduit en général à une expulsion immédiate en cas de séropositivité), Oman et les Émirats ne sont pas épargnés pour autant. Ces dernières années, des prostituées y ont afflué en se faisant passer pour des touristes, et certains habitants ont été contaminés lors d'aventures sexuelles à l'étranger. Par ailleurs, les préservatifs doivent être examinés avant utilisation, car ils se déchirent souvent sous l'effet de la chaleur. En outre, un tabou culturel entoure souvent leur utilisation au sein de la population masculine. Les voyageurs qui s'engagent dans une relation doivent être conscients que le sexe hors mariage et l'adultère sont perçus comme de graves délits.

au Règlement sanitaire international (article 81). Néanmoins, la majorité des pays de la Péninsule, y compris Oman et les Émirats, exige un résultat négatif au test du dépistage du VIH pour l'obtention de certains visas (notamment les visas de travail).

Voyager avec des enfants

➡ Les personnes voyageant avec des enfants doivent pouvoir soigner des affections mineures et savoir quand avoir recours aux services médicaux. Bien avant le départ, assurez-vous que les vaccinations des enfants sont à jour, et sachez que certains vaccins ne conviennent pas aux enfants de moins de 1 an.

➡ De novembre à mars, voyager en Arabie avec des enfants ne pose pas de problème. Le reste de l'année, les températures extrêmes multiplient les risques de déshydratation et d'épuisement dus à la chaleur. Mieux vaut donc éviter l'été. Toute l'année, il faut se montrer vigilant et ne pas s'exposer au soleil de façon prolongée.

➡ Dans ces zones chaudes, la moindre égratignure peut s'infecter. Toute blessure doit être parfaitement nettoyée et tenue au sec.

➡ Soyez vigilant en évitant de boire l'eau du robinet et en ne prenant aucun risque concernant la nourriture et les boissons. Pensez à emporter des poudres réhydratantes à utiliser avec de l'eau bouillie si votre enfant est sujet à des vomissements ou à des diarrhées.

➡ Demandez conseil à votre médecin. Afin d'éviter les risques de rage ou d'autres maladies, les enfants doivent être tenus à l'écart des mammifères en général. Les morsures, griffures ou coups de langue d'un animal à sang chaud et à fourrure doivent être immédiatement et soigneusement nettoyés. S'il y a un risque, même infime, que l'animal soit contaminé, il convient de chercher immédiatement une assistance médicale.

➡ Voir aussi p. 290.

Santé au féminin

Grossesse

➡ La plupart des fausses couches ont lieu pendant les trois premiers mois de la grossesse. C'est donc la période la plus risquée pour voyager.

➡ Pendant les trois derniers mois, il vaut mieux rester à distance raisonnable de bonnes infrastructures médicales. Les femmes enceintes doivent éviter de prendre inutilement des médicaments.

➡ Cependant, certains vaccins et traitements préventifs contre le paludisme restent nécessaires. Mieux vaut consulter un médecin avant de prendre quoi que ce soit.

➡ Les services de soins obstétriques et prénataux sont de qualité dans les deux pays, en particulier dans les grandes villes.

Problèmes gynécologiques

➡ Une nourriture pauvre, une résistance amoindrie par l'utilisation d'antibiotiques contre des problèmes intestinaux peuvent favoriser les infections vaginales lorsqu'on voyage dans des pays à climat chaud. Respectez une hygiène intime scrupuleuse, et portez jupes ou pantalons amples et sous-vêtements en coton.

➡ Les champignons, caractérisés par une éruption cutanée, des démangeaisons et des pertes, peuvent se soigner facilement. En revanche, les trichomonas sont plus graves ; pertes blanches et sensation de brûlure lors de la miction en sont les symptômes. Le partenaire masculin doit également être soigné.

➡ Il n'est pas rare que le cycle menstruel soit perturbé lors d'un voyage. Les tampons sont parfois introuvables en dehors des grandes villes ; les serviettes hygiéniques sont plus répandues.

Langue

L'arabe est la langue officielle d'Oman et des Émirats, mais une grande partie de la population comprend l'anglais. Il existe des différences de taille entre l'arabe classique (langue du Coran et de la poésie ancienne), l'arabe standard moderne – lingua franca du monde arabe, employée à l'école, dans l'administration et les médias – et l'arabe dialectal, parlé tous les jours. La variante utilisée dans la péninsule Arabique (et dans ce chapitre) est dite arabe du Golfe.

Lisez nos transcriptions en bleu comme s'il s'agissait de mots français, et vous vous ferez comprendre. Sur place, montrez les mots en arabe pour parfaire votre accent. Voir aussi l'alphabet p. 324. Distinguez bien "H" de "h". Le aa désigne un a long, ai se prononce "aï", aw comme un "o" long, ay se prononce "ei", ee figure un "i" long, oo désigne un "ou" long, u un "ou" court, gh se prononce comme le "r" français, r est un "r" roulé, dh se prononce comme "th" dans le mot anglais *that* et th comme dans *think*, ch se prononce "tch" et kh comme le "j" espagnol. L'apostrophe (') signale un coup de glotte (comme la pause au milieu de "oh-oh !") ou le *'ayn*. Les syllabes accentuées sont signalées en italique, et les mentions (m) et (f) indiquent respectivement les formes masculine et féminine.

VOCABULAIRE DE BASE

Bonjour.	اهلا و سهلا.	*ah*·lan wa *sah*·lan
Au revoir.	مع السلامة.	ma' essa·*laa*·ma
Oui.	نعم.	*na*·'am
Non.	لا.	laa
S'il vous plaît.	من فضلك. من فضلِك.	min *fad*·lak (m) min *fad*·lik (f)
Merci.	شكران.	*shuk*·ran
Excusez-moi.	اسمح. اسمحي لي.	is·*maH* (m) is·maH·ee lee (f)
Pardon.	مع الاسف.	ma' al·*as*·af

Comment allez-vous ?
كيف حالَك/حالِك؟ — kayf *Haa*·lak/*Haa*·lik (m/f)

Bien, merci. Et vous ?
بخير الحمد الله. — bi· *khayr* il·*Ham*·du·lil·laah
وانتَ/وانتِ؟ — *win*·ta/*win*·ti (m/f)

Comment vous appelez-vous ?
اش اسمَك/اسمِك؟ — aash *is*·mak/*is*·mik (m/f)

Je m'appelle...
اسمي... — *is*·mee...

Parlez-vous anglais ?
تتكلم انجليزية؟ — tit·*kal*·lam in·glee·*ziy*·ya (m)
تتكلمي انجليزية؟ — tit·*kal*·la·mee in·glee·*ziy*·ya (f)

Je ne comprends pas.
مو فاهم. — moo *faa*·him

Puis-je prendre une photo ?
ممكن اتصور؟ — *mum*·kin at·*saw*·war

HÉBERGEMENT

Où trouver... ?	وين...؟	wayn...
un camping	مخيم	mu·*khay*·yam
un hôtel	فندق	*fun*·dug

Avez-vous
عندك/عندك — *'and*·ak (m) / *'and*·ik (f)
une chambre... ?
غرفة...؟ — *ghor*·fa... (m/f)

simple	لشخص واحد	li·*shakhs waa*·Hid
double	لشخسين	li·shakh·*sayn*

POUR ALLER PLUS LOIN

Indispensable pour mieux communiquer sur place : le *Middle East phrasebook & dictionary* de Lonely Planet (en anglais seulement). Pour réserver une chambre, lire un menu ou simplement faire connaissance, ce manuel permet d'acquérir des rudiments d'arabe. Inclus : un minidictionnaire bilingue.

Panneaux

Entrée	مدخل
Sortie	خروج
Ouvert	مفتوح
Fermé	مقفول
Toilettes	المرحاض
Hommes	رجال
Femmes	نساء

avec lits jumeaux مع سريرين ma' sa·ree·*rayn*

Quel est le prix par... ? بكم كل...؟ bi·*kam* kull...
nuit ليلة *lay*·la
personne شخص shakhs

Puis-je avoir un(e) autre (couverture) ?
احتاج الى (برنوس) aH·*taaj* i·*la* (bar·*noos*)
ثاني من فضلك؟ *thaa*·ni min *fad*·lak

(La climatisation) ne fonctionne pas.
(الكنديشان) (il·kan·*day*·shan)
ما يشتغل. ma yish·*ta*·ghil

ORIENTATION

Où est... ? من وين...؟ min wayn...
la banque البنك il·*bank*
le marché السوق is·*soog*
le bureau de poste مكتب البريد *mak*·tab il·ba·*reed*

Pouvez-vous me montrer (sur le plan) ?
لو سمحت وريني law sa·*maHt* wa·*ri*·ni
(علخريطة)؟ ('al·kha·*ree*·ta)

Quelle est l'adresse ?
ما العنوان؟ ma il·'un·*waan*

Pouvez-vous l'écrire ?
لو سمحت اكتبه لي؟ law sa·*maHt* ik·ti·*boo* li (m)
لو سمحت اكتبيه لي؟ law sa·*maHt* ik·ti·*bee* li (f)

À quelle distance est-ce ?
كم بعيد؟ kam ba·*'eed*

Comment y aller ?
كيف ممكن اوصل kayf *mum*·kin *aw*·sil
هناكا؟ *hoo*·naak

ALIMENTATION ET BOISSONS

Pouvez-vous
ممكن تنصح/ *mum*·kin *tan*·saH /
me conseiller un(e)... ?
تنصحي ...؟ *tan*·sa·Hee... (m/f)
café قهوة *gah*·wa
restaurant مطعم *ma*·ta'm

J'aimerais un(e)/le/la...,
اريد... a·*reed*...
s'il vous plaît. من فضلك. min *fad*·lak

zone non fumeur المكان ممنوع تدخين il·ma·*kaan* mam·*noo'* tad·*kheen*

table pour (quatre) personnes طاولة (اربعة) اشخاص *taa*·wi·lat (*ar*·ba') ash·*khaas*

Que me conseillez-vous ?
اش تنصح؟ aash *tan*·saH (m)
اش تنصحي؟ aash *tan*·sa·Hee (f)

Quelle est la spécialité locale ?
اش الطبق المحلي؟ aash it·*ta*·bak il·*ma*·Ha·lee

Avez-vous des plats végétariens ?
عندك طعم نباتي؟ *'an* ·dak *ta*·'am na·*baa*·tee

Je voudrais..., عطني/ عطيني الـ... *'a*·ti·nee/ *'a*·*tee*·nee il...
s'il vous plaît.
من فضلك. min *fad*·lak/min *fad*·lik (m/f)
l'addition قائمة *kaa*·'i·ma
la carte des boissons
قائمة *kaa*·'i·mat
المشروبات il·mash·roo·*baat*
la carte قائمة الطعام *kaa*·'i·mat it·ta·*'aam*
ce plat الطبق هاذاك it·*tab*·ak *haa*·dhaa·ka

Pourriez-vous préparer un repas sans... ? ممكن تطبخها/ تطبخيها بدون...؟ *mum*·kin *tat*·bakh·ha/ *tat*·bakh·ee·ha bi·*doon*... (m/f)
beurre زبدة *zib*·das
œufs بيض bayd
bouillon de viande مرق لهم ma·*rak la*·Ham

Je suis allergique à/au/aux ... عندي حساسية لـ... *'an*·dee Ha·saa·*siy*·ya li...
produits laitiers الألبان il·al·*baan*
gluten قمح *ka*·maH
noix كرزات ka·ra·*zaat*
poisson et fruits de mer السمك والمحارات is·*sa*·mak wal·ma·Haa·*raat*

Boissons

café... قهوة... *kah*·wa...
thé... شاي... shay...
au lait بالحليب bil·Ha·*leeb*
sans sucre بدون شكر bi·*doon sek*·ker
bouteille de bière بوتل بيرة *boo*·til *bee*·ra
verre de bière قلاس بيرة glaas *bee*·ra
jus de (orange) عصير (برتقال) *'a*·*seer* (bor·too·*gaal*)

Mots interrogatifs

Quand ?	متى؟	*ma*·ta
Où ?	وين؟	wayn
Qui ?	من؟	man
Pourquoi ?	لاش؟	laysh

eau (minérale)	ماي (معدني)	may (*ma'a*·da·nee)
vin...	خمر...	*kha*·mar...
rouge	احمر	*aH*·mar
pétillant	فوار	fa·*waar*
blanc	ابيض	*ab*·yad

URGENCES

Au secours !
مساعد! — moo·*saa*·'id (m)
مساعدة! — moo·*saa*·'ida (f)

Allez-vous-en !
ابعد! — *ib*·'ad (m)
ابعدي! — *ib*·'ad·ee (f)

Je suis perdu.
انا ضعت. — *a*·na du't

Appelez... !
تصل على ...! — ti·*sil* 'a·la... (m)
تصلي على ...! — *ti*·*si*·lee '*a*·la... (f)

un médecin	طبيب	ta·*beeb*
la police	الشرطة	ish·*shur*·ta

Où sont les toilettes ?
وين المرحاض؟ — wayn il·mir·*Haad*

Je suis malade.
انا مريض. — *a*·na ma·*reed* (m)
انا مريضة. — *a*·na ma·*ree*·da (f)

ACHATS ET SERVICES

Où y a-t-il... ?	من وين؟	min wayn...
un grand magasin	محل ضخم	ma·*Hal* *dukh*·um
une épicerie	محل ابقالية	ma·*Hal* ib·gaa·*liy*·ya
un marchand de journaux	محل يبيع جرائد	ma·*Hal* yi·*bee*·'a ja·*raa*·id
une boutique de souvenirs	محل سياحي	ma·*Hal* say·*aa*·Hee
un supermarché	سوبرمركت	*soo*·ber·mar·ket

Je cherche...
مدور على... — moo·*daw*·wir '*a*·la... (m)
مدورة على... — moo·*daw*·wira '*a*·la... (f)

Puis-je regarder ?
ممكن اشوف؟ — *mum*·kin a·*shoof*

En avez-vous d'autres ?
عندَك اخرين؟ — '*and*·ak ukh·*reen* (m)
عندِك اخرين؟ — '*and*·ik ukh·*reen* (f)

Il y a un défaut.	فيه خلل.	fee *kha*·lal
Combien ça coûte ?	بكم؟	bi·*kam*

Pouvez-vous m'écrire le prix ?
ممكن تكتبلي/ تكتبيلي السعر؟ — *mum*·kin tik·*tib*·lee/ tik·*tib*·ee·lee is·*si'r* (m/f)

C'est trop cher.
غالي جدا. — *ghaa*·lee *jid*·dan

Quel est votre meilleur prix ?
اش السعر الاخر؟ — aash is·*si'r* il·*aa*·khir

Il y a une erreur sur la facture.
فيه غلط في الفطورة. — fee *gha*·lat fil fat·*too*·ra

Où trouver... ?
من وين...؟ — min wayn...

un bureau de change	صراف	si·*raaf*
un DAB	مكينة صرف	ma·*kee*·nat sarf

Quel est le taux de change ?
ما هو السعر؟ — maa *hoo*·wa is·*sa'r*

Où est le cybercafé le plus proche ?
من وين انترنيت كفي؟ — min wayn *in*·ter·net ka·*fé*

Quel est le tarif horaire ?
بكم كل ساعة؟ — bi·*kam* kull *saa*·'a

Je voudrais une carte téléphonique.
اريد اشري كرت لتلفون. — a·*reed* *ish*·ree kart lit·til·*foon*

Nombres

1	١	واحد	*waa*·Hid
2	٢	اثنين	ith·*nayn*
3	٣	ثلاثة	tha·*laa*·tha
4	٤	اربع	*ar*·ba'
5	٥	خمسة	*kham*·sa
6	٦	ستة	*sit*·ta
7	٧	سبعة	*sa*·ba'
8	٨	ثمانية	tha·*maa*·nya
9	٩	تسعة	*tis*·'a
10	٠١	عشرة	'*ash*·ra
20	٠٢	عشرين	'ash·*reen*
30	٠٣	ثلاثين	tha·*laa*·theen
40	٠٤	اربعين	ar·ba'·*een*
50	٠٥	خمسين	kham·*seen*
60	٠٦	ستين	sit·*teen*
70	٠٧	سبعين	sa·ba'·*een*
80	٠٨	ثمانين	tha·maa·*neen*
90	٠٩	تسعين	ti·s'·*een*
100	٠٠١	مية	*mee*·ya
1 000	٠٠٠١	الف	alf

NB : les chiffres arabes (deuxième colonne) se lisent de gauche à droite, contrairement aux lettres.

HEURE ET DATE

Quelle heure est-il ?
الساعة كم؟ — is·saa·'a kam

Il est (2) heures.
الساعة (ثنتين). — is·saa·'a (thin·tayn)

(2) heures et demie.
الساعة (ثنتين) و نس. — is·saa·'a (thin·tayn) wa nus

À quelle heure... ?
الساعة كم ؟ — is·saa·a' kam...

À...	الساعة...	is·saa·'a...
hier...	البارح...	il·baa·riH...
demain...	باكر...	baa·kir...
matin	صباح	sa·baaH
après-midi	بعد الظهر	ba'd adh·dhuhr
soir	مساء	ma·saa'
lundi	يوم الاثنين	yawm al·ith·nayn
mardi	يوم الثلاثة	yawm ath tha·laa·tha
mercredi	يوم الاربعة	yawm al·ar·ba'a
jeudi	يوم الخميس	yawm al·kha·mees
vendredi	يوم الجمعة	yawm al·jum·'a
samedi	يوم السبت	yawm as·sibt
dimanche	يوم الاحد	yawm al·aa·Had

TRANSPORTS

Est-ce le... (pour Mascate)?	هاذا ال... يروح (لمسقط)؟	haa·dha al... yi·rooH (li·mas·kat)
bateau	سفينة	sa·fee·na
bus	باص	baas
avion	طيارة	tay·yaa·ra
train	قطار	gi·taar

À quelle heure passe le... bus ?	الساعة كم الباص...؟	as·saa·'a kam il·baas...
premier	الاول	il·aw·wal
dernier	الاخر	il·aa·khir
prochain	القادم	il·gaa·dim

Un billet... (pour Sour), s'il vous plaît.	تذكرة ... (لصور) من فضلك.	tadh·ka·ra... (li·soor) min fad·lak
aller	ذهاب بص	dhee·haab bas
aller-retour	ذهاب واياب	dhee·haab wa ay·yaab

Combien de temps dure le trajet ?
كم الرحلة تستغرق؟ — kam ir· raH·la tis·tagh·rik

Est-ce un trajet direct ?
الرحلة متواصلة؟ — ir·raH·la moo·ta·waa·si·la

Quelle gare/quel arrêt est-ce ?
ما هي المحطة هاذي؟ — maa hee·ya il·ma·Hat·ta haa·dhee

S'il vous plaît, dites-moi quand nous arrivons à (Al-Aïn).
لو سمحت خبرني/خبريني وقت ما نوصل الي (العين). — law sa·maHt kha·bir·nee (m) kha·bir·ee·nee (f) wokt ma noo·sil i·la (al·'ain) (m/f)

Combien coûte le trajet jusqu'à (Chardja) ?
بكم الى (شارقة)؟ — bi·kam i·la (shaa·ri·ka)

Veuillez me conduire à (cette adresse).
من فضلك خذني (علعنوان هاذا). — min fad·lak khudh·nee ('al·'un·waan haa·dha)

Tournez à gauche/droite.
لف يسار/يمين. — lif yee·saar/yee·meen (m)
لفي يسار/يمين. — li·fee yee·saar/yee·meen(f)

Arrêtez-vous, s'il vous plaît.
لو سمحت وقف هنا . — law sa·maHt wa·gif hi·na

Attendez ici, s'il vous plaît.
لو سمحت استنا هنا. — law sa·maHt is·ta·na hi·na

Conduite

Je voudrais... louer...	اريد استأجر	a·reed ist·'aj·ir...
un 4x4	سيارة فيها دبل	say·yaa·ra fee·ha da·bal
une voiture	سيارة	say·yaa·ra
avec...	مع...	ma'...
chauffeur	دريول	dray·wil
climatisation	كنديشان	kan·day·shan

Combien coûte la location pour... ?	كم الإيجار...؟	kam il·ee·jaar...
la journée	كل يوم	kull yawm
la semaine	كل اسبوع	kull us·boo'

Est-ce la route pour (Abu Dhabi) ?
هاذا الطريق الى (ابو ظبي)؟ — haa·dha it·ta·reeg i·la (a·boo dha·bee)

J'ai besoin d'un garagiste.
احتاج ميكانيك. — aH·taaj mee·kaa·neek

Je n'ai plus d'essence.
ينضب البنزين. — yan·dab al·ban·zeen

L'ALPHABET ARABE

L'arabe s'écrit de droite à gauche. La forme des lettres change en fonction de leur emplacement dans les mots (initiale, médiane, finale, seule).

Fin	Milieu	Début	Seule	Transcription et prononciation
ـا	ـاـ	ـا	ا	aa ; a long comme dans pâte
ـب	ـبـ	بـ	ب	b ; comme en français
ـت	ـتـ	تـ	ت	t ; comme le "t" français
ـث	ـثـ	ثـ	ث	th ; comme le "th" anglais dans *thin*
ـج	ـجـ	جـ	ج	j ; comme le "j" français (parfois "dj")
ـح	ـحـ	حـ	ح	H ; "h" expiré, comme si on soufflait sur une vitre
ـخ	ـخـ	خـ	خ	kh ; comme la *jota* espagnole ou le "ch" allemand
ـد	ـدـ	دـ	د	d ; comme le "d" français
ـذ	ـذـ	ذـ	ذ	dh ou z ; comme le "th" anglais de this
ـر	ـرـ	رـ	ر	r ; comme le "r" roulé espagnol
ـز	ـزـ	زـ	ز	z ; comme le "z" de zoo
ـس	ـسـ	سـ	س	s ; comme les deux "s" français dans asseoir
ـش	ـشـ	شـ	ش	sh ; "ch" comme dans char
ـص	ـصـ	صـ	ص	s ; comme les deux "s" français, mais appuyés
ـض	ـضـ	ضـ	ض	dh ; comme le "th" anglais de *this* mais appuyé
ـط	ـطـ	طـ	ط	t ; comme le "t" français, mais appuyé
ـظ	ـظـ	ظـ	ظ	z ; comme le "z" de zoo, mais appuyé
ـع	ـعـ	عـ	ع	' ; le *'ayn* est grondé, un peu comme un étranglement
ـغ	ـغـ	غـ	غ	gh ; comme le "r" de robe, non roulé
ـف	ـفـ	فـ	ف	f ; comme le "f" français
ـق	ـقـ	قـ	ق	q ; comme un "kr" très guttural ou bien un "g" !
ـك	ـكـ	كـ	ك	k ; comme le "k" français
ـل	ـلـ	لـ	ل	l ; comme le "l" français
ـم	ـمـ	مـ	م	m ; comme le "m" français
ـن	ـنـ	نـ	ن	n ; comme le "n" français
ـه	ـهـ	هـ	ه	h ; "h" fortement aspiré, comme dans l'anglais *how*
ـو	ـوـ	وـ	و	w ; comme "w" anglais de *why* / oo ; "ou" long
ـي	ـيـ	يـ	ي	y ; comme "y" français / ee ; comme un "i" long
ء				Lettre *hamza* :
ـأ	ـئَـ ـؤَ	أَ	أَ	coup de glotte + "a"
ـأُ	ـئُـ ـؤُ	أُ	أُ	coup de glotte + "ou"
ـإ	ـئِـ ـؤِ	إِ	إِ	coup de glotte + "i" ou "é"
ـأْ	ـئْـ ـؤْ	أْ	أْ	coup de glotte seul
ـآ	ـآـ	آ	آ	coup de glotte + "a" long
ـؤُو	ـؤُو	أُو	أُو	coup de glotte + "ou" long
ـئِي	ـئِي	إِي	إِي	coup de glotte + "i" long
ـأَوْ	ـأَوْ	أَوْ	أَوْ	coup de glotte + "aou"
ـأَيْ	ـأَيْ	أَيْ	أَيْ	coup de glotte + "aï"

GLOSSAIRE

Voici une liste de certains mots peu familiers que vous pourriez rencontrer dans ce guide. Pour un glossaire culinaire, voir p. 269.

abaya – tunique longue et noire portée par les femmes

abra – bateau-taxi

agal – cordon noir ceignant la *ghutra* pour la maintenir en place ; également *igal*

aïd – fête islamique

Aïd-el-Adha (ou Aïd-el-Kébir) – fête du sacrifice marquant le pèlerinage à La Mecque

Aïd-el-Fitr (ou Aïd-el-Séghir) – fête marquant la rupture définitive du jeûne, célébrée à la fin du ramadan

ardha – danse bédouine traditionnelle

attar – eau de rose

barasti – matériau constitué de feuilles de palmier, utilisé dans la construction des maisons traditionnelles de la côte du golfe Persique et du golfe d'Oman

barjil – tour à vent

Bédouin – habitant nomade du désert

beit ash-sha'ar – tente bédouine en poils de chèvre

boutre – bateau arabe traditionnel gréé par une voile latine (triangulaire) ; également appelé *sambouq* ou *sambouk*

bukhnoq – voile porté par les fillettes

burj – tour

burka – voir hidjab ; chez les Bédouins, désigne un masque féminin couvrant le nez et la lèvre supérieure. Noir ou doré, il peut être en tissu, en cuir ou en métal.

CCG – Conseil de coopération du Golfe (GCC en anglais) ; les États membres sont l'Arabie Saoudite, le Koweït, Bahreïn, le Qatar, Oman et les Émirats arabes unis

chahada – profession de foi que les musulmans récitent cinq fois par jour ; l'un des cinq piliers de l'islam

charia – loi islamique

cheikh – chef de tribu ; chef religieux

chiite – adepte du chiisme, l'un des deux principaux courants de l'islam

compound – quartier résidentiel d'expatriés, généralement très sécurisé (pays du golfe Persique)

dalla – cafetière traditionnelle en cuivre

dishdasha – longue tunique, généralement en coton blanc, portée par les hommes en Oman ; elle est parfois appelée *thob* aux Émirats

diwan – salle de réunion ou de réception islamique

diwaniya – rassemblement, généralement chez quelqu'un

djebel – colline, montagne ; également *jebel*, *jabal* ou *gebel*

djihad – littéralement, "effort", "lutte sur le chemin de la foi" ; a pris le sens de guerre sainte

émir – littéralement, "prince" ; souverain, chef militaire ou gouverneur islamique

falaj – (plur. *aflaj*) système d'irrigation traditionnel

ghutra – coiffure en tissu blanc portée par les hommes dans les pays du golfe Persique et en Arabie Saoudite ; également appelée *shemaag*

hadj – pèlerinage annuel des musulmans à La Mecque ; l'un des cinq piliers de l'islam

halal – littéralement, "autorisé" ; adjectif qualifiant les aliments que les musulmans ont le droit de consommer, notamment la viande issue de l'abattage conforme aux règles islamiques

haram – littéralement, "interdit" ; adjectif qualifiant tout ce qui est interdit par le droit musulman ; désigne également une salle de prière

hégire – calendrier islamique ; voyage de Mahomet entre La Mecque et Médine en 622

hidjab – foulard ou voile porté par les femmes en signe de pudeur

iftar – rupture du jeûne de la journée pendant le ramadan

imam – prédicateur ou personne qui dirige la prière ; dignitaire religieux musulman

inch'Allah – "Si Dieu le veut"

jamrah – piliers

Jaziri – habitant du golfe Persique

Kaaba – structure rectangulaire au centre de la grande mosquée de La Mecque (contenant la Pierre noire) autour de laquelle tournent les pèlerins du hadj ; également Kabaa ou Qaaba

kandjar – poignard tribal d'Oman, à lame recourbée ; également *khanjar*

kharif – mousson du sud-est d'Oman, de mi-juin à mi-août

khor – (plur. *khwar*) bras de mer, estuaire, crique ou anse rocheuse

kilim – tapis plat tissé

kufique – écriture arabe archaïque très stylisée ; également coufique

kuma – toque omanaise

litham – voile couvrant le bas du visage

madrasa, medersa – séminaire théologique musulman ; s'emploie aussi en arabe moderne pour désigner une école

majlis – salle de réunion solennelle ; Parlement

mandous – coffre en bois omanais

manzar – grenier

masjid – mosquée

médina – vieille ville

midan – grand-place

mihrab – niche dans une mosquée indiquant la direction de La Mecque

mina – port

minaret – tour de mosquée

minbar – chaire utilisée pour les sermons dans une mosquée

misbah – chapelet

moucharabieh – panneau ou paravent en bois sculpté très orné ; élément d'architecture islamique

muezzin – chantre qui appelle à la prière

narguilé – pipe à eau utilisée pour fumer du tabac ; également appelée *chicha* ou *houka*

oumra – rituel islamique en dehors du hadj ; littéralement, "petit pèlerinage"

qat – plante légèrement stimulante et euphorisante dont on mâche les feuilles

ramadan – mois de jeûne musulman ; l'un des cinq piliers de l'islam

ras – cap ou promontoire ; désigne également la tête

sadu – tissage bédouin

salât – prière ; l'un des cinq piliers de l'islam

sambouk – sorte de boutre

sebkha – dépression inondable et salée

servis – taxi collectif

shaï – thé

shari' – rue

souk – marché

sourates – chapitres du Coran

sultan – monarque absolu d'un État musulman

sunnite – adepte du sunnisme, l'un des deux principaux courants de l'islam

tawaf – circumambulation qui doit être effectuée pendant le pèlerinage à La Mecque

wadi – vallée ou lit de rivière, généralement sec sauf après de fortes précipitations

wahhabisme – orthodoxie sunnite conservatrice et littéraliste du XVIIIe siècle, répandue en Arabie Saoudite et au Qatar

wali – responsable régional omanais, équivalent du maire

wasta – influence gagnée au moyen des relations en haut lieu

zakât – aumône ; l'un des cinq piliers de l'islam

En coulisses

VOS RÉACTIONS ?

Vos commentaires nous sont très précieux et nous permettent d'améliorer constamment nos guides. Notre équipe lit toutes vos lettres avec la plus grande attention. Nous ne pouvons pas répondre individuellement à tous ceux qui nous écrivent, mais vos commentaires sont transmis aux auteurs concernés. Tous les lecteurs qui prennent la peine de nous communiquer des informations sont remerciés dans l'édition suivante, et ceux qui nous fournissent les renseignements les plus utiles se voient offrir un guide.

Pour nous faire part de vos réactions, prendre connaissance de notre catalogue et vous abonner à notre newsletter, consultez notre site Internet : **www.lonelyplanet.fr**

Nous reprenons parfois des extraits de notre courrier pour les publier dans nos produits, guides ou sites Web. Si vous ne souhaitez pas que vos commentaires soient repris ou que votre nom apparaisse, merci de nous le préciser. Notre politique en matière de confidentialité est disponible sur notre site Internet.

À NOS LECTEURS

Merci à tous les voyageurs qui ont utilisé la dernière édition de ce guide et qui nous ont écrit pour nous faire part de leurs conseils, de leurs suggestions et de leurs anecdotes :
Didier Farsy, Fiona Grob, Sébastien Groux, Isabelle Quentin Guillon et Philippe Tourasse

UN MOT DES AUTEURS

Jenny Walker

Je suis toujours touchée par l'humour et la bonne volonté de mes amis et collègues omanais. Je remercie Maj Gen Fattorini et Alex Celini pour leurs informations sur des sites reculés du pays. Enfin, un grand merci à mon cher époux Sam Owen, qui m'a secondé pour faire la mise à jour de ce guide de voyages que nous aimons tous les deux beaucoup.

Andrea Schulte-Peevers

Un merci sincère à tous ceux qui m'ont fourni informations, conseils, idées et encouragements, en particulier à Abhi Sen, Rashi Sen, Jojo Jose, Suzette Tabora, Matthias Narr et Ali Mohammed Al-Mansouri.

REMERCIEMENTS

Données des cartes du climat adaptés de Peel MC, Finlayson BL & McMahon TA (2007) "Updated World Map of the Köppen-Geiger Climate Classification", *Hydrology and Earth System Sciences*, 11, 163344.
Photographie de couverture : fort de Nakhal, région d'Al-Batinah, Oman ; JPRichard/shutterstock©.

À PROPOS DE CET OUVRAGE

Cette 2e édition du guide *Oman et Émirats arabes unis* est une traduction-adaptation de la 5e édition du guide *Oman, UAE & Arabian Peninsula* (en anglais), mise à jour par Jenny Walker, Anthony Ham et Andrea Schulte-Peevers. La 4e édition a été rédigée par Jenny, Anthony, Andrea et Stuart Butler.

Traduction Antoine Thibault et Frédérique Hélion-Guerrini

Direction éditoriale
Didier Férat

Adaptation française
Carole Haché

Responsable prépresse
Jean-Noël Doan

Maquette
Gudrun Fricke

Cartographie adaptée en français par Nicolas Chauveau

Couverture adaptée par Laure Wilmot pour la version française

Remerciements à Cécile Couet pour sa précieuse contribution au texte et plus particulièrement à Laurent Courcoul pour ses conseils et son travail approfondi sur plusieurs chapitres. Merci aussi à Jacqueline Menanteau pour sa relecture attentive et à Olympe Richez pour la comparaison de textes. Mes remerciements également à l'équipe du bureau de Paris, notamment à Dominique Spaety, Dominique Bovet et Dorothée Pasqualin pour leur soutien. Merci aussi à Clare Mercer, Joe Revill et Luan Angel du bureau de Londres et à Darren O' Connell, Chris Love, Sasha Baskett, Angela Tinson, Jacqui Saunders, Ruth Cosgrave et Glenn van der Knijff du bureau australien.

Index

ABRÉVIATIONS

O Oman
EAU Émirats arabes unis

Références des cartes **en gras**
Références des photos **en bleu**

Références des cartes **en gras**
Références des photos **en bleu**

Références des cartes **en gras**
Références des photos **en bleu**

Références des cartes **en gras**
Références des photos **en bleu**

Légende des cartes

À voir

- Château
- Monument
- Musée/galerie/édifice historique
- Ruines
- Église
- Mosquée
- Synagogue
- Temple bouddhiste
- Temple confucéen
- Temple hindou
- Temple jaïn
- Temple shintoïste
- Temple sikh
- Temple taoïste
- Sentō (bain public)
- Cave/vignoble
- Plage
- Réserve ornithologique
- Zoo
- Autre site

Activités, cours et circuits organisés

- Bodysurfing
- Plongée/snorkeling
- Canoë/kayak
- Cours/circuits organisés
- Ski
- Snorkeling
- Surf
- Piscine/baignade
- Randonnée
- Planche à voile
- Autres activités

Où se loger

- Hébergement
- Camping

Où se restaurer

- Restauration

Où prendre un verre

- Bar
- Café

Où sortir

- Salle de spectacle

Achats

- Magasin

Renseignements

- Banque
- Ambassade/consulat
- Hôpital/centre médical
- Accès Internet
- Police
- Bureau de poste
- Centre téléphonique
- Toilettes
- Office du tourisme
- Autre adresse pratique

Géographie

- Plage
- Refuge/gîte
- Phare
- Point de vue
- Montagne/volcan
- Oasis
- Parc
- Col
- Aire de pique-nique
- Cascade

Agglomérations

- Capitale (pays)
- Capitale (région/ État/province)
- Grande ville
- Petite ville/village

Transports

- Aéroport
- Poste frontière
- Bus
- Téléphérique/funiculaire
- Piste cyclable
- Ferry
- Métro
- Monorail
- Parking
- Station-service
- Station de métro
- Taxi
- Gare/chemin de fer
- Tramway
- U-Bahn
- Autre moyen de transport

Les symboles recensés ci-dessus ne sont pas tous utilisés dans ce guide

Routes

- Autoroute à péage
- Voie rapide
- Nationale
- Route secondaire
- Petite route
- Chemin
- Route non goudronnée
- Route en construction
- Place/rue piétonne
- Escalier
- Tunnel
- Passerelle
- Promenade à pied
- Promenade à pied (variar
- Sentier

Limites et frontières

- Pays
- État/province
- Frontière contestée
- Région/banlieue
- Parc maritime
- Falaise
- Rempart

Hydrographie

- Fleuve/rivière
- Rivière intermittente
- Canal
- Étendue d'eau
- Lac asséché/salé/ intermittent
- Récif

Topographie

- Aéroport/aérodrome
- Plage/désert
- Cimetière (chrétien)
- Cimetière (autre)
- Glacier
- Marais/mangrove
- Parc/forêt
- Site (édifice)
- Terrain de sport

LES GUIDES LONELY PLANET

Une vieille voiture déglinguée, quelques dollars en poche et le goût de l'aventure, c'est tout ce dont Tony et Maureen Wheeler eurent besoin pour réaliser, en 1972, le voyage d'une vie : rallier l'Australie par voie terrestre via l'Europe et l'Asie. De retour après un périple harassant de plusieurs mois, et forts de cette expérience formatrice, ils rédigèrent sur un coin de table leur premier guide, *Across Asia on the Cheap*, qui se vendit à 1 500 exemplaires en l'espace d'une semaine. Ainsi naquit Lonely Planet, dont les guides sont aujourd'hui traduits en 12 langues.

NOS AUTEURS

Jenny Walker

Oman, Préparer son voyage, Comprendre, Carnet pratique Jenny a consacré à l'Arabie de longues études universitaires (maîtrise à Oxford et doctorat en cours à la Trent University de Nottingham sur la perception de l'Orient arabe). Elle réside actuellement en Oman, où elle est vice-doyenne du Caledonian University College of Engineering depuis 2008. Membre de la guilde britannique des rédacteurs touristiques et de la Royal Geographic Society, elle a voyagé dans quelque 120 pays, du Mexique à la Mongolie, et a beaucoup écrit sur le Moyen-Orient, pour Lonely Planet (dont *Abu Dhabi en quelques jours*) et d'autres publications.

Andrea Schulte-Peevers

Émirats arabes unis Andrea est née et a grandi en Allemagne, puis a étudié à Londres et à l'université de Californie à Los Angeles (UCLA). Ses voyages dans des dizaines de pays, en particulier dans le monde arabe, lui ont fait parcourir au moins l'équivalent d'un aller-retour entre la Terre et la Lune ! Elle a collaboré à quelque 90 guides Lonely Planet, notamment les éditions précédentes de cet ouvrage, le guide *Dubaï en quelques jours* ainsi que le guide *Dubai & Abu Dhabi* (en anglais). Après avoir longtemps vécu à Los Angeles, Andrea est désormais installée à Berlin.

Oman et Émirats arabes unis

2e édition

Extrait, traduit et adapté de l'ouvrage *Oman, UAE & Arabian Peninsula, 5th edition, September 2016*

Dépôt légal Septembre 2016

ISBN 978-2-81615-466-5

Imprimé par Pollina, Luçon, France - 81463

Réimpression 02, sepembre 2017.

En Voyage Éditions | un département place des éditeurs